■2025年度高等学校受

JN045963

渋谷教育学園 幕張高等学校

収録内容一覧

★この問題集は以下の収録内容となっています。また、編集の都合上、解説、解答用紙を省略させていただいている場合もございますのでご了承ください。

（○印は収録、一印は未収録）

入試問題の収録内容			解説	解答	解答用紙
2024年度	学力選抜	英語・数学・社会・理科・国語	○	○	○
	帰国生選抜	英語	―	○	○
2023年度	学力選抜	英語・数学・社会・理科・国語	○	○	○
	帰国生選抜	英語	―	○	○
2022年度	学力選抜	英語・数学・社会・理科・国語	○	○	○
	帰国生選抜	英語	―	○	○
2021年度	学力選抜	英語・数学・社会・理科・国語	○	○	○
	帰国生選抜	英語	―	○	○
2020年度	英語・数学・社会・理科・国語		○	○	○
	帰国生選抜	英語	―	○	○

★当問題集のバックナンバーは在庫がございません。あらかじめご了承ください。

リスニングテストの音声は、下記のIDとアクセスコードにより当社ホームページ
https://www.koenokyoikusha.co.jp/pages/cddata/listening で聴くことができます。
（当社による録音です）
ユーザー名：koe　アクセスコード（パスワード）：50457　使用期限：2025年3月末日

※ユーザー名・アクセスコードの使用期限以降は音声が予告なく削除される場合がございます。あらかじめご了承ください。

●凡例●

【英語】

≪解答≫

〔　〕　①別解
②置き換え可能な語句（なお下線は置き換える箇所が２語以上の場合）
（例）I am〔I'm〕glad〔happy〕to～

（　）　省略可能な言葉

≪解説≫

1，**2**…　本文の段落（ただし本文が会話文の場合は話者の１つの発言）

〔　〕　置き換え可能な語句（なお〔　〕の前の下線は置き換える箇所が２語以上の場合）

（　）　①省略が可能な言葉
（例）「（数が）いくつかの」
②単語・代名詞の意味
（例）「彼（＝警察官）が叫んだ」
③言い換え可能な言葉
（例）「いやなにおいがするなべにはふたをするべきだ（＝くさいものにはふたをしろ）」

//　訳文と解説の区切り

cf.　比較・参照

≒　ほぼ同じ意味

【数学】

≪解答≫

〔　〕　別解

≪解説≫

（　）　補足的指示
（例）（右図１参照）など

〔　〕　①公式の文字部分
（例）〔長方形の面積〕＝〔縦〕×〔横〕
②面積・体積を表す場合
（例）〔立方体ABCDEFGH〕

∴　ゆえに

≒　約、およそ

【社会】

≪解答≫

〔　〕　別解

（　）　省略可能な語

＿＿　使用を指示された語句

≪解説≫

〔　〕　別称・略称
（例）政府開発援助〔ODA〕

（　）　①年号
（例）壬申の乱が起きた（672年）。
②意味・補足的説明
（例）資本収支（海外への投資など）

【理科】

≪解答≫

〔　〕　別解

（　）　省略可能な語

＿＿　使用を指示された語句

≪解説≫

〔　〕　公式の文字部分

（　）　①単位
②補足的説明
③同義・言い換え可能な言葉
（例）カエルの子（オタマジャクシ）

≒　約、およそ

【国語】

≪解答≫

〔　〕　別解

（　）　省略してもよい言葉

＿＿　使用を指示された語句

≪解説≫

〈　〉　課題文中の空所部分（現代語訳・通釈・書き下し文）

（　）　①引用文の指示語の内容
（例）「それ（＝過去の経験）が　～」
②選択肢の正誤を示す場合
（例）（ア，ウ…×）
③現代語訳で主語などを補った部分
（例）（女は）出てきた。

／　漢詩の書き下し文・現代語訳の改行部分

渋谷教育学園幕張高等学校

所在地　〒261-0014 千葉県千葉市美浜区若葉1丁目3番地

電　話　043-271-1221

ホームページ　https://www.shibumaku.jp/

交通案内　JR京葉線 海浜幕張駅より徒歩10分，JR総武線 幕張駅より徒歩16分
京成線 京成幕張駅より徒歩14分

普通科

男女共学

くわしい情報はホームページへ

応募状況

年度	募集数	受験数	合格数	倍　率
2024	295名	671名	203名	3.3倍
2023	295名	669名	235名	2.8倍
2022	295名	715名	231名	3.1倍

＊受験数・合格数は学力選抜。
＊募集数は内進生を含む。

試験科目　（参考用：2024年度入試）

学力：英語・国語・数学・社会・理科
帰国：英語，面接（英語・日本語）
特別活動：（一次）書類審査，（二次）作文，実技，
　　　　　面接（個人）

教育目標

本校の教育は，「一人ひとりを大切にして個性豊かな人間を育てる」ことを目指している。その根底には「人間とは何か」「我々はどう生きるべきか」という哲学的洞察がある。生徒一人ひとりが持つ可能性を引き出し，伸ばしていくことが重要だと考え，以下の教育目標を掲げている。

1．自調自考の力を伸ばす

本校でもっとも大切にしている目標。「自らの手で調べ，自らの頭で考える」 何事にもあきらめることなく，積極的に取り組むことのできる人間の育成を目指す。

2．倫理感を正しく育てる

高い倫理観は，さまざまな価値観を持つ人々と共に生きるグローバル時代には人として信頼される基本的条件となる。人として何が正しく，何が善であるかを判断する力を身につける「感性」の成長をはかる。

3．国際人としての資質を養う

本校は国際的に開かれた学校であり，海外留学，短期海外研修，帰国生・留学生の受け入れ，海外との文化交流，海外大学進学のサポートなど幅広い教養を身につける環境がある。

特色

２年次から理系，文系に分けて，科目選択制を取り入れている。また，希望者を対象に，課外授業として，第２外国語講座（中国語・フランス語・スペイン語・ドイツ語・ハングル），弦楽器講座，論述講座（地歴）を開講している。さらに，自分のあるべき姿を考える機会となる学園長講話，自分でテーマを決めて研究と論文に取り組む自調自考論文を行っている。

進路

東京大，京都大，一橋大，東京工業大，東京医科歯科大，北海道大，東北大，筑波大，早稲田大，慶應義塾大，上智大，東京理科大など。近年ではワシントン大，カリフォルニア大ロサンゼルス校，イリノイ大アーバナシャンペン校，カーネギーメロン大，シカゴ大，ダートマス大，北京大など海外大学合格者も増加傾向にある。

イベント日程（予定・要予約）

○入試説明会　11月10日（日）
○槐祭（文化祭）　９月15日（日）
＊詳細は学校ホームページでご確認ください。

編集部注一本書の内容は2024年5月現在のものであり，変更されている場合があります。正確な情報は，学校のホームページ等で必ずご確認ください。

出題傾向と今後の対策　英語

出題内容

	2024	2023	2022
大問数	5	5	5
小問数	40	43	41
リスニング	○	○	○

◎例年大問５題と放送問題が出題される。小問数は40問前後である。放送問題は筆記試験の直後に行われる。

2024年度の出題状況

1 誤文訂正

2 長文読解―整序結合―説明文

3 和文英訳―完全記述

4 長文読解総合―説明文

5 長文読解総合―物語

〔放送問題〕

解答形式

2024年度	記　述／マーク／併　用

(記述に○印)

出題傾向

大問５題のほとんどが長文と英作文であり，限られた時間内に相当量の英文を読むことになる。設問は記号選択式と記述式の場合があるが，どちらにせよ深い読みを必要とするものが多い。英作文は10語程度の英文をいくつか書かせる形式が多い。この他，文法問題では誤文訂正や整序結合が出題される。

今後への対策

読解問題は，長い文章が出ることもあり，内容把握が中心なので速読速解力が必要である。読解力の基礎となる単語，文法事項を教科書で正確に理解し，基本例文は全文暗記が望ましい。その後は薄めの問題集を１冊決め，何度も繰り返して英文を読み込もう。放送問題も必須なので，ラジオ講座などを利用し，継続して英文を聴こう。

◆◆◆◆◆ 英語出題分野一覧表 ◆◆◆◆◆

分野		年度	2022	2023	2024	2025 予想※
音声		放送問題	■	■	■	◎
		単語の発音・アクセント				
		文の区切り・強勢・抑揚				
語彙・文法		単語の意味・綴り・関連知識				
		適語(句)選択・補充				
		書き換え・同意文完成				
		語形変化				
		用法選択				
		正誤問題・誤文訂正	■		■	◎
		その他				
作文		整序結合	●	●	●	◎
	日本語英訳	適語(句)・適文選択				
		部分・完全記述	●	●	●	◎
		条件作文				
		テーマ作文				
会話文		適文選択				
		適語(句)選択・補充				
		その他				
長文読解	内容把握	主題・表題		●		△
		内容真偽	●	●	●	◎
		内容一致・要約文完成				
		文脈・要旨把握	●	●	●	◎
		英問英答	●	●	●	◎
		適語(句)選択・補充	●	★	●	◎
		適文選択・補充	■	●	●	◎
		文(章)整序	●	●		◎
		英文・語句解釈(指示語など)		■	■	◎
		その他(適所選択)				

●印：１～５問出題，■印：６～10問出題，★印：11問以上出題。
※予想欄　◎印：出題されると思われるもの。　△印：出題されるかもしれないもの。

出題傾向と今後への対策　数学

出題内容

2024年度　作

大問5題，19問の出題。[1]は小問集合で，5問。数と式，方程式などから出題されている。[2]は放物線と直線に関するもの。長さの比や四角形の面積を二等分する直線の式について問われた。[3]は場合の数で，立方体を積んでつくった直方体の頂点から頂点への最短経路について考えるもの。[4]は平面図形で，直角三角形と正方形でつくられた図形に関する計量題3問。[5]は空間図形で，立方体を切断してつくられた図形に関する作図題1問と計量題3問。

2023年度

大問5題，17問の出題。[1]は小問集合で，5問。数と式，方程式，図形などから出題されている。[2]は場合の数で，4けたの整数に関するもの。[3]は放物線と直線に関するもの。点の座標や直線の式について問われた。[4]は平面図形で，三角形と円でつくられた図形に関する計量題3問。[5]は空間図形で，三角形を折ってつくられた四面体に関する計量題3問。

作…作図問題　証…証明問題　グ…グラフ作成問題

解答形式

2024年度	記述／マーク／併用

（記述に○）

出題傾向

大問5題，総設問数14～19問で，各分野からほぼまんべんなく出題されている。問題数は少ないものの，レベルの高い問題が並んでいるので，時間配分が大事になる。年度により，文字式による証明，理由を問うものなど，論理的に考える力や記述する力を見る問題も出題される。

今後への対策

まずは，標準レベルの問題集で，多くの問題に接し，いろいろな解法をマスターしていこう。そのうえでさらに上を目指して，発展レベルの問題に挑戦していこう。図形の証明に限らず，どの分野の問題でもきちんと説明ができるようにもしておこう。

◆◆◆◆ 数学出題分野一覧表 ◆◆◆◆

分野	年度	2022	2023	2024	2025 予想※
数と式	計算，因数分解	★	●	■	◎
	数の性質，数の表し方	●		■	◎
	文字式の利用，等式変形				
	方程式の解法，解の利用		■	●	◎
	方程式の応用				
関数	比例・反比例，一次関数				
	関数$y=ax^2$とその他の関数	★	★	★	◎
	関数の利用，図形の移動と関数				
図形	(平面) 計量	★	★	★	◎
	(平面) 証明，作図				
	(平面) その他				
	(空間) 計量	■	★	★	◎
	(空間) 頂点・辺・面，展開図				
	(空間) その他			●	
データの活用	場合の数，確率	■	★	★	◎
	データの分析・活用，標本調査				
その他	不等式				
	特殊・新傾向問題など				
	融合問題				

●印：1問出題，■印：2問出題，★印：3問以上出題。
※予想欄　◎印：出題されると思われるもの。　△印：出題されるかもしれないもの。

出題傾向と今後への対策　社会

論…論述問題

出題内容

2024年度

地理・論　バスケットボールの大会を題材とした世界や日本の産業や気候，文化等に関する問題。

歴史・論　九州や歴史総合を題材とした古代と近世以降の日本と世界の政治や文化，社会等に関する問題。

公民・論　政治の仕組みを中心に，冷戦終結，人権と憲法，マイナンバー制度，GDP等に関する問題。

2023年度

地理・論　環境問題や世界人口を題材とした世界や日本の地形や産業，文化等に関する問題。

歴史・論　日本の鉱産資源や人口を題材とした古代から現代までの日本と世界の政治や文化等に関する問題。

公民・論　日本国憲法の成立，政治の仕組み，新しい人権，経済，待機児童，高齢化等に関する問題。

2022年度

1 論　さまざまな資料をテーマにした，古代～現代の日本と世界の政治，文化，外交等に関する問題。

2 論　オリンピック，パラリンピックを題材に，国際社会や日本国憲法，政治，経済等に関する問題。

3 論　経線をテーマにした，世界と日本の産業や気候，地形，人々の暮らし等に関する問題。

解答形式

2024年度　記　述／マーク／併　用

出題傾向

出題の仕方に工夫があり，受験生には見慣れないテーマが扱われる傾向がある。また，解答が比較的長めの文章になることが多いのも特色の1つである。

どの分野でも，世界史と関連させた問題や，国際社会に関する問題等，世界に目を向けた問題が多く出題されている。また，時事的な問題もよく出題されている。

今後への対策

まずは実際に入試問題を解いて，問題の特徴をつかんでおこう。この時点での得点は気にしなくてもよい。

社会の合格者平均点は例年50～60点程度。最低限，教科書レベルの問題は確実に正解できるように，単語の暗記で終わらずに，因果関係や周辺知識も併せて覚え，文章で説明できるようにしておこう。

◆◆◆◆◆ 社会出題分野一覧表 ◆◆◆◆◆

分野	年度	2022	2023	2024	2025予想※
地理的分野	地形図		●		△
	アジア	人	地 産 人	地 産	△
	アフリカ	総			△
	オセアニア	産 総	産	地 産	△
	ヨーロッパ・ロシア		地 産	地 人 総	△
	北アメリカ				△
	中・南アメリカ				△
	世界全般	地	産 人	産 総	△
	九州・四国		産 人 総	地	△
	中国・近畿				△
	中部・関東			産	△
	東北・北海道				△
	日本全般	地	地 産 総		◎
歴史的分野	旧石器～平安	●	●	●	◎
	鎌倉		●		◎
	室町～安土桃山		●		◎
	江戸	●	●	●	◎
	明治	●	●	●	◎
	大正～第二次世界大戦終結		●	●	◎
	第二次世界大戦後	●	●	●	◎
公民的分野	生活と文化	●			◎
	人権と憲法	●	●	●	◎
	政治	●	●	●	◎
	経済	●	●	●	◎
	労働と福祉		●	●	◎
	国際社会と環境問題	●	●	●	◎
	時事問題	●	●	●	◎

※予想欄　◎印：出題されると思われるもの。　△印：出題されるかもしれないもの。
地理的分野については，各地域ごとに出題内容を以下の記号で分類しました。
地…地形・気候・時差，　産…産業・貿易・交通，　人…人口・文化・歴史・環境，　総…総合

出題傾向と今後への対策　理科

出題内容

2024年度　作　記

1気象と天気の変化から，空気中の水蒸気量の変化に関する問題。露点や雲の発生などについて知識と理解，科学的な思考力が問われた。　2生命・自然界のつながりから，遺伝の規則性や生物どうしのつながりについて知識や理解，考察力が問われた。　3化学変化と原子・分子・イオンから，いろいろな化学変化について知識と理解が問われた。　4光の性質から，凸レンズによる像に関する問題。理解や科学的な思考力が問われた。

2023年度　~~作~~　記

1化学変化と原子・分子から，定比例の法則や原子説に関する問題。理解や科学的な思考力が問われた。　2電流とその利用から，電磁誘導に関する問題。正確な知識や科学的な思考力が問われた。　3生命・自然界のつながりから，DNAの複製に関する問題。PCRについて，理解が問われた。
4大地の変化から，火成岩の分類に関する問題。知識と理解，科学的な思考力が問われた。

	2024	2023	2022
大 問 数	4	4	4
作図問題	1	0	1

作 …作図・グラフ作成問題　記 …文章記述問題

解答形式

2024年度	記　述／マーク／併　用

出題傾向

近年，大問４題，総小問数40～50問程度の出題。大問の題材として，生活に結びついた事象を用いることが多い。また，いずれの大問にも，応用力・考察力を試すものが見られるが，特別な知識を必要とするものは意外と少ない。ほとんどが問題文や与えられたグラフや表などをもとに考えれば解答を導くことができる。

今後への対策

本校の入試問題を解くには，基本事項を押さえたうえで，さらに，応用力，考察力といった科学的な考え方を身につける必要がある。

そのためには，できるだけ早い時期に正確な知識を身につけ，その後，本校や難関高校の過去問題を解き，実践的な練習をしたい。

◆◆◆◆◆ 理科出題分野一覧表 ◆◆◆◆◆

分野	年度	2022	2023	2024	2025予想※
身近な物理現象	光　と　音			●	◎
	力のはたらき(力のつり合い)				△
物質のすがた	気体の発生と性質				△
	物質の性質と状態変化				△
	水　溶　液				△
電流とその利用	電流と回路				◎
	電流と磁界(電流の正体)	●	●		◎
化学変化と原子・分子	いろいろな化学変化(化学反応式)		●	●	◎
	化学変化と物質の質量		●		◎
運動とエネルギー	力の合成と分解(浮力・水圧)				◎
	物体の運動				◎
	仕事とエネルギー				◎
化学変化とイオン	水溶液とイオン(電池)	●	●	●	◎
	酸・アルカリとイオン				◎
生物の世界	植物のなかま				△
	動物のなかま				△
大地の変化	火山・地震		●		◎
	地層・大地の変動(自然の恵み)				◎
生物の体のつくりとはたらき	生物をつくる細胞				
	植物の体のつくりとはたらき				◎
	動物の体のつくりとはたらき	●			◎
気象と天気の変化	気象観察・気圧と風(圧力)				◎
	天気の変化・日本の気象			●	◎
生命・自然界のつながり	生物の成長とふえ方				◎
	遺伝の規則性と遺伝子(進化)		●	●	◎
	生物どうしのつながり			●	△
地球と宇宙	天体の動き	●			◎
	宇宙の中の地球				
自然環境・科学技術と人間					△
総　合	実験の操作と実験器具の使い方		●		△

※予想欄　◎印：出題されると思われるもの。　△印：出題されるかもしれないもの。
分野のカッコ内は主な小項目

出題傾向と今後への対策　国語

出題内容

2024年度

論説文　小説　古文

課題文

一末木文美士『哲学の現場』
二岡本かの子『家霊』
三『太平記』

2023年度

論説文　小説　古文

課題文

一藤高和輝『〈トラブル〉としてのフェミニズム』
二宇佐見りん『くるまの娘』
三『醒睡笑』

2022年度

論説文　小説　古文

課題文

一馬渕浩二『連帯論』
二佐多稲子『水』
三兼好法師『徒然草』

解答形式

2024年度　記　述／マーク／併　用

出題傾向

課題文は，全体的に分量が多く，内容的にも高度なものが選ばれている。設問は，現代文，古文ともに7問程度付されており，設問全体の7割以上が内容理解に関するものとなっている。記述式の解答を求めるものは毎年複数出されており，字数は全体で200～300字程度となっている。

今後への対策

文章を読む力だけでなく，書く力も身につけなければならないので，応用力を養成する問題集をやると同時に，その問題文の要旨を簡単にまとめて書く練習などをするとよい。また，問題集だけでなく，できれば日頃から新書や新聞などを読むとよいだろう。国語の知識については，参考書などを使って知識の整理をしておくこと。

国語出題分野一覧表

分野		年度	2022	2023	2024	2025予想※
現代文	論説文 説明文	主題・要旨		●		△
		文脈・接続語・指示語・段落関係				
		文章内容	●	●	●	◎
		表現			●	△
	随筆 日記 手紙	主題・要旨				
		文脈・接続語・指示語・段落関係				
		文章内容				
		表現				
		心情				
	小説	主題・要旨				
		文脈・接続語・指示語・段落関係				
		文章内容	●	●	●	◎
		表現		●		△
		心情	●	●	●	◎
		状況・情景				
韻文	詩	内容理解				
		形式・技法				
	俳句 和歌 短歌	内容理解			●	△
		技法				
古典	古文	古語・内容理解・現代語訳	●	●	●	◎
		古典の知識・古典文法				
	漢文	(漢詩を含む)		●		△
国語の知識	漢字 語句	漢字	●	●	●	◎
		語句・四字熟語	●	●	●	◎
		慣用句・ことわざ・故事成語	●		●	◎
		熟語の構成・漢字の知識				
	文法	品詞				
		ことばの単位・文の組み立て				
		敬語・表現技法				
	文学史		●	●	●	◎
作文・文章の構成・資料						
その他						

※予想欄　◎印：出題されると思われるもの。　△印：出題されるかもしれないもの。

2025年度 高校受験用

渋谷教育学園幕張高等学校　5年間スーパー過去問

をご購入の皆様へ

お詫び

本書、渋谷教育学園幕張高等学校の入試問題につきまして、誠に申し訳ございませんが、以下の問題文は著作権上の問題により掲載することができません。ご必要とされる方は原典をご参照くださいますよう、お願い申し上げます。

記

2022年度　帰国生選抜　英語 4 の問題文

以上

株式会社　声の教育社　編集部

2024年度　渋谷教育学園 幕張高等学校（学力選抜）

【英　語】（問題：50分　リスニング：10分）〈満点：100点〉

リスニングテストの音声は，当社ホームページで聴くことができます。（当社による録音です）
再生に必要なユーザー名とアクセスコードは「収録内容一覧」のページに掲載しています。

（注意）
- 英語による解答で語数の指定がある場合，it'sやcan'tのような短縮形は１語として数えます。
また次のような符号は単語の数に含まないものとします。
　　，．！？“ ”―：
- 日本語による解答で字数の指定がある場合，句読点は１字として数えます。
- 筆記試験の時間は50分です。その後リスニングテストが続きます。

1　次の１～６の英文には文法・語法・表現上正しくない個所や不自然な個所を含むものがあります。例にならって，その個所の記号を指摘し，正しく書きかえなさい。もしどこも直す必要がなければ，記号を「オ」と答えなさい。

【例１】 (ア)There is pen (イ)on the floor.

［解答］

記号	正しい語句
ア	There is a pen

【例２】 She (ア)likes (イ)apples.

［解答］

記号	正しい語句
オ	（空欄のまま）

1．(ア)How do you think (イ)of the idea Ms. Green (ウ)told us about (エ)in the last meeting?

2．Yesterday I was (ア)spoken in English (イ)by a stranger on (ウ)my way home. She asked me where (エ)the station was.

3．(ア)Even though there (イ)are still many nuclear weapons on the earth, I (ウ)strongly believe that they (エ)must be never used again.

4．The band is planning (ア)to open a concert at a big stadium (イ)next summer (ウ)to celebrate the 30th anniversary of (エ)their debut.

5．My grandfather (ア)will surprise (イ)to see all the new buildings that (ウ)have gone up around here if he (エ)were alive.

6．You can keep the book (ア)for a day (イ)or two, but I (ウ)need it back (エ)by this weekend to study for my exam.

2　次の英文中の空らん［ 1 ］～［ 4 ］に適するように，それぞれあとに与えられた語句を並べかえなさい。ただし，解答らんにはA，B，Cの位置にくる語句を記号で答えなさい。文頭にくるべき語も小文字で書き始めてあります。

Some people are so afraid of everyday things that it can make their life very difficult. There are many kinds of fears, and some of them are unusual. Some people have a fear of flying. Just ［ 1 ］. Where do fears come from?

Some fears are learned. Just like ［ 2 ］, there are different ways to learn a fear. If a child is hurt by a dog, he or she could always have a fear of dogs. This fear can last a long time and can stop the child from doing normal things like walking outside.

Another way people learn fear is from other people. Children often have the same fears as the people around them. They [3] their mother or father is afraid of. They may become afraid of spiders because their mother always cried when she saw a spider.

Fears can be unlearned, too. [4] your fear, little by little. If you have a fear of flying, try to get used to being in airplanes. Think of being happy when flying. In time, your fear will go away.

1. __A__ ____ ____ __B__ ____ __C__ ____

ア about　イ afraid　ウ can　エ flying
オ make　カ them　キ thinking

2. __A__ ____ __B__ ____ ____ __C__ ____

ア all　イ learn　ウ other　エ that
オ the　カ things　キ we

3. ____ __A__ ____ __B__ ____ ____ __C__

ア afraid　イ be　ウ learn　エ of
オ that　カ things　キ to

4. __A__ ____ ____ __B__ ____ __C__ ____

ア by　イ do　ウ facing　エ is
オ the way　カ this　キ to

3　次の記事の下線部(1)，(2)の内容を表す英文を書きなさい。ただし，それぞれ下に与えられた書き出しに続けて書くこと。

> **観光客急回復のハワイで「オーバーツーリズム」対策，人気のハナウマ湾など予約制に**
>
> ハワイへの観光客数は，コロナ禍の収束によって急増した。コロナ禍の2020年は，過去最高だった19年(約1,040万人)比で7割以上少ない約270万人だったが，22年には約920万人まで回復した。
>
> 皮肉にも，ハワイ大の調査によれば，コロナ禍で閉鎖中だった人気観光地，ハナウマ湾の海水透明度は，感染拡大前に比べて約60%改善していた。他の地域でも，サンゴ礁の生態系が回復した。(1)観光客が増えると環境が再び悪化するのではないかと懸念する住民は多い。
>
> ハナウマ湾では21年4月から，ダイヤモンドヘッド州立自然記念公園では22年5月から，それぞれ予約制が導入された。いずれも，旅行者数を絞って自然への負荷を和らげるためだ。ハワイ周辺の海域では21年から，(2)イルカ保護のため，イルカの45メートル以内で泳ぐことを禁止している。
>
> ハワイ州議会では今年，州観光局の解体・再編を求める法案が提出された。観光推進政策を改め，より自然保護を重視した政策を推し進めようという動きだ。6月中の議会での可決は見送られたが，廃案にもならなかった。ハワイは，環境保護において世界のトップランナー。課税強化などさらなる規制の行方に注目が集まりそうだ。

(1)　There are many locals who are worried that __________________.

(2)　In order to protect the dolphins, __________________.

4　次の英文を読んで，あとの問いに答えなさい。

【１】 Vegans try to live, as much as possible, in a way that does not cause suffering to animals. This means following a plant-based diet. Vegans do not eat animals or animal-based products like meat, fish, seafood, eggs, honey, or dairy products such as cheese. For many vegans, living a strict vegan lifestyle means not wearing clothes made from animal skins and not using any products which are tested on animals.

【２】 Vegetarians do not eat meat or fish but they can eat eggs, honey and dairy products. However, vegans do not eat any animal-based food products. Vegans say that suffering is caused in the production of these foods. For example, they say that on some dairy farms, young male cows are killed because they are too expensive to keep, and on some farms, cows are killed when they get older and produce (A) milk. Similarly, on some egg farms, male chickens are killed because they do not produce eggs. As for honey, vegans say that bees make honey for bees, not for humans, and that bees' health can suffer when humans take the honey from them. Vegans believe that the products they use and eat should not cause any (B) to animals.

【３】 The Vegan Society was founded in 1944, but, a long time ago, there were people who decided not to use or eat animal products. In the 6th century BC, the Greek *mathematician and *philosopher Pythagoras showed his kindness to all living things by living a vegetarian lifestyle. There was a tradition of being vegetarians in ancient Egypt and other parts of the world even earlier. The Vegan Society points out that in 1806, the famous poet Percy Bysshe Shelley was one of the first people to say in public that eating eggs and dairy products was not a good idea.

【４】 For many people, the main reason for going vegan is probably that they believe animals and all other living things should have the right to life and freedom. However, there are other reasons. Vegans say that the production of meat and other animal products is very bad for the planet. They point out that a lot of water is needed to grow *grain to feed animals in the meat industry. The huge amount of grain the meat industry needs often creates issues ; forests are cut down and the homes of animals are destroyed. On the other hand, much less grain and water are needed to continue eating a vegan diet. In addition, many vegans say that all the *nutrients our bodies need are contained in a carefully planned vegan diet and that this type of diet keeps us from becoming ill.

（注） mathematician　数学者　　philosopher　哲学者　　grain　穀物　　nutrient　栄養素

問１　次の質問の答えとして最も適切なものを(a)～(d)の中から１つずつ選び，記号で答えなさい。

1．According to the article, which of the following is true about being vegans ?

(a) They are good at taking care of plants to get enough food.
(b) They care about animals' quality of life.
(c) They do not eat beef, salmon, or octopus, but they drink milk.
(d) They try to promote animal testing for products.

2．Which of the following words best fits in (A) ?

(a) fewer　(b) enough　(c) less　(d) more

3．Which of the following words best fits in (B) ?

(a) excitement　(b) joy　(c) pain　(d) surprise

4．Why is Pythagoras used as an example in the article ?

(a) to discuss what was needed in the past for people to live healthy lives

(b) to explain that some people chose not to eat meat thousands of years ago
(c) to show that going vegan was not an easy decision for people in the past
(d) to show that kindness was the key for people in the past to live happy, wealthy lives

5. According to paragraph【 4 】, which of the following is true ?
(a) Eating a vegan diet can put people at the risk of becoming ill.
(b) Going vegan means trying not only to be kind to animals but also to be eco-friendly.
(c) The meat industry has the responsibility of reducing the amount of water used in grain production.
(d) Vegan food contains more nutrients than animal-based food.

問2 本文の内容と一致するものをア～カより2つ選び，記号で答えなさい。
ア Vegans have to follow a strict rule that does not let any of them wear coats made of animal fur.
イ Neither vegetarians nor vegans eat eggs or honey.
ウ The Vegan Society found in 1944 that there were already vegetarians before the 6th century BC.
エ Percy Bysshe Shelley did not like the idea of eating eggs or dairy products.
オ The meat industry requires a lot of grain for feeding animals and can be one cause of the loss of forests.
カ A vegan diet needs as much water and grain as an animal-based diet.

5 次の文章は，ある小説の一部です。場面の説明に続く英文を読んで，あとの問いに答えなさい。なお，日本語で解答する際は，文中に登場する書名 *From the Mixed-up Files of Mrs. Basil E. Frankweiler* は「ミセス・フランクヴァイラー」と表記すること。

〈場面の説明〉
ある日，小学4年生のエイミー・アン(Amy Anne)は大好きな本が図書館に置けなくなったことを司書のジョーンズ先生(Mrs. Jones)から聞かされる。エイミー・アンのクラスメイトのお母さんが，その本は小学生に適切でないと訴えたことが原因らしい。これに異議を唱えようと，エイミー・アンとジョーンズ先生は学校の会合に出席している。まずジョーンズ先生が訴えている。

"It's (1)<u>our job as educators</u> to *expose our children to as many different kinds of books and as many different points of view as possible. That means letting them read books that are too easy for them, or too hard for them. That means letting them read books that challenge them, or do nothing but entertain them. And yes, it means letting students read books with things in them we might disagree with and letting them make up their own minds about things, which is sometimes scary. But that's what good education is all about."

"Ladies and gentlemen," Mrs. Jones said, "every parent has the right to decide what their child can and can't read. (2)<u>What they cannot do is make that decision for everyone else</u>. I respectfully ask that the school *board *overturn the decision to remove these books. Thank you."

Most of the school board members were looking at the table in front of them when she finished, not at Mrs. Jones. One of them coughed.

"Thank you, Dr. Jones. Mrs. Spencer ? You wanted to speak ?"

Trey's mom went to the *podium. Unlike Mrs. Jones, she didn't have a piece of paper to read from.

"Ladies and gentlemen of the school board, I was a student at Shelbourne Elementary once," she said. "Back then, [A]. Parents could trust that their children weren't going to pick up a book that taught them how to lie or steal. They weren't going to find a book that showed them it was all right to talk back and be disrespectful to adults."

I frowned. No book I'd read in the library had taught me to (a) or to (b)! Every kid who had any kind of brains knew how to do those things already. And I was (c) to adults. I always did whatever they told me to do.

"This is just eleven books," Mrs. Spencer said. "That leaves thousands more in the elementary school library for our children to enjoy. Far better books, too. I have only asked to remove those books that are inappropriate. You made the right decision to remove these books from the library. Thank you."

Mrs. Jones cleared her throat and shifted in her seat.

"Thank you, Mrs. Spencer," one of the board members said. "Is there anyone else who wishes to speak to this issue?" he asked.

Mrs. Jones looked over at me and smiled. Dad gave me a questioning look. This was it. This was why I had (3)that piece of paper in my pocket. Why I'd gotten my parents to rearrange their schedules to bring me here. Why I was in a boring meeting room at seven o'clock on a school night instead of sitting in my bed reading a book. They both expected me to get up and say something. To tell the school board why they shouldn't remove *Mrs. Frankweiler*. All I had to do was stand up and walk to the podium.

My heart thumped in my chest and I stared straight ahead.

"Anyone?" the school board member asked again.

The school board waited.

Mrs. Spencer waited.

Mrs. Jones waited.

Dad waited.

I *sucked on my *braids.

"All right then," the school board member said. "There is no further comment on the matter, so I move to *uphold this board's decision to remove these books from the Shelbourne Elementary library."

"*Seconded," someone said.

And it was over. That was it. My one chance to speak up, my one chance to tell them why my favorite book was so great, and I had done what I always did — [B]. My face was so hot I thought it would catch fire. I couldn't even look at Dad or Mrs. Jones.

"I don't think we need to sit around for the rest of this," my dad huffed.

I nodded, trying not to cry.

In the car on the way home, I pulled the piece of paper out of my pocket and unfolded it. At the top I had written "Why *From the Mixed-up Files of Mrs. Basil E. Frankweiler* Is My Favorite Book." I hadn't written much below that, but it had taken me a long time to do it.

How do you say why you like a thing? You can point to all the good parts. That you like how (4)they ran away from home to a museum. That you like how Claudia packed her clothes in her empty violin case. That they slept in a big antique bed and took baths in the fountain. That they solve a mystery about an old statue. I like all that stuff about *From the Mixed-up Files.*

But none of those is really the reason I've read it thirteen times and still want to read it again. That's something . . . bigger. Deeper. More than all those things added together.

How do you explain to someone else why a thing is important to you if it's not important to them ? How can you put into words how a book slips inside of you and becomes a part of you so much that [　C　] ?

"Is that your speech ?" Dad asked. "Why didn't you read it, Amy Anne ? I thought that was the whole reason we came all the way out here tonight. The whole reason we rearranged everybody's schedules." Hot tears poured down my cheeks, and I turned away so [　D　]. I tried to swallow a quiet sob, but Dad heard me.

"Are you crying ? Oh, Amy Anne, I . . . I'm sorry. I didn't mean that. I know how hard it is for you to speak up." He pulled a bright red bandana out of his pocket and handed it to me. "Here, what's the book ?"

I shook my head. I couldn't look at him. I was still crying.

"Come on. *Mixed-up Mrs. Frankfurter* or something."

He was trying to get me to laugh, but I was too upset. He was right. Everybody *had* changed their plans for me and we'd come all that way downtown on a school night, and I'd sat there too afraid to say something.

Dad didn't say anything else, but a few minutes later we pulled into the parking lot of the bookstore. I hadn't even noticed (5)we weren't driving home.

"Come on," Dad said. "(6)Clean yourself up now and let's see if they have your book."

（注）　expose　触れさせる　　board　委員会　　overturn　ひっくり返す　　podium　演壇
　　　suck　しゃぶる　　braid　三つ編み　　uphold　支持する　　second　賛成する

問１　下線部(1)の内容として，ジョーンズ先生が挙げているものを下のア～オよりすべて選びなさい。
　ア　子どもたちに，ちょうどよい難易度の本を読ませること。
　イ　子どもたちに，面白くてためになる本を読ませること。
　ウ　子どもたちに，賛同しない大人もいるような内容を含む本を読ませること。
　エ　子どもたちに，不適切な内容を含む本を読ませないこと。
　オ　子どもたちに，簡単には理解できないような本を読ませること。

問２　下線部(2)を日本語で具体的に説明しなさい。ただし，下に与えられた書き出しと書き終わりの間を埋める形で答えること。
　　親は(　　　　　　　　　　)はできないということ。

問３　空らん[A]～[D]に入れるのに最も適したものを下のア～カよりそれぞれ選びなさい。
　ア　Dad couldn't see
　イ　I didn't listen to others
　ウ　I sat there and said nothing
　エ　the school library was a safe place
　オ　I had to get the book back
　カ　your life feels empty without it

問４　空らん(a)～(c)に入る適切な語をそれぞれ答えなさい。

問５　下線部(3)の紙に書かれている内容を日本語で説明しなさい。

問6　下線部(4)が指す人物を下のア～エより選びなさい。ただし，どれも当てはまらない場合はオを選びなさい。

ア　Amy Anne and her father
イ　Amy Anne's friends
ウ　the characters in *Mrs. Frankweiler*
エ　the school board members
オ　none of the above

問7　下線部(5)について，実際にはどこに何をしに向かっていたのか，日本語で説明しなさい。

問8　物語の状況をふまえて，下線部(6)を分かりやすく5～10字の日本語に直しなさい。

LISTENING COMPREHENSION

※注意　放送中にメモをとってもよいが，その場合にはこのページの余白を利用し，解答用紙にはメモをしないこと。

【Part 1】　会話は1度だけ読まれます。

1．Which is true about Emma's uncle?
ア　He wrote and directed the play.
イ　He delivers letters to the theater.
ウ　He works at the ticket office in the theater.
エ　He is one of the actors in the play.

2．What can you say about the conversation?
ア　Maya will help Jack get good grades in math and science.
イ　Jack has decided to discuss things with his parents.
ウ　Jack really wants to study French instead of medicine.
エ　Jack's parents won't let him choose the career he wants.

3．What will the man probably post on Facebook about their day?
ア　A photo of their coffee meeting.
イ　A message about their disagreement.
ウ　A story about their phone-free day.
エ　A picture of the woman using her phone.

【Part 2】　英文と質問は2度読まれます。

1．ア　Because it was the only puppy left.
イ　Because it was the cheapest of the five.
ウ　Because he wanted a small one to play with.
エ　Because he felt some connection with the puppy.

2．ア　To give it to the little boy for free.
イ　To sell it to the little boy at a low price.
ウ　To keep it for himself.
エ　To donate it to an animal shelter.

3．ア　Because he didn't like the other puppies.
イ　Because he had enough money to buy the puppy.
ウ　Because he believed the puppy was worth paying for.
エ　Because he wanted to surprise the store owner.

4．ア　He was a great runner.
イ　He liked walking more than running.
ウ　He had difficulty in running.
エ　He ran to the pet store to see puppies.

<LISTENING COMPREHENSION 放送原稿>

【Part 1】

1.

W: Hi Brian. Did you have a good weekend?

M: Pretty good. I hung out with some friends yesterday. But I haven't done much today. Just stayed at home . . . watching YouTube. How about you, Emma?

W: I went to the theater last night.

M: That sounds great. What was on?

W: A play called *Postman's Story*. It was funny, and actually my uncle is the postman.

M: Oh, I didn't know your uncle was a mailman.

W: No, he was in the play! He was good and had lots of lines to remember.

M: I wouldn't be very good. I'd forget my lines.

W: Me, too. Anyway, I got some free tickets if you wanna see the play.

M: Yeah, I'd love to. When?

W: Tomorrow or next week, take your pick.

M: I can't go tomorrow. My mom won't be home, so I have to do some housework for her. How about next Thursday?

W: OK. Can you make it at eight on Thursday?

M: Of course. Um, do you have another ticket for my brother?

W: Sure. I'll see if Uncle Harry can take us backstage again. You'll get to meet all the actors.

M: Really? That's cool. Thanks a lot.

W: No problem.

2.

W: Did you get your exam results, Jack?

M: Yeah, I didn't get the grades I need in math or science.

W: Oh, that's too bad. What are you going to do?

M: No idea. If I can't take the tests again, I'll have to change my future plans.

W: But I thought you were really interested in medicine.

M: No, it's not my choice. My parents want me to go into it.

W: OK. And what do you want to do?

M: I don't know, exactly. I like history and languages. I have a high score in French!

W: Ah, that's great! Maybe it would be better for you to do something like that.

M: I don't know if I want to study history or languages, either. But even if I can get the grades I need in math and science, I'm still not sure about studying medicine.

W: Well, you have many talents, Jack, but maybe being a doctor isn't for you.

M: No, it's not. Although my parents aren't going to be happy.

W: Well, you need to make the right decision for you, even though they might not like it.

M: You're right, Maya. Maybe I should talk to them.

W: They might be more understanding than you think.

M: I hope so.

3.

W: Hey, we are meeting up for coffee but neither of us are talking!

M: Hang on ... What did you say? Sorry, I didn't catch that.

W: Jim, you're not listening to me!

M: Sorry. I was just sending a message. I was multitasking!

W: Yeah, but I don't think you can send messages and talk to someone in real life at the same time! The real-life person should come first. Don't you think?

M: Yes, but sometimes you just need to send a quick message. I don't think it's rude. I think it's rude not to respond to messages.

W: You're right in a way ... but when one of your best friends is sitting right in front of you, maybe it's time to switch off?

M: All right. It'll give me something to post on Facebook later.

W: OK! On the count of three then!

M&W: One ... two ... three ... off!

M: Wow! We did it. It feels strange that no one can contact me, but I like this feeling of freedom. I'm going to keep mine off all day.

W: Really? Now you have something to post on Facebook. 'Jim survives a whole day without his phone!'

【Part 2】

A store owner put up a sign saying, "Puppies For Sale." Immediately a little boy came over and asked, "How much are the puppies?"

"Between $30 to $50," the store owner answered. The little boy reached in his pocket and pulled out some change. He had $2.37 and asked the owner to show them.

The store owner smiled and brought out five tiny puppies. But one of the puppies was walking slowly and looked a bit hurt. The little boy noticed this and asked, "What's wrong with that little dog?"

The store owner explained that the puppy had trouble in walking because its leg didn't move well. The little boy became excited. "That is the little puppy that I want to buy."

"No, you don't want to buy that little dog," said the store owner. "If you really want him, I'll just give him to you."

The little boy got quite upset. He looked straight into the store owner's eyes and said, "I don't want you to give him to me. That little dog is just as valuable as all the other dogs and I'll pay full price. In fact, I'll give you $2.37 now, and 50 cents a month until I have him paid for."

The store owner said, "You really don't want to buy this little dog. He will never run and jump and play with you like the other puppies." The little boy reached down and rolled up his pant leg to show his left leg, which was made of metal.

He looked up at the store owner and softly answered, "Well, I don't run so well myself, and the little puppy will need someone who understands!"

1. Why did the little boy want the puppy that was walking slowly?
2. What did the store owner offer to do with the little puppy?
3. Why did the little boy want to give money to buy the puppy?
4. Which is true about the little boy?

【数　学】（60分）〈満点：100点〉

（注意）コンパス，三角定規を使用します。

1　次の各問いに答えなさい。

(1)　次の計算をしなさい。

$$\sqrt{(\sqrt{3}-1)^2}+\sqrt{(\sqrt{3}-2)^2}+\frac{1-\sqrt{3}}{2-\sqrt{3}}$$

(2)　次の式を因数分解しなさい。

$$x^3-xy^2+2xy-x^2+y^2-x-2y+1$$

(3)　a，b，c は素数で，$c<a<b$ である。$ab(c+1)=2024$ が成り立っている。

①　a，b，c の値を求めなさい。

②　二次方程式 $ax^2+bx+(c+5)=0$ を解きなさい。

(4)　$\sqrt{7}+\sqrt{19}$ の整数部分の値を求めなさい。

2　座標平面上において，放物線 $y=x^2$…①と，放物線 $y=ax^2\ (0<a<1)$…②がある。また，直線 l：$y=x$ と，直線 m：$y=-\frac{1}{2}x$ がある。放物線①と直線 l の交点のうち原点でない方の点をA，放物線②と直線 l の交点のうち原点でない方の点をB，放物線①と直線 m の交点のうち原点でない方の点をC，放物線②と直線 m の交点のうち原点でない方の点をDとする。次の各問いに答えなさい。

(1)　$\frac{\mathrm{BD}}{\mathrm{AC}}$ を，a を用いて表しなさい。

(2)　原点を通り，四角形ABDCの面積を二等分する直線の式を求めなさい。

(3)　$a=\frac{1}{3}$ とする。点(1，0)を通り，四角形ABDCの面積を二等分する直線の式を求めなさい。

3　同じ大きさの立方体が12個ある。【図1】のように，それらすべてを積んで直方体を作り，点A，B，Cを定める。また，立方体の各辺を経路，各頂点を経路の分岐点とする。点Aから点Bまでの最短経路を考える。次の各問いに答えなさい。

(1)　点Cを通る最短経路は何通りあるか答えなさい。

(2)　直方体の内部には経路の分岐点が2つある。それら2つの分岐点のうち，【図2】のように点Aに近い方の点をPとする。点Pを通る最短経路は何通りあるか答えなさい。

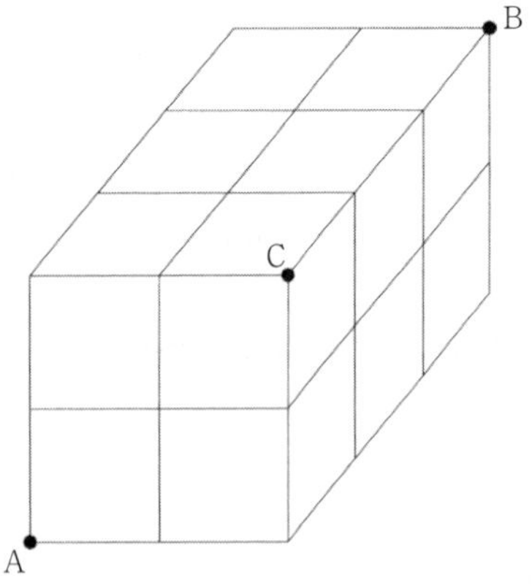

【図1】

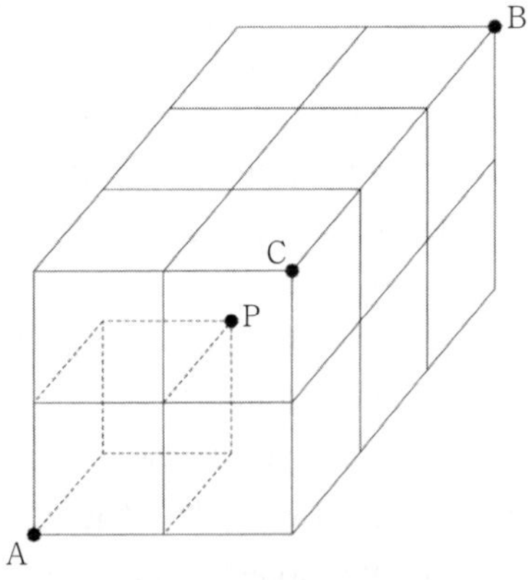

【図2】

(3) 直方体の内部の２つの分岐点のうち，少なくとも１つを通る最短経路は何通りあるか答えなさい。

(4) 直方体の表面のみを通る最短経路は何通りあるか答えなさい。

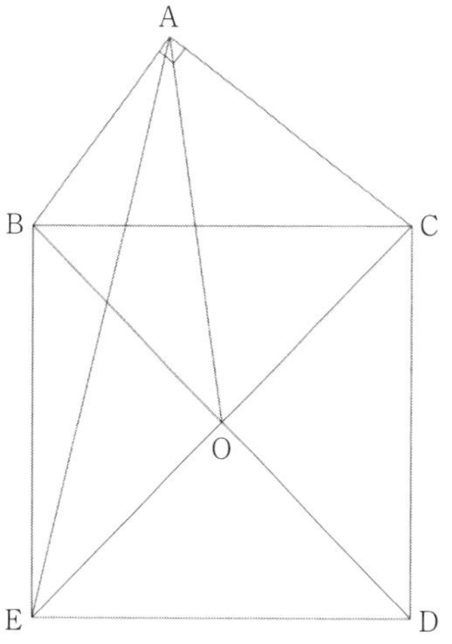

4　右の図において，△ABC は AB＝3，AC＝4，∠A＝90°の直角三角形であり，四角形 BEDC は正方形である。また，BD と CE の交点を O とする。次の各問いに答えなさい。

(1) 線分 AE の長さを求めなさい。

(2) 線分 AO の長さを求めなさい。

(3) 直線 AE 上に，点 A とは異なる点 F を∠BFC＝90°となるようにとる。線分 CF の長さを求めなさい。

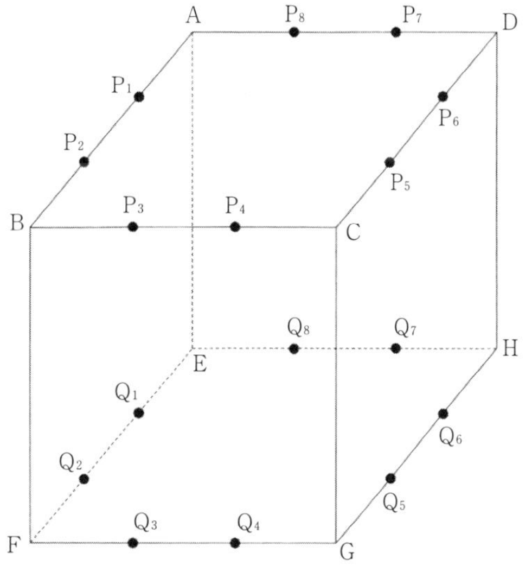

5　右の図は一辺の長さが3の立方体 ABCD-EFGH である。図のように辺 AB，BC，CD，DA をそれぞれ三等分する点を P_1，P_2，……，P_8，辺 EF，FG，GH，HE をそれぞれ三等分する点を Q_1，Q_2，……，Q_8 とする。次の各問いに答えなさい。

(1) 3点 P_2，P_7，Q_4 を通る平面と，正方形 CGHD が交わってできる線を解答用紙の正方形 CGHD に書き込みなさい。ただし，解答用紙の点 R_1，R_2 は辺 CG を，点 R_3，R_4 は辺 DH を，それぞれ三等分する点である。

(2) 3点 P_2，P_7，Q_4 を通る平面で立方体を切断するとき，切断面の図形の面積を求めなさい。

(3) 3点 P_2，P_7，Q_4 を通る平面と3点 P_3，P_6，Q_1 を通る平面の２つの平面で立方体を切断してできる立体のうち，B を含む立体の体積を求めなさい。

(4) 3点 P_2，P_7，Q_4 を通る平面，3点 P_3，P_6，Q_1 を通る平面，3点 Q_1，Q_4，P_7 を通る平面，3点 Q_5，Q_8，P_3 を通る平面の４つの平面で立方体を切断してできる立体のうち，AG と FD の交点を内部に含む立体の体積を求めなさい。

【社　会】（50分）〈満点：100点〉

（注意）　• 句読点は字数に含めます。

• 字数内で解答する場合，数字は１マスに２つ入れること。例えば，226年なら[22][6][年]とすること。字数は指定の８割以上を使用すること。

〈編集部注：実物の入試問題では，[1]の問10の写真１・２，[3]の問２の１～４，問４(4)の図１，問６の図２はカラー印刷です。〉

[1]　次の文章Ⅰ・Ⅱを読み，下記の設問に答えなさい。

Ⅰ

本校では昨年，高校２年生の修学旅行としていくつかの団に分かれ，またさらに団の中で少人数での班を構成して，九州各地を回った。羽田空港から鹿児島県に入り，５泊６日をかけて北上し，最後は福岡空港や長崎空港などから羽田空港に戻るという行程をたどった。九州各地をめぐることで，各地の歴史的経緯や特徴を探ることができた。

鹿児島県は，かつてはa薩摩藩が支配していた地域であったことから，明治維新に関わった人物由来の名所が多く，近現代史に関わる史跡も多く残っている。例えば旧山田村（現在の姶良《あいら》市）には日露戦争に出征した兵士の帰還を祝し，1906（明治39）年に建てられた凱旋門が現在も残っている（「山田の凱旋門」）。凱旋門とは元々戦争における勝利を記念して建てられるもので，b古代ローマの凱旋門やパリのエトワール凱旋門が有名である。「山田の凱旋門」をくぐり石段を上っていくと，そこには日露戦争の慰霊碑だけでなく，「大東亜戦争慰霊碑」や「c戦亡招魂表」などの，旧山田村から出征した人びとを弔う石碑が建てられている。

鹿児島県から熊本県へ移動した際は，水俣市に寄った班があり，d高度経済成長期に深刻化した公害病について学ぶことができた。また，熊本県には世界でも有数の規模のカルデラをともなう阿蘇山などがあり，火口見学は地理を学ぶ上で貴重な体験となった。

熊本県から福岡県に移動した際には，大牟田市の近代化産業遺産群やe菅原道真で有名な太宰府天満宮などにも寄った班があった。また熊本県から長崎県へ移動した団の中には，長崎市内からf島原市などを訪れた班もあった。

福岡県はg中国と日本の交流の窓口の一つであり，今も多くの史跡が残っている。福岡空港の近くでは，h弥生時代の遺跡で日本最古の農耕集落の一つと考えられている板付《いたづけ》遺跡を見学した班もあった。また福岡空港から北西に15～16キロの距離には，「漢委奴国王」と刻まれたi金印が江戸時代に発見された［　ア　］島があり，現在では陸伝いに行くこともできる。隣県の佐賀県には名護屋城跡や，東京駅を設計したj辰野金吾が設計監修した旧唐津銀行本店が残っている。

問１　空欄［ア］に該当する島名を漢字で答えなさい。

問２　下線部ａに関する次の文Ｘ・Ｙの正誤の組合せとして正しいものを，下記より１つ選び番号で答えなさい。

Ｘ　江戸時代，薩摩藩は琉球（王国）を支配した。

Ｙ　明治時代，伊藤博文や山県有朋など，多くの薩摩藩出身者が内閣総理大臣となった。

1　Ｘ　正　Ｙ　正		2　Ｘ　正　Ｙ　誤
3　Ｘ　誤　Ｙ　正		4　Ｘ　誤　Ｙ　誤

問３　下線部ｂに関する次の文Ｘ・Ｙの正誤の組合せとして正しいものを，下記より１つ選び番号で答えなさい。

Ｘ　古代ローマ帝国の文化は，シルクロードを通じてオリエントにも広がり，ヘレニズム文化とよばれた。

Y　古代ローマ帝国は，道路網を整備し，帝国内の多くの都市には浴場や闘技場などの施設を造った。

1	X	正	Y	正	2	X	正	Y	誤
3	X	誤	Y	正	4	X	誤	Y	誤

問４　下線部ｃに関連して，この石碑は1879(明治12)年に建てられたものであり，その２年前に，鹿児島県・熊本県を主な舞台とした戦いに出征して戦死した人びとの名前が刻まれている。この戦いの名称を漢字で答えなさい。

問５　下線部ｄに関連して，高度経済成長期(1955〜73年)に起きた出来事について述べた次の文Ⅰ〜Ⅲについて，古いものから年代順に正しく配列したものを，下記より１つ選び番号で答えなさい。

Ⅰ　第四次中東戦争により，第一次石油危機が起こった。

Ⅱ　日本で初めてオリンピック・パラリンピックが開催された。

Ⅲ　公害防止も含め，環境保全のため環境庁が設置された。

1	Ⅰ－Ⅱ－Ⅲ	2	Ⅰ－Ⅲ－Ⅱ	3	Ⅱ－Ⅰ－Ⅲ
4	Ⅱ－Ⅲ－Ⅰ	5	Ⅲ－Ⅰ－Ⅱ	6	Ⅲ－Ⅱ－Ⅰ

問６　下線部ｅに関連して，菅原道真はその死後，怨霊として恐れられた。その他にも保元の乱で敗れて配流された崇徳上皇や平将門を加えて，俗に三大怨霊といわれている。崇徳上皇と平将門に関する出来事について述べた次の文Ｘ・Ｙの正誤の組合せとして正しいものを，下記より１つ選び番号で答えなさい。

Ｘ　保元の乱は，源義朝が率いる源氏と平清盛が率いる平氏の戦いでもあった。

Ｙ　平将門は「新皇」を自称し，関東一円を支配した。

1	X	正	Y	正	2	X	正	Y	誤
3	X	誤	Y	正	4	X	誤	Y	誤

問７　下線部ｆに関連して，島原の乱において，幕府側の攻撃の中には外国船からの砲撃もあった。どの国の艦船か，答えなさい。

問８　下線部ｇに関して，次に５世紀と７世紀の資料を示す。従来，７世紀の資料からは日本が対等外交を求めたとされたが，現在では異なった見方が提示されている。このことを踏まえ，５世紀と７世紀における日本の対中外交の変化について解答用紙の枠内で説明しなさい。

５世紀　(倭王の)讃が死んで弟の珍が王位に就いた。使者を遣わして貢物を献上し自ら使持節都督倭・百済・新羅・任那・秦韓・慕韓六国諸軍事，安東大将軍，倭国王と称し，文書で正式に任命されるよう求めた。

(『宋書』夷蛮伝東夷倭国の条)

７世紀　大業三(607)年，(倭王の)多利思比孤が使いを遣わして朝貢してきた。使者はこう言った。「海西の菩薩天子が前代に栄えた仏法をさらに盛んにしていると耳にしました。そこで私を派遣して天子に対する礼を尽くし，同時に僧数十人を仏法を学ばせるために同行させました。」その国書には「太陽ののぼるところの国の天子が，太陽の沈むところの国の天子に手紙を差し上げます。お変わりありませんか」と書かれていた。

(『隋書』東夷伝倭国の条)

問９　下線部ｈに関する次の文Ｘ・Ｙの正誤の組合せとして正しいものを，下記より１つ選び番号で答えなさい。

X　この時代の遺跡として，吉野ヶ里遺跡や登呂遺跡がある。

Y　中国や朝鮮から鉄器が伝わり，武器の他に農具や船を造る道具としても使用された。

1	X	正	Y	正	2	X	正	Y 誤
3	X	誤	Y	正	4	X	誤	Y 誤

問10　下線部ｉに関連して，１～３世紀には同じような内容の金印が中国江蘇省(広陵王《こうりょうおう》爾《じ》)や雲南省(滇王《てんおう》之印)，銅印では北方の匈奴の王に下されたことがわかっている。金属製の印が各地の王や支配者に贈られた意味と印の使用方法について解答用紙の枠内で説明しなさい。なお使用方法については，次の写真１・写真２を参考にすること。

写真１

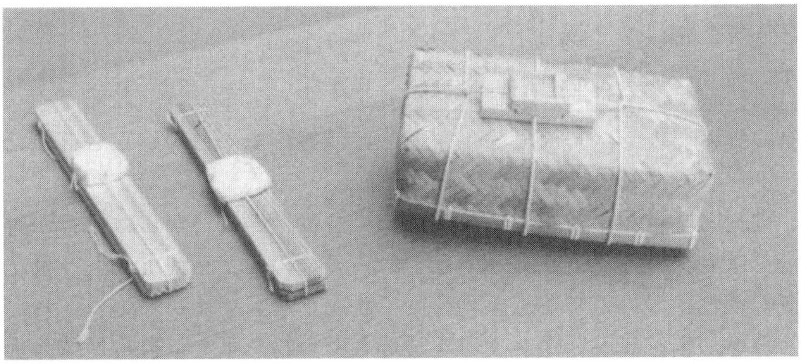

写真２

問11　下線部ｊが師事した，鹿鳴館の設計者を答えなさい。

※参考資料

河上麻由子『古代日中関係史―倭の五王から遣唐使以降まで』中公新書，2019年

問８の訳文は『詳説日本史史料集』山川出版社(2013年再訂版)などを参照

福岡市博物館ブログより

Ⅱ

2022年度から，「学習指導要領」の改訂により，全国の高校で「歴史総合」の授業が始まった。歴史総合では「近現代の歴史の変化に関わる諸事象について，世界とその中における日本を広く相互的な視野から捉え，資料を活用しながら歴史の学び方を習得し，現代的な諸課題の形成に関わる近現代の歴史を考察，構想する」ことが求められることとなった。例えば，2022年２月に始まったロシアに

よるウクライナ侵攻について，ある研究者は日中戦争との類似性を指摘している。そこでは日本とロシアはそれぞれ$_{k}$国際秩序を支える側であったことや，侵略した側がその前において「成功事例」があり，それを繰り返そうとしたこと，侵略した側が想定した以上に$_{l}$長期化したことなどを指摘している。このような事例の当否を考えるのも歴史総合の役割の一つだろう。では，実際の授業でどのように学んでいくのか。

まず，前近代の各地の様子や$_{m}$宗教を簡単に学習した後，18世紀・19世紀の各地の近代化について学習し，近代化とは何かを考える。そこではイギリスの$_{n}$産業革命やそれに連なる世界市場の形成，また$_{o}$アメリカ独立革命やフランス革命など欧米の政治体制の変化を学ぶ。そしてアジア地域に進出した西欧諸国に揺さぶられた東アジア諸国の動きと，日本の大規模な$_{p}$内戦を経た明治維新についても学ぶ。西欧諸国がアジア・アフリカ地域を植民地化していく中で，西欧諸国は何を考えたのか，植民地側はどう対応しようとしたのか，そして日本はこれまでの東アジアでの国際秩序が変わっていく中で，どのように自らを変えていったのか。西欧近代化を日本なりに受容し，西欧諸国と比肩するような国家作りを目指してきたことを学ぶ。

20世紀前後からは，日清戦争や$_{q}$日露戦争で日本が勝利し，世界の中でも認められるようになりつつある中，世界では女性の社会進出や民主主義を基本とした世論が形成され，第一次世界大戦や第二次世界大戦を通じて世界に拡散していったことを学ぶ。第二次世界大戦後は，米ソを中心とした冷戦が1989年まで続き，その終結宣言が出された後も，冷戦構造の影響を受けた地域紛争が頻発していることを学習，最後には21世紀のグローバル化の光と影について取り上げている。

こうした学習は知識一辺倒に思われるが，決してそうではなく，思考の根本となる知識を習得し，そこから問いを見いだし，自ら表現する必要がある。

問12　下線部kに関する次の文X・Yの正誤の組合せとして正しいものを，下記より１つ選び番号で答えなさい。

X　日本は日中戦争の開戦時，国際連盟の理事会の常任理事国であった。

Y　ロシアがウクライナへ侵攻を始めたとき，国際連合の安全保障理事会の常任理事国であった。

1	X　正　Y　正	2	X　正　Y　誤
3	X　誤　Y　正	4	X　誤　Y　誤

問13　下線部lに関して，長期化という観点から見たとき，日中戦争時の日本と現在のロシアにどのような違いがあるのか，戦略物資という側面から解答用紙の枠内で説明しなさい。

問14　下線部mに関する次の文X・Yと，それに関連する宗教a～dとの組合せとして正しいものを，下記より１つ選び番号で答えなさい。

X　11世紀に，エルサレムを奪還するため軍事行動を起こした。

Y　７世紀に成立したこの宗教の聖典は，信者の生活や政治，経済活動をも定める法としての役割を果たしている。

a　仏教　　b　キリスト教　　c　イスラム教　　d　ユダヤ教

1	X－a　Y－c	2	X－a　Y－d
3	X－b　Y－c	4	X－b　Y－d

問15　下線部nに関する次の文X・Yの正誤の組合せとして正しいものを，下記より１つ選び番号で答えなさい。

X　イギリスでは，工業が盛んな都市に人びとが流入したため，都市の衛生状況が悪化した。

Y　日本で産業革命が起こると，紡績業が急激に伸びて主要な輸出品目となった。一方，製糸業は輸入品に押されて衰退した。

1	X	正	Y	正	2	X	正	Y	誤
3	X	誤	Y	正	4	X	誤	Y	誤

問16　下線部ｏに関して，18世紀のことを記した次の文X・Yの正誤の組合せとして正しいものを，下記より１つ選び番号で答えなさい。

X　アメリカでは，黒人奴隷の解放を争点として南北対立が生じ，北部諸州側が勝利した。

Y　日本では，18世紀前半の街道整備により人の移動が多くなり，えた身分・ひにん身分などの人びとも移動し，身分の解放が進んだ。

1	X	正	Y	正	2	X	正	Y	誤
3	X	誤	Y	正	4	X	誤	Y	誤

問17　下線部ｐに関する次の文X・Yの正誤の組合せとして正しいものを，下記より１つ選び番号で答えなさい。

X　旧幕府軍の戦いは蝦夷地まで続き，最後は五稜郭で新政府軍と戦って終了した。

Y　東北地方では，新政府軍に対抗するため奥羽越列藩同盟が結成された。

1	X	正	Y	正	2	X	正	Y	誤
3	X	誤	Y	正	4	X	誤	Y	誤

問18　下線部ｑに関して，下の図は日露戦争直前の1903年に描かれた風刺画である。この図に見えるイギリスやアメリカは，それぞれどのように日本を支援したのか，50字以内で具体的に２点挙げ説明しなさい。

※参考文献

山田　朗「日本史から見たウクライナ戦争ー日中戦争との類似性と危険性ー」（『歴史学研究』第1037号，2023年）

2　次の文章Ⅰ・Ⅱを読み，下記の設問に答えなさい。

Ⅰ

戦後日本では，a＊中選挙区制の下で自由民主党（自民党）の一党優位政党制が成立し，首相（内閣総理大臣）の座をめぐって与党内の複数の派閥が争う構図が定着する一方，農協や医師会など各分野のb利益集団（圧力団体）が族議員や官僚と結びついていた。その結果，権力は極度に分散し，c冷戦終結とバブル崩壊にともなって様々な政策課題が噴出する中で，有効な意思決定を行うことが困難になった。このため，d1990年代には選挙制度改革や行政改革が行われた。

これは，一見すれば常識的な解説だろう。だが，ジェンダーの視点から見た場合，そこには日本政治の極めて重要な特徴が含まれていない。その特徴とは，日本において政治家や高級官僚などの政治エリートの圧倒的多数を男性が占めているという事実である。

＊＊列国議会同盟（IPU）の調査によれば，2019年６月現在，日本の衆議院における女性議員は全議員の10.2％（463人中47人）であり，議会下院における女性議員の割合としては世界192カ国中163位に相当する。参議院における女性議員の割合は20.7％（241人中50人）であり，衆議院ほど極端に女性議員の割合が低いわけではないが，二院制の国の中では世界79カ国中44位である。

他方，内閣府男女共同参画局の『男女共同参画白書』によれば，中央省庁の最高幹部である事務次官や局長など国家公務員の指定職相当に占める女性の割合は，2018年７月現在で，わずか3.9％にすぎない。2015年に経済協力開発機構（OECD）が行った調査によれば，OECD諸国の行政機関の上級管理職に占める女性の割合の平均は33％であり，日本は29カ国中最下位であった。

つまり日本の政治には，まず何よりも，男性の手に権力が集中しているという特徴がある。今日，これは少なくとも先進国の間ではあまり見られない現象であるといえよう。日本は権力が分散している国であるという通説的な評価は，権力を握る男性たちの間の関係を記述しているにすぎない。その背景にあるe男女の不平等の構造は，この記述から抜け落ちてしまう。

（前田健太郎『女性のいない民主主義』 岩波新書，2019年より作成）

＊中選挙区制：理論上は大選挙区制に含まれる。

＊＊列国議会同盟：主権国家の議会による国際組織。1889年設立，本部はジュネーブ。

問１　下線部ａに関する次の文Ｘ・Ｙについて，その正誤の組合せとして正しいものを，下記より１つ選び番号で答えなさい。

Ｘ　この選挙区制度では，全国を11ブロックに分け，政党名で投票する。

Ｙ　この選挙区制度では，政党に属さない人は立候補できない。

1	X	正	Y	正	2	X	正	Y	誤
3	X	誤	Y	正	4	X	誤	Y	誤

問２　下線部ｂに関する次の文Ｘ・Ｙについて，その正誤の組合せとして正しいものを，下記より１つ選び番号で答えなさい。

Ｘ　利益集団（圧力団体）とは，自分たちの利益のために政党や官僚などに働きかける社会集団のことで，日本労働組合総連合会（連合）や日本経済団体連合会（日本経団連）などがある。

Ｙ　族議員は特定分野に精通し，官僚が属する省庁の予算確保や，業界の利益保護に協力し，政策決定に強い影響力をもっている。

1	X	正	Y	正	2	X	正	Y	誤
3	X	誤	Y	正	4	X	誤	Y	誤

問３　下線部ｃに関連した，次の⑴⑵の設問に答えなさい。

(1) 1989年12月に「冷戦の終結」を宣言した米ソ首脳の名前を，下記の組合せから1つ選び番号で答えなさい。

	アメリカ	ソビエト連邦
1	ブッシュ	フルシチョフ
2	クリントン	ゴルバチョフ
3	レーガン	ブレジネフ
4	ブッシュ	ゴルバチョフ
5	クリントン	ブレジネフ
6	レーガン	フルシチョフ

(2) 冷戦終結に関する次の文X・Yについて，その正誤の組合せとして正しいものを，下記より1つ選び番号で答えなさい。

X　米ソ首脳会談がヤルタで行われ，冷戦終結の宣言がなされた。

Y　冷戦終結の翌1990年は，アフリカで多くの国が独立したので，「アフリカの年」と呼ばれた。

1	X	正	Y	正	2	X	正	Y	誤
3	X	誤	Y	正	4	X	誤	Y	誤

問4　下線部dに関連して，1994年に公職選挙法が改正され，衆議院議員選挙に新たな選挙制度が導入された。これについて次の(1)(2)の設問に答えなさい。

(1) この選挙制度名を漢字で答えなさい。

(2) この選挙制度に関する次の説明文X・Yについて，その正誤の組合せとして正しいものを，下記より1つ選び番号で答えなさい。

X　この選挙制度では，選挙区と比例代表の両方に重複して立候補することはできない。

Y　比例代表制は，候補者名または政党名で投票する非拘束名簿式である。

1	X	正	Y	正	2	X	正	Y	誤
3	X	誤	Y	正	4	X	誤	Y	誤

問5　下線部eに関連して，下記のような求人広告を出そうとしたところ，男女雇用機会均等法上，問題があることを指摘された。どのような問題があるのか，解答用紙の枠内で2点説明しなさい。

クリーニング店スタッフ募集

週２日～・短時間もＯＫ♪

時給　1200円～
配送業務の男性　時給を200円アップ
業務　女性：店頭受付業務やタグ打ち、入荷作業
男性：家庭へのクリーニング品の配送業務
時間　9：00～17：00
資格　未経験スタートＯＫ
※未経験の方も安心のフォロー体制
主婦・フリーター・学生・パート・アルバイト
待遇　昇給／社保完備／社員登用あり／交通費規定／他
事業　クリーニング店

株式会社○○　　△△営業所　TEL＊＊＊－＊＊＊－＊＊＊＊

Ⅱ

2023年に召集された第211通常国会が６月21日，会期を終了し閉会した。

立法府としての f 国会の重要な権限は，法律を制定することである。法律案は， g 内閣と国会議員の双方が提出することができる。

法律を制定する過程として，最初に h 内閣や国会議員が提出した法律案は専門の委員会で審議され，委員会で採択された i 法律案は本会議で審議を行い，出席議員の過半数の賛成で可決する。

第211通常国会では，防衛予算増額の財源を確保するための特別措置法や，原子力発電の運転期間を実質的に延長できる法律，強制送還の対象となった外国人の長期収容の解消を図る改正出入国管理法， j マイナンバーカードの活用拡大に向けた改正マイナンバー法などの関連法など，岸田文雄内閣が提出した60本の法案のうち58本が成立した。

議員立法では，LGBT 理解増進法が自民・公明両党と日本維新の会，国民民主党の４党が合意した与党案が修正を経て成立した。

政府がこの国会の最重要法案と位置づける，防衛費増額に向けた財源確保法が６月16日に参議院本会議で賛成多数で可決され，成立した。防衛費の増額をめぐっては岸田文雄首相は2022年度時点で，2027年度に防衛費と，それに関連する経費を合わせて k GDP(国内総生産) ２％に達する予算措置を講ずるように当時の防衛大臣と財務大臣に指示していた。

他には，６月に少子化対策の強化に向けた「こども未来戦略方針」を決定し，所得制限の撤廃などの児童手当の拡充策を実施することや，2026年度から出産費用の保険適用を始める方針を示した。

そして，物価高騰対策などをめぐって与野党の論戦が交わされたほか，終盤国会では相次ぐマイナンバーカードをめぐるトラブルを受けて，野党側が追及を強めた。

他には，憲法論議で，大規模災害や戦争などの対応を憲法に定める「［　ア　］条項」をめぐり集中的に議論が交わされ，憲法改正に向けての条文作成を求める声もだされた。

国会の最終盤には，立憲民主党が l 内閣不信任決議案を提出することに合わせて，岸田文雄首相が衆議院の解散を決断するのではないかという憶測が与野党で広がったが，解散はなく国会は閉会した。

（NHK ニュースオンラインより作成）

問6　下線部ｆに関して，国会のしくみと運営に関連して述べた文ａ～ｄについて，正しいものの組合せを，下記より１つ選び番号で答えなさい。

ａ　常会(通常国会)は毎年２月に召集され，次年度の予算を中心に審議される。会期は150日間で，両議院一致の議決によって，１回限り延長することが可能である。

ｂ　本会議は原則として公開されるが，出席議員の３分の２以上の賛成で議決したときは，非公開の秘密会にすることができる。

ｃ　法案の実質的な審議は，各院に設置されている常任委員会や特別委員会で行われる。

ｄ　会期中に議決されなかった法案は，衆議院の閉会中に審査が行われ，議決されなければ廃案となる。

１　ａ・ｃ	２　ａ・ｄ	３　ｂ・ｃ	４　ｂ・ｄ

問7　下線部ｇに関して，内閣について述べた文のうち，正しいものを下記より**２つ選び**番号で答えなさい。

１　内閣総理大臣とその他の国務大臣は，文民でなければならない。

２　内閣は，立法権の行使について，国会に対し連帯して責任を負う。

３　内閣が政治方針を決める閣議は，原則非公開である。

４　内閣は国会議員に対する調査を行い，証人の出頭・証言・記録の提出を要求できる。

５　条約を締結するときは，内閣が承認し，国会が締結する。

問8　下線部ｈに関する次の文Ｘ・Ｙについて，その正誤の組合せとして正しいものを，下記より１つ選び番号で答えなさい。

Ｘ　内閣提出法案は各省庁の官僚が中心となって立案し，閣議で決定して内閣総理大臣の名で提出される。

Ｙ　予算が伴う議員提出法案では，衆議院に提出する場合，20名以上の議員の賛成者が必要となる。

１　Ｘ　正　Ｙ　正	２　Ｘ　正　Ｙ　誤
３　Ｘ　誤　Ｙ　正	４　Ｘ　誤　Ｙ　誤

問9　下線部ｉに関して，法律案は衆参両院で可決された時に成立するが，議決が異なった場合，日本国憲法では衆議院の優越が認められている。その理由を衆議院と参議院の制度の違いを指摘したうえで，解答用紙の枠内で説明しなさい。

問10　下線部ｊに関する次の文Ｘ・Ｙについて，その正誤の組合せとして正しいものを，下記より１つ選び番号で答えなさい。

Ｘ　マイナンバー制度は，国民の利便性を高め，公平・公正な社会を実現することを目的としている。

Ｙ　マイナンバーとは，日本に住民票がある全員に対して割り当てられた，１人１つの個人番号である。

１　Ｘ　正　Ｙ　正	２　Ｘ　正　Ｙ　誤
３　Ｘ　誤　Ｙ　正	４　Ｘ　誤　Ｙ　誤

問11　下線部ｋに関して述べた次の文ａ～ｄについて，正しいものの組合せを，下記より１つ選び番号で答えなさい。

ａ　GDPは，国または地域内で一定期間に生産された財とサービスの付加価値の合計である。

ｂ　GDPには，外国に居住する自国民の生産額が計上され，自国に居住する外国人の生産額は計上されない。

c　2020年現在，日本のGDPはアメリカ，中国，フランスに次ぐ世界第4位である。

d　GDPとは，国内の総生産額から中間生産物の総額を引いた最終生産物の総額である。

1　a・c　　2　a・d　　3　b・c　　4　b・d

問12　下線部1に関連して日本国憲法の規定について述べた次の文X・Yについて，その正誤の組合せとして正しいものを，下記より1つ選び番号で答えなさい。

X　内閣は衆議院，参議院いずれかの議院で内閣不信任の決議案を議決できると定められている。

Y　衆議院で内閣不信任の決議案が可決された内閣は，10日以内に衆議院が解散されない限り，総辞職しなければならない。

1　X　正　Y　正　　2　X　正　Y　誤
3　X　誤　Y　正　　4　X　誤　Y　誤

問13　空欄 ア に適する語句を漢字4字で答えなさい。

3　次の文章を読み，下記の設問に答えなさい。

2023年の夏，日本ではバスケットボールのワールドカップが開催された。日本でワールドカップが開催されたのは2006年大会以来だったが，今回はアジア3カ国での開催となり，日本では一次予選リーグのみが沖縄県で行われた。

バスケットボールのワールドカップは，事前にアフリカ，アメリカ(北中南米)，アジア，ヨーロッパの各地区で予選が行われており，勝ち抜いた代表チームが出場権を勝ち取る仕組みになっている。アジア地区からはレバノン，ヨルダン，中国，イラン，ニュージーランド，オーストラリアに開催国2カ国を加えた合計8カ国が出場した。ニュージーランドとオーストラリアはオセアニアに位置しているが，アジア地区の代表として出場している。残念ながらインドネシアは開催国でありながら，本戦への出場は叶《かな》わなかったが，G・Hブロックの予選会場を分担した。日本ではE・Fブロックの予選が，残るもう一つの開催国の首都ではA～Dブロックの予選が行われ，開催国の代表チームも健闘した。

表1　バスケットボールのワールドカップ出場国と予選ブロック分け

A	B	C	D
アンゴラ	南スーダン	アメリカ	エジプト
ドミニカ共和国	セルビア	ヨルダン	メキシコ
フィリピン	中国	ギリシャ	モンテネグロ
イタリア	プエルトリコ	ニュージーランド	リトアニア
E	**F**	**G**	**H**
ドイツ	スロベニア	イラン	カナダ
フィンランド	カーボベルデ	スペイン	ラトビア
オーストラリア	ジョージア	コートジボワール	レバノン
日本	ベネズエラ	ブラジル	フランス

問1　表1中A～Dブロックの試合を開催した都市名を答えなさい。

問2　次の1～4は1980年と2018年におけるインドネシア，タイ，フィリピン，マレーシアの輸出額と輸出品目の割合を示している。タイを示すものを，下記より1つ選び番号で答えなさい。

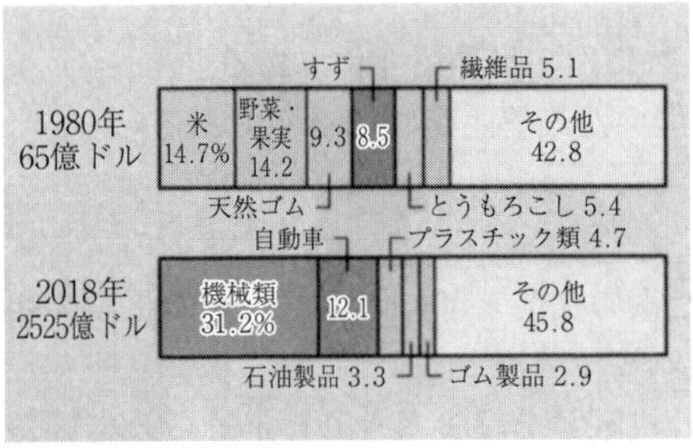

1

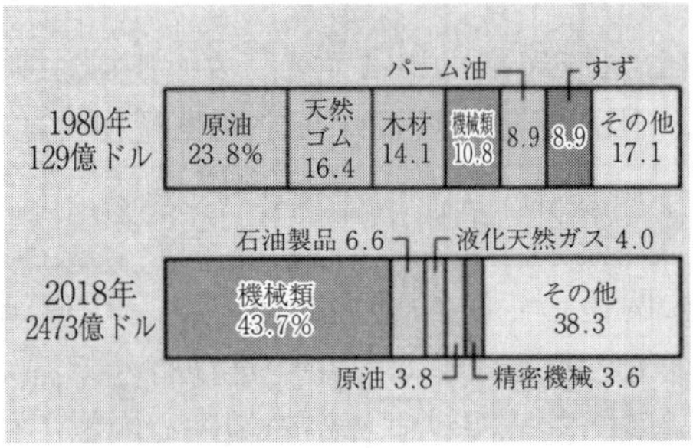

2

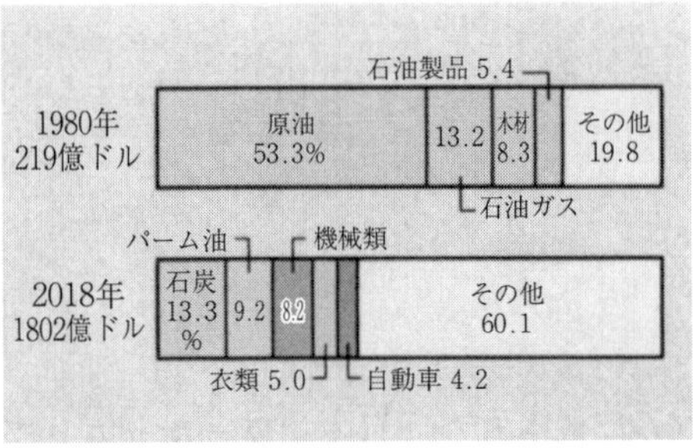

3

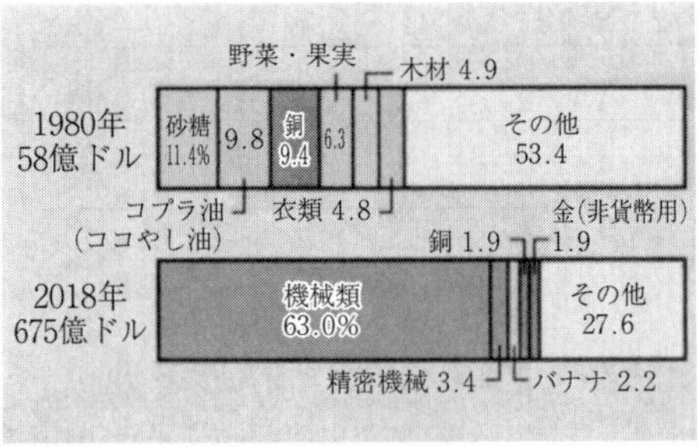

4

問3　次の表2は，ASEAN，MERCOSUR，*USMCA，EUそれぞれについて，人口，GDP，貿易額を比較したものである。EUを示すものを，表2より1つ選び番号で答えなさい。

表2

	人口	GDP(米ドル)	貿易額(輸出＋輸入)(米ドル)
1	6億7333万人	3兆3433億	2兆7960億
2	4億4695万人	17兆 886億	10兆4623億
3	5億　40万人	26兆2799億	5兆3271億
4	3億1104万人	2兆2392億	5631億

注　貿易額については2020年の輸出入統計。MERCOSURのGDPについてはベネズエラを抜いた額。その他は2021年の数値を使用。
*USMCAについてはNAFTA時代の統計も含む。

問4　日本は予選リーグでフィンランド，ドイツ，オーストラリアと同じEブロックに振り分けられた。

(1)　フィンランドについて説明した次の文X・Yについて，その正誤の組合せとして正しいものを，下記より1つ選び番号で答えなさい。

X　フィンランドはEUに加盟しているが，共通通貨であるユーロは導入していない。

Y　フィンランドでは，フィンランド語の他にスウェーデン語と英語を，公用語として定めている。

1	X	正	Y	正	2	X	正	Y	誤
3	X	誤	Y	正	4	X	誤	Y	誤

(2)　ドイツやその隣国のフランスには，多くの移民がいる。右の表3はドイツとフランスに居住する移民の出身国の上位3カ国を示している。Zに当てはまる国名を答えなさい。

表3

	ドイツ(2016年)	フランス(2019年)
1位	Z	アルジェリア
2位	ポーランド	モロッコ
3位	ロシア	ポルトガル

(3)　表３中フランスにおいて，アルジェリアやモロッコからの移民が多い理由を解答用紙の枠内で簡潔に説明しなさい。

(4)　オーストラリアは，鉱産資源の世界的な生産国である。次の図１は，オーストラリアにおける金，ウラン，鉄鉱石，石炭の分布を示している。鉄鉱石を示すものを，下記より１つ選び番号で答えなさい。

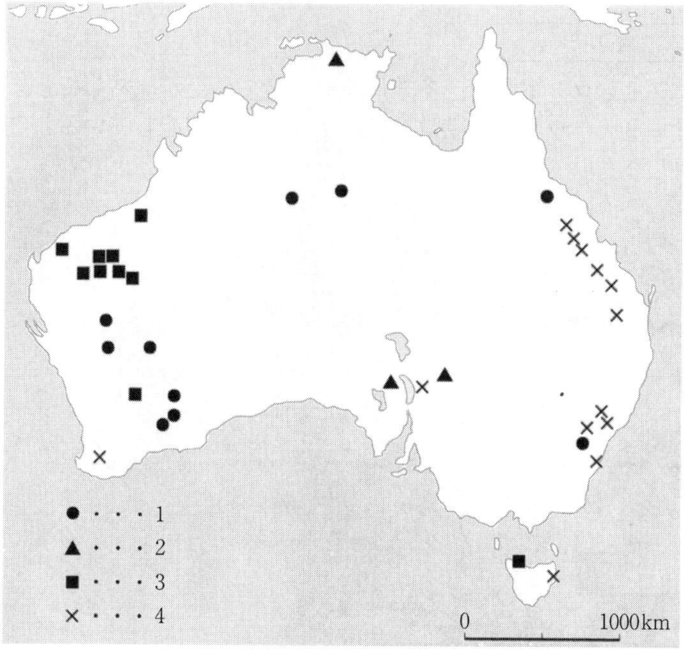

図１

問５　次の雨温図ア～ウは，ヨーロッパ地区から出場したギリシャ，フィンランド，フランスいずれかの国の首都のものである。ア～ウが示す国の組合せとして正しいものを，下記より１つ選び番号で答えなさい。

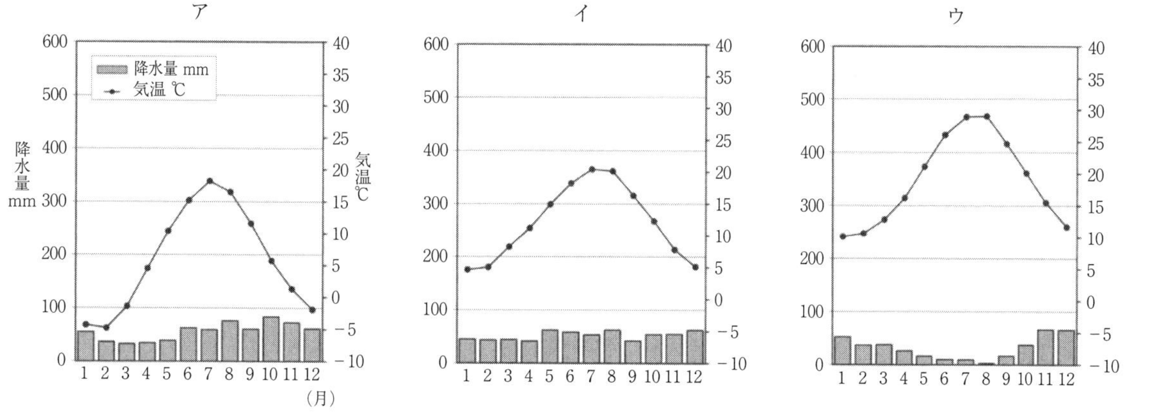

	ア	イ	ウ
1	ギリシャ	フィンランド	フランス
2	ギリシャ	フランス	フィンランド
3	フィンランド	ギリシャ	フランス
4	フィンランド	フランス	ギリシャ
5	フランス	ギリシャ	フィンランド
6	フランス	フィンランド	ギリシャ

問6　日本と同じＥブロックであったフィンランドでは，冬季になると全ての港が凍結してしまう。一方で，図２中のノルウェーに位置するナルヴィクの港は，冬季も凍らずに機能している。この港が凍結しない理由を35字以内で説明しなさい。

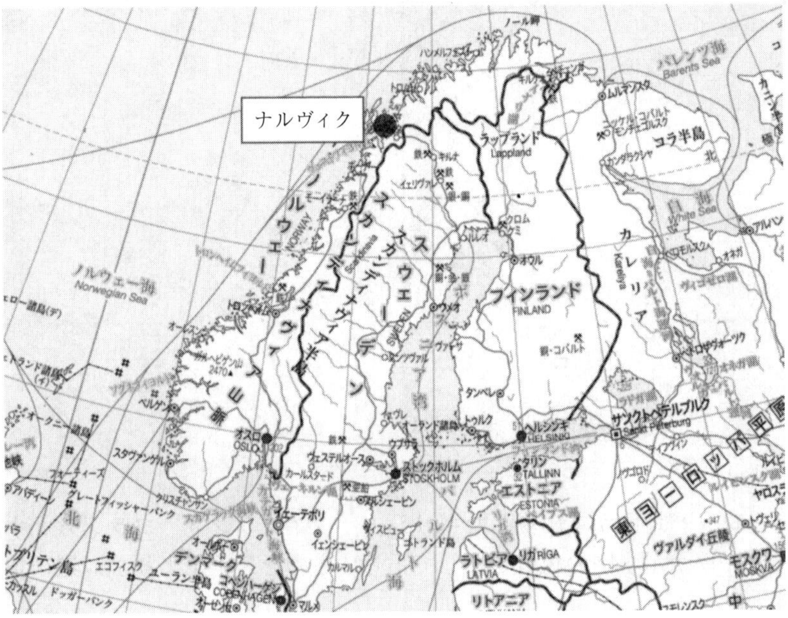

図２

問7　オーストラリアとニュージーランドはオセアニアに位置するが，大会形式の都合上，アジア枠で出場している。オセアニアを説明した次の文Ｘ・Ｙについて，その正誤の組合せとして正しいものを，下記より１つ選び番号で答えなさい。

Ｘ　オセアニアは，オーストラリア大陸，ポリネシア，ミクロネシア，メラネシアに分けられ，ニュージーランドはメラネシアに位置する。

Ｙ　オセアニアには，オーストラリアのアボリジニやニュージーランドのマオリなどの先住民が生活している。

1	Ｘ	正	Ｙ	正	2	Ｘ	正	Ｙ	誤
3	Ｘ	誤	Ｙ	正	4	Ｘ	誤	Ｙ	誤

問8　ブラジルではバイオエタノールの生産がさかんである。バイオエタノールについて説明した次の文中の空欄［ａ］・［ｂ］に当てはまる語句の組合せとして正しいものを，下記より１つ選び番号で答えなさい。

　バイオエタノールは植物を原料として作られる燃料のため，二酸化炭素の排出量をおさえられ，枯渇する心配も少ない。主な生産国はアメリカとブラジルで，アメリカでは［ａ］が，ブラジルでは[b]が主な原料になっている。

1	a	大豆	b	サトウキビ
2	a	大豆	b	トウモロコシ
3	a	サトウキビ	b	大豆
4	a	サトウキビ	b	トウモロコシ
5	a	トウモロコシ	b	サトウキビ
6	a	トウモロコシ	b	大豆

問9　日本では沖縄県にある体育館が会場として使用された。

(1)　沖縄県は雨に恵まれているが，かつては水不足に陥ることが多かった。その要因を説明した次の文中の空欄[c]に当てはまる語句を答えなさい。

沖縄県は，那覇で年平均およそ2000mmの降水が観測される。これは日本国内では多い部類に入るが，雨は梅雨と台風の時期に集中している。また，地盤である[c]岩は水が浸透しやすく，大河川もないため，地表を流れる水は$\frac{1}{4}$程度だと推測されている。

(2)　東京都千代田区有楽町には，沖縄県のアンテナショップが出店されている。都道府県をはじめとした自治体が，その地域の特産品などを販売するアンテナショップを出店するケースは増えており，表4のように銀座や有楽町をはじめとした都心や，その周辺部に数多く店舗が位置している。地域特産の工芸品や食料品などを販売することの他に，自治体がアンテナショップを都心や，その周辺部に出店する目的にはどのようなものがあると考えられるか。解答用紙の枠内で2点説明しなさい。

表4　都内の自治体アンテナショップのロケーション

地域	店舗数
「銀座・有楽町」	22店舗
「東京・日本橋・神田」	10店舗
「多摩地区」	6店舗
「新橋・浜松町・白金台」，「飯田橋・神楽坂・赤坂」	各地域5店舗
「浅草・押上」，「渋谷・表参道」	各地域3店舗
「品川」	2店舗
「上野」，「池袋」，「新宿」，「世田谷区」	各地域1店舗

「2019年度自治体アンテナショップ実態調査報告」をもとに作成

問題の作成にあたり，以下の資料を使用しました。

・『新しい社会　地理』　東京書籍
・『中学校社会科地図帳』　帝国書院
・二宮書店新デジタル地図帳
・日本国際交流センター　会議資料
・Google　ストリートビュー
・IMF Direction of Trade Statistics
・L'Institut National de la Statistique et des Études Économiques
・World Bank，World Development Indicators database
・https://forbesjapan.com/articles/detail/31757/page 3

【理　科】（50分）〈満点：100点〉

（注意）
- 必要に応じてコンパスや定規を使用しなさい。
- 円周率は3.14とします。
- 小数第１位までを答えるときは，小数第２位を四捨五入しなさい。整数で答えるときは，小数第１位を四捨五入しなさい。指示のない場合は適切に判断して答えなさい。

1　気象学では，空気塊（くうきかい）により気象現象を考えることがある。空気塊は，周りの空気とは異なり，温度や湿度，水蒸気量がほぼ一様である空気のかたまりのことである。空気塊は，周りの空気と熱のやり取りをせず，混じりにくいという性質をもっている。

(1)　地表（高度０m，1013hPa）において，空気塊Ａ（温度20℃，湿度40％）と空気塊Ｂ（温度20℃，湿度80％）があると仮定する。地表で，圧力を1013hPaに保ったまま温度を下げていくと，湿度100％の飽和状態となる温度はそれぞれ何℃となるか。図１の温度と飽和水蒸気量の関係のグラフより求め，整数で答えよ。

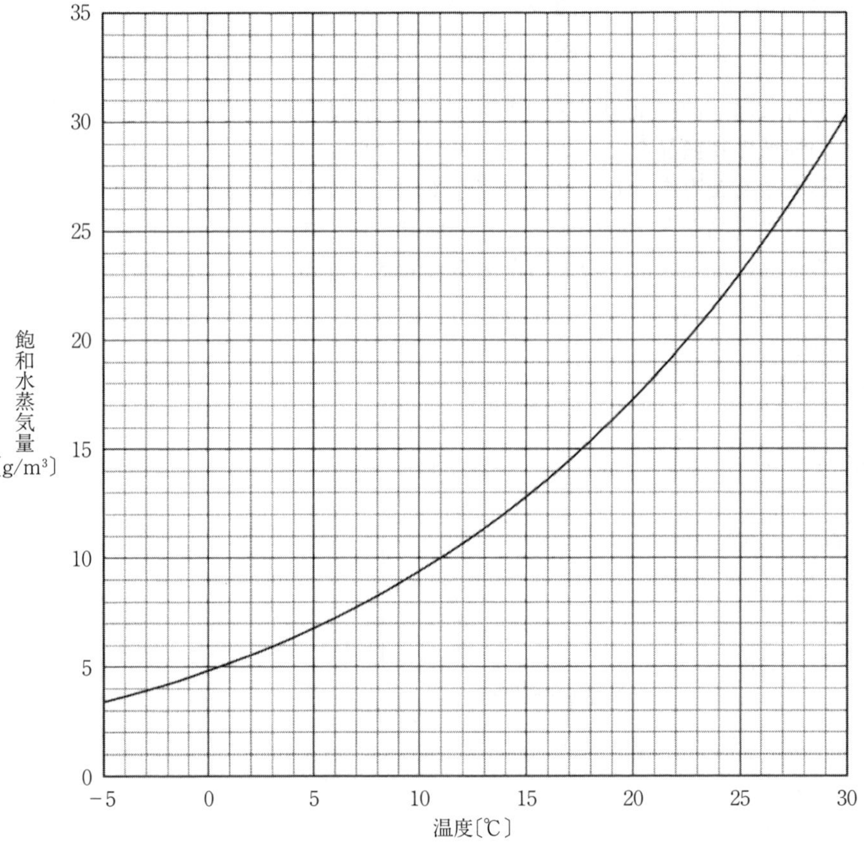

図１　温度と飽和水蒸気量の関係

空気塊の水蒸気が飽和せず雲ができていないときには，空気塊は上昇することにより膨張して100m上昇するごとにおよそ1.0℃ずつ温度が下がる。空気塊の温度が下がり水蒸気が飽和に達して雲を形成するようになると，水蒸気が水滴となって凝結するときの熱の放出により空気塊の温度の下がる割合が緩やかになり，空気塊は上昇することにより100m上昇するごとにおよそ0.5℃ずつ温度が下がる。

(2)　上記の温度変化をもとにして，空気塊A（温度20℃，湿度40％）と空気塊B（温度20℃，湿度80％）が上昇した場合を考える。湿度100％の飽和状態となり雲が発生しやすい状態となる高度は，図1を用いるとそれぞれ何mとなるか。次のうちから最も近い値を一つずつ選び記号で答えよ。

(ア)　400m	(イ)　500m	(ウ)　600m	(エ)　700m	(オ)　800m
(カ)　900m	(キ)　1000m	(ク)　1100m	(ケ)　1200m	(コ)　1300m
(サ)　1400m	(シ)　1500m	(ス)　1600m	(セ)　1700m	(ソ)　1800m

図2は，国際標準大気（中緯度での標準的な大気の状態を，理論に基づいて計算により求めた仮想の大気）における高度と気温の関係を示したグラフである。

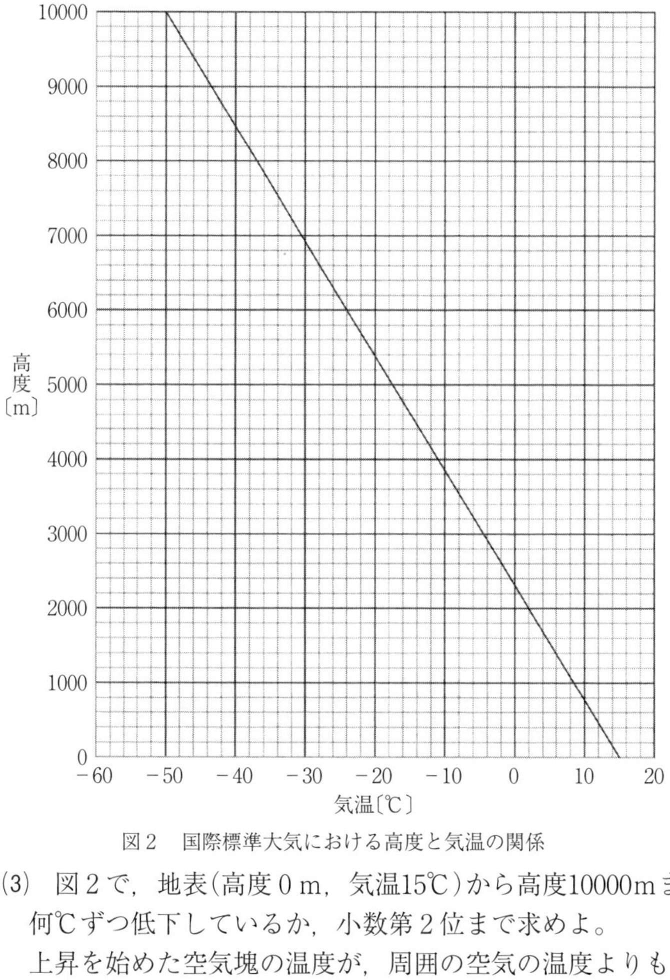

図2　国際標準大気における高度と気温の関係

(3)　図2で，地表（高度0m，気温15℃）から高度10000mまでの間で，100m高度が増すごとに気温は何℃ずつ低下しているか，小数第2位まで求めよ。

上昇を始めた空気塊の温度が，周囲の空気の温度よりも低い場合は，周囲の空気よりも密度が高く上昇が続かないため，安定な状態であるという。しかし，その逆に空気塊の温度が周囲の空気の温度よりも高い場合は，周囲よりも密度が低く上昇を続けるため，不安定な状態であるという。

図3は，Y年5月1日9時（破線------）と翌日の5月2日9時（実線——）において，つくば市の高層気象台において観測された高度と気温の関係のグラフである。

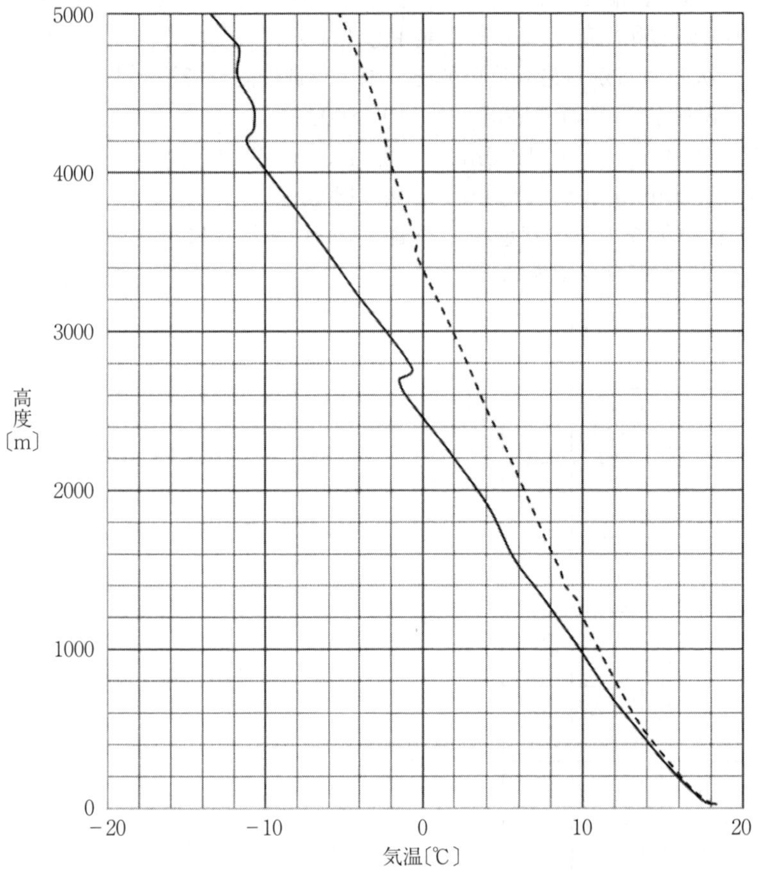

図3　Y年5月1日9時(破線)と5月2日9時(実線)の高度と気温の関係

(4)　つくば市の地表(高度0mとする)に，空気塊A(温度20℃，湿度40%)と空気塊B(温度20℃，湿度80%)があると仮定する。空気塊の周りの空気が図3のY年5月1日9時(破線)の高度と気温の関係にあるとき，空気塊Aと空気塊Bはどれだけの高度まで上昇することができると考えられるか。最も近い値を以下の選択肢のうちからそれぞれ一つずつ選び記号で答えよ。

ただし，空気塊の湿度が100%になったときに雲が発生するものとし，空気塊の温度が周りの気温と同じになったときに上昇が止まるものとする。

【選択肢】

(ア)　400m　(イ)　600m　(ウ)　800m　(エ)　1000m

(オ)　2000m　(カ)　3000m　(キ)　4000m　(ク)　5000mよりも上

(5)　図3の5月2日9時(実線)の高度と気温の関係に基づくと，空気塊Aと空気塊Bはどれだけの高度まで上昇することができると考えられるか。最も近い値を以下の選択肢のうちからそれぞれ一つずつ選び記号で答えよ。

【選択肢】

(ア)　400m　(イ)　600m　(ウ)　800m　(エ)　1000m

(オ)　2000m　(カ)　3000m　(キ)　4000m　(ク)　5000mよりも上

図4は，Y年5月1日9時と5月2日9時の地上天気図である。

図5は，Y年5月1日9時と5月2日9時の上空約3000mでの風の吹き方の模式図である。高層においては，風は蛇行しながら地表面とほぼ平行に吹いている。

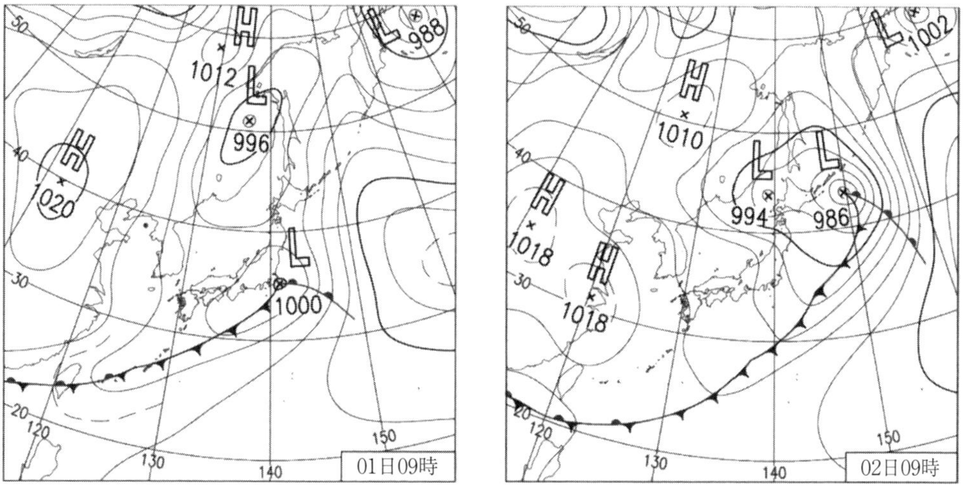

図4　Y年5月1日9時(左)と5月2日9時(右)の地上天気図(気象庁)

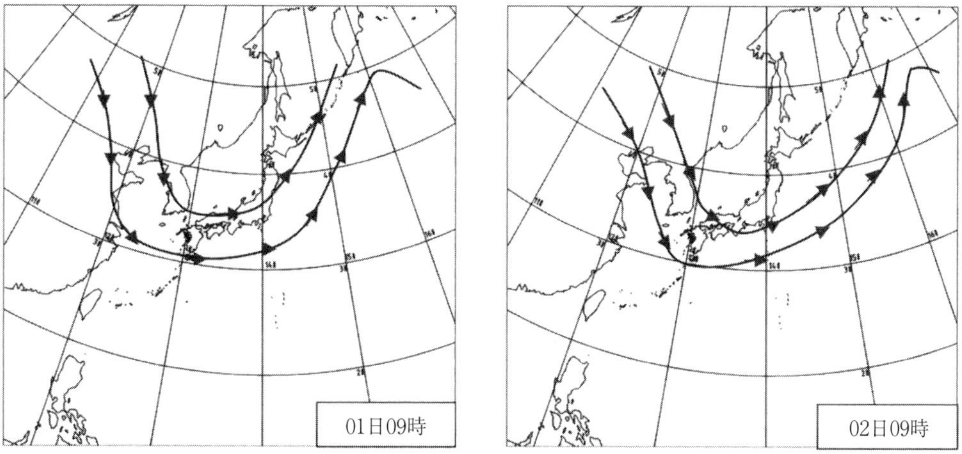

図5　Y年5月1日9時(左)と5月2日9時(右)の高度約3000mでの風の吹き方の模式図

(6)　図4の地上天気図において，5月1日9時と5月2日9時では，高気圧の位置が変化している。春と秋によく見られるこのような位置が変化する高気圧は，何と呼ばれているか答えよ。

また，前線を伴い中緯度で発生する低気圧は，何と呼ばれているか答えよ。

(7)　図3のY年5月1日9時(破線)と5月2日9時(実線)の高度と気温の関係では，約1000mよりも上空で気温が大きく変化している。図4と図5を参考にして，両日の天気の変化について説明した以下の文の[　]内の適する語句を選び○で囲みなさい。

Y年5月1日9時から5月2日9時にかけて，上空に①[暖気・寒気]が流れ込んだため，上空約1km以上の大気の温度が②[上が・下が]り，大気が③[安定・不安定]な状態になった。

そのような高層大気の状態においては，地表の空気塊の温度が同じでも湿度が④[高い・低い]場合には上層まで雲が発達することはないが，湿度が⑤[高い・低い]場合には，低層から上層まで発達した積乱雲が形成され，⑥[強い雨・弱い雨]を降らせる天候となることがある。

2　カタツムリがもつ貝殻には右巻きのものと左巻きのものがある（図１）。右巻きとは，貝殻の口を観察者の手前側に置いたとき，貝殻の口が右にあるものを指す。また，貝殻を上から見たとき，渦の中心から時計回りに成長しているものが右巻きである。交尾は右巻きどうし，もしくは左巻きどうしでのみ起こる。なお，カタツムリの各個体は雌雄同体であり，オスとメスの両方の役割を果たすことができる。すなわち，交尾の際は両方の個体において受精が起こり，どちらの個体からも数十～百個程度の卵が産まれる。

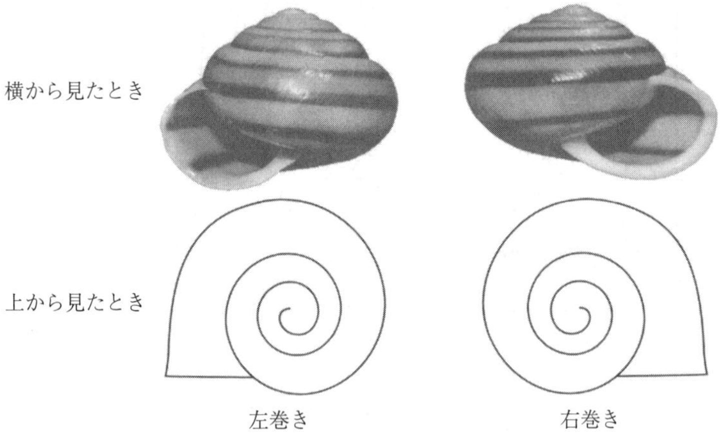

図１　カタツムリの巻き型

カタツムリの巻き型は１対の遺伝子Ａとａによって決定されていることがわかっている。Ａが貝殻を右巻きにする遺伝子，ａが貝殻を左巻きにする遺伝子であり，Ａはａに対して顕性（優性）である。メンデルが発見した法則によれば，遺伝子型（遺伝子の組み合わせ）がAaの個体は右巻きになると考えられるが，実際はそうとは限らない。カタツムリの巻き型は遅滞遺伝と呼ばれる遺伝様式をとり，自身の遺伝子型ではなく卵を産んだ親個体の遺伝子型によって決定される。つまり，遺伝子型がAAやAaの個体から生じる子の巻き方はすべて右巻きとなり，aaの個体から生じる子の巻き方はすべて左巻きとなる。ここで，右巻きや左巻きのような，遺伝子型で決まる形質のことを表現型と呼ぶ。

(1)　次のかけ合わせを行ったとき，生じる可能性のある子の遺伝子型と表現型をすべて答えよ。ただし解答は，遺伝子型がAaの右巻き個体であれば「Aa右」，遺伝子型がaaの左巻き個体であれば「aa左」のように記せ。

①　遺伝子型がAaの右巻き個体どうしのかけ合わせ

②　遺伝子型がaaの右巻き個体どうしのかけ合わせ

③　遺伝子型がAaの右巻き個体と，遺伝子型がaaの右巻き個体のかけ合わせ

(2)　カタツムリの巻き型について，遺伝子型と表現型の組み合わせで存在しないものを(1)と同じように１つ答えよ。

(3)　遺伝子型がAAの右巻き個体と，遺伝子型がAaの右巻き個体を第１世代としてかけ合わせを行い，生じた第２世代どうしをかけ合わせた。同様にして，生じた世代どうしのかけ合わせを繰り返した。

①　最短で第何世代に左巻き個体が生じるか。数字で答えよ。

②　①の左巻き個体の遺伝子型について，可能性があるものをすべて答えよ。

これまで，カタツムリの巻き型の遺伝様式を見てきた。次にどのように左巻き個体が増えてきたのかを考えてみよう。

遺伝子は一般に親から子へそのまま受け継がれるが，まれに変化することがある。これを突然変異

という。左巻き遺伝子aは，右巻き遺伝子Aの突然変異によって生じ，さらにその後に左巻き個体が生じたと考えられている。

しかし，右巻き個体ばかりの集団において左巻き個体が生じても，巻き型の違いから左巻き個体には交尾相手がおらず，子孫を残すことができない。左巻き個体の数が増えれば子孫を残して集団を形成することができるようになるが，数を増やすには初めに交尾が必要であり，交尾相手がいないというそもそもの課題を乗り越えなくてはいけない。つまり，左巻き個体の集団は形成されないはずである。実際，地球上には数多くのカタツムリの種類があるが，そのほとんどが右巻きである。ところが，左巻き個体の集団は少なからず実在しており，これは大きな謎であった。

イワサキセダカヘビ(以下，セダカヘビ)というヘビは，カタツムリばかり食べることが知られている。ヘビは下あごを左右別々に動かすことができる。カタツムリの軟体部に噛み付いたヘビは，下あごの左右の歯を交互に刺して，殻の中身だけをたぐり寄せるように引きずり出して食べる。セダカヘビの下あごの歯の本数は左右で異なっており，右の方が本数が多い(図２)。

そこで，セダカヘビを数日間絶食させて空腹状態にしてから右巻きもしくは左巻きのカタツムリを与え，セダカヘビがカタツムリに対して捕食行動を取ったのちにカタツムリが生存しているかどうかを調べた。複数のセダカヘビに対して，各カタツムリを与える実験をそれぞれ同数回行い，カタツムリの生存率を求めた(図３)。

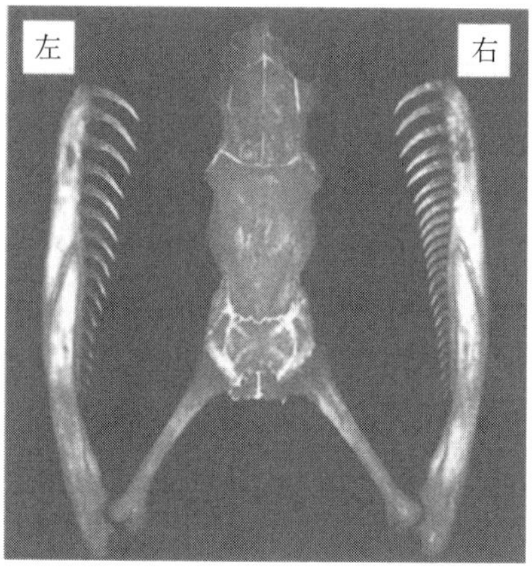

図２　セダカヘビの下あごの様子。右の方が歯の本数が多い。

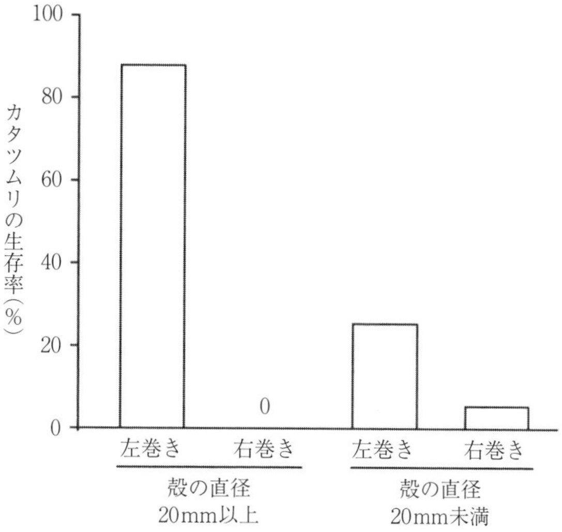

図３　実験の結果

⑷　実験の結果から考えられることとして，適切なものを次より２つ選べ。

ア　セダカヘビは右巻きのカタツムリを食べることができない。
イ　セダカヘビは左巻きのカタツムリを食べることができない。
ウ　セダカヘビは左巻きカタツムリより右巻きカタツムリを食べることが得意である。
エ　セダカヘビは20mm以上の殻をもつカタツムリを食べることができない。
オ　セダカヘビは空腹の度合いにかかわらず，カタツムリを食べる。
カ　セダカヘビはカタツムリの大きさや巻き型によって噛み付き方を変えている。
キ　巻き型が生存率に与える効果は，殻が大きなカタツムリでより顕著になる。
ク　カタツムリは殻が丈夫な方がセダカヘビに食べられにくい。
ケ　自然界では，右巻きのカタツムリは殻が小さい個体が多い。
コ　自然界では，左巻きのカタツムリの方が右巻きのカタツムリより多い。

(5)　セダカヘビは左巻きのカタツムリの数を増やすことに貢献している可能性がある。このことを確かにするには，今回の実験の他に，自然界においてどのようなことを調べて明らかにするとよいか。簡潔に述べよ。

（図は，Hoso，M．*et al. Nat Commun* 1，133（2010）より改変）

3　理科実験が好きな若葉さんは，放課後，先生にお願いして自主的に実験をさせてもらっている。今回は，気体の発生に関連する実験がテーマのようだ。以下，Wは若葉さん，Tは先生の発言である。会話文を読んで，各問いに答えよ。

W：先生，水素を発生させるには，塩酸にアルミニウムを反応させればいいですか？　硫酸でもいいんですよね？

T：アルミニウムでもいいけど，理科の教科書には，塩酸に亜鉛や鉄を反応させるって書いてあるね。
　今日は，まず，塩酸と鉄，硫酸とアルミニウムの両方の反応を実験して比較してみよう。ゴム栓は，ぎゅっと閉めず，少しすきまがあくようにゆるくしておこう。

先生が実験に適した濃さの塩酸と硫酸を用意した。

若葉さんは，塩酸を入れた試験管と硫酸を入れた試験管を用意し，塩酸には丸めたスチールウールを，硫酸にはアルミニウム箔を入れ，ゴム栓をゆるくはめた。

W：両方とも気泡が出てますね。アルミニウムの反応は最初はゆっくりでしたが，すごく激しくなってきました。鉄の方は，ほどほどのペースで反応してます。
　アルミニウムの表面には酸化物の皮膜があるから，それが溶けるまではゆっくりなんですね。

T：そう！　よく知っているね。
　ゴム栓を外して，マッチで点火してみようか。

W：はい！

若葉さんは，試験管内の気体に点火した。

W：両方とも，ピョっといって燃えました！

T：反応が終わるまで，ときどき振り混ぜて待とう。
　反応後の水溶液の色はちがうかな？

W：ちがいますね。鉄の方はうすい緑色で，アルミニウムの方は，ほぼ無色になりました。
　塩化鉄と硫酸アルミニウムの色のちがいですか。

T：そうだね。イオンの色のちがいだ。Fe^{2+} はうすい緑色，Al^{3+} は無色だからだね。

W：塩化鉄は Fe^{2+} と Cl^{-} で構成される物質だから，化学式は（ ① ），硫酸アルミニウムは Al^{3+} と（ x ）で構成される物質だから化学式は（ ② ）ですね。

T：そう。イオンがわかれば，教科書にのってない化学式もわかるね。

W：化学反応式はどうなるんですか。教科書にのってませんけど…

T：化学反応式は，暗記して書くものではないよ。反応前の物質と，反応後の物質の化学式がわかれば，書けるんだ。
　たとえば，鉄と塩酸の反応だと，反応前の物質は鉄と［　A　］だね。［　A　］は塩酸の溶質だ。反応後の物質は，水素と塩化鉄。
　それぞれの物質の化学式はわかるよね？　あとは，原子の数を合わせればいい。係数は整数にする。アルミニウムと硫酸の反応も，反応前後の物質を考えて…

W：はい。なんとか書けそうです！

若葉さんは，実験ノートに２つの化学反応式，化学反応式１（鉄と塩酸）と化学反応式２（アルミニウムと硫酸）を書いた。

T：よくできました。
　ところで，水素を発生させるとき，塩酸と硫酸ではどちらがいいかな？
W：どちらも同じように思えますが，教科書には塩酸が書いてあるから，塩酸ですか？
T：さあどうかな？　気体の純度という点で差が出るんだ。
　亜鉛を塩酸と硫酸それぞれに溶かして調べてみよう！
W：もしかして？
若葉さんは，塩酸を入れた試験管と硫酸を入れた試験管を用意し，両方に亜鉛の粒を入れて反応させた後，発生した気体の中に純水で湿らせた(a)[ア　赤色・イ　青色]リトマス紙を差し込んだ。
W：塩酸の方だけ(b)[ア　赤色になりました・イ　青色になりました・ウ　変色しませんでした]！
　先生，水素って中性ですよね？
T：そう！　だから水素の純度がちがうことがわかるね。
W：なるほど。塩酸を使うと（　c　）ので純度が(d)[ア　高・イ　低]くなるんですね。
T：正解！
W：次は，酸素を発生させます。過酸化水素水に二酸化マンガンを加えて…
若葉さんは，試験管に過酸化水素水を入れて，二酸化マンガンを入れた。その試験管内に火の付いた線香を差し込んで，酸素が発生したことを確認した。
W：二酸化マンガンは黒い粉ですけど，この反応で溶けているようには見えないですね。
T：この反応では二酸化マンガンは変化しないで，過酸化水素が水と酸素に分解するんだ。二酸化マンガンのように，自分自身が変化しないで他の物質の化学変化を速く進める物質を触媒というんだ。
T：過酸化水素の分解の化学反応式は書けるかな？　二酸化マンガンは変化しないから化学反応式の中には入れないよ。
W：過酸化水素の化学式は，水よりも酸素原子が一つ多いH_2O_2ですね。
　化学反応式は…
若葉さんは，実験ノートに化学反応式３（過酸化水素の分解）を書いた。
T：よくできました。
W：あれ？　先生，先ほど塩酸に鉄を溶かした方の溶液の色が，少し黄色くなってるんですけど。
T：ああ，それは，空気中の酸素と反応することで，塩化鉄の種類が変わったからなんだ。
　過酸化水素水を加えるともっと黄色くなるよ。
先生は，そう言って過酸化水素水を加えてみせた。
W：すごく黄色になりましたね。
T：実は，塩化鉄には緑色の塩化鉄と黄色い塩化鉄の二種類があるんだよ。
W：えっ？　二種類あるんですか？
T：緑色の塩化鉄はFe^{2+}とCl^-で構成される（ ① ），黄色い塩化鉄はFe^{3+}とCl^-で構成される（ ③ ）だ。
　（ ① ）は塩化鉄（Ⅱ），（ ③ ）は塩化鉄（Ⅲ）というふうに，＋の数が異なる複数の金属イオンがある場合，正式には，化合物の名前にローマ数字を付けることになっているんだ。ローマ数字は金属イオンの＋の数を表しているんだ。
　化学反応式も書けるかな？　塩化鉄（Ⅱ）と過酸化水素と［　A　］から，塩化鉄（Ⅲ）と水ができる反応だよ。
W：はい！
若葉さんは，実験ノートに化学反応式４（塩化鉄（Ⅱ）と過酸化水素と［　A　］）を書いた。
T：よくできました！

W：ところで，塩酸に二酸化マンガンを入れると，何か気体が出たりしますか？

T：良い質問だね。やってみようか。

若葉さんは，試験管に塩酸を入れて，少量の二酸化マンガンを入れて振り混ぜた。

W：二酸化マンガンが茶色っぽくなってきました。

T：少しだけ加熱してから，試験管の上部の空間に，水で濡らした青色リトマス紙を入れてごらん。

W：先生，青色リトマス紙が白くなりました。それに，なんか刺激臭が…
[B] が発生したんですか？

T：そうなんだ。[B] は水に溶けやすい気体だから，発泡はみられないけれど，発生していることがわかったね。

この反応では二酸化マンガンも反応する。二酸化マンガンは塩化マンガン(Ⅱ)という物質になって水溶液中に溶け込むよ。

二酸化マンガンの正式な名称は，酸化マンガン(Ⅳ)で化学式は MnO_2 だ。Mn^{4+} と O^{2-} でできている物質だからね。塩化マンガン(Ⅱ)の化学式は…

W：(④)ですね。

T：正解！　化学反応式はどうなるかな？

若葉さんは，実験ノートに化学反応式５(塩酸と二酸化マンガン)を書いた。

T：よくできました!!

W：化学反応式を書いてみると，どの物質がどう変化しているかよくわかっておもしろいですね。それに，しくみがわかると，覚えてなくても書けるのが楽しいです！

T：楽しいよね！　これからも，たくさん実験して学んでいこうね。

(1)　(①)～(④)に適する化学式と，(x)に適するイオンを表す化学式を答えよ。

(2)　[A] と [B] に入る物質名を答えよ。

(3)　文中の(a)，(b)にあてはまるものをそれぞれ選び，記号を答えよ。

(4)　文中の(c)にあてはまる文を答えよ。また，(d)にあてはまるものを選び，記号を答えよ。

(5)　化学反応式１～化学反応式５を記せ。

4　図１のような，レンズ付きフィルムについて考える。レンズ付きフィルムは，１つの凸レンズだけでフィルムに像を焼き付ける。

©富士フイルム株式会社

図１

凸レンズが物体の像をつくる様子について考える。図２で，物体の点Ａに日光が当たり，日光が乱反射した。凸レンズの光軸を直線Ｌ，凸レンズの中心を点Ｃ，点Ｃを通り直線Ｌに垂直な面を面Ｍとする。凸レンズの焦点は直線Ｌ上にあり点Ｆと点Ｆ′とする。点Ｃから点Ｆ，点Ｆ′までの距離(焦点距離)は f [cm]とする。凸レンズは十分薄く，凸レンズで光が屈折するときは，面Ｍで１回だけ屈折すると考えること。凸レンズでの反射は考えない。

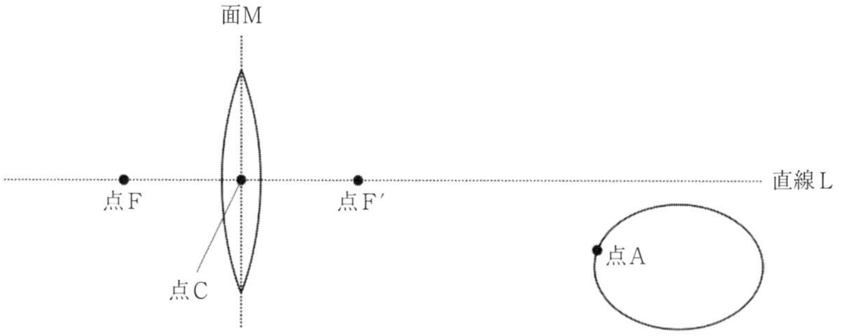

図2

⑴　点Aで乱反射した光が凸レンズを通って像をつくった。その像の位置を，解答欄に図示せよ。像の位置を●印で示すこと。作図に用いた線も消さずに残すこと。

ただし，解答欄の図には，点Aを通り直線Lに平行な直線を点線で示している。

⑵　⑴で作図した像は，実像か，虚像か，解答欄に○を付けて答えよ。また，そのように判断した理由を簡潔に書け。

⑶　物体を動かして点Aを凸レンズから離していくと，点Aの像と凸レンズの距離も変わっていく。しかし，焦点距離 f[cm]に比べて十分遠い距離に点Aがあるときは，面Mから点Aまでの距離が変わっても，面Mから像までの距離は変わらず，焦点距離と同じ f[cm]とみなせる。その理由を説明した次の文章の空欄に，適切な語句を入れよ。

点Aで乱反射した光の光線を考える。面Mから点Aまでの距離が，焦点距離よりも十分遠いと，点Cを通る光線と点F′を通る光線が(　　)とみなせるので，面Mから像までの距離が焦点距離 f[cm]と同じとみなせる。

レンズ付きフィルムでは，フィルムが直線Lに垂直に焦点Fを通るように置かれているので，焦点距離に比べて十分遠い景色や人物の像が，くっきりとフィルムに焼き付けられる。

⑷　図2を用いて，レンズ付きフィルムで遠くの物体を撮影する場合を考える。フィルムは面Mから焦点距離 f[cm]だけ離れている。凸レンズから十分遠く離れたところに，直線Lに垂直に長さ a[cm]の棒を置いた。棒を撮影したところ，フィルムに焼き付けられた棒の像は，長さ b[cm]であった。このとき，面Mから棒までの距離について，以下の2通りの方法で求めよ。

①　棒上のある1点から点Cに向う光線を利用した方法

②　棒上のある1点から点F′に向う光線を利用した方法

⑸　⑷で，面Mから棒までの距離は1通りの値に定まるはずなのに，2通りの異なる式で表せることがわかったが，矛盾はない。なぜ矛盾がないと言えるのか，⑷の f，a，b から必要な文字を用いて，簡潔に説明せよ。

いう情報。

カ　津守国夏の歌に示された、白河が、関東以上に極寒の場所であるという情報。

問三　――部③「なれなれて　見しは名残の　春ぞとも　など白河の　花の下影」の大意を示したものとして最も適当なものを選びなさい。なお「白河」には「しらかは（理解できるか、いや理解できない）」の意味がかかっている。

ア　白河の桜花の下に何度も立ち、長年慣れ親しんできたが、今年の春がその桜木との別れの春になるとは理解していなかった。

イ　白河の桜木の下から花を何度も見て、慣れ親しんできたので、桜の木を植え替えるという暴挙には理解しがたいところがある。

ウ　白河の桜花を下から何度も眺めてきたので、もはや名残惜しいとも思わないし、植え替えに反対する人の気持ちが理解できない。

エ　白河の桜の木は何度も見てきたが、東関奥州の桜の花は、下から見たこともなく、理解できないものなので、別れても惜しくない。

オ　下から何度も見て慣れ親しんだ白河の桜は枯れてしまったが、代わりの木として東関奥州の木を選んだことは理解しがたい。

問四　――部④「これ皆、名は同じうして所はかはれる証歌なり」とはどういうことか。三つの歌の内容をふまえて簡潔に説明しなさい。

問五　本文全体の内容を説明したものとして適当なものを次の中から**二つ**選びなさい。

ア　宣明は、宮に真実を伝えたが、宮は和歌に基づいた誤った認識をもっており、宣明の指摘を信じなかっただけでなく、その指摘を嘘と断じた。

イ　宮を慮る宣明は宮に嘘をついたが、宮は幼いながらも和歌の教養を身につけており、その教養に基づき、宣明が嘘をついたことを指摘した。

ウ　宣明の発言には嘘も含まれていることに、教養ある宮は気づいたが、宣明の嘘を嘘と断ずることまではせず、宣明を気づかう姿勢を見せた。

エ　宣明を信じられなくなった宮は、心を閉ざし、屋敷の外に出がちになったが、その際聞いた鐘の音に心動かされ、父と宣明への思いを和歌にして詠んだ。

オ　晩鐘の音を聞いた宮の作った歌は、父への思いを抑制したものだったが、なお思いが言外にあふれ出ており、都の多くの人はその幼さに悲しみをおぼえた。

カ　心にこめていた父への思いがあふれて作られた宮の和歌は、親子の情愛の悲しさを感じさせるものとして、都の全ての人の心を揺さぶり涙を誘った。

問六　「太平記」に関連した次の文章の空欄［A］～［D］に入る言葉を漢字で答えなさい。

「太平記」は、いわゆる軍記物語の一つとして知られているが、軍記物語の中で最も高名なものは、「祇園精舎の鐘の声［A］の響きあり」の一節で知られる、「［B］」である。「太平記」も「［B］」も、やがて能や浄瑠璃、歌舞伎の題材として好んで取り上げられるようになり、現代にいたるまで、大きな影響を与え続けてきた。たとえば、能の世界では「風姿花伝」で知られる［C］も「［B］」を題材として「清経」などの作品を残している。また、近世浄瑠璃の世界では、［D］が［B］に登場する「俊寛」や「景清」を題材としたことで知られている。

の宣明やな。我を具足して参らじ《私をつれていくまいと》と思ふ故に、かやうには申すか。

かの※古曾部《こそべの》能因《能因法師のこと》が、白河関と詠みたりしは、②全く洛陽《らくよう》渭川《いせん》《都にある》の白河にあらず《白河ではない》。これは東関奥州の名所なり。それをいかにといふに《どうしてかと》、

津守国夏という人物が能因法師の歌を下じきにして左の歌を作ったということを言う。国夏の和歌には能因法師の和歌のイメージも内包されていると考えられる。

※近頃津守国夏《ちかごろつもりのくになつ》がこれを本歌にて、

白河の　関まで行《ゆか》ぬ　東路《あづまぢ》も　日数経《へ》ぬれば　秋風ぞ吹《ふく》

と詠めり。また、※最勝寺《都にある寺の名称》の懸《か》かりの桜の枯れたりしを《蹴鞠の庭の桜が枯れていたのを》、植ゑかふ《植え替える》るとて《ときに》、※雅経朝臣《藤原雅経。新古今集の選者の一人で、蹴鞠の達人でもあった。》が、

③なれなれて　見しは名残《なごり》の　春ぞとも　など《どうして》白河の　花の下影

と詠めり。④これ皆、名は同じうして所はかはれる証歌なり。よしや、今は心にこめて思ふとも、謂《い》ひ出だささじ」と、宣明を恨み仰せられて、その後は書き絶え《きっぱりと》恋しやとだにも、仰せ出だされず。常に御涙をおし拭はせ給ひて、打ちしほれ、中門に立たせ給ひたりける《玄関にお立ちになっていた》折節、※烟寺《えんじ》《遠くの寺の》の晩鐘《いりあひ》の幽《かす》かに聞えけるを、物あはれに思《おぼ》し召しけるにや、

つくづくと　思暮《おもひくらし》て　入相《いりあひ》の　鐘を聞くにも　君ぞ恋しき

と、情中《こころうち》に動き、言外《ことば》に彰《あらは》る御歌の、をさなをさなしさ、中々あはれに聞《きこ》えしかば、この比《ころ》京中の僧俗、男女推《お》し双《な》べて、畳紙《たたうがみ》の端、扇の裏に書き付けて、これこそ八歳の宮の御歌とて、翫《もてあそ》ばぬ物もなかりけり。誠に貴きも賤しきも、親子の昵《むつ》び程あはれに悲しき事はあらじと、皆袖をぞぬらしける。

問一　――部①「宣明卿泪を押へて、しばらくは物を申し得ざりけるが」とあるが、これはなぜだと考えられるか。その説明として最も適当なものを選びなさい。

ア　白河が遠い場所だと知らず、近くにあると思いこんでいる幼い宮が、父帝に会えるのではないかと期待している様子を見た宣明が宮をあわれに感じたから。

イ　父帝が遠方に流されることを理解し、せめて離れ離れになる前に、父帝に一度だけでも会いたいと懇願するけなげな宮の姿に触れて、宣明が心を動かされたから。

ウ　隠岐近くに自身も流されたいとか、幽閉された父帝に会いたいので白河まで連れていってほしいと言う幼い宮の姿を見て、宣明が宮をあわれに感じたから。

エ　都から白河までの距離がつかめていないために、父帝のいる白河まで連れていけと強要してくる宮の幼さに困惑した宣明が、己の立場を辛く感じたから。

オ　父帝の居所は近くにあるなどと言えば、宮が一日中、そこへ連れていけとしつこく言ってくるに違いないと考えた宣明が、己の立場を辛く感じたから。

問二　――部②「全く洛陽渭川の白河にあらず。これは東関奥州の名所なり」とあるが、このような認識を示す上で、宮は何を根拠にしていると考えられるか。適当なものを**二つ**選びなさい。

ア　能因法師の歌から読み取れる、都から白河まで行くには長い時間がかかるという情報。

イ　能因法師の歌から読み取れる、白河関を越えるのは不可能であるという情報。

ウ　能因法師の歌に示された、白河という場所には春が訪れないという情報。

エ　津守国夏の歌に示された、白河に行くには、一年以上かかるという情報。

オ　津守国夏の歌に示された、白河が、東路の先の場所であると

分でもよくわからない狂気じみた気分が湧きおこってきてしまっている。

ウ　自らの死を覚悟し、この世で味わってきた多くの苦労からやっと解き放たれることへの深い喜びがこみ上げてくると同時に、しばらくすれば徳永も自分の後に続き、あの世で二人再会することができるという想像が生まれてきて、期待に胸を膨らましている。

エ　癌だと宣告されて、自分がもう間もなくこの世を去ることになるとわかり強い恐れを抱いているが、徳永と自分とのまだ若かりし頃の輝かしい記憶をできるだけ思い出すことで、死への恐怖をできる限り和らげて、動揺する気持ちを落ち着けようとしている。

オ　自分がじき死ぬとわかったことで、夫の放蕩に文句一つ言わず、店に身を捧げる定めから解放されて、青春を謳歌する若者のような気分になると共に、徳永とのかつての交感も思い出し、彼がかつて自分のために懸命に彫ってくれた簪への愛着を感じている。

問七　――部⑤「宿命に忍従しようとする不安で逞《たくま》しい勇気と、救いを信ずる寂しく敬虔《けいけん》な気持」とあるが、「くめ子」のどのような「気持」なのか。物語の内容に即して具体的に説明しなさい。

※本文には一部、当時社会的に容認されていたジェンダー不平等に基づく女性への抑圧を肯定するともとれる内容が含まれていますが、出題に際してジェンダー不平等や性差別そのものを肯定する意図は一切ありません。

三　次の文章は「太平記」の一節である。後醍醐天皇の倒幕計画が露見した後、鎌倉幕府は天皇をとらえ、流刑に処することにした。このとき、天皇の息子である恒良親王（第九宮）は、藤原宣《のぶ》明《あきら》に預けられることになった。これを読んで、後の問いに答えなさい。なお、出題の都合上、本文の右側に、注釈および現代語訳を付したところがある。

※この宮《第九宮》、今年は八歳にならせ給ひけるが、《おなりになったが、》御心さかさかしくて、常の人よりけな気に渡らせ給《たま》ひしが、宣明卿を召されて、「誠やらん《本当かしら》、主上は人も通はぬ隠岐国とかやへ流され給ふなる《流されなさると聞く。》。さもあらば、我独り都に残り留まりても何かはせん。あはれ我をも、君の御座さん《いらっしゃる》国の辺へ流し遣はせかし。せめては外《よそ》ながら、御行末をなりとも承らん。これに付けても、君のおしこめられて、いまだ御座なる《いらっしゃると聞く》白河は、これより近き所とこそ聞くに、御座の程もなど宣明は、《いらっしゃる間にどうして宣明は、》我をつれて御所へは参らぬぞ。昼こそあらめ、《昼は人目もあるだろうが》夜に交《まぎ》れては何か苦しかるべき《夜にまぎれて行くことは問題なかろう》」と、仰《おほ》せ出だされければ、①宣明卿涙《なみだ》を押へて、しばらくは物を申し得ざりけるが、ややあって、皇居程近き由を申さば、日夜御参《ごさん》あらんと、責め仰せられれば、御労《いたは》しきと思ひければ、「さん候ふ、《それでございますが》主上の御座す《いらっしゃる》白河は、程近き所にてだに候はば、《さえございますならば》朝夕御共仕《つかまつ》るべく候《さうら》へども、かの白河と申す所は、都より数百里を経て下る路にて候ふ。その支証には、能因法師が歌にも、

都をば　霞《かすみ》と共に　立出《たちい》でて　秋風ぞ吹く　白河の関

と、詠み候ふなり。この歌を以て、道の遠き程、人を通さぬ関ありとは、思《おぼ》し召し知らせ給ひ候へ」と申したりければ、宮つくづくと聞こし召し、御涙を押し拭はせ給ひて、仰せありけるは、「うたて

イ　おかみさんが、くめ子とちょうど同じくらいの年頃で結婚し、家業の店の帳場を仕切るようになった頃、徳永はまだ幼く、世間知らずだったため、おかみさんが置かれている状況や彼女の決意を理解できず、その人に対する恋しさから、おかみさんを連れ去ろうと考えたこともあった、ということ。

ウ　おかみさんがまだ結婚する年でもないのにお店のために婿取りをして、いやいやながら帳場で働き始めた頃、徳永もまだ血気盛んな男だったので、おかみさんが遊び人の夫への不満を噛み殺したまま年老いていくのを見るに堪えかね、彼女を救出しようと考えたこともあった、ということ。

エ　おかみさんが若くして婿を取り、店の帳場に入った頃、同じくまだ若かった徳永は、夫の女遊びに恥を忍んで黙って耐え、自分の感情を殺して店の暖簾を守る宿命に甘んじていた当時の彼女をじっと見ていられず、彼女を無理やり店の外の世界に連れ出す気になったことすらあった、ということ。

オ　おかみさんが年齢的にまだ若く、その先いくらでも可能性があるのに店の事情で結婚させられ、しかもその相手が芸者遊びばかりして妻を顧みないでいることに、当時のおかみさんに恋心を抱いていた徳永は我慢ならず、早まって彼女の夫に文句を言い、密かに離縁を促していた、ということ。

問五　――部③「握った指の中で小魚はたまさか蠢《うご》めく。すると、その顫動《せんどう》が電波のように心に伝わって刹那《せつな》に不思議な意味が仄《ほの》かに囁《ささや》かれる――いのちの呼応」とあるが、どじょう料理屋「いのち」を介した「徳永」、「母親」、そして「くめ子」の関係性を前提とした「いのちの呼応」の解釈として適当なものを**二つ**選びなさい。

ア　病に冒されてもう先が長くない母親に代わって、これからはくめ子が店の常連である徳永にどじょうを食べさせてあげるのが宿命で、徳永も今度そのお返しに、くめ子に命ある限り様々な細工物を作って贈ることになるはずだ、ということ。

イ　長年店の帳場を仕切ってきた母親の跡を継ぎ、母親と同じ人生を送る運命に決まったくめ子が、母親が徳永に対してしていたのと同じように、自分を慰めてくれる存在として将来現れる男客にどじょうを恵み与えることになった、ということ。

ウ　母親に代わりくめ子が店の帳場を引き継ぐことになり、長年密かに支え合っていた母親と徳永との間柄を知ることになった今、今度はその母親の娘である自分が彼女の意志をも継いで徳永に生きるための糧を与えることになった、ということ。

エ　くめ子に仕事を任せた母親が、長い間徳永の良い顧客になってその生活を経済的に支えていた一方で、徳永もその恩を返すべく、結婚もせずに全身全霊で彫金に精を出し、くめ子の母親に出来の良い物を見せようと奮闘していた、ということ。

オ　くめ子の母親が、わびしい暮らしの徳永に自分の店でどじょうを食べさせることで精をつけさせていたのに対し、徳永は自分が精魂を込めて作った簪を店で生き埋め同然になっていたくめ子の母親に贈ることで彼女を慰めていた、ということ。

カ　どじょう料理屋「いのち」の暖簾を守ってきたくめ子の母親が愛人の徳永をひいきして、好き放題飲み食いさせていたことに、彼の方でも恩を感じていて、お金ではなく自分が命を込めて作った作品で密かに支払いをしていた、ということ。

問六　――部④「それは無垢に近い娘の声であった」とあるが、この時の「母親」の心情の説明として最も適当なものを選びなさい。

ア　すでに死顔をきちんと整えて落ち着いた気分でいるなか、徳永がまだ二人とも若かった頃に贈ってくれた思い出の品である簪を久しぶりに取り出したせいで、不意に切ない恋しさを感じて胸が高鳴りはじめてしまい、自分でも抑えられない興奮を覚えている。

イ　自分の死が迫ってきたことで思わずうわずってしまった気分に、自分と徳永との二度と戻らない甘美な青春の日々の記憶を思い出すことで生まれてきた感傷的な気分が混ざり合って、自

＊2　鰥夫《やもめ》…ここでは、妻のいない男のこと。
＊3　四谷、赤坂…ともに芸者をあげて遊ぶ店の集まる代表的な花街。
＊4　回春《かいしゅん》…春が再びめぐり来ること。転じて、若返ること。
＊5　鏨《たがね》…金工に用いる鋼製ののみ。
＊6　片切彫《かたきりぼり》…金属の平面に片刃の鏨を斜めに打ち込むことで、絵模様を表す彫り込みの片側を深くする技法。
＊7　簪《かんざし》…女性が頭に挿す装飾品。
＊8　せき…未詳。
＊9　一《ひと》たがね一期《いちご》…鏨一つを頼りに一生を生きるの意味か。
＊10　ささがし…笹の葉のように薄く細く削ったもの。
＊11　仕出《しだ》しの岡持《おかもち》…「仕出し」は出前のことで、「岡持」は出前の料理を入れて持ち運ぶ道具のこと。
＊12　琴柱《ことじ》…琴の弦を支え、その位置で音調を調節する部品。
＊13　日の丸行進曲…新聞社の懸賞に当選し、昭和十三年三月に発売された、日本男児の忠孝と愛国精神を歌った国民歌。

問一　＝＝＝部(a)～(c)のカタカナは漢字に、漢字はひらがなに直しなさい。

問二　〰〰〰部「浮名を流して廻《まわ》った」とあるが、「浮名を流す」という言葉の意味として正しいものを一つ選びなさい。
ア　賭けごとで散財し借金をためこむ
イ　遊び人だという噂が世間に広まる
ウ　悪人として人々からこわがられる
エ　愛人をあちらこちらにこしらえる
オ　流行好きの洒落者として知られる

問三　――部①「どこともなくやさしい涙が湧いて来る」とあるが、この時の「徳永」の心情の説明として最も適当なものを選びなさい。
ア　妻子にも恵まれず、稼ぎも少ない彫金師の仕事を続けているうちに既に老齢に達し、これ以上生きる意義を見失いそうな時でも、どじょうのありがたい命にこれまで生かされてきたと思うと、感謝の念とともに、命を粗末にしてはいけないという気持ちになる。
イ　老年まで妻もいないわびしい長屋住まいで、他人に疎まれて恨めしい気持ちにもなるが、日々そのはけ口にされて嚙み潰され、糧にされるどじょうの身になれば、愛くるしい反面いじらしくもあり、憐みと同時に自分の境遇に照らして親近感すら覚えてしまう。
ウ　長年工芸家をしていると、自分の仕事に対する一般世間の無理解のせいでいらだち、他人に腹を立てることもしばしばだが、そんな時でも好物のどじょうを食べれば幸福感が湧きあがり、他人に対して抱いていた不満も綺麗に消え去り、くつろいだ気持ちになる。
エ　すでに高齢になった自分の存在などには眼もくれない世間の無情な人々に対して恨めしく思う気持ちが募ることが多くても、来る日も来る日もどじょうをお金もとらずに恵んでくれるおかみさんのことを思うと、そのありがたさに、思わず心が温まってくる。
オ　自分にずっと妻がおらず、どじょう屋でただ飯を恵んでもらって生活していることを周囲からとがめられると、自分でもひどく情けなくなることがあるが、それでも食べ慣れたどじょうを口にすると、その美味しさのあまり自分をつい甘やかしてしまいたくなる。

問四　――部②「若いおかみさんが、生埋めになって行くのを見兼ねた」とあるが、どういうことか。その説明として最も適当なものを選びなさい。
ア　おかみさんが「いのち」の店に嫁ぎ、まだ若いのに帳場を任され始めた当時、徳永もまだ後先をあまり考えない年齢であったので、夫の放蕩にじっと堪え、自分の感情を殺して店の仕事に専念する彼女のことを憐れに思う余り、店から一緒に逃げ出そうと誘惑したことがあった、ということ。

ように唱えた。
　くめ子は、われとしもなく帳場を立上った。妙なものに酔わされた気持でふらりふらり料理場に向った。料理人は引上げて誰もいなかった。生洲《いけす》に落ちる水の滴りだけが聴える。
　くめ子は、一つだけ捻《ひね》ってある電燈《でんとう》の下を見廻すと、大鉢に蓋がしてある。蓋を取ると明日の仕込みにどじょうは生酒《きざけ》に漬けてある。まだ、よろりよろり液体の表面へ頭を突き上げているのもある。日頃は見るも嫌だと思ったこの小魚が今は親しみ易いものに見える。くめ子は、小麦色の腕を捲《ま》くって、一ぴき二ひきと、柄鍋の中へ移す。③握った指の中で小魚はたまさか蠢《うご》めく。すると、その顫動《せんどう》が電波のように心に伝わって刹那《せつな》に不思議な意味が仄《ほの》かに囁《ささや》かれる――いのちの呼応。
　くめ子は柄鍋に出汁《だし》と味噌汁とを注いで、＊10ささがし牛蒡《ごぼう》を抓《つま》み入れる。瓦斯《がす》こんろで搔き立てた。くめ子は小魚が白い腹を浮かして熱く出来上った汁を朱塗《しゅぬり》の大椀《おおわん》に盛った。山椒《さんしょう》一つまみ蓋の把手《とって》に乗せて、飯櫃《めしびつ》と一緒に窓から差し出した。
「御飯はいくらか冷たいかも知れないわよ」
　老人は見栄《みえ》も外聞もない悦《よろこ》び方で、コールテンの足袋《たび》の裏を弾ね上げて受取り、＊11仕出《しだ》しの岡持《おかもち》を借りて大事に中へ入れると、潜り戸を開けて盗人のように姿を消した。
　不治《ふじ》の癌《がん》だと宣告されてから却《かえ》って長い病床の母親は急に機嫌よくなった。やっと自儘《わがまま》に出来る身体になれたと言った。早春の日向《ひなた》に床をひかせて起上り、食べ度《た》いと思うものをあれやこれや食べながら、くめ子に向って生涯に珍らしく親身な調子で言った。
「妙だね、この家は、おかみさんになるものは代々亭主に放蕩されるんだがね。あたしのお母さんも、それからお祖母さんもさ。恥かきっちゃないよ。だが、そこをじっと辛抱してお帳場に噛《かじ》りついていると、どうにか暖簾《のれん》もかけ続けて行けるし、それとまた妙なもので、誰か、いのちを籠《こ》めて慰めて呉れるものが出来るんだね。お母さんにもそれがあったし、お祖母さんにもそれがあった。だから、おまえにも言っとくよ。おまえにも若《も》しそんなことがあっても決して落胆おしでないよ。今から言っとくが――」
　母親は、死ぬ間際に顔が汚ないと言って、お白粉《しろい》などで薄く刷《は》き、戸棚の中から＊12琴柱《ことじ》の箱を持って来させて
「これだけがほんとに私が貰《もら》ったものだよ」
　そして箱を頰に宛てがい、さも懐かしそうに二つ三つ揺る。中で徳永の命をこめて彫ったという沢山《たくさん》の金銀簪の音がする。その音を聞いて母親は「ほ　ほ　ほ」と含み笑いの声を立てた。④それは無垢に近い娘の声であった。
　⑤宿命に忍従しようとする不安で逞《たくま》しい勇気と、救いを信ずる寂しく敬虔《けいけん》な気持とが、その後のくめ子の胸の中を朝夕に縺《もつ》れ合う。それがあまりに息詰まるほど嵩《たか》まると彼女はその嵩《かさ》を心から離して感情の技巧の手先で犬のように綾《あや》なしながら、うつらうつら若さをおもう。ときどきは誘われるまま、常連の学生たちと、＊13日の丸行進曲を口笛で吹きつれて坂道の上まで歩き出てみる。谷を越した都の空には霞《かすみ》が低くかかっている。
　くめ子はそこで学生が呉れるドロップを含みながら、もし、この青年たちの中で自分に関りのあるものが出るようだったら、誰が自分を悩ます放蕩者の良人《おっと》になり、誰が懸命の救い手になるかなどと、ありのすさびの推量ごとをしてやや興を覚える。だが、しばらくすると
「店が忙しいから」
と言って袖で胸を抱いて一人で店へ帰る。窓の中に坐る。
　徳永老人はだんだん瘠《や》せ枯れながら、毎晩必死とどじょう汁をせがみに来る。

（出題の都合で本文の表記を一部改めた。）

《注》
＊1　娘のいる窓…ここでいう「窓」とは帳場（勘定場）の窓口のこと。

老人は遂に懐からタオルのハンケチを取出して鼻を啜《すす》った。「娘のあなたを前にしてこんなことを言うのは宛《あ》てつけがましくはあるが」と前置きして「こちらのおかみさんは物の判《わか》った方でした。以前にもわしが勘定の滞りに気を詰らせ、おずおず夜、遅く、このようにして度《た》び度《た》び言い訳に来ました。すると、おかみさんは、ちょうどあなたのいられるその帳場に大儀そうに頬杖ついていられたが、少し窓の方へ顔を覗かせて言われました。徳永さん、どじょうが欲しかったら、いくらでもあげますよ。決して心配なさるな。その代《かわ》り、おまえさんが、一心うち込んでこれぞと思った品が出来たら勘定の代りなり、またわたしから代金を取るなりしてわたしにお呉《く》れ。それでいいのだよ。ほんとにそれでいいのだよと、繰返して言って下さった」老人はまた鼻を啜った。

「おかみさんはそのときまだ若かった。早く婿《むこ》取りされて、ちょうど、あなたぐらいな年頃だった。気の毒に、その婿は放蕩《ほうとう》者で家を外に＊3四谷、赤坂と浮名を流して廻《まわ》った。おかみさんは、それをじっと堪え、その帳場から一足も動きなさらんかった。たまには、人に縋《すが》りつきたい切ない限りの様子も窓越しに見えました。そりゃそうでしょう。人間は生身ですから、そうむざむざ冷たい石になることも難かしい」

徳永もその時分は若かった。②若いおかみさんが、生埋めになって行くのを見兼《か》ねた。正直のところ、窓の外へ強引に連れ出そうかと思ったことも一度ならずあった。それと反対に、こんな半木乃伊《ミイラ》のような女に引っかかって、自分の身をどうするのだ。そう思って逃げ出しかけたことも度々あった。だが、おかみさんの顔をつくづく見るとどちらの力も失せた。おかみさんの顔は言っていた――自分がもし過ちでも仕出《しで》かしたら、報いても報いても取返しのつかない悔いがこの家から永遠に課されるだろう、もしまた、世の中に誰一人、自分に慰め手が無くなったら自分はすぐ灰のように崩れ倒れるであろう――

「せめて、いのちの息吹きを、＊4回春《かいしゅん》の力を、わしはわしの芸によって、この窓から、だんだん化石して行くおかみさんに差入れたいと思った。わしはわしの身のしんを揺り動かして＊5鏨《たがね》と槌《つち》を打ち込んだ。それには＊6片切彫《かたきりぼり》にしくものはない」

おかみさんを慰めたさもあって骨折るうちに知らず知らず徳永は明治の(b)名匠加納夏雄以来の伎倆《ぎりょう》を鍛えたと言った。

だが、いのちが刻み出たほどの作は、そう数多く出来るものではない。徳永は百に一つをおかみさんに献じて、これに次ぐ七八を売って生活の資にした。あとの残りは気に入らないといって彫りかけの材料をみな鋳直《いなお》した。「おかみさんは、わしが差上げた＊7簪《かんざし》を頭に挿したり、抜いて眺めたりされた。そのときは生々しく見えた」だが徳永は永遠に隠れた名工である。それは仕方がないとしても、歳月は酷《むご》いものである。

「はじめは高島田《たかしまだ》にも挿せるような大平打の銀簪にやなぎ桜と彫ったものが、丸髷《まるまげ》用の玉かんざしのまわりに夏菊、ほととぎすを彫るようになり、細づくりの耳搔《みみか》きかんざしに糸萩《いとはぎ》、女郎花《おみなえし》を毛彫《けぼ》りで彫るようになっては、もうたいして彫る＊8せきもなく、一番しまいに彫って差上げたのは二三年まえの古風な一本足のかんざしの頸《くび》に友呼ぶ千鳥一羽のものだった。もう全く彫るせきは無い」

こう言って徳永は全くくたりとなった。そして「実を申すと、勘定をお払いする目当てはわしにもうありませんのです。身体も弱りました。仕事の張気も失せました。永いこともないおかみさんは簪はもう要らんでしょうし。ただただ永年夜食として食べ慣れたどじょう汁と飯一椀、わしはこれを摂らんと冬のひと夜を凌《しの》ぎ兼ねます。朝までに身体が凍え痺れる。わしら彫金師は、＊9一《ひと》たがね一期《いちご》です。明日のことは考えんです。あなたが、おかみさんの娘ですなら、今夜も、あの細い小魚を五六ぴき恵んで頂きたい。死ぬにしてもこんな霜枯れた夜は嫌です。今夜、一夜は、あの小魚のいのちをぽちりぽちりわしの骨の髄に嚙み込んで生き伸びたい――」

徳永が嘆願する様子は、アラブ族が落日に対して拝するように心もち顔を天井に向け、狛犬《こまいぬ》のように蹲《うずくま》り、(c)アイソの声を呪文の

オ　下校時刻によって乗る電車が変わってしまうため、写真に撮って保存していた駅の時刻表を参照した。

問六　――部④「夏目漱石」の作品を一つ選びなさい。

ア「和解」　イ「坑夫」　ウ「舞姫」
エ「河童」　オ「雪国」

問七　――部⑤「『他者』としての自己」とあるが、どのようなものか。それと対比的に述べられている「自己」との違いがわかるように、本文全体をふまえて説明しなさい。

問八　本文の構成についての説明として、最も適当なものを選びなさい。

ア　筆者は常識となっている近代の自己論に対して、それとは異なる自己像の具体例を述べつつ、近代西洋的な自己論を相対化している。

イ　筆者は近代西洋的な自己論の立場に拠って立ちつつ、その優位性を強調する例を挙げ、東洋的な自己像を唱える人々を批判している。

ウ　筆者は自らの体験を具体例として紹介し、現実の世界に近代的な自己と仏教的な自己が併存しているという事実を指摘している。

エ　筆者は誰にでも理解できる身近な例を挙げて、自己の中に近代的な自己とそうではない自己が対立していることを指摘している。

オ　筆者は近代的なものの見方に一定の評価を与えているが、非近代的なものの見方の例を取り上げつつ、最終的には否定している。

二

次の文章は岡本かの子の「家霊」（一九三九年）の一部である。老舗《しにせ》どじょう料理屋「いのち」の一人娘「くめ子」は、病に伏せった母親の代わりに帳場《ちょうば》を仕切ることになったが、どじょうで精をつけ、いつまでも若くあろうとする男客相手の商売が好きではなかった。そんな客の一人に、母親の代から支払いをため込んだまま毎晩出前を注文する「徳永」という彫金師《ちょうきんし》の老人がいた。得意の話術で言い逃れてばかりのこの客を店の者は皆持て余していた。それに続く以下の部分を読んで、後の問いに答えなさい。

ある夜も、風の吹く晩であった。夜番《やばん》の拍子木《ひょうしぎ》が過ぎ、店の者は表戸を卸《おろ》して湯に出かけた。そのあとを見済ましでもしたかのように、老人は、そっと潜り戸を開けて入って来た。

老人は＊1娘のいる窓に向《むか》って坐《すわ》った。広い座敷で窓一つに向った老人の上にもしばらく、手持無沙汰な深夜の時が流れる。老人は今夜は決意に充《み》ちた、しおしおとした表情になった。

「若いうちから、このどじょうというものはわしの虫が好くのだった。この身体のしんを使う仕事には始終、補いのつく食いものを摂《と》らねば業が続かん。そのほかにも、うらぶれて、この裏長屋に住み付いてから二十年あまり、＊2鰥夫暮《やもめぐら》しのどんな侘《わび》しいときでも、苦しいときでも、柳の葉に尾鰭《おひれ》の生えたようなあの小魚は、妙にわしに食いもの以上の馴染《なじみ》になってしまった」

老人は掻《か》き口説《くど》くようにいろいろのことを前後なく喋《しゃべ》り出した。人に嫉まれ、(a)サゲスまれて、心が魔王のように猛り立つときでも、あの小魚を口に含んで、前歯でぽきりぽきりと、頭から骨ごとに少しずつ噛《か》み潰して行くと、恨みはそこへ移って、①どこともなくやさしい涙が湧いて来ることも言った。

「食われる小魚もかわいそうになれば、食うわしもかわいそうだ。誰も彼もいじらしい。ただ、それだけだ。女房はたいして欲しくない。だが、いたいけなものは欲しい。いたいけなものが欲しいときもあの小魚の姿を見ると、どうやら切ない心も止まる」

識して、はじめて謙虚に、⑤「他者」としての自己に向かうことができる。

（末木文美士『哲学の現場 —日本で考えるということ—』による）

《注》

＊1 デカルト…フランスの数学者・哲学者（一五九六年～一六五〇年）。

＊2 プラトン…古代ギリシアの哲学者（紀元前四二七年頃～前三四七年頃）。

＊3 阪神…日本野球機構（NPB）に属する球団「阪神タイガース」のこと。

問一 ═══部(a)・(b)のカタカナを漢字に直しなさい。

問二 〰〰部X「耳を傾けなければならない」とあるが、「耳を傾ける」と対義的な意味を持つ四字熟語として、最も適当なものを選びなさい。

ア 片言隻語　イ 唯唯諾諾　ウ 生殺与奪
エ 美辞麗句　オ 馬耳東風

問三 ——部①「意識は大事ではあるが、それが自己の中核というわけではない」とあるが、なぜそのように言えるのか。その説明として最も適当なものを選びなさい。

ア 意識は自己の中に身体を統制しつつ複数存在しているが、定期的に不調和や不具合が生じてしまうことがあるから。

イ 意識は自己を知るうえでの有用な情報を伝え、行動を方向付けるが、自己には意識で了解しきれない部分が多くあるから。

ウ 意識は自己に関する重要な情報を提供し続ける一方で、欲望のままに存在している身体感覚と対立することがあるから。

エ 意識は自己の貴重な情報源となるが、自己意識には他者的な要素が含まれるため、自己理解に時間がかかってしまうから。

オ 意識は自己を知るために必要不可欠であるが、スポットライトの役割でしかなく、統合された自己は別に存在するから。

問四 ——部②「もっと過激に考えてみよう」とあるが、ここで述べられている「もっと過激に」考えるとはどういうことか。その説明として最も適当なものを選びなさい。

ア 自己の中に自己意識では了解できないところがあったとしても、自己は明確な輪郭を持つ存在であり、さらに、他者をはじめとする自己ではないものを取り込みながら、個人としての自己を強化していると考えること。

イ 自己には、一つの身体に一つの意識が宿るがゆえに、他者との境界線が明確に存在するという考えに対して、身心の延長する感覚が生じることを根拠に、明確な輪郭を持った自己という概念自体が存在しないと考えること。

ウ 一人の人間が状況に合わせて、複数の自己を使い分けているように思われるが、実はそれは見せかけで、自己と身心とが強固な関係性で結ばれているため、独立した単一の自己として成立していると考えること。

エ 自己は個体としての自己を超えて、身心が拡張する感覚を持つと考えるばかりか、その人の持つ複数の社会的役割や、作品から読み取ることができる思想など、自己の身心以外のものも含めて自己の範囲と考えること。

オ たとえ自己意識では理解できない部分があったとしても、他者とは異なる独立した自己は存在すると考えるばかりでなく、身心からはみ出した衣服や装身具、車幅などの、自己とはかけ離れた無関係なものですら自己と考えること。

問五 ——部③「他者と融合していくこともある」とあるが、その具体例として**適当でないもの**を一つ選びなさい。

ア ハロウィンの仮装をした若者たちが集団で盛り上がることで、個人としての責任感を失い、物を破壊する。

イ 上司の指示に従って仕事を進めていたところミスが判明したが、部下の責任が問われることはなかった。

ウ 文学作品を読む時に、作品に登場する主人公とそれを書いた作家自身を同一視しながら内容を楽しむ。

エ 寝坊のため遅刻しそうになり、集合時間に間に合わせるため、タクシーを使って目的地まで移動した。

い分ける。多重人格などという特殊な例を挙げるまでもなく、今日の社会では、人はさまざまな自己を使い分けている。

それでも、それは一人の自己に統合されるではないか、と言われるかもしれない。しかし、これも怪しい。例えば、僕が外務大臣として(ありえないことだが)、外国との条約に署名したとする。署名したのは僕であるが、その条約には日本国全体が従わなければならない。署名の主体としての僕は、この個人としての僕とは言えない。国家あるいは国民の意思を体現しているのである。もっと身近でありそうな場面で言えば、セールスマンが、「当社としては、この製品が絶対お勧めです」と顧客に勧めるとき、そのセールスマンは「当社」を代弁しているのであって、セールスマン個人の意見を述べているわけではない。

あるいは、＊2プラトンという哲学者を考えてみよう。僕たちが知るのは、プラトンの作品であって、その作品から抽出されるプラトンの思想である。プラトンという人の個体的な身心を知るわけではない。それならば、僕たちは本当のプラトンを知らないのであろうか。そうとも言えないであろう。プラトンを深く読み込んだ人は、プラトンをよく理解していると言ってもかまわない。身心的な自己がすべてとは言えないのである。

自己は分裂するばかりでない。③他者と融合していくこともある。

(中略)

例を挙げるならば、＊3阪神ファンが球場でみんな一体となって応援する時、やはり個は吹っ飛んで、「みんな」の中に解消してしまう。もっと危険な例で言えば、戦争の時には「国民」が個別性を失って一体化してしまうこともある。こうした場合、「私」や「我」は、たやすく「私たち」や「我々」になるのである。他との障壁がなくなることは、それだけ個の背負っている責任が軽くなることであり、それだけ安心感を与える。

自己をすべて投げ出すのでなく、自己の一部分を他に委ねることもありうる。自動車に乗るというのも、足の機能を機械に委ねる単純な例であるが、記憶力の一部をパソコンに委ねることも、今日では当たり前のことである。そればかりでなく、会社員であれば、社の決定にはそれぞれのレヴェルがあり、最高の意思決定は個々の社員ではなく、社長なり、あるいは取締役会なりに委ねられることになる。確かに平社員は苦労は多いが、会社の決定の責任を取る必要はない。一人で生きるより、共同体のほうが楽なのは、このように機能を分割して、自分がしなければならないことを減らすことができるからである。

近代の哲学は、自己を単独者としてイメージしてきたので、「我と汝」というように、単数的な個体としてしか自己や他者を見ることができなかった。というよりも、単独者的な個を理想化し、融合したり分裂したりするような自己の捉え方を否定してきた。自己が他と一体化したり、融合するようなことは、個の責任(b)ホウキであり、倫理的に許されないことと考えられた。それ故、神と自己が一体化するような神秘主義の立場は異端視され、批判されることになった。個は徹底的に個として絶対視されることになる。

このような立場は、すでに繰り返し述べたように、近代西洋的な特殊な立場であり、普遍化できるわけではない。しかし、それがあってはじめて、近代的な民主主義が確立したのであり、そのことを軽視することはできない。④夏目漱石が、健全な個人主義の確立を訴えたのは、きわめて重要なことであり、それは今日でもまだ、確立したとは言えない。

そうではあるが、それを絶対視するわけにはいかない。仏教が、個としての自己の絶対性に対して無我説を唱え、自己に固着することを批判することにも、X耳を傾けなければならない。私はかけがえのない存在であるかもしれないが、もしかしたら、それほどのものではないかもしれない。自己は分裂したり、融合したり、アメーバのように動き、始末におえない厄介者だ。そのことをきちんと認

二〇二四年度 渋谷教育学園幕張高等学校（学力選抜）

【国語】（六〇分）〈満点：一〇〇点〉

〈注意〉・記述は解答欄内に収めてください。一行の欄に二行以上書いた場合は、無効とします。

一　次の文章を読んで、後の問いに答えなさい。

近代の自己論は、一つには自己は、合理的な自己意識として完全に理解しつくせると考え、もう一つには社会を作る主体として、個人として確立していると考える。僕たちも、自己というと、この個体であることを当然とし、しかも、これは自分だという自己意識があるからこそ、自分が自分でありうると考えがちだ。けれども、この前提はそれほど自明ではない。

今日、自分で自分のことを完全に分かりきっていると思う人など、いないであろう。自分の中には、自分でも理解しきれない(a)ショウドウがあり、欲望がある。それがいつ、どのような形で噴出するのか、自分でも制御できない。逆に、思いもかけない才能が自分の中に潜んでいるかもしれないが、それもまた自分の自由になるものではない。そう考えれば、自分もまた、自分で了解しきれない他者的な要素を大きく持つ。というか、自分に関しても、「顕」の領域に収めうる了解可能の部分は、ごく一部分に過ぎないのかもしれない。

そうだとすれば、*1デカルト的な明瞭な自己意識が自己の本質だとは言えないことになる。意識は、言ってみれば、自己の自己に対する情報であって、それによって適切な行動が取りやすくなるということはあるが、それこそが自己だとは言えない。例えば、満腹感は、もう食べなくてもよいというサインであり、それによって食事をストップする。それは、必ずしも明瞭に意識しなくても可能なことで、動物たちもまた、満腹になれば自然に食事を止める。ただ、意識が明瞭化すれば、自覚的な行動を取りやすくなる。

また、痛みは、身体のその部位に異常があるという警告信号である。犬や猫であれば、痛みがあれば、じっとしているか、舐めて治そうとするかもしれない。人間の場合も、古代にはそれと大差なかったであろうが、医学が発達し、痛みによって部位の異常の様子を知り、医学的に対処できるようになってきた。とりわけ頭痛や内臓の痛みは、外から知られない身体内部の貴重な情報源となる。

このように、①意識は大事ではあるが、それが自己の中核というわけではない。痛みなどなくて、身体の部位が意識されないほうが、より好ましい状態であろう。意識はいわばスポットライトであり、自己の一部にのみ光を当てて、そこを理解するのに役立つが、それで自己のすべてが分かるわけではないのである。

それならば、自己の個体性はどうであろうか。自己は自己として、個人として独立していると考えるかもしれない。自己は身心の統合体であり、他なるものとはっきり境界線をもって区別される、と考えられるであろう。たとえ無意識領域に了解不可能なところがあるとしても、それでも個体として統一体をなし、ある程度は意識をもって了解され、統御可能でなければならない。

しかし、自己の個体性も、それほどはっきりと確定したものではない。例えば、この身心が自分だというかもしれないが、それならば、丸裸にならないと自分とはいえないのであろうか。そうだとすれば、ファッションで自分らしさを作り出すなどということは不可能となる。それはおかしい。身心をはみ出し、衣服や装身具までを含めて自分と考えるべきであろう。もっと単純な例で言えば、車を運転するとき、自分の身体の幅ではなく、車と一体化して、車幅を自分の幅として運転する。そのとき、車までを含めて自分と考えられる。

②もっと過激に考えてみよう。自己は単一の存在ということができるであろうか。どうもそれも怪しい。同じ一人の人間が、会社では一社員であり、家では夫（妻）であり、父（母）であるというのは、ごくふつうのことである。そのとき、相手に応じて人はルールを使

2024年度／渋谷教育学園幕張高等学校（学力選抜）

英語解答

1
1 記号…ア
正しい語句…What do you
2 記号…ア
正しい語句…spoken to in
3 記号…エ
正しい語句…must never be
4 記号…ア　正しい語句…hold
5 記号…ア
正しい語句…would be surprised
6 記号…オ

2
1 A…キ　B…ウ　C…カ
2 A…ア　B…ウ　C…キ
3 A…キ　B…ア　C…オ
4 A…オ　B…カ　C…ア

3
(1) (例) the environment will become worse again if the number of tourists increases
(2) (例) it is banned to swim within forty-five meters of them

4
問1 1…(b)　2…(c)　3…(c)　4…(b)
5…(b)
問2 エ，オ

5
問1 ウ，オ
問2 (例)他人の子どもに対して，読んでいい本と読んではいけない本を決めること
問3 A…エ　B…ウ　C…カ　D…ア
問4 a lie　b steal
c respectful
問5 (例)『ミセス・フランクヴァイラー』が私の大好きな本である理由
問6 ウ
問7 (例)書店に『ミセス・フランクヴァイラー』を買いに向かっていた。
問8 (例)涙を拭いて

〔放送問題〕
Part 1　1…エ　2…イ　3…ウ
Part 2　1…エ　2…ア　3…ウ　4…ウ

(声の教育社　編集部)

1〔誤文訂正〕

1.「～をどう思うか」は，動詞にthinkを使う場合はWhat do you think of〔about〕～?，動詞にfeelを使う場合はHow do you feel about ～?となる。　「前回の会議でグリーンさんが私たちに話してくれたアイデアについてどう思いますか」

2. speak to ～「～に話しかける」の受け身形は，‘be動詞＋spoken to (by …)’「(…に)話しかけられる」となる。このように動詞句の受け身形は，過去分詞の後ろにその動詞句を構成する語(句)をそのままの順で置き，その後に「～によって」のbyを置くことに注意。　(類例) ‘be動詞＋laughed at by ～’「～に笑われる」　「昨日，私は帰り道で見知らぬ人に英語で話しかけられた。彼女は私に駅はどこかと尋ねた」

3. ‘助動詞＋動詞の原形’の否定形は，‘助動詞＋not〔never〕＋動詞の原形’となる。　「地球上にはまだ多くの核兵器があるが，核兵器は二度と使われてはならないと私は強く信じている」

4. 日本語では「コンサートを開く」と言うが，動詞openには「～を開催する」という意味はない。「コンサートを開く」はhold a concertなどと言う。なお，(エ)でtheirが使われているのは，The bandを構成するメンバーに意識があるため。　「そのバンドは来年の夏，デビュー30周年を祝うために大きなスタジアムでコンサートを開く予定だ」

5.「(人が)驚く」はbe surprisedで表す。また，「もし祖父が生きていたら～だろう」というよう

な‘現在の事実に反する仮定’は，‘If＋主語＋動詞の過去形～，主語＋助動詞の過去形＋動詞の原形…’の形(仮定法過去)で表すので，will ではなく would を用いる。　「もし私の祖父が生きていたら，この辺りにそびえ立つ新たな建物全てを見て驚くだろう」

6．誤りはない。need it back は「返してほしい」という意味。　「君はその本を１日か２日持っていていいけど，僕は自分の試験勉強をするために，その本を今週末までに返してもらいたい」

2〔長文読解―整序結合―説明文〕

≪全訳≫❶日常的なことを恐れすぎるあまり，そのことで生活が非常に困難になることがある人がいる。恐怖には多くの種類があり，中には異常なものもある。飛行機に乗ることを恐れる人がいる。[1]飛行機に乗ることについて考えるだけで，そうした人々は怖くなることがある。恐怖はどこからくるのだろうか。❷恐怖には学習されるものがある。[2]私たちが身につける他の全ての物事と全く同じように，恐怖を身につけるのにはさまざまな方法がある。もし子どもが犬に傷つけられたら，その子は常に犬を恐れるかもしれない。この恐怖は長い間続くこともあり，外を散歩するような普通のことを子どもにできなくさせる可能性がある。❸人が恐怖を身につける別の方法は，他人の影響によるものである。子どもは周囲の人々と同じ恐怖を持つことが多い。子どもは，母親や父親が恐れている[3]ものを恐れるようになる。母親がクモを見るといつも叫んでいたことが理由で，子どもがクモを恐れるようになるかもしれないのだ。❹恐怖は捨て去ることも可能だ。[4]これを行う方法は，少しずつ恐怖と向き合うことだ。飛行機に乗るのを恐れているなら，飛行機に乗ることに慣れようとすること。飛行機に乗っているとき，幸せだと思うこと。やがて，恐怖は消えていくだろう。

1．‘make＋目的語＋形容詞’「～を…(の状態)にする」の形を考え，can make them afraid とまずまとめる。残りは，thinking about flying とまとまり，これが主語となる。　Just thinking about flying can make them afraid.

2．just like ～「～と全く同じように」の like は前置詞なので，空所には名詞(句)が入る。all the other things「他の全てのこと」というまとまりができ，残りは that を目的格の関係代名詞として使えば that we learn という関係詞節ができる。　Just like all the other things that we learn, …

3．learn to ～で「～するようになる」という意味を表せる。これに be afraid of ～「～を恐れる」をつなげ，最後に目的格の関係代名詞として that を置く。　They learn to be afraid of things that their mother or father is afraid of.

4．恐怖を捨て去る方法を示す文と考えられる。The way to ～「～する方法」を主語とし，動詞に is，残りを by ～ing の形で具体的な方法を表す。do this は前文で述べた内容の unlearn fears ということである。　The way to do this is by facing your fear, little by little.

3〔和文英訳―完全記述〕

(1)書き出し部分を除く「観光客が増えると環境が再び悪化する」の部分を表す。that 節内の条件節となる「観光客が増えると」は「観光客の数が増えると」ということ。これは if there are more tourists などと表すこともできる。‘条件’を表す if 節は未来の内容でも現在形で表すことに注意する。「環境が再び悪化する」は未来の内容なので will が必要。「悪化する」は‘become＋形容詞’の形で become worse とする。again「再び」の訳し漏れに注意。

(2)書き出し部分を除く「イルカの45メートル以内で泳ぐことを禁止している」の部分を表す。「禁止している」は「禁止されている」ということ。「～することを禁止している」は it is banned to ～

と形式主語構文とするか，あるいは動名詞(～ing)を主語としてSwimming ～ is bannedなどとすることもできる。「～以内で」はwithin ～で表せる。fortyのスペルや，metersの複数形に注意。「イルカ」は書き出し部分にあるので代名詞で表すとよい。「禁止する」はbanのほか，prohibit，forbid(forbid－forbade－forbidden)などでもよい。「許可されていない」と考えてbe not allowed〔permitted〕としてもよいだろう。

4〔長文読解総合―説明文〕

≪全訳≫❶ヴィーガンは，できるかぎり動物に苦しみを与えないように生きようとする。これは，植物性の食事に従うことを意味する。ヴィーガンは，動物や，肉，魚，魚介類，卵，蜂蜜，それにチーズなどの乳製品といった動物性の製品を食べない。多くのヴィーガンにとって，厳格なヴィーガン生活を送ることは，動物の皮でつくられた服を着ないこと，および，動物実験されたどんな製品も使わないことを意味する。❷ベジタリアンは肉や魚を食べないが，卵や蜂蜜，乳製品は食べられる。しかし，ヴィーガンは動物性のものはどんな食品も食べない。ヴィーガンは，苦しみはこれらの食品の生産がもとで生じていると言う。例えば，ヴィーガンは，一部の酪農場では，若い雄牛が飼育するのにお金がかかりすぎるために殺されており，また一部の農場では，牛が年を取って出るミルクが少なくなると殺されていると言う。同様に，一部の養鶏場では，雄の鶏は卵を産まないので殺されている。蜂蜜に関しては，ヴィーガンは，蜂は人間のためではなく蜂のために蜂蜜をつくっており，人間が蜂蜜を蜂から取ると，蜂の健康が損なわれる可能性があると言う。ヴィーガンは，自分たちが使ったり食べたりする製品は，いかなる苦痛も動物に与えるべきではないと考えている。❸ヴィーガン協会は1944年に設立されたが，大昔，動物性食品を使ったり食べたりしないと決めた人たちがいた。紀元前6世紀，ギリシャの数学者で哲学者のピタゴラスは，ベジタリアンの生活を送ることで，全ての生き物への優しさを示した。ベジタリアンになるという伝統は古代エジプトや世界の他の地域ではもっと以前からあった。ヴィーガン協会は，有名な詩人のパーシー・ビッシュ・シェリーが，1806年，卵や乳製品を食べることは良くない考えだと公の場で述べた最初の人物の1人であると指摘する。❹多くの人にとって，ヴィーガンになる主な理由は，おそらく，動物や他の全ての生き物には，生命と自由を得る権利があるべきだと考えているからだ。しかし，他の理由もある。ヴィーガンは，肉や他の動物性食品の生産は地球にとって非常に悪いと言う。ヴィーガンは，食肉産業で動物の餌となる穀物を育てるためには大量の水が必要だと指摘する。食肉産業が必要とする大量の穀物は，しばしば問題を引き起こす。森林が伐採され，動物のすみかが破壊されているのだ。一方，ヴィーガン食を食べ続けるのに必要とされる穀物と水ははるかに少ない。さらに，ヴィーガンの多くは，私たちの体が必要とする全ての栄養素は，綿密に計画されたヴィーガン食には含まれており，この種の食事をしていると私たちは病気にならないと言う。

問1＜英問英答＞

1＜要旨把握＞「この記事によれば，以下のうちどれがヴィーガンについて正しいか」―(b)「動物の生命の質を心配している」　第1段落第1文および第2段落第3～最終文参照。　quality of life「生命〔生活〕の質」(＝QOL)

2＜適語選択＞「空所Aに入る最も適切な語は次のうちどれか」　cows「牛」はget older「年を取る」とproduce less milk「出るミルクが少なくなる」。milkは‘数えられない名詞’なので，‘数えられる名詞’を修飾するfew(er)は不適切。　little－less－least

3＜適語選択＞「空所Bに入る最も適切な語は次のうちどれか」　ヴィーガンの考え方を述べた部分。第1段落第1文にdoes not cause suffering to animals「動物に苦痛を与えない」という同様の内容がある。 suffering ≒ pain「苦しみ，苦痛」

4＜文脈把握＞「ピタゴラスが本文で例として使われているのはなぜか」―(b)「数千年前に肉を食べないことを選んだ人がいたことを説明するため」　第3段落では，動物性食品を食べない人は昔からいたことを説明しており，ピタゴラスはその具体例として挙げられている。

5＜要旨把握＞「第4段落によれば，次のうち正しいのはどれか」―(b)「ヴィーガンになることは，動物に優しくしようとするだけでなく，環境に優しくしようとすることも意味している」　第1文で動物の権利，第3文以降で環境への配慮がヴィーガンになる理由として挙げられている。eco-friendly「環境に優しい」

問2＜内容真偽＞ア．「ヴィーガンは，動物の毛皮でできたコートを着ることを許さない厳しい規則に従わなければならない」…×　第1段落最終文参照。厳格なヴィーガンは動物の皮でできた服を着ないとあるが，これは「規則」ではない。　イ．「ベジタリアンもヴィーガンも，卵や蜂蜜も食べない」…×　第1段落第3文および第2段落第1文参照。ベジタリアンは食べる。　'neither *A* nor *B*'「*A*も*B*も(～)ない」　ウ．「ヴィーガン協会は1944年に，紀元前6世紀以前にすでにベジタリアンがいたことを発見した」…×　第3段落第1，2文参照。1944年はヴィーガン協会が設立された年である。　エ．「パーシー・ビッシュ・シェリーは，卵や乳製品を食べるという考えを好まなかった」…○　第3段落最終文に一致する。　オ．「食肉産業は動物に餌をやるために大量の穀物を必要としており，森林喪失の原因の1つとなる可能性がある」…○　第4段落第4，5文に一致する。　カ．「ヴィーガン食は，動物性の食事と同量の水と穀物を必要とする」…×　第4段落第6文参照。much less「ずっと少ない」とある。

5〔長文読解総合―物語〕

≪全訳≫❶「子どもたちをできるだけ多くの異なる種類の本に，そして，できるだけ多くの異なる視点にふれさせることが，教育者としての私たちの仕事です。それは，子どもたちにとって簡単すぎたり，難しすぎたりする本を読ませることを意味します。それは，子どもたちの意欲をかき立てたり，子どもたちをただ楽しませたりする本を読ませることを意味します。そしてもちろん，それは，生徒たちに，私たちが反対するかもしれないことが書かれている本を読ませることや，生徒たちに，物事に関して自分自身の考えを決めさせることを意味しますが，これはときには恐ろしいことです。しかし，それこそが良い教育の本質なのです」❷「皆さん」とジョーンズ先生は言った。「全ての親には，自分の子どもが読んでもいいものや，読んではいけないものを決める権利があります。親ができないことは，その決定を他の全員のために行うことです。教育委員会がこれらの本を撤去するという決定をくつがえすように謹んでお願いいたします。ありがとうございました」❸教育委員の大半は，ジョーンズ先生が話し終わったとき，彼女ではなく，目の前のテーブルを見ていた。そのうちの1人がせきをした。❹「ありがとうございます，ジョーンズ先生。スペンサーさん？　お話しになりますか？」❺トレイの母親が演壇に向かった。ジョーンズ先生とは違い，彼女は読み上げる紙を持っていなかった。❻「教育委員会の皆さん，私はかつてシェルボーン小学校の生徒でした」と彼女は言った。「当時，A学校の図書館は安全な場所でした。親は，自分の子どもがうそのつき方や盗みの仕方を教える本を手に取ることはないと信頼できました。大人に口答えをして，敬意を払わなくてもよいと教える本を子どもたちが見つけることもありませんでした」❼私は顔をしかめた。私が図書館で読んだどの本も，私にうそのつき方や盗みの仕方を教えることはなかった。どんな脳みそを持っていたって子どもは誰でも，そうしたことのやり方はもう知っていた。そして，私は大人に敬意を払っていた。私は大人が私にするように言ったことは何でも必ずやっていた。❽「これはたった11冊です」とスペンサーさんは言った。「小学校の図書館には，子どもたちが楽しめる本がもう数千冊残っています。もっとずっといい本もあります。私は不適切な本を撤去するように求めただけです。教育委員会はこれらの本を図書館から撤去する正しい判断をしました。ありがとうございました」❾ジョーンズ先生はせき払いをして，席で落ち着かない様子だった。❿「ありがとうございます，スペンサーさん」と教育委員の１人が言った。「他にこの問題について話したい人はおられますか？」と彼は尋ねた。⓫ジョーンズ先生は私を見て，ほほ笑んだ。パパは私に問いかけるような視線を送った。今だ。これが，私があの紙切れをポケットに入れている理由だった。両親の予定を変えてまで私をここに連れてきてもらった理由。次の日に学校がある日の夜７時に，ベッドに座って本を読む代わりに，私が退屈な会議室にいた理由。２人とも，私が立ち上がって何か言うことを期待していた。教育委員会になぜ『ミセス・フランクヴァイラー』を撤去すべきでないかを伝えることを。私がすべきことは，立ち上がって演壇へ歩いていくことだけだった。⓬私は胸がドキドキして，まっすぐ前を見つめていた。⓭「どなたかおられますか？」と教育委員はもう一度尋ねた。⓮教育委員会は待っていた。⓯スペンサーさんは待っていた。⓰ジョーンズ先生は待っていた。⓱パパは待っていた。⓲私は三つ編みをくわえていた。⓳「それでは」と教育委員は言った。「この問題に関してこれ以上意見がありませんので，これらの本をシェルボーン小学校の図書館から撤去するという本委員会の決定を支持するように提案します」⓴「賛成」と誰かが言った。㉑そして，それでおしまいだった。それだけだった。私が声を上げる一度のチャンス，私の大好きな本がとてもすばらしい理由を教育委員会に伝える一度のチャンス，そして，私は自分がいつもしていることをしていた――Bそこに座って，何も言わなかったのだ。私の顔はとても熱くなり，火を噴くかと思うほどだった。私はパパやジョーンズ先生を見ることさえできなかった。㉒「残りの時間，ずっと座っている必要はないと思うな」とパパは不機嫌に言った。㉓私は泣かないようにしながら，うなずいた。㉔帰りの車の中で，私は紙切れをポケットから取り出して，広げた。その一番上に私は「『ミセス・フランクヴァイラー』が私の大好きな本である理由」と書いていた。その下には大して書いていなかったが，私がそれを書くのには長い時間がかかった。㉕何かを好きな理由をどう言うだろうか。その良い部分を全部挙げることはできる。家出して美術館に行ったところが好きだ。クラウディアが服を空のバイオリンケースに詰めたところが好きだ。大きなアンティークのベッドで眠り，噴水で風呂に入ったこと。古い彫像の謎を解いたこと。私は『ミセス・フランクヴァイラー』のそうした全てが好きだ。㉖しかし，そのどれもが，私がこの本を13回読み，それでもまた読み返したいと思う本当の理由ではない。それは何か，もっと大きい。もっと深い。それらを全て足したものよりも。㉗何かが自分にとって重要である理由を，それが他の誰かにとって重要でない場合にどうやってその人に説明するだろうか。本が自分の内部に滑り込んで，自分の一部になりすぎたために，Cそれがなければ人生が空っぽに感じることを，どうやって言葉にできるのだろうか。㉘「その紙がスピーチの原稿かい？」とパパが尋ねた。「どうして読まなかったんだ，エイミー・アン？　それこそ私たちが今夜わざわざここまで出てきた理由そのものだと思っていたんだ。全員の予定を変更した理由そのものだと」　熱い涙が私の頬を流れ落ち，Dパパが見えないように私は顔を背けた。私はすすり泣くのを静かに飲み込もうとしたが，パパには聞こえていた。㉙「泣いてるのか？　ああ，エイミー・アン，ご，ごめんよ。そんなつもりじゃなかったんだ。君にとって声を上げるのがどんなに難しいことかはわかるよ」　パパは真っ赤なバンダナをポケットから取り出し，私に手渡した。「ほら，何ていう本だっけ？」㉚私は首を振った。パパの顔を見ることができなかった。私はまだ泣いていた。㉛「ほら。『ミセス・フランク』何とかっていうやつだろ」㉜パパは私を笑わせようとしたが，私は動揺しすぎていた。パパは正しかった。皆が私のために予定を変更して，次の日に学校がある日の夜にわざわざ町の中心まで来たのに，私は怖くて何も言えずにそこに座っていたのだ。33パパは他に何も言わなかったが，数分後，私たちは書店の駐車場に入った。私たちが車で家に向かっていなかったことにすら，私は気づいていなかった。34「おいで」とパパが言った。「涙を拭いて，君の本があるか見てみようじゃないか」

問１＜語句解釈＞下線部(1)を含む文は，‘It is ～ to …’の形式主語構文で，to expose 以下の内容が，その後に続く３文でさらに詳しく説明されている。ウはその３文目，オは１文目の内容に一致する。　disagree with ～「～に反対する」

問２＜英文解釈＞文頭の What は関係代名詞。「具体的に説明しなさい」とあるので，下線部に含まれる they「彼ら」，that decision「その決定」，everyone else「他の全員」を具体化する必要がある。they が指すのは前文の every parent(every ～や each，someone などは，このように they〔their〕で受けられる)。that decision とは，前文で述べた decide what their child can and can't read という内容を受けている。また，everyone else はこの前で述べた their child「自分たちの子ども」以外の者，つまり「他人の子ども」ということである。

問３＜適文選択＞Ａ．直後に続く Parents could trust that ～「親は～と信頼できました」以下の２文で図書館が信頼できる「安全な場所」だったことを述べている。　Ｂ．直前のダッシュ(―)から，その前の I had done what I always did「私は自分がいつもしていることをしていた」の具体的な内容が入ると考えられる。また，第32段落最終文に I'd sat there too afraid to say something「私は怖くて何も言えずにそこに座っていた」という同様の表現がある。　Ｃ．空所を含む文は‘so ～ that …’「とても～なので…」の構文なので，前半からのつながりを考える。カの feel empty は「空っぽに〔空虚に〕感じる」という意味。it は a book を指す。　Ｄ．‘so (that)＋主語＋cannot〔couldn't〕…’「〈主語〉が…できないように」の形。ここでは that が省略されている。　turn away「顔をそむける」

問４＜適語補充＞空所を含む第７段落は前の段落で述べられたスペンサーさんの意見に顔をしかめた，エイミー・アンの心情であることを読み取る。　ａ・ｂ．スペンサーさんのセリフにある taught them how to lie or steal に対する部分である。　ｃ．スペンサーさんのセリフにある be disrespectful to adults に対する部分である。　disrespectful「無礼な」⇔ respectful「敬意に満ちた」

問５＜指示語＞第24段落第１，２文参照。the piece of paper は下線部の that piece of paper と同じもので，その内容が次の文で説明されている。

問６＜指示語＞同じ段落最終文にある all that stuff about *From the Mixed-up Files*「『ミセス・フランクヴァイラー』のそうした全て」から，下線部を含むその前の４文の内容が，『ミセス・フランクヴァイラー』の内容であることがわかる。　character「登場人物」

問７＜文脈把握＞前文から書店の駐車場に車をとめたこと，次の段落最終文から，エイミー・アンの大好きな本を買いに来たのだとわかる。　pull into ～「～に車を入れる」

問８＜英文解釈＞書店に入ろうとしている父の，さっきまで泣いていた娘に対するセリフであることから考える。clean ～self up は「身をきれいにする，身なりを整える」といった意味。

〔放送問題〕解説省略

数学解答

1 (1) $-\sqrt{3}$

(2) $(x-1)(x+y-1)(x-y+1)$

(3) ① $a=11$, $b=23$, $c=7$

② $x=-1$, $-\dfrac{12}{11}$

(4) 7

2 (1) $\dfrac{1}{a}$ (2) $y=\dfrac{5}{2}x$

(3) $y=-\dfrac{5}{2}x+\dfrac{5}{2}$

3 (1) 6通り (2) 72通り

(3) 108通り (4) 102通り

4 (1) $\sqrt{58}$ (2) $\dfrac{7\sqrt{2}}{2}$ (3) $\dfrac{35\sqrt{58}}{58}$

5 (1)

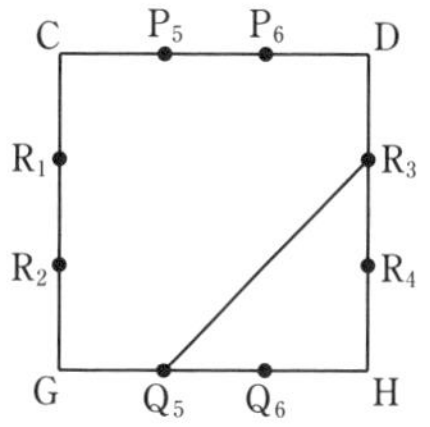

(2) $\dfrac{13\sqrt{3}}{2}$ (3) $\dfrac{8}{3}$ (4) $\dfrac{1}{3}$

（声の教育社　編集部）

1 〔独立小問集合題〕

(1)＜数の計算＞$1<3<4$ より，$\sqrt{1}<\sqrt{3}<\sqrt{4}$，$1<\sqrt{3}<2$ だから，$\sqrt{3}-1>0$，$\sqrt{3}-2<0$ である。よって，$\sqrt{(\sqrt{3}-1)^2}=\sqrt{3}-1$ となり，$\sqrt{3}-2$ の絶対値は $-(\sqrt{3}-2)$ だから，$\sqrt{(\sqrt{3}-2)^2}=-(\sqrt{3}-2)=2-\sqrt{3}$ となる。また，$\dfrac{1-\sqrt{3}}{2-\sqrt{3}}=\dfrac{(1-\sqrt{3})(2+\sqrt{3})}{(2-\sqrt{3})(2+\sqrt{3})}=\dfrac{2+\sqrt{3}-2\sqrt{3}-3}{4-3}=-1-\sqrt{3}$ である。したがって，与式 $=(\sqrt{3}-1)+(2-\sqrt{3})+(-1-\sqrt{3})=\sqrt{3}-1+2-\sqrt{3}-1-\sqrt{3}=-\sqrt{3}$ となる。

(2)＜式の計算―因数分解＞与式 $=x^3-x^2-xy^2+y^2+2xy-2y-x+1=x^2(x-1)-y^2(x-1)+2y(x-1)-(x-1)$ として，$x-1=A$ とおくと，与式 $=x^2A-y^2A+2yA-A=A(x^2-y^2+2y-1)=A\{x^2-(y^2-2y+1)\}=A\{x^2-(y-1)^2\}$ となり，さらに，$y-1=B$ とおくと，与式 $=A(x^2-B^2)=A(x+B)(x-B)$ となる。A，B をもとに戻して，与式 $=(x-1)\{x+(y-1)\}\{x-(y-1)\}=(x-1)(x+y-1)(x-y+1)$ である。

≪別解≫与式 $=x^3-xy^2+2xy-x-x^2+y^2-2y+1=x(x^2-y^2+2y-1)-(x^2-y^2+2y-1)$ として，$x^2-y^2+2y-1=C$ とおくと，与式 $=xC-C=(x-1)C=(x-1)(x^2-y^2+2y-1)=(x-1)\{x^2-(y^2-2y+1)\}=(x-1)\{x^2-(y-1)^2\}$ となる。さらに，$y-1=B$ とおくと，与式 $=(x-1)(x^2-B^2)=(x-1)(x+B)(x-B)=(x-1)\{x+(y-1)\}\{x-(y-1)\}=(x-1)(x+y-1)(x-y+1)$ となる。

(3)＜数の性質，二次方程式＞① $2024=2^3\times11\times23$ より，$ab(c+1)=2^3\times11\times23$ となる。a，b，c は素数で，$c<a<b$ だから，a，b は3以上の素数である。よって，$a=11$，$b=23$ となる。このとき，$11\times23\times(c+1)=2^3\times11\times23$ より，$c+1=8$，$c=7$ となる。c は素数で，$c<a<b$ を満たすので，適する。　②①より，二次方程式 $ax^2+bx+(c+5)=0$ は，$11x^2+23x+(7+5)=0$，$11x^2+23x+12=0$ となる。解の公式より，$x=\dfrac{-23\pm\sqrt{23^2-4\times11\times12}}{2\times11}=\dfrac{-23\pm\sqrt{1}}{22}=\dfrac{-23\pm1}{22}$ となるので，$x=\dfrac{-23+1}{22}=-1$，$x=\dfrac{-23-1}{22}=-\dfrac{12}{11}$ である。

(4)＜数の性質＞$(\sqrt{7}+\sqrt{19})^2=7+2\sqrt{133}+19=26+2\sqrt{133}$ となる。$2\sqrt{133}=\sqrt{532}$ であり，$23^2=529$，$24^2=576$ より，$23^2<532<24^2$，$23<\sqrt{532}<24$，$23<2\sqrt{133}<24$ だから，$26+23<26+2\sqrt{133}<26+24$，$49<(\sqrt{7}+\sqrt{19})^2<50$，$7<\sqrt{7}+\sqrt{19}<\sqrt{50}$ である。$\sqrt{50}<\sqrt{64}$ より，$\sqrt{50}<8$ だから，$7<\sqrt{7}+\sqrt{19}<8$ となり，$\sqrt{7}+\sqrt{19}$ の整数部分の値は7である。

2 〔関数―関数 $y=ax^2$ と一次関数のグラフ〕

≪基本方針の決定≫(1)　OA：OB，OC：OD を求めてみよう。

(1)＜長さの比＞右図1で，点Aは放物線$y=x^2$と直線$y=x$の交点だから，2式からyを消去して，$x^2=x$より，$x^2-x=0$，$x(x-1)=0$ $\therefore x=0$，1　よって，点Aのx座標は1である。また，点Bは放物線$y=ax^2$と直線$y=x$の交点だから，$ax^2=x$より，$ax^2-x=0$，$x(ax-1)=0$ $\therefore x=0$，$\frac{1}{a}$　よって，点Bのx座標は$\frac{1}{a}$である。同様にして，$x^2=-\frac{1}{2}x$より，$2x^2+x=0$，$x(2x+1)=0$ $\therefore x=0$，$-\frac{1}{2}$　よって，点Cのx座標は$-\frac{1}{2}$であり，$ax^2=-\frac{1}{2}x$より，$2ax^2+x=0$，$x(2ax+1)=0$ $\therefore x=0$，$-\frac{1}{2a}$　よって，点Dのx座標は$-\frac{1}{2a}$である。4点A，B，C，Dからx軸にそれぞれ垂線AA′，BB′，CC′，DD′を引くと，AA′∥BB′より，OA：OB＝OA′：OB′＝$1:\frac{1}{a}=a:1$となり，CC′∥DD′より，OC：OD＝OC′：OD′＝$\left\{0-\left(-\frac{1}{2}\right)\right\}:\left\{0-\left(-\frac{1}{2a}\right)\right\}=\frac{1}{2}:\frac{1}{2a}=a:1$となるから，OA：OB＝OC：ODである。また，∠AOC＝∠BODなので，△OAC∽△OBDとなる。よって，AC：BD＝OA：OB＝$a:1$だから，$\frac{\mathrm{BD}}{\mathrm{AC}}=\frac{1}{a}$である。

図1

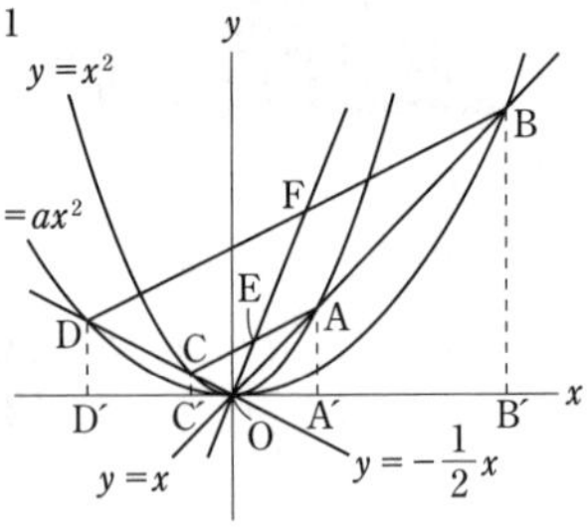

(2)＜直線の式＞右上図1で，原点Oを通り四角形ABDCの面積を2等分する直線と辺AC，BDの交点をそれぞれE，Fとする。(1)より，OA：OB＝OC：ODだから，AC∥BDである。また，△OAC∽△OBDだから，点Eと点Fは対応する点となる。よって，点Eが辺ACの中点のとき，点Fも辺BDの中点となる。このとき，AE＝CE，BF＝DFだから，四角形ABFEと四角形CDFEは，上底，下底，高さが等しい台形となり，〔四角形ABFE〕＝〔四角形CDFE〕となる。したがって，原点Oを通り四角形ABDCの面積を2等分する直線と辺ACの交点Eは，辺ACの中点である。点Aは直線$y=x$上にありx座標が1だから，$y=1$となり，A(1，1)である。点Cは直線$y=-\frac{1}{2}x$上にありx座標が$-\frac{1}{2}$だから，$y=-\frac{1}{2}\times\left(-\frac{1}{2}\right)=\frac{1}{4}$となり，C$\left(-\frac{1}{2},\ \frac{1}{4}\right)$である。これより，点Eの$x$座標は$\left\{1+\left(-\frac{1}{2}\right)\right\}\div2=\frac{1}{4}$，$y$座標は$\left(1+\frac{1}{4}\right)\div2=\frac{5}{8}$だから，E$\left(\frac{1}{4},\ \frac{5}{8}\right)$である。直線OEの傾きは$\frac{5}{8}\div\frac{1}{4}=\frac{5}{2}$となるので，求める直線の式は$y=\frac{5}{2}x$である。

(3)＜直線の式＞右図2で，点(1，0)を通り四角形ABDCの面積を2等分する直線と辺AC，BDの交点をそれぞれG，Hとし，直線GHと直線EFの交点をIとする。〔四角形ABFE〕＝$\frac{1}{2}$〔四角形ABDC〕，〔四角形ABHG〕＝$\frac{1}{2}$〔四角形ABDC〕より，〔四角形ABFE〕＝〔四角形ABHG〕であり，これより，△EGI＋〔五角形ABFIG〕＝△FHI＋〔五角形ABFIG〕だから，△EGI＝△FHIである。(2)より，AC∥BDであり，△EGI∽△FHIだから，△EGI≡△FHIとなり，EI＝FIである。よって，点Iは線分EFの中点となる。A(1，1)，C$\left(-\frac{1}{2},\ \frac{1}{4}\right)$より，直線ACの傾きは$\left(1-\frac{1}{4}\right)\div\left\{1-\left(-\frac{1}{2}\right)\right\}=\frac{1}{2}$だから，直線BDの傾きも$\frac{1}{2}$であり，その式は$y=\frac{1}{2}x+b$とおける。$a=\frac{1}{3}$より，点Bの$x$座標は$\frac{1}{a}=1\div a=1\div\frac{1}{3}=3$であり，点Bは直線$y=x$上の点だから，$y=3$より，B(3，3)である。直線$y=\frac{1}{2}x+b$が点Bを通るので，$3=\frac{1}{2}\times3+b$，$b=\frac{3}{2}$となり，直線

図2

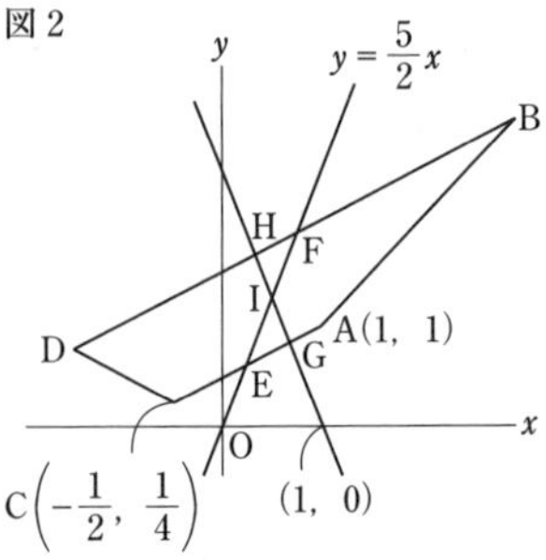

BD の式は $y=\frac{1}{2}x+\frac{3}{2}$ である。(2)より，点 F は直線 $y=\frac{5}{2}x$ と直線 $y=\frac{1}{2}x+\frac{3}{2}$ の交点となるから，$\frac{5}{2}x=\frac{1}{2}x+\frac{3}{2}$，$2x=\frac{3}{2}$，$x=\frac{3}{4}$ となり，$y=\frac{5}{2}\times\frac{3}{4}=\frac{15}{8}$ より，$\mathrm{F}\left(\frac{3}{4},\ \frac{15}{8}\right)$ である。$\mathrm{E}\left(\frac{1}{4},\ \frac{5}{8}\right)$ だから，点 I の x 座標は $\left(\frac{1}{4}+\frac{3}{4}\right)\div 2=\frac{1}{2}$，$y$ 座標は $\left(\frac{5}{8}+\frac{15}{8}\right)\div 2=\frac{5}{4}$ となり，$\mathrm{I}\left(\frac{1}{2},\ \frac{5}{4}\right)$ である。直線 GH は点(1，0)と $\mathrm{I}\left(\frac{1}{2},\ \frac{5}{4}\right)$ を通るので，傾きは $\left(0-\frac{5}{4}\right)\div\left(1-\frac{1}{2}\right)=-\frac{5}{2}$ となり，その式は $y=-\frac{5}{2}x+c$ とおける。これが点(1，0)を通るので，$0=-\frac{5}{2}\times 1+c$，$c=\frac{5}{2}$ となり，求める直線の式は $y=-\frac{5}{2}x+\frac{5}{2}$ である。

3 〔データの活用―場合の数〕

≪基本方針の決定≫(1)　点 A から点 C，点 C から点 B までの最短経路をそれぞれ考える。　(2)　点 A から点 P，点 P から点 B までの最短経路を考える。　(4)　(3)の最短経路を除いた最短経路である。

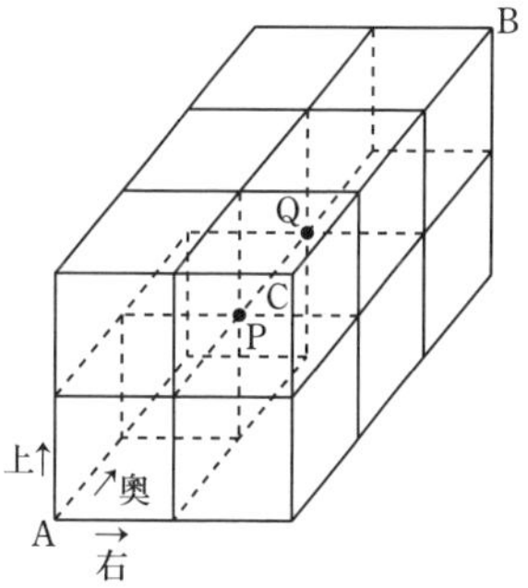

(1)＜場合の数＞右図のように，各分岐点から移動する経路の方向を，上，右，奥と定める。点 A から点 C までの最短経路は，上方向への経路を 2 本，右方向への経路を 2 本通るから，上→上→右→右，上→右→上→右，上→右→右→上，右→上→上→右，右→上→右→上，右→右→上→上の 6 通りあり，点 C から点 B までの最短経路は，奥方向への経路を 3 本通るから，奥→奥→奥の 1 通りある。よって，点 C を通る最短経路は $6\times1=6$(通り)ある。

(2)＜場合の数＞右図で，点 A から点 P までの最短経路は，上方向，右方向，奥方向への経路を 1 本ずつ通るから，上→右→奥，上→奥→右，右→上→奥，右→奥→上，奥→上→右，奥→右→上の 6 通りあり，点 P から点 B までの最短経路は，上方向，右方向への経路を 1 本ずつと，奥方向への経路を 2 本通るから，上→右→奥→奥，上→奥→右→奥，上→奥→奥→右，右→上→奥→奥，右→奥→上→奥，右→奥→奥→上，奥→上→右→奥，奥→上→奥→右，奥→右→上→奥，奥→右→奥→上，奥→奥→上→右，奥→奥→右→上の 12 通りある。よって，点 P を通る最短経路は $6\times12=72$(通り)ある。

(3)＜場合の数＞右上図のように，直方体の内部にある分岐点で，点 P でない方を点 Q とする。2 点 P，Q のうち少なくとも 1 つを通る最短経路は，点 P を通る最短経路と，点 P を通らずに点 Q を通る最短経路のどちらかとなる。(2)より，点 P を通る最短経路は 72 通りある。同様に考えて，点 A から点 Q までの最短経路は 12 通り，点 Q から点 B までの最短経路は 6 通りより，点 Q を通る最短経路は $12\times6=72$(通り)ある。点 Q を通る最短経路のうち，点 P を通るものは，点 A から点 P までの最短経路が 6 通り，点 P から点 Q までの最短経路が 1 通り，点 Q から点 B までの最短経路が 6 通りより，$6\times1\times6=36$(通り)あるから，点 P を通らずに点 Q を通る最短経路は $72-36=36$(通り)となる。よって，2 点 P，Q のうち少なくとも 1 つを通る最短経路は $72+36=108$(通り)ある。

(4)＜場合の数＞直方体の表面のみを通る最短経路は，2 点 P，Q のどちらも通らない最短経路だから，点 A から点 B までの最短経路から，2 点 P，Q のうち少なくとも 1 つを通る最短経路を除いたものとなる。点 A から点 B までの最短経路は，上方向，右方向への経路を 2 本ずつと，奥方向への経路を 3 本通るから，合計で $2+2+3=7$(本)の経路を通る。まず，上方向への 2 本の経路が何本目と何本目の経路となるかを考える。1 つは，1 本目～7 本目の 7 通りあり，もう 1 つは残りの 6 本の 6 通りとなるが，入れかわっても上方向への経路としては同じなので，上方向への2本の経路の選び方は $7\times6\div2=21$(通り)となる。このそれぞれにおいて，右方向への2本の経路を，上方向の経路のときと同様に考えると，残りの経路が5本だから，1つは5通り，もう1つは4通りであり，入れかわっても右方向への経路としては同じなので，右方向への2本の経路の選び方は $5\times4\div2=10$(通り)となる。残る経路は3本だから，奥方向への3本の経路の選び方は1通りである。よって，点Aから点Bまでの最短経路は，$21\times10\times1=210$(通り)ある。このうち，2点P，Qのうち少なくとも1つを通る最短経路は，(3)より，108通りなので，直方体の表面のみを通る最短経路は $210-108=102$(通り)となる。

4 〔平面図形―直角三角形と正方形〕

≪基本方針の決定≫(1)，(2)　三平方の定理を利用する。　(3)　5点A，B，F，O，Cが同じ円周上にあることに気づきたい。

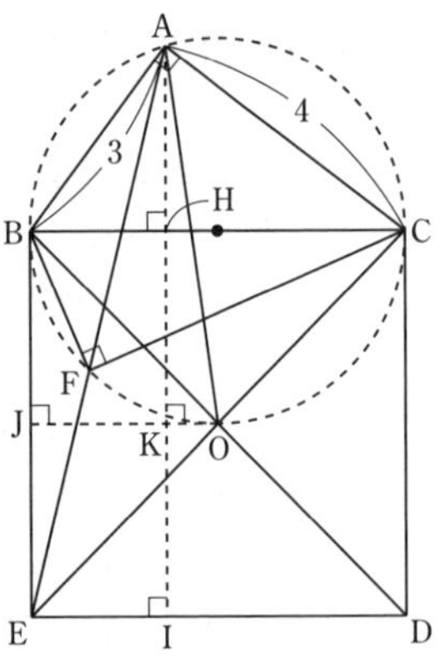

(1)＜長さ＞右図で，点Aから辺BCに垂線AHを引き，AHの延長と辺EDの交点をIとすると，BC∥EDよりAI⊥EDとなる。このとき，△AEIで三平方の定理より，$\mathrm{AE}=\sqrt{\mathrm{EI}^2+\mathrm{AI}^2}$ となるから，線分EIと線分AIの長さを求める。∠BAC＝90°だから，△ABCで三平方の定理より，$\mathrm{BC}=\sqrt{\mathrm{AB}^2+\mathrm{AC}^2}=\sqrt{3^2+4^2}=\sqrt{25}=5$ である。四角形BEDCは正方形より，BE＝BC＝5となり，四角形BEIHは長方形だから，HI＝BE＝5となる。また，∠BHA＝∠BAC＝90°，∠HBA＝∠ABCより，2組の角がそれぞれ等しいから，△HBA∽△ABCである。これより，BH：BA＝AH：CA＝BA：BC＝3：5だから，$\mathrm{BH}=\dfrac{3}{5}\mathrm{BA}=\dfrac{3}{5}\times3=\dfrac{9}{5}$，$\mathrm{AH}=\dfrac{3}{5}\mathrm{CA}=\dfrac{3}{5}\times4=\dfrac{12}{5}$ となり，$\mathrm{EI}=\mathrm{BH}=\dfrac{9}{5}$，$\mathrm{AI}=\mathrm{AH}+\mathrm{HI}=\dfrac{12}{5}+5=\dfrac{37}{5}$ である。よって，$\mathrm{AE}=\sqrt{\left(\dfrac{9}{5}\right)^2+\left(\dfrac{37}{5}\right)^2}=\sqrt{58}$ となる。

(2)＜長さ＞右上図で，点Oから辺BEに垂線OJを引き，線分OJと線分HIの交点をKとする。このとき，△AOKで三平方の定理より，$\mathrm{AO}=\sqrt{\mathrm{OK}^2+\mathrm{AK}^2}$ となるから，線分OKと線分AKの長さを求める。∠BJO＝∠BED＝90°より，OJ∥DEとなり，点Oは正方形BEDCの対角線BD，CEの交点だから，BO＝DOである。よって，$\mathrm{BJ}=\mathrm{EJ}=\dfrac{1}{2}\mathrm{BE}=\dfrac{1}{2}\times5=\dfrac{5}{2}$ となる。また，∠DBE＝45°だから，△OBJは直角二等辺三角形であり，$\mathrm{OJ}=\mathrm{BJ}=\dfrac{5}{2}$ である。四角形BJKHは長方形だから，$\mathrm{KJ}=\mathrm{BH}=\dfrac{9}{5}$，$\mathrm{HK}=\mathrm{BJ}=\dfrac{5}{2}$ であり，$\mathrm{OK}=\mathrm{OJ}-\mathrm{KJ}=\dfrac{5}{2}-\dfrac{9}{5}=\dfrac{7}{10}$，$\mathrm{AK}=\mathrm{AH}+\mathrm{HK}=\dfrac{12}{5}+\dfrac{5}{2}=\dfrac{49}{10}$ である。したがって，$\mathrm{AO}=\sqrt{\left(\dfrac{7}{10}\right)^2+\left(\dfrac{49}{10}\right)^2}=\sqrt{\dfrac{49}{2}}=\dfrac{7\sqrt{2}}{2}$ となる。

(3)＜長さ＞右上図で，∠BAC＝∠BFC＝∠BOC＝90°より，5点A，B，F，O，Cは線分BCを直径とする円の周上にある。$\overset{\frown}{\mathrm{OF}}$ に対する円周角より，∠ECF＝∠EAOであり，∠CEF＝∠AEOだから，△CEF∽△AEOである。よって，CF：AO＝CE：AEである。△BECが直角二等辺三角形より，$\mathrm{CE}=\sqrt{2}\mathrm{BE}=\sqrt{2}\times5=5\sqrt{2}$ だから，$\mathrm{CF}:\dfrac{7\sqrt{2}}{2}=5\sqrt{2}:\sqrt{58}$ が成り立ち，$\mathrm{CF}\times\sqrt{58}=\dfrac{7\sqrt{2}}{2}\times5\sqrt{2}$，$\mathrm{CF}=\dfrac{35\sqrt{58}}{58}$ となる。

5 〔空間図形―立方体〕

≪基本方針の決定≫(3)　いくつかの立体に分ける。　(4)　切断する4つの平面で囲まれた立体である。

⑴＜交わってできる線＞右図１で，３点 P_2，P_7，Q_4 を通る平面と辺 GH の交点を Q とする。３点 P_2，P_7，Q_4 を通る平面と，面 ABCD の交わってできる線は線分 P_2P_7 であり，〔面 ABCD〕∥〔面 EFGH〕だから，P_2P_7∥Q_4Q となる。２点 B，D，２点 F，H を結ぶと，BD∥FH であり，AP_2：P_2B＝AP_7：P_7D＝２：１より，P_2P_7∥BD だから，Q_4Q∥FH となる。よって，GQ：QH＝GQ_4：Q_4F＝１：２となるので，点 Q は辺 GH を３等分する点のうち点 G に近い方の点 Q_5 となる。次に，線分 P_2P_7 の延長と辺 CD の延長の交点を T とする。点 Q と点 T を結び，線分 QT と辺 DH の交点を R とすると，３点 P_2，P_7，Q_4 を通る平面と，面 CGHD と交わってできる線は線分 QR となる。$\triangle AP_2P_7$ が直角二等辺三角形より，$\angle DP_7T=\angle AP_7P_2=45°$ だから，$\triangle DTP_7$ も直角二等辺三角形であり，$DT=DP_7=\frac{1}{3}DA=\frac{1}{3}\times3=1$ となる。また，△DTR∽△HQR となり，$HQ=\frac{2}{3}GH=\frac{2}{3}\times3=2$ だから，DR：HR＝DT：HQ＝１：２である。よって，点 R は，辺 DH を３等分する点のうち点 D に近い方の点 R_3 となる。以上より，面 CGHD と交わる線は，線分 Q_5R_3 となる。解答参照。

図１

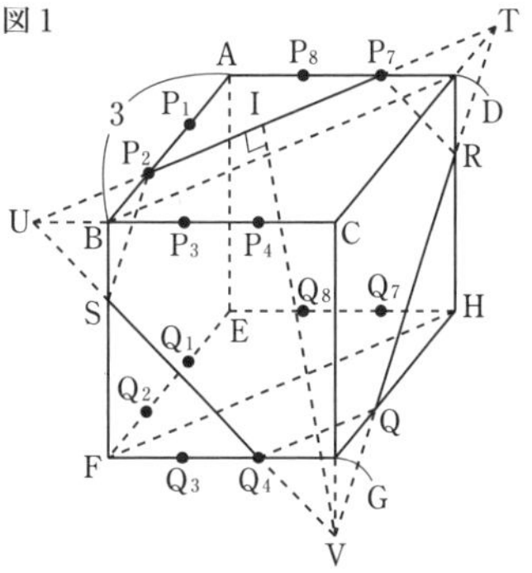

⑵＜面積＞右上図１で，３点 P_2，P_7，Q_4 を通る平面と辺 BF の交点を S とすると，切断面は，六角形 $P_2SQ_4QRP_7$ となる。P_7P_2，CB，Q_4S の延長の交点を U，SQ_4，CG，RQ の延長の交点を V とすると，六角形 $P_2SQ_4QRP_7$ の面積は，$\triangle UVT-\triangle USP_2-\triangle Q_4VQ-\triangle P_7RT$ で求められる。⑴より，$\triangle DTP_7$ は直角二等辺三角形だから，$\angle DTP_7=45°$ であり，△CTU も直角二等辺三角形となる。CT＝CD＋DT＝3＋1＝4 だから，$UT=\sqrt{2}CT=\sqrt{2}\times4=4\sqrt{2}$ となる。DR：HR＝1：2 より，$DR=\frac{1}{1+2}DH=\frac{1}{3}\times3=1$ だから，DT＝DR となり，△DTR も直角二等辺三角形である。∠DTR＝45° より，△CTV も直角二等辺三角形だから，△CTV≡△CTU であり，$VT=UT=4\sqrt{2}$ となる。UC＝CT＝4，CV＝CT＝4 より，△CUV も直角二等辺三角形であり，△CVU≡△CTU となるから，$UV=UT=4\sqrt{2}$ となる。よって，UV＝UT＝VT だから，△UVT は正三角形である。これより，点 V から辺 UT に垂線 VI を引くと，△UVI は３辺の比が $1:2:\sqrt{3}$ の直角三角形となるから，$VI=\frac{\sqrt{3}}{2}UV=\frac{\sqrt{3}}{2}\times4\sqrt{2}=2\sqrt{6}$ であり，$\triangle UVT=\frac{1}{2}\times UT\times VI=\frac{1}{2}\times4\sqrt{2}\times2\sqrt{6}=8\sqrt{3}$ となる。また，$\triangle USP_2$∽△UVT である。UC＝4，UB＝UC－BC＝4－3＝1 であり，AB∥TC だから，$\triangle USP_2$ と △UVT の相似比は UP_2：UT＝UB：UC＝1：4 となる。よって，$\triangle USP_2:\triangle UVT=1^2:4^2=1:16$ となるので，$\triangle USP_2=\frac{1}{16}\triangle UVT=\frac{1}{16}\times8\sqrt{3}=\frac{\sqrt{3}}{2}$ である。同様にして，$\triangle Q_4VQ=\triangle P_7RT=\frac{\sqrt{3}}{2}$ となる。以上より，求める切断面の面積は，〔六角形 $P_2SQ_4QRP_7$〕$=8\sqrt{3}-\frac{\sqrt{3}}{2}\times3=\frac{13\sqrt{3}}{2}$ である。

⑶＜体積＞右図２で，３点 P_3，P_6，Q_1 を通る平面は，⑴と同様に考えると，３点 Q_8，R，S を通る。よって，立方体を３点 P_2，P_7，Q_4 を通る平面と３点 P_3，P_6，Q_1 を通る平面の２つの平面で切断したとき，点 B を含む立体は，８点 P_2，B，P_3，P_6，D，P_7，R，S を頂点とする立体である。２点 P_2，P_3，２点 P_6，P_7 を通り線分 SR に垂直な平面と線分 SR の交点を，それぞれ J，K とすると，点 B を含む立体は，三角錐 BP_2P_3S，三角錐 P_2P_3SJ，三角柱 P_2P_3J-P_7P_6K，三角錐 P_6P_7RK，三角錐 DP_6P_7R の５個の

図２

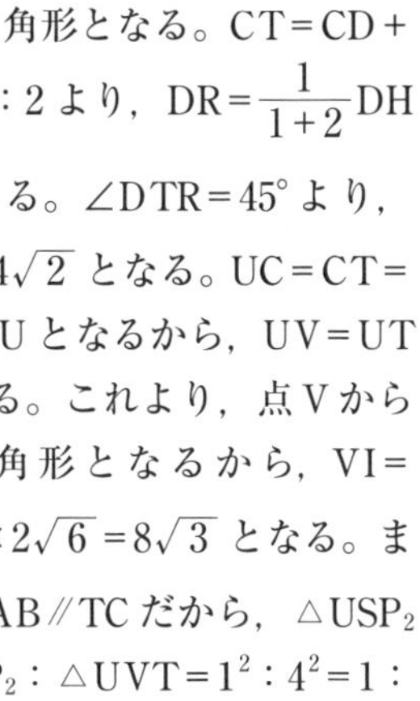

立体に分けられる。前ページの図1で，△CVU が直角二等辺三角形より，△BSU も直角二等辺三角形だから，BS＝UB＝1である。図2で，$\triangle BP_2P_3$，$\triangle BP_2S$ も直角二等辺三角形だから，$BP_3=BP_2=BS=1$ となる。よって，〔三角錐 BP_2P_3S〕$=\dfrac{1}{3}\times\triangle BP_2P_3\times BS=\dfrac{1}{3}\times\dfrac{1}{2}\times1\times1\times1=\dfrac{1}{6}$ であり，同様に，〔三角錐 DP_6P_7R〕$=\dfrac{1}{6}$ となる。次に，$P_2P_3=\sqrt{2}BP_2=\sqrt{2}\times1=\sqrt{2}$ であり，$\triangle AP_2P_7$ が直角二等辺三角形より，$P_2P_7=\sqrt{2}AP_7=\sqrt{2}\times2=2\sqrt{2}$ であり，$JK=P_2P_7=2\sqrt{2}$ である。△ABD が直角二等辺三角形より，$BD=\sqrt{2}AB=\sqrt{2}\times3=3\sqrt{2}$ となり，BS＝DR＝1より，四角形 BSRD は長方形だから，$SR=BD=3\sqrt{2}$ となる。図形の対称性より，$SJ=RK=(SR-JK)\div2=(3\sqrt{2}-2\sqrt{2})\div2=\dfrac{\sqrt{2}}{2}$ である。図2で，点Jから線分 P_2P_3 に垂線 JL を引くと，JL＝BS＝1となり，$\triangle P_2P_3J=\dfrac{1}{2}\times P_2P_3\times JL=\dfrac{1}{2}\times\sqrt{2}\times1=\dfrac{\sqrt{2}}{2}$ となるので，〔三角錐 P_2P_3SJ〕$=\dfrac{1}{3}\times\triangle P_2P_3J\times SJ=\dfrac{1}{3}\times\dfrac{\sqrt{2}}{2}\times\dfrac{\sqrt{2}}{2}=\dfrac{1}{6}$ となり，同様に，〔三角錐 P_6P_7RK〕$=\dfrac{1}{6}$ となる。さらに，〔三角柱 P_2P_3J-P_7P_6K〕$=\triangle P_2P_3J\times JK=\dfrac{\sqrt{2}}{2}\times2\sqrt{2}=2$ である。以上より，求める立体の体積は $\dfrac{1}{6}\times2+\dfrac{1}{6}\times2+2=\dfrac{8}{3}$ である。

(4)＜体積＞右図3で，(1)と同様に考えると，3点 Q_1，Q_4，P_7 を通る平面は，点 P_6 を通り，さらに，辺 AE 上に ES′＝1となる点 S′，辺 CG 上に GR′＝1となる点 R′ をとると，点 S′ と点 R′ も通る。3点 Q_5，Q_8，P_3 を通る平面は，点 P_2，点 S′，点 R′ を通る。4つの平面で切断してできる立体のうち，立方体の対角線 AG，FD の交点を内部に含む立体は，4つの平面で囲まれた立体で，図3の四面体 WXYZ となる。2点 W，X は線分 SR 上，2点 Y，Z は線分 S′R′ 上にあり，線分 SR，線分 S′R′ を含み面 ABCD に平行な平面は，立方体 ABCD-EFGH を3等分するので，右下図4で，辺 WX，辺 YX の中点をそれぞれ M，N とすると，$MN=\dfrac{1}{3}\times3=1$ となる。図3で，$\triangle P_2P_7Z\backsim\triangle XWZ$ だから，$P_2P_7:XW=P_2Z:XZ=2:1$ となり，$XW=\dfrac{1}{2}P_2P_7=\dfrac{1}{2}\times2\sqrt{2}=\sqrt{2}$ となる。同様にして，$YZ=\sqrt{2}$ である。図4で，図形の対称性より，XW⊥〔平面 MYZ〕となるから，$\triangle MYZ=\dfrac{1}{2}\times YZ\times MN=\dfrac{1}{2}\times\sqrt{2}\times1=\dfrac{\sqrt{2}}{2}$，$WM=XM=\dfrac{1}{2}XW=\dfrac{1}{2}\times\sqrt{2}=\dfrac{\sqrt{2}}{2}$ より，〔三角錐 W-MYZ〕＝〔三角錐 X-MYZ〕$=\dfrac{1}{3}\times\triangle MYZ\times WM=\dfrac{1}{3}\times\dfrac{\sqrt{2}}{2}\times\dfrac{\sqrt{2}}{2}=\dfrac{1}{6}$ となり，求める立体の体積は，〔四面体 WXYZ〕＝2〔三角錐 W-MYZ〕$=2\times\dfrac{1}{6}=\dfrac{1}{3}$ である。

図3

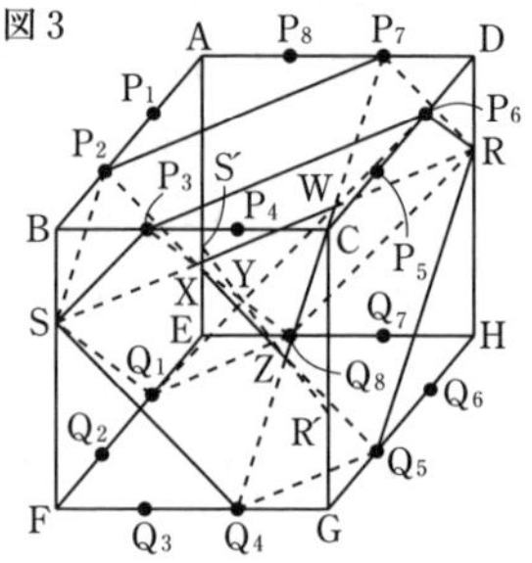

図4

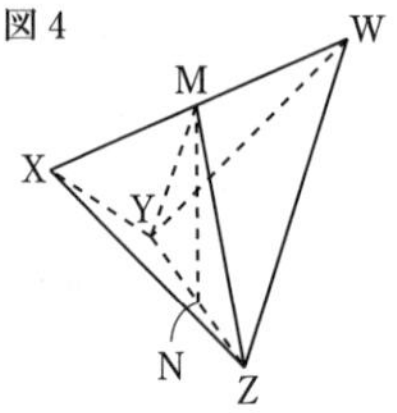

═読者へのメッセージ═

関数 $y=ax^2$ のグラフは放物線で，英語ではパラボラ(parabola)といいます。パラボラアンテナは放物線の形を利用してつくられています。なぜ放物線の形なのかは，放物線の軸上に焦点という点があり，放物線の軸に平行に入ってきたものは全て放物線の面によって反射されて焦点に集まるからです。詳しくは高校で学習します。

社会解答

1
問1　志賀　　問2　2　　問3　3
問4　西南戦争　　問5　4
問6　3　　問7　オランダ
問8　(例)5世紀には，中国の皇帝の権威を借りて朝鮮半島で優位な立場に立つことを目的としたが，7世紀には，中国の進んだ文化や制度を学ぶことを目的としていた。
問9　1
問10　意味　(例)中国の皇帝を頂点とする国際秩序の中での地位を示した。
　使用方法　(例)文書や荷物の改変を防ぐための封印として使用した。
問11　コンドル　　問12　3
問13　(例)日中戦争時の日本は長期化とともに生活必需品や資源が欠乏したが，現在のロシアは食料や資源を自給できるため，長期化に耐えやすい。
問14　3　　問15　2　　問16　4
問17　1
問18　(例)イギリスは日英同盟の締結と戦費調達の支援を行い，アメリカは戦費調達の支援と和平の仲介を行った。(47字)

2
問1　4　　問2　1
問3　⑴…4　⑵…4
問4　⑴…小選挙区比例代表並立制
　⑵…4
問5　・(例)業務の内容を性別によって分けている。
　・(例)資格の項目に主婦と記載されている。
問6　3　　問7　1，3　　問8　2
問9　(例)衆議院は参議院に比べて任期が短く，解散もあるため，国民の意見をより正確に反映していると考えられるから。
問10　1　　問11　2　　問12　3
問13　緊急事態

3
問1　マニラ　　問2　1　　問3　2
問4　⑴…4　⑵…トルコ
　⑶　(例)かつてフランスの植民地であったため，フランス語を話せる人が多いから。
　⑷…3
問5　4
問6　(例)沖合を暖流の北大西洋海流が流れ，その上空を偏西風が吹いているから。(33字)
問7　3　　問8　5
問9　⑴…(琉球)石灰
　⑵　・(例)特産品や観光地などの地域に関する情報を発信するため。
　　・(例)消費者の好みや反応を調査し，商品開発や広報に生かすため。

(声の教育社　編集部)

1〔歴史―古代～近代の日本と世界〕

問1＜志賀島＞志賀島は，福岡県の博多湾に位置する島であり，江戸時代に「漢委奴国王」と刻まれた金印が発見された。中国の漢(後漢)の歴史書である「後漢書」東夷伝には，倭の奴国の王が1世紀半ばに漢へ使いを送り，漢の皇帝から金印を授けられたと記録されており，これが志賀島で発見された金印に相当すると考えられている。

問2＜薩摩藩＞伊藤博文と山形有朋は2人とも内閣総理大臣となったが，長州藩の出身である(Y…誤)。

問３＜古代ローマ＞ヘレニズム文化は，紀元前４世紀に行われたアレクサンドロス大王の遠征によってギリシャ文化が東方に広まり，オリエント(エジプトやメソポタミアを含む地域)の文化と結びついたことによって生まれた文化である。また，シルクロードはユーラシア大陸を横断して中国とヨーロッパを結んだ交易路であり，紀元前２世紀頃に開かれた(X…誤)。

問４＜西南戦争＞石碑が建てられた２年前の1877年に，鹿児島県や熊本県を主な舞台として起こった戦いは，西南戦争である。西南戦争は，鹿児島の士族が西郷隆盛を中心として起こした戦いであり，明治政府の改革に不満を持つ「不平士族」による反乱のうち最大のものであったが，政府軍によって鎮圧された。

問５＜年代整序＞年代の古い順に，Ⅱ(日本初のオリンピック・パラリンピックの開催―1964年)，Ⅲ(環境庁の設置―1971年)，Ⅰ(第一次石油危機―1973年)となる。

問６＜崇徳上皇と平将門に関する出来事＞崇徳上皇とその弟の後白河天皇の対立から起こった保元の乱(1156年)では，源義朝と平清盛はどちらも後白河天皇方についた。義朝率いる源氏と清盛率いる平氏の戦いとなったのは，平治の乱(1159年)である(X…誤)。

問７＜島原の乱とオランダ船＞島原の乱〔島原・天草一揆〕は，島原(長崎県)・天草(熊本県)地方の農民が，領主によるキリスト教弾圧や重い年貢の取り立てに抵抗し，1637年に天草四郎〔益田時貞〕を大将として起こした一揆である。江戸幕府は大軍を送り，数か月かけてこの一揆を鎮圧した。このとき，幕府の要請を受けたオランダ船が，一揆軍へ向けて砲撃を行っている。当時，オランダは日本との貿易をめぐってポルトガルと対立関係にあり，幕府に接近することで貿易の独占を目指したと考えられる。また，ポルトガルは一揆軍と同じカトリックの国であり，オランダはプロテスタントの国であった。乱後の1639年にはポルトガル船の来航が禁止され，キリスト教の布教を行わない中国とオランダのみが長崎での貿易を認められた。

問８＜５世紀と７世紀の対中外交＞５世紀の資料で，倭国王が自ら名乗り，正式に任命されるよう求めた称号には，百済・新羅・任那など朝鮮半島に関わるものが多く見られる。したがって，この時期の対中外交では，中国の皇帝に地位を認めてもらうことにより，その権威を借りて朝鮮半島で優位な立場に立つことを目指していたと考えられる。一方，７世紀の資料では，倭王が仏法を学ばせるために僧数十人を中国に派遣したことが書かれている。したがって，この時期の対中外交では，中国の進んだ文化や制度を学ぶことが重視されていたと考えられる。この７世紀の資料は，聖徳太子〔厩戸皇子〕が小野妹子らを遣隋使として派遣したときの様子を記録したものである。

問９＜弥生時代の様子＞吉野ヶ里遺跡(佐賀県)と登呂遺跡(静岡県)は，いずれも弥生時代の遺跡である(X…正)。弥生時代には青銅器や鉄器が広まり，青銅器は主に祭りのための宝物に使われ，鉄器は武器や農具，物をつくるための道具(工具)などに使われた(Y…正)。

問10＜金印の意味と使用方法＞意味．１～３世紀の中国では，朝貢してきた周辺地域の王や支配者に対し，玉や金・銀・銅の金属でできた印を授けた。金や銅といった材質は，印を持つ人の地位を示していたと考えられる。つまり，印を授けられることは，中国の皇帝を頂点とする国際秩序に臣下として組み込まれることを意味し，印の材質によってその秩序の中での地位が示された。一方で，中国の皇帝によってその地域の王や支配者としての地位を認められることでもあり，各地の王や支配者にとっては自分の立場を強化することにつながった。　使用方法．写真１では，ひもの結び目が粘土のようなもので固定され，その上に印が押されている。写真２では，このひもが板状のものや荷物の入った籠に巻かれていることがわかる。板状のものは，文字を記した古代の文書である。これらの文書や荷物を開封しようとすれば，印の押された粘土を破壊するかひもを切る必要があり，開封すると元に戻すことはできない。このように，皇帝から授けられた印は，文書や荷物が開封されて改変されることなどを防ぐための封印として用いられた。

問11＜コンドル＞コンドルはイギリス人の建築家で，明治時代に国際的な社交場として用いられた鹿鳴館などの設計を行った。コンドルに師事した辰野金吾は，明治時代から大正時代に日本銀行本店や東京駅など多数の建物を設計した。

問12＜国際連盟と国際連合＞日本は，国際連盟に加盟していた当時は理事会の常任理事国であったが，1933年に国際連盟の脱退を通告しており，日中戦争が始まった1937年には加盟国ではなかった（X…誤）。ロシア（1991年以前はソビエト連邦）は国際連合設立時より，安全保障理事会の常任理事国である（Y…正）。

問13＜日中戦争時の日本とウクライナ侵攻時のロシア＞日中戦争（1937～45年）が長期化すると，日本国内では軍需品の生産が優先され，食料品や日用品などの生活必需品が不足した。そのため，米の配給制や日用品の切符制が導入されるなど，国民生活は大きな制約を受けるようになった。また，石油やゴムなどの資源が不足し，これらを得るために東南アジアへ軍を進めたことから，アメリカなどとの関係悪化を招いた。これに対して，ウクライナへの侵攻を行っている現在のロシアは，食料や資源を自国内でほぼ自給できることから，戦争を行うのに必要な戦略物資が不足しにくく，戦争が長期化しても耐えやすいといえる。

問14＜キリスト教とイスラム教＞X．11世紀末，キリスト教のカトリック教会の最高指導者であるローマ教皇は，イスラム勢力の支配下にあった聖地エルサレムを奪回することを呼びかけた。西ヨーロッパ各地の王や貴族は，これに応じて十字軍を組織し，13世紀まで数回にわたって遠征を行った。Y．7世紀初め，ムハンマドがアラビア半島でイスラム教を開いた。イスラム教の聖典である『コーラン』は，信仰のよりどころであると同時にイスラム法の基礎となっている。

問15＜産業革命＞日本の産業革命は1880年代後半から軽工業の分野で始まり，紡績業，製糸業とも大きく発展した。1899年の日本の輸出総額に占める割合は，生糸が29.1％で第1位，綿糸が13.3％で第2位であった（Y…誤）。

問16＜18世紀の出来事＞アメリカで，奴隷制を認めるかどうかで南部と北部が対立し，北部が勝利したのは，アメリカ南北戦争（1861～65年）である（X…誤）。江戸幕府は17世紀から五街道などの街道整備を進めていた。また，えた身分・ひにん身分の人々は街道の整備とは関係なく厳しく差別された（Y…誤）。

問17＜戊辰戦争＞下線部pの「内戦」とは，1867年の大政奉還後につくられた新政府とこれに不満を持つ旧幕府軍の戦いである戊辰戦争（1868～69年）を指す。函館（北海道）の五稜郭に立てこもる旧幕府軍が新政府軍と戦って降伏し，これにより戊辰戦争が終結した（X…正）。戊辰戦争の際，東北地方の藩を中心に奥羽越列藩同盟が結成され，新政府軍に対抗したが，脱落や降伏する藩が相次いだため崩壊した（Y…正）。

問18＜日露戦争とイギリス・アメリカ＞図は「火中の栗」と名づけられた風刺画で，左側の栗を焼いている人物はロシア，中央の小柄な人物は日本，日本の肩に手をかけて火中の栗を拾うようにうながしている人物はイギリス，その様子を見ている右端の人物はアメリカを表している。イギリスやアメリカは，満州（中国東北部）におけるロシアの勢力拡大を警戒しており，日本とロシアを対抗させることで東アジアの勢力均衡をはかろうとしていた。この風刺画が描かれた前年の1902年，日本とイギリスは日英同盟を結んだ。この同盟では，日本とイギリスの一方が他国（ロシアと想定される）と戦争をした場合はもう一方は中立を守り，さらに別の国が介入してきた場合は協力して戦うことを取り決めた。日英同盟を後ろ盾とする日本が1904年に日露戦争を始めると，イギリスとアメリカは，日本の戦費調達を支援した。また，アメリカは日本の依頼を受けて和平を仲介し，1905年にアメリカのポーツマスで講和条約(ポーツマス条約)が結ばれた。

2〔公民―総合〕

問１＜中選挙区制＞中選挙区制は，１つの選挙区から３～５人の議員を選出する選挙制度で，1993年までの衆議院議員選挙で採用されていた。１つの選挙区から２人以上の議員を選出する選挙制度を大選挙区制と呼ぶため，中選挙区制は理論上は大選挙区制に含まれる。全国を11のブロックに分けて政党名で投票するのは，現在の衆議院議員選挙で採用されている小選挙区比例代表並立制の比例代表制である(Ｘ…誤)。政党に属さない人が立候補できないのは比例代表制であり，大選挙区制(中選挙区制も含む)や小選挙区制では無所属の人も立候補できる(Ｙ…誤)。

問２＜利益集団と族議員＞日本労働組合総連合会〔連合〕は全国の労働組合が結集した組織，日本経済団体連合会〔日本経団連〕は日本の代表的な企業や経営者などからなる団体であり，いずれも利益集団〔圧力団体〕に当てはまる(Ｘ…正)。特定の政策分野に精通し，特定の省庁や業界と結びついてその利益保護に協力するなど，政策決定に強い影響力を持つ議員を族議員という(Ｙ…正)。

問３＜冷戦終結＞⑴1989年12月，アメリカのブッシュ大統領とソ連のゴルバチョフ共産党書記長が地中海のマルタ島沖の船上で首脳会談を行い(マルタ会談)，冷戦の終結を宣言した。なお，クリントンはブッシュの１代後の大統領(在職1993～2001年)，レーガンはブッシュの１代前の大統領(在職1981～89年)である。また，フルシチョフは1950～60年代のソ連の最高指導者，ブレジネフは1960～80年代初めのソ連の最高指導者である。　⑵冷戦終結を宣言した米ソ首脳会談が行われたのはマルタ島沖の船上であり，ヤルタ会談は第二次世界大戦中の1945年２月に行われたアメリカ，イギリス，ソ連による首脳会談である(Ｘ…誤)。アフリカで多くの国(17植民地)が独立した「アフリカの年」は1960年である(Ｙ…誤)。

問４＜小選挙区比例代表並立制＞⑴1994年以降の衆議院議員選挙は，小選挙区制(１つの選挙区から１人の議員を選出する制度)と，全国を11のブロックに分けて行う比例代表制(政党の得票に応じて議席を配分する制度)を組み合わせた小選挙区比例代表並立制によって行われている。　⑵小選挙区比例代表並立制では，小選挙区と比例代表の両方に重複して立候補することができる(Ｘ…誤)。衆議院議員選挙の比例代表制は政党名で投票する拘束名簿式で行われており，候補者名または政党名で投票する非拘束名簿式で行われるのは参議院議員選挙の比例代表制である(Ｙ…誤)。

問５＜男女雇用機会均等法＞男女雇用機会均等法は，雇用における男女平等を目指して1985年に制定された法律である。この求人広告では，女性の業務内容を「店頭受付業務やタグ打ち，入荷作業」，男性の業務内容を「家庭へのクリーニング品の配送業務」としている。また，「資格」の項目に「主婦」とあることから，女性だけに対して既婚者であることを採用条件にしているとも読み取れる。これらは，募集や採用の条件を性別によって変えることを原則として禁じる男女雇用機会均等法の規定に照らして問題があると考えられる。なお，男性の時給を「200円アップ」として，女性に対して差別的取扱いをしているのは，労働基準法の男女同一賃金の原則に違反している。

問６＜国会の仕組みと運営＞常会〔通常国会〕は，毎年１月に召集される(ａ…×)。会期中に議決されなかった法案は原則として廃案になるが，例外として各議院の議決があれば，委員会による閉会中審査(衆議院)や継続審査(参議院)が行われ，次の会期の国会での審議・議決に引き継がれる(ｄ…×)。

問７＜内閣＞内閣は行政権を行使する機関であり，立法権を行使する機関は国会である(２…×)。証人の出頭・証言・記録の提出などを要求する権限は，国会が政府など行政全般に対して持つ国政調査権である(４…×)。条約の締結は，内閣が行い，国会が承認する(５…×)。

問８＜法律案の提出＞内閣が提出する法律案は各省庁で原案が作成され，内閣法制局の審査を経て，閣議に回される。法案が異議なく閣議決定されると，内閣総理大臣の名で国会に提出される(X…正)。議員提出法案を衆議院に提出する場合は20名以上の議員の賛成者が必要であるが，予算を伴う場合には50名以上の議員の賛成者が必要となる(Y…誤)。

問９＜衆議院の優越の理由＞衆議院は任期が４年で解散があるのに対し，参議院は任期が６年で解散がない。このように，参議院に比べて任期が短く解散もある衆議院は，そのときどきの国民の意見をより正確に反映すると考えられることから，参議院よりも強い権限を持つ「衆議院の優越」が認められている。

問10＜マイナンバー＞マイナンバー制度は，社会保障や税金などの情報を一元的に管理し，行政手続きなどを効率化して利便性を高めたり，課税や年金の給付などに関する公平性を高めたりすることを目的としている(X…正)。マイナンバーは，日本に住民票がある全ての人に割り当てられた12ケタの個人番号である(Y…正)。

問11＜GDP＞GDP〔国内総生産〕は，ある国または地域内で一定期間(通常は１年間)に生産された財・サービスの総額を指し，総生産額から中間生産物の総額を引いて算出する(a，d…○)。GDPには，外国に居住する自国民の生産額は計上されず，自国に居住する外国人の生産額は計上される(b…×)。2020年現在の日本のGDPは，アメリカ，中国に次ぐ世界第３位である(c…×)。

問12＜日本国憲法の規定＞内閣不信任案を議決することができるのは衆議院のみである(X…誤)。

問13＜緊急事態条項＞緊急事態条項は，大規模災害や戦争などの緊急事態が起こった際に，政府の権限を一時的に強化する規定である。日本国憲法にはこのような規定はないが，憲法を改正して緊急事態条項を加えることを求める意見がある。緊急事態条項の具体的な内容としては，国会が開けないような場合に政府が法律と同じ効力を持つ政令を定められるようにすることや，選挙の実施が困難な状況が続いた場合に国会議員の任期を延長することなどが挙げられている。

3〔地理―世界と日本の諸地域〕

問１＜マニラ＞文章中の第１段落に，2023年のバスケットボールワールドカップの開催国は「アジア３カ国」とある。そのうち２か国が日本とインドネシアであることが文中より読み取れる。また，第２段落に，A～Dブロックの予選が残るもう１つの開催国の首都で行われたとある。さらに，レバノン，ヨルダン，中国，イラン，ニュージーランド，オーストラリアの６か国は，アジア地区の出場国であるが開催国ではないことがわかる。表１中から上記の国々以外のアジアの国を探すと，Aブロックのフィリピンが当てはまる。したがって，A～Dブロックの予選の試合を開催した都市は，フィリピンの首都のマニラである。

問２＜東南アジアの輸出品目の変化＞タイは，世界第２位の米輸出国であり，東南アジア最大の自動車生産国である(2021年)。したがって，1980年の最大の輸出品目が米であり，2018年の主な輸出品目に自動車が含まれる１がタイのグラフとなる。なお，２と３はどちらも1980年の最大の輸出品目が原油であるが，2018年の最大の輸出品目が機械類である２はマレーシア，2018年の最大の輸出品目が石炭である３はインドネシアである。また，2018年の主な輸出品目にバナナが含まれる４はフィリピンである。東南アジアの国々では，外国企業を誘致して急速な工業化を進めてきたため，近年は主な輸出品が農産物や鉱産資源などから工業製品に変化している。

問３＜地域機構の統計＞ASEAN〔東南アジア諸国連合〕には東南アジアの10か国，MERCOSUR〔南米南部共同市場〕には南アメリカの５か国(資格停止中のベネズエラを加えると６か国)，USMCA〔米国・メキシコ・カナダ協定〕には北アメリカの３か国，EU〔ヨーロッパ連合〕にはヨーロッパの27か国が加盟している。表２のうち，人口が最も多い割にGDPや貿易額はそれほど多くない１はASEAN，貿易額が最も多くGDPも３に次いで多い２はEU，GDPが最も多い３はUSMCA，

GDP と貿易額が最も少ない 4 は MERCOSUR となる。

問4＜世界の国々の特徴＞⑴フィンランドは EU 加盟国であり，共通通貨であるユーロも導入している（X…誤）。フィンランドでは，英語も広く使われているが，公用語として定められているのはフィンランド語とスウェーデン語のみである（Y…誤）。　⑵第二次世界大戦後のドイツでは，戦後の復興が進む中で労働力が不足したことから，外国人労働者を積極的に受け入れた。特に，当時の西ドイツとトルコの間には雇用に関する協定が結ばれ，多くの労働者がトルコから西ドイツにわたった。こうした経緯から，現在ドイツに居住する移民の出身国で最も大きい割合を占めるのはトルコとなっている。　⑶アルジェリアやモロッコは，かつてフランスの植民地とされていたため，現在もフランス語が広く使用されている。そのため，フランスに居住する移民には，言語的な障壁の小さいアルジェリアやモロッコなどの出身者が多い。　⑷オーストラリアは鉱産資源が豊富で，金，ウラン，鉄鉱石，石炭の産出量はいずれも世界有数である。このうち，鉄鉱石の鉱山は国土の北西部に多く集まっているため，3 が鉄鉱石となる。なお，国土の東部に多く見られる 4 は石炭，南西部に多く見られる 1 は金，北部と南部に見られる 2 はウランである。

問5＜ヨーロッパの気候＞ギリシャの首都アテネは地中海沿岸，フィンランドの首都ヘルシンキはヨーロッパ北部，フランスの首都パリはヨーロッパ西部に位置する。アは，夏と冬の気温差が大きく冬の寒さが厳しいことから亜寒帯〔冷帯〕気候であり，ヘルシンキに当てはまる。イは，温暖で年間を通じて平均して雨が降ることから温帯の西岸海洋性気候であり，パリに当てはまる。ウは，温暖で夏の降水量が少ないことから温帯の地中海性気候に近い気候であり，アテネに当てはまる（アテネは年間降水量が少ないため，気候区分の分類上は乾燥帯のステップ気候となるが，地中海性気候に近い特徴を持つ）。

問6＜ヨーロッパの不凍港＞ヨーロッパの西側の沖合には，暖流の北大西洋海流が流れており，その上空を偏西風が西から東に向かって吹いている。そのため，ヨーロッパ西部は高緯度のわりに温暖な気候となっている。北極圏に位置するノルウェーであるが，北大西洋海流の一部がノルウェー海流となってノルウェー西岸を流れるため，ナルヴィクの港もその影響により冬でも凍結しない。

問7＜オセアニア＞メラネシアに含まれるのはパプアニューギニアやフィジーなどの国々であり，ニュージーランドはポリネシアに含まれる（X…誤）。

問8＜バイオエタノール＞バイオエタノール〔バイオ燃料〕は，植物を原料とする燃料である。生産量はアメリカが世界第 1 位，ブラジルが第 2 位であり，アメリカではトウモコロシ，ブラジルではサトウキビが主な原料として利用されている。バイオエタノールは，原料となる植物が生長過程で光合成によって二酸化炭素を吸収していることから，燃やす際に二酸化炭素を排出しても計算上は大気中の二酸化炭素の総量が増えず，環境への負担が小さいエネルギーとされている。

問9＜沖縄の地盤，自治体アンテナショップの役割＞⑴沖縄県を中心とする南西諸島には，石灰質の骨格やからを持つサンゴなどの生物が積み重なってつくられたサンゴ礁が見られる。沖縄県には，サンゴ礁がもとになって形成された石灰岩（琉球石灰岩）の地盤が広がっている。琉球石灰岩は水が浸透しやすく，また大きな河川もないことから，沖縄県は降水量が多いわりに水不足になりやすい。⑵東京都の都心部には，通勤者や買い物客，国内外からの旅行者など，さまざまな種類の人々が多く集まってくる。このような場所に自治体のアンテナショップを出店することで，地域の特産品の販路を拡大したり，観光地などに関する情報を，より多くの人に向けて発信したりすることができる。また，販売している商品に対する消費者のさまざまな意見や反応を集めることができ，その後の商品開発や誘客に生かすことができる。

理科解答

1 (1) 空気塊Ａ…５℃　空気塊Ｂ…16℃

(2) 空気塊Ａ…(シ)　空気塊Ｂ…(ア)

(3) 0.65℃

(4) 空気塊Ａ…(ウ)　空気塊Ｂ…(キ)

(5) 空気塊Ａ…(エ)　空気塊Ｂ…(ク)

(6) 高気圧…移動性高気圧
低気圧…温帯低気圧

(7) ①…寒気　②…下が　③…不安定
④…低い　⑤…高い　⑥…強い雨

2 (1) ①　AA 右，Aa 右，aa 右
②　aa 左
③　Aa 右，aa 右，Aa 左，aa 左

(2) AA 左

(3) ①　第４世代　②　Aa，aa

(4) ウ，キ

(5) (例)セダカヘビが生息する地域と生息しない地域で，左巻きカタツムリの数の割合を調べて，生息する地域での割合が高いことを明らかにすればよい。

3 (1) ①…$FeCl_2$　②…$Al_2(SO_4)_3$
③…$FeCl_3$　④…$MnCl_2$　x…SO_4^{2-}

(2) Ａ…塩化水素　Ｂ…塩素

(3) a…イ　b…ア

(4) c…(例)溶質の塩化水素が一部出てくる
d…イ

(5) 1…$Fe+2HCl \longrightarrow FeCl_2+H_2$
2…$2Al+3H_2SO_4$
$\longrightarrow Al_2(SO_4)_3+3H_2$
3…$2H_2O_2 \longrightarrow 2H_2O+O_2$
4…$2FeCl_2+H_2O_2+2HCl$
$\longrightarrow 2FeCl_3+2H_2O$
5…MnO_2+4HCl
$\longrightarrow MnCl_2+2H_2O+Cl_2$

4 (1)

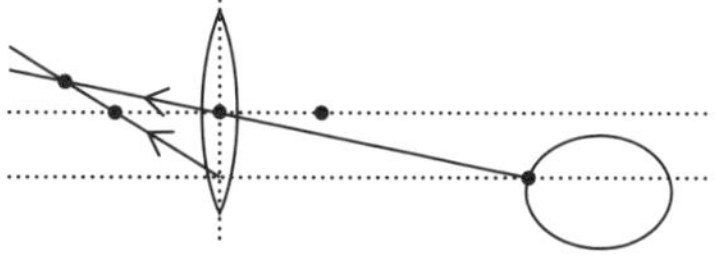

(2) 実像
理由…(例)凸レンズで屈折した光が集まってできた像だから。

(3) 平行

(4) ①　$\frac{a}{b}f$　②　$\left(\frac{a}{b}+1\right)f$

(5) (例)面Ｍから棒までの距離が十分遠いときは，$\frac{a}{b}$の値が十分大きくなり，$\frac{a}{b}$と$\frac{a}{b}+1$は等しいと見なせるから，矛盾はない。

（声の教育社　編集部）

1〔気象と天気の変化〕

(1)＜露点＞図１より，温度が20℃のときの飽和水蒸気量は17.2g/m^{3}である。よって，空気塊Ａに含まれる水蒸気量は，$17.2\times0.40=6.88$(g/m^3)で，この水蒸気量が飽和水蒸気量と等しくなる温度，つまり，湿度が100％となる温度(露点)は，約５℃である。また，空気塊Ｂに含まれる水蒸気量は，$17.2\times0.80=13.76$(g/m^3)で，露点は約16℃である。

(2)＜雲の発生＞(1)より，空気塊Ａの露点は５℃なので，雲が発生しやすい状態となる高度は，$100\times(20-5.0)=1500$(m)である。同様に，空気塊Ｂの露点は16℃なので，雲が発生しやすい状態となる高度は，$100\times(20-16)=400$(m)となる。

(3)＜気温と高度＞高度０mの地表の気温は15℃で，図２より，高度10000mの気温は-50℃だから，高度０m～10000mの間で，気温は65℃下がっている。よって，100mにつき，$65\div\frac{10000}{100}=0.65$(℃)ずつ低下している。

(4)＜気温と高度＞空気塊Ａと空気塊Ｂの高度による気温変化を表すグラフを，それぞれ図３にかく

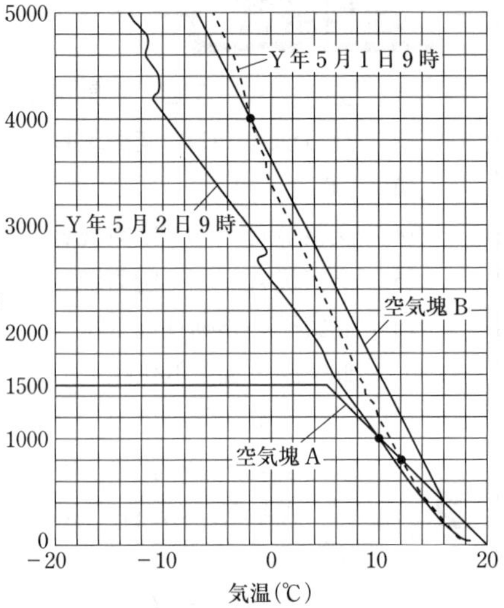

と，右図のようになる。雲ができるまでは100m上昇するごとに1.0℃ずつ温度が下がるので，空気塊Aのグラフと，破線のY年5月1日9時の高度と気温の関係を表すグラフは，気温が12℃，高度が800mの点で交わる。よって，空気塊Aの温度は，高度800mに達すると周りの気温と同じになり，上昇が止まる。一方，空気塊Bは高度400mで雲が発生するので，その後は100m上昇するごとに0.5℃ずつ温度が下がる。よって，気温16℃，高度400mの点からグラフの傾きが変わる。そして，空気塊Bと破線のY年5月1日9時の高度と気温の関係を表すグラフは，気温が−2℃，高度が4000mの点で交わる。したがって，空気塊Bの温度は，高度4000mに達すると周りの気温と同じになり，上昇が止まる。以上より，空気塊Aは800mの高度まで，空気塊Bは4000mの高度まで上昇することができると考えられる。

(5)<気温と高度>右上図より，空気塊Aのグラフと，実線のY年5月2日9時の高度と気温の関係を表すグラフは，気温が約10℃，高度が約1000mの点で交わる。よって，空気塊Aは約1000mの高度まで上昇することができると考えられる。一方，空気塊Bのグラフと，実線のY年5月2日9時の高度と気温の関係を表すグラフは，5000m以下の高度では交わらない。したがって，空気塊Bは，5000mよりも上の高度まで上昇することができると考えられる。

(6)<天気図>春と秋には，日本列島付近を高気圧が数日おきに通過することが多い。このような高気圧は移動性高気圧と呼ばれる。この時期は，日本列島を，高気圧と低気圧が交互に通過するので，天気が変わりやすくなる。また，前線を伴って中緯度で発生する低気圧は，温帯低気圧と呼ばれ，低気圧の中心から南西に寒冷前線，南東に温暖前線が伸びる。

(7)<天気の変化>図3で，1000mよりも高度が高い範囲で，実線の5月2日9時のグラフは，破線の5月1日9時の高度と気温の関係を表すグラフから大きく左側に離れている。これは，1日から2日にかけて，上空に寒気が流れ込み，上空1000m以上の大気の温度が下がったためと考えられる。このようなときは，(5)より，地表での気温が同じ20℃でも，湿度が低い空気塊Aは，安定な状態で，あまり高い所まで上昇することはなく，雲が発生することはないが，湿度の高い空気塊Bは，低い所から雲を生じるため，不安定な状態で上空の高い所まで上昇し，発達した積乱雲が形成され，強い雨を降らせる天候となることがある。

2〔生命・自然界のつながり〕

(1)<遺伝>①遺伝子型がAaの個体どうしのかけ合わせでは，生じる子の遺伝子型はAA，Aa，aaの3種類となり，両親の遺伝子型はどちらもAaの右巻きなので，子の表現型は全て両親の遺伝子型Aaが表す右巻きとなる。　②遺伝子型がaaの個体どうしのかけ合わせでは，子の遺伝子型は全てaaである。また，両親の遺伝子型はどちらもaaなので，子の表現型は両親の遺伝子型aaが表す左巻きである。　③遺伝子型がAaの個体とaaの個体どうしのかけ合わせでは，子の遺伝子型はAa，aaの2種類となる。このとき，Aaの遺伝子型の親から生まれた子は右巻きになり，aaの遺伝子型の親から生まれた子は左巻きになる。

(2)<遺伝>子の遺伝子型がAAとなる場合，両親の遺伝子型はどちらもAを持つから，子の表現型は全て右巻きとなる。よって，AA左という組み合わせは存在しない。

⑶＜遺伝＞① AA と Aa の第1世代から生まれる第2世代の遺伝子型は AA と Aa の2種類で，両親がどちらも A を持っているので，第2世代の表現型も全て右巻きとなる。第2世代どうしのかけ合わせでは，遺伝子型が Aa と Aa の個体どうしをかけ合わせる組み合わせができ，このとき第3世代で，表現型は右巻きで，遺伝子型が aa の個体が現れる。よって，第3世代どうしのかけ合わせでは，遺伝子型が aa と AA の個体どうし，aa と Aa の個体どうし，aa と aa の個体どうしをかけ合わせる組み合わせができる。aa と AA の個体どうしのかけ合わせでは，第4世代の子の遺伝子型は全て Aa，aa と Aa の個体どうしでは，子の遺伝子型は Aa と aa の2種類，aa と aa の個体どうしでは，子の遺伝子型は全て aa となり，このうち遺伝子型が aa の親から生まれた子は全て左巻きとなる。よって，左巻きの個体が現れるのは最短で第4世代である。　②①より，左巻きの個体の遺伝子型について，可能性があるのは，Aa と aa の2種類である。

⑷＜考察＞ウ…適する。図3より，殻の直径に関係なく，左巻きの方の生存率は右巻きの生存率よりも高くなっている。これより，ア，イ，エは不適である。　キ…適する。図3より，巻き型による生存率の違いは，殻の直径が20mm 以上のカタツムリと，20mm 未満のカタツムリで大きな差がある。　オ，カ，ク，ケ…不適。この実験の結果からはわからない。　コ…不適。地球上のカタツムリのほとんどが右巻きである。

⑸＜実験方法＞セダカヘビが左巻きのカタツムリの数を増やすことに貢献している可能性があることを確かにするには，セダカヘビの生息している地域と生息していない地域で，全てのカタツムリに対する左巻きのカタツムリの割合を調べればよい。セダカヘビが右巻きのカタツムリを主に食べることはわかっているので，セダカヘビのいる地域で左巻きの割合が高いことを明らかにできれば，セダカヘビが貢献している可能性があると考えられる。

3 〔化学変化と原子・分子，化学変化とイオン〕

⑴＜化学式＞イオンで構成される物質は，それぞれのイオンの＋の電気と－の電気の量が等しくなるような数の比で結びつき，電気的に中性になる。　①…塩化鉄（Ⅱ）は鉄イオン（Fe^{2+}）と塩化物イオン（Cl^-）で構成される物質だから，Fe^{2+} と Cl^- は1：2の数の比で結びつく。よって，塩化鉄（Ⅱ）の化学式は $FeCl_2$ となる。　x…硫酸の化学式は H_2SO_4 で，電離して水素イオン（H^+）2個と硫酸イオン1個に分かれるから，硫酸イオンの化学式は SO_4^{2-} と表される。　②…硫酸アルミニウムはアルミニウムイオン（Al^{3+}）と硫酸イオン（SO_4^{2-}）で構成される物質だから，Al^{3+} と SO_4^{2-} は2：3の数の比で結びつく。よって，硫酸アルミニウムの化学式は $Al_2(SO_4)_3$ となる。　③…塩化鉄（Ⅲ）は鉄イオン（Fe^{3+}）と塩化物イオン（Cl^-）で構成される物質だから，Fe^{3+} と Cl^- は1：3の数の比で結びつく。よって，塩化鉄（Ⅲ）の化学式は $FeCl_3$ となる。　④…塩化マンガン（Ⅱ）は，マンガンイオンの＋の数が2個であることを表しているので，マンガンイオンの化学式は Mn^{2+} となる。よって，塩化マンガン（Ⅱ）は，Mn^{2+} と Cl^- で構成され，Mn^{2+} と Cl^- は1：2の数の比で結びつくから，化学式は $MnCl_2$ となる。

⑵＜化学変化＞A…塩酸の溶質は気体の塩化水素である。　B…二酸化マンガンと塩酸の反応で発生した，青色リトマス紙を脱色し，刺激臭がある気体は塩素である。

⑶，⑷＜塩化水素＞塩酸に溶けているのは気体の塩化水素で，硫酸はねばりけの強い液体である。そのため，塩酸を使って発生させた気体には，塩酸に溶けていた塩化水素が含まれることがあるが，硫酸を使って発生させた気体には，硫酸が含まれることはない。よって，発生した気体に水で湿らせた青色リトマス紙を近づけると，塩酸を使って発生させた気体ではリトマス紙は赤色になるが，硫酸を使って発生させた気体では変色しない。これより，塩酸を使って発生させた水素は，塩化水素が含まれている分，純度が低くなる。

(5)＜化学反応式＞化学反応式は，矢印の左側に反応前の物質の化学式，右側に反応後の物質の化学式を書き，矢印の左右で原子の種類と数が等しくなるように化学式の前に係数をつける。　化学反応式1…鉄(Fe)と塩酸(HCl)の反応では，塩化鉄(Ⅱ)($FeCl_2$)と水素(H_2)が生じる。　化学反応式2…アルミニウム(Al)と硫酸(H_2SO_4)の反応では，硫酸アルミニウム($Al_2(SO_4)_3$)と水素(H_2)が生じる。　化学反応式3…過酸化水素(H_2O_2)は分解して，水(H_2O)と酸素(O_2)が生じる。　化学反応式4…塩化鉄(Ⅱ)($FeCl_2$)と過酸化水素(H_2O_2)と塩化水素(HCl)が反応すると，塩化鉄(Ⅲ)($FeCl_3$)と水(H_2O)が生じる。　化学反応式5…二酸化マンガン(MnO_2)に塩酸(HCl)を加えると，塩化マンガン(Ⅱ)($MnCl_2$)と水(H_2O)と塩素(Cl_2)が生じる。

4〔身近な物理現象〕

(1)＜凸レンズによる像＞点Aで乱反射し直線L(光軸)に平行に進む光は，凸レンズを通過するときに屈折して点F(焦点)を通る。また，凸レンズの中心である点Cを通過する光はそのまま直進する。この2本の光線が交わる位置に，点Aの像はできる。

(2)＜凸レンズによる像＞(1)で作図した像は実際に光が集まってできる像だから実像である。実像は，物体(点A)と面Mの距離が凸レンズの焦点距離より遠いときにできる。

(3)＜凸レンズによる像＞面Mから点Aまでの距離をしだいに遠くすると，像ができる位置は焦点に近づき，像の大きさは小さくなる。このとき，点Aから点Cを通る光線ACと，点Aから点F´を通る光線AF´はしだいに平行に近づく。そのため，面Mから点Aまでの距離が焦点距離よりも十分遠いとき，光線ACと光線AF´はほぼ平行と見なせるので，面Mから像までの距離は焦点距離$f$cmと同じと見なすことができる。

(4)＜凸レンズによる像＞①右図のように，棒をPQ，その像をRS，棒と面Mとの距離を$x$cm，焦点F´と棒との距離を$y$cmとする。また，棒の先端Pから出た光が点F´を通り凸レンズに入射する点をTとする。このとき，棒上の1点を点Pとすると，その像は点Rの位置にできる。点Pから点Cに向かう光線を利用する場合は，△PQCと△RSCが相似であることを利用する。実像RSができる位置が面Mから焦点距離$f$cmだけ離れているので，$a:b=x:f$が成り立ち，これより，$b\times x=a\times f$，$x=\frac{a}{b}f$となるから，面Mから棒までの距離は$\frac{a}{b}f$cmと表すことができる。　②図で，棒の先端の点Pから点F´に向かう光線を利用する場合は，△TCF´と△PQF´が相似であることを利用する。棒の点Pから出て点F´を通った光は，凸レンズで屈折して，光軸である直線Lに平行に進むから，TC＝RS＝b(cm)になる。また，CF´は焦点距離だから，$f$cmである。よって，$a:b=y:f$が成り立ち，これより，$b\times y=a\times f$，$y=\frac{a}{b}f$となるから，面Mから棒までの距離は，$\frac{a}{b}f+f=\left(\frac{a}{b}+1\right)f$(cm)と表すことができる。

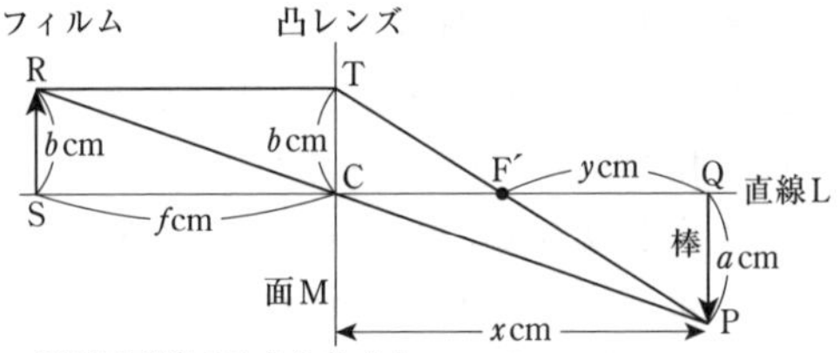

※図は正確ではありません

(5)＜凸レンズによる像＞(4)より，面Mから棒までの距離は，①の場合が$\frac{a}{b}f$cm，②の場合が$\left(\frac{a}{b}+1\right)f$cmと表される。(4)のように，棒の像がフィルム上，つまり面Mから焦点距離$f$cmだけ離れた位置にできるときは，(3)のように，棒と面Mの距離は焦点距離$f$cmに比べて十分遠く，bの値がaの値に対して非常に小さくなるので，①，②の式の$\frac{a}{b}$の値は十分大きい値となる。よって，①の式の$\frac{a}{b}$と②の式の$\frac{a}{b}+1$の値は等しいと見なすことができ，(4)の①と②の式はほぼ同じ値を示すので，矛盾がないといえる。

国語解答

一　問一　(a)　衝動　(b)　放棄　　問二　オ

問三　イ　　問四　エ　　問五　ウ

問六　イ

問七　合理的な自己意識として完全に理解することができ，個体性を持つと考えられている自己ではなく，自分でも理解しきれず，自由に扱うこともできない要素を大きく持ち，個体性も不確定で分裂したり，他者と融合したりする自己。

問八　ア

二　問一　(a)　蔑　(b)　めいしょう　(c)　哀訴

問二　イ　　問三　イ　　問四　エ

問五　ウ，オ　　問六　オ

問七　母や祖母のように夫の放蕩に苦しみながらも，「いのち」の女将として，帳場を預かって生きていくことになるかもしれないが，それも宿命として受け入れようと覚悟する一方で，そのようにして苦しみながらも必死で生きていれば，心の支えになるような人が現れるに違いないと信じる慎み深い気持ち。

三　問一　ウ　　問二　ア，オ　　問三　ア

問四　能因法師の歌と津守国夏の歌の「白河」は東国奥州の白河を指し，雅経の歌の「白河」は都の白河を指しており，これらは同じ「白河」という名でも別の場所である，ということ。

問五　イ，カ

問六　A　諸行無常　B　平家物語　C　世阿弥　D　近松門左衛門

（声の教育社　編集部）

一〔論説文の読解―哲学的分野―哲学〕出典：末木文美士『哲学の現場―日本で考えるということ―』「私という困難」。

≪本文の概要≫近代の自己論は，自己は合理的な自己意識として完全に理解し尽くせると考え，また，自己は社会をつくる主体として，個人として確立していると考える。僕たちも，自己がこの個体であることを当然とし，しかも，これは自分だという自己意識があるからこそ，自分が自分でありうると考えがちである。しかし，自分は，自分でも了解しきれない他者的な要素を大きく持つ。意識で自分の全てがわかるわけではないし，自己の個体性は，自分の身心を超えたものまで含めて自分と考えられる。自己は，単一の存在であるともいえず，さまざまに分裂する一方で，他者と融合もしていく。近代の哲学は，自己を単独者としてイメージしてきたので，単数的な個体としてしか，自己や他者を見ることができなかった。むしろ，単独者的な個を理想化し，融合したり，分裂したりするような自己のとらえ方を否定してきた。しかし，それは近代西洋的な特殊な立場であり，普遍化できるわけではない。近代哲学の考え方を絶対視せず，自己は分裂したり，融合したり，アメーバのように動くものであることを認識して初めて，僕たちは，「他者」としての自己に向かうことができる。

問一＜漢字＞(a)人をある行動に向かわせる，抑制のきかない心の動きのこと。　(b)投げ捨てること。特に，役割や権利などを使わずに失うこと。

問二＜四字熟語＞人の言うことに耳を傾けずに聞き流すことを，「馬耳東風」という。「片言隻語」は，わずかな言葉のこと。「唯唯諾諾《いいだくだく》」は，他人の意見に逆らわず盲従すること。「生殺与奪」は，どのようにしようと自分の思いのままであること。「美辞麗句」は，巧みに美しく飾った言葉のこと。

問三＜文章内容＞自分の中には，自分でも制御できない欲望や，自分も知らない才能が潜んでいるか

もしれない。「自分もまた，自分で了解しきれない他者的な要素を大きく持つ」のであり，自己意識が「自己の本質」とはいえない。痛みなど，意識は「自己の自己に対する情報であって，それによって適切な行動が取りやすくなる」ことはあるが，それこそが「自己」とはいえないのである。

問四＜文章内容＞自己の個体性は，「それほどはっきりと確定したものではない」のであり，「身心をはみ出し，衣服や装身具までを含めて自分と考えるべき」であるし，車を運転するときには，「車までを含めて自分と考えられる」のである。さらにいえば，自己は「単一の存在」だといえるわけでもなく，人は「さまざまな自己を使い分けて」いる。加えて，自分の言動が自分一人の意見を述べているわけではない場合があったり，作品を読み込めばそれを書いた人のことをよく理解しているということができたりする。つまり，「身心的な自己がすべて」ではなく，自分の身心ではないものも含めて「自己」だということができる。

問五＜文章内容＞「他者と融合していくこともある」のは，「自己」である。「文学作品を読む時に，作品に登場する主人公とそれを書いた作家自身を同一視」したとしても，「自己」が他者と融合しているとはいえない(ウ…×)。「ハロウィンの仮装～」の例は，「阪神ファンが球場でみんな一体となって応援する時」に「個は吹っ飛んで，『みんな』の中に解消してしまう」のと同様である(ア…○)。「上司の指示～」の例は，「社の決定」が個人の責任ではなく「社長なり，あるいは取締役会なりに委ねられる」例と同様である(イ…○)。「寝坊のため～」の例は，「自動車」に乗って「足の機能を機械に委ねる」例に等しい(エ…○)。「下校時刻によって～」の例は，「記憶力の一部をパソコンに委ねる」例と同様である(オ…○)。

問六＜文学史＞『和解』は，大正6(1917)年に発表された，志賀直哉の小説。『舞姫』は，明治23(1890)年に発表された，森鷗外の小説。『河童』は，昭和2(1927)年に発表された，芥川龍之介の小説。『雪国』は，昭和10～22(1935～47)年にかけて発表された，川端康成の小説。

問七＜文章内容＞「近代の自己論」では，自己は，「合理的な自己意識として完全に理解しつくせる」のであり，「社会を作る主体として，個人として確立している」と考えられてきた。私たちも，自己とは「この個体であることを当然とし，しかも，これは自分だという自己意識がある」ことによって「自分が自分でありうる」と考えがちである。しかし，実際には，自己は「自分で了解しきれない他者的な要素を大きく持つ」し，個体性も「それほどはっきりと確定したもの」ではない。「単数的な個体」でもなく，複数の自己に「分裂」して使い分けたり，「他者と融合」したりもするのが，自己である。

問八＜表現＞「近代の自己論」は，自己は「合理的な自己意識として完全に理解しつくせる」と考え，また「個人として確立して」いて，あくまで「単数的な個体」であると考えてきたが，私たちも，それを「当然」と受け入れている。しかし実際には，自己は「自分で了解しきれない他者的な要素」を持ち，自己の個体性は曖昧で，自己は「分裂したり，融合したり」する。筆者は，このことを，ファッションや社会の中での自己の使い分け，応援する際に「みんな」の中に一体化する自己といった具体例を挙げながら述べ，近代の自己論が絶対的なものではないことを明らかにしている。

二〔小説の読解〕出典：岡本かの子『家霊』。

問一＜漢字＞(a)音読みは「軽蔑」などの「ベツ」。　(b)非常に優れた職人のこと。　(c)同情してもらおうとして訴えること。

問二＜慣用句＞「浮名を流す」は，悪い評判，特に，恋愛や情事に関するうわさが世間に広まる，という意味。

問三＜心情＞徳永は，「うらぶれて，この裏長屋に住み付いてから二十年あまり，鰥夫暮し」をしており，その中では「侘しいとき」も「苦しいとき」もあった。「人に嫉まれ，蔑まれて，心が魔王のように猛り立つとき」もあった。しかし，徳永は，どじょうを食べていると「食われる小魚もかわいそうになれば，食うわしもかわいそう」に感じ，「誰も彼もいじらしい」と思うのであった。

問四＜文章内容＞おかみさんは，まだ若いときに婿取りした。その婿は「放蕩者」だったが，おかみさんはそれに「じっと堪え」て，帳場から動こうとはしなかった。その姿を見ていた徳永は，自分もまだ若く，おかみさんがつぶされて「化石して行く」のを見ていられなくなり，「窓の外へ強引に連れ出そうかと思った」ことも「一度ならず」あった。

問五＜文章内容＞母親が病気になり，その後を引き受けて帳場に出ているくめ子は，母親が徳永にどじょうを食べさせる代わりに徳永の作品を受け取っていたことを知り，徳永に求められるままにどじょうを食べさせることにした(ウ…○)。徳永の作品は，くめ子の母親が「生埋め」になりそうなのを見かねた徳永の，母親の力になりたいという思いの表れでもあり，母親も徳永を，「いのちを籠めて慰めて呉れるもの」ととらえていた(オ…○)。

問六＜心情＞「不治の癌だと宣告」された母親は，「やっと自儘に出来る身体になれた」と言ってかえって「機嫌よく」なった。過去を回想して，夫の放蕩に苦しみながらも「そこをじっと辛抱してお帳場に嚙りついていると，どうにか暖簾もかけ続けて行けるし，それとまた妙なもので，誰か，いのちを籠めて慰めて呉れるものが出来る」とも言った。そして，「徳永の命をこめて彫ったという」作品の入った箱を揺らし，中の音を聞いて笑った。母親は，若い頃に徳永に「いのちを籠めて慰めて」もらったことを思い起こして，喜びを感じたのである。

問七＜心情＞くめ子の母親は，「この家は，おかみさんになるものは代々亭主に放蕩される」が，「そこをじっと辛抱してお帳場に嚙りついていると，どうにか暖簾もかけ続けて行けるし，それとまた妙なもので，誰か，いのちを籠めて慰めて呉れるものが出来る」と言った。そして，くめ子に「おまえにも若しそんなことがあっても決して落胆おしでないよ」とも言った。それを聞いたくめ子は，母親の言うように，自分もいずれ「亭主に放蕩される」のかもしれないが，それも宿命として受け入れようと覚悟した。そしてまた，くめ子は，そのようにして生きていればきっと「いのちを籠めて慰めて呉れる」誰かが現れるに違いないと信じる慎み深い気持ちにもなった。

三〔古文の読解―物語〕出典：『太平記』巻第四。

≪現代語訳≫この宮は，今年八歳におなりになったが，お心が聡明で，普通の人よりしっかりなさっていたが，宣明卿をお呼びになって，「本当かしら，帝は人も行かない隠岐国とかへ流されなさると聞く。そうであるなら，私一人が都に残っていてもどうしようもない。ああ私も，帝がいらっしゃる国の辺りへ流してもらいたい。せめて遠くから，帝の御行く末だけでもお聞きしたい。これにつけても，帝が幽閉されて，まだいらっしゃると聞く白河は，ここから近い所と聞いているのに，いらっしゃる間にどうして宣明は，私を連れて御所へ参上しないのか。／昼は人目もあるだろうが，夜にまぎれて行くことは問題なかろう」と，おっしゃったので，宣明卿は涙を抑えて，しばらくは何も申し上げることができなかったが，少したって，皇居が近いことを申し上げると，昼も夜も参上しようと，(ご自分を)責めるようにおっしゃる(かもしれず，そうなる)ならば，お気の毒なことだと思ったので，／「それでございますが，帝のいらっしゃる白河は，近くでさえございますならば，朝夕お供をすることができますが，あの白河と申す所は，都から数百里も下っていった所でございます。その証拠に，能因法師の歌にも，／都を春霞とともに出立して(旅に出たが)，この白河の関ではもう秋風が吹いている／と，よんでおります。この歌で，道の遠さと，人を通さない関所があることを，ご承知なさってください」と申し上げたので，宮はしみじみとお聞きになり，お涙をお拭いになって，「宣明は情けないことだ。私を連れていくまいと思うから，このように言うのか。／あの古曾部の能因が，白河の関とよんだのは，全く都にある渭川の白河ではない。これは東国の奥州の(歌の)名所である。それをどうしてかというと，最近津守国夏がこれを本歌にして，／私は東路の途中で日数を経てしまったので，白河の関まで行かないうちに秋風が吹くことだ／とよんでいる。また，最勝寺の蹴鞠《けまり》の庭の桜が枯れていたのを，植えかえるときに，雅経朝臣が，／白河の桜花の下に何度も立ち，慣れ親しんできたが，今年の春がその桜木との別れの春になるとは理解していなかった／とよんでいる。これらは皆，名は同じで場所が違う証の歌である。よろしい，今は心に秘めて思っても，(お前には)何も言うまい」と，宣明に恨み言をおっしゃって，その後はきっぱりと(帝が)恋しいとさえも，おっしゃらない。常にお涙をお拭きになって，しょんぼりして，玄関にお立ちになっていたとき，遠くの寺の晩鐘がかすかに聞こえるのを，しみじみとお思いになったのか，／つくづくと思い暮らしていて入相の鐘の音を聞くにつけても，父帝が恋しい／と，思いが心のうちにはたらいて，言葉となって外に表れた御歌の，幼さが，たいそう哀れに思われたので，当時の京都中の僧も俗人も，男も女も全ての人が，懐紙の端や，扇の裏に(この歌を)書きつけて，これが八歳の宮の御歌と言って，褒めたたえない人はいなかった。本当に身分の高い方も低い者も，親子の愛情ほどしみじみとして悲しいものはないと，皆涙を流した。

問一＜古文の内容理解＞幼い宮は，父帝が隠岐国に流されるのなら，自分もその辺りに流してほしいと言い，また，父帝が白河に幽閉されていて，そこはここから近い所だと聞いたので，そこへ連れていってほしいとも言った。そのため，宣明は，父を慕う宮を哀れに感じた。

問二＜古文の内容理解＞能因法師の歌の「白河」は，春に都を出立しても到着する頃には秋風が吹くような，遠くの地，奥州にある。そこは，津守国夏の歌によれば，東路を何日もかけて行くと，到着する前にもう秋風が吹くような場所であり，やはり都からは遠いことがよまれている。どちらも，都にある白河ではないことが，この二首の歌からわかる。

問三＜和歌の内容理解＞雅経朝臣は，最勝寺の庭の桜が枯れていたのを植えかえることになったとき，その桜は見慣れていたが，それを見るのはこの春が最後だとは思っていなかったとよんだ。

問四＜古文の内容理解＞直訳すれば，これらは皆，名は同じで場所は違うことを示す証拠になる歌である，となる。能因法師と津守国夏の歌によまれている「白河」は，奥州にある「白河」である。一方，雅経朝臣の歌によまれている「白河」は，都にある「白河」である。どれも名は同じ「白河」であるが，その場所は同じではないことが，これらの歌からわかるのである。

問五＜古文の内容理解＞宮は，父帝が今は近くの「白河」に幽閉されていることを聞き，宣明が自分をなぜそこへ連れていかないのかと問いただした。それに対し，宣明は，父帝がいる「白河」は，能因法師の歌にあるように，とても遠いのだとうそをついたが，宮は，能因法師や津守国夏や雅経朝臣の歌を知っており，宣明がうそをついていることをすぐ理解して，「うたての宣明やな。我を具足して参らじと思ふ故に，かやうには申すか」と宣明を責めた(ア・ウ…×，イ…○)。宮は，宣明に恨み言を言って，そのまま心を閉ざして何も言わなくなったが，あるときよんだ「つくづくと～」の歌には父を恋い慕う気持ちがあふれ出ており，人々は，その歌に心を動かされて涙を流した(エ・オ…×，カ…○)。

問六＜文学史＞A・B．軍記物語の『平家物語』は，「祇園精舎の鐘の声，諸行無常の響きあり」で始まる。　C．『風姿花伝』は，世阿弥の能楽論。　D．近世浄瑠璃の「俊寛」や「景清」を題材とした作品の作者は，近松門左衛門。

2024年度 渋谷教育学園幕張高等学校(帰国生選抜)

【英　語】(筆記・リスニング：50分　エッセイ：30分)〈満点：面接もふくめて100点〉

(注意)
- ■ Before the listening section starts, you will have two minutes to read the questions.
- ■ You will hear the listening section recording **once**.
- ■ You may make notes on the test paper.

PART 1. LISTENING

Listen carefully to the passage.　You may take notes or answer the questions at any time.
Write the letter of your answer on the answer sheet.

1．By what year does Akureyri plan on becoming carbon neutral ?
A．2013　B．2030　C．2033　D．2300

2．What two challenges prevent Akureyri from becoming carbon neutral ?
A．planes and scooters　B．boats and jets
C．scooters and cars　D．cars and planes

3．Gudmundur Sigurdarson is “the town’s informal spokesman and
A．a guy who’s awfully clean.”　B．a guy who likes to glean.”
C．a guide for all things green.”　D．a guide for all the greens.”

4．What is recycled in Akureyri ?
A．water bottles　B．methane
C．soda cans　D．all of the above

5．What is **not** true of Akureyri’s buses ?
A．They refine methane fuel.　B．They are free.
C．They are powered by greenhouse gases.　D．Their fuel comes from the landfill.

6．Which of the following is turned into compost in Akureyri ?
A．biodiesel　B．wooden ships　C．glass　D．animal carcasses

7．What is a downside of the composting program ?
A．It is overpowered.　B．It is stinky.
C．It is wasteful.　D．It is unreliable.

8．What is **not** correct about fossil fuel cars in Akureyri ?
A．There are 16,000 of them.
B．They are showing Akureyri’s progress.
C．There are around two for each driver.
D．They are cheaper than the alternative.

9．When the narrator says, “That’s hardly the voice of a green revolution,” he means that the vintage car lovers
A．want to make slow but steady progress toward carbon neutrality.
B．really want to be entombed in their cars.
C．are not likely to help Akureyri meet its carbon-neutral goals.
D．silently agree with Akureyri’s green wave.

10．What would be the best title for this listening passage ?

A. A Small Icelandic City Thinks Big about Going Green

B. Iceland's Challenging Climate Future

C. Surviving Catastrophic Climate Consequences in the Arctic Circle

D. Akureyri, Iceland Needs to Work Hard to Recycle Everything

※＜**リスニング問題放送原稿**＞は英語の問題の終わりに付けてあります。

PART 2. GRAMMAR

There may be an error with grammar, structure, expression, or punctuation in the underlined parts of the following sentences.

If you find an error, select the **best** replacement for the underlined part and write the letter on the answer sheet. If you think there is no error, select letter A.

1. By the time I retire in June, I will have been working at Ridley & Sons for eighteen years.
   A. will have been working [**NO ERROR**]　B. would have worked
   C. have been working　D. have worked
2. Life in the city is becoming so noisy! We're thinking to move to the countryside.
   A. to move [**NO ERROR**]　B. a move
   C. that moving　D. of moving
3. Many commentators said, that Gilberto's goal was the most spectacular they had ever seen.
   A. said, that [**NO ERROR**]　B. said,　C. said:　D. said that
4. If you asked me, I'd have told you to avoid flying with Cheapskate Airlines.
   A. you asked me [**NO ERROR**]　B. you'd asked me
   C. you would have asked me　D. you would asked me
5. I just met Judy. She said it would be nice if we can go for a picnic tomorrow.
   A. be nice if we can go [**NO ERROR**]　B. have been nice if we could have gone
   C. be nice if we could go　D. be nice if we would go
6. I can't concentrate! I need a room that I can be alone for a while.
   A. a room that [**NO ERROR**]　B. some place which
   C. somewhere　D. a place that
7. Rudi wasn't much use as a spy; he didn't speak either Russian or English.
   A. didn't speak either [**NO ERROR**]　B. either didn't speak
   C. spoke neither　D. did speak neither
8. Critics commented that Archibald Spinner's new novel was an implausible long winded mess.
   A. implausible long winded [**NO ERROR**]
   B. implausible, long-winded
   C. implausible, long, winded
   D. implausibly long winded
9. Everyone in the class considered that Yuichi is an expert in calligraphy.
   A. that Yuichi is an expert [**NO ERROR**]　B. Yuichi as an expert
   C. that Yuichi to be expert　D. Yuichi an expert
10. We are now faced with the difficult question who we should appoint as the new team manager.
   A. who we should appoint as [**NO ERROR**]
   B. who should be appointed as

C. of who to appoint as
D. about who is to be appointed as

PART 3. VOCABULARY

Select the best word or words to complete the following sentences and write the letter on your answer sheet.

1. A ______ in the system caused problems for all of the school's computers.
   A. glitch B. blackout C. break D. leak
2. When you are settling into a new home, it takes time to ______.
   A. accommodate B. conform C. adjust D. reform
3. ______ amount of the UK's budget is spent on London.
   A. The larger B. A superlative C. A substantial D. The comparative
4. The ______ way he treated his prisoners made him feared all over the world.
   A. miserly B. callous C. benevolent D. affluent
5. My mother warned me to be aware of the ______ nature of success.
   A. transient B. untimely C. transparent D. disastrous
6. The magazine article was criticized for ______ negative gender stereotypes.
   A. perpetuating B. functioning C. nominating D. abnormalizing
7. We decided to tactfully ______ our team leader over his manners in the office.
   A. protest B. fight C. concede D. confront
8. Unfortunately, there was some specific ______ missing that was ______ to carry out the experiment.
   A. knowledge . . . counteractive B. apparatus . . . repugnant
   C. equipment . . . percolated D. data . . . necessary
9. The study claimed that the new drug would completely ______ the symptoms of a cold — an ______ achievement.
   A. admonish . . . incredible B. eliminate . . . unprecedented
   C. abolish . . . outrageous D. eradicate . . . underestimated
10. The teacher was ______ by her ______ students.
   A. blamed . . . disordered B. detested . . . affectionate
   C. exhausted . . . raucous D. scolded . . . timid

PART 4. READING COMPREHENSION

Read the following story and answer the questions that follow.

Adapted from "You Are Now Entering the Human Heart"
by Janet Frame

"This is a common grass snake. No harm, no harm at all. Teach the children to learn the feel of them to lose their fear." The museum attendant turned to the teacher. "The best way to get through to the children is to start with the teacher," he said to Miss Aitcheson. "If they see you're not afraid, then they won't be."

She must be near retiring age, I thought. A city woman. Never handled a snake in her life. Her face was pale. Surely the attendant and the children noticed ? "It's harmless," the attendant said.

Snakes were creatures to kill, to be protected from, alike the rattler, the copperhead, king snake, grass snake — venom and victims. Were there not places in the South where you couldn't go into the streets for fear of the rattlesnakes ? Her eyes faced the lighted exit. I saw her fear. The exit light blinked, hooded. The children, none of whom had ever touched a live snake, were sitting hushed, waiting for the drama to begin ; one or two looked afraid as the attendant withdrew a green snake about three feet long from the basket and with a swift movement, before the teacher could protest, draped it around her neck and stepped back, admiring and satisfied.

"There," he said to the class. "Your teacher has a snake around her neck and she's not afraid." Miss Aitcheson stood rigid ; she seemed to be holding her breath. "Teacher's not afraid, are you ?" the attendant persisted. He leaned forward, pronouncing judgment on her, while she suddenly jerked her head and lifted her hands in panic to get rid of the snake. Then, seeing the children watching her, she whispered, "No, I'm not afraid. Of course not." She looked around her. "Of course not," she repeated sharply. I could see her defeat and helplessness. The attendant seemed unaware, as if his perception had grown a reptilian covering. What did she care for the campaign for the preservation and welfare of copperheads and rattlers and common grass snakes, when her journey to and from school in downtown Philadelphia held enough danger to occupy her ? In two years or so, she'd retire and be in that apartment by herself and no doorman, and everyone knew what happened then, and how she'd be afraid to answer the door and to walk after dark and carry her pocketbook in the street. There was enough to think about without learning to handle and love the snakes, harmless and otherwise, by having them draped around her neck for everyone, including the children — most of all the children — to witness the outbreak of her fear.

As everyone watched, she touched the snake. Her fingers recoiled. She touched it again. "It's not a question of bravery." He said to her. "The snake is absolutely harmless. Where's the bravery when the snake is harmless ?" Suddenly the snake moved around to face Miss Aitcheson and thrust its flat head toward her cheek. She gave a scream, flung up her hands, and tore the snake from her throat and threw it on the floor, and rushing across the room, she collapsed into a chair beside the Bear Cabinet. I didn't feel I should watch any longer. Some of the children began to laugh, some to cry. The attendant picked up the snake and nursed it. Miss Aitcheson, recovering, sat helplessly exposed by the small piece of useless torture. It was not her fault she was city-bred, her eyes tried to tell us. She looked at the children, trying in some way to force their admiration and respect ; they were shut against her. She was evicted from them and from herself and even from her own fear-infested tomorrow, because she could not promise to love and preserve what she feared. She had nowhere, at that moment, but the small canvas chair by the Bear Cabinet of the Natural Science Museum.

Choose the letter of the best answer to each question and write it on the answer sheet.

1. Which phrase would best replace "learn the feel of" in the opening paragraph ?

A. know the texture of　　B. become familiar with

C. understand the feelings of　　D. see the perspective of

2. When the narrator describes Miss Aitcheson as a "city woman", it suggests that she

A. knows far worse dangers than animals.
B. stays indoors most of the time.
C. is comfortable with animals.
D. has little experience with wild animals.

3. What is "the drama" that the children are waiting for ?
A. the demonstration going wrong
B. the attendant being fired
C. Miss Aitcheson handling the snake well
D. the attendant performing his snake act

4. The attendant is described as "satisfied" after draping the snake around Miss Aitcheson's neck because he
A. thinks it makes the snake happy. B. finds the situation humorous.
C. enjoys tormenting her. D. feels confident nothing will go wrong.

5. When asked if the snake scares her, Miss Aitcheson replies "Of course not" twice because
A. she does not want to reveal her fear to the students.
B. she wants to show that her authority outweighs that of the attendant.
C. she has convinced herself that she is not afraid of the snake.
D. she wants the snake to understand that she is in control of the situation.

6. Which literary device is used in the phrase "as if his perception had grown a reptilian covering" ?
A. anthropomorphism B. metaphor C. simile D. alliteration

7. The narrator suggests that Miss Aitcheson's life after retirement will be
A. more comfortable than her encounter with the snake.
B. occupied with charity concerns far more important than snakes.
C. filled with dangers and fears.
D. far more depressing because of her encounter with the snake.

8. Why does the narrator state, "I didn't feel I should watch any longer" ?
A. The narrator believes he is responsible for the attendant's behavior.
B. The situation has become too uncomfortable.
C. The narrator has also become afraid of the snake.
D. The snake has made the museum too dangerous a place to remain in.

9. When the children are described as being "shut against" Miss Aitcheson, it suggests that
A. they all dislike her now. B. she has lost their attention.
C. they all feel sorry for the snake. D. she has lost their respect.

10. What is the main message of the story ?
A. Snakes are known to find their way into the human heart.
B. A person's true nature is revealed under pressure.
C. Teachers are often tormented by heartless students.
D. It is human nature to fear anything that is harmless.

PART 5. READING COMPREHENSION

Read the following article and answer the questions that follow.

Adapted from "The Meaning of Lore"

by Eleanor Parker

Lately I've been thinking about the word *lore*. As someone interested in language history, I'm always pleased when a word that seems to be heading for obsolescence unexpectedly acquires a new lease of life. In internet fan culture, that's what has happened to *lore*. It seems an unlikely candidate for a revival, but this antiquated word is flourishing in its new environment.

Lore is a word with a long history. In origin, it was synonymous with learning or knowledge: anything that could be learned or studied was *lore*. In Old and Middle English, the word was used to cover many fields of knowledge, including science, history, religious doctrine, and multiple other areas of study. After the medieval period, however, *lore* gradually shifted its meaning. It came to refer not to academic study but to almost the opposite: traditional, popular, anecdotal knowledge, passed on by word of mouth rather than through book-learning.

This kind of *lore* has an uneasy relationship with the scholarly fields of study which the word originally denoted. The Oxford English Dictionary entry for the word records an 1830 suggestion that English should adopt new names for the sciences replacing *-ology* with *lore*: birdlore instead of ornithology, earthlore instead of geology. Similar suggestions for reforming English vocabulary and eliminating loanwords (sometimes referred to as "Anglish") have been intermittently proposed over the centuries, ever since intellectual fashion in the early modern period flooded the English language with a scientific vocabulary derived predominantly from Latin and Greek.

As a result of that fashion, English-speakers now tend to associate words drawn from Germanic roots with the ordinary and everyday, not the theoretical and academic, however technical their original usage might have been. Trying to use them as scientific vocabulary sounds folksy and quaint, so earthlore was never likely to catch on. The *lore/ology* distinction follows this well-established pattern: *lore* suggests oral, not written; anecdotal, not source-based; intuitive, not scientific. Where two bodies of knowledge about the same topic co-exist, the distinction can be a useful one. Think for instance of the difference between meteorology and weatherlore, the scientific study of weather versus knowledge about the subject gathered through experience and passed down through tradition. Information in the category of weatherlore might not meet scientific standards for verifiability but may still have a cultural value that makes it worth transmitting.

That brings us to the newest manifestation of *lore*. In popular culture, *lore* now refers to the body of knowledge associated with a particular piece of media. Novels, video games, comic books, and TV programs, even sitcoms and children's shows, all have *lore*, detailed information which fans pore over and explain to newcomers. This *lore* encompasses anything from the backstory of a fictional universe to niche facts, hidden details and inside-jokes which help the viewer to better understand what's going on. Much of this *lore* is just fun information, but it also has an explanatory power: it is context you need to know in order to get the most out of what you're watching.

Such modern *lore* is closer to the medieval senses of the word than the 19th-century ones. Nobody is pretending that knowing the backstory of a fictional universe qualifies as a science, but it isn't *lore* in the folklore sense, either. It's made up of in-depth information about extremely specialized topics, based on close scrutiny of sources and requiring a considerable investment of time. A quick scroll through YouTube will show that there are millions of people who devote themselves to studying and sharing such *lore*. Their usage is probably gaining ground over the other meanings of the word; I suspect that if you asked the average teenager to define *lore*, video games rather than folk wisdom would be their first thought.

I think historians can find this heartening. A willingness to plunge deeply into this kind of *lore* suggests an appetite for the extensive study of backstory, supported by sources, the more niche and detailed the better. Can this appetite also be fed by the stories and sources in which (non-fictional) history is even richer? The academic field of history used to be one variety of what medieval English-speakers called *lore*; perhaps we should appeal to modern *lore*-experts by rebranding history with its old, but newly reborn, name.

Eleanor Parker in *History Today* Volume 73 Issue 9. September 2023 *History Today* Ltd.
historytoday.com

Choose the letter of the best answer to each question and write it on the answer sheet.

1. Which phrase is the best replacement for the phrase "heading for obsolescence"?
   A. falling into disuse B. increasingly out of touch
   C. slipping into despair D. leading to death

2. What is the original definition of the word *lore*?
   A. anecdotal knowledge B. something with a long history
   C. a widespread belief D. something to learn or study

3. When did *lore* come to mean the opposite of its original meaning?
   A. in Old English B. after the Middle English period
   C. after medieval times D. in the year 1830

4. Words ending with *lore* were not accepted for scientific terminology because they seemed
   A. casual and unsophisticated. B. academic and technical.
   C. pompous and complicated. D. common and theoretical.

5. Which is **not** true of the "*lore/ology* distinction"?
   A. *Lore* evokes a feeling of oral, anecdotal information.
   B. *-ology* words evoke a feeling of written, scientific information.
   C. One subject can have both *lore* and *-ology*.
   D. It is hard to distinguish between *lore* and *-ology*.

6. Which word would best replace "manifestation" in the fifth paragraph?
   A. creation B. version C. knowledge D. standard

7. What does the word *lore* currently refer to?
   A. all the information relating to a media source
   B. novels, video games, comic books, and TV shows
   C. inside jokes between fans and creators
   D. the explanatory power of context

8. Why is the modern definition of *lore* closer to the medieval definition of the word?
   A. It also relates to scientific fields of study.
   B. It also refers to extensive knowledge about a specific subject.
   C. It acknowledges the millions of people who are spending time exploring it.

D. It acknowledges the use of loanwords in English.

9. Why would historians find the changed meaning of the term *lore* "heartening"?

A. The change is like the study of history.

B. The change gives it more of a niche appeal.

C. Historians enjoy medieval English usage.

D. Historians want to encourage detailed study.

10. Which of the following is the best replacement title for this article?

A. A Shift in Usage

B. English or Anglish?

C. Lore Versus Popular Culture

D. Love and Lore

ESSAY

Essay topic

Should school be a place to learn skills for your future career or a place to discover who you are?

<リスニング問題放送原稿>

Adapted from "This Small Icelandic City Thinks Big About Going Green"

by Gerry Hadden

From the United States based radio program The World, courtesy PRX.

The quaint fishing port of Akureyri, in Iceland, has set itself a big goal—to become the world's first carbon-neutral city by 2030. The 18,000 people who live there are ready to do what it takes to stop the town from emitting more harmful greenhouse gases than it absorbs—and hope their efforts can serve as a model for other places.

But there are two challenges keeping Akureyri from being carbon-neutral. The first is that most people fly in on commercial jets—that carbon footprint alone is giant. The second is the huge number of gas-guzzling cars.

But overall, it can almost feel like a challenge to find ways to pollute here. For starters, from the airport into Akureyri, visitors can use a dedicated bike and scooter path for the 10-minute ride into town, carbon-free. Hydroelectric plants provide 100% of Akureyri's electricity, powered by snow-fed rivers cascading down from the surrounding mountains.

"The power installation produces electricity for 8,000 to 10,000 electric vehicles," said Gudmundur Sigurdarson, the visionary behind Akureyri's carbon-neutral plans. "In theory, we could produce all the electricity we need for transport from the local river," said Sigurdarson, who is also the town's informal spokesman and a guide for all things green. "We want the people living here to have all the opportunities to live as green a lifestyle as possible," he said. "So, you can rent a scooter. There are charging stations for cars and recycling stations everywhere. So, there are no excuses not to take part in this green wave."

Just about everything is recycled here. From soda cans and plastic water bottles to heat-trapping greenhouse gases like methane. Sigurdarson walked up to the top of a grassy hill just outside town that used to be Akureyri's main landfill. "Under here we have cars, animals, jeans, everything," he said. The landfill is not obvious, but for the dozens of black pipes sticking up from the ground. The pipes capture the tons of rising methane that would otherwise escape into the atmosphere over time. Instead, the greenhouse gas gets pumped to a storage station for refinement as a fuel to run the town's buses. And they're free buses, to boot. As Sigurdarson might say, there's no excuse not to use them.

The same goes for Akureyri's cooking oil recycling bins. The drop-off points are everywhere. The oil gets turned into biodiesel for ships. In fact, nothing organic in Akureyri goes to waste. Uneaten food, grass clippings, even animal carcasses get turned into compost. "Today these are horses and pigs," said Christian Olafsson, who runs the local composting plant. He was pointing to a long conveyor belt piled with animal remains. It all gets mixed with wood chips and grass and other materials, then stored outside for months before being given away — again, for free — to anyone who wants it. The smell is overpoweringly pungent, but Olafsson said he got used to it.

The composting plant, the last stop on Sigurdarson's green tour, seems to embody what Akureyri's shooting for. "We talk about the plant as a climate hero," Sigurdarson said. "Because for every 1 kilo that goes in, it reduces our emissions by 1 kilo of CO2." In other words, carbon neutrality.

But that brings us back to the second of the two things slowing Akureyri's progress toward that goal : the gas-guzzling cars. There are some 16,000 of them in town, Sigurdarson said. That's about two per licensed driver. Getting people to go electric is proving tough, despite all the charging stations, because electric vehicles are expensive.

And besides, Akureyri has a deeply rooted, old-fashioned car culture. In fact, there's a parade every Wednesday when dozens of guys in vintage vehicles gather along the fjord and then roll out for a slow cruise — creating a lot of noise and exhaust. One driver said he felt too old to consider switching to an electric vehicle. "I am 66 years old. Maybe I'll be buried in a car like this," he said. That's hardly the voice of a green revolution.

But to be fair, the vintage car fellows are a small group of people. And Akureyri did have a milestone to celebrate around this year's summer solstice : The number of electric vehicles registered in the town hit 1,000.

英語解答

PART 1

1 B　2 D　3 C　4 D
5 A　6 D　7 B　8 B
9 C　10 A

PART 2

1 A　2 D　3 D　4 B
5 C　6 D　7 A　8 B
9 D　10 C

PART 3

1 A　2 C　3 C　4 B
5 A　6 A　7 D　8 D
9 B　10 C

PART 4

1 A　2 D　3 C　4 D
5 A　6 C　7 C　8 B
9 D　10 B

PART 5

1 A　2 D　3 C　4 A
5 D　6 B　7 A　8 B
9 D　10 A

ESSAY

解答省略

(声の教育社　編集部)

Memo

Memo

2023年度　渋谷教育学園幕張高等学校(学力選抜)

【英　語】(問題：50分　リスニング：10分)〈満点：100点〉

リスニングテストの音声は，当社ホームページで聴くことができます。(当社による録音です)

再生に必要なユーザー名とアクセスコードは「収録内容一覧」のページに掲載しています。

(注意)　• 英語による解答で語数の指定がある場合，it'sやcan'tのような短縮形は1語として数えます。
また次のような符号は単語の数に含まないものとします。

, . ! ? “ ” — :

• 日本語による解答で字数の指定がある場合，句読点は1字として数えます。

• 筆記試験の時間は50分です。その後リスニングテストが続きます。

1　次の英文中の空らん①～⑩に入るものとして最も適切な語句をあとのア～エからそれぞれ選び，記号で答えなさい。

People ask ＿＿①＿＿ to do many different things. Maybe they want to buy a house or a car, or to start a new business. For many people in poor places, ＿②＿, it is difficult to get money. This happens because the banks think that they ＿＿③＿＿ their money back. Microcredit is one way to help.

Micro means “small.” Microcredit is like ＿④＿ money from a bank but is for people who want just a few dollars. Microcredit is not for ＿＿⑤＿＿ dollars; it ＿＿⑥＿＿ hundred dollars. In a poor place, this much money can be enough to start a small business. As the business gets bigger and makes money, the businesswoman or businessman can give back the money little ＿⑦＿ little.

The idea for microcredit started in Bangladesh in 1983, and it ＿＿⑧＿＿ well known. By 2009, about 75 million people around the world had gotten money through microcredit. El Salvador is ＿⑨＿ country where microcredit is working well. People there can use the money to buy an animal, to buy something to plant, or to make things.

Microcredit is one way of doing small things that ＿＿⑩＿＿ big changes in people's lives.

① ア banks for money　イ for banks money
　ウ for money from banks　エ money for banks

② ア as a result　イ for example　ウ however　エ therefore

③ ア did not get　イ do not get　ウ have not got　エ will not get

④ ア getting　イ getting to　ウ to get　エ to getting

⑤ ア ten thousand of　イ ten thousands of
　ウ ten of thousands of　エ tens of thousands of

⑥ ア can be for a just few　イ can be for just a few
　ウ can just be for a few　エ just can be for a few

⑦ ア after　イ and　ウ by　エ to

⑧ ア is quickly becoming　イ has quickly become
　ウ was quickly becoming　エ quickly became

⑨ ア one　イ another　ウ other　エ the other

⑩ ア sometimes make　イ sometimes makes
　ウ make sometimes　エ makes sometimes

2 次の英文中の空らん［1］～［5］に適するように，それぞれあとに与えられた語句を並べかえなさい。ただし，解答らんにはA，B，Cの位置にくる語句を記号で答えなさい。文頭にくるべき語も小文字で書き始めてあります。

Walk into the train station at Tokyo's Haneda Airport and you will see something unusual. [1] a 1.2-meter robot named Pepper. Pepper is one of the first robot helpers in the country. [2] homes and workplaces to help people.

Many people believe that soon we will all have robots like Pepper in our homes and workplaces. These robot helpers will do many different jobs for us. They will get food ready, clean, open the door, go shopping, and help older people who need looking after. They will [3] to do other things.

In many homes today, there are already floor-cleaning robots and robots that turn lights on. Others [4] and keep people happy. Some cars now are really becoming just big robots that can drive us around.

Some people do not like the idea of robot helpers. They think that robots will never do as good a job as a person does. Maybe these people will change their way of thinking [5].

1. ＿＿ ＿A＿ ＿＿ ＿＿ ＿B＿ ＿＿ ＿C＿ ＿＿

ア go　イ is　ウ tells　エ the worker

オ to　カ where　キ who　ク you

2. ＿＿ ＿A＿ ＿＿ ＿B＿ ＿＿ ＿C＿ ＿＿

ア be　イ in　ウ it　エ made

オ to　カ used　キ was

3. ＿＿ ＿A＿ ＿＿ ＿＿ ＿B＿ ＿＿ ＿C＿ ＿＿

ア and　イ easier　ウ give　エ make

オ more　カ our lives　キ time　ク us

4. ＿＿ ＿A＿ ＿＿ ＿B＿ ＿＿ ＿C＿ ＿＿

ア children　イ friendly　ウ have　エ play

オ robots　カ to　キ with

5. ＿＿ ＿A＿ ＿＿ ＿＿ ＿B＿ ＿＿ ＿C＿ ＿＿

ア be　イ can　ウ helpful　エ how

オ robot helpers　カ see　キ they　ク when

3 次の日本文の下線部(1)～(3)を英語に直しなさい。ただし，解答の文はそれぞれ大文字で書き始め，文の最後にはピリオドを打つこと。

千葉県南部を走るJR久留里線は，JR東日本の中で経営が最も深刻な路線です。実際に乗ってみましたが，高齢者や観光客がちらほら乗っているだけでした。

それもそのはず。久留里線の中で，千葉県君津市にある久留里駅と上総亀山駅の間では，(1)利用者数がこの30年で大幅に減りました。終点まで来た人たちの多くは，立派なカメラで車両や駅を撮影していました。そうした「鉄道ファン」ではなさそうな女性に声をかけると「車がないのでこの路線がなくなったら困ります」と話してくれました。

経営が悪化したローカル線の中には，線路をバスが走るBRTに切り替えたところもあります。東日本大震災による津波で線路が流された大船渡線と気仙沼線は，線路があった場所を一部専用道路にしました。(2)列車ほどたくさんの人は乗せられませんが，運行本数を増やすなどして対応しています。
また，JRの線路を活用し，日本初の次世代型路面電車LRTを走らせた富山市の例もあります。(3)車を運転できない多くの高齢者がこのシステムを利用しています。

4 次の英文を読んで，あとの問いに答えなさい。

In most Hollywood movies, the Native American *Navajos still fight on horses in the American Southwest. But during World War Ⅱ, a group of Navajos made their language into a weapon to protect the United States. They were the Navajo *Code Talkers, and theirs is one of the few unbroken codes in military history.

Navajo was the perfect choice for a secret language. It is very difficult to understand. One *vowel can have up to ten different *pronunciations and they change the meaning of any word. In the 1940s, Navajo was an unwritten language. No one outside of the *reservation could speak it or understand it.

The Navajo Code team had to invent new words to describe military equipment. For example, they named ships after fish: *lotso-whale* (battleship), *calo-shark* (destroyer), and *beshloiron-fish* (submarine). When a Code Talker received a message by radio, he heard a series of unrelated Navajo words. He would then translate the words into English and use the first letter of each English word to spell the message. The Navajo words *tsah* (needle), *wol-la-chee* (ant), *ah-kh-di-glini* (victor), and *tsah-ah-dzoh* (yucca) spelled [A].

The Code Talkers kept the code a secret. They *memorized everything. There were no code books. As a result, no ordinary Navajo soldier, if they were caught by the enemy, could understand the code. More than 3,600 Navajos fought in World War Ⅱ, but only 420 were Code Talkers with the *U.S. Marines. They coded and decoded battlefield messages better and faster than any machine. They could encode, transmit, and decode a three-line English message in 20 seconds. Machines of the time needed 30 minutes to do the same job.

Even after the war the code remained top secret. When they were asked about their role, Code Talkers just said: "I was a radioman." War movies and histories came out, but there were no Code Talkers in them. The code was never used again and was finally made public in 1968. The secret came out only then.

（注） Navajo ナバホ族(の)，ナバホ語(の)　code 暗号　vowel 母音
pronunciation 発音　reservation ネイティブ・アメリカンのための特別居留地
memorize 暗記する　U.S. Marines アメリカ海兵隊

問1 次の質問の答えとして最も適切なものを(a)～(d)の中から1つずつ選び，記号で答えなさい。

1. What is the article mainly about?
(a) the life of Native American soldiers during World War Ⅱ
(b) why and how one of the Native Americans' languages was used during World War Ⅱ
(c) the history of Native Americans and how they are portrayed in Hollywood movies during World War Ⅱ
(d) the influence of a Native American language on the development of weapons during World War Ⅱ

2. What does it mean by "a group of Navajos made their language into weapons" in the first paragraph ?

(a) The Navajo language was used to win the war.

(b) The Navajo language had a lot of words about war.

(c) The Navajo language had a history of protecting the Navajos from the cowboys.

(d) The Navajo language was a useful way of communicating with the enemy.

3. Why was Navajo chosen as "a secret language ?"

(a) It was very difficult to understand.

(b) It did not have a writing system.

(c) It was used only by a few people.

(d) all of the above

4. Which of the following words could best replace the phrase "encode, transmit, and decode" in the fourth paragraph ?

(a) change into a secret language, send, and discover the meaning of

(b) speak, understand, and share the information of

(c) create, tell, and stop using

(d) come up with, pass on, and throw away

問2　空らん[A]に入る語をすべて大文字で答えなさい。

問3　本文の内容と一致するものをア～キより3つ選び，記号で答えなさい。

ア　Native Americans played an important role during World War II in a unique way.

イ　Machine translators worked faster than the Navajos.

ウ　The Code Talkers had to translate words from one language to another.

エ　All the Navajos in the U.S. Marines used the code.

オ　Even after the war the Code Talkers did not tell about what they did during the war.

カ　Hollywood decided to make pictures about the Code Talkers as war heroes.

キ　The code can be used again in the future.

問4　下線部の具体的な内容を50字程度の日本語で説明しなさい。ただし，数字は1字につき1マスを用いなさい。

5　次の英文を読んで，あとの問いに答えなさい。

Recently, while taking care of my neighbor's two cats, I had quite the scare. (X)As I prepared the cat food, I heard a loud meow that seemed to be coming from behind the stove. Of course, I was so surprised. Heart beating, I opened the stove and saw that it was empty. Quickly, I searched the small *condominium for the cats. I could only find (a). Panic set in. Could Diesel have gone behind an appliance such as a fridge or a washing machine ? Was he *trapped or hurt ?

I hurried across the hallway to get my cell phone and called Mary, the owner. However, she didn't answer, and I couldn't leave a message, either. Oh, no ! What should I do ?

It *occurred to me to call the fire department. Wouldn't they be willing to help a lady who was looking out for a beloved pet ? I called the non-emergency phone number and explained my situation.

"Well, I think we could send a firefighter out to see if he can help. We don't have any emergencies at the moment."

I began to search everywhere for missing Diesel. Because I myself had a cat, I was aware that they could hide in places we humans don't think of.

"Diesel! Kitty, kitty! Come on, Diesel, I have a delicious meal for you!" As I continued to ①hunt, I felt dizzy and sick. "Please let him be alright," I prayed.

"Meooow," I heard again. The sound was definitely coming from the kitchen wall. That poor cat had been trapped in there at least fifteen minutes since the last time I heard him. I ran to the spot and began to tap the wall. I heard nothing.

Suddenly, someone knocked on the front door. "Come in!" I shouted.

Two extremely strong-looking firemen entered. They were so handsome! *Stay focused*, I said to myself.

While they were introducing themselves, I realized I was dressed in pajamas and two slippers that didn't match. *Stay focused!*

I explained the situation quickly as my panic returned. "He must be trapped!" I cried.

"Meooow!"

"Goodness, it sounds like he's in the wall!" said Rob, the blond fireman.

Stay focused! This is ②a serious situation!

"I think we can open the wall," Rob continued. "Is this your condominium?"

"[A]"

"[B]"

"[C]"

"[D]"

"[E]"

The gorgeous one called Tim said, "Maybe we can shake his food bowl. Perhaps he'll try to come for food."

The three of us stood facing the oven. We heard nothing. "Please let him be alive!" I prayed again aloud.

My prayer was answered, "Meooow!" but this time it was coming from behind us.

Rob turned and asked, "[F]"

I turned, too. Sitting not three feet behind us were Diesel and Mitsi. "She only has two, these two," I sighed as I pointed. "Who is trapped in the wall, then?"

We looked at one another. Tim *shrugged his shoulders, and Rob said, "Hmm. This is strange. Are you sure she only has two?"

"Positive." I turned again. Was the furry pair *smirking? Honestly, I am quite sure ③they were.

Silence.

(Y)"Meooow!"

Rob began to laugh as he reached for the (b) above the stove. He could see twelve cats on a round disc positioned as decorations.

Rob turned the minute hand slowly until it reached quarter past.

"Meooow!"

（注） condominium 分譲マンション　trap 閉じ込める　occur 思い浮かぶ
shrug (肩を)すくめる　smirk にやにや笑う

問1　空らん(a)に入る最も適切なものを下のア～オより選び，記号で答えなさい。

ア it　イ that　ウ them　エ one　オ two

問2　下線部①の具体的な内容を示す個所を本文中から5語で抜き出しなさい。

問3　下線部②の状況の説明として最も適切なものを下のア～カより選び，記号で答えなさい。

ア Mary doesn't answer the phone and may be hurt in an accident.
イ The lady is wearing pajamas and two slippers that don't match.
ウ Tim feels dizzy and sick after introducing himself.
エ Rob is running to the kitchen wall and trying to break it.
オ Mitsi could have gone behind the stove and may be hurt.
カ Diesel may be trapped in the kitchen wall for more than fifteen minutes.

問4　空らん[A]～[E]に入れるのに最も適した文を下のア～オより選び，記号で答えなさい。

ア She isn't answering her phone, and I can't leave any messages.
イ No, I'm just taking care of the owner's cats.　I live across the hall.
ウ Hmm.　Does he know his name？　I'm a dog person.　I don't know much about cats.
エ Yes, but cats don't usually come when called.
オ We'll need to contact the owner before we do any damage.

問5　空らん[F]に入る英文を6語で答えなさい。

問6　下線部③が指すものを下のア～オより<u>すべて</u>選び，記号で答えなさい。

ア Diesel　イ Mary　ウ Mitsi　エ Rob　オ Tim

問7　空らん(b)に入る1語を答えなさい。

問8　波線部(X)の場面から波線部(Y)の場面までどれだけの時間が経過したか，日本語で答えなさい。

LISTENING COMPREHENSION

※注意　放送中にメモをとってもよいが，その場合にはこのページの余白を利用し，解答用紙にはメモをしないこと。

【Part 1】　英文は1度だけ読まれます。

1．ア The man and the woman are going outdoors next week.
　イ The man usually enjoys going out in the sun.
　ウ The woman suggests driving in the mountains.
　エ The man caught a lot of fish when he went fishing last time.

2．ア Randall used to go to bed early on New Year's Eve.
　イ Randall used to make pizza on New Year's Eve.
　ウ Randall plays games with his children to celebrate the new year.
　エ New Year's Day is not a big day for Randall anymore.

3．ア This movie is a fantastic comedy.
　イ This conversation happens at a movie theater.
　ウ The father and the daughter both enjoyed the movie.
　エ The father and the daughter both thought the doctor was good.

4．ア The man and the woman cheer for the same team.
　イ The man's favorite team lost the second match 0-1.
　ウ The man's favorite team won at least one match.
　エ Now the man doesn't care who wins the World Cup.

【Part 2】 英文と質問は２度読まれます。

1. ア Jimmy and Kate were born on the same day, but not in the same year.
   イ Jimmy is a four-year-old boy.
   ウ Kate loves Jimmy although he is sometimes annoying.
   エ Jimmy did not want Kate to know what she would get for her birthday.
2. ア Nothing. イ Something beautiful.
   ウ Something important. エ Something imaginary.
3. ア Kate found out about the secret.
   イ Jimmy was afraid of rain.
   ウ Jimmy thought Kate would not get his present.
   エ The tree Jimmy had planted fell in the storm.

＜LISTENING COMPREHENSION 放送原稿＞

【Part 1】

会話または英文を聞き，その内容と合っているものを選択肢ア～エの中から１つずつ選び，記号で答えなさい。英文は１度だけ放送されます。では始めます。

1.

Woman : Hey, why don't we do something fun next week?

Man : Well . . . I don't know. What do you have in mind?

Woman : How about on Monday we go down to the lake?

Man : I think it's going to be too hot that day, and I might get a sunburn.

Woman : You're going to be all right. So Monday, we'll go down to the lake. Tuesday, we're going to go mountain biking. It's supposed to be cloudy so your skin shouldn't get burned.

Man : That sounds great . . . but I'd probably crash like I did last time and break my arm.

Woman : Come on. It's going to be fine. What do we do on Wednesday? We could go fishing. Remember the last time we went? I caught like 10 huge fish . . .

Man : Yeah. I remember. And the only thing I caught was an old boot. And you won't ever, EVER let me forget that one.

Woman : Well, okay then. Um, then what do you suggest?

Man : We could stay home and you know . . . play some board games.

Woman : We can do that anytime. Why don't we go on a picnic to the mountains. You won't break your arm and you won't get a sunburn. It'll be really pleasant. Let's do that, okay?

Man : Well. . . .

Woman : Come on. Let's do it. It'll be fun.

Man : Okay. We'll give it a try.

2.

Hi everyone. I'm Randall, and I want to talk about what I do to celebrate the new year. When I was younger, I enjoyed staying up late with my friends. We had a party, played games, and ordered lots of food. We didn't eat a nice tasty salad with plenty of vegetables in it. We just ate unhealthy food like pizza.

Now that I'm older, things have changed. When our kids were little, we sometimes stayed up late with them to celebrate the new year, but those times have changed. I find that every day is a new day, and we don't have to wait until the new year to change our lives. Each day gives you a new opportunity to be better.

I just enjoy the simple things of life. Happy New Years.

3.

Daughter : Dad, Dad!

Father : Uh, what!?

Daughter : The movie is over. You slept through the best part. So, what did you think about it?

Father : Well, to be honest, I'm a little disappointed. I mean, the story was a little strange, you know. How can you believe that a captain navigates his spaceship to the far end of the galaxy and encounters a group of frog people?

Daughter : I thought it was fantastic. I mean, you have to admit that the special effects were great, and the acting wasn't bad either.

Father : Ah, come on. What about the ship's communications officer? Wasn't he a little strange? He was always talking to himself, and he had that funny hair?

Daughter : Well, he was a little . . . unusual, but the ship's doctor was amazing. It was so cool when he brought the captain back to life during one of those battles.

Father : That was pretty realistic, but then the rest of the movie just went from bad to worse. The whole story was so fake!

Daughter : How do you know? You were snoring so loud the neighbors probably had to close their windows.

Father : Ah, well, let's go to bed.

4.

Woman : Hey. Have you been watching any of the World Cup soccer matches?

Man : Well, I was watching until my favorite team was out of the first round. In the first match, two of their star players were out with some injuries, so the rest of the players just couldn't keep up with the opposing team.

Woman : Well, that's just life. Every team is going to have players out with injuries.

Man : And then, in the second match, the referees made some terrible calls, allowing the opposing team to win.

Woman : But, didn't one of your own players accidentally kick the ball twice into his own goal? I mean that just doesn't sound like a bad call to me.

Man : And finally, our team was ahead in the final match until the other team played so well in the final three minutes. It was a total embarrassment for our team.

Woman : Sadly your team is out, and who are you cheering for now?

Man : Ah, I can't watch any more soccer, so I've been following an online chess tournament.

Woman : What?! That is the most ridiculous reaction I have ever heard of. So, you're not interested any more just because your team is out of the tournament?

Man : Ah, forget it. You just don't understand.

【Part 2】

これからある英文が放送されます。これを聞き，この英文に関する質問1～3に対する答えとして最も適切なものを，選択肢ア～エの中から1つずつ選び，記号で答えなさい。英文と質問は2度読まれます。では始めます。

I'm Kate. I'm going to talk about my brother Jimmy. Jimmy and I are brother and sister, and strange to say, we were born on the same day but are not twins.

Brother and sister born on the same day but not twins ?

Yes, both of us were born on July 15th, but Jimmy is four years younger than I. I'm nine and Jimmy is only five.

Sometimes Jimmy is very annoying, but he is usually very cute, and I like him very much.

On our birthday we usually give each other a little present. The present from Jimmy this year was very cute. But to tell you the truth, I never got it.

Why didn't I get a present ?

Jimmy kept his present secret. When I asked him to give me a hint, he just shook his head. "I've hidden it, and it's a secret," he said. "What is his hidden secret ?" I wondered.

A few days before our birthday it rained all night. The rain beating on the windows woke me up. I could hear Jimmy weeping in his bed. "Are you scared of the rain, Jimmy ?" I whispered, "No," he said. "Then why are you crying ?" I asked.

Then he told me his secret.

"Because you love sugar so much, I planted some sugar in the garden. I wanted to give you a whole sugar tree for your birthday — and now it will all melt in this rain." And he began to weep again.

Dear annoying Jimmy, how cute and sweet you are !

Questions :

1. Which is **NOT** true ?
2. What kind of birthday present did Jimmy want to give Kate ?
3. Why did Jimmy cry ?

【数　学】（60分）〈満点：100点〉

（注意）　コンパス，三角定規は使用できます。

1　次の問いに答えなさい。

(1)　$\left(\frac{1}{4}a^5-\frac{1}{3}a^4b^2\right)\left(\frac{1}{4}a^4b+\frac{1}{3}a^3b^3\right)-\left(\frac{1}{3}a^2b\right)^2\div\left(-\frac{1}{ab}\right)^3$

を計算しなさい。

(2)　x，y についての連立方程式 $\begin{cases}\dfrac{3}{3x-4y}-\dfrac{4}{4x+3y}=8\\ \dfrac{1}{3x-4y}+\dfrac{2}{4x+3y}=6\end{cases}$ を解きなさい。

(3)　方程式 $(x+\sqrt{3}+\sqrt{5})^2-3\sqrt{5}(x-2\sqrt{5}+\sqrt{3})-35=0$ を解きなさい。

(4)　右図のように，三角形ABCとその外接円Oがある。円Oの直径は13，BC＝5，AB＝12であるとする。

①　点Aを通る円Oの直径をADとするとき，線分BDの長さを求めなさい。

②　辺ACの長さを求めなさい。

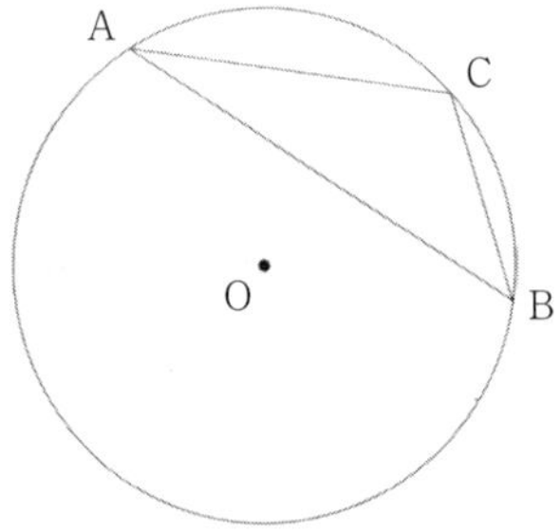

2　1000から9999までの4けたの整数について，次の問いに答えなさい。

(1)　各位に用いられている4つの数字が全部異なる整数は何個ありますか。

(2)　2023のように，ちょうど3種類の数字が用いられている整数は何個ありますか。

(3)　3の倍数になっている4けたの整数のうち，2と3の両方の数字が用いられているものは何個ありますか。

3　下図のように，放物線 $y=\frac{1}{3}x^2$ 上に4点A，B，C，Dがある。2直線AB，CDの傾きはいずれも1であるとする。2点A，Cの x 座標はそれぞれ6，c であり，$c>6$ であるとする。

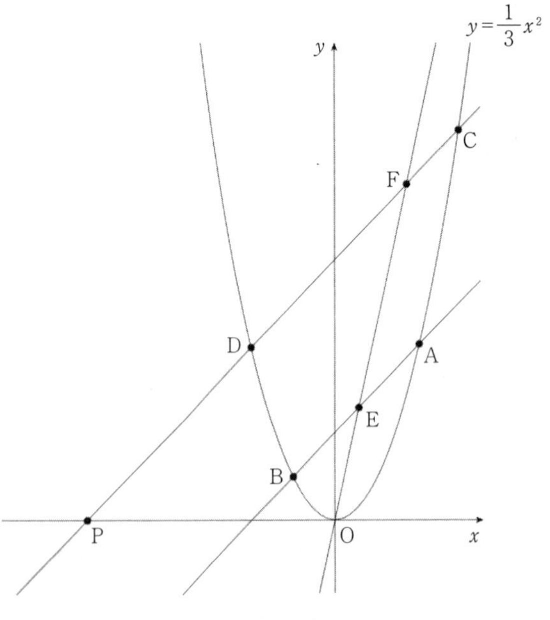

このとき，次の問いに答えなさい。

(1) 点Dの x 座標を c を用いて表しなさい。

(2) 直線CDと x 軸との交点をPとし，CD：DP＝5：4であるとする。

① c の値を求めなさい。

② 直線 $y=mx$ と線分AB，CDとの交点をそれぞれE，Fとする。四角形ACFEと四角形EFDBの面積比が1：2となるとき，m の値を求めなさい。

4 右図において，三角形ABCは∠BACが直角の直角三角形であり，辺BC上の点HはAH⊥BCとなる点である。また，三角形ABC，ABH，ACHの内接円の中心をそれぞれP，Q，Rとする。

このとき，次の問いに答えなさい。

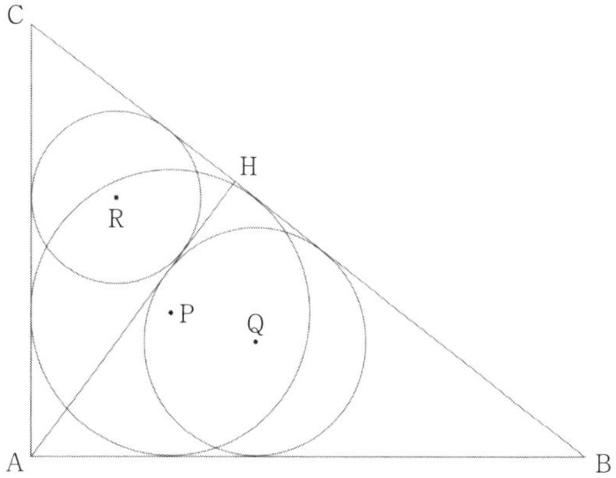

(1) 三角形PQRの内角∠QPRの大きさを求めなさい。

(2) 三角形ABH，ACHの内接円の半径がそれぞれ4，3で，AH＝12であるとする。

① 三角形ABCの内接円の半径を求めなさい。

② 三角形PQRの面積を求めなさい。

5 右図のような，AB＝8，AC＝7，∠BAC＝120°の三角形ABCについて，∠BACの2等分線と辺BCの交点をDとする。

このとき，次の問いに答えなさい。

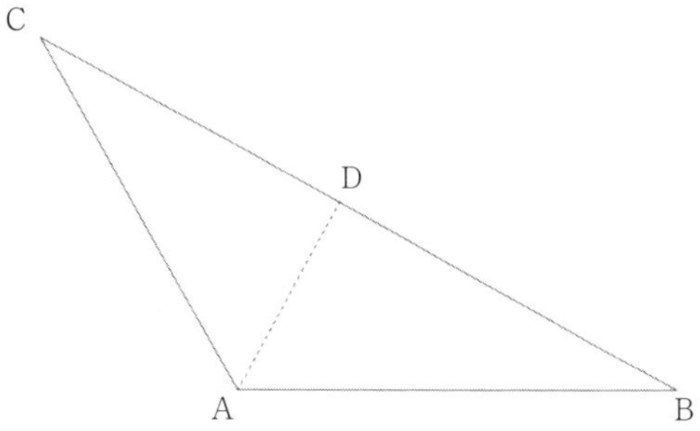

(1) 三角形ABCの面積を求めなさい。

(2) 三角形ABDを動かさずに，三角形ACDを，線分ADを軸にして45°だけ回転したとき，点Cが到達した点をEとする。4点E，A，B，Dを頂点とする四面体EABDについて，

① 面ABDを底面としたときの高さを求めなさい。

② 四面体EABDの体積を求めなさい。

【社　会】（50分）〈満点：100点〉

（注意）　• 句読点は字数に含めます。

• 字数内で解答する場合，数字は１マスに２つ入れること。例えば，226年なら[22][6][年]とすること。字数は指定の８割以上を使用すること。

〈編集部注：実物の入試問題では，[1]の問13の図，[2]の問10の図１，[3]の問３の図１はカラー印刷です。〉

[1]　次の文章Ⅰ・Ⅱを読み，下記の設問に答えなさい。

Ⅰ

日本列島は，多種の鉱産資源が採掘可能な土地柄であり，金・銀・銅なども採掘・採集され様々な形で用いられてきた。

a 中尊寺金色堂の建立で有名な奥州藤原氏は，砂金の採集と良質の馬で繁栄した。金鉱山としては新潟県の佐渡金山や静岡県の土肥《とい》金山などがあり，近年では b 1981年に鉱脈が発見された鹿児島県の菱刈金山があげられる。各地で採掘・採集された金は，貴重なものとして c 東大寺(奈良県)の盧舎那仏や豊臣秀吉の黄金の茶室，あるいは金粉を用いた豪華な d 蒔絵細工などに用いられた。

石見銀山は銀鉱山として世界的に有名であり，16世紀後半～17世紀初期にかけての産出量は世界の約３分の１を占めたと言われている。貨幣としての銀貨は，17世紀には伏見(京都市)・駿府(静岡市)・江戸などの銀座で作られ，田沼意次が幕政を担当している時には e 南鐐二朱銀《なんりょうにしゅぎん》が鋳造された。また幕末では f 日本における金貨と銀貨の交換比率が欧米と比べて大きく異なっていたため，外国との交易が始まると大きな問題となった。

銅は，古代から仏像の制作などに使用されたほか，銅銭の原材料としても使用された。しかし日本の銅銭は，10世紀に発行された乾元《けんげん》大宝以来，朝廷では発行されず，鎌倉時代や室町時代には，宋銭や明銭といった輸入された銅銭が主に使用された。 g 江戸時代に入り銅銭として寛永通宝が発行されると，輸入銭の使用が停止されていった。この時代には大坂(阪)と長崎に h 銅座がもうけられていたが，そこでは銅銭は作られておらず，銅銭は基本的に銭座で鋳造されていた。

問１　下線部ａに関連して，次の文Ｘ・Ｙの正誤の組合せとして正しいものを，下記より１つ選び番号で答えなさい。

Ｘ　奥州藤原氏は，仙台を拠点として勢力を築いていた。

Ｙ　中尊寺金色堂は，禅宗様式の建物である。

1	X	正	Y	正	2	X	正	Y	誤
3	X	誤	Y	正	4	X	誤	Y	誤

問２　下線部ｂに関連して，1980年代の出来事として正しいものを，下記より１つ選び番号で答えなさい。

1　アメリカでは，イスラム過激派による同時多発テロが発生した。

2　日本では，阪神・淡路大震災が発生した。

3　アジア・太平洋地域では，APEC(アジア太平洋経済協力会議)が発足した。

4　ヨーロッパでは，EU(ヨーロッパ連合)が発足した。

問３　下線部ｃについて，東大寺は聖武天皇により741年に国分寺建立の詔が出されたのを受け，翌年に総国分寺と定められた。聖武天皇はどのような目的でこの詔を出したのか。解答用紙の枠内で説明しなさい。

問４　下線部ｄに関連して，蒔絵にはヨーロッパに運ばれ，18世紀後半のフランス国王ルイ16世の王妃マリー＝アントワネットのコレクションに加えられたものもある。18世紀の出来事に関して述べた次の文ａ～ｄについて，正しいものの組合せを，下記より１つ選び番号で答えなさい。

a　日本で，大塩平八郎の乱が起こった。
b　北米大陸で，アメリカ独立革命が起こった。
c　日本で，享保の改革がおこなわれた。
d　イギリスで，名誉革命が起こった。

1　a・b	2　a・c	3　a・d
4　b・c	5　b・d	6　c・d

問５　下線部ｅに関連して，次の文Ｘ・Ｙの正誤の組合せとして正しいものを，下記より１つ選び番号で答えなさい。
Ｘ　南鐐二朱銀は，金貨の額面を単位としている計数貨幣である。
Ｙ　南鐐二朱銀を発行した背景として，銀遣いの関東，金遣いの関西という貨幣の使用状況の違いがあった。

1　Ｘ　正　Ｙ　正	2　Ｘ　正　Ｙ　誤
3　Ｘ　誤　Ｙ　正	4　Ｘ　誤　Ｙ　誤

問６　下線部ｆに関連して，幕末に通商条約を結んだ国々との貿易が始まると，金貨(小判)が大量に国外へと持ち出された。小判が大量に国外に流出した背景と，これに対する幕府の対応について，それぞれ解答用紙の枠内で説明しなさい。
問７　下線部ｇに関連して，19世紀初頭に出版された鉱山技術書である『鼓《こ》銅《どう》図《ず》録《ろく》』には，当時の日本の銅山を次のように紹介している。［　　］に該当する地名を漢字２字で答えなさい。
　我が国の銅山で，大きいものは伊予の［　　　］，陸奥の南部(尾去沢《おさりざわ》)，出羽の秋田(阿仁《あに》)である。その次は，出羽の村山，但馬の生野である。
問８　下線部ｈに関して，銅座は18世紀にもうけられ，銅銭の鋳造とは異なる役割を与えられていた。その役割を解答用紙の枠内で説明しなさい。

Ⅱ

日本における人口の把握は７世紀の $_{i}$<u>天智天皇</u>の時期における戸籍作成に始まると言われる。朝廷による戸籍の作成は，９世紀頃まで続いた。その後は全国的な戸籍は作成されず，戦国時代に課税や兵の動員のため，地域ごとに作成された。江戸時代に入ると，17世紀に作成が始まった $_{j}$<u>宗門改帳</u>によって，おおよその人口を推測できるようになる。江戸時代の初期に約1700万人ほどであった人口は，全国的な開墾もあって収穫高も増えたこともあり，18世紀前半には約3000万人にまで増加したと考えられている。また開墾した土地も合わせて，$_{k}$<u>幕藩領主は年貢や諸役を村ごとに，村全体の責任で納める</u>ようにさせた。江戸時代の後半になるとしばしば飢饉が起きたために人口の増加は停滞し，とりわけ $_{l}$<u>天保の飢饉</u>(1833～39年)では100万人以上が亡くなり，社会不安が増大した。

江戸末期の開国から明治初頭にかけて，海外からペストやコレラといった感染症が $_{m}$<u>外国船を通じて国内に入り</u>，それぞれ10万人以上の感染者が亡くなった。同じ時期に日本人の海外渡航の禁止が解かれると，第二次世界大戦が終わるまでに約180万人の人々が，$_{n}$<u>アメリカ</u>やブラジルといった海外，あるいは $_{o}$<u>朝鮮半島</u>や台湾・$_{p}$<u>満州</u>などに出て行った。

第一次世界大戦が始まると，好景気を背景に国内での人口移動が多くなった。農村から都市に出て労働者となるものが増えたほか，新中間層とよばれるホワイトカラーが増加し，彼らを対象とした百貨店などが都市のターミナル駅を中心につくられるようになった。都市の生活では電気の使用が当たり前になり，$_{q}$<u>肥料</u>の生産に電気を使用するものも出てくるようになってきた。

第二次世界大戦終了直後，極端な落ち込みをみせた日本経済は，1950年代半ばには戦前の経済水準を回復した。以降1970年代初めの頃までの r 高度経済成長期には，「金の卵」とよばれた地方の若者が集団就職などで大都市に移動し，労働力として経済成長を下支えした。

問９　下線部 i に関連して，天智天皇と同時期の中国の王朝について説明した次の文Ｘ・Ｙの正誤の組合せとして正しいものを，下記より１つ選び番号で答えなさい。

Ｘ　この王朝は，漢民族が中心となって建国し，モンゴルを北方へ退けた。

Ｙ　この王朝は，律令に基づいた支配の仕組みを整え，科挙などによって官僚を採用した。

1	X	正	Y	正	2	X	正	Y	誤
3	X	誤	Y	正	4	X	誤	Y	誤

問10　下線部 j について，作成された目的を，解答用紙の枠内で説明しなさい。

問11　下線部 k について，これを何というか漢字で答えなさい。

問12　下線部 l に関連して，天保の飢饉より後の出来事を，下記より１つ選び番号で答えなさい。

1　インドでは，イギリスの支配に反抗してインド大反乱が起こった。

2　蝦夷地(北海道)では，松前藩に不満を持つシャクシャインらアイヌが戦いを起こした。

3　イギリスでは，クロムウェルを中心としてピューリタン革命が起こった。

4　スペインの支援を受けたマゼランの艦隊は，初の世界周航を成し遂げた。

問13　下線部mに関連して，次の図を参考に，19世紀の交通の発達について説明したあとの文Ｘ・Ｙの正誤の組合せとして正しいものを，下記より１つ選び番号で答えなさい。

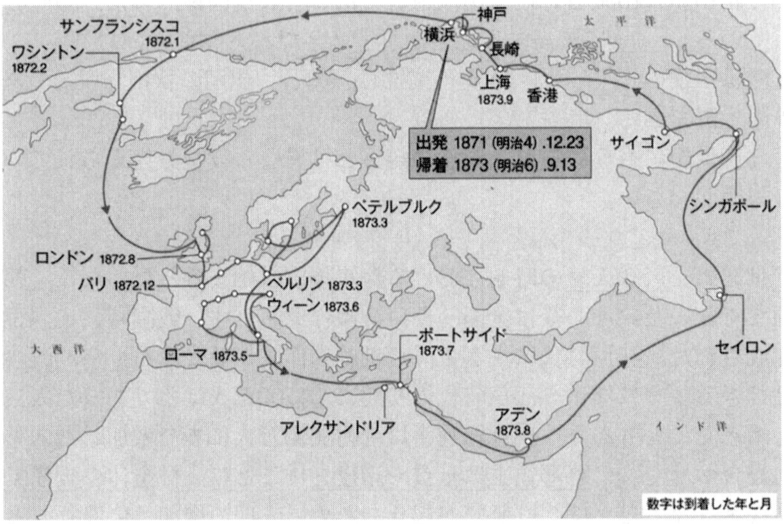

岩倉使節団のルート

(『要説世界史Ａ 改訂版』(山川出版社)を一部改変)

Ｘ　岩倉使節団は，スエズ運河を通過して帰国した。

Ｙ　ロンドン・パリ間にはすでに鉄道が開通していた。

1	X	正	Y	正	2	X	正	Y	誤
3	X	誤	Y	正	4	X	誤	Y	誤

問14　下線部 n に関連して，19世紀後半にアメリカには多くの移民が渡ったが，その要因の一つとして南北戦争があげられる。なぜ南北戦争が移民の増加に影響を与えたのか，解答用紙の枠内で説明しなさい。

問15　下線部oに関連して，中朝関係に関する次の文X・Yの正誤の組合せとして正しいものを，下記より1つ選び番号で答えなさい。

X　7世紀，隋は新羅と結んで高麗を滅ぼした。

Y　16世紀，明は文禄の役の際に，朝鮮を支援する軍を派遣した。

1	X	正	Y	正	2	X	正	Y	誤
3	X	誤	Y	正	4	X	誤	Y	誤

問16　下線部pに関連して，1937年より始まった満州開拓団の参加者の出身地として最も多いのは長野県であった。長野県下伊那《しもいな》郡泰阜《やすおか》村も満州開拓団を出した一つであった。

以下の<文章>を読み，[い]に該当する一文を，解答用紙の枠内で答えなさい。

<文章>

昭和初期の未曽有の世界恐慌は当然のことながら日本をも襲い，中でも最大の打撃を受けたのが長野県。それは糸価，[あ]価の暴落によるところが大きい。とりわけ（略）下伊那地域においては深刻であり，泰阜村も例外ではない。

明治の末から泰阜村も[い]になっており，土地がなくても食べていけるということで人口も増加していた。加えて，三信鉄道(現在の飯田線)やダム(泰阜発電所)工事の関係者が村に数多く入っており，当時の人口は5,000人を超えていた(注：2022年現在は約1,600人)。山村の貧村に襲いかかった恐慌により，農家は[あ]価の暴落による多額の借金をかかえ，昭和12(1937)年には村外へ約600余名が出稼ぎに出る状況に陥っていた。その窮地を救おうと村ではさまざまな経済更生計画がたてられたが，その中心となったのが満州移民を軸とする計画であった。

※[あ]には漢字1字が入る。なお，[あ]に関する設問はありません。

(長野県下伊那郡泰阜村ウェブサイトより転載・一部改変)

問17　下線部qに関連して，次の文X・Yの正誤の組合せとして正しいものを，下記より1つ選び番号で答えなさい。

X　鎌倉時代には，刈敷や草木灰が利用されるようになり，畿内などでは二毛作が普及した。

Y　江戸時代には，油かすや干鰯といった金肥が利用されるようになった。

1	X	正	Y	正	2	X	正	Y	誤
3	X	誤	Y	正	4	X	誤	Y	誤

問18　下線部rに関連して，次の文X・Yの正誤の組合せとして正しいものを，下記より1つ選び番号で答えなさい。

X　高度経済成長期にはテレビが普及し，「鉄腕アトム」のようなテレビアニメが放送された。

Y　高度経済成長期に公害問題が深刻化すると，政府は公害対策基本法を制定し，環境庁を設置した。

1	X	正	Y	正	2	X	正	Y	誤
3	X	誤	Y	正	4	X	誤	Y	誤

2　次の文章Ⅰ・Ⅱを読み，下記の設問に答えなさい。

Ⅰ

日本国憲法が制定されてから70年が経過した。

一国の政治体制の大枠を定める憲法は，おそらくどの時代のものであれ，全国民から祝福を受けて誕生するようなものではない。日本国憲法もまた，内容の是非が問われたことはもちろん，その出自自体の正統性が疑われた――いわゆるa「押しつけ憲法」論――点で，生まれながらに大きな傷を負っていたといっていい。しかし同憲法は，誕生当時の姿を完全に保ったまま，結果として戦後70年もの月日を生き永らえた。制定以来ひとつの微修正もないまま，これほどの長きにわたって維持された憲法典は，もはや国際的にも歴史的にも希有な存在である。

日本国憲法の廃棄や修正を求める声はつねにあった。それどころか，「b55年体制」と呼ばれる時代，政権の座にありつづけた自由民主党自体が党是として憲法改正を掲げていたのである。しかし他方で自民党政権は，実際には真正面からこの問題に取り組もうとしたことはほとんどなかった。改憲問題は，「保守」「革新」と呼ばれた二つの政治勢力を分かつ中心的争点であったにもかかわらず――あるいは中心的争点であったからこそ――，歴代政権はその顕在化を慎重に避けた。

1960年，あ岸信介首相はc安保闘争の収束と引き換えに辞任を余儀なくされ，悲願の改憲に向けて踏み出すことができなかった。後を継いだい池田勇人は「寛容と忍耐」をスローガンに掲げ，改憲問題を含む保革対立争点の棚上げを図った。う佐藤栄作以降の歴代首相も，憲法問題をタブー視する池田路線を継承していく。70年代になると，自民党内で改憲の旗印を下ろすことさえ真剣に検討された。80年代，「戦後政治の総決算」を掲げたえ中曽根康弘ですら，首相在任中の改憲争点化は断念せざるをえなかった。自民党政治の長期安定の陰で，憲法には指一本触れることさえ禁じられたようであった。

dこうした状況が，近年大きく変化している。自民党は2012年，全条項にわたる修正案を備えた「日本国憲法改正草案」を発表した。この改憲案は，天皇元首化や国防軍設置などを謳い，同党が過去に示してきた構想と比べても復古調のとくに強いものである。同年末に首相の座に就いた安倍晋三は，在任中の改憲実現を目指すと繰り返し公言している。加えて16年e参院選の結果，改憲を容認する勢力が衆参両院で［ア］の議席を超えることになった。これは憲法96条で定める憲法改正発議の条件が満たされたことを意味した。発議後の国民投票に必要な手続きを定める法律(国民投票法)はすでに07年に整備されている。

国会では11年以降［イ］が開かれており，改正項目の絞り込みが視野に入れられている。

(境家史郎『憲法と世論　戦後日本人は憲法とどう向き合ってきたのか』筑摩書房　2017年　一部改変)

問1　空欄［ア］・［イ］に該当する語句を，次の中から1つずつ選び番号で答えなさい。

1　3分の1　　2　3分の2　　3　4分の3

4　5分の3　　5　憲法準備委員会　　6　憲法審査委員会

7　憲法審査会　　8　改憲審査会

問2　下線部aに関して，日本国憲法が押しつけ憲法と言われる理由について，解答用紙の枠内で説明しなさい。

問3　下線部bに関する次の文X・Yについて，その正誤の組合せとして正しいものを，下記より1つ選び番号で答えなさい。

X　55年体制とは，与党自民党が野党第一党の日本社会党と対立しながら，38年間にわたって政権をとり続けた政治体制である。

Y　1993年，細川護熙《もりひろ》を首相とする非自民連立内閣が成立し，55年体制は終わった。

1	X	正	Y	正	2	X	正	Y	誤
3	X	誤	Y	正	4	X	誤	Y	誤

問4　下線部cに関する次の文X・Yについて，その正誤の組合せとして正しいものを，下記より1つ選び番号で答えなさい。

X　安保闘争の原因は，日米安全保障条約が改正され，アメリカの領土が他国より攻撃を受けた場合に，日本とアメリカが共同で対応することになったからである。

Y　この安保闘争以後，日本政府は新たにアメリカ軍が日本の領土に駐留することを認めたので，日本各地にアメリカ軍基地が設置された。

1	X	正	Y	正	2	X	正	Y	誤
3	X	誤	Y	正	4	X	誤	Y	誤

問5　下線部dに関して，情報化などの社会変化にともない，日本国憲法に直接的に規定されていない権利が主張されるようになった。この規定されていない権利に関する次の文X・Yについて，その正誤の組合せとして正しいものを，下記より1つ選び番号で答えなさい。

X　これらの権利は主に，日本国憲法第13条にある「生命，自由及び幸福追求に対する国民の権利」に基づいて主張されている。

Y　住宅への日当たりの確保を求める日照権も新しい人権である。

1	X	正	Y	正	2	X	正	Y	誤
3	X	誤	Y	正	4	X	誤	Y	誤

問6　下線部eに関して，次の設問に答えなさい。

(1)　参議院選挙のしくみを用いて，以下の得票数の場合，定数5の比例区における当選者をすべて選び番号で答えなさい。

※候補者や得票数は試験用に作成したものである。

比例代表選挙開票結果		
1	相川(赤党)	2500票
2	鈴木(青党)	2400票
3	加藤(赤党)	2300票
4	佐藤(白党)	2200票
5	高橋(黄党)	2100票
6	川村(黄党)	2000票
7	上田(白党)	1900票
8	江川(青党)	1800票
9	木村(白党)	1700票
10	工藤(青党)	1600票

政党得票数	
赤党	700票
青党	600票
白党	400票
黄党	200票

(2)　2022年の参議院選挙に関する次の文X・Yについて，その正誤の組合せとして正しいものを，下記より1つ選び番号で答えなさい。

X　この参議院選挙では，「一票の格差」は最大で3倍を超えた。

Y　この参議院選挙の結果，与党の議席数は非改選議席を含め，3分の2を超える議席となった。

1	X	正	Y	正	2	X	正	Y	誤
3	X	誤	Y	正	4	X	誤	Y	誤

問7　波線部の首相 あ～え の中で，日本の防衛政策の基本方針として「非核三原則」を表明した首相を選び，記号で答えなさい。

Ⅱ

戦後の日本は，焼け跡から復興し，高度経済成長を遂げて，1968年には，GNPが世界で第２位になりました。1970年代には２度の石油危機に見舞われましたが，欧米に先駆けていち早く立ち直り，1980年代には，経済大国として繁栄を謳歌しました。

ところが1991年頃に，いわゆる f バブルが崩壊し，平成不況が始まりました。

平成の時代は，政治改革に始まり，規制緩和や自由化，民営化など，様々な改革が進められ，特に1996年に成立した橋本龍太郎政権は，経済構造改革， g 行政改革，財政構造改革などを推し進めましたが，1998年あたりから，日本は深刻な不況に陥り，ほとんど成長しなくなってしまいました。

2001年には，小泉純一郎政権が成立し，国民の高い支持を背景に様々な h 構造改革を断行しました。けれども，日本経済は，やはり成長しませんでした。2009年には，国民の期待を受けた政権交代により，民主党政権が成立しましたが，それでも，成長はしませんでした。

2010年には，GDP世界第２位の地位を中国に明け渡しました。

2012年には，第２次安倍晋三政権が誕生し， i 「アベノミクス」と呼ばれる経済政策を推し進めました。そして，毎年のように「成長戦略」が策定され，当初は，確かに経済が成長軌道に入ったかに見えましたが，それから７年８ヵ月続いた第２次安倍政権を振り返ってみると，日本経済は，さほど成長したわけではありません。もちろん，2020年には，新型コロナウィルス感染症の感染拡大という問題が起きましたが，この問題を差し引いても，経済は停滞していました。

（中野剛志・山田一喜『マンガでわかる 日本経済入門』講談社　2020年　一部改変）

問８　下線部ｆに関する次の文Ｘ・Ｙについて，その正誤の組合せとして正しいものを，下記より１つ選び番号で答えなさい。

Ｘ　土地や株式などの価格が実体の価値をはるかに超えて高騰したため，いわゆるバブル経済の状態になった。

Ｙ　バブル経済は，日本銀行による金融引き締めや政府の不動産向け融資への総量規制が実施されたこともあり，地価や株価が急激に下がり崩壊した。

1	Ｘ	正	Ｙ	正	2	Ｘ	正	Ｙ	誤
3	Ｘ	誤	Ｙ	正	4	Ｘ	誤	Ｙ	誤

問９　下線部ｇに関して，橋本龍太郎政権のときに中央省庁の改革が提案され，2001年１月に中央省庁再編等の行政改革が行われた。この改革に関する次の文Ｘ・Ｙについて，その正誤の組合せとして正しいものを，下記より１つ選び番号で答えなさい。

Ｘ　中央省庁再編により，１府22省庁から１府12省庁となった。

Ｙ　この行政改革では，独立行政法人制度が導入された。

1	Ｘ	正	Ｙ	正	2	Ｘ	正	Ｙ	誤
3	Ｘ	誤	Ｙ	正	4	Ｘ	誤	Ｙ	誤

問10　下線部ｈに関連して，あとの図１の国家公務員数の変化点Ａ・Ｂはどのような改革によるものなのか，該当する改革を下記より１つずつ選びそれぞれ番号で答えなさい。

1　日本道路公団の民営化　　2　日本専売公社の民営化

3　日本郵政公社の民営化　　4　日本国有鉄道の民営化

5　国立大学法人等への移行　　6　日本電信電話公社の民営化

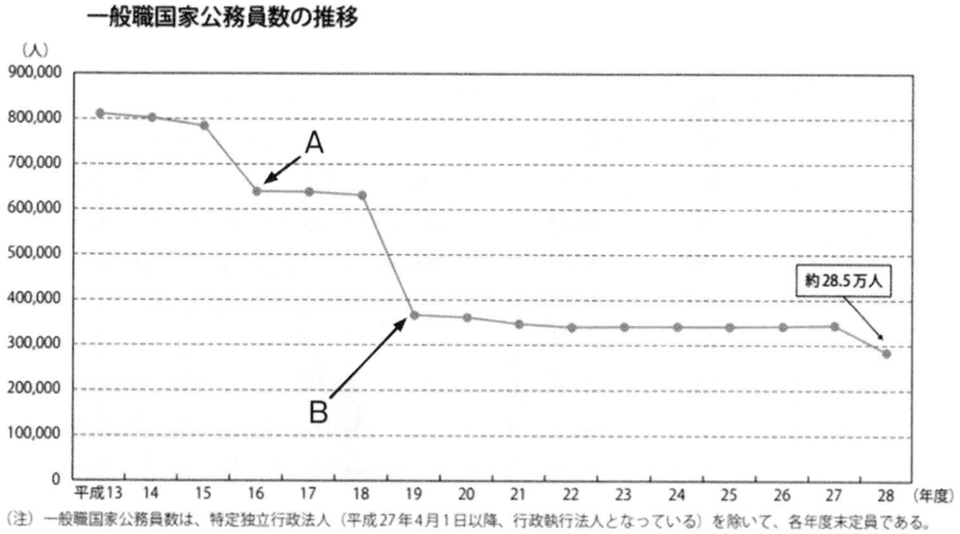

(注) 一般職国家公務員数は、特定独立行政法人（平成27年4月1日以降、行政執行法人となっている）を除いて、各年度末定員である。

図1

（人事院ウェブサイト　平成27年度(2015)年次報告書　より）

問11　下線部ｉに関して，アベノミクスを受け，景気を回復させるため日本銀行では量的緩和政策を導入した。この金融政策を説明した下記の文の空欄［ウ］・［エ］に適する語句や文章を答えなさい。
なお，［ウ］は漢字２字，［エ］は文章で解答すること。

> 量的緩和政策とは，日本銀行が民間金融機関から主に［　ウ　］を買い取り，市場に供給する資金の量を増やすことで，［　　エ　　］政策である。

問12　二重下線部══に似た経済指標としてGNIがあります。GNIとは日本語で何というか，漢字５字で答えなさい。

3　次の文章Ⅰ・Ⅱ・Ⅲを読み，下記の設問に答えなさい。

Ⅰ

> 欧州を襲う熱波の影響でライン川の水位が低下し，欧州域内物流への影響が懸念されている。ドイツ当局の発表によると，15日時点で独カウプのチェックポイントの水位は30センチ台を記録。船舶の航行が困難なレベルにまで到達しているという。今後水位低下が解消されるめどは立っておらず，欧州主要コンテナ港で混雑が続く中，さらなるサプライチェーン混乱の一因となりそうだ。
>
> 日本海事新聞社　2022年８月16日

問１　ライン川は複数の国をまたがって流れている。領土にライン川の流域を**含まない国**を，下記より１つ選び番号で答えなさい。

１　スイス　　２　ドイツ　　３　フランス　　４　デンマーク　　５　オランダ

問２　ライン川は国際河川である。次の１～４のうち**国際河川ではないもの**を，１つ選び番号で答えなさい。

１　ユーフラテス川　　２　ナイル川　　３　メコン川　　４　チャオプラヤ川

問３　ライン川をはじめとしたヨーロッパの河川と比較して，日本の河川は長さが短く勾配が急で，河況係数が高いことで知られている。なぜ，日本の河川の河況係数が高いのか，解答用紙の枠内で説明しなさい。

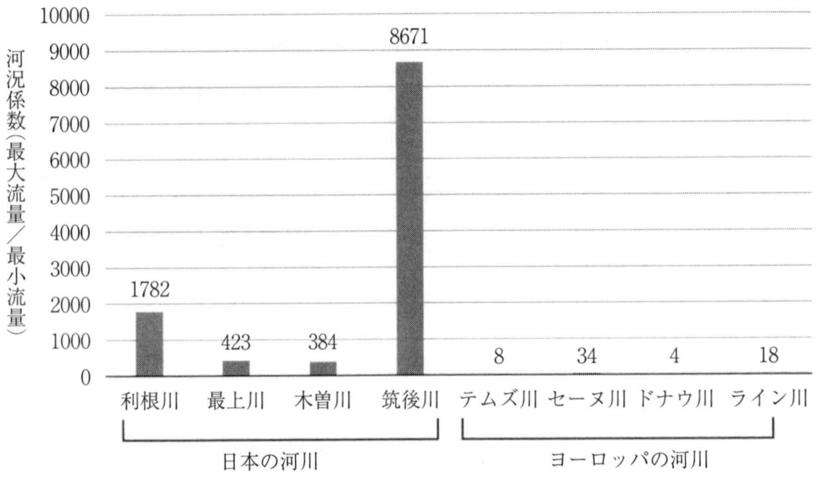

図1

(高橋　裕(2008)『河川工学』東京大学出版会　より作成)

※河況係数…河川のある一定の場所における年間の最大流量と最小流量との比。

問4　次の1～4にあげる日本の河川と，その河川が形成する平野，および河口部となる都道府県の組合せとして正しいものを，下記より1つ選び番号で答えなさい。

1　吉野川―讃岐平野―香川県

2　矢作川―岡崎平野―愛知県

3　天竜川―静岡平野―静岡県

4　最上川―庄内平野―秋田県

問5　以下の表1は，世界の港湾別コンテナ取扱量を示している。表1中のAに該当する，ヨーロッパ最大の港が位置する都市名を答えなさい。

表1

	港湾名(国・地域)	国名	取扱量
1	上海	中国	4350.1
2	シンガポール	シンガポール	3687.1
3	寧波	中国	2873.4
4	深圳	中国	2655.3
5	広州	中国	2319.2
6	青島	中国	2200.5
7	釜山	韓国	2159.9
8	天津	中国	1835.6
9	ホンコン	中国	1797.1
10	ロサンゼルス	アメリカ合衆国	1732.7
11	A	オランダ	1434.9

(国土交通省資料　より作成)

2020年速報値，単位：万TEU

※TEUとは，コンテナのサイズに換算した貨物の容量のおおよそを表す単位。

問6　表1中，深圳(シェンチェン)など5つの地区に1970～80年代にかけて中国が設置した，海外の資本や技術を導入するために開放した地域のことを何というか，答えなさい。

Ⅱ

ヨーロッパ以外にも，2022年は熱波に襲われた地域が多くあった。中国では半世紀以上ぶりの熱波と干ばつに見舞われて長江の一部が干上がり，水力発電所の電力供給能力が低下した。一方で，冷房需要の拡大などから８月は石炭火力発電が急増し，石炭の輸入量も増加した。

問７　以下の表２のように，日本はヨーロッパの国々と比較して，風力発電の導入が進んでいない。ヨーロッパの国々が風力発電を導入しやすく，日本で導入が進みにくい理由を，自然的な側面から解答用紙の枠内で説明しなさい。

表２

国名	風力発電設備容量総数（千kW）
ドイツ	56,132
スペイン	23,170
イギリス	18,872
フランス	13,759
日本	3,400

（『世界国勢図会』矢野恒太記念会　より作成）
データは2017年のものを使用

問８　次のグラフ１～４は，中国の生産割合が多い米，小麦，綿花，豚肉について生産国とその割合を示している。このうち綿花を表しているものを，１～４のうちから１つ選び番号で答えなさい。

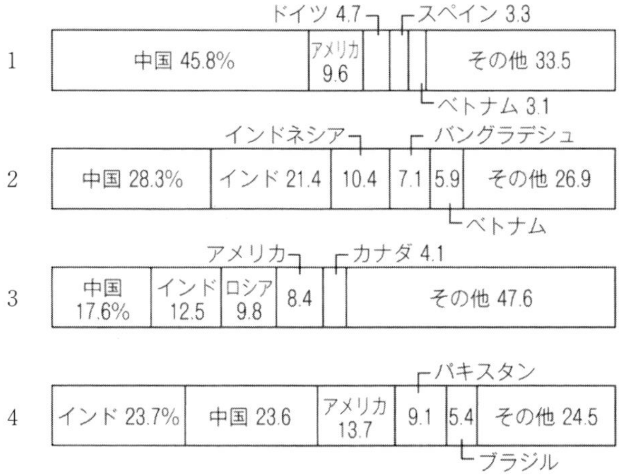

（『世界国勢図会』矢野恒太記念会　より作成）
データは2016年のものを使用，綿花のみ2014年のものを使用

問９　中国はオーストラリアから多くの石炭を輸入している。オーストラリアにとって中国は重要な貿易相手国であり，輸出額と輸入額ともに大きな割合を占めている。次の表３は，オーストラリアの輸出相手国の変化を示している。表３中ア・イに該当する国名をそれぞれ答えなさい。

表３　オーストラリアの輸出相手国の変化

	1960－61年		1980－81年		2000－01年		2018－19年	
１位	ア	23.9%	イ	27.6%	イ	19.7%	中国	32.6%
２位	イ	16.7	アメリカ	11.1	アメリカ	9.8	イ	13.1
３位	アメリカ	7.5	ニュージーランド	4.7	韓国	7.7	韓国	5.9
４位	ニュージーランド	6.4	ア	3.7	中国	5.7	アメリカ	5.3
５位	フランス	5.3	中国	3.5	ニュージーランド	5.2	インド	4.9

（『2021－2022　グラフィックワイド地理』とうほう　より作成）

問10　中国の人口に関して説明した次の文X・Yについて，その正誤の組合せとして正しいものを，下記より１つ選び番号で答えなさい。

X　中国の人口は約14億人（2018年）で，その約半数は漢民族であり，他の少数民族は主に西部に居住している。

Y　中国は2015年以降一人っ子政策を廃止して，全ての夫婦が何人の子どもを産んでも良い方針に変更した。

1	X	正	Y	正	2	X	正	Y	誤
3	X	誤	Y	正	4	X	誤	Y	誤

Ⅲ

世界の人口は2022年中に80億人に達したとされているが，日本の2021年の出生数は1899年の統計開始以降，過去最少の81万1622人で，前年より２万9213人減ったことが報道されている。世界のさまざまな国や地域で人口の増減は社会問題となっており，以下の文章は世界の人口問題の様子を表している。

もしも世界が100人の村だったら…

その村には，60人のアジア人，14人のアフリカ人，14人の南北アメリカ人，11人のヨーロッパ人がいます。後は南太平洋の人たちです。50人が女性で50人が男性。70人が有色人種で，30人が白人です。

33人が［　ア　］教徒，22人が［　イ　］教徒，14人が［　ウ　］教徒，７人が仏教徒。その他はさまざまな宗教を信じています。75人は食べ物の蓄えがあり，雨露をしのぐところがあります。しかし，あとの25人はそうではありません。ひとりは瀕死の状態にあり，ひとりは今，生まれようとしています。

『最新地理資料集』明治図書（2020）　一部改変

人口問題も地域によって全く様相が異なっており，日本のように少子化に悩む国もあれば，子どもの数は多くても，十分な食事や医療などに恵まれず亡くなる子どもが多い地域もある。自分たちより下の世代のことについても，真剣に考えていかなくてはならない。

問11　文章Ⅲ中の下線部の割合は，2011年の人口統計をもとに計算されている。この文章を2021年の人口統計で再計算した際，人数が最も増えると考えられるものを，下記より１つ選び番号で答えなさい。

1　アジア人　　　　　2　アフリカ人

3　南北アメリカ人　　4　ヨーロッパ人

問12　文章Ⅲ中の空欄［ア］～［ウ］に該当する宗教の組合せとして正しいものを，下記より１つ選び番号で答えなさい。

	1	2	3	4	5	6
ア	イスラム	イスラム	ヒンドゥー	ヒンドゥー	キリスト	キリスト
イ	ヒンドゥー	キリスト	イスラム	キリスト	イスラム	ヒンドゥー
ウ	キリスト	ヒンドゥー	キリスト	イスラム	ヒンドゥー	イスラム

問13　日本では，保育施設に入所できない待機児童の存在が大きな社会問題となっている。ある自治

体では，以下の図２のような送迎保育サービスを行うことで待機児童問題の解決を図っている。この図を参考に，送迎保育サービスはどのような待機児童問題を解決できると考えられるか，解答用紙の枠内で説明しなさい。

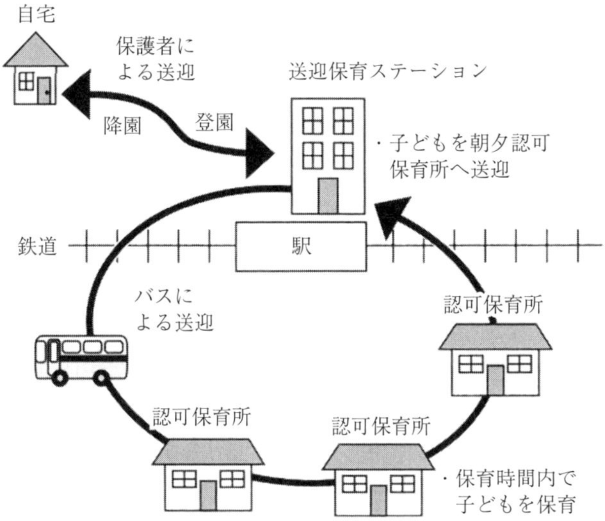

図２
（木内智子・宮澤　仁(2013)「送迎保育の現状と効果に関する一考察」『お茶の水地理』第53号　一部改変）

問14　次の図３は，日本，フランス，アメリカにおける高齢者(65歳以上)人口割合が７％から14％に到達するのに要した期間を示したものである。ア～ウが示す国の組合せとして正しいものを，下記より１つ選び番号で答えなさい。

図３
（『2021－2022　グラフィックワイド地理』とうほう　より作成）

	1	2	3	4	5	6
ア	日本	日本	フランス	フランス	アメリカ	アメリカ
イ	フランス	アメリカ	日本	アメリカ	日本	フランス
ウ	アメリカ	フランス	アメリカ	日本	フランス	日本

【理　科】（50分）〈満点：100点〉

（注意）　• 必要に応じてコンパスや定規を使用しなさい。

• 円周率は3.14とします。

• 小数第１位までを答えるときは，小数第２位を四捨五入しなさい。整数で答えるときは，小数第１位を四捨五入しなさい。指示のない場合は適切に判断して答えなさい。

〈編集部注：実物の入試問題では，1 の写真１・２，2 の(Ⅰ)の写真と(Ⅱ)の写真１～４，写真４の左の３枚重ねにしたネオジム磁石の図，写真ａ　(ⅰ)～(ⅲ)，写真ｂ　(ⅰ)～(ⅲ)はカラー印刷です。〉

1　銅がさびたときに生じる緑色の化合物は緑青《ろくしょう》として知られている。1799年にプルーストは，緑青を例として挙げて，天然産であれ合成物であれ「化合物を作っている元素の質量の比は常に一定である」という説を唱えた。これは後に定比例の法則と呼ばれる。その当時は，ベルトレが唱えていた「化合物の元素の質量の比は一定でなく，連続的に可変である」という説が有力であったため，プルーストの説はなかなか認められなかった。プルーストは，元素の質量比が一定に見えないものは複数の化合物の混合物であり，それぞれの化合物を別個に見れば定比例の法則が成立していると説明して，ベルトレに反論した。

緑青は，天然ではクジャク石と呼ばれる緑色の鉱石として得られる（写真１）。クジャク石を粉末にした岩絵の具は，昔から日本画の緑色の顔料として利用されてきた。

クジャク石は，２価の銅イオンと炭酸イオンと水酸化物イオンから成る，ほぼ純粋な化学成分を持つ(Ⅰ)イオン性化合物である。クジャク石の主成分の化学式は，整数値 x，y，z を用いて $Cu_x(CO_3)_y(OH)_z$ で表される。ただし化学式を書くとき x，y，z が１の場合は，１と（　）を省略する。

ところで青色の岩絵の具として使われる藍銅鉱《らんどうこう》（写真２）もまた，クジャク石と全く同じイオンから成り，似た化学式を持つ鉱物であるが，x，y，z の数値がクジャク石とは異なる。(Ⅱ)藍銅鉱は，置かれた環境によっては少しずつクジャク石に変化していくことがある。そのため，藍銅鉱を使って描かれた空《そら》の青色が，長い年月を経て緑色に変わってしまっていたという話もある。

写真１　クジャク石

写真２　藍銅鉱

岩絵の具として使われているクジャク石の粉末を用いて，以下の実験１～３を行った。

実験１　次のページの図１のようにクジャク石の粉末を試験管の中で加熱したところ，粉末は黒く変色し，試験管の内壁がくもった。くもった部分に（　Ａ　）をつけると（　Ｂ　）色から（　Ｃ　）色に変化したことから，くもりの正体は水であることが確認できた。さらに，発生した気体は石灰水を白く濁らせたことから，二酸化炭素の発生も確認できた。

実験２　実験１で得られた黒い粉末と木炭粉を混ぜて，他の試験管に移して次のページの図２のような装置を用いて再び加熱した。ここでも石灰水は白く濁った。石灰水からガラス管を抜いて，(Ⅲ)ピンチコックでゴム管を閉じてから加熱を止めて放冷した。試験管に残った固体を厚紙の上に取り出して薬さじで強くこすると，銅色の金属光沢が見られた。このことから，クジャク石は銅を含む鉱物であり，実験1でクジャク石を加熱して得られた黒い粉末は酸化銅であると推測できた。

実験1において，生成物が酸化銅，二酸化炭素，水のみであるとすると，クジャク石の加熱による変化を表す化学反応式は次のように書ける。

$$\mathrm{Cu}_x(\mathrm{CO_3})_y(\mathrm{OH})_z \rightarrow x\mathrm{CuO} + y\mathrm{CO_2} + \frac{z}{2}\mathrm{H_2O}$$

プルーストの唱える説が正しければ，実験1における加熱前のクジャク石の質量と，加熱後に残った黒い固体の質量は比例の関係が見られるはずである。このことを調べるために次の実験3を行った。

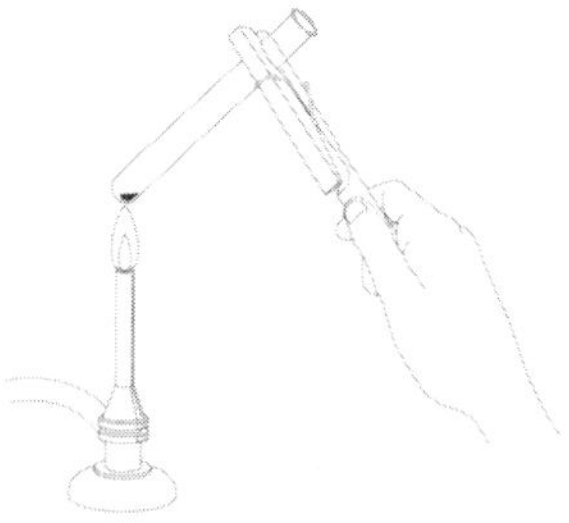

図1　実験1の様子

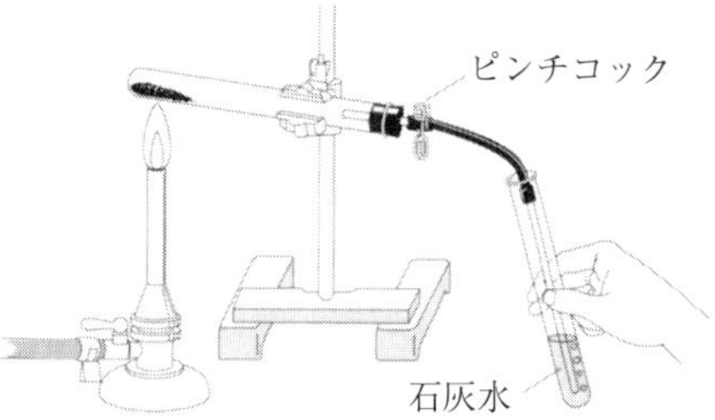

図2　実験2の装置図

実験3　クジャク石の粉末の質量を少しずつ変えて，実験1と同じようにクジャク石の粉末を試験管に入れて加熱し，残った固体の質量を測定した。試験管内で生じた水は全て蒸発させた。

得られたデータをプロットして，横軸が加熱前のクジャク石の質量〔mg〕，縦軸が加熱後に残った固体の質量〔mg〕を表すグラフ(図3)を描いた。このグラフは，定比例の法則を裏付けるような直線の形になった。

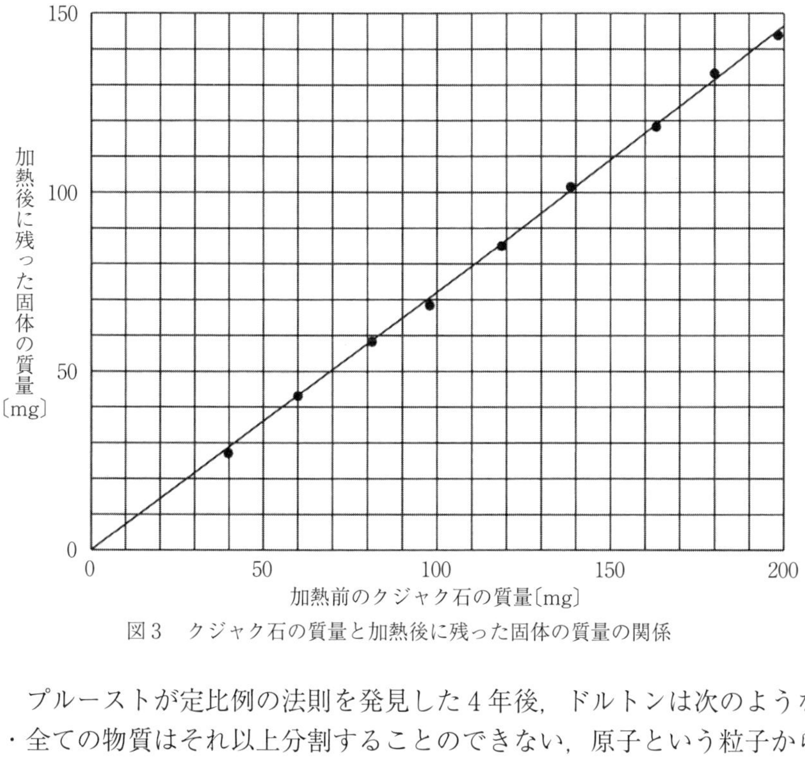

図3　クジャク石の質量と加熱後に残った固体の質量の関係

プルーストが定比例の法則を発見した4年後，ドルトンは次のような内容の原子説を発表した。

・全ての物質はそれ以上分割することのできない，原子という粒子から成る。

・同じ元素の原子は，同じ大きさ，質量，性質を持つ。
・化合物は，異なる元素の原子がある一定の割合で結合したものである。
・化学変化は原子の組み合わせの変化であり，原子が新たに生成または消滅することはない。

さらにその後，ドルトンは一酸化炭素と二酸化炭素に着目し，一定量の炭素と化合する酸素の質量の間には，1：2という簡単な整数比が成り立つことに気がついた。(Ⅳ)この事実は，窒素酸化物など他の多くの物質にも当てはまることも分かった。これが倍数比例の法則である。ドルトンは定比例の法則と倍数比例の法則を根拠として，原子説の正しさを主張したのであった。

(1) 下線部(Ⅰ)のイオン性化合物に関連して，次のイオン性化合物の化学式を答えよ。

① 酸化亜鉛　② 硫酸アンモニウム　③ 硝酸バリウム

(2) （A）に当てはまるものを以下の選択肢(あ)～(え)から1つ選び，記号で答えよ。また，（B）と（C）に当てはまる色を以下の選択肢(お)～(こ)から1つずつ選び，記号で答えよ。

(あ) リトマス紙　(い) ヨウ化カリウムでんぷん紙
(う) pH試験紙　(え) 塩化コバルト紙
(お) 白　(か) 黒
(き) 赤　(く) 緑
(け) 黄　(こ) 青

(3) 下線部(Ⅲ)の操作を行わないと，どのような不都合なことが起きると予想されるか述べよ。

(4) 図3より，111mgのクジャク石から80mgの酸化銅が得られることが読み取れた。このことを使って，実験1の変化を表す化学反応式の x，y，z に当てはまる整数値を求めた。以下はその求め方を説明した文章である。

［ア］～［ウ］には x，y，z と数字を使った適切な式を，（エ）～（カ）には適切な数値を答えよ。ただし原子1個の質量の比はH：C：O：Cu＝1：12：16：64とする。

> クジャク石の化学式 $Cu_x(CO_3)_y(OH)_z$ において，それぞれのイオンの正負が打ち消し合って全体の帯電は0であることから，
>
> ［　ア　］＝0
>
> 111mgのクジャク石から80mgの酸化銅が得られることから，加熱によって失われる二酸化炭素と水の合計質量は31mgである。よって次の比が成り立つ。
>
> 80：31＝［　イ　］：［　ウ　］
>
> x，y，z はこれらの条件を満たす最も小さな整数であるから，
>
> x＝（ エ ），y＝（ オ ），z＝（ カ ）
>
> と導き出せる。

(5) 藍銅鉱の化学式は，$x=3$，$y=2$，$z=2$ で表されるものとする。このとき，下線部(Ⅱ)の変化を表す化学反応式を答えよ。ただし反応に関与する物質はクジャク石，藍銅鉱，水，二酸化炭素のみとし，クジャク石の化学式は(4)で導いた数値を用いよ。

(6) 下線部(Ⅳ)に関して，以下に示す6種類の窒素酸化物のうち，一定量の窒素と化合する酸素の比が1：2：3：4：5になるものを5つ選び，この比になるように記号を並べよ。

(あ) NO　(い) N_2O　(う) N_2O_5　(え) NO_2　(お) N_2O_3　(か) N_3O_4

2　電磁誘導がつくる磁極について考える。以下の問いに答えよ。ただし，各問いの[　]については適切な方を選び○で囲め。

(I)　磁界の変化と誘導電流の関係は，コイルと検流計を用いて確かめることができる。
　写真は実験の様子を示し，図には写真のコイルの巻いている向きと検流計の端子とを示した。

図

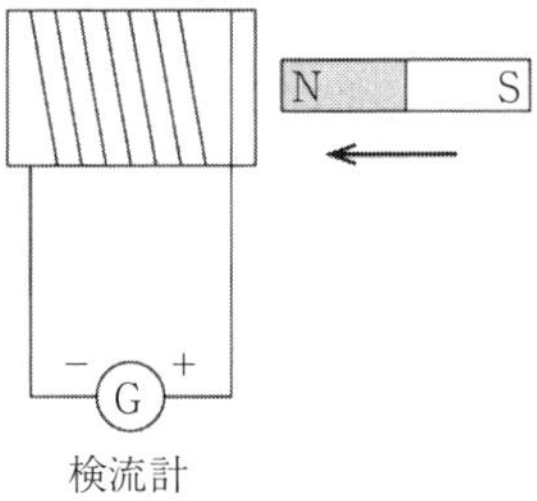

写真

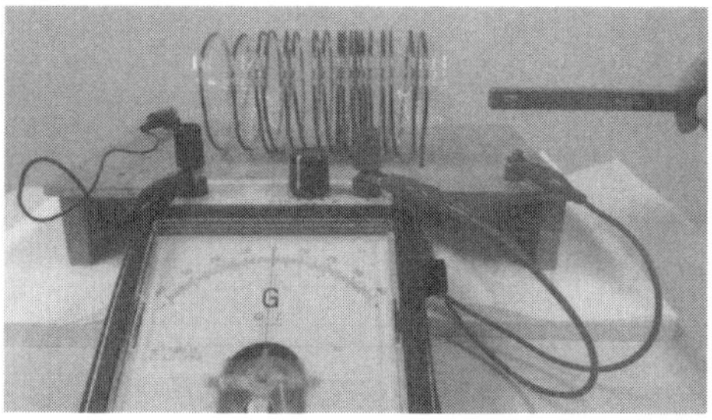

(1)　図で，左に向けたＮ極を右側からコイルに近づける。
　①　誘導電流のつくる磁界の向きは[右向き・左向き]のどちらか。
　②　検流計は[＋・−]のどちらに振れるか。
　③　誘導電流がコイルの右端につくる磁極は[Ｎ極・Ｓ極]のどちらか。

(II)　金属のアルミニウムが磁石に引きつけられないことは知られている。ところが，写真１〜３で示した通り，ネオジム磁石をアルミ板を貼った斜面上ですべらせると，木板の斜面ですべらせた場合と比べて，すべり下りる速さが明らかに小さい。なお，写真１は木板の半分にアルミ板を貼っていることを示しており，写真２，３の実験は木板の上をさらに上質紙で覆って行われている。

写真１

写真２

写真３

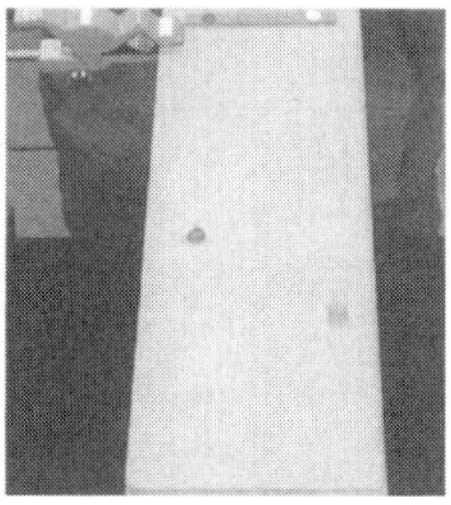

(2)　写真２，３の実験で木板を上質紙で覆った目的を答えよ。
　この現象の原理を考えるために，ネオジム磁石を振り子にして実験ａ，実験ｂを行った。ネオジム磁石は，振り子の最下点で磁極面が水平になるよう，３枚重ねにして糸で吊した。(写真４)
　＊ネオジム磁石は円形の平板で，平面の表と裏が磁極(Ｎ極，Ｓ極)になっている。

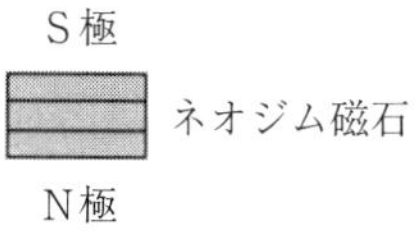

写真４

実験ａ，実験ｂの操作と結果は次の通りである。

実験 a

（操作）

1．アルミ板を水平に敷き，その真上に振り子を接触させないよう，十分な近さで吊した。

2．糸がたるまないようにネオジム磁石を横に引いて手を離し，振り子を振らせた。

3．磁石の磁極を入れ替えて，1と2を繰り返した。

（結果）

・磁石は，振り子の最下点で減速して停止した。

・磁石の磁極を入れ替えても，同じ現象が起こった。

図 a

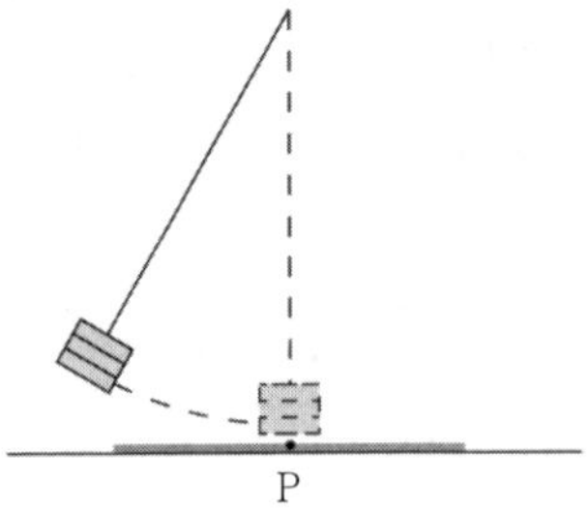

振り子の最下点の真下，アルミ板上の点をＰとする。

実験 b

（操作）

1．アルミ板を水平に敷き，その真上に振り子を接触させないよう，十分な近さで吊した。

2．磁石に接触しないよう，アルミ板を水平方向に素早く引いた。

3．磁石の磁極を入れ替えて，1と2を繰り返した。

（結果）

・磁石は，アルミ板を引いた向きに移動した。

・磁石の磁極を入れ替えても，同じ現象が起こった。

図 b

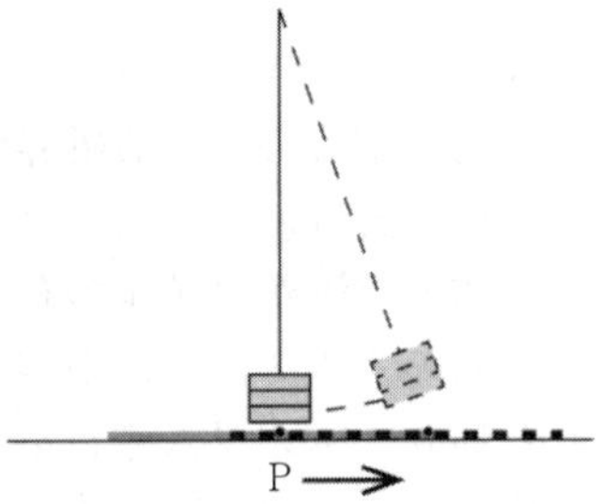

アルミ板を素早く引く

実験ａの様子を写真ａ　(ⅰ)〜(ⅲ)に，実験ｂの様子を写真ｂ　(ⅰ)〜(ⅲ)に示した。

写真ａ　(ⅰ)

写真ａ　(ⅱ)

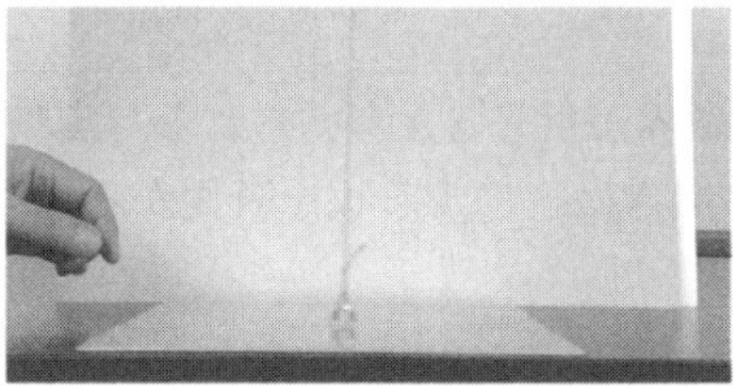

写真ａ　(ⅲ)

写真ｂ　(ⅰ)

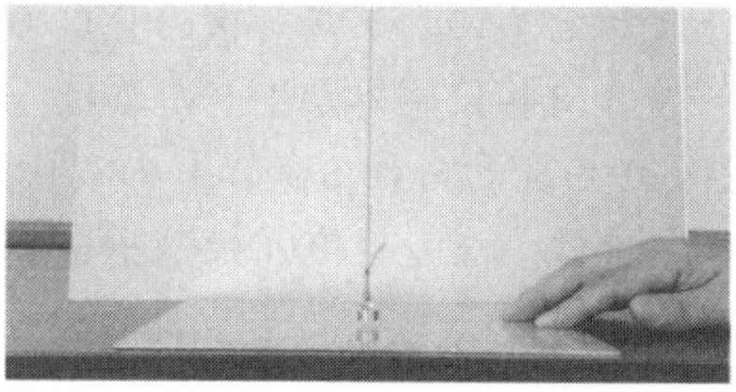

写真ｂ　(ⅱ)

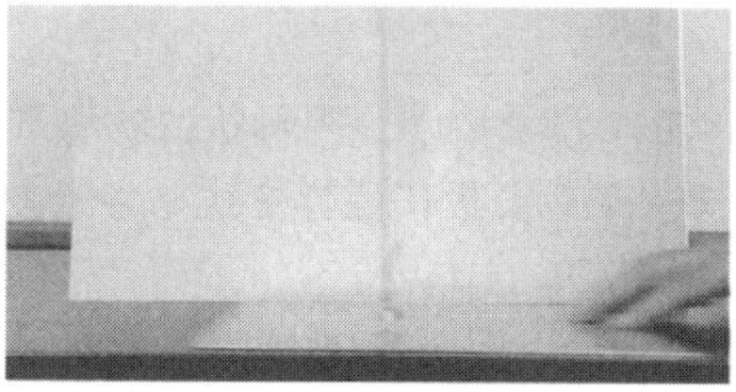

写真ｂ　(ⅲ)

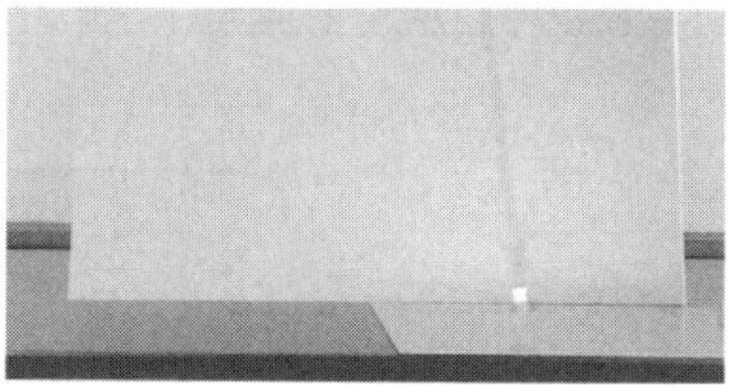

実験ａ，実験ｂの結果は明らかに，磁石とアルミ板の間に磁力が生じていることを示す。磁力は２つの磁極の間に働くので，アルミ板の表側の面に磁極が生じたと見なせる。

以下，アルミ板と向き合う磁石の下面を「Ｎ極」と仮定して，アルミ板の表側の面に磁極が生じる原因について具体的に考察していく。

なお，「磁界の向き」の問いには，次の【向きの選択肢】に示した矢印ア〜エから選び，記号で答えよ。

【向きの選択肢】

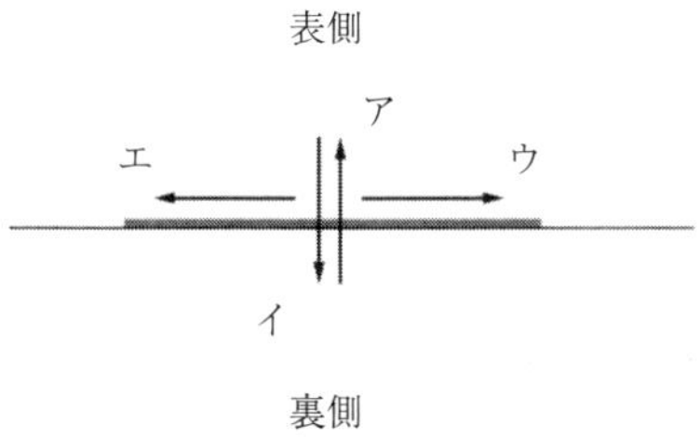

(3)　実験ａでは，「磁石の接近を妨げる磁力」がアルミ板から磁石に作用したと考えられる。

①　アルミ板を表側から見て，Ｐ点に生じた磁極は，［Ｎ極・Ｓ極］のいずれか。

②　アルミ板に生じた磁界の向きを【向きの選択肢】から選び，記号で答えよ。

(4)　実験ｂでは，「アルミ板の遠ざかりを妨げる磁力」がアルミ板から磁石に作用したと考えられる。
①　アルミ板を表側から見て，Ｐ点に生じた磁極は，［Ｎ極・Ｓ極］のいずれか。
②　アルミ板に生じた磁界の向きを【向きの選択肢】から選び，記号で答えよ。

(5)　実験ａ，実験ｂではともに，アルミ板のＰ点の位置で「磁石から発せられる磁界」が変化している。したがって，アルミ板に磁界が生じたのは，電磁誘導の現象だと考えられる。
下の文は，「磁石から発せられる磁界」の変化について述べている。空欄①③は【向きの選択肢】から選び，記号で答えよ。また，②④は適語を選べ。

実験ａのアルミ板のＰ点では，（ ① ）向きの「磁石から発せられる磁界」が②［増えて・減って］いる。
実験ｂのアルミ板のＰ点では，（ ③ ）向きの「磁石から発せられる磁界」が④［増えて・減って］いる。

(6)　アルミ板はコイルではないが，円形状に誘導電流が流れて磁界が生じると考えられる。実験ａ，実験ｂそれぞれで，アルミ板に磁界を生じさせた誘導電流の向きは，アルミ板を表側から見て［時計回り・反時計回り］のいずれか。
アルミ板の斜面でネオジム磁石をすべらせる場合を考える。
図ｃは，磁石がアルミ板上のＡ点を通過している瞬間を示している。磁石はこのあとＢ点を通過する。図ｃ　(ⅱ)は，図ｃ　(ⅰ)を表側から見ている。
以下，アルミ板と向き合う磁石の面を「Ｎ極」と仮定する。

図ｃ　（ⅰ）

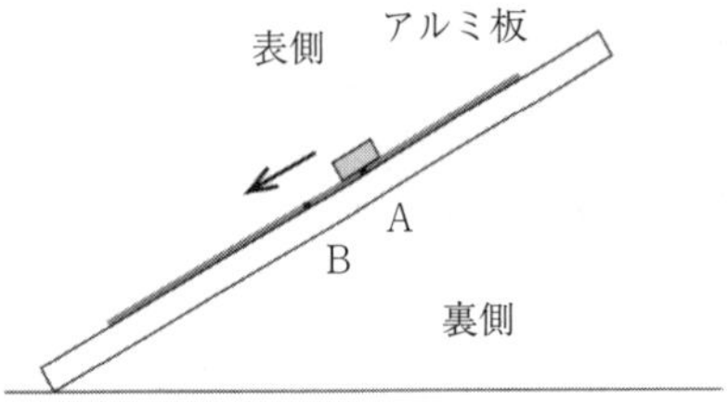

図ｃ　（ⅱ）

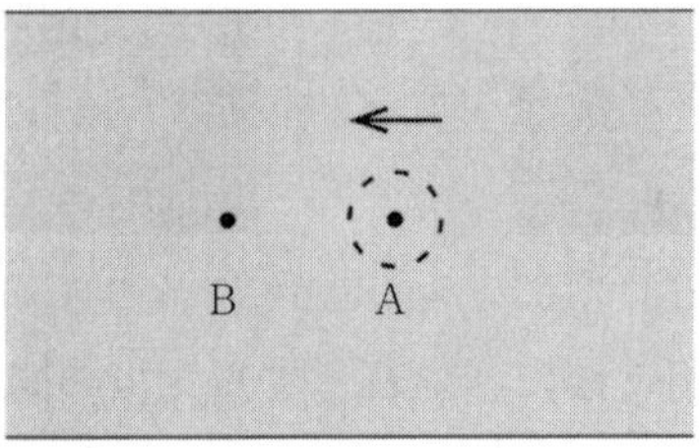

(7)　次の文は，図ｃの直後の磁石について，電磁誘導により磁力が作用していると見なし，現象を考察している。［　］について，適切な方を選べ。

・磁石が離れるＡ点では，「磁石から発せられる磁界」が変化し，表側から見て①［時計回り・反時計回り］の誘導電流が流れる。そして，アルミ板の表側の面には②［Ｎ極・Ｓ極］が生じ，磁石の下面に③［引力・斥力］が働く。
・磁石が近づくＢ点では，「磁石から発せられる磁界」が変化し，表側から見て④［時計回り・反時計回り］の誘導電流が流れる。そして，アルミ板の表側の面には⑤［Ｎ極・Ｓ極］が生じ，磁石の下面に⑥［引力・斥力］が働く。

3 私たちの体を構成する細胞には，DNA が含まれている。DNA は，２本の鎖が向かい合った構造をしている。鎖の構成要素は４種類あり，Ａ，Ｔ，Ｇ，Ｃという記号で表す。DNA では，ＡとＴ，ＧとＣが互いに向かい合って結合している。細胞分裂の際に DNA は複製され，新しい２つの細胞に分配される。図１は DNA が複製される様子を模式的に表した図である。

ⅰ　ＡとＴ，ＧとＣが対になって向かい合っている。

ⅱ　向かい合っていた鎖がわかれる。

ⅲ　ＡとＴ，ＧとＣが対になるように，新しい構成要素が１つずつ順に，それぞれの鎖に一方向に結合していく。

ⅳ　元と同じ DNA が２個つくられる。

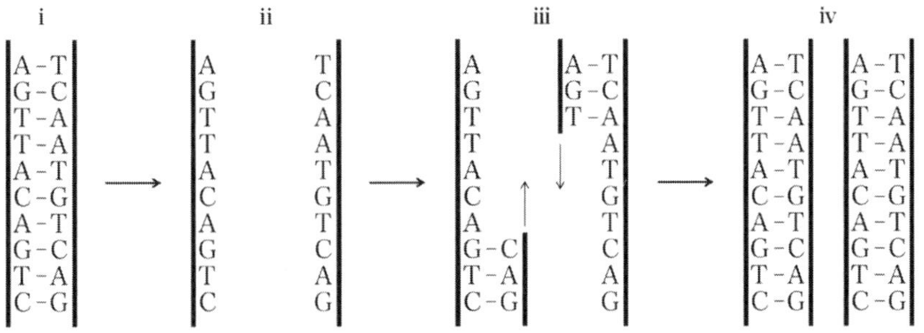

図１　DNA が複製される様子

(1)　次の配列に対となる配列を答えよ。

TGAGCAAG

細胞から直接得られる DNA は量が少ないので，量の測定や DNA の構成要素の配列を調べたりすることが難しい。そこで図１のような DNA の複製を人工的に引き起こす技術として，ポリメラーゼ連鎖反応(PCR)が利用されている。PCR を行うことで，わずかな量の DNA を多量に増やすことができる。ただし，PCR では DNA 全体を複製するのではなく，調べたい領域だけを狙って増やす。

【注】 ポリメラーゼとは DNA 合成酵素のことで，DNA の鎖をのばすはたらきをする。PCR では，次に示す温度変化に耐えられるポリメラーゼを用いる。

PCR の原理を次のページの図２に示した。PCR 用の試験管にポリメラーゼの他に，増やしたい領域を含む DNA，２種類のプライマー，新しい DNA の材料となる４種類の構成要素を入れる。プライマーとはいくつかの構成要素からなる短い一本鎖のことで，元となる DNA に完全に対となる配列があると結合する。プライマーは新しい DNA をつくるための足がかりとなるものであり，プライマーがないと新しい鎖をのばすことができない。増やしたい領域の末端と対になる構成要素をもったプライマーを用いることで，PCR で増やす領域を決定することができる。PCR では，DNA のそれぞれの鎖に対して１種類ずつ，計２種類のプライマーを用いる。

この試験管を，次の温度の順に一定時間置き，反応を起こさせる。

95℃　―　二本鎖の DNA が一本鎖にわかれる。

55℃　―　増やしたい領域の末端に，プライマーがそれぞれ結合する。

72℃　―　プライマーに続いて一本鎖に対となる構成要素が一方向に結合していき，新しい DNA がつくられる。

これらの反応が１サイクル終わると，DNA 量は元の２倍になる。PCR は，この一連の反応を連続で30～40サイクル繰り返して行うことで，DNA を多量に増やす技術である。

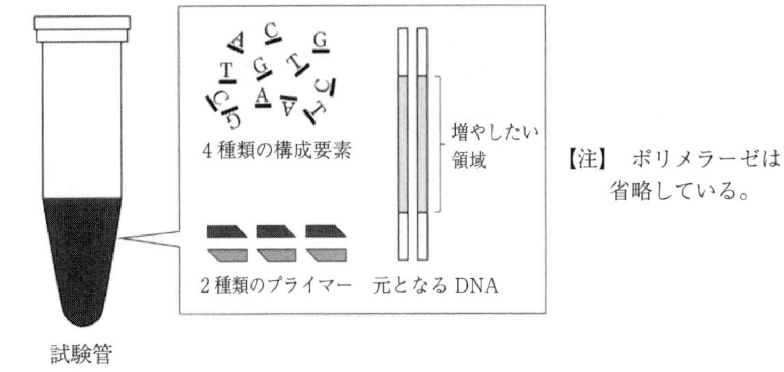

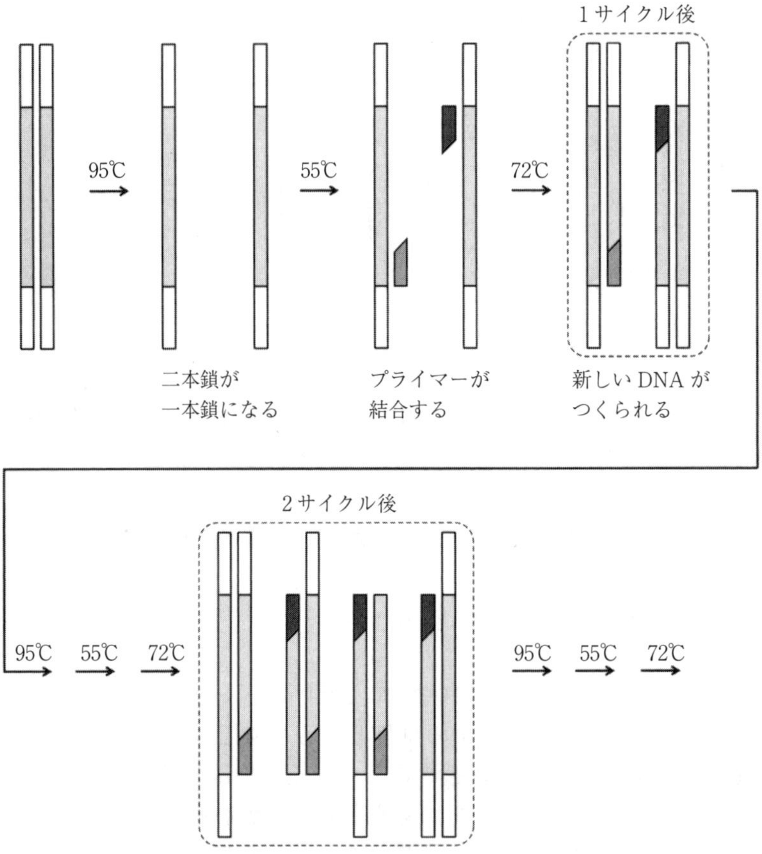

図2 PCRの原理 DNAは簡略化して示している。

(2) 試験管に1個のDNAを入れてPCRを行ったとする。各サイクル後に得られたDNA数を下の表にまとめた。図2を参考に表の( )に適する整数を答えよ。また，[ ]に適するものを選び○で囲め。

サイクル後	DNA数〔個〕	増やしたい領域だけからなるDNA数〔個〕
1	2	0
2	4	0
5	(①)	(④)
10	(②)	(⑤)
20	約③[1万・100万・10億・1000億]	約⑥[10万・25万・50万・100万]

これまで見てきたPCR(従来法)を改良した方法として，リアルタイムPCRがある。

リアルタイムPCRの原理は従来法と同じである。ただし，従来法では30～40サイクルの反応後にDNAがどれだけ増えたのかを調べるのに対して，リアルタイムPCRでは各サイクル後にDNA量を調べる(図3)。測定した値をもとにグラフを描くと，図4のような増幅曲線になる。図4のDNA量は相対的な値を示しており，縦軸は1目盛りで10倍の違いになっている。

従来法に対するリアルタイムPCRの長所は，もともとどれくらいの量のDNAが試験管に含まれていたかをより正確に調べることができる点である。リアルタイムPCRでは，Ct値によって元のDNA量を求める。Ct値とは，増幅曲線において，増やされたDNAがある量(ここではXとする)に達したときのサイクル数のことである。

リアルタイムPCRはさまざまな研究や検査に用いられている。最近では，新型コロナウイルスの検査として，感染状況を調べることなどに利用されている。

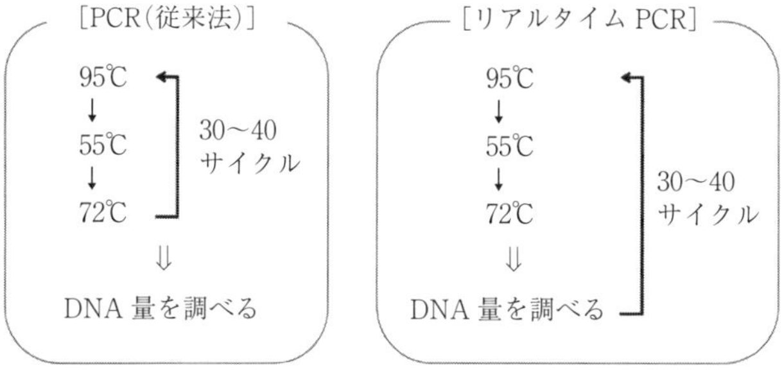

図3　PCR(従来法)とリアルタイムPCRの違い

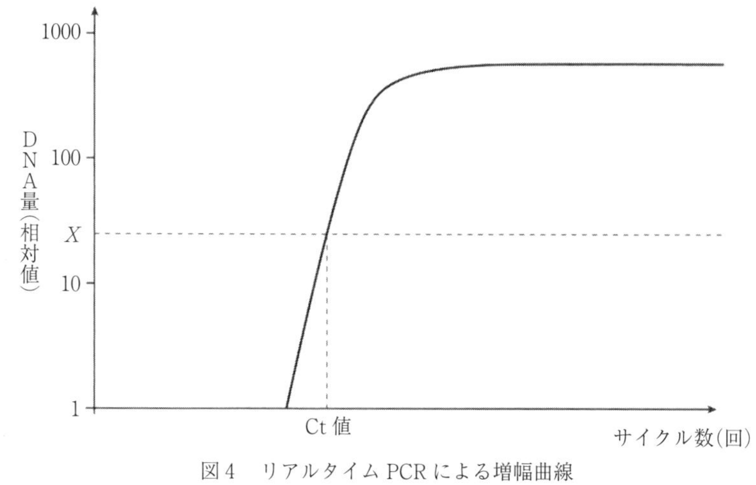

図4　リアルタイムPCRによる増幅曲線

(3)　実際にPCRを行うと，はじめは順調にDNAの複製が起こるがサイクル数を重ねるとDNAが増えにくくなり，後半ではほとんど増えなくなる。このことから，最終的に得られるDNA量は，前の問いで計算したものよりもずっと少なくなる。なぜ，後半のサイクルではDNAが増えなくなるのか。考えられる理由を簡潔に述べよ。ただし，ポリメラーゼに関することは除く。

(4)　次のページの図5は，a，b，c，dの4人から唾液を採取し，新型コロナウイルスに由来するDNAがどれだけ得られたかを，リアルタイムPCRによって調べた結果である。この結果を説明したあとの文の(　)に適する値を答えよ。また，[　]に適するものを選び○で囲め。ただし，④は適切なものを全て選べ。

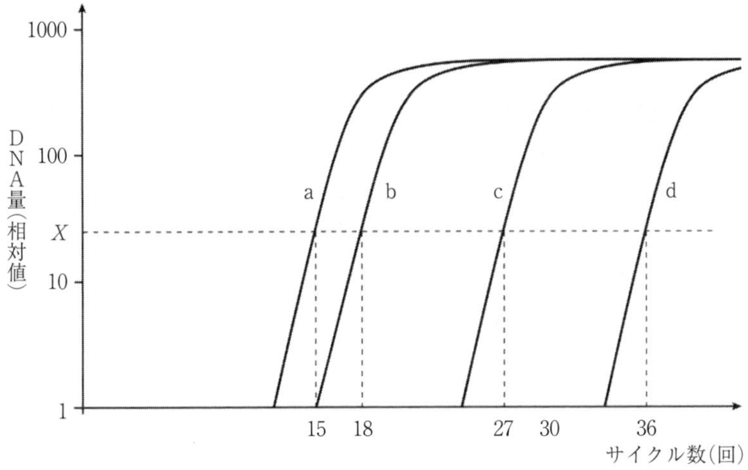

図5

リアルタイム PCR では，Ct 値が大きい方が，初めに試験管に含まれていた DNA 量が①[多い・少ない]と考えることができる。4人の唾液の中で，新型コロナウイルス由来の DNA が一番多く得られたのは②[a・b・c・d]の唾液であり，bの唾液から得られた DNA 量はcの(③)倍である。PCR 検査では，Ct 値をもとに陽性か陰性かを判定する。例えば，Ct 値30までを陽性とする場合，陽性となるのは④[a・b・c・d]である。

(5) リアルタイム PCR に比べて，従来法が元の DNA 量を調べることには向いていないのはなぜか。次の語句を用いて，理由を簡潔に説明せよ。
[最終的に得られる DNA 量]

4 次の文章を読み問いに答えよ。

図1は，一般的な火成岩の分類を示した図である。

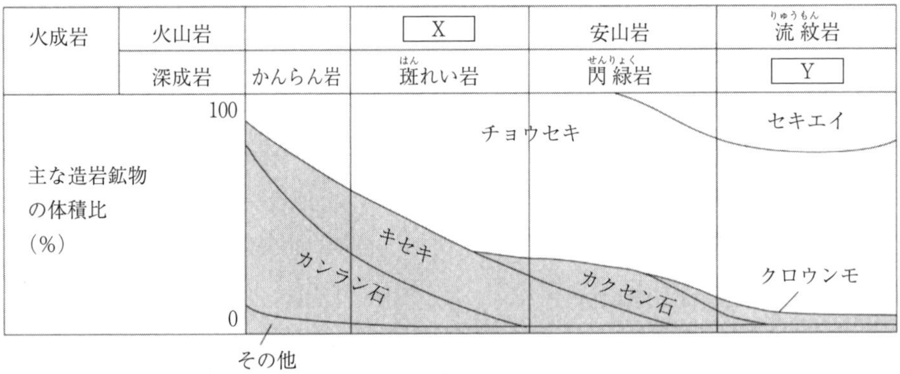

図1 火成岩の分類

(1) 図1のXとYの岩石名を答えよ。

(2) XとYの岩石の特徴について，もっとも当てはまる文を次からそれぞれ1つずつ選べ。

ア 全体的に白く，ほとんど目に見える大きさの鉱物がなく，縞模様がある。

イ 肉眼で見分けられる大きさの白っぽい鉱物と黒っぽい鉱物からなるが，白っぽい鉱物の方が多い。日本全国で産するが，御影《みかげ》石と呼ばれることもある。

ウ 全体的に黒っぽく，ち密で細粒の鉱物からなる。

エ　見た目は黒くガラス質で，ガラス同様にその割れた面は，鋭利な貝殻状(同心円状)の模様を示す。石器として用いられたこともある。

オ　主に火山灰からなり，軽くて柔らかい。宇都宮市北西部で採れるものを大谷《おおや》石という。

地下深部のマグマだまりでは，マグマの温度が下がると，高い温度で結晶になる鉱物から先に，晶出していく。その温度を「晶出温度」という。これらの鉱物は，マグマだまりの中で時間をかけて大きく成長する。最後には液体のマグマはなくなり，鉱物の集合になる。こうしてできた岩石を深成岩という。マグマの中で自由に成長した鉱物は，固有の結晶面が発達しており，これを「自形」という。一方，他の鉱物の隙間を埋めて晶出する場合は，周囲の別の結晶により形が制約される。これを「他形」という。

岩石を作っている鉱物の多くは0.03mm 程度に薄くすると光が十分通り，顕微鏡で各鉱物の形や色などの特徴を観察することができる。図２はある深成岩の岩石の試料を顕微鏡で観察し，スケッチしたものである。

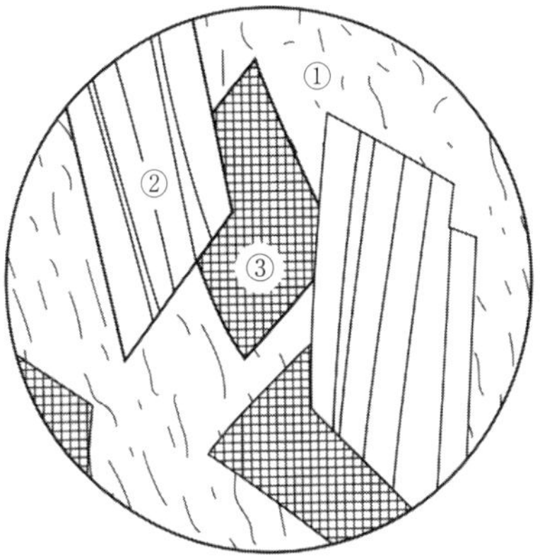

図２　ある深成岩の薄片を顕微鏡で見たスケッチ

(3)　図２の①～③の鉱物を比較し，マグマから鉱物が晶出した順序を番号で答えよ。

物質の三態を決定するのは一般に「温度」と「圧力」であるが，複数の化合物が共存するときには，その融点や沸点は成分比率によっても変わる。

図３は，食塩水中の「食塩」と「水」の２成分の状態図である。圧力一定(１気圧)のとき，縦軸に温度，横軸に食塩水における食塩の質量パーセント濃度(%)を取り，成分の状態がどのように変わるかを示している。図３には，食塩水(全て液体)，食塩水＋氷，食塩水＋固体の食塩，食塩＋氷(全て固体)の４つの状態が存在する。４つの状態の境界は実線で分けられている。

例えば，濃度3.5%，８℃の食塩水の温度を下げていく場合を考える。純粋な水は凝固点が０℃だが，食塩水は０℃では凍らず，－1.8℃で氷ができ始める。このとき，食塩水の少量成分である食塩は結晶化せず，水のみが固体になる。温度が下がり，氷の量が増すにつれ，残った食塩水の質量パーセント濃度は，図３の曲線PQに沿って増えていく。－10℃まで下がると，残った食塩水の質量パーセント濃度は，14.0%になる。更に温度を下げ，－21.3℃になると，食塩水の質量パーセント濃度は23.3%になり，食塩も水と同時に固体になり始める。

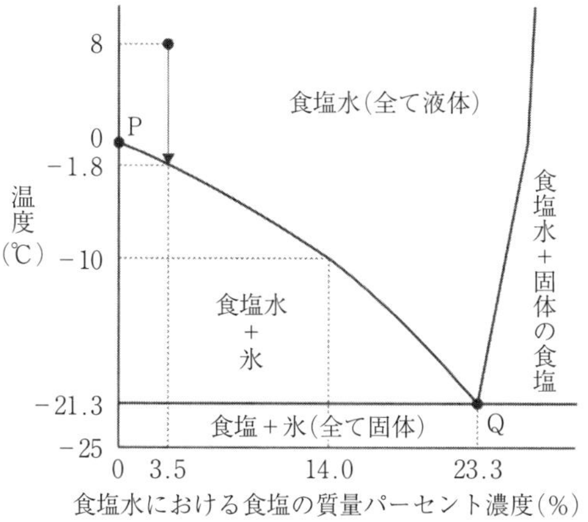

図３　食塩と水(氷)の状態図

ここでは，食塩水中の食塩と水の関係を，マグマだまりから鉱物が晶出する現象に当てはめて考えてみよう。単純化したモデルで，マグマを２つの鉱物Ｍ１とＭ２だけからなる溶融物(とけて液体になったもの)とする。図４は，圧力が一定のときの，２つの鉱物の状態図である。縦軸は温度を示し，上方ほど高温である。横軸は，溶融物におけるＭ２の質量パーセント濃度で，左端は鉱物Ｍ１が100%，Ｍ２が０%，右端は鉱物Ｍ２が100%，Ｍ１が０%を表している。図３と同様に(Ⅰ)～(Ⅳ)の４つの状態が存在し，(Ⅲ)は全て液体のＭ１とＭ２，(Ⅳ)は全て固体のＭ１とＭ２である。

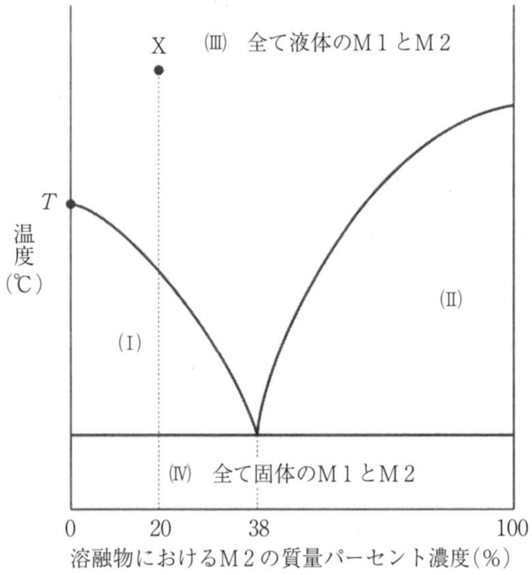

図４　鉱物Ｍ１とＭ２の状態図

(4)　図４の温度Tは何の温度を示しているか。

(5)　図４の(Ⅰ)の領域では，２種類の鉱物Ｍ１，Ｍ２はそれぞれどのような状態か。(固体・液体・固体と液体)の中から適切なものを選び○で囲め。

(6)　図４を見て，Ｍ１とＭ２の混合物について正しいものを全て選べ。

ア　溶融物の質量パーセント濃度にかかわらず，温度を下げていくと，先に晶出する鉱物はＭ１である。

イ　溶融物の質量パーセント濃度にかかわらず，温度を下げていくと，先に晶出する鉱物はＭ２である。

ウ　溶融物の質量パーセント濃度にかかわらず，温度を下げて全てが固体になる直前にできる溶融物におけるＭ２の質量パーセント濃度は38%である。

エ　点Ｘから温度を下げていき，全てが固体になったとする。そのときの固体全体におけるＭ２の質量パーセント濃度は38%である。

オ　点Ｘから温度を下げていったとき，先に晶出する鉱物はＭ１である。

(7)　図４において，点Ｘの状態の溶融物を徐々に冷やして生じた鉱物を顕微鏡で観察すると，図５のように様々な大きさの白い鉱物と，小さい黒い鉱物が見られた。

①　黒い鉱物は，Ｍ１，Ｍ２のどちらか答えよ。

②　点Ｘの溶融物は100ｇであった。黒い鉱物が晶出する直前までに晶出した白い鉱物は何ｇになるか。整数で答えよ。

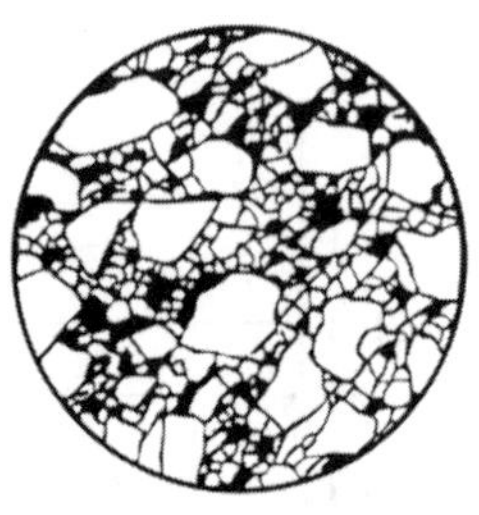

図５　Ｍ１，Ｍ２の結晶を顕微鏡で見たスケッチ

問一　空欄 X に入る最も適当な言葉を選びなさい。

ア　赦　イ　欺　ウ　勅　エ　啓　オ　訟

問二　――部①「上下万民裁許を悦で」とあるが、それはなぜか。このことを説明したものとして最も適当なものを選びなさい。

ア　この時代の京都所司代は、相手の身分に応じた判断をすることで、万民の期待に応えたから。

イ　この時代の京都所司代は、裁判を受ける者の身分や財力にかかわらず、公正に結論を出したから。

ウ　この時代の京都所司代は、平凡な者には真似できない発想によって、真実を見極められたから。

エ　この時代の将軍は、万人を平等に扱い、対立を次々に解決することで、平和な世を作ったから。

オ　この時代の将軍は、庶民の話に丁寧に耳を傾け、富裕な者の不正を次々に暴き出したから。

カ　この時代の将軍は、出自にとらわれることなく、真に優秀な者を京都所司代としたから。

問三　――部②「一滴舌上に通じて、大海の塩味をしる」とあるが、この文章における「大海」とは何だと考えられるか。最も適当なものを選びなさい。

ア　権現と呼ばれた将軍の器の大きさ

イ　京都所司代の裁決の見事さ

ウ　真の正義とは何であるか

エ　当時を生きた上下万民の姿

オ　人間社会になぜ争いが生じるか

問四　――部③「さらさらかへすまじき」を、言葉を補いつつ、現代語訳しなさい。

問五　――部④「大相国御感甚かりし当意即妙の下知なるかな」とあるが、大相国は何に感動したのか。六十字以上八十字以内で説明しなさい。（句読点、記号等も字数に含める）

問六　――部⑤「以正理之薬治訴詔之病、挑憲法之灯照愁嘆之闇」に、適切に返り点をつけ、適切に書き下し文にしているものを選びなさい。なお、「挑」は「かかぐ」（ここでは「手本として示す」の意）と読む動詞として解釈する。

ア　以㆓正理之薬治訴詔之病㆒、挑㆓憲法之灯照愁嘆之闇㆒
正理之は薬で治し訴詔之は病で以つて、憲法之は灯で照らし愁嘆之は闇を挑ぐ

イ　以㆓正理之薬㆒治㆓訴詔之病㆒、挑㆓憲法之灯㆒照㆓愁嘆之闇㆒
正理の薬を以つて訴詔の病を治す、憲法の灯を挑げて愁嘆の闇を照らす

ウ　以正理之薬治㆑訴詔之病㆑、挑憲法之灯照㆑愁嘆之闇㆑
以つて正理の薬治は訴詔の病なり、挑げて憲法の灯照は愁嘆の闇なり

エ　以㆓正理㆒之薬治㆘訴詔之病㆖、挑㆓憲法㆒之灯照㆘愁嘆之闇㆖
正理を以つて之の薬が訴詔の病を治す、憲法を挑げて之の灯が愁嘆の闇を照らす

オ　以㆘正理之薬治㆓訴詔㆒之病㆖、挑憲法之灯照㆓愁嘆㆒之闇
正理の薬にて訴詔を治す之れ病で以つて、挑げて憲法の灯にて愁嘆を照らす之れ闇

問七　右の文章の出典は『醒睡笑』である。この作品以前に成立した作品を次の中から選びなさい。

ア　おくのほそ道　イ　雨月物語　ウ　宇治拾遺物語

エ　武道伝来記　オ　義経千本桜

ることで家族を突き放そうとしたから。

イ　話し合いの収拾がつかなくなった時にあきれて笑ったかのように見えた「弟」に対して、正しさを気取る相手から自分が見下されたように思えて不愉快になり、丁寧さを強調した嫌味な態度でやり返そうとしたから。

ウ　初めは自分の正しさを信じていたが、その場にいる家族全員が自分の誤りを非難してくる状況下で、次第に家族の言い分にも一理あるのではないかと思い始め、反論するにしても最低限の礼儀を示そうと考えたから。

エ　中学在学中から自分の正当性ばかりを訴えて周囲の人々から遠ざけられてきた「弟」が、今でも親への不満ばかり言う成長のなさに嫌気がさし、改まった言葉づかいで父としての威厳を保ちながら教え諭そうとしたから。

オ　話に介入してきた「弟」の態度への反発を抑えきれず報復したことに対して、「母」と「かんこ」までもが自分を非難する側に回った不満から、他人行儀な言葉づかいをして家族へのよそよそしさを強調しようとしたから。

問五　——部③「かんこはこの車に乗っていたかった。この車に乗って、どこまでも駆け抜けていきたかった」とあるが、どういうことか。この時の「かんこ」の考えを説明しなさい。

問六　本文の特徴を述べたものとして最も適当なものを選びなさい。

ア　家族ひとりひとりの様子や周囲を取り巻く情景の変化が、「かんこ」の五感を通して描かれている。

イ　現在の「かんこ」が、かつて経験した出来事の意味を社会問題という観点で問い直しつつ語っている。

ウ　複数の登場人物の視点から、異なる立場にある者の主観的感情がそれぞれ述べられている。

エ　互いに傷つけあいながらも支え合って生きる家族の様子を、語り手自身も感情的になって語っている。

オ　家族が言い争う場面では、会話文を中心とすることで家族同士の関係性を詳しく説明している。

三

次の文章を読んで、後の問いに答えなさい。なお、(　)内は現代語訳である。

*1将軍天下を治め給ふ。此御代に賢臣義士多き中に、京都の所司代として X をきき理非を決断せらるるに、富貴の人とても、へつらふ色もなく、貧賤のものとても、くだせる体なし。然間①上下万民裁許を悦《よろこん》で、奇なるかな、妙なるかなと、讃嘆する人ちまたにみてり。②一滴舌上に通じて、大海の塩味をしるとあれば、その金語の端をいふに、余は知りぬべきや(他はきっとわかるはずだ)。しかる時越後にて、山伏宿をかりぬ。其節国主の迎に亭も罷出《まかりいづ》るに、彼《かの》山臥《ぶし》のさしたる刀、こしらへといひ、つくりといひ、世にすぐれたるものなるをかりて行。いまだ宿に帰らざるあひだに、一国徳政の札立けり。去程に亭主かへりても、刀をかへす事なし。山伏こらへかね、しきりにこふ。宿主返事するやう、「そちの刀かりたる所実正なり(まことである)。されども徳政の札立ちたる上は、此刀もながれたるなり。③さらさらかへすまじき」といふ。*2出入になりければ、双方江戸に参り、*3大相国御前の沙汰になれり。其砌《みぎり》(そのとき)京の所司代下向あり。御前に「侍られし此裁許いかに」と御諚《ごぢやう》有て(ご下問されて)、「謹而《つつしんで》造作もなき儀と存候。幸《さいはひ》札の上にて、亭主がかりたる刀をながし候はば、又山臥がかりたる家をも、みな*4山伏がに仕べきものなり」と、申上られしかば、④大相国御感甚《はなはだし》かりし当意即妙の下知なるかな。⑤以正理之薬治訴詔之病、挑憲法之灯照愁嘆之闇といふ金言もよそならず。

《注》
*1　将軍…征夷大将軍の略。徳川家康を指す。
*2　出入…争いごとのこと。
*3　大相国…太政大臣徳川家康のこと。
*4　山伏がに…底本に従う。「に」の前に「もと」などを補うか。

や相手の困らない範囲、自分や相手の傷つかない範囲で、人とかかわることとか。かんこは、家族でない人に対しては、少なくともそういうかかわり方をしていた。その範囲を超えたらその人間関係はおしまい、(c)シオドキだった。だが家の人間に対しては違った。たったひとりで、逃げ出さなくてはいけないのか、とかんこは何度も思った。自分の健康のために。自分の命のために？　このどうしようもない状況のまま家の者を置きざりにすることが、自分のこととまったく同列に痛いのだということが、大人には伝わらないのだろうか。かんこにとって大人たちの言うことは、火事場で子どもを手放せと言われているのと同等だった。言われるたび、苦しかった。あのひとたちはわたしの、親であり子どもなのだ、ずっとそばにいるうちにいつからかこんがらがって、ねじれてしまった。まだ、みんな、助けを求めている。相手が大人かどうかは関係がなかった。本来なら、大人は、甘えることなく自分の面倒を見なくてはならないということくらい、とうにわかっていた。それが正しいかたちだと、言われずとも知っていた。だが、愛されなかった人間、傷ついた人間の、そばにいたかった。背負って、ともに地獄を抜け出したかった。そうしたいからもがいている。そうできないから、泣いているのに。

　もつれ合いながら脱しようともがくさまを「依存」の一語で切り捨ててしまえる大人たちが、数多《あまた》自立しているこの世をこそ、かんこは捨てたかった。ずっと、この世に自分が迷惑ばかりかけるから、社会の屑だから、消えなければならない気がしていた。だが、と思う。むしろ自立を最善の在り方とするようになったこの現代社会が、そうでなければ大人になれないなどと曖昧な言葉でもって迫る人里の掟じたいが、かんこにとってはすでに用済みなのかもしれない。③かんこはこの車に乗っていたかった。この車に乗って、どこまでも駆け抜けていきたかった。

《注》

＊1　昔みたいに…ホテルをとらずに車中泊で家族旅行をしていた頃のように。

＊2　先ほど…父が高校受験の時に熱心に勉強を教えてくれたことを思い出したかんこが、自分が学校に通えなくなった原因を父のせいにしたことを謝りたくなったという場面のこと。合格を知った父は母とかんこを抱きしめて大声で泣いた。

＊3　根深い問題…父が育った家庭環境を指す。若い頃の祖母は奔放なところのある遊び人で、夫を苦しめ子どもを放置した。かんこの父は、家族に無関心な母親といらだちから子どもを殴る父親のもとで育ち、独学で大学まで進んで独り立ちした。

＊4　『賀正』…今年の元日に父方の祖母が書いた書。

問一　＝＝部(a)～(c)のカタカナを漢字に直しなさい。

問二　X には「事を起こした双方を、理非を問わず、同様に処罰すること」という意味の熟語が入る。それを三字で答えなさい。

問三　――部①「まざると、聞こえなくなる代わりに燃え上がる」とはどういうことか。説明として最も適当なものを選びなさい。

ア　相手の言葉をさえぎって口を挟んでしまうと、最後には口論が起き相手を言い負かすことが発言の目的になるということ。

イ　複数の人間が同時に話し出すと、誰が何を言っているのか聞き取れないほどの大声が飛び交い聞く気が失せるということ。

ウ　不機嫌な声で相手を非難する言葉を口にすると、言葉の意味ではなく自分の怒りだけが相手に届いてしまうということ。

エ　互いの言葉を聞き終わる前に反射的に声をあげてしまうと、円滑な対話ができずに感情が昂ぶるばかりになるということ。

オ　とげとげしい口調で発言すると、どんな言葉であっても伝達したい内容は伝わらず相手の反発心だけが高まるということ。

問四　――部②「父は丁寧語をつかった」とあるが、なぜだと考えられるか。理由として適当なものを次から二つ選びなさい。

ア　不都合なことは全て他人のせいにしようとする「弟」の態度にもまして、それを許しかばおうとする「母」と「かんこ」の身勝手さに不満を感じ、皮肉を込めたへりくだった話し方をすよ。自分のせいだろ。そうやって空気読めねえことばっか喋って人の話に首突っ込んでたんだろ、中学でも。そういう奴会社にもいるよ。いっつも自分が外野の顔して、自分が正しいですって顔して。で、周りドン引いて、結果メンタルとかなんとか言ってだんだんな、辞めていくんだよな。結局周りの人間が決めるんだよ。おれはな、人生でな、一度もいじめられたりしなかった」

弟の目からぼろりと涙が流れた。外からの光で涙が、ひかった。口許がゆがむ。必死に笑おうとしているのだと思った。外を田園が流れていく。夕暮れはどこまでも続き、消えかける日がもっとも輝くように、今一番色濃く、車内を照らした。

怒りがよぎった。怒りも、哀しみも、光のようによぎった。電線に日があたり、銀色に細く鋭く光るように、熱は幾度も体を通り抜ける。耳から目の奥を通り、鼻のつけねが熱くなる。かんこは濁った声をあげながら運転席の背もたれを蹴り上げた。また電線に日が集まった。蹴り上げるとき、一瞬背もたれが人型に見えた。踵はちょうどその鳩尾《みぞおち》あたりを蹴った。背に衝撃を受けた父が前のめりになり、急ブレーキをかける。誰もが静まった。いやな沈黙だった。父は無言でドアをあけた。察した母がやめてよと低く言った。やめてよ、やめなよ、と声を大きくした。父の息が濃くかかった。腕をゆすりあげられ、父の握りこんだこぶしが白くなっているのが見えた。

肌が熱い。なにもかも許せなかった。＊2先ほど、すべて自分が悪かった、謝りたいと思ったのは間違いだったと思った。いつもそうだった。[X]だと納得したはずのことが、急に許せなくなる。毎回、何度も許せないと思うのに、時が過ぎると自分が悪かったと思う。何もわからない。何もわからなかった。実際、泣いて泣いて、涙が涸れるころになると、かんこは落ち着きをとりもどした。ひとつわかったことがあった。

背もたれを蹴ることもまた暴力であるということだった。そして、それが発露する瞬間、かんこはその行為を正当なことのように感じた。父も同じだったのではないかと思う。父もまた、背もたれを蹴るような、つまり「被害に対する正当な抵抗」の感覚で、家族に対して力を行使していたのではないか。思えば父は、傷つきやすいところがあった。その場のかんこたちの言うことに傷つくのは、もっと＊3根深い問題があるのではないかとも思う。祖母の顔が浮かんだ。だがきっとそれだけではないだろう。それに亡くなった祖母の背景にも、さかのぼればまた何かが、あるはずだった。みんな、背もたれを蹴る。背もたれを蹴るように、自分や身内の被った害への抵抗だと信じて、相手を傷つける。

だからといって、と思う。だからといって、だからといって……。その先は続かなかった。どれだけ考えても、わからなかった。かんこは泣き疲れた。背中の揺れは深い波のようになり、かんこは眠りかけた。

＊4『賀正』という祖母の書いた字が頭を離れなかった。親は捨てるものだと、大人たちは言いふくめた。あなたの人生を生きなさい。あなたが背負う必要はない。かんこの話を、かんこの側から聞くから出てくる言葉だった。かんこは、自分の被害についての話は、流ちょうに喋った。だが自分が加害した記憶については、実感がほとんどないのも手伝い、うまく話すことができなかった。だからことごとく的外れだと思う答えしか得られなかった。返答につまった。

車に揺られながら、窓につけた頬が冷える。かんこは薄目をあけた。車の外に灯りがあるたび息を殺した。車は人の吐息で満ちている。母の吐いた息、父の吐いた息、弟の吐いた息、かんこ自身の吐き出した息、それらを互いに吸いあって生きている。苦しくないはずはなかった。何度も救われたいと思った。だがかんこひとりで抜け出すことを、かんこは望んでいない。

自分を傷つける相手からは逃げろ、傷つく場所からは逃げろ、と巷《ちまた》では言われる。だが多かれ少なかれ人は、傷つけあう。誰のことも傷つけない人間などいないと、少なくともかんこは、思っている。では、自立した人間同士のかかわりあいとは何なのか？ 自分してくれって」母が便乗する。

「じゃあ、おれが運転すりゃいいのかよ、ああそうか、ああ、そうか」

そうは言っていない、と言う弟とかんこを無視して、父は、強引に運転をやめさせ、代わった。運転中に言い争いになるたびに、車を寄せて入れ代わるのがおかしかった。しぶしぶというように、母は従う。

「お前もとめなかったよな」また車を発進させながら、父は言った。

「お前だけじゃなくて、かんこも。お前ら、とめなかったよな。あのときおれがとめて、話してたら、お前引き下がってたか？　いつもそうだよ。わがままなんだよ。母さんがなんて言ったか覚えてるか。明日休みじゃんって言ったんだよ。忌引きって知ってるか？　バカンスじゃねえんだぞ」

「いや、だからさ、母さんがもとはと言えば悪かったってのはそうで」

「あたしは、」突然助手席の母が叫んだ。誰もが赤い日に浮かされているようだった。

「あたしはただ、家族で、また旅行に行きたかっただけなのに。いつもこんなに言ってない。いつもわがままみたいに言わないでえ」

「そんな話してない」小声でかんこが言っても、母は聞こえていないようだった。

「あんたらにはわかんないのよう、こんなの、むかし、あたしは昔に、もどれるかもしれないってえ、＊1昔みたいに、みんなで仲良く」

「お前のせいだろ」父は鼻で笑った。母が大げさに息をのむ音がする。

「昔みたいじゃなくなったのはお前のせいだろうがよ。お前の病気に、お前の酒癖に、今までどれだけみんなが振り回されたと思ってんだよ。たまの休日にも休ませてくれないで」

「病気になったのは母さんのせいじゃない」かんこは前にいる父にむかって叫んだ。

「いいよ、かんこ、いいよもう、」母は助手席で泣いた。「あたしが悪いんだ。あたしがぜんぶわるいんだ！」

「ちがうって、だから」真面目な顔で説明しようとした弟は、そこでがまんしきれなくなったように噴きだした。母の泣き声とまじった。

「いや、違うっていうか、なんていうかもうさあ……」

弟の口ぶりは、どうしようもないというようだった。あきれ果てていた。

「なんだお前」父は、怒鳴る。

「なんなんだよ、いま笑ったか。お前自分だけが、正しいとでも思ってんのか」父が振り向き、顔がゆがんだ。笑っているのだと気づいたのは、その顔が無表情に変わったときだった。父は前に向きなおり、ぞっとするほど低い声で独り言のように言った。

「へらへらへらへら。だから中学でいじめられたんだろうが、お前」

弟が息をのんだのがわかった。いや、弟ばかりでなかった。母もかんこも、黙った。泣いていた母は、はっとしたようだった。「ねえ」母が悲鳴のように言う。「ねえ、ちょっと、それ関係ない」かんこは言いながら、弟を横目に見た。弟は、目をみひらいた。一瞬でたかぶり、その目にあふれた涙が流れ出すのをおさえるように、表情を動かさなかった。「だから嫌なんだよ」弟は震える声でかろうじてつぶやく。

「そうですか、はいはいはい、いつも親のせいですか」父はハンドルを切りながら言った。母が悲鳴まじりにやめてと言った。「黙りなよ」かんこも言った。「自分が何言ってるかわかってんの。どういうことなのかわかってんの今」

「はい、わかってますけども」②父は丁寧語をつかった。何かが父のなかで切り替わり、とまらなくなっているのがわかった。「いじめいじめっていうけどそんなもんな、人のせいにしてるだけなんだそこも昔、車で行ったところだった。遊園地はかなり北上したところにあり、寝る時間を考えるとここから丸一日ほどかかる。母は、祖父母の家に帰るはずの弟も一緒につれていくと言い、かんこたちの車に乗せた。兄は明日も休みのようだったが、当然、来なかった。兄の返答に母はずいぶん気落ちしていたが、他の四人だけでも行きたいと考えたようだった。

「行きたいもん、せっかくここまできたんだもん」

　父はわざと大きなため息をつき、ハンドルに爪を立てた。「あのさ、わかってるわけ？　これは葬式であって、旅行じゃないんだけどさ」

「だって、こんな機会ないじゃん。このまんまだと次、いつ、遠出できるかわかんないもん。あんた、旅行だって、昔はしてたのに全然しない」

　父が黙っていると、「じいじもばあばももう帰ってもらっちゃったし。ぽんだって一人で帰らせるわけにいかないでしょう」母は、困ったように弟を見る。

　父は、また大きくため息をつき、議論するのもつかれるというように、「だったら、運転してよ」と言いながら乱暴にドアを開けて外に出た。「おれ、寝るから」

「わかった」母は身を屈めて上機嫌に運転席に移り、シートベルトを締める。振り向きざま、「あんたたちも寝てていいからね」と笑う。「大丈夫？」弟が助手席に乗り込もうとしている父に訊いたが、母は父の言葉も聞かずに「大丈夫、大丈夫」と答えた。

　それが諍《いさか》いの種になった。母が何度話しかけても、父は無視した。ほかの家族が話しかけても同じだった。はじめは気づかなかったらしい母も、「夕飯何食べたい」と訊いて父がかたくなに答えないでいると、ようやく「なんなのお」と落ち込んだように見えた。北上するにつれ空は晴れた。夕焼けで車内は赤かった。

　それでも母は何度か子どもに話しかけた。そのあいまに何度か、「怒ってるの」と父に訊いた。「戻りたいの」「ごめんね」「どうしたかった」

　助手席の父がわざと母から顔をそむけ、窓づたいに弟に話しかけ始めたとき、「よくないってそういうの」しびれを切らしたように弟が言った。

「いや、母さんもずいぶん理不尽だったよ。無理言ったのも、けどさ、それは母さんが悪かったところだけど、だけど」

「でも、父さんだって」弟が言い切らないうちに、自分を責められたのかと思い込んだ母がひろって答える。

「違う。母さんのこと言ってるんじゃない」

「だって」かんこの言葉に母は前を見つめたままとがった声で答え、「ぽん、あんたはいつも、本当に余計なことを言うね」矛先を弟に向けた。

　声と言葉とがまざる。①まざると、聞こえなくなる代わりに燃え上がる。耳の奥に渦巻く熱を逃がすように、かんこは窓の外に目をやった。景色は流れる。どこを見ても焼けている。雲は、紺鼠《こんねず》の影をたたえ、下部を暗い赤に染め抜かれてたなびいていた。ふちを光が燃え盛った。風が吹くのか稲がいっせいに横倒しになり、その田園の向こうを家々が影になって連なっていた。影は、別個に(a)リンカクを持つはずの家をひとまとめに包んでしまうほどの黒さだった。

「きもちわりいな」ようやく口をひらくと、父はつぶやいた。「おれが悪いのか」

「悪くない、悪くないけどさあ、行くって言ったときにきちんと話さないと」

　かんこは父を見、弟を見た。父も弟も、まったく同じ向きで窓側に体を預けている。弟は(b)ユウベンだが体はシートベルトに固定されたままだった。足許《あしもと》の荷物にはばまれて動かすことのできない両足がかなしい気がした。

「話しただろうが」

「ぼく覚えてるよ。結局行くって言ったじゃん」弟の言葉に調子づいたように、「そうよ、だって言ったもの、おれは寝てるから運転

求め合っても、現実との隔たりからすれ違いをおこしてしまうから。

イ　「自然な女」や「本当の男」というジェンダーは、その具体的なイメージが人によって異なり、本当はどこにも実在しない理念であって、他者との人間関係の構築の妨げとなるものだから。

ウ　社会規範が要求するジェンダーは理念上のフィクションである以上、現実の人間がそれに完全に同一化することは、いくら繰り返し試みても永久に不可能であり、必ず失敗してしまうから。

エ　「女らしさ」や「男らしさ」の中身は、文化や時代によって変容するため、そのジェンダーにある場所で一度同一化できたとしても、その安心感は永久に保持できるものでは決してないから。

オ　フィクションの世界に登場する魅力的な「男」も「女」も、本来理想化されたイメージに過ぎないにもかかわらず、多くの人が現実にも存在するものと誤解して恋愛対象に投影してしまうから。

問七　～～～部「このような権力の巧妙な策略」とあるが、どのような「策略」なのか。本文全体の論旨を踏まえた説明として最も適当なものを選びなさい。

ア　社会のなかで支配的なジェンダー規範に対して、公共の場で抗議することを試みる人間に対し、法的根拠に基づいてその者を処罰できる権限をちらつかせることで、そうした活動そのものをひかえるよう無言の圧力をかけて方向付けして、秩序を維持する策略。

イ　男性及び異性愛中心の規範を拒否し、異議を唱えようとする人に、社会のなかで承認されなかったり、その人自身が厄介者扱いされたりするかもしれぬ恐怖を与えることで無言の服従を強い、規範そのものを人間に内在する自然かのように装い維持している策略。

ウ　常識的な「女らしさ」、「男らしさ」を身につけることができなければ、恋愛も結婚もできず、人並みの幸せを手に入れられないという人々の先入観を、あらゆるマスメディアと結託し、彼らを利用して再生産し続け、保守的な性規範を強化しようとする策略。

エ　異性愛規範に合わない性的指向を持っていたり、一般的なジェンダーイメージにそぐわないふるまいをしたりする人に、非人間として差別される恐怖心を与え、その指向やふるまいを根本から改めさせ、社会の安定した持続を可能にする性規範の存続を図る策略。

オ　同性愛者というのは、過去に異性愛で大きな失敗を経験したために、そのまねごとをすることしかできなくなった人間であると考えている社会の偏見を利用して、同性愛者たちの自尊心に働きかけることで、異性愛規範への順応を促し、社会秩序の維持を図る策略。

二

次の文章は宇佐見りん『くるまの娘』の一節である。高校生の「かんこ」は、体調が悪く朝から学校に通えない状態が続いていた。彼女は、脳梗塞《こうそく》の後遺症で悩む酒癖の悪い母と、学業に厳しく時折人が変わったように残酷になる父と暮らしている。三人兄弟のうち、父の横暴さに反発していた兄は家族を避けるように家を出ていき、弟の「ぽん」は遠方の高校を受験して、今年の春から高校の近くにある母の実家に住んでいる。ある日、父方の祖母が亡くなり、葬儀に参列することになった家族はそこで再会した。本文はその葬儀から帰る場面である。これを読んで、後の問いに答えなさい。

「遊園地？」父は、明らかに機嫌を損ねた声で尋ね返した。助手席に乗り込むなり、母が遊園地に行きたいと駄々をこねたからだった。

性別をどのように認識しているかを表わす概念。

＊4　シモーヌ・ド・ボーヴォワール…フランスの思想家（一九〇八〜一九八六）。一九七〇年代のフランス女性解放運動（ＭＬＦ）の中心的人物。

＊5　田中美津…日本を代表するフェミニズム活動家（一九四三〜）。六〇〜七〇年代に各国でおこった女性解放運動（ウーマン・リブ運動）の日本における中心人物。

＊6　アレサ・フランクリン…アメリカ合衆国出身のシンガーソングライター（一九四二〜二〇一八）。本文引用の歌詞は代表曲 "A Natural Woman" の一節。

＊7　機制…仕組み、機構。

問一　――部(a)〜(c)の漢字をひらがなに、カタカナを漢字に直しなさい。

問二　空欄 Y に入る語句を選びなさい。

ア　形容矛盾　　イ　事実無根
ウ　牽強付会　　エ　同語反復

問三　――部①「バトラーの『ジェンダー・パフォーマティヴィティ』はこの図式を逆転させたものである」とあるが、「バトラー」は「ジェンダー」をどのように捉えているのか。「ジェンダー・パフォーマティヴィティ」理論と、「ジェンダー表出(expressive)モデル」における「ジェンダー」認識の対比を明確にして説明しなさい。

問四　空欄 X に入る文章として、最も適当なものを選びなさい。

ア　親の死に目に会えませんよ
イ　姑に嫌われてしまいますよ
ウ　友達ができなくなりますよ
エ　お嫁に行けなくなりますよ

問五　――部②「『自然な女』というジェンダーの構築が男性という他者、そしてその背景にある異性愛規範によって可能になっている」とあるが、どういうことか。説明として最も適当なものを選びなさい。

ア　女性が感じる自分の「女らしさ」というものは、異性愛を自然だと考えている男性中心の社会が作りあげたセクシュアリティを、自分自身でも無意識に内面化し、行為によってそのイメージに同一化しようとすることで生み出されているものだ、ということ。

イ　女性の頭の中にある「自然な女」のイメージは、男性と結婚し、妊娠して出産し、次の世代を育てることに貢献する女性こそが国家の維持には必要であるという、男性中心の社会が作りだした規範をそのまま無批判に受け入れたものに過ぎない、ということ。

ウ　女性は「自然な女」というジェンダーを自分たちで一から定義する自由を持たず、女性に対し恋愛感情を抱く世の男性たちが作りあげた「女らしい女」のイメージを土台にして、それを自分たちなりに考えながら修正することしか許されていない、ということ。

エ　女性自身が考えている「女らしさ」と、異性である男性が考えている「女らしさ」の間には大きな隔たりがあるが、女性がもし異性愛者であれば、男性が理想とするジェンダーに合わせたほうが、自分はより「女らしい」と感じることができる、ということ。

オ　女性が「自然な女のように感じられる」のは、自分が「男らしい」と思えるような理想の男性と出会って、実際に恋愛関係にまで至り、その人から甘い言葉をささやいてもらったり、優しい心遣いを見せてもらったりしている時に限られている、ということ。

問六　――部③「〈トラブル〉は『避けえない』」とあるが、なぜか。説明として最も適当なものを選びなさい。

ア　社会が男性と女性に求めるジェンダー規範は、どちらも異性同士の無理解と幻想によって成り立っているため、互いに愛を

「あなた」と名指されている異性愛男性の存在によって「私」が「自然な女のように感じられる」のであれば、②「自然な女」というジェンダーの構築が男性という他者、そしてその背景にある異性愛規範によって可能になっていることをも、この歌詞は示唆しているだろう。

最初に引用してみせた一節のなかでバトラーが〈トラブル〉は「避けえないもの」であると主張しているのはそのためである。「本物の女性／男性」といった理念は永遠に実現されることはなく、その「失敗」を構造的に運命づけられているからこそ、〈トラブル〉は誰しも避けられるものではないのだ。そしてまさに同じ理由によって、ジェンダーは絶えず「反復」されるのである。ジェンダーに「完成」はありえないからこそ、それは失敗の可能性に絶えずさらされながら反復されるのだ。

③〈トラブル〉は「避けえない」。私たちはどれだけ懸命にジェンダー規範を体現しようとしても、その「完璧な例」になることはできない。「女になる／男になる」ことはどこまでいってもその「コピー」でしかあらざるをえないからだ。したがって、私たちは大なり小なり「女／男になること」に「失敗」しつづけ〈トラブル〉を経験するし、この意味で〈トラブル〉は不可避なものなのだが、ジェンダー規範はあたかもそのような〈トラブル〉などなかったかのように「自然」を装う。この意味で、ジェンダー規範はその規範を逸脱した者たちを容赦なく〈トラブル〉に陥らせる暴力的な＊7機制であると同時に、田中美津の言う「とり乱させない抑圧」でもある。〈トラブル〉や〈とり乱し〉は「私個人の問題」とされ、私たちが表立って〈トラブル〉を表明するとまさに「私」そのものが社会的な〈トラブル〉になる——そして、社会に〈トラブル〉を起こす厄介者として(c)キヒされる——ため、私たちはあたかもそれをひた隠しにするよう要求され、〈トラブル〉を表に出さないよう抑圧される。

だからこそ、バトラーが言うように、「うまくトラブルを起こすこと」「うまくトラブルの状態になること」が重要になる。ここでバトラー自身が直面した〈トラブル〉について触れておこう。彼女は論文「模倣とジェンダーへの抵抗」で次のように述べている。

若い頃、私は私の「存在」がコピーであり模倣であり、派生的な例であり、現実の影であるといわれることに長いあいだ苦しんだ。強制的異性愛は、オリジナル、真理、正統であると自称する。本物を決定する規範が意味するのは、レズビアン「である」ことはつねに一種のものまねで、市民権を与えられている異性愛の幻想にすぎない充足を自分も経験しようとするが、それはつねに失敗するだけの無駄な努力であるということだった。

このように「レズビアンであること」を異性愛の「偽物」や「ものまね」、「コピー」にすぎないと宣告し、「自然的なものや現実的なものの領域からの周縁的なジェンダーの〔……〕排除を肯定する」ためにジェンダー・パロディをもちだす政治を、バトラーは「絶望の政治(a politics of despair)」と呼んでいる。それは、「本物」とされる規範的なジェンダー／セクシュアリティを肯定し強化するために「パロディ」を引き合いに出す政治である。

バトラーの「ジェンダー・パフォーマティヴィティ」はまさにこのような「絶望の政治」に抗うものであり、その「絶望の政治」によって生み出された〈トラブル〉に変革のポテンシャルを見出そうとするものだった。

（藤高和輝『〈トラブル〉としてのフェミニズム「とり乱させない抑圧」に抗して』）

《注》

＊1 『ジェンダー・トラブル』…ジュディス・バトラーの主著(一九九〇)。

＊2 セックス…ここでは性別のこと。

＊3 ジェンダー・アイデンティティ…性同一性。性自認。個人が自分の

はその役のアイデンティティやキャラクターといった内的本質をもっておらず、身振りや仕草、台詞、衣装といった様々な「行為」によってその役を構築するのと同様である。バトラーはジェンダーに「演技」と同じ構造を看取したのだと言い換えることもできるだろう。

（中略）演者の行為が台本によって規定されているのに対して、ジェンダーという行為は社会のなかに潜むジェンダー規範によって規定されていると言える。言い換えれば、ジェンダーという行為を通してその人のアイデンティティが構築されるといっても、なにも私たちは自由に行為・構築できるというわけではない。むしろ、その社会の規範に従わなければ、私たちはその社会のなかで「真っ当」とされている「人間」像から排除され、まさに〈トラブル〉の状態に陥ってしまうだろう。ジェンダー規範とはこの意味で「脅し」であり、それを破れば「非人間化」の暴力を被ることになる暴力なのである。それゆえ、私たちは自由に行為できるわけではなく、むしろ強制力をもった規範の下で行為させられるのだ。

しかしながら、重要なのは、行為がジェンダー規範によって規定されるとしても、私たちはその規範が要求するものを完璧に体現することはできないということである。ジェンダー規範はカントの言う「統制的理念」のようなものであって、つまり、その規範ないし理念は私たちの行為を統制するのだが、その理念はついに完璧には体現されえないのである。＊4シモーヌ・ド・ボーヴォワールや＊5田中美津は、ジェンダー規範のこのような性格に気づいていた。彼女たちは女性に課せられる理念上の「女」の存在を「どこにもいない女」と(a)喝破した。例えば、ボーヴォワールはこう述べている。「女らしさを体現しようと懸命になっている女たちはいるが、女らしさの手本が示されたことは一度もない。〔……〕生物学でも社会科学でも、女性、ユダヤ人、黒人の性格といった特定の性格を規定する不変の実体が存在するとはもう信じられていない。〔……〕今日もう女らしさが存在しないのは、これまで存在したためしがないからなのだ」。同様に、田中は次のように述べている。「『［　X　］』という恫喝の中で、女は唯一男の目の中、腕の中に〈女らしさ〉をもって存在証明すべく作られる。女の生きがいとは男に向けて尻尾をふっていく中にあるという訳なのだ。この尻尾の振り方の違いが厚化粧から素顔までの、さまざまなメスぶりとなってあらわれるのだが、しかし、所詮他人の目の中に見出そうとする自分とは、〈どこにもいない女〉であって、その〈どこにもいない女〉をあてにして、生身の〈ここにいる女〉の生きがいにしようとすれば、不安と焦燥の中で切り裂かれていくのは必然なのだ」。

バトラーが述べているのも同様のことである。ジェンダー的同一化は、「真なる男性」とか「本物の女性」とかといったものが「どこにもない」理念上の産物である以上、構造的にその「失敗」を運命づけられており、その実現が永遠に不可能であるからこそ絶えず「反復」される。バトラーは『ジェンダー・トラブル』や他の論文で、＊6アレサ・フランクリンの歌詞の一節を考察している。それは、「あなたのせいで、私は自然な女のように感じる(you make me feel like a natural woman)」という一節である。もし、ジェンダーがセックスをはじめとしたなんらかの内的本質によってあらかじめ決定されているのなら、ある女性が「自然な女のように感じる」と述べるのは［　Y　］であり、無意味な言葉であるはずである。しかし、そのような言葉には単なる［　Y　］ではない意味や実感といったものがあるだろう。それが歌詞として、つまり、ある種の共感を生む言葉として成立するのは、そこに「意味」があるからである。バトラーはその言葉の分析を通してジェンダーの経験について考察しており、次のように述べている。「アレサが一人の自然な女のように感じられると言っていることに注意しよう。彼女は直喩を用いており、それは、自然な女というのが形象やフィクションであると彼女が知っていることを(b)示唆しているのだ」。バトラーによれば、その歌詞は逆説的にも「自然な女」そのものになることはできないことを示唆している。そして、さらに付け加えれば、

二〇二三年度 渋谷教育学園幕張高等学校（学力選抜）

【国　語】（六〇分）〈満点：一〇〇点〉

（注意）・記述は解答欄内に収めてください。一行の欄に二行以上書いた場合は、無効とします。

一　次の文章は、現代フェミニズムを代表する哲学者とされているジュディス・バトラーの「ジェンダー・パフォーマティヴィティ」という概念について説明したものである。これを読んで、後の問いに答えなさい。

トラブルがそのような否定的な印象を与えることはおそらく言うまでもないことだろう。私が子どもだった頃を呪縛していた言説の内では、トラブルを起こすことは、そんなことをすればひとをトラブルの状態に陥らせるから決してすべきではない、とされていた。反抗すれば叱られるということも同様の構図で捉えていたように思うが、現行の法がトラブルを厄介払いするためにひとをトラブルで脅し、ひとをトラブルに陥らせさえしていることを知って以来、このような権力の巧妙な策略に私は批判的な目を向けるようになった。したがって、私がそこから得た結論は、トラブルは避けえないものであり、だからやれることは、いかにうまくトラブルを起こすか、いかにうまくトラブルの状態になるかということだった。

これは、＊1『ジェンダー・トラブル』の序文にある、よく知られた一節である。〈トラブル〉は一般に、私たちが懸命になって避けようとするものである。私たちはそのような状態に進んでなろうとは思わないし、トラブルを起こすことはなにか人に迷惑をかけ、パニックを引き起こすものであり、それゆえ避けられるべきであると一般に考えられている。〈トラブル〉は社会的にネガティヴなものとして受け止められているのである。しかし、バトラーは〈トラブル〉をめぐる価値を転倒してみせる。〈トラブル〉を起こすこと、あるいはその状態になることにはもちろん、自らを傷つきやすい状態にさらすような危うさがあるが、しかし同時に、〈トラブル〉にはなにかそれ以上のもの、この社会を批判的に問いに付し、変革を促すポテンシャルがある。バトラーの『ジェンダー・トラブル』はまさに〈トラブル〉を肯定する思想であり、あるいは、そのテクストそのものがひとつの〈トラブル〉という出来事だったと言えるかもしれない。

バトラーの〈トラブル〉の思想がとりわけ認められるのは、彼女の「ジェンダー・パフォーマティヴィティ」の理論だろう。バトラーのジェンダー・パフォーマティヴィティは難解な理論として知られているが、彼女がパフォーマティヴィティ理論と対立させている理論モデルと対照させると分かりやすい。それは「ジェンダー表出(expressive)モデル」と呼ぶことができる。このモデルにおいて、ジェンダーはなんらかの内的本質（例えば、＊2セックスや＊3ジェンダー・アイデンティティ）の「表出＝表現(expression)」として捉えられる。このモデルは、私たちの社会において馴染み深いものだろう。それに従えば、「女らしさ／男らしさ」といったジェンダーは、セックスやジェンダー・アイデンティティといった内的本質が「行為」として外的に「表出」したものである、と説明される。「男らしい振る舞い」はその人の「男」というセックスやジェンダー・アイデンティティといった内的本質が外側に現れたものだというわけである。

①バトラーの「ジェンダー・パフォーマティヴィティ」はこの図式を逆転させたものである。ジェンダー――すなわち「外側」にあるとされる「行為」――の積み重ね、その反復によって、「内側」にあるとされる「本質」は事後的に構築されるのだ、とバトラーは主張したのである。ちょうど「演技(performance)」において演者

2023年度／渋谷教育学園幕張高等学校（学力選抜）

英語解答

1 ① ア　② ウ　③ エ　④ ア
⑤ エ　⑥ イ　⑦ ウ　⑧ エ
⑨ イ　⑩ ア

2 1　A…キ　B…カ　C…ア
2　A…キ　B…オ　C…カ
3　A…カ　B…ウ　C…オ
4　A…イ　B…カ　C…キ
5　A…キ　B…ウ　C…イ

3 (1)　(例) The number of users has decreased significantly during the last thirty years.
(2)　(例) It cannot carry as many people as trains.
(3)　(例) A lot of elderly people who cannot drive use this system.

4 問1　1…(b)　2…(a)　3…(d)　4…(a)
問2　NAVY　問3　ア，ウ，オ
問4　(例)第二次世界大戦中に使われたナバホ語による暗号の存在は，戦後も最高機密だったが，1968年に初めて公開された。(54字)

5 問1　エ
問2　search everywhere for missing Diesel
問3　カ
問4　A…イ　B…オ　C…ア　D…ウ　E…エ
問5　How many cats does she have?
問6　ア，ウ　問7　clock
問8　45分

〔放送問題〕
Part 1　1…ア　2…エ　3…エ　4…エ
Part 2　1…イ　2…エ　3…ウ

(声の教育社　編集部)

1〔長文読解─適語(句)選択─説明文〕

≪全訳≫❶人々は，さまざまなことをするために銀行からお金を求める。例えば，家や車を買いたい，あるいは新しいビジネスを始めたいのかもしれない。しかし，貧しい地域の多くの人々にとっては，お金を手に入れることは難しい。それは，彼らからはお金を取り戻せないだろうと銀行が考えているからだ。マイクロクレジットは，役に立つ1つの方法だ。❷マイクロとは「小さい」という意味だ。マイクロクレジットは銀行からお金を借りるのと似ているが，わずか数ドルを必要とする人々のためのものだ。マイクロクレジットは数万ドルではなく，わずか数百ドルのためのものなのだ。貧しい地域では，このくらいの額のお金が小さなビジネスを始めるのに十分なこともある。ビジネスが大きくなり，もうかるようになると，ビジネスマンまたはビジネスウーマンは少しずつお金を返せるようになる。❸マイクロクレジットの考え方は，1983年にバングラデシュで始まり，すぐに有名になった。2009年までに，世界中で約7500万人がマイクロクレジットを通じてお金を得た。エルサルバドルは，マイクロクレジットがうまく機能しているもう1つの国だ。現地の人々は，動物を買ったり，植えるものを買ったり，物をつくったりするのにそのお金を使うことができる。❹マイクロクレジットは，ときに人々の生活に大きな変化をもたらすことのある小さなことをする方法の1つだ。

＜解説＞① ‘ask＋人＋for＋物事’「〈人〉に〈物事〉を求める」　②直後にお金を入手しがたいとあり，2文前と逆の内容になっている。　③貸したお金が戻ってくるのは将来の出来事である。　④直前の like は「～のような」という前置詞なので，直後にくる動詞は動名詞(～ing)になる。　⑤

tens of thousands of ～「何万もの～」　⑥ここでjustが修飾するのはa few。「たった数百(ドル)」と金額の少なさを強調している。　⑦little by little「少しずつ」　⑧2009年までの過去の出来事の結果を表す文である。　⑨エルサルバドルはバングラデシュに次ぐ「もう１つの」国の例である。　⑩‘頻度’を表す副詞は，一般動詞を修飾する場合には通例その前に置かれる。また，thatの先行詞はsmall thingsなので関係詞節の動詞はmakeとなる。

2〔長文読解―整序結合―説明文〕

≪全訳≫❶東京の羽田空港の駅に入ると，珍しいものが見られる。1あなたに行き先を教えてくれる職員は，ペッパーと名づけられた1.2メートルのロボットだ。ペッパーは国内初のロボットヘルパーの１つだ。2それは家庭や職場で人を助けるために使われるようにつくられた。❷多くの人が，もうすぐ家庭や職場でペッパーのようなロボットを誰もが持つようになると考えている。このロボットヘルパーは，私たちに代わってさまざまな仕事をするだろう。食事を用意したり，掃除をしたり，ドアを開けたり，買い物に行ったり，介護が必要な高齢者の手助けをしたりするだろう。それらは3私たちの生活を今より楽にし，他のことをする時間を私たちに与えてくれるだろう。❸今日の多くの家庭には，床掃除用ロボットや電気をつけるロボットがすでに存在する。他の家庭には4子どもと一緒に遊んでくれる親しみやすいロボットもいて，人々を楽しませている。現在の一部の車は実際に，私たちを乗せて案内してくれる大きなロボットになりつつある。❹ロボットヘルパーという考えを好まない人たちもいる。ロボットは人間ほど良い仕事はできないと彼らは考えている。そのような人たちも，5ロボットヘルパーがどれだけ役立つかを知れば，考え方が変わるかもしれない。

1．まず文の主語をThe workerとし，whoをThe workerを修飾する関係代名詞として使うとThe worker who tellsとまとまる。tell以降は‘tell＋人＋物事’「〈人〉に〈物事〉を伝える」の形を考え，‘物事’の部分を‘疑問詞＋to不定詞’の形でwhere to goとまとめる。残りのisは主語のThe workerとa 1.2-meter robotをつなぐ動詞となる。　The worker who tells you where to go is a 1.2-meter robot named Pepper.

2．まず文の主語としてItを置く。この後にused to be ～「かつて～であった」の形や，used, madeという過去形を続けてしまうとうまくまとまらない。受け身の文でIt was madeとし，残りはto不定詞の副詞的用法を用いてto be usedとまとめ，最後にinを置いて直後のhomes and workplacesにつなげる。　It was made to be used in homes and workplaces to help people.

3．この文を含む段落は，ロボットヘルパーがいかに人の役に立つかを書いていることに留意する。willの後に続く動詞としてgiveとmakeの２つが考えられるが，‘make＋目的語＋形容詞’「～を…(の状態)にする」の形でmake our lives easierとまとめると，残りは‘give＋人＋物事’「〈人〉に〈物事〉を与える」の形のgive us more timeとなり，この２つをandでつなぐ。　They will make our lives easier and give us more time to do other things.

4．直前のOthersは前文のmany homes以外の家庭のことだと考えられるので，Othersにも役に立つロボットが存在するという文と考えてhave friendly robotsと続ける。残りはto不定詞の形容詞的用法でto play with childrenとまとまる。　Others have friendly robots to play with children and keep people happy.

5．空らんの前までで完成した文になっているので，並べかえるのはwhenで始まる副詞節だと推測できる。その副詞節の主語に主節の主語 these people を受ける代名詞として they を置き，動詞に see を続けると，残りは how helpful を疑問詞とした間接疑問になる。　... when they see how helpful robot helpers can be.

3〔和文英訳―完全記述〕

(1)動詞は decrease「減少する」を使えばよいが，主語が The number of ～「～の数」の形になることに注意。現在まで継続して減少していると考え，現在完了形(‘継続’用法)の文にする。「この30年で」は during the last thirty years。during の代わりに over や in としてもよい。

(2) ‘not … as〔so〕+原級+as ～’「～ほど…ない」の構文。‘原級’の部分を‘形容詞+名詞’の形で many people とすることに注意。主語は It のほか，The BRT (system)あるいは The bus としてもよいだろう。乗り物が「(人)を運ぶ」は carry で表せる。

(3)「車を運転できない多くの高齢者」の部分は関係代名詞を使って表せる。

4〔長文読解総合―説明文〕

≪全訳≫❶ほとんどのハリウッド映画の中では，アメリカ先住民のナバホ族はいまだにアメリカ南西部で馬に乗って戦っている。しかし第二次世界大戦中には，ナバホ族の集団がアメリカを守るために自分たちの言葉を武器に変えた。彼らがナバホコードトーカーであり，その暗号は軍事史上でもわずかしかない，解読されなかった暗号の1つだ。❷ナバホ語は，秘密の言語として最適な選択肢だった。それはとても理解しづらい。1つの母音に最大10の異なる発音があり，その発音によってどんな言葉の意味も変わる。1940年代，ナバホ語は書き言葉のない言語だった。彼らの居留地の外の人は誰もそれを話せず，理解もできなかった。❸ナバホコードチームは，軍の装備品を説明するために新しい言葉を発明しなければならなかった。例えば，彼らは戦艦に魚にちなんだ名をつけた。lotso-whale「戦艦」，calo-shark「駆逐艦」，beshloiron-fish「潜水艦」などだ。コードトーカーが無線でメッセージを受信したとき，彼らに聞こえたのは無関係なナバホ語の一連の単語だった。そして彼はその単語を英語に翻訳し，メッセージをつづるのに各英単語の最初の文字を使った。ナバホ語の tsah(needle「針」)，wol-la-chee(ant「アリ」)，ah-kh-di-glini(victor「勝者」)，tsah-ah-dzoh(yucca「ユッカ」)は，NAVY(「海軍」)とつづられる。❹コードトーカーたちは，暗号を秘密にしていた。彼らは何もかも暗記した。暗号書はなかった。その結果，一般のナバホ族の兵士は，もし敵に捕まったとしても，誰も暗号がわからなかった。第二次世界大戦では3600人以上のナバホ族が戦ったが，アメリカ海兵隊のコードトーカーは420人だけだった。彼らはどんな機械よりもうまくそして速く，戦場のメッセージを暗号化し，解読した。3行の英文のメッセージを，20秒で暗号化し，送信し，解読することができた。当時の機械では，同じ作業をするのに30分を要した。❺戦後もその暗号は最高機密のままだった。コードトーカーたちは，自分の役割について尋ねられると，「私は無線技師でした」と答えるだけだった。戦争映画や歴史書も発表されたが，それらにコードトーカーは出てこなかった。その暗号は二度と使われることはなく，1968年にようやく公表された。そのとき初めて，その秘密が明るみに出たのだ。

問1＜英問英答＞

1＜主題＞「この文章は主に何に関するものか」―(b)「なぜ，そしてどのように，アメリカ先住民の言語の1つが第二次世界大戦中に使われたか」　第1段落でナバホコードトーカーをテーマとして提起し，その後の段落でナバホ語が暗号として使われた理由やその運用方法について述べた文章である。

2＜語句解釈＞「第1段落の『ナバホ族の集団が自分たちの言葉を武器に変えた』は何を言おうとしているか」―(a)「ナバホ語は戦争に勝つために用いられた」　第2～4段落参照。難解で複雑なナバホ語は暗号に使うには最適で，第二次世界大戦の勝利に大きく貢献した。

3＜文脈把握＞「なぜナバホ語は『秘密の言語』として選ばれたのか」―(d)「上の全て」　(a)「それはとても理解しづらかった」，(b)「それは書き言葉の体系を持っていなかった」，(c)「それは少数の人にしか使われていなかった」はどれも第2段落で述べられている。

4＜語句解釈＞「次のどの言葉が，第4段落の『暗号化し，送信し，そして解読する』の代わりとして最も適切か」―(a)「秘密の言語に変換し，送り，そしてその意味を見つける」　第3段落参照。ナバホ語による軍関連の言葉の表現，無線によるその送信，暗号から英語で意味を取り出す過程が書かれている。

問2＜要旨把握＞前文にある変換の方法に従い，needle，ant，victor，yuccaの各語の先頭の文字をつなげる。

問3＜内容真偽＞ア.「アメリカ先住民は独自の方法で第二次世界大戦中に重要な役割を果たした」…○　本文はアメリカ先住民のナバホ族の言語が暗号として第二次世界大戦で使われたことを述べている。　イ.「翻訳機はナバホ族の人々より速く作業をした」…×　第4段落後半参照。機械で30分かかる作業をナバホ族のコードトーカーは20秒でできた。　ウ.「コードトーカーたちは，ある言語から別の言語へ言葉を翻訳しなければならなかった」…○　第3段落後半の内容に一致する。　エ.「海兵隊にいたナバホ族は皆，その暗号を使用した」…×　第4段落第5文参照。戦争で戦った3600人以上のうちの420人だけである。　オ.「戦後になっても，コードトーカーたちは，戦争中に何をしたかを語らなかった」…○　最終段落第2文に一致する。　カ.「ハリウッドは，戦争の英雄としてのコードトーカーに関する映画をつくることにした」…×　最終段落第3文参照。コードトーカーは映画にも出てこない。　キ.「その暗号は将来また使われるかもしれない」…×　最終段落最後の2文参照。すでに公開されている。

問4＜英文解釈＞下線部中のonly thenは「そのとき初めて」の意味。thenは具体的には1968年を指す。戦後もずっと極秘にされていたナバホコードが1968年になってようやく公開されたということ。　come out「明らかになる，公になる」

5〔長文読解総合―物語〕

≪全訳≫❶最近，ご近所の2匹のネコの世話をしているとき，すごく怖い思いをした。ネコのエサの準備をしているとき，レンジの裏側からネコの大きなニャーという鳴き声が聞こえたのだ。もちろん私は驚いた。胸がどきどきし，レンジを開けてみるとそこは空だった。急いで狭いマンションの中でネコを捜した。しかし1匹しかいない。パニックが始まった。ディーゼルは冷蔵庫や洗濯機などの家電製品の裏に行ったのだろうか？　閉じ込められているのか，それともけがをしているのだろうか？❷私は急いで廊下を渡り，携帯電話を取ってくると部屋の持ち主のメアリーに電話した。しかし彼女は電話に出ず，伝言も残せなかった。ああ，どうしよう！　どうしたらいいのだろう？❸消防署に電話をするという考えが浮かんだ。最愛のペットを捜している女性なら，彼らは快く助けてくれるのではないか？　非緊急時用の電話番号にかけて，私の状況を説明した。❹「じゃあ，消防士を送って，何かお手伝いできるか見てみましょう。今は緊急の用件は何もないので」[5]私は，行方不明になったディーゼルを捜してあらゆる所を調べた。私自身もネコを飼っていたので，ネコが私たち人間の思いもよらない所に隠れることがあるのは知っていた。[6]「ディーゼル！　ネコちゃん，ネコちゃん！　おいで，ディーゼル，あなたのおいしいご飯があるわよ！」　捜し続けているうち，めまいがして気分が悪くなった。「どうか彼が無事でありますように」と私は祈った。[7]「ニャー」　また聞こえた。その音は，間違いなく台所の壁から聞こえてきた。あのかわいそうなネコは，前にその声を聞いたときから少なくとも15分はそこに閉じ込められていたのだ。私はその場所に駆けつけ，壁をたたき始めた。何も聞こえなかった。[8]突然，誰かが玄関のドアをたたいた。「入って！」と私は叫んだ。[9]とても強そうな２人の消防士が入ってきた。彼らはとてもかっこよかった！　『集中しなさい』と私は自分に言い聞かせた。[10]彼らが自己紹介をしている間，私はパジャマ姿で左右ふぞろいのスリッパを履いていることに気づいた。『集中しなさい！』[11]私のパニック状態が戻ってきたので，状況をすばやく説明した。「彼は閉じ込められているに違いないわ！」と叫んだ。[12]「ニャー！」[13]「おや，彼は壁の中にいるようですね」と金髪の消防士ロブが言った。[14]『集中しなさい！　これは深刻な状況なのよ！』[15]「壁を開けられると思います」とロブは続けた。「ここはあなたのマンションですか？」[16]／→イ．「いいえ。私は部屋の持ち主のネコの面倒をみているだけです。私は廊下の向かいに住んでいます」[17]／→オ．「お部屋を傷つける前に私たちは持ち主に連絡を取る必要があるのですが」[18]／→ア．「彼女は電話に出ませんし，私が伝言を残すこともできなくて」[19]／→ウ．「うーん。彼は自分の名前がわかりますか？　私はイヌ派なんです。ネコのことはあまりわからないので」[20]／→エ．「わかりますけど，ネコは呼ばれてもたいていは来ませんよ」[21]ティムと呼ばれる魅力的な消防士が言った。「彼のエサのボウルを揺らしてはどうでしょう。エサをもらいに来ようとするかもしれません」[22]私たち３人はオーブンに向かって立っていた。何も聞こえなかった。「どうか，彼が生きていますように」　私はもう一度声を出して祈った。[23]私の祈りに「ニャー！」と答えがあったが，今回それは私たちの背後から聞こえた。[24]ロブは振り返って尋ねた。「F彼女は何匹のネコを飼っているのですか？」[25]私も振り返った。私たちの後ろ，３フィートも離れていない所にディーゼルとミッツィが座っていた。「彼女は２匹しか飼っていません，この２匹です」と私は指をさし，ため息をつきながら言った。「じゃあ，誰が壁に閉じ込められているの？」[26]私たちは互いに顔を見合わせた。ティムは肩をすくめ，ロブは言った。「うーん，これはおかしいですね。彼女が２匹しか飼っていないのは確かですか？」[27]「もちろんです」　私は再び振り返った。あの毛で覆われたペアは笑っていた？　正直に言うと，あの２匹は間違いなく笑っていた。[28]沈黙。[29]「ニャー！」[30]ロブはレンジの上にある時計に手を伸ばすと，笑い出した。丸い円盤の上に飾りとして置かれている12匹のネコが見えた。[31]ロブは分針を15分の所に達するまでゆっくりと回した。[32]「ニャー！」

問１＜適語選択＞２匹いるうちの(第１段落第１文)ディーゼルという１匹がいなくなったので(第１段落最後から２文目)，ここで目にしているのは１匹である。

問２＜語句解釈＞continue to ～は「～し続ける」。ここでの hunt は「捜す」の意味。下線部直前でネコに呼びかけていることからも，筆者がネコを捜していることがわかる。その捜索の具体的な表現は前の第５段落第１文にある。　‘search＋場所＋for＋物など’「〈物など〉を求めて〈場所〉を捜す」

問３＜語句解釈＞ここでの serious は「深刻な」の意味。ここでいう深刻な状況として適切なのは，第７段落第３文の内容に一致するカ．「ディーゼルは15分以上台所の壁に閉じ込められているかもしれない」。下線部②を含む斜体部分は，ディーゼルを捜さねばいけないにもかかわらず，かっこいい消防士たちが気になってしまった自分を戒めている筆者自身の心の声である。

問４＜文整序＞まず，直前の消防士の問いへの返答となるイ，イで述べた the owner と連絡を取りたいと消防士が言うオ，それに対して部屋の持ち主(She＝the owner)と連絡がつかないと答えるアの順につなぐ。この後は，話題が変わり，ネコの名を呼ぶことを消防士が示唆するウ(ここでの he や his は閉じ込められていると思われているネコを指す)，ネコの名を呼んでも無駄だと筆者が答えるエの順になる。

問５＜適文補充＞次の第25段落にある筆者の She only has two, these two という発言に注目する。これが空らんＦに入るロブの質問の答えだと考えられる。前からだけでなく後ろからもネコの鳴き声が聞こえ，振り返るとネコが２匹いたので，ロブはもともといたネコの数を確認しようとしたのである。

問６＜指示語＞下線部③を含む文は直前の疑問文に対する返答なので，主語の they は the furry pair「毛で覆われたペア」を指し，were の後には繰り返しとなる smirking が省略されている。ディーゼルが壁の中にいるものと思って心配していたが，いつのまにか目の前に座っているのを見て，ネコたちにからかわれたかのように感じたのである。

問７＜適語補充＞reach for ～は「～を取ろうと手を伸ばす」という意味。ロブが取ろうとしたのは，次の文から a round disc「円盤上の物」で，さらにその次の文にある描写からそれが「時計」であることがわかる。hand には「(時計の)針」という意味がある。the minute hand で「分針」。壁の中から聞こえていたと思っていたのは，ディーゼルの声ではなく，レンジの上にあった時計の仕掛けによるものだったのである。

問８＜要旨把握＞最後の２段落から，ロブが手に取った時計は，quarter「15分」ごとに「ニャー」という鳴き声が出る仕組みであることがわかる。波線部(X)から(Y)までの間にネコの鳴き声は両方の波線部を含めて５回あるが，第23段落の鳴き声はその後に続く描写から本物のネコ(ディーゼルかミッツィ)によるものとわかるので，時計による鳴き声は４回。波線部(X)からは３回となるので15×３で45分たったことになる。

〔放送問題〕解説省略

数学解答

1 (1) $\dfrac{1}{16}a^9b$　(2) $x=\dfrac{19}{100}$，$y=\dfrac{2}{25}$
(3) $x=-\sqrt{3}$，$-\sqrt{3}+\sqrt{5}$
(4) ① 5　② $\dfrac{119}{13}$

2 (1) 4536個　(2) 3888個
(3) 310個

3 (1) $3-c$　(2) ① 9　② $\dfrac{31}{7}$

4 (1) 135°　(2) ① 5　② 5

5 (1) $14\sqrt{3}$
(2) ① $\dfrac{7\sqrt{6}}{4}$　② $\dfrac{196\sqrt{2}}{15}$

（声の教育社　編集部）

1〔独立小問集合題〕

(1)＜式の計算＞与式$=a^4\left(\dfrac{1}{4}a-\dfrac{1}{3}b^2\right)\times a^3b\left(\dfrac{1}{4}a+\dfrac{1}{3}b^2\right)-\dfrac{1}{9}a^4b^2\div\left(-\dfrac{1}{a^3b^3}\right)=a^4\times a^3b\times\left(\dfrac{1}{4}a-\dfrac{1}{3}b^2\right)\times\left(\dfrac{1}{4}a+\dfrac{1}{3}b^2\right)-\dfrac{1}{9}a^4b^2\times(-a^3b^3)=a^7b\left(\dfrac{1}{16}a^2-\dfrac{1}{9}b^4\right)-\left(-\dfrac{a^4b^2\times a^3b^3}{9}\right)=\dfrac{1}{16}a^9b-\dfrac{1}{9}a^7b^5+\dfrac{1}{9}a^7b^5=\dfrac{1}{16}a^9b$

(2)＜連立方程式＞$\dfrac{3}{3x-4y}-\dfrac{4}{4x+3y}=8$……①，$\dfrac{1}{3x-4y}+\dfrac{2}{4x+3y}=6$……②とする。$\dfrac{1}{3x-4y}=A$，$\dfrac{1}{4x+3y}=B$とおくと，①は$3A-4B=8$……③，②は$A+2B=6$……④となる。③＋④×2より，$3A+2A=8+12$，$5A=20$　$\therefore A=4$　これを④に代入して，$4+2B=6$，$2B=2$　$\therefore B=1$　よって，$\dfrac{1}{3x-4y}=4$……⑤，$\dfrac{1}{4x+3y}=1$……⑥である。⑤より，$3x-4y=\dfrac{1}{4}$，$12x-16y=1$……⑤′　⑥より，$4x+3y=1$……⑥′　⑤′－⑥′×3より，$-16y-9y=1-3$，$-25y=-2$　$\therefore y=\dfrac{2}{25}$　これを⑥′に代入して，$4x+3\times\dfrac{2}{25}=1$，$4x=\dfrac{19}{25}$　$\therefore x=\dfrac{19}{100}$

(3)＜二次方程式＞$x+\sqrt{3}=X$とおくと，$(X+\sqrt{5})^2-3\sqrt{5}(X-2\sqrt{5})-35=0$，$X^2+2\sqrt{5}X+5-3\sqrt{5}X+30-35=0$，$X^2-\sqrt{5}X=0$，$X(X-\sqrt{5})=0$となる。$X$をもとに戻すと，$(x+\sqrt{3})(x+\sqrt{3}-\sqrt{5})=0$，$(x+\sqrt{3})\{x+(\sqrt{3}-\sqrt{5})\}=0$より，$x=-\sqrt{3}$，$-\sqrt{3}+\sqrt{5}$である。

(4)＜平面図形―長さ＞①右図で，線分ADが円Oの直径より，∠ABD＝90°である。よって，△ADBで三平方の定理より，$\mathrm{BD}=\sqrt{\mathrm{AD}^2-\mathrm{AB}^2}=\sqrt{13^2-12^2}=\sqrt{25}=5$となる。　②図で，ABとCDの交点をEとする。①より，BC＝BD＝5だから，△BCDは二等辺三角形である。これより，∠BCD＝∠BDEであり，$\overset{\frown}{\mathrm{BD}}$に対する円周角より，∠BAD＝∠BCDだから，∠BDE＝∠BADとなる。また，∠DBE＝∠ABDなので，2組の角がそれぞれ等しく，△DBE∽△ABDとなり，BE：BD＝DB：ABである。よって，BE：5＝5：12が成り立ち，BE×12＝5×5，$\mathrm{BE}=\dfrac{25}{12}$となるので，$\mathrm{AE}=\mathrm{AB}-\mathrm{BE}=12-\dfrac{25}{12}=\dfrac{119}{12}$となる。次に，$\overset{\frown}{\mathrm{BC}}$に対する円周角より，∠CAE＝∠BDEであり，∠BDE＝∠BADだから，∠CAE＝∠BADである。また，線分ADが円Oの直径より，∠ACE＝∠ABD＝90°である。したがって，△ACE∽△ABDとなるから，AC：AB＝AE：ADであり，$\mathrm{AC}:12=\dfrac{119}{12}:13$が成り立つ。これより，$\mathrm{AC}\times13=12\times\dfrac{119}{12}$，$\mathrm{AC}=\dfrac{119}{13}$となる。

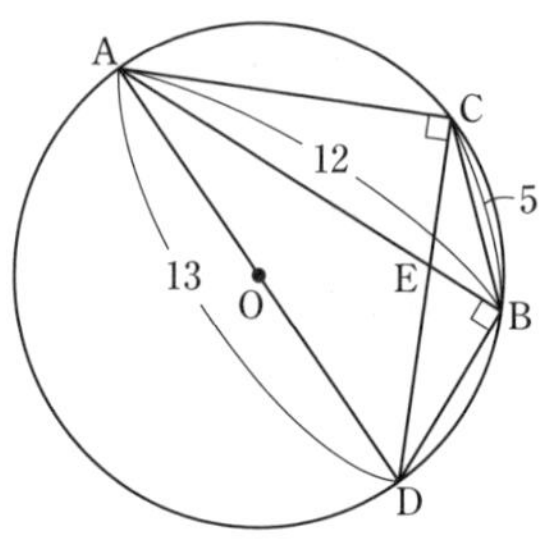

2〔データの活用―場合の数〕

≪基本方針の決定≫(3)　3の倍数は，各位の数の和が3の倍数になる。

(1)＜場合の数＞4つの数字が全部異なるので，千の位の数字は，0以外の9通りあり，それぞれにおいて，百の位の数字は，千の位で使った数字以外の9通り，十の位の数字は，千，百の位で使った数字以外の8通り，一の位の数字は，千，百，十の位で使った数字以外の7通りある。よって，4つの数字が全部異なる整数は$9\times9\times8\times7=4536$(個)ある。

(2)＜場合の数＞ちょうど3種類の数字が用いられるとき，同じ数字が用いられる位は2つだから，その位は，千の位と百の位，千の位と十の位，千の位と一の位，百の位と十の位，百の位と一の位，十の位と一の位である。千の位と百の位の数字が同じとき，この2つの位の数字は0以外の9通り，十の位の数字は9通り，一の位の数字は8通りだから，$9\times9\times8=648$(通り)ある。千の位と十の位，千の位と一の位の数字が同じときも同様に，それぞれ648通りある。百の位と十の位の数字が同じとき，千の位の数字は9通り，百の位と十の位の数字は9通り，一の位の数字は8通りだから，$9\times9\times8=648$(通り)ある。百の位と一の位，十の位と一の位の数字が同じときも同様に，それぞれ648通りある。以上より，3種類の数字が用いられる整数は$648\times6=3888$(個)ある。

(3)＜場合の数＞4けたの整数が3の倍数になるとき，各位の数字の和は3の倍数である。2と3の両方の数字が用いられるので，各位の数字の和は，最小が$2+3+0+0=5$，最大が$2+3+9+9=23$より，3の倍数になるときの各位の数字の和は，6，9，12，15，18，21となる。各位の数字の和が6のとき，用いられる4つの数字は，2と3と0と1だから，千の位の数字が3通り，百の位の数字が3通り，十の位の数字が2通り，一の位の数字が1通りより，$3\times3\times2\times1=18$(個)ある。各位の数字の和が9のとき，用いられる2と3以外の2つの数字は，和が4になる0と4，1と3，2と2である。2と3と0と4を用いてできる4けたの整数は，2と3と0と1を用いたときと同様，18個ある。2と3と1と3を用いてできる4けたの整数は，1233，1323，1332，2133，2313，2331，3123，3132，3213，3231，3312，3321の12個ある。2と3と2と2を用いてできる4けたの整数は，2223，2232，2322，3222の4個ある。よって，各位の数字の和が9のとき，$18+12+4=34$(個)ある。以下同様に考えて，各位の数字の和が12のとき，2と3と0と7，2と3と1と6，2と3と2と5，2と3と3と4であり，2と3と0と7のときは18個，2と3と1と6のときは24個，2と3と2と5，2と3と3と4のときはそれぞれ12個あるから，$18+24+12\times2=66$(個)となる。各位の数字の和が15のとき，2と3と1と9，2と3と2と8，2と3と3と7，2と3と4と6，2と3と5と5であり，2と3と1と9，2と3と4と6のときはそれぞれ24個，2と3と2と8，2と3と3と7，2と3と5と5のときはそれぞれ12個あるから，$24\times2+12\times3=84$(個)となる。各位の数字の和が18のとき，2と3と4と9，2と3と5と8，2と3と6と7であり，それぞれ24個あるから，$24\times3=72$(個)となる。各位の数字の和が21のとき，2と3と7と9，2と3と8と8であり，2と3と7と9のときは24個，2と3と8と8のときは12個あるから，$24+12=36$(個)となる。以上より，求める4けたの整数は$18+34+66+84+72+36=310$(個)ある。

3 〔関数―関数 $y=ax^2$ と一次関数のグラフ〕

≪基本方針の決定≫(2)① 点Cのy座標と点Dのy座標の比を考える。 ② 四角形ACFEの面積を求め，これと同じ面積の三角形を考える。

(1)＜x座標＞次ページの図で，点Dのx座標をdとする。2点C，Dは放物線$y=\frac{1}{3}x^2$上にあり，x座標がそれぞれc，dだから，$\mathrm{C}\left(c,\ \frac{1}{3}c^2\right)$，$\mathrm{D}\left(d,\ \frac{1}{3}d^2\right)$と表せる。これより，直線CDの傾きは$\left(\frac{1}{3}c^2-\frac{1}{3}d^2\right)\div(c-d)=\frac{1}{3}(c+d)(c-d)\div(c-d)=\frac{1}{3}(c+d)$となる。直線CDの傾きは1だから，$\frac{1}{3}(c+d)=1$が成り立ち，$c+d=3$，$d=3-c$となる。よって，点Dの$x$座標は$3-c$である。

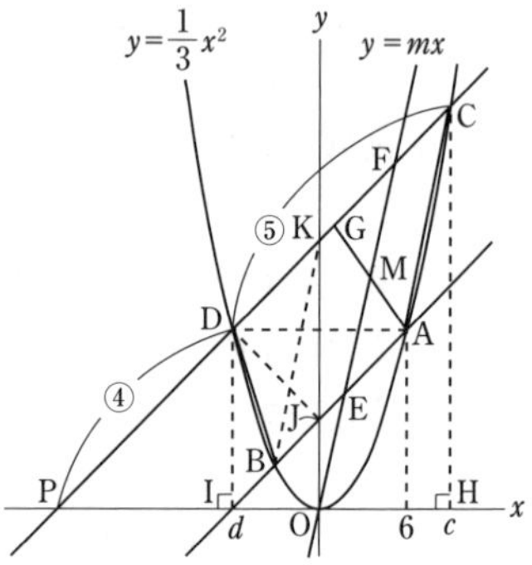

(2)＜***c*, *m* の値**＞①右図で，2点C，Dからx軸に垂線CH，DIを引くと，△CPH∽△DPIとなるので，CD：DP＝5：4より，CH：DI＝CP：DP＝(5＋4)：4＝9：4となる。(1)より，$C\left(c,\ \frac{1}{3}c^2\right)$であり，$D\left(3-c,\ \frac{1}{3}(3-c)^2\right)$と表せるから，$CH=\frac{1}{3}c^2$，$DI=\frac{1}{3}(3-c)^2$である。よって，CH：DI＝9：4より，$\frac{1}{3}c^2:\frac{1}{3}(3-c)^2=9:4$が成り立つ。これより，$\frac{1}{3}c^2\times4=\frac{1}{3}(3-c)^2\times9$，$4c^2=9c^2-54c+81$，$5c^2-54c+81=0$となり，二次方程式の解の公式を利用すると，$c=\frac{-(-54)\pm\sqrt{(-54)^2-4\times5\times81}}{2\times5}=\frac{54\pm\sqrt{1296}}{10}=\frac{54\pm36}{10}$となるので，$c=\frac{54+36}{10}=9$，$c=\frac{54-36}{10}=\frac{9}{5}$である。$c>6$だから，$c=9$である。　②右上図で，①より$c=9$だから，$\frac{1}{3}c^2=\frac{1}{3}\times9^2=27$，$3-c=3-9=-6$，$\frac{1}{3}(3-c)^2=\frac{1}{3}\times(-6)^2=12$となり，C(9，27)，D(−6，12)である。点Aは放物線$y=\frac{1}{3}x^2$上にあり，x座標が6だから，$y=\frac{1}{3}\times6^2=12$より，A(6，12)である。直線ABの傾きが1より，その式は$y=x+b$とおけ，点Aを通るので，$12=6+b$，$b=6$となり，直線ABの式は$y=x+6$である。点Bは放物線$y=\frac{1}{3}x^2$と直線$y=x+6$の交点だから，$\frac{1}{3}x^2=x+6$より，$x^2-3x-18=0$，$(x+3)(x-6)=0$　$\therefore x=-3,\ 6$　よって，点Bのx座標は−3であり，$y=\frac{1}{3}\times(-3)^2=3$となるので，B(−3，3)である。2点A，Dは$y$軸について対称な点となるから，2点A，Dを結ぶと，ADはx軸に平行となり，AD＝6−(−6)＝12となる。△ABD，△ACDの底辺をADと見ると，2点A，B，2点A，Cのy座標より，高さは，それぞれ12−3＝9，27−12＝15となるので，$\triangle ABD=\frac{1}{2}\times12\times9=54$，$\triangle ACD=\frac{1}{2}\times12\times15=90$であり，〔四角形ACDB〕＝△ABD＋△ACD＝54＋90＝144となる。よって，〔四角形ACFE〕：〔四角形EFDB〕＝1：2より，〔四角形ACFE〕＝$\frac{1}{1+2}$〔四角形ACDB〕＝$\frac{1}{3}\times144=48$である。ここで，△ACG＝48となる点Gを線分CD上にとり，AGとEFの交点をMとすると，〔四角形ACFE〕＝△ACGだから，△AME＝△GMFとなる。直線AB，直線CDの傾きがともに1より，AB∥CDなので，△AME＝△GMFのとき，△AME≡△GMFとなり，AM＝GMだから，点Mは線分AGの中点である。△AGD＝△ACD−△ACG＝90−48＝42だから，△AGDの底辺をAD＝12と見たときの高さをhとすると，面積について，$\frac{1}{2}\times12\times h=42$が成り立ち，$h=7$となる。これより，点Gの$y$座標は12＋7＝19となる。直線CDの式を$y=x+k$とすると，点Cを通ることより，$27=9+k$，$k=18$となるから，直線CDの式は$y=x+18$である。点Gは直線CD上にあるので，$19=x+18$より，$x=1$となり，G(1，19)である。2点A，Gの座標より，点Mのx座標は$\frac{6+1}{2}=\frac{7}{2}$，$y$座標は$\frac{12+19}{2}=\frac{31}{2}$だから，$M\left(\frac{7}{2},\ \frac{31}{2}\right)$である。直線$y=mx$は点Mを通るので，$\frac{31}{2}=m\times\frac{7}{2}$より，$m=\frac{31}{7}$となる。

≪②の別解≫右上図で，上で求めたように，A(6，12)，B(−3，3)，C(9，27)，D(−6，12)，直線ABの式は$y=x+6$，直線CDの式は$y=x+18$であり，〔四角形ACDB〕＝144である。2直線AB，CDとy軸の交点をそれぞれJ，Kとし，点Bと点K，点Dと点Jをそれぞれ結ぶと，KJ＝18−6＝12である。〔四角形BJKD〕＝△BJK＋△BKDであり，AB∥CDより，△BKD＝△JKDだから，

〔四角形BJKD〕$=\triangle\mathrm{BJK}+\triangle\mathrm{JKD}=\frac{1}{2}\times12\times3+\frac{1}{2}\times12\times6=54$であり，〔四角形EFKJ〕$=144\times\frac{2}{3}-54=42$となる。AB∥CDより，△OEJ∽△OFKであり，相似比はOJ：OK＝6：18＝1：3だから，△OEJ：△OFK＝$1^2:3^2=1:9$である。よって，△OEJ：〔四角形EFKJ〕$=1:(9-1)=1:8$だから，$\triangle\mathrm{OEJ}=\frac{1}{8}\times42=\frac{21}{4}$となり，点Eの$x$座標を$e$とすると，$\frac{1}{2}\times6\times e=\frac{21}{4}$が成り立ち，$e=\frac{7}{4}$となる。このとき，$y=\frac{7}{4}+6=\frac{31}{4}$より，$\mathrm{E}\left(\frac{7}{4},\ \frac{31}{4}\right)$だから，$m=\frac{31}{4}\div\frac{7}{4}=\frac{31}{7}$である。

4〔平面図形―直角三角形と円〕

≪基本方針の決定≫⑴　2点P，Q，2点P，Rがそれぞれ，∠ABCの二等分線上，∠ACBの二等分線上にあることに気づきたい。

⑴＜角度＞右図で，円Pと辺AB，辺BCの接点をそれぞれD，E，円Qと辺AB，辺BCの接点をそれぞれF，Gとする。∠PDB＝∠PEB＝90°，PB＝PB，PD＝PEより，直角三角形で斜辺と他の1辺がそれぞれ等しく，△PBD≡△PBEだから，∠PBD＝∠PBEとなる。同様に，△QBF≡△QBGとなるから，∠QBF＝∠QBGとなる。よって，2点P，Qはともに∠ABCの二等分線上の点である。同様にして，2点P，Rはともに∠ACBの二等分線上の点となる。これより，∠QPR＝∠BPCである。

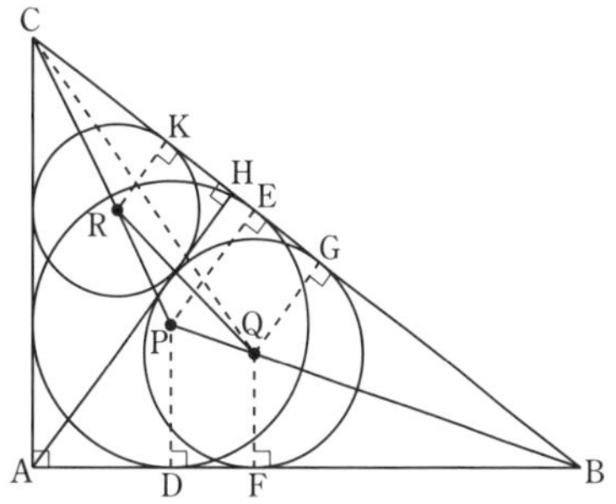

∠PBC＝∠PBA＝b，∠PCB＝∠PCA＝cとすると，△PBCで，$\angle\mathrm{BPC}=180^\circ-(\angle\mathrm{PBC}+\angle\mathrm{PCB})=180^\circ-(b+c)$と表せる。また，$\angle\mathrm{ABC}=b+b=2b$，$\angle\mathrm{ACB}=c+c=2c$だから，△ABCで，$\angle\mathrm{ABC}+\angle\mathrm{ACB}+\angle\mathrm{CAB}=180^\circ$より，$2b+2c+90^\circ=180^\circ$が成り立ち，$2b+2c=90^\circ$，$b+c=45^\circ$となる。よって，$\angle\mathrm{BPC}=180^\circ-45^\circ=135^\circ$となるので，∠QPR＝135°である。

⑵＜長さ，面積＞①右上図で，∠BAC＝∠BHA＝90°，∠ABC＝∠HBAより，2組の角がそれぞれ等しいから，△ABC∽△HBAである。同様に，△ABC∽△HACであり，△HBA∽△HACとなる。△HBAと△HACに内接する円Qと円Rの半径がそれぞれ4，3より，△HBAと△HACの相似比は4：3で，AB：CA＝4：3となるから，$m>0$とすると，$\mathrm{AB}=4m$，$\mathrm{CA}=3m$とおける。これより，△ABCで三平方の定理を利用すると，$\mathrm{CB}=\sqrt{\mathrm{AB}^2+\mathrm{CA}^2}=\sqrt{(4m)^2+(3m)^2}=\sqrt{25m^2}=5m$となる。よって，△ABC∽△HBAより，$\mathrm{CB}:\mathrm{AB}=5m:4m=5:4$となる。したがって，円Qの半径は4だから，円Pの半径は5である。　　②①より，△ABC，△HBA，△HACはいずれも3辺の比が3：4：5の直角三角形だから，$\mathrm{AB}=\frac{5}{3}\mathrm{AH}=\frac{5}{3}\times12=20$，$\mathrm{CB}=\frac{5}{4}\mathrm{AB}=\frac{5}{4}\times20=25$となる。よって，$\triangle\mathrm{PBC}=\frac{1}{2}\times\mathrm{CB}\times\mathrm{PE}$であり，①よりPE＝5だから，$\triangle\mathrm{PBC}=\frac{1}{2}\times25\times5=\frac{125}{2}$である。2点C，Qを結ぶと，$\triangle\mathrm{PQC}=\frac{\mathrm{PQ}}{\mathrm{PB}}\times\triangle\mathrm{PBC}$である。PD∥QFより，PB：QB＝PD：QF＝5：4だから，$\frac{\mathrm{PQ}}{\mathrm{PB}}=\frac{5-4}{5}=\frac{1}{5}$となり，$\triangle\mathrm{PQC}=\frac{1}{5}\triangle\mathrm{PBC}=\frac{1}{5}\times\frac{125}{2}=\frac{25}{2}$である。同様に，PC：RC＝PE：RK＝5：3より，$\triangle\mathrm{PQR}=\frac{\mathrm{PR}}{\mathrm{PC}}\times\triangle\mathrm{PQC}=\frac{5-3}{5}\times\frac{25}{2}=5$となる。

5〔平面図形―三角形，空間図形―四面体〕

⑴＜面積―特別な直角三角形＞右図1で，点Cから辺BAの延長に垂線CHを引く。$\angle\mathrm{CAH}=180^\circ-\angle\mathrm{BAC}=180^\circ-120^\circ=60^\circ$となるから，△ACHは3辺の比が$1:2:\sqrt{3}$の直角三角形であり，$\mathrm{CH}=\frac{\sqrt{3}}{2}\mathrm{AC}$

図1

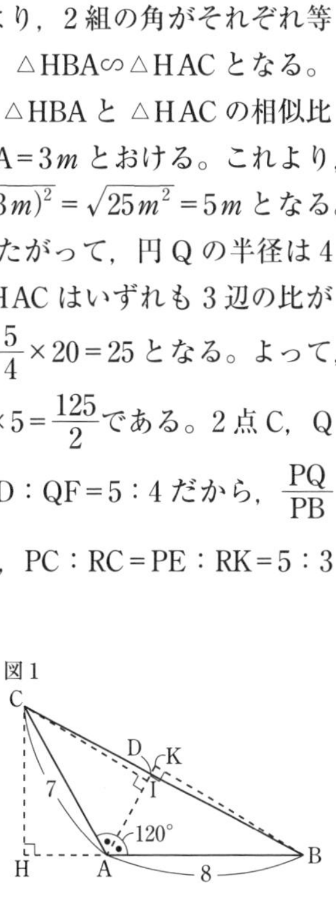

$=\dfrac{\sqrt{3}}{2}\times 7=\dfrac{7\sqrt{3}}{2}$となる。よって，$\triangle ABC=\dfrac{1}{2}\times AB\times CH=\dfrac{1}{2}\times 8\times\dfrac{7\sqrt{3}}{2}=14\sqrt{3}$ である。

(2)＜長さ，体積＞①前ページの図１で，点Ｃから AD に垂線 CI を引く。右図２のように，△ACD を線分 AD を軸にして △AED の位置まで 45°回転させたとき，∠CIE＝45°となる。∠CIA＝∠EIA＝90°より，３点 C，I，E を含む平面は面 ABD を含む平面に垂直だから，点Ｅから面 ABD を含む平面に垂線 EJ を引くと，点Ｊは線分 CI 上の点となり，△EIJ は直角二等辺三角形となる。よって，四面体 EABD で面 ABD を底面としたときの高さは，$EJ=\dfrac{1}{\sqrt{2}}EI=\dfrac{1}{\sqrt{2}}CI$ と表せる。図１で，AD は∠BAC を２等分しているから，$\angle CAD=\angle BAD=\dfrac{1}{2}\angle BAC=\dfrac{1}{2}\times 120^\circ=60^\circ$であり，△ACI は３辺の比が $1:2:\sqrt{3}$ の直角三角形である。これより，$CI=\dfrac{\sqrt{3}}{2}AC=\dfrac{\sqrt{3}}{2}\times 7=\dfrac{7\sqrt{3}}{2}$となるので，$EJ=\dfrac{1}{\sqrt{2}}\times\dfrac{7\sqrt{3}}{2}=\dfrac{7\sqrt{6}}{4}$である。　②図２で，四面体 EABD は，底面を △ABD，高さを $EJ=\dfrac{7\sqrt{6}}{4}$とする三角錐である。図１で，点Ｂから AD の延長に垂線 BK を引く。∠BKA＝∠CIA＝90°，∠BAK＝∠CAI より，△ABK∽△ACI だから，BK：CI＝AB：AC＝8：7 である。これより，$\triangle ABD:\triangle ACD=\dfrac{1}{2}\times AD\times BK:\dfrac{1}{2}\times AD\times CI=BK:CI=8:7$となる。(1)より $\triangle ABC=14\sqrt{3}$ だから，$\triangle ABD=\dfrac{8}{8+7}\triangle ABC=\dfrac{8}{15}\times 14\sqrt{3}=\dfrac{112\sqrt{3}}{15}$となる。よって，四面体 EABD の体積は，$\dfrac{1}{3}\times\triangle ABD\times EJ=\dfrac{1}{3}\times\dfrac{112\sqrt{3}}{15}\times\dfrac{7\sqrt{6}}{4}=\dfrac{196\sqrt{2}}{15}$である。

図２

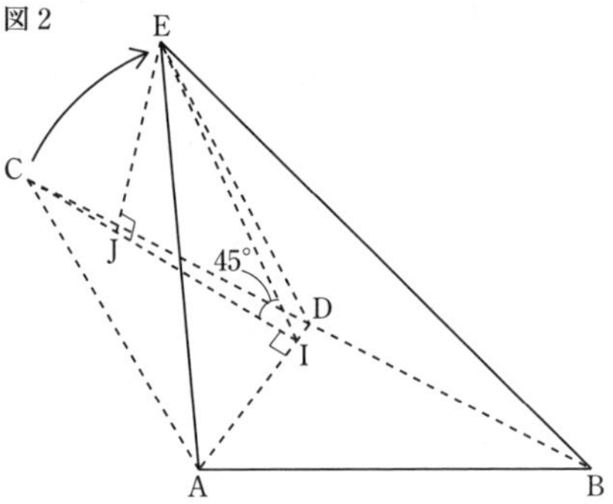

═読者へのメッセージ═

④で，点Ｐは △ABC の内接円(全ての辺に接する円)の中心でした。この点を △ABC の「内心」といいます。点Ｑ，点Ｒもそれぞれ △ABH，△ACH の「内心」となります。三角形には「五心」というものがあり，「内心」はその１つです。ほかの４つは「外心」「重心」「垂心」「傍心」です。詳しくは高校で学習します。

社会解答

1 問1　4　　問2　3

問3　(例)仏教の力により，伝染病や災害などの社会不安から国家を守るため。

問4　4　　問5　2

問6　背景　(例)金銀の交換比率が，日本では1：5，外国では1：15であったこと。

対応　(例)金の含有量を減らした万延小判を鋳造した。

問7　別子

問8　(例)輸出用の銅を確保するために，銅の精錬を行い，売買を管理した。

問9　3

問10　(例)キリスト教の禁止を徹底するため。

問11　村請制〔村請制度〕

問12　1　　問13　2

問14　(例)南北戦争後，黒人奴隷制度が廃止されたため，代替となる労働力の需要が高まったから。

問15　3

問16　(例)養蚕が盛んになりほとんどの農家が養蚕農家

問17　1　　問18　1

2 問1　ア…2　イ…7

問2　(例)GHQ〔連合国軍最高司令官総司令部〕が作成した草案をもとに制定されたものだから。

問3　1　　問4　4　　問5　1

問6　(1)…1，2，4，5，8　(2)…2

問7　う　　問8　1　　問9　1

問10　A…5　B…3

問11　ウ…国債

エ　デフレーションからの脱却を目指す

問12　国民総所得

3 問1　4　　問2　4

問3　(例)梅雨や台風の影響で，季節による降水量の差が大きいから。

問4　2　　問5　ロッテルダム

問6　経済特区

問7　(例)ヨーロッパでは一年中風向きが同じ偏西風が吹いているが，日本では風向きや風力が安定していないため。

問8　4

問9　ア…イギリス　イ…日本

問10　4　　問11　2　　問12　5

問13　(例)自宅から遠い保育所に子どもを預けやすくすることで，都市部の待機児童を減らすことができる。

問14　6

（声の教育社　編集部）

1〔歴史―鉱産資源と人口を題材とした問題〕

問1＜奥州藤原氏＞奥州藤原氏は清衡のときに拠点を平泉に移し，奥州と出羽に勢力を築いた（X…誤）。中尊寺金色堂は浄土教の影響を受けた阿弥陀堂で，建立されたのは平安時代末である。禅宗とともに禅宗様式が日本に伝えられたのは鎌倉時代である。禅宗様式とは宋の建築様式で，東大寺南大門はこの様式を取り入れて再建された（Y…誤）。

問2＜1980年代の出来事＞APEC〔アジア太平洋経済協力会議〕は，1989年に発足した。なお，アメリカ合衆国で同時多発テロが発生したのは2001年のこと，阪神・淡路大震災が起こったのは1995年のこと，EU〔ヨーロッパ連合〕の発足は1993年のことである。

問３＜東大寺建立＞奈良時代の半ば，天然痘の流行や災害，相次ぐ反乱などによって社会不安が広がっていた。聖武天皇は，仏教の力により，こうした社会不安から国家を守るため，平城京に東大寺を，国ごとに国分寺，国分尼寺を建立した。

問４＜18世紀の出来事＞アメリカの独立革命は，18世紀後半の1775年に起きた。また，徳川吉宗による享保の改革は18世紀前半の1716年から1745年に行われた。なお，大塩平八郎の乱は19世紀前半の1837年に起こり，イギリスの名誉革命は17世紀後半の1688年に起こった。

問５＜江戸時代の貨幣＞田沼意次は貨幣制度の一本化を目的に，価格が表示され枚数で使用する計数貨幣の南鐐二朱銀を大量に鋳造した（Ｘ…正）。江戸時代，関東では計数貨幣である金貨が，関西では重さをはかって使用する秤量貨幣である銀貨が流通していた（Ｙ…誤）。

問６＜開国の影響＞江戸時代末，通商条約の締結によって外国との貿易が始まると，国内外における金と銀との交換比率の違いによって大量の金が国外に流出した。当時，金銀の交換比率は日本が１：５，外国が１：15であったため，外国人は日本に銀貨を持ち込んで金貨と交換し，大量の金貨を国外に持ち出した。幕府は，金の流出を防ぐため金の含有量を少なくした万延小判を鋳造した。しかし，貨幣価値が下落したため，物価は急激に上昇した。

問７＜江戸時代の鉱山＞伊予は現在の愛媛県であり，江戸時代に伊予に開発された鉱山は，別子銅山である。他には，栃木県の足尾銅山，新潟県の佐渡金山，島根県の石見銀山，兵庫県の生野銀山などが名高い。

問８＜銅座＞江戸時代，銅の産出量の減少に伴って，国内の貨幣鋳造や輸出用の銅を確保するために，幕府は銅座を設け，諸藩で産出された銅の精錬を行う一方で，銅の専売制をしき，流通を管理した。

問９＜７世紀の日中関係＞天智天皇の在位期間は７世紀後半で，当時の中国の王朝は唐である。唐は漢民族中心の王朝であるが，モンゴルを北方に退けたのは14世紀の明である（Ｘ…誤）。また，唐では律令による政治が行われ，官僚の採用には科挙が実施された（Ｙ…正）。

問10＜宗門改＞17世紀前半，幕府は島原・天草一揆の後，キリシタンを摘発し，キリスト教の禁止を徹底するために領主に宗門改帳の作成を命じ，人々が仏教徒であることを寺に証明させた。宗門改帳は同時に戸籍の役割を果たした。

問11＜村請制＞江戸時代の村は，名主（庄屋），組頭，百姓代の村方三役によって運営され，年貢の納入も村方三役が請け負った。このようなしくみを村請制〔村請制度〕と呼ぶ。

問12＜19世紀の出来事＞インド大反乱が起こったのは1857年のことである。なお，シャクシャインの戦いは1669年に，イギリスのピューリタン革命は1640年に起こった。また，マゼランの艦隊が世界周航を成し遂げたのは，1522年のことである。

問13＜岩倉使節団＞地図で岩倉使節団のルートを見ると，アフリカ大陸とアラビア半島の間で地中海側のポートサイドから紅海側へ通過している。この地には1869年にスエズ運河が開通している（Ｘ…正）。ドーバー海峡をユーロトンネルが結び，ロンドン・パリ間に鉄道が開通したのは，1994年のことである（Ｙ…誤）。

問14＜南北戦争＞アメリカでは，1861年に南北戦争が起こった。戦争の起因は南部と北部の奴隷制などをめぐる対立だったが，戦争中にリンカン大統領は奴隷解放宣言を発表し，奴隷を解放した。1865年に奴隷制に反対する北部が戦争に勝利した後，黒人奴隷制度は廃止されたため，産業革命が進行していたアメリカでは労働者が不足した。そのため，黒人に代わる労働力の需要が高まり移民が増加した。

問15＜朝鮮，中国との関係＞７世紀，唐が新羅と結んで高句麗や百済を滅ぼした(Ｘ…誤)。16世紀，豊臣秀吉が文禄の役で朝鮮半島に攻め込んだとき，明は朝鮮を支援する軍を派遣した(Ｙ…正)。

問16＜戦前の養蚕業＞明治時代から太平洋戦争前までの農村では，副業として養蚕業が営まれていた。特に関東地方北部や中部地方の山間部では養蚕業が盛んだった。昭和時代初めの世界恐慌の時期には，アメリカ向けの生糸輸出が激減して繭の価格が暴落した。なお，空欄あ.に入るのは「繭」である。

問17＜農業の歴史＞鎌倉時代，肥料として刈敷(草を埋めて発酵させたもの)や草木灰が使われるようになり，近畿地方を中心に二毛作が行われるようになった(Ｘ…正)。また，江戸時代には油かすや干鰯《ほしか》(いわしを原料とする肥料)といった金肥(販売肥料)が使われるようになった(Ｙ…正)。

問18＜高度経済成長期＞第二次世界大戦後の1950年代後半から石油ショックが起こる1973年にかけて，日本の経済は大きな成長を遂げた。この時期を，高度経済成長期と呼ぶ。高度経済成長期の初めには，冷蔵庫，洗濯機，白黒テレビが三種の神器と呼ばれ，家庭に普及した。テレビアニメ「鉄腕アトム」は1963年から放送された(Ｘ…正)。また，高度経済成長期には，公害問題が深刻化した。これに対して，政府は1967年に公害対策基本法を制定し，1971年には環境庁を設置した(Ｙ…正)。

2〔公民・歴史総合―第二次世界大戦後の日本を題材とした問題〕

問１＜憲法改正＞ア．日本国憲法の改正は，衆議院と参議院で，総議員の３分の２以上の賛成で発議され，国民投票で有効投票の過半数の賛成を得れば実現する。　イ．2007年の国民投票法の成立を受けて，衆参両院に憲法審査会が設置され，憲法改正についての議論が行われている。

問２＜日本国憲法の成立＞第二次世界大戦で敗戦した日本は，GHQ〔連合国軍最高司令官総司令部〕の統治下に置かれた。GHQ は日本政府に対して憲法改正の指令を出した。日本政府の改正案を不十分とした GHQ は，マッカーサー草案を示し，日本政府はこの草案をもとに憲法草案を作成した。このような日本国憲法制定の過程を，アメリカによる「押しつけ憲法」として批判する考え方がある。

問３＜55年体制＞1955年に保守合同によって自由民主党が成立してから，自民党政権は1993年に細川護熙内閣が成立するまで続いた。この間の38年，自民党と野党第一党の日本社会党が対立するという政治情勢が続いた。これを55年体制と呼ぶ(Ｘ・Ｙ…正)。

問４＜安保闘争＞第二次世界大戦に敗戦した日本は，1951年に連合国との間にサンフランシスコ平和条約を結ぶとともに，アメリカとの間に日米安全保障条約を結んだ。1960年は安保条約の改定の年にあたっていた。この改定では，アメリカ軍の日本防衛の義務が明記された。この条約改定には，大きな反対運動が起こった。これを安保闘争と呼ぶ(Ｘ…誤)。また，日本国内のアメリカ軍基地の設置は，1951年の安保条約で定められている(Ｙ…誤)。

問５＜新しい人権＞日本国憲法制定後の社会の変化に応じて，日本国憲法第13条の幸福追求権を主な根拠として主張され認められるようになった人権を新しい人権と呼ぶ(Ｘ…正)。また，新しい人権には，日照権を含めた環境権，知る権利，プライバシーの権利，自己決定権などがある(Ｙ…正)。

問６＜比例代表制＞(1)参議院議員選挙の比例区では，ドント式と呼ばれる方法で当選者が決定される。有権者は投票に際して，比例区の候補者名を書いても，政党名を書いてもよい。得票数は政党ごとに集計される。問題の例の場合，まず，左の「比例代表選挙開票結果」の個人票を政党ごとに合計した票数を，右の「政党得票数」に加算する。その結果，赤党5500票，青党6400票，白党6200票，黄党4300票となる。次に，各政党の得票数を１から順に１，２，…と整数で割っていき，その商の大きい順に当選者となる。右表より，定数５に入るのは，青党は２議席でそれ以外の政党は１議席となる。参議院議員選挙は，「非拘束名簿式」（各政党で個人票の多い順に決定する）であるため，「比例代表選挙開票結果」の個人票数より，赤党は相川候補，青党の２人は鈴木候補と江川候補，白党は佐藤候補，黄党は高橋候補が当選となる。

政党	÷１	÷２
赤党	5500票	2750票
青党	6400票	3200票
白党	6200票	3100票
黄党	4300票	2150票

⑵選挙区ごとに議員定数１人当たりの有権者数が異なることから，有権者の１票の価値に格差が生じることを，「一票の格差」と呼ぶ。2022年の参議院議員選挙では，１票の価値に最大で3.03倍の格差があった(X…正)。また，この選挙の結果，与党の自民党と公明党の当選者の議席数は非改選議席と合わせて146議席で，参議院の定数242議席の３分の２に達しなかった(Y…誤)。

問７＜非核三原則＞「核兵器を持たず，作らず，持ち込ませず」という非核三原則を1967年に表明したのは，佐藤栄作首相である。

問８＜バブル経済＞投機(短期的な相場変動を利用して利益獲得を目指す売買)によって地価や株価が異常に上昇し続ける不健全な好景気の状態をバブル経済と呼ぶ(X…正)。また，日本におけるバブル経済は1980年代後半に発生したが，日本銀行は公定歩合を引き上げることによる金融引き締め策を行い，政府は不動産向け融資に限度額を設けることで総量規制を行ったことなどにより，1991年にバブル経済が崩壊した(Y…正)。

問９＜行政改革＞行政の効率化を図るための改革を行政改革と呼ぶ。行政改革の一環として，2001年に中央省庁が１府22省庁から１府12省庁に再編された(X…正)。また，国が直接行う必要はないが，民間の主体に委ねると実施されないおそれのある事業を効率的に行うために，2001年に独立行政法人制度が導入された(Y…正)。

問10＜構造改革＞Ａ．2003(平成15)年に国立大学法人法の制定により，国立大学の職員は国家公務員ではなく法人職員となった。　Ｂ．2007(平成19)年に日本郵政グループが発足し，郵政民営化が完全に実施された。これに伴って，郵政事業に関わる職員が国家公務員ではなくなった。なお，日本道路公団の民営化は2005年のこと，日本専売公社の民営化は1985年のこと，日本国有鉄道の民営化は1987年のこと，日本電信電話公社の民営化は1985年のことである。

問11＜量的緩和政策＞安倍内閣は，デフレ脱却を目指して「アベノミクス」と呼ばれる経済政策を進めた。そのうちの１つである金融政策では金融機関から国債を買い取ることによって市場に資金を供給し，デフレーションからの脱却を実現しようとした。

問12＜経済指標＞GNI〔Gross National Income〕は国民総所得の略称である。GNIは国民がその国の内外にかかわらず，一定期間に得た所得の合計である。なお，GNP〔Gross National Product〕は国民総生産の略称であるが，現在は使われなくなり，同様の指標としてGNIが使われている。GDP〔Gross Domestic Product〕は国内総生産の略称である。

３〔地理・公民総合―熱波や人口問題といった時事的な内容を題材とした問題〕

問１＜ライン川＞ライン川はスイスから流れ出し，フランスとドイツとの国境を流れオランダで北海に注ぐ河川である。デンマークは流れていない。

問２＜国際河川＞複数の国の領土を流れ，外国籍の船も自由に航行できる河川を，国際河川と呼ぶ。チャオプラヤ川はタイ国内を流れる河川で，国際河川ではない。なお，ユーフラテス川はシリア，イラクなどを，ナイル川はエジプト，スーダンなどを，メコン川はタイ，ラオス，ベトナムなどを流れる国際河川である。

問３＜日本の河川＞日本は梅雨や台風など，季節によって降水量が大きく変化する。また，川幅が比較的狭いため，降水量が増えると流量が急激に増加する。そのため，図１のように，大きな平野をゆっくり流れるヨーロッパの河川と比べて，日本の河川の河況係数は非常に高くなる。

問４＜河川と平野＞矢作川は，長野県，岐阜県，愛知県を流れる河川で，岡崎平野を通って知多湾に注いでいる。なお，吉野川は，高知県，愛媛県，徳島県を流れる河川で，徳島平野を通って紀伊水道に注いでいる。天竜川は，長野県，愛知県，静岡県を経て遠州灘に注ぐ河川で，静岡平野は流れていない。最上川は山形県を流れる河川で，庄内平野を通って日本海に注いでいる。

問５＜世界の貿易港＞ヨーロッパ最大の貿易港は，EU〔ヨーロッパ連合〕の玄関口であるユーロポートで，この港があるのはオランダのロッテルダムである。

問６＜経済特区＞中国が，1970年代末から1980年代にかけて，外国の資本や技術を導入するために開放した地域を経済特区という。東部の沿岸部のシェンチェンやアモイなど５つの地区が指定された。

問７＜風力発電＞風力発電に適しているのは，一定以上の風が常に吹いていることである。ヨーロッパに比べ，日本では，夏と冬で風向きが異なる季節風が吹くことや一定以上の風力が安定して確保できる場所が少ないことなどから，風力発電の導入が進んでいない。

問８＜世界の農牧業＞中国以外の綿花の主な栽培地は，インドのデカン高原や，アメリカ合衆国の南部である。また，パキスタンでも綿花の栽培が盛んである。なお，１は豚肉，２は米，３は小麦の生産国とその割合を表している。

問９＜オーストラリアの貿易相手国＞オーストラリアの輸出相手国は，1960年代の中頃まで旧宗主国のイギリスが第１位だった。オーストラリアはその後，アジアの市場を重視するようになり，2000年頃までは日本が第１位であったが，現在では中国が第１位である。

問10＜中国の人口＞中国の人口のうち，漢民族は約９割を占める（X…誤）。また，中国は2015年に一人っ子政策を廃止したが，当初は２人目の出産を認めただけであり，2023年４月現在でも３人までである（Y…誤）。

問11＜世界人口＞近年，地域別では，アフリカ州の人口増加率が最も高い。

問12＜宗教人口＞信仰している人が世界で最も多いのは，南北アメリカ州，ヨーロッパ州などで信仰されているキリスト教で約26億人，２番目が西アジアや中央アジアから北アフリカにかけての地域で信仰されているイスラム教で約20億人，３番目はインドで信仰されているヒンドゥー教で約11億人となっている（2021年）。

問13＜待機児童＞図２より，自宅や駅から遠いために送迎ができない認可保育所であっても，子どもを駅近くの送迎保育ステーションまで送ることができれば，そこから認可保育所までは送迎サービスを受けられることがわかる。このサービスによって保育施設の需要と供給のバランスを整え，都市部の待機児童を減らすことが期待できる。

問14＜高齢化＞ヨーロッパ諸国に比べて，アメリカや日本では急速に高齢化が進行した。特に日本では短期間のうちに高齢化が進行した。

2023年度／渋谷教育学園幕張高等学校（学力選抜）

理科解答

1 (1) ①… ZnO　②… $(NH_4)_2SO_4$
③… $Ba(NO_3)_2$

(2) A…(え)　B…(こ)　C…(き)

(3) (例)試験管に空気が入り，還元されてできた銅が再び酸化されてしまう。

(4) ア… $2x-2y-z$　イ… $80x$
ウ… $44y+9z$　エ…2　オ…1
カ…2

(5) $2Cu_3(CO_3)_2(OH)_2+H_2O$
$\longrightarrow 3Cu_2CO_3(OH)_2+CO_2$

(6) (い)，(あ)，(お)，(え)，(う)

2 (1) ①…右向き　②…＋　③…N極

(2) (例)ネオジム磁石が木板とアルミ板の上をすべり下りるときの摩擦を等しくするため。

(3) ①…N極　②…ア

(4) ①…S極　②…イ

(5) ①…イ　②…増えて　③…イ
④…減って

(6) ＜実験ａ＞…反時計回り
＜実験ｂ＞…時計回り

(7) ①…時計回り　②…S極　③…引力
④…反時計回り　⑤…N極
⑥…斥力

3 (1) ACTCGTTC

(2) ①…32　②…1024　③…100万
④…22　⑤…1004　⑥…100万

(3) (例)プライマーやDNAの構成要素がなくなるから。

(4) ①…少ない　②…a　③…512
④…a，b，c

(5) (例)PCRではサイクル数を重ねるとDNAは増えなくなり，最終的に得られるDNA量は一定になるため，従来法ではもとの試験管に含まれていたDNA量を正確に調べることができないから。

4 (1) X…玄武岩　Y…花こう岩

(2) X…ウ　Y…イ　(3) ②→③→①

(4) M1の凝固点〔融点〕

(5) M1…固体と液体　M2…液体

(6) ウ，オ　(7) ①…M2　②…47g

（声の教育社　編集部）

1 〔化学変化と原子・分子〕

(1)＜化学式＞①酸化亜鉛は亜鉛イオン(Zn^{2+})と酸素イオン(O^{2-})が結びついたイオン性化合物で，それぞれのイオンの正負が打ち消し合って帯電は0になるから， Zn^{2+} と O^{2-} が1：1の数の比で結びつき，化学式は ZnO となる。　②①と同様に考えると，硫酸アンモニウムはアンモニウムイオン(NH_4^+)と硫酸イオン(SO_4^{2-})のイオン性化合物なので， NH_4^+ と SO_4^{2-} が2：1の数の比で結びつき，化学式は $(NH_4)_2SO_4$ となる。　③①と同様に考えると，硝酸バリウムはバリウムイオン(Ba^{2+})と硝酸イオン(NO_3^-)のイオン性化合物なので， Ba^{2+} と NO_3^- が1：2の数の比で結びつき，化学式は $Ba(NO_3)_2$ である。

(2)＜試験紙＞くもりの正体が水であることが確認されたので，用いられた試験紙は塩化コバルト紙である。青色の塩化コバルト紙に水をつけると，赤色(うすい赤色)に変化する。

(3)＜実験操作＞実験2では，試験管に入れた酸化銅が木炭粉の炭素によって還元され，銅ができている。ゴム管を閉じないまま加熱を止めて冷やすと，試験管内に空気が入り，銅が再び酸化されてしまう。

(4)＜化学反応式＞クジャク石を構成するイオンは，銅イオンがCu^{2+}，炭酸イオンは$CO_3{}^{2-}$，水酸化物イオンはOH^-なので，イオンの正負が打ち消し合って，全体の帯電が0になることから，$2x=2y+z$より，$\underline{2x-2y-z}_{ア}=0$……①が成り立つ。また，原子1個の質量の比が，H：C：O：Cu＝1：12：16：64であるから，酸化銅(CuO)と二酸化炭素(CO_2)，水(H_2O)の質量の比は，CuO：CO_2：H_2O＝(64＋16)：(12＋16×2)：(1×2＋16)＝80：44：18となる。よって，実験1でのクジャク石の加熱による変化を表す化学反応式が，$Cu_x(CO_3)_y(OH)_z \longrightarrow xCuO+yCO_2+\frac{z}{2}H_2O$であり，111mgのクジャク石から80mgの酸化銅が得られ，加熱によって失われる二酸化炭素と水の合計質量が31mgになることから，$80:31=80x:\left(44y+18\times\frac{z}{2}\right)$より，$80:31=\underline{80x}_{イ}:(\underline{44y+9z}_{ウ})$……②が成り立つ。①，②より，$x$，$z$を$y$で表すと，$x=2y$，$z=2y$となるから，これを満たす最も小さい正の整数は，$x=2$，$y=1$，$z=2$である。

(5)＜化学反応式＞藍銅鉱の化学式は$Cu_3(CO_3)_2(OH)_2$，(4)よりクジャク石の化学式は$Cu_2CO_3(OH)_2$である。藍銅鉱は，水と反応することで，クジャク石に変化し，二酸化炭素が発生する。化学反応式は，矢印の左側に反応前の物質の化学式，右側に反応後の物質の化学式を書き，矢印の左右で原子の種類と数が等しくなるように化学式の前に係数をつける。よって，下線部(II)の変化を表す化学反応式は，$2Cu_3(CO_3)_2(OH)_2+H_2O \longrightarrow 3Cu_2CO_3(OH)_2+CO_2$となる。

(6)＜倍数比例の法則＞窒素原子1個に結びついている酸素原子の数は，(あ)…1個，(い)…$\frac{1}{2}$個，(う)…$\frac{5}{2}$個，(え)…2個，(お)…$\frac{3}{2}$個，(か)…$\frac{4}{3}$個となる。よって，一定量の窒素と化合する酸素の比が1：2：3：4：5となるものを5つ選び，この比になるように記号を並べると，(い)：(あ)：(お)：(え)：(う)＝$\frac{1}{2}:1:\frac{3}{2}:2:\frac{5}{2}$＝1：2：3：4：5となる。

2〔電流とその利用〕

(1)＜電磁誘導＞①，③誘導電流は，磁石のN極が近づくのを妨げようとする磁界，つまり，コイルの右端がN極となるような，右向きの磁界をつくる向きに流れる。　②図で，コイルの右端がN極になるのは，右手の突き出した親指の向きが磁界の向きになるように右手でコイルをにぎったときの親指以外の4本の指の向きに誘導電流が流れる場合である。また，検流計の針は＋端子に電流が流れ込むと＋に振れる。よって，このとき流れる誘導電流は検流計の＋端子に流れ込むから，検流計の針は＋に振れる。

(2)＜実験操作＞木板とアルミ板では表面の性質が異なるため，ネオジム磁石が板から受ける摩擦の大きさが異なる。よって，木板の上を上質紙で覆ったのは，表面の性質をそろえ，ネオジム磁石が受ける摩擦の大きさを等しくするためである。

(3)＜電磁誘導＞①アルミ板からネオジム磁石の下面のN極に作用した「磁石の接近を妨げる磁力」は，N極どうしの退け合う力(斥力)である。よって，P点に生じた磁極はN極となる。　②磁界の向きはN極から出てS極に向かう向きなので，P点に生じたN極には，アのように上向きの磁力線(磁界)が生じている。

(4)＜電磁誘導＞①アルミ板からネオジム磁石の下面のN極に作用した「アルミ板の遠ざかりを妨げる磁力」は，N極と引き合う力(引力)である。よって，P点に生じた磁極はSとなる。　②P点に生じたS極には，イのように下向きの磁力線(磁界)が生じている。

⑸＜磁界の変化＞ネオジム磁石の下面がN極なので，実験aで，P点に磁石のN極が近づくとき，磁石から発せられるイの下向きの磁力線(磁界)は増える。また，実験bで，アルミ板を引くとき，P点は磁石のN極から遠ざかるので，磁石から発せられるイの下向きの磁力線(磁界)は減る。

⑹＜うず電流＞実験aで，P点にN極をつくる誘導電流の向きは，アルミ板の表側がN極になるように，表側から見て反時計回りになる。また，実験bで，P点にS極をつくる誘導電流の向きは，アルミ板の表側がS極になるように，表側から見て，実験aとは逆向きの時計回りになる。

⑺＜電磁誘導＞図c(ii)のA点では磁石のN極が離れていく(磁界が弱くなっていく)ので，A点にS極が生じて磁石のN極との間に引力がはたらくように，表側から見て時計回りの誘導電流が流れる。一方，B点では磁石のN極が近づく(磁界が強くなっていく)ので，B点にN極が生じて磁石のN極との間に斥力がはたらくように，表側から見て反時計回りの誘導電流が流れる。

3 〔生命・自然界のつながり〕

⑴＜DNAの複製＞AとT，GとCが対となるように配列を考える。

⑵＜PCR＞まず，DNA数は，1サイクル終わると2倍になるので，5サイクル後には$2^5=32$(個)，10サイクル後には$2^{10}=1024$(個)，20サイクル後には$2^{20}=2^{10}\times2^{10}=1024\times1024=1048576$より約100万個になる。次に，下図のように，2サイクル後のDNAのうち，もととなる増やしたい領域を含むDNAの1本鎖をa，新しくつくられる増やしたい領域を含むDNAの1本鎖をb，増やしたい領域だけからなるDNAの1本鎖をcとし，aとbを組み合わせたDNAの組をA，bとcを組み合わせたDNAの組をBとする。

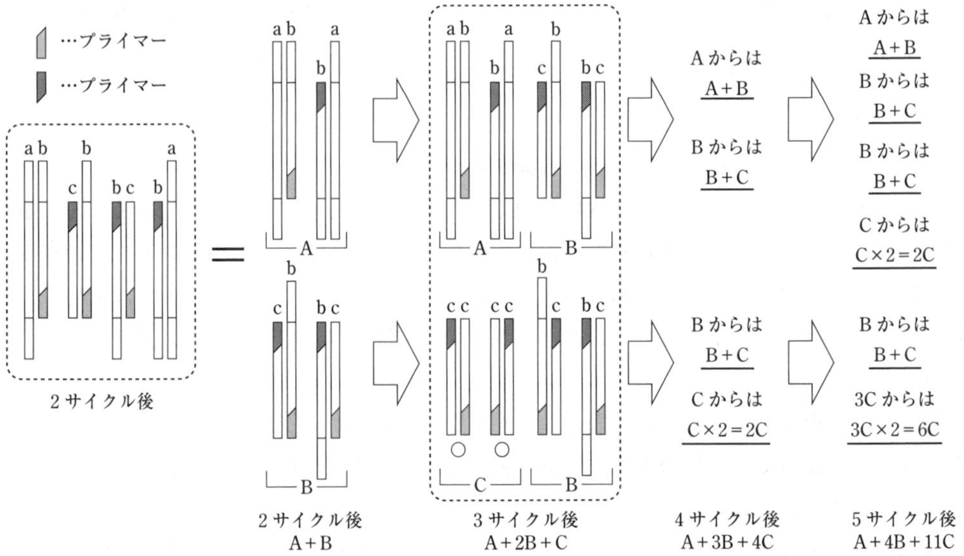

これより，3サイクル後の新しくつくられたDNAは，AからはAとBが1組ずつでき，BからはBと増やしたい領域だけからなるDNAの組ができる。この増やしたい領域だけからなるDNAの組をCとすると，3サイクル後の新しくつくられたDNAの組は，A+B+C+B=A+2B+Cとなる。さらに，4サイクル後，5サイクル後の新しくつくられたDNAの組は，図のようにそれぞれA+3B+4C，A+4B+11Cとなる。よって，A，B，Cの組には，それぞれDNAが2個含まれているから，5サイクル後の増やしたい領域だけからなるDNA数は，11×2=22(個)である。ま

た，各サイクル後の増やしたい領域だけからなるDNA以外のDNA数について考えると，2サイクル後はA＋Bより$2+2=4$個，3サイクル後はA＋2Bより$2+2\times2=6$個，4サイクル後はA＋3Bより$2+3\times2=8$個，5サイクル後はA＋4Bより$2+4\times2=10$個となるから，nサイクル後はA＋$(n-1)$BとなりDNA数は$2+(n-1)\times2=2n$(個)と表せる。したがって，nサイクル後のDNA数は2^n個より，nサイクル後の増やしたい領域だけからなるDNA数は，2^n-2n個となるので，10サイクル後の増やしたい領域だけからなるDNA数は$2^{10}-2\times10=1024-20=1004$(個)，20サイクル後の増やしたい領域だけからなるDNA数は$2^{20}-2\times20=1048576-40=1048536$より，約100万個である。

⑶＜DNAの複製＞PCRでは，サイクル数を重ねると，新しいDNAをつくる足がかりとなるプライマーやDNAの構成要素がなくなっていくため，DNAは増えなくなる。また，サイクル数を重ねると，複製ミスなどによりもとのDNAとは異なったDNAが生じ，それが蓄積するともとのDNAの複製を妨げることが知られている。

⑷＜PCR＞初めに試験管に含まれていたDNA量が多いと，DNA量がXに達するまでのサイクル数であるCt値は小さくなる。よって，Ct値が大きいほど，初めに試験管に含まれていたDNA量が少ないことになる。図5より，新型コロナウイルス由来のDNAが一番多く得られるのは，初めのDNA量が最も多い人だから，Ct値が最小のaである。また，それぞれのCt値より，bは18サイクルでDNA量がXになったから，唾液中のDNA量は$\frac{X}{2^{18}}$であり，cは27サイクルでDNA量がXになったから，唾液中のDNA量は$\frac{X}{2^{27}}$である。これより，bの唾液から得られたDNA量はcの，$\frac{X}{2^{18}}\div\frac{X}{2^{27}}=2^9=512$(倍)となる。PCR検査でCt値30までを陽性とする場合，図5より，陽性となるのはa，b，cである。

⑸＜PCR＞PCRを行うと，サイクル数を重ねるとDNAはほとんど増えなくなり，一定になる。従来法では30～40サイクルの反応後にDNAがどれだけ増えたのかを調べるため，各サイクル後にDNA量を調べるリアルタイムPCRに比べ，何サイクル目にある量(一定)になったかがわかりにくく，もともとどれくらいの量のDNAが試験管に含まれていたかを正確に調べることができない。

4〔大地の変化〕

⑴＜火成岩＞Xは斑れい岩とほぼ同じ鉱物組成の火山岩だから玄武岩である。また，Yは流紋岩とほぼ同じ鉱物組成の深成岩だから花こう岩である。

⑵＜岩石＞玄武岩は有色鉱物を多く含む火山岩で，全体的に黒っぽく，粒が細かい斑状組織を持つ。また，花こう岩は御影石と呼ばれることもある，無色鉱物を多く含む深成岩で，鉱物が肉眼で見分けられるほど大きい等粒状組織を持つ。なお，アは流紋岩，エは黒曜石，オは凝灰岩の特徴である。

⑶＜鉱物＞マグマだまりの中で成長する鉱物は早い時期には自形で晶出し，遅い時期には他形で晶出する。図2で，自形で晶出しているのは②であり，他形で晶出しているのは①，③である。また，③は②により制約を受けている。よって，マグマから晶出した順は，②→③→①と考えられる。

⑷＜凝固点＞図4で，左端は鉱物M1が100％だから，温度Tは，鉱物M1が液体から固体へ状態変化する温度，つまり，凝固点を表している。なお，鉱物M1が固体から液体へ状態変化する温度である融点としてもよい。

⑸＜状態図＞図4で，温度Tから右に下がる曲線は，鉱物M2の質量パーセント濃度に対して鉱物

M1が凝固し始める温度を示している。よって，(Ⅰ)の領域では，鉱物 M1は固体と液体であり，鉱物 M2は液体の鉱物 M1に溶けているので液体である。

⑹＜状態図＞ウ…正しい。図３で，－21.3℃になると，食塩水の質量パーセント濃度が23.3％になり，食塩も水も同時に固体になり始める。つまり，食塩水の質量パーセント濃度にかかわらず，温度を下げて全てが固体になる直前の食塩水の濃度は23.3％である。同様に考えると，図４で，溶融物の質量パーセント濃度にかかわらず，温度を下げて全てが固体になる直前の溶融物における鉱物 M2の濃度は38％である。　オ…正しい。点Xから温度を下げていくと，鉱物 M1は固体と液体，鉱物 M2は液体の状態である領域(Ⅰ)に入るので，先に晶出する鉱物は鉱物 M1である。　ア…誤り。図３と同様に考えると，(Ⅱ)の領域では鉱物 M1は液体，鉱物 M2は固体と液体の状態である。よって，領域(Ⅱ)では鉱物 M2が先に晶出する。　イ…誤り。領域(Ⅰ)では鉱物 M1が先に晶出する。　エ…誤り。状態変化しても，物質の質量は変化しない。よって，点Xでの溶融物における鉱物 M2の質量パーセント濃度が20％であり，全てが固体になったとするなら，固体全体に対する鉱物 M2の質量パーセント濃度は20％である。

⑺＜鉱物＞①図４より，点Ｘの状態の溶融物を徐々に冷やすと，先に晶出するのは鉱物 M1で，後から鉱物 M2が晶出する。そのため，白い鉱物は先に晶出した鉱物 M1であり，その隙間を埋めるように晶出している黒い鉱物は鉱物 M2である。　②点Xにおける鉱物 M2の濃度は20％なので，溶融物100g に含まれる鉱物 M2は20g，鉱物 M1は80g である。黒い鉱物 M2が晶出する直前の溶融物における鉱物 M2の濃度は38％なので，このときの溶融物の質量は，$20 \div 0.38 = 52.63\cdots$より，約52.6g となる。よって，白い鉱物 M1は，$100 - 52.6 = 47.4$より，約47g が晶出している。

2023年度／渋谷教育学園幕張高等学校（学力選抜）

国語解答

一　問一　(a)　かっぱ　(b)　しさ　(c)　忌避

問二　エ

問三　ジェンダーは，内的本質が「行為」として外に表れたものではなく，社会の規範により規定された「行為」であり，その積み重ね・反復が内的本質を事後的に構築する。

問四　エ　　問五　ア　　問六　ウ

問七　イ

二　問一　(a)　輪郭　(b)　雄弁　(c)　潮時

問二　両成敗　　問三　エ

問四　イ，オ

問五　今ここで傷つけ合っている家族の誰もが，実は問題を抱えて助けを求めている。それは甘えであり，依存であるが，かんこは，「自立」を最善とする世間に同調して家族を置きざりにするようなことはできず，この家族のそばにいて，ともに今の地獄のような状況から抜け出したい，と思っている。

問六　ア

三　問一　オ　　問二　イ　　問三　イ

問四　借りた刀を返すつもりは全くない。

問五　所司代が，徳政の札が立ったことを理由に亭主が借りた刀を返さないなら，山伏が宿として借りた家も山伏のものになる，という判断を示して，非道に苦しむ山伏を救ったこと。(80字)

問六　イ　　問七　ウ

（声の教育社　編集部）

一〔論説文の読解―哲学的分野―哲学〕出典；藤高和輝『〈トラブル〉としてのフェミニズム――「とり乱させない抑圧」に抗して』「トラブルに未来はあるのか？」。

≪本文の概要≫バトラーは，ジェンダーは内的本質を表出・表現したものではなく，ジェンダー，すなわち外側にあるとされる「行為」の積み重ね・反復によって，内側にあるとされる本質が事後的に構築されると主張する。ジェンダーという行為は，社会に潜むジェンダー規範によって規定されている。社会の規範に従わなければ，真っ当な人間とは見なされず，〈トラブル〉の状態に陥ってしまうため，私たちは，強制力を持った規範の下で行為させられる。しかし，私たちは，ジェンダー規範が要求するものを，完璧に体現することはできない。どれだけ懸命にその規範を体現しようとしても，失敗し続けて〈トラブル〉を経験することになるのであり，この意味で〈トラブル〉は，不可避なものである。しかも，〈トラブル〉を表明すれば社会の厄介者として忌避されるため，私たちは，〈トラブル〉を隠すよう抑圧される。だからこそバトラーは，「うまくトラブルを起こすこと」「うまくトラブルの状態になること」によって，規範から外れた者の排除を肯定しようとする政治にあらがい，その政治によって生み出された〈トラブル〉に，変革のポテンシャルを見出そうとするのである。

問一＜漢字＞(a)「喝破」は，誤った説を退けて真理を説き明かすこと。　(b)「示唆」は，それとなく気づかせること。　(c)「忌避」は，いみ嫌って避けること。

問二＜四字熟語＞「ジェンダーがセックスをはじめとしたなんらかの内的本質によってあらかじめ決定されている」とした場合，ある女性が自分を「自然な女のように感じる」と述べるのは，女は女であるといっているのに等しい。これは，ある事柄を定義するために定義されるものを示す語をそのまま使う「同語反復」である。「形容矛盾」は，例えば，金属製の木のように，ある名詞を形容する際にその名詞と矛盾する形容をすること。「事実無根」は，事実に基づいていないこと。「牽強《けんきょう》付《ふ》会《かい》」は，自分にとって都合のよいように，無理やりこじつけること。

問三＜文章内容＞「ジェンダー表出(expressive)モデル」では，ジェンダーは「内的本質が『行為』として外的に『表出』したもの」ととらえられる。一方，バトラーは，「ジェンダー――すなわち『外側』にあるとされる『行為』――の積み重ね，その反復によって，『内側』にあるとされる『本質』は事後的に構築される」と考えた。この「外側」とは社会のことであり，ジェンダーは「社会のなかに潜むジェンダー規範によって規定されて」いて，社会規範に基づく「行為」を繰り返すことで，アイデンティティのような「内的本質」が「事後的」につくられるのである。

問四＜文章内容＞ジェンダー規範は，「私たちの行為を統制する」のだが，その規範が表す像は，「理念上の産物」であり，「完璧には」体現されえない。田中美津は，女らしく振る舞うことを強いる「お嫁に行けなくなりますよ」という言葉で「女らしさ」を規定することは，男性という「他人の目の中に」自己を見出そうとする行為であり，「どこにもいない女」を目指す以上，「不安と焦燥の中で切り裂かれていくのは必然」だと述べた。

問五＜文章内容＞「ジェンダーがセックスをはじめとしたなんらかの内的本質によってあらかじめ決定されている」のであれば，ある女性が自分を「自然な女のように感じる」のは当然である。しかし，バトラーによれば，内的本質が表出したものがジェンダーなのではなく，「外側」にあるジェンダー規範によって規定された「行為」の積み重ね・反復が，内的本質をつくっているのである。具体的にいえば，「女らしさ」の規範のある社会の中では，女性はその「規範」に従わざるをえないので女らしい行為を重ね，そうすることでその女性は「自然な女」としてつくり上げられていくのである。そして，そのような「規範」は，女性にとっては「他者」である男性に接し，その男性が持っている「異性愛規範」にふれることで，強く意識させられることになる。

問六＜文章内容＞〈トラブル〉が「避けえない」のは，私たちが「どれだけ懸命にジェンダー規範を体現しようとしても，その『完璧な例』になることはできない」ためである。ジェンダー規範が要求するものは「『どこにもない』理念上の産物」であるので，「『本物の女性／男性』といった理念は，永遠に実現されることはなく，その『失敗』を構造的に運命づけられて」いる。だからこそ，私たちは，「大なり小なり『女／男になること』に『失敗』しつづけ〈トラブル〉を経験する」しかないのであり，「この意味で〈トラブル〉は不可避なもの」なのである。

問七＜主題＞「このような権力の巧妙な策略」とは，「現行の法がトラブルを厄介払いするためにひとをトラブルで脅し，ひとをトラブルに陥らせさえしている」ことである。これは，ジェンダーをめぐる問題でいえば，社会の中の「ジェンダー規範」が，それを破ると社会的な差別や排除の対象になるという「脅し」としてはたらくということである。「ジェンダーという行為」は「社会のなかに潜むジェンダー規範によって規定されて」おり，「その社会の規範に従わなければ，私たちはその社会のなかで『真っ当』とされている『人間』像から排除され，まさに〈トラブル〉の状態に陥って」しまう。そのため，私たちは，あたかも〈トラブル〉に陥ったことを隠すよう要求され，「〈トラブル〉を表に出さないよう抑圧」される。この規範は，こうして人々を規範に従わせ，その規範に従うのが自然なあり方であるかに見せて，社会の秩序を保とうとするのである。

二〔小説の読解〕出典；宇佐見りん『くるまの娘』。

問一＜漢字＞(a)「輪郭」は，物の外形を示すふちどりの線のこと。　(b)「雄弁」は，巧みに，説得力を持って話すこと。　(c)「潮時」は，あることをするのにちょうどよい時期のこと。

問二＜語句＞問題の当事者双方に罪があるとして，どちらも罰することを，「両成敗」という。

問三＜文章内容＞父が母を無視して「弟に話しかけ始めたとき」に，弟は父の話をさえぎって「しびれを切らした」ように「よくないってそういうの」と言った。そして，次の言葉を「弟が言い切らないうち」に，母がその言葉を拾って話した。このように，お互いに相手の言葉を聞き終えないうちに思ったことを口に出して言えば，会話は成立せず，感情だけが「燃え上がる」ように一気に高ぶってしまう。

問四＜心情＞家族の誰が話しかけても答えなくなった父に対して，弟は「よくないってそういうの」と言い，さらに「ぼく覚えてるよ。結局行くって言ったじゃん」と父を追及するようなことを言った。そして，かんこと母も勝手なことを言って収拾がつかなくなってきたところで，弟は噴き出した。父は，弟が「自分だけが，正しい」と思っているからあきれて噴き出したのだと思い，ますます不機嫌になり，弟が中学でいじめられたことまで持ち出したが，母とかんこがその父の発言をとがめるようなことを言ったため，父は孤立した状態になった。そこで父は，自分と他の家族との距離を感じさせるような丁寧語を使い，弟のいじめについてさらに言及しようと嫌味な態度を取った。

問五＜心情＞「この車」の中では，家族がそれぞれ自分の思ったことや感じたことをすぐ口に出して言い合い，結果的に互いに傷つけ合っている。しかし，かんこは，誰かを傷つける人はその人自身も傷つきやすく，それぞれが根の深い問題を抱えて「自分や身内の被った害への抵抗だと信じて，相手を傷つける」ということに気づいていた。「自分を傷つける相手」や「傷つく場所」から逃げて自分を守ることが大事だと社会はいうが，かんこは，「このどうしようもない状況のまま家の者を置きざりにする」ことには痛みが伴うと思っていた。かんこは，ここにいる家族は「みんな，助けを求めている」と思うからこそ，「愛されなかった人間，傷ついた人間の，そばにいたかった」のであり，「背負って，ともに地獄を抜け出したかった」のである。

問六＜表現＞家族四人が乗った車の中での出来事や，かんこがそこで見た外の景色などが，かんこの感覚を通して表現されている(ア…○，イ・ウ…×)。かんこは，それぞれ勝手に自分の言いたいことを言って互いに傷つけ合ってしまう家族を見ているが，その意識は，「もつれ合いながら脱しようともがくさまを『依存』の一語で切り捨ててしまえる大人たちが，数多自立しているこの世」や「自立を最善の在り方とするようになったこの現代社会」の在り方の問題に向けられている(エ・オ…×)。

三〔古文の読解―笑話〕出典；『醒睡笑』巻之四「聞えた批判」。

≪現代語訳≫将軍が天下をお治めになる。このご治世の賢臣や義士が多い中に，京都の所司代として〈訴え〉を聞き是非をお決めになるときに，(相手が)裕福な人であっても，こびへつらう様子もなく，(相手が)貧しい人であっても，軽んじる様子もない。そのため身分の高い人から低い人まで全ての人々は(所司代の)裁きを喜び，(裁きが)すばらしい，巧みだと，褒めたたえる人が世間に大勢いた。一滴を舌で味わって，大海の塩味を知るとあるので，その金言の一端をいえば，他はきっとわかるはずだ。あるとき越後で，山伏が宿を借りた。ちょうどそのとき領主の出迎えに亭主も参上するところだったので，その山伏がさしていた刀が，装飾といい，つくりといい，大変優れたもの(だったので，それ)を借りていった。まだ(亭主が)宿に帰ってこないときに，越後一国に徳政の札が立った。そのうちに亭主が帰ってきたが，刀を返さない。山伏はこらえかね，何度も返してほしいと言った。亭主は，「あなたの刀を借りたのはまことである。しかし徳政の札が立った以上は，この刀も流れたのだ。(だから，借りた刀を)返すつもりは全くない」と返事した。争いごとになったので，双方は江戸に参上し，太政大臣徳川家康公の御前での裁きとなった。そのとき京都の所司代が下向していた。(所司代は)家康公から「この裁きはどのようにしたらよいか」とご下問されて，「謹んで(申し上げます。)手間のかかることでもないと存じます。ちょうど徳政の札が立ったことで，亭主が借りた刀を流しましたなら，また山伏が(宿として)借りた家も，全て山伏の所有すべきものとなります」と，申し上げられたので，家康公の感動がひとしおだった当意即妙の命令であることだ。／正しい道理という薬で訴訟の病を治し，憲法という灯を掲げて筋の通らないことに苦しむ闇を照らすという金言も他人事ではない。

問一＜古文の内容理解＞「理非を決断」し，「裁許」を下すのは，訴訟が持ち込まれたときの所司代の業務である。「訟」は，「訴」と同様，うったえる，という意味の字。

問二＜古文の内容理解＞京都の所司代は，裁きを下す際に，「富貴の人とても，へつらふ色もなく，貧賤のものとても，くだせる体なし」，すなわち，相手が裕福な人でもこびへつらうことがなく，相手が貧しい人でも軽んじることがなかった。相手の身分や財力によらず公平に裁いたのである。

問三＜古文の内容理解＞「一滴」を舌で味わって「大海」の塩味を知るとは，ごくわずかなことから大きな全体を知る，という意味。この後に述べられている山伏と宿の亭主との争いに対する所司代の裁き一つを見ただけで，京都所司代の裁きがいかにすばらしいものであったかがわかる。

問四＜現代語訳＞「さらさら」は，下に打ち消しの語を伴って，決して〜ない，という意味。「まじき」は，打ち消し推量を表す助動詞「まじ」の連体形。直訳すれば，決して返すまい，となる。山伏が宿を借りた家の亭主は，山伏から刀を借りたが，ちょうどそのとき徳政の札が立ったことに乗じて，徳政の札が立った以上は，その刀は返さなくてよい，だから返さないと言ったのである。

問五＜古文の内容理解＞山伏の立派な刀を借りた亭主は，徳政の札が立った以上は，その刀は返さなくてよいことになるのだから返さないと言った。そのために，刀を返してほしいと思う山伏と亭主との間に争いが生じ，二人は江戸に参上して，家康公の前で裁きを受けることになった。このとき，家康公が所司代にどう裁いたらよいかと尋ねると，所司代は，徳政の札が立ったことで借りた刀を返さないというのなら，同じ理由で，宿として山伏が借りた家はそのまま山伏の所有になると答えた。道理に合わないことを言う亭主の主張の根拠を巧みに取り入れて，亭主の言い分を受け入れつつ困っている山伏を救った判決は見事なものであり，家康公はその内容に感動したのである。

問六＜漢文の訓読＞「正理之薬」→「以」→「訴詔之病」→「治」→「憲法之灯」→「挑」→「愁嘆之闇」→「照」の順に読む。二字以上返るためには，一・二点を用いる。

問七＜文学史＞『醒睡笑』と『おくのほそ道』と『雨月物語』と『武道伝来記』と『義経千本桜』は，江戸時代の作品。『宇治拾遺物語』は，鎌倉時代に成立した説話。

2023年度 渋谷教育学園幕張高等学校(帰国生選抜)

【英　語】（筆記・リスニング：50分　エッセイ：30分）〈満点：面接もふくめて100点〉

（注意）
- Before the listening section starts, you will have two minutes to read the questions.
- You will hear the listening section recording once.
- You may make notes on the test paper.

PART 1. LISTENING

Listen carefully to the passage.　You may take notes or answer the questions at any time.

Write the letter of your answer on the answer sheet.

1．The desert city of Yazd “features a ＿＿＿＿＿＿”.

A．historionic invitation　　B．historic innovation

C．hysterical implication　　D．histolytic invention

2．When were *badgir* invented ?

A．1200　　B．when temperatures rose worldwide

C．between 1100 and 1199　　D．1201

3．Which is a major advantage of the windcatchers mentioned in the passage ?

A．They let residents relax under the stars.　　B．They do not require power.

C．They make cold sinks bearable.　　D．They were invented by travelers.

4．Windcatchers only cooled the air a little, but people experienced a ＿＿＿ benefit from them.

A．psychological　　B．climatic　　C．physical　　D．scientific

5．What else was used to cool homes ?

A．birdbaths　　B．water-filled carts

C．intricate screens　　D．jars full of water

6．What was the result of commissioning European architects to redesign Persian Gulf cities ?

A．More air conditioning was used.　　B．More shaded walkways were built.

C．Historic architecture was imitated.　　D．Old building techniques were revived.

7．What does Sue Roaf specialize in ?

A．historic buildings　　B．wind-catching walls

C．climate-adaptive architecture　　D．almost-criminal structures

8．What example does Naser Rabbat give for using “calibratable technology” in a warming world ?

A．Ceramic jugs of water could replace wind catchers.

B．Cool vapor could be sprayed inside houses.

C．Mechanical wind catchers could calibrate themselves.

D．Ceramic sprayers could cool wind catchers.

9．The last line of the passage suggests that

A．it will take time for modern architects to adopt windcatchers.

B．windcatchers are frequently used in new buildings.

C．windcatching technology is too heavy to be considered viable.

D．contemporary climate-conscious architects are secretive.

10. What would be the most suitable title for this passage ?
A. The Stifling Heat of Iran
B. New Air Conditioning Technology for a New Century
C. Preserving Yazd's Traditional Architecture
D. Historic Cooling Techniques for a Warming Planet

※＜**リスニング問題放送原稿**＞は英語の問題の終わりに付けてあります。

PART 2. GRAMMAR

There may be an error with grammar, structure, expression, or punctuation in the underlined parts of the following sentences.

If you find an error, select the best replacement for the underlined part and write the letter on the answer sheet. If you think there is no error, select letter A.

1. For the article to be in the morning newspaper, I'll have to finish it until nine o'clock tonight.
A. until [**NO ERROR**]　B. since　C. by　D. at

2. I promised that I will meet her at the airport twenty minutes ago!
A. that I will [**NO ERROR**]　B. that I would
C. that I　D. that I should

3. Could you tell me who should I speak to about this lost umbrella ?
A. who should I [**NO ERROR**]　B. whom must I
C. to who I must　D. who I should

4. I was surprised that I didn't see anyone in the classroom when I walked in.
A. I didn't see anyone [**NO ERROR**]　B. I saw anyone
C. I didn't see no one　D. I did see no one

5. The bear was scared off by the girl by a trumpet.
A. by the girl by a trumpet [**NO ERROR**]
B. with the girl with a trumpet
C. by the girl with a trumpet
D. with the girl by a trumpet

6. His latest film is not so impressive than his earlier ones.
A. not so [**NO ERROR**]　B. not as　C. at least　D. less

7. I'll never forget to meet my friend Rachel on our first day of school last year.
A. never forget to meet [**NO ERROR**]　B. never forget meeting
C. always remember to meet　D. always forget meeting

8. If I'd started saving money earlier, I'd have been able to afford a better car.
A. I'd have been able to [**NO ERROR**]　B. I would been able to
C. I had been able to　D. I could have

9. The head chef considered it preferable that Paul to not make apple pies anymore.
A. to not make [**NO ERROR**]　B. not make
C. isn't making　D. should make

10. After a long deliberation, Barry decided to order the beef and Mary: the chicken.
A. and Mary: the chicken [**NO ERROR**]　B. and Mary the chicken
C. and Mary — the chicken　D. and Mary, the chicken

PART 3. VOCABULARY

Select the best word or words to complete the following sentences and write the letter on your answer sheet.

1. The ______ upper limit for caffeine is 400 milligrams a day before health problems occur.
   A. fundamental　B. acceptable　C. feasible　D. exceptional
2. The minister was quite ________ figure in the town due to all the charitable projects he led.
   A. an accustomed　B. a prevalent　C. a prominent　D. an abundant
3. It is proper ______ to tip the staff in a restaurant in the United States.
   A. etiquette　B. taste　C. culture　D. manner
4. This type of moth is ______ found on the Asian continent, so why is it here in Mexico?
   A. avidly　B. prevalently　C. seldom　D. predominantly
5. Daryl, the environmental engineer, hoped to design ________ that would remove pollutants from the air.
   A. a formation　B. a utensil　C. an abacus　D. an apparatus
6. Beth seems outgoing with her friends, but in ______, she is quite shy when meeting new people.
   A. effect　B. actuality　C. sensibility　D. practicality
7. Despite complaints that stray cats were ______, the king ______ the idea of getting rid of them.
   A. a nuisance . . . rejected　B. an asset . . . snubbed
   C. an abundance . . . proclaimed　D. a problem . . . breached
8. Townsville became ______ after the ______ of a trendy new theme park.
   A. grateful . . . attachment　B. prosperous . . . construction
   C. profitable. . . constitution　D. optimistic . . . establishment
9. To ______ global warming, we must be ______ about limiting our reliance on harmful plastics.
   A. oppress . . . resourceful　B. suppress . . . conscious
   C. curtail . . . conscientious　D. diminish . . . rousing
10. While foxes have cat-like ______, they are ______ as part of the canine family.
   A. features . . . classified　B. semblances . . . received
   C. instincts . . . derived　D. facades . . . conversed

PART 4. READING COMPREHENSION

Read the following story and answer the questions that follow.

Adapted from "The Duke of Wellington Misplaces His Horse"

by Susanna Clarke

The people of the village of Wall are celebrated for their independent spirit. An aristocratic title makes no impression upon them and any thing in the nature of pride and haughtiness they detest. In 1819 the proudest man in all of England was, without a doubt, the Duke of Wellington. This was not particularly surprising; when a man has twice defeated the armies of the wicked French Emperor, Napoleon Bonaparte, it is only natural that he should have a rather high opinion of himself. In late September of that year the Duke happened to spend one night in Wall and, though it was only one night, the Duke and village soon quarrelled. The next morning, he awoke just in time to see his favorite horse, Copenhagen, let loose on the far side of a meadow. Soon after, the horse disappeared from view and the Duke strode forward in pursuit.

The Duke had only gone a mile or so when he came to a stone house surrounded by a dark moat. Thinking that one of the inhabitants of the house might have seen Copenhagen, the Duke began to look in at all the windows. Inside he saw only a vast and magnificent piece of embroidery. The room contained just one other thing : a shabby birdcage that hung from the ceiling with a forlorn bird sitting gloomily inside it. Curious, the Duke entered through the front door and examined the tapestry.

It consisted of thousands upon thousands of the most exquisite embroidered pictures, some of which seemed quite familiar. Here was a chestnut horse, remarkably like Copenhagen, running in a meadow with the village of Wall behind him ; then came a picture of the Duke here in this very room, looking down at the embroidery ! At that moment a large brindled rat ran out a hole in the wainscotting and began to gnaw at the part which depicted the birdcage. But what was most extraordinary was that the instant the stitches were broken, the cage in the room disappeared.

The next picture was of a knight in silver armour arriving at the house. The one after that showed the Duke and the knight engaged in a violent quarrel and the last picture showed the knight plunging his sword into the Duke. "But this is most unfair !" he cried. "This fellow has a sword, a spear, a dagger and a what-you-may-call-it with a spiked ball on the end of a chain ! Whereas I have no weapon whatsoever !" The Duke looked out of the window and saw the knight in silver armour crossing the moss-covered bridge.

"Wait !" cried the Duke. "I do believe that this is not a military problem at all. It is a problem of needlework !" He took some scissors and snipped all the threads in the pictures which showed the knight arriving at the house; their quarrel; and his own death. When he had finished he looked out of the window; the knight was nowhere to be seen. "Excellent !" he cried. "Now, for the rest !"

With a great deal of concentration he added some pictures of his own to the embroidery, all in the largest, ugliest stitches imaginable. The Duke's first picture showed a stick figure (himself) leaving the house, the next was of his joyful reunion with a stick horse (Copenhagen) and the last showed their safe return home. He left the house and found Copenhagen waiting for him — precisely where his large stitches had shown the horse would be and great was their rejoicing at the sight of one another. Then the Duke of Wellington mounted upon his horse's back and rode off, never to return to the village of Wall.

In later life he was at different times a Diplomat, a Statesman and Prime Minister of Great Britain, but, despite his desire to become the greatest Englishman who ever lived, he came more and more to believe that all his exertions were in vain. He told a close friend that: "On the battlefields of Europe I was master of my own destiny, but as a politician there are so many compromises I must make, that I am at best a stick figure."

After saying these words the Duke looked alarmed and turned pale as he realized the truth.

Choose the letter of the best answer to each question and write it on the answer sheet.

1. In 1819, the Duke of Wellington is "the proudest man in all of England" because

A. he is an aristocrat. B. he has an independent spirit.

C. he has the greatest horse. D. he is a victorious military leader.

2. What have the people of Wall done to the Duke's horse ?

A. They have put it inside a stone house.　B. They have sent a knight to kill it.
C. They have set it loose outside.　D. They have scared it away.

3. What is the meaning of "forlorn"?
A. sad-looking　B. tired-looking　C. angry-looking　D. old-looking

4. In the third paragraph, what aspect of the tapestry is the most unusual?
A. It is vast and magnificent in size.　B. Things removed from it disappear.
C. A picture of the Duke is on it.　D. The embroidered images look exquisite.

5. What word best describes the Duke's emotional state in the fourth paragraph?
A. infuriated　B. indignant　C. panicked　D. pessimistic

6. When the Duke says, "It is a problem of needlework", he means that he can
A. defeat the knight without fighting.
B. use the sewing tools to kill the knight.
C. set a trap for the knight using needles.
D. sew himself a weapon using the tapestry.

7. How does the Duke find Copenhagen?
A. He searches outside the house.
B. He coincidentally runs into him.
C. He embroiders a stick horse in the tapestry.
D. He runs to the far side of the meadow.

8. The most likely reason the Duke has never returned to Wall is because he fears
A. the knight will return.
B. getting lost on the way.
C. the stitches will come undone.
D. being treated badly by its people.

9. At the end of the story, what does the Duke mean when he says, "I am at best a stick figure"?
A. He has weakened with age and has lost his social position.
B. His experiences in life have utterly humbled him.
C. By altering the tapestry, his life became a disappointment.
D. His experience in battle made him an insecure politician.

10. What alternative title best suits the theme of the story?
A. Sir, Where's My Horse?
B. The Duke, The Knight, and The Village
C. The Greatest Englishman
D. Destiny's Tapestry

PART 5. READING COMPREHENSION

Read the following article and answer the questions that follow.

Adapted from "Captain Thunderbolt"

by Dave Anthony

Frederick Ward was born in Australia in 1835. As a young man, he became an expert horseman, taming wild horses as a horsebreaker and drover on the Tocal Run on the lower Paterson River.

These skills, along with his strong self-reliance and physical endurance, meant that he could survive in the bush for long stretches of time. The Wards were a close family, and when his nephew, John Garbutt, became the leader of a horse and cattle theft ring, a few of them got involved in this racket, eventually drawing Ward into the business of stealing cattle and horses as well.

His first brush with the law came with his arrest in April 1856 for attempting to drive forty-five stolen horses to the Windsor sale yards. Found guilty, he spent four years imprisoned at Cockatoo Island, in Sydney Harbour, before being released on parole for good behavior.

In 1860, he met Mary Ann Bugg. When she became pregnant with his child, he took her back to her father's farm, Dungog, to deliver the baby, but this broke the terms of his parole. When he returned to his town to report to the authorities, he was arrested for this violation, and for arriving on a horse he claimed that he "borrowed". Ward was sent back to Cockatoo Island.

Yearning to see his wife and his children, Ward escaped Cockatoo Island with another prisoner, Fred Britten, by swimming to shore and then heading north out of Sydney, becoming a fugitive. Six weeks later, they burgled a shepherd's hut. However, there was a strange noble aspect to the burglary.

Ward said of the incident, "We wanted the gun and the bacon. We wouldn't rob the house as we merely rob the rich and not the poor." Although their actions seem to contradict that statement, Ward's Robin Hood-like legend began to take shape.

Soon the police were on their trail after news of the burglary reached authorities. As Ward tried to escape them, gunfights broke out, but the police were at a disadvantage. They did not know how to ride horses and shoot at the same time. Their horses also had not been trained for gunfire, so when the fighting started, the police were scattered. As the charge continued, Ward and his partner were then pursued into a swamp where the slowest of police chases ensued. Due to the mud and bog, the fugitives slogged through the mud just out of reach of the police because nobody could ride their horses. Ward and his partner escaped, and as they continued robbing, Ward became known as the gentleman robber due to his polite and courteous demeanor toward the people he stole from.

Enduring bushranger mythology claims Ward earned the moniker Captain Thunderbolt when Ward approached the toll house on the road between Rutherford and Maitland with his gun drawn to steal the toll money. He startled the customs officer from his sleep by banging loudly on the door. The officer, Delaney, is purported to have remarked, "By God, I thought it must have been a thunderbolt". It is claimed that Ward retorted: "I am thunder and this is my bolt". In truth, Ward simply informed the man that his name was Thunderbolt. After the robbery, Ward went to an inn where he spent the evening, but on the way out he met Delaney again. The two men reentered the inn to share some drinks, and Ward returned all the money he had stolen from him.

Ward's robbing of the rich saw him and his crew roaming across a vast area of New South Wales, from the Hunter Valley to the Queensland border. A spree in Dungog, Stroud, and Singleton from November 1863 to January 1864 involved the entire bushranging family. However, the good times were nearly up for Ward because in 1865 the government decided to crack down on bushrangers, who, with the exception of Ward, were becoming more violent and dangerous.

Frederick "Captain Thunderbolt" Ward was eventually shot and killed by Constable Walker (an off-duty policeman) in 1870 after a dramatic showdown when Walker shot Thunderbolt's horse out from under him in a swamp near Uralla. During a violent and wild period of Australian history,

Ward is remembered for his charm, charismatic personality, and his legendary adventures as Captain Thunderbolt.

Choose the letter of the best answer to each question and write it on the answer sheet.

1. What kind of work did Ward do on the Tocal Run ?
   A. He punished horses that misbehaved.
   B. He tested the physical power of horses.
   C. He changed horseshoes.
   D. He trained horses to be ridden.

2. Based on the first paragraph, what is the most accurate description of Ward ?
   A. tough and independent　B. tame and handy
   C. gritty and comical　D. isolated and law-abiding

3. What is the meaning of "racket" in the context of this article ?
   A. a whirl of excitement　B. an easy way to earn a living
   C. an illegal activity　D. an implement usually fitted with strings

4. Ward's "brush with the law" involved
   A. a lawful apprehension.　B. false imprisonment.
   C. a legal education.　D. a perilous escape.

5. Ward was sent back to Cockatoo Island because he
   A. broke his parole by getting married.
   B. was paroled for stealing horses.
   C. stole the horse he returned on.
   D. reported to the authorities.

6. What is **not** true about Ward's criminal activities ?
   A. They involved threatening his victims.
   B. They were murderous.
   C. They resulted in people losing money and property.
   D. They were not as noble as he claimed.

7. In the sixth paragraph, the writer characterizes the police who chased Ward as
   A. heroic public servants.
   B. a threat to the bushrangers' way of life.
   C. capable administrators of justice.
   D. a bumbling and poorly trained group.

8. What does Ward's behavior towards the customs officer suggest about his character ?
   A. He was confused about how to rob people.
   B. He had no sympathy for others.
   C. He had an uncommon sense of morality.
   D. He was quick-tempered.

9. The most likely reason Ward retained the nickname Thunderbolt long after his death was because it
   A. was passed down through generations of customs officers.
   B. reflected his legendary status as a bushranger.
   C. characterized the violent methods he used to commit crimes.

D. recalls his quickness with a gun and his speed as a horse rider.

10. Which words best reflect the way that the writer portrays Ward in this article ?

A. unusual but impressive　　B. nasty and contemptable

C. admirable but foolish　　D. terrifying but conventional

ESSAY

Essay topic

After you graduate from high school, how would you like your teachers and classmates to remember you ?

＜リスニング問題放送原稿＞

Adapted from "Long Before Electricity Windcatchers of Persia Kept Residents Cool. Climate-Conscious Architects Are Taking Notes"

by Durrie Bouscaren

The desert city of Yazd, Iran — one of the hottest places on earth — features a historic innovation. There, in the city's sprawling old town, intricate wind-catching towers rise above the alleyways — they're boxy, geometric structures that take in cooler, less dusty air from high above the city and push it down into homes below. This 12th-century invention — known as *badgir* in Persian — remained a reliable form of air-conditioning for Yazd residents for centuries. And as temperatures continue to rise around the world, this ancient way of staying cool has gained renewed attention for its emissions-free and cost-effective design.

Windcatchers don't require electricity or mechanical help to push cold air into a home, just the physical structure of the tower — and the laws of nature. Cold air sinks. Hot air rises. Temperatures is Yazd can regularly reach 46 degrees Celsius. But somehow, the windcatchers and other architectural features make it bearable, many residents say. They spend their days in the city's shaded alleyways, thick-walled courtyards, and cool basements, and spend their nights relaxing on their rooves under the stars.

Historical references to windcatchers go back centuries. Written records in travelers' diaries and poems reference the unique cooling structures. Most windcatchers only cooled the air by a few degrees, but the psychological impact was significant. They soon appeared all over the medieval Muslim world, from the Persian Gulf to the seat of the Mamluk empire in Cairo, where they are called *malqaf*.

The ones in Cairo are extremely simple in form, usually with a slanted roof and a screen facing the direction of favorable wind. In Iran, the windcatcher is a raised tower that usually opens on four sides because there's not a dominant wind direction. Over time, windcatchers became symbols of wealth and success, growing increasingly elaborate. Homeowners would install intricate screens to keep out the birds, and huge, water-filled jars and courtyard pools could bring the temperature down even more.

Many of the older techniques that kept life comfortable in the Persian Gulf fell out of favor after World War Ⅱ. The leaders of these countries commissioned European architects to build cities in their image — partially demolishing or totally erasing the dense, historic urban architecture. Those shaded walkways, created by overhanging buildings and angled streets so beloved in historic cities like Yazd, were no longer considered desirable. The spacious, gridded street plan that replaced them may have made sense in western Europe, but in a place like Kuwait or Abu Dhabi, mass quantities of air conditioning are necessary to make this type of urban planning comfortable.

Architect Sue Roaf thinks it's "almost criminal" to build structures that continue to rely on air conditioning, knowing its impact on the climate. Roaf focuses on climate-adaptive building and chose to build her home using the same principles of ventilation and insulation that she learned while studying the windcatchers of Yazd. Strategically placed windows, thick, cave-like walls, and a roof vent that functions as a windcatcher keep Roaf's home at a cool 21 degrees Celsius without air-conditioning, even during Britain's historic heat wave this summer.

Naser Rabbat, director of the Aga Khan program for Islamic architecture at MIT says passion projects like Roaf's demonstrate what's possible for building in a warming world. "The old thinking was more romantic — let us learn from the ancients," Rabbat said. "The new thinking is that we have much more calibratable technology. Why don't we use it to harvest much more of the energy we can collect ?" For example, mechanical pumps could spray vapor inside, cooling the air the same way the ceramic jugs of water once worked under the windcatchers of Yazd, he said.

Today, Yazd is a bustling city full of motorcycles and high-rise buildings. But video editor Mohamed Bandekhoda said he likes the older parts best. He thinks windcatchers beautify the Yazd skyline, but he's never been inside a home with one in use. "My grandmother's house, for example, has one — but no one knows where to open it," Bandekhoda said. For now, it remains in wait, ready to inspire the next generation of climate-conscious architects.

英語解答

PART 1

1 B　2 C　3 B　4 A
5 D　6 A　7 C　8 B
9 A　10 D

PART 2

1 C　2 B　3 D　4 A
5 C　6 D　7 B　8 A
9 B　10 B

PART 3

1 B　2 C　3 A　4 D
5 D　6 B　7 A　8 B
9 C　10 A

PART 4

1 D　2 C　3 A　4 B
5 C　6 A　7 C　8 D
9 B　10 D

PART 5

1 D　2 A　3 C　4 A
5 C　6 B　7 D　8 C
9 B　10 A

ESSAY

解答省略

（声の教育社　編集部）

Memo

Memo

2022年度 渋谷教育学園幕張高等学校（学力選抜）

【英　語】（問題：50分　リスニング：10分）〈満点：100点〉

リスニングテストの音声は，当社ホームページで聴くことができます。（当社による録音です）
再生に必要なユーザー名とアクセスコードは「収録内容一覧」のページに掲載しています。

（注意）
- 英語による解答で語数の指定がある場合，it'sやcan'tのような短縮形は1語として数えます。
　また次のような符号は単語の数に含まないものとします。
　　，．！？“ ”—：
- 日本語による解答で字数の指定がある場合，句読点は1字として数えます。
- 筆記試験の時間は50分です。その後リスニングテストが続きます。

1　次の1～11の英文には，下線部に文法的な誤りや不自然な箇所を含むものが6つあります。例にならって，誤りを含む英文の番号を指摘し，その英文が正しくなるように下線部内の1語を訂正しなさい。

【例】　0．I have a friend which lives in New York.

［解答］

番号	誤	正
0	which	who

1．Did you set your alarm clock for 4 o'clock tomorrow morning?　Why do you have to get up so early?
2．I forgot to switch off a phone, and it rang during the exam.
3．I have four cats.　One is black, other is white, and the others are brown.
4．I made friends with a 17-year-old girl at a music festival last summer.
5．I played baseball twice at Chiba Marine Stadium last year.
6．The doctor said me to take these two kinds of medicine.
7．What did you do in the morning of December 25th last year?
8．It was Sunday yesterday, so my mom let me sleep until noon.
9．We went shopping to a food market with my family last Sunday.
10．What is the population of New Zealand?　About 100 million?
11．You can take away this meal and eat in.

2　次の英文中の空らん［ 1 ］～［ 5 ］に適するように，それぞれあとに与えられた語句を並べかえなさい。ただし，解答らんにはA，B，Cの位置にくる語句を記号で答えなさい。文頭にくるべき語も小文字で書き始めてあります。

On December 5, 1901, Walter Elias Disney was born in an upstairs bedroom of a two-story cottage on North Tripp Avenue in Chicago.

Walt's parents and older brothers were ［ 1 ］.　So he didn't start until he was almost seven.　By then, his younger sister Ruth, who was five, was ready for school, too.　Walt said that starting school with his younger sister “［ 2 ］ to a boy.”

Walt always wanted to entertain people, to make them have a good time.　Once a group of actors came to town to perform Peter Pan.　［ 3 ］.　Walt loved the play and played Peter in his school performance. His brother Roy used wires to lift Walt into the air. To the audience it looked like he was flying.

Almost as soon as he could hold a pencil, Walt spent hours and hours drawing. He told everybody that he was an artist. He really had talent. His neighbor Doc Sharwood thought that Walt [4] of his horse. Doc Sharwood and his wife praised the picture. It made Walt very proud.

One day he discovered a barrel of black *tar. He and Ruth dipped big sticks into the tar and drew pictures all over the side of their white house. [5] the artwork. The tar couldn't be removed!

（注） tar　タール(黒い粘着性物質で，主に道路舗装などに用いる)

1．＿＿ ＿＿ A ＿＿ B ＿＿ C ＿＿

ア　busy　イ　farm jobs　ウ　take　エ　to
オ　to school　カ　too　キ　Walt　ク　with

2．A ＿＿ B ＿＿ ＿＿ ＿＿ C ＿＿

ア　could　イ　embarrassing　ウ　happen　エ　most
オ　that　カ　the　キ　thing　ク　was

3．＿＿ ＿＿ A ＿＿ B C ＿＿ ＿＿

ア　a boy　イ　about　ウ　grows　エ　it
オ　never　カ　up　キ　was　ク　who

4．＿＿ A ＿＿ ＿＿ B ＿＿ C ＿＿

ア　a picture　イ　asked　ウ　for　エ　good
オ　he　カ　so　キ　that　ク　was

5．＿＿ ＿＿ A ＿＿ B ＿＿ C ＿＿

ア　all happy　イ　at　ウ　not　エ　saw
オ　their parents　カ　they　キ　were　ク　when

3　Akikoは学校の授業で，海外から来た観光客向けに日本のおすすめ観光地を紹介するプレゼンテーションをすることになりました。Akikoが作ったメモの内容に合うように下線部(1)と(2)を補い，英文の原稿を完成させなさい。ただし，(1)は9語～14語，(2)は10語～15語で書きなさい。

～メモ～
・紹介するところ：高尾山
・高尾山へのアクセス：都心から電車で1時間弱
・紹介したいこと
(1)　2009年にミシュラン旅行ガイドで3つ星を獲得
(2)　年間260万人以上の観光客が世界中から訪れる人気の山
(3)　猿園，野生植物園，薬王院（創建1000年以上）など見どころが多く，子どもから大人まで楽しめる。
(4)　桜やスミレなどいろいろな種類の花が見られる。
(5)　四季折々に変化する美しい自然を味わってほしい。
(6)　天気の良い日には山頂からきれいな富士山が見える。

I'd like to talk about Mt. Takao. (1)________________ by train. Mt. Takao has become very popular with people all over the world since it received three stars from the Michelin Travel Guide in 2009. More than 2.6 million tourists visit the mountain every year. Mt. Takao is full of amazing places such as the monkey park, the wild plant garden and Yakuo-in Temple with a history of more than 1000 years, and they attract not only children but also adults. Mt. Takao is also a good place to see cherry blossoms, violets and many other kinds of flowers. (2)________________. When the weather is fine, you can see a wonderful view of Mt. Fuji from the top of the mountain. Why don't you visit Mt. Takao?

4　次の英文を読んで，あとの問いに答えなさい。

【1】 How does a person become an Olympic champion — someone who can win the gold? In reality, a combination of different *factors as well as training and practice are all needed to become a super athlete.

【2】 Perhaps the most important factor in becoming an elite athlete is *genetic. Most Olympic athletes have certain physical *characteristics that are different from the average person. Take an elite athlete's *muscles, for example. In most human skeletal muscles (the ones that make your body move), there are fast-twitch *fibers and slow-twitch fibers. Fast-twitch fibers help us move quickly. Olympic weightlifters, for example, have a large number of fast-twitch fibers in the muscles — many more than the average person. These allow them to lift hundreds of kilos from the ground and over their heads in seconds. Surprisingly, a large, *muscular body is not the most important factor in doing well in this sport. It is more important to have a large number of fast-twitch fibers in the muscles.

【 3 】 The legs of an elite marathon runner, on the other hand, might contain up to 90 percent slow-twitch muscle fibers. [1] Thus, the average runner might start to feel uncomfortable halfway into a race. A trained Olympic athlete, however, might not feel uncomfortable until much later in the competition.

【 4 】 For some Olympic competitors, size is important. Most male champion swimmers are 180 cm or taller, and that allows them to reach longer and swim faster. For both male and female gymnasts, though, a smaller size and body weight mean they can move much more easily, and have less chance of suffering damage when landing on the floor from a *height of up to 4.5 meters.

【 5 】 Some athletes' abilities get better naturally because of their environment. Those who grow up in high places in countries such as Kenya, Ethiopia, and Morocco have blood that is rich in hemoglobin. Large amounts of hemoglobin carry oxygen around the body faster. This allows these athletes to run better. Cultural factors also help some athletes do well at certain sports. Tegla Loroupe, a young woman from northern Kenya, has won several marathons. She says some of her success is due to where her country is (she trains at a height of about 2,400 meters) and some to her cultural background. As a child, she had to run 10 kilometers to school every day. "I'd be punished if I was late," she says.

【 6 】 Although *genes, environment, and even culture play a part in becoming an elite athlete, training and practice are always necessary to succeed. Marathon runners may be able to control tiredness and keep moving for long periods of time, but they must train to reach and maintain their goals. Weightlifters and gymnasts improve their skills by repeating the same motions again and again until they become automatic. Greg Louganis, winner of four Olympic diving gold medals, says divers must train the same way to be successful : "You have less than three seconds from takeoff until you hit the water, so you don't have time to think. You have to repeat the dives hundreds, maybe thousands, of times." To keep training in this way, athletes have to have not only a strong body but also a strong mind. Sean McCann, a sports *psychologist at the Olympic Training Center in the United States says, "Athletes couldn't handle the training we gave them if they didn't have a strong mind. They have to be good at setting goals, creating energy when they need it, and managing anxiety."

【 7 】 How do athletes overcome such pressure ? Louganis explains how he learned to control his anxiety during a competition : "Most divers think too much . . . ," he says. "What worked for me was humor. I remember thinking about what my mother would say if she saw me do a bad dive. She'd probably just smile and say the splash was beautiful."

（注） factor 要因　genetic 遺伝の　characteristic 特徴　muscle 筋肉
fiber 筋繊維　muscular 筋骨たくましい　height 高さ
gene 遺伝子　psychologist 心理学者

問1　下のア～エを並べかえ，[1] の部分を完成させなさい。

ア　Athletes with many slow-twitch muscle fibers seem to be able to clear the lactate from the muscles faster as they move.

イ　These feelings are caused when the muscles produce high amounts of something called lactate and can't remove it quickly enough.

ウ　When we exercise long or hard, it's common to experience tiredness, muscle pain, and difficulty breathing.

エ　These create energy efficiently and allow an athlete to control such tiredness and keep moving for a longer period of time.

問２　次の質問の答えとして最も適切なものを(a)～(d)の中から１つずつ選び，記号で答えなさい。

1．Which of the following athletes would need fast-twitch muscle fibers most?

(a)　marathon runners　　(b)　long-distance cyclists

(c)　short-distance runners　　(d)　mountain climbers

2．Which is not true about weightlifters?

(a)　Fast-twitch fibers play a larger role in their sport than slow-twitch fibers.

(b)　Having a large body helps most of them do better because they can move more easily.

(c)　They need to train themselves by practicing certain motions many times.

(d)　It is important for them to learn how to control their mind when they have anxiety.

3．What is the main idea of paragraph【6】?

(a)　Genes are an important part of athletic success.

(b)　Marathon runners must train hard to succeed.

(c)　Divers must train to be successful.

(d)　Success in sports comes from a lot of practice.

4．Which statement would diver Greg Louganis probably agree with?

(a)　Athletes cannot perform well if they are not under pressure.

(b)　It's important to practice and train hard, but not take things too seriously.

(c)　A professional athlete should think carefully about each movement.

(d)　It's important to make jokes with your teammates before you perform any sport.

5．Which of the following probably has the best chance of becoming an athlete in the triathlon (a combination of swimming, cycling and running)?

(a)　someone from Japan who is 180 cm, has a lot of lactate, and keeps practicing the same motions until they become perfect

(b)　someone from Ethiopia who is 150 cm, has a lot of fast-twitch fibers, and trains himself every day to control his anxiety

(c)　someone from Morocco who is 180 cm, has a lot of slow-twitch fibers, and practices every day

(d)　someone from Kenya who is 150 cm, has blood that is rich in hemoglobin, and doesn't mind if he cannot manage his anxiety

問３　本文の内容と一致するものをア～カより３つ選び，記号で答えなさい。

ア　Having a small and heavy body can work better for both male and female gymnasts because they have less chance of receiving damage when they land on the floor.

イ　Marathon runners from Kenya have the potential to become better runners because of the location of the country and their culture.

ウ　Divers must keep training to build their muscles because they have less than three seconds from takeoff until they hit the water.

エ　Sean McCann says athletes couldn't handle the training he gave them when they didn't have a strong mind.

オ　Various factors such as genes, environment and culture influence athletes, but training and practice are needed in any case.

カ　Greg Louganis is an example of an athlete who knows how to control his feelings as well as how to do training.

5　次の英文を読んで，あとの問いに答えなさい。

A man came home from work late.　He was tired and got angry because he found his 5-year-old son waiting for him at the door.

"[1]"

"[2]" replied the man.

"[3]"

"[4]" the angry man said.

"[5]" asked the little boy.

"[6]"

"Oh," the little boy replied with his head down.　He looked up and said, "[7]"

The father got even angrier.　"[8]　So you can buy a silly little toy or something ?　Go to your room and go to bed.　I work long, hard hours every day and I don't want to waste my money."

The little boy quietly went to his room and shut the door.

The man thought about the little boy's questions, and then he sat down and started to get even madder.　"Why did he ask such questions ?　Why was he so selfish ?"

After a while, the man calmed down, and started to think he may have been a little hard on his son.　Maybe there was something he really needed to buy with that $10 and he really didn't ask for money very often.　The man went to the little boy's room and opened the door.

"Are you asleep ?" he asked.

"No, Daddy, I'm awake," replied the boy.

"I've been thinking, maybe I was too (　a　) on you earlier," said the man.　"I'm sorry.　It's been a long day and I took my anger out on you.　Here's that $10 you wanted."

The little boy sat straight up with a smile.　"Oh, thank you, Daddy !" he yelled.　Then he reached under his pillow and pulled out some more *crushed bills.　The man started to get (　b　) again because he saw the boy already had plenty of money.

The little boy slowly counted out his money, then looked up at his father.

"Why did you want more money if you already had some ?" the father complained.

"Because I didn't have enough, but now I do," the little boy replied.

"Daddy, I have $20 now.　Can I buy an hour of your time ?　Please come home early tomorrow. I want to have dinner with you."

The father was crushed, and he put his arms around his little son.

（注）　crushed　(紙などが)くしゃくしゃの；(人・心が)打ちひしがれた

問１　文中の空らん[1]～[8]に入れるのに最も適した文を下のア～クより選び，記号で答えなさい。

ア　Is that why you wanted to know how much money I make?
イ　Why are you asking me that?　It's none of your business!
ウ　If you must know, I make $20 an hour.
エ　You should be in bed!　What is it?
オ　I just want to know.　Please tell me.　How much do you make an hour?
カ　Daddy, how much money do you make an hour?
キ　Daddy, may I borrow $10, please?
ク　Daddy, may I ask you a question?

問2　文中の空らん(a), (b)に入る語を本文中より探し，それぞれ1語で答えなさい。

問3　息子はなぜ父親に10ドルを貸してくれるように頼んだのか，80字から100字の日本語で説明しなさい。ただし，数字は1字につき1マスを用いなさい。

LISTENING COMPREHENSION

※注意　放送中にメモをとってもよいが，その場合にはこのページの余白を利用し，解答用紙にはメモをしないこと。

【Part 1】　会話と質問は1度だけ読まれます。

1．ア　He has learned how terrible the traffic is.
　　イ　He is not used to so many cars on the street.
　　ウ　He has forgotten the appointment.
　　エ　He had too much jam and felt heavy.

2．ア　She wanted to return the book.
　　イ　She decided to walk there.
　　ウ　She forgot to buy a stamp.
　　エ　She missed the bus.

3．ア　Change the sweater.　　イ　Give him the receipt.
　　ウ　Return the sweater.　　エ　Take the sweater back.

4．ア　A hotel which is in the downtown area.
　　イ　A hotel which has a fine view of the city.
　　ウ　A hotel which is near the station.
　　エ　A hotel which is not so expensive.

【Part 2】　英文と質問は2度読まれます。

1．ア　They were very rich.
　　イ　They told lots of people about the expensive things they had.
　　ウ　They had lots of expensive things at home.
　　エ　They liked expensive things.

2．ア　John and Sylvia didn't want the theater tickets.
　　イ　John and Sylvia felt something was wrong with the theater tickets.
　　ウ　John and Sylvia were pleased with the theater tickets.
　　エ　John and Sylvia didn't know the play the theater tickets were for.

3．ア　They found a note from the people who had stolen their things.
　　イ　They found a dent in the car.
　　ウ　They told their friends that they had enjoyed the play.
　　エ　They wrote a note to thank their friends for the tickets.

4．ア　They wanted to show how sorry they felt about the dent.

イ　They wanted John and Sylvia to have a good time.

ウ　They thought the tickets would make up for the cost of the car repair.

エ　They wanted to make sure when it was safe to break into their mansion.

＜LISTENING COMPREHENSION放送原稿＞

【Part 1】

No. 1．A：Sorry, I'm late, but I got caught in a traffic jam.
B：That's all right, Tom.　You're not used to our heavy traffic, are you?
A：No, I'm certainly not.
B：It might be better to use trains and subways in this city.
Question：Why is Tom late?

No. 2．A：I thought you were going to the library.
B：I wanted to, but I overslept and couldn't catch the bus.
A：I can drive you as far as the post office.
B：That'll be a big help, Danny.　It's not far from there.
Question：Why does Danny give her a ride?

No. 3．A：Excuse me.　Can you help me?　I'd like to exchange this sweater.
B：What's the problem with it?
A：I bought it for my father, but it's too small.
B：I see.　Do you have the receipt, sir?
Question：What does the man want the store clerk to do?

No. 4．A：Could you help me with a hotel reservation?
B：Sure.　Could you give me an idea of what kind of hotel you are looking for?
A：Any hotel is all right, as long as the charge is reasonable.
B：Well, we have a nice hotel in the downtown area.
Question：What kind of hotel does the traveler want to reserve?

【Part 2】

John and Sylvia were very rich.　They lived in a huge, beautifully decorated mansion filled with expensive paintings and other works of art.　However, John and Sylvia were rather foolish.　They loved telling anyone who would listen about all the wonderful things they had in their home; where and when they'd bought them; and how much they were worth.

One afternoon they arrived home from a day's shopping to find that their car, which was parked on the street, had a dent in it.　Even though the dent was only small, John was very angry.　Then Sylvia noticed something under one of the windshield wipers.　She reached over and pulled out an envelope with the word "Sorry" written on the front.　Inside the envelope there were two theater tickets and a note.　"Sorry about the dent," the note read.　"We hope these tickets will make up for it."

John and Sylvia soon forgot about the dent in their car.　They loved going to the theater and the tickets were for a play that they really wanted to see.

On the evening of the play they ate out with some friends before going on to the theater.　The play was very good and they had a very relaxing evening together.　It was after midnight when they got home.

When they got inside, they got a quite a shock. The house was completely empty. Not a single painting was left. Even their furniture was gone. All that was left was a note lying on the kitchen bench.

It read, "We hope you enjoyed the play."

No. 1 What is the reason John and Sylvia were foolish ?

No. 2 What is true about John and Sylvia ?

No. 3 What did John and Sylvia do when they got home from the theater ?

No. 4 What is the reason the people who had damaged the car gave John and Sylvia the tickets ?

【数　学】（60分）〈満点：100点〉

（注意）　コンパス，三角定規は使用できます。

1　次の各問いに答えなさい。

(1)　①　$A=x+y$，$B=xy$とするとき，x^4+y^4をAとBを用いて表しなさい。

②　$\left(\dfrac{\sqrt{7}-2+\sqrt{3}}{2}\right)^4+\left(\dfrac{\sqrt{7}+2-\sqrt{3}}{2}\right)^4$の値を求めなさい。

(2)　次の$\square$にはすべて同じ数が入る。$\square$にあてはまる数をすべて求めなさい。

$$\cfrac{1}{1+\cfrac{1}{1+\cfrac{1}{\square+\cfrac{1}{\square}}+\cfrac{1}{\square+\cfrac{1}{\square}}}}=\frac{8}{13}$$

(3)　$xy-x-y+119=2022$を成り立たせるような，正の奇数の組$(x,\ y)$は何組あるか求めなさい。（ただし，$x<y$とする。）

(4)　関数$y=-\dfrac{1}{2}x^2$において，xの変域が$a\leqq x\leqq a+3$のとき，yの変域が$-4\leqq y\leqq 0$となった。定数aの値を求めなさい。

(5)　右の図のように，４つの円B，C，D，Eが一番大きな円Aに内側から接している。BとCは半径が等しく，２点で交わっている。BとCが重なっている部分に円Fがあり，FはBとCの両方に内側から接している。Fは半径が２で，その中心はAの中心と同じ点である。DとEは半径が$\dfrac{5}{2}$で，それぞれBとCの両方に外側から接している。Bの半径を求めなさい。

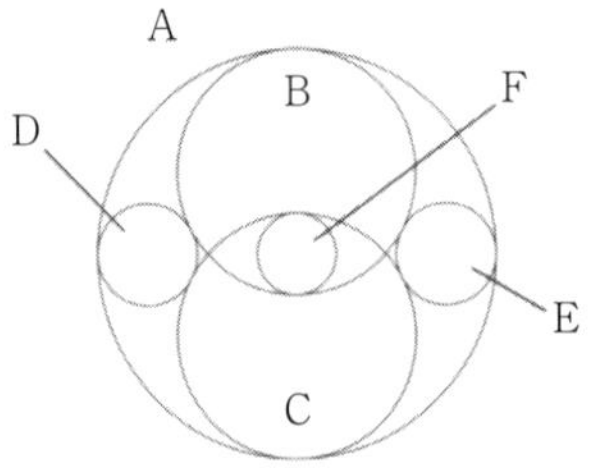

2　放物線$y=\dfrac{1}{2}x^2$上に点A$(-2,\ 2)$，B$(4,\ 8)$がある。四角形ACBDがひし形になるように点Cと点Dをとる。ただし，点Cはこの放物線上で点Aから点Bの間にある。

次の各問いに答えなさい。

(1)　直線CDの式を求めなさい。

(2)　点Dの座標を求めなさい。

3　以下のルールに従って，１から６までの目がかかれた立方体のサイコロを使ったすごろくゲームをする。

＜ルール＞

○いま止まっているマスをSとして，Sからサイコロの出た目の数だけマスを進める。

○ゴールのマスをGとして，Gにちょうど止まるためにいろいろな経路を選ぶことができる。

○SとGのマスはそれぞれ１つずつある。

○マスとマスは１本の道（線分）でつながっている。

○周回できる場所があれば，同じマスを何回通ってもかまわない。ただし，直前に通った道を逆戻りすることはできない。（※＜例１＞の注意１）

○出た目について，Gにちょうど止まる経路がある場合はその経路を選ぶ。（※＜例１＞の注意２）

○サイコロの出た目の数だけマスを進められない場合，Gにちょうど止まることにはならない。

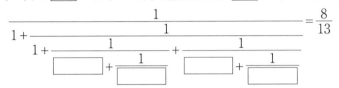

（※＜例２＞の注意３）

＜例１＞

Ｓ とＧの間にあるマスを①，②として，それぞれのマスが下の図のような道でつながっているコースがある。

- １つのサイコロを１回ふったとき，サイコロの目が２，３，５，６の場合，下のような経路を進んで，Ｇにちょうど止まることができる。

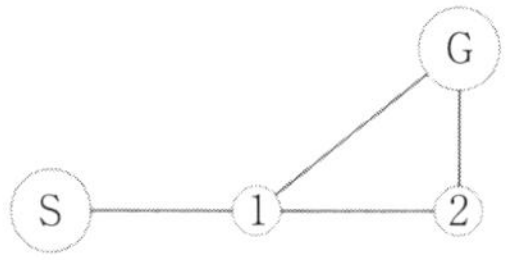

２の場合　Ｓ→①→Ｇ
３の場合　Ｓ→①→②→Ｇ
５の場合　Ｓ→①→Ｇ→②→①→Ｇ
６の場合　Ｓ→①→②→Ｇ→①→②→Ｇ

- サイコロの目が１，４の場合，Ｇにちょうど止まることはできない。

（注意１）　①→Ｇ→①　のような経路を進むことはできない。

（注意２）　３の目が出た場合，Ｇにちょうど止まる経路があるので，Ｓ→①→Ｇ→②という経路を選ぶことはできない。

○このコースでは，１つのサイコロを１回ふって，Ｇにちょうど止まることができる目が出る確率は $\frac{4}{6}$ つまり $\frac{2}{3}$ となる。

＜例２＞

Ｓ とＧの間にあるマスが下の図のような道でつながっているコースがある。

- １つのサイコロを１回ふったとき，サイコロの目が３の場合だけ，Ｇにちょうど止まることができる。

（注意３）　４，５，６の目が出た場合，Ｇにちょうど止まることはできない。

○このコースでは，１つのサイコロを１回ふって，Ｇにちょうど止まることができる目が出る確率は $\frac{1}{6}$ となる。

次の各問いに答えなさい。

⑴　１つのサイコロを１回ふって，Ｇにちょうど止まることができる目が出る確率が $\frac{1}{2}$ となるようなコースを１つ作りなさい。ＳとＧの間にあるマスを○で，マスとマスの間の道を線分でつないで解答欄に書き入れなさい。

⑵　３つのサイコロを同時に１回ふって，出た目の和の数だけマスを進める。下のコースでＧにちょうど止まることができる目が出る確率を求めなさい。

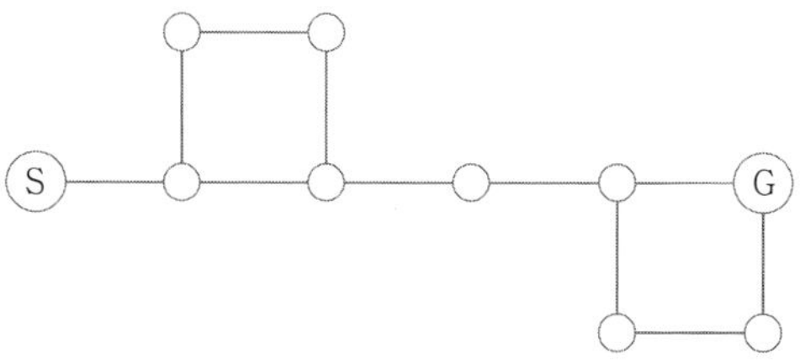

4　△ABCの辺AB，AC上にそれぞれ点P，Qがあり，PC，QBの交点をR，ARとPQの交点をMとする。4点P，B，C，Qは同一円周上にあり，

AP：AQ＝3：4，PB：QC＝2：1

であるとき，次の各問いに答えなさい。

(1)　AP：PBを求めなさい。

(2)　PM：MQを求めなさい。

5　右の図のようにすべての辺の長さが6である立体Zがある。O-ABCDの部分は正四角錐であり，ABCD-EFGHの部分は立方体である。辺OA，OB，CB，CGをそれぞれ1：2に分ける点をそれぞれP，Q，R，Sとするとき，次の各問いに答えなさい。

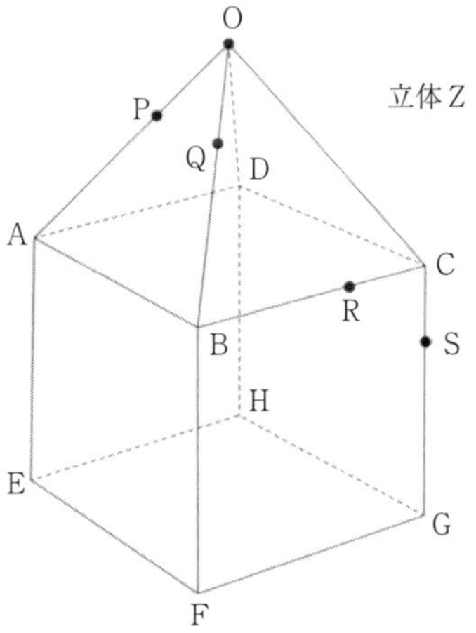

(1)　3点P，Q，Rを通る平面で立体Zを切断するとき，切断面の面積を求めなさい。

(2)　3点P，Q，Sを通る平面で立体Zを切断し，切断面とCBとの交点をTとすると，

CT：TB＝2：□

となる。□に入る値を求めなさい。

【社　会】（50分）〈満点：100点〉

（注意）・句読点は字数に含めます。

・字数内で解答する場合，数字は１マスに２つ入れること。例えば，226年なら[22][6][年]とすること。字数は指定の８割以上を使用すること。

〈編集部注：実物の入試問題では，[1]の問11と問12の図，[3]の問５と問７の地図，同問９の写真，同問10の地図はカラー印刷です。〉

[1]　次の(A)と(B)の文章をそれぞれ読み，下記の設問に答えなさい。

(A)

私たちは歴史上の出来事を学ぶ際に，様々な史料を用いてその出来事の内容を知ろうとする。例えば，出土した物に記された「a文字」を読み取ったり，それに関連する文献を読み取ることで，その時代の様子を知ることができる。江戸時代に志賀島（福岡県）で発見されたb金印について知ろうとしたとき，金印の文字だけでなく，中国の『c後漢書』に記された内容と比較しつつ考察をおこなう。日本の歴史において，中国の存在は大きく，年月日や時間の表記についてもd中国からの影響を受けており，例えば「庚午」年籍のように，甲・乙…の十干と子・丑…の十二支を組み合わせた60年を一巡とするe干支紀年法を用いることもあった。

江戸時代には長崎を窓口にオランダとも交流していた。長崎のオランダ商館長からの報告である「オランダ風説書」からは，当時のf海外情報が入ってきており，興味深いものとなっている。

私的にやりとりされる手紙も重要な史料の一つである。例えば，g福沢諭吉はh北里柴三郎が伝染病研究所を設立した際に支援した人物の一人であるが，彼らに関連した手紙をみると，公的な史料からはうかがい知れない人々の関係性を見て取ることができる。

こうした史料を読み解くことで，様々な歴史的事象を深く理解することができたり，あるいはi全く異なった地域・時代との関わりを見て取ることもできたりする。

問１　下線部ａに関連して，各地の古代文明とその文字に関して述べた文として**誤っているもの**を，下記より１つ選び番号で答えなさい。

1　エジプト文明では，太陽暦が作られ，「死者の書」が象形文字を用いて記されていた。

2　インダス文明については，インダス文字の解読により，バラモンとよばれる神官によって統治されていたことがわかった。

3　メソポタミア文明では，太陰暦が作られ，ハンムラビ法典が楔形文字によって記されていた。

4　中国文明では，甲骨文字によって占いの結果が記されていた。

問２　下線部ｂの印面には「漢委奴国王」と彫られている。これに関連して次の２つの史料を読み，これらの史料に共通する日本と中国との関係を，解答用紙の枠内で説明しなさい。

「（57年）倭の奴国が貢ぎ物を持って使者を送ってきた。…（中略）…皇帝（光武帝）は（奴国王に）印章などを授けた。」（『後漢書』東夷伝）

「（239年）倭の女王（卑弥呼）は使者を送り，皇帝に拝謁することを願い出た。…（中略）…12月，（皇帝は）倭の女王に対して親魏倭王の称号を与え，印章などを授けた。」（『魏書』東夷伝倭人条）

問３　下線部ｃに関連して，次の文Ｘ・Ｙと後漢を比べ，古いものから年代順に正しく並んでいるものを，下記より１つ選び番号で答えなさい。

Ｘ　インドではシャカ（釈迦）が仏教を開き，修行を積んで悟りを開けば安らぎを得られると教えた。

Ｙ　マケドニアにアレクサンドロス大王が現れ，ギリシャのポリスやペルシャを征服し，ギリシャ文化が東方に広がるきっかけを作った。

1　Ｘ→Ｙ→後漢　　2　Ｘ→後漢→Ｙ　　3　後漢→Ｘ→Ｙ

4　Ｙ→Ｘ→後漢　　5　Ｙ→後漢→Ｘ　　6　後漢→Ｙ→Ｘ

問4　下線部dに関して，8世紀初めに造営された平城京は，唐の長安城をモデルとしていた。その際，「天子南面す」といった考え方も平城京の造営に取り入れられている。右の平城京の図に関する文X・Yについて，その正誤の組合せとして正しいものを，下記より1つ選び番号で答えなさい。

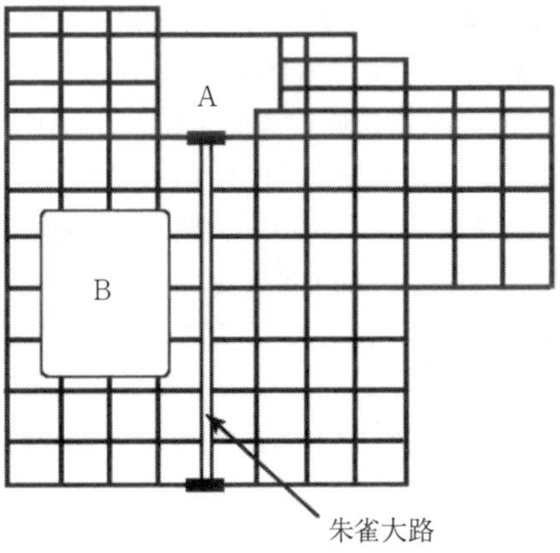

X　Aの区域には，天皇の住居のほか，朝廷の主要な役所が置かれた。

Y　Bなど朱雀大路を境として西半分の区域は，右京と呼ばれる。

1	X	正	Y	正	2	X	正	Y	誤
3	X	誤	Y	正	4	X	誤	Y	誤

問5　下線部eに関連して，野球の試合場所として有名な阪神甲子園球場の名称は，開場の年が「甲子」の年にあたっていたことに由来している(開場当時は「甲子園大運動場」)。日本に野球が伝わったのが明治時代であったことや，甲子の年が西暦4年であることを踏まえ，阪神甲子園球場が開場した年を西暦で答えなさい。

問6　下線部fに関連して，江戸幕府は長崎のオランダ商館長が提出した「オランダ風説書」によって，海外情報をある程度知ることができていた。例えばイギリスで起こった名誉革命について，次のように記している。これを読み，(1)・(2)の問いに答えなさい。

イギリスの守護(チャールズ2世)はポルトガルの婿《むこ》でしたが三年前に死に，弟(ジェームズ2世)が守護になりました。(中略) ところが本人が①バテレンの宗旨になっただけでなく，バテレンを家老に取り立て，古来の家老や役人を罷免して国中のものがバテレン宗になるようにと命じました。承知しないものが多く，他国へ落ちていきました。そこで，残っていたものたちが (中略) オランダから加勢して鎮めて下さいと伝えてきました。②オランダとイギリスは同じ宗旨で昔から仲が良く他国から戦争を仕掛けられたら加勢をすると約束しており，その上，オランダ人と南蛮人(フランス人？)とは数年来戦争をしている折でもあり，イギリスの大将の妻はオランダと婿舅《むこしゅうと》のよしみをもってオランダに加勢しました。

(松方冬子「オランダ人は名誉革命を幕府にどう伝えたか」
東京大学史料編纂所 編『日本史の森をゆく』(中公新書)中央公論新社　2014年　より引用)

(1)　下線部①は，キリスト教のうち，特にどの宗派を表しているか。下線部②に留意しつつ答えなさい。

(2)　この史料と同時代の欧米について説明した次の文X・Yの正誤の組合せとして正しいものを，下記より1つ選び番号で答えなさい。

X　フランスでは，第一身分と第二身分が多数を占める議会と，ルイ14世が対立をしていた。

Y　アメリカでは，南北戦争が起こり，北部がリンカン大統領のもとで勝利し，奴隷を解放した。

1	X	正	Y	正	2	X	正	Y	誤
3	X	誤	Y	正	4	X	誤	Y	誤

問7　下線部gおよびhに関連して，この二人について説明した次の文X・Yの正誤の組合せとして正しいものを，下記より1つ選び番号で答えなさい。

X　福沢諭吉は，立憲改進党を結成し，日本で初めての政党内閣を組織した。

Y　北里柴三郎は，破傷風の血清療法を発見した。

1	X	正	Y	正	2	X	正	Y	誤
3	X	誤	Y	正	4	X	誤	Y	誤

問8　下線部 i に関連して，次の文章はアジアのある独立運動指導者が1945年 9 月に出した独立宣言文の一部である。この史料を読み，(1)・(2)の問いに答えなさい。

すべて人間は平等につくられている。すべて人間はその創造主によって，だれにも譲ることのできない一定の権利を与えられている。これらの権利の中には，生命，自由，そして幸福の追求が含まれる。

この不滅の声明は，1776年に［ア］の独立宣言の中でなされた。このことは広く解釈すると，次のようになる。地球上の全人民は生まれながらに平等であり，全人民は生きる権利，幸福になる権利，自由である権利を持つ。

※1789年になされた［イ］革命の「人間と市民の権利の宣言」〔人権宣言〕は次のように述べている。「全ての人間は自由で，平等な権利を持つ者として生まれ，常に自由であらねばならず，平等な権利を持たねばならない。」

これらのことは否定できない真理である。

しかるに，80年以上にわたってフランスの帝国主義者は，自由・平等・友愛の原理を裏切り，我が父祖の地を侵略し，我が同胞市民を抑圧してきた。彼らは，人道と正義の理念に反する行動をしてきた。

※原文は1791年だが，出典元の執筆者の訂正に従った。　　（出典は設問の都合により省略）

(1)　空欄［ア］および［イ］に該当する国名の組合せとして正しいものを，下記より 1 つ選び番号で答えなさい。

1　ア　フランス　イ　ロシア　　2　ア　フランス　イ　イギリス
3　ア　アメリカ　イ　イギリス　　4　ア　アメリカ　イ　フランス
5　ア　イギリス　イ　フランス　　6　ア　イギリス　イ　ロシア

(2)　この指導者が独立運動を指揮した地域(国)について説明した文として正しいものを，下記より 1 つ選び番号で答えなさい。

1　1910年以降，日本の植民地支配下にあった。
2　1960年代から70年代にかけての戦争で，アメリカ軍を撤退に追い込んだ。
3　ネルーらが独立運動を指導し，第二次世界大戦後に独立した。
4　1910年代に革命によって成立し，第二次世界大戦中はスターリンによって指導された。

(B)

現在の北海道にあたる地域では，アイヌの人々が12〜13世紀にかけて和人(本州の人びと)の文化を受容しつつ自らの文化を形成した。15世紀に，蝦夷地南部に移住して館《たて》を築いた和人は，アイヌの人々と交易した。この世紀半ばには，首長の［ウ］を中心としたアイヌの人々と和人との間に衝突が起こった。江戸時代に入ると，アイヌの人々は，幕府から蝦夷地での交易権を与えられた松前藩と交易をおこなった。江戸時代における蝦夷地と j 本州や九州などとを結ぶ交易は拡大していったが，そのアイヌからの交易品の中に k 蝦夷錦があったように，アイヌの人々は和人とだけ交易したわけではなかった。

現在の沖縄本島を中心とした地域では，12〜15世紀になると，按司《あじ》とよばれる各地の首長が［エ］を築いて争う時代となった。この中から沖縄本島では北山《ほくざん》・中山《ちゅうざん》・南山《なんざん》の三カ国が並び立つ時代を迎え，15世紀前半に中山王の［オ］氏が沖縄本島を統一して l 琉球王国を建てた。15世紀の琉球王国は中継貿易で繁栄していたが，17世紀初頭，江戸幕府の許可を得た薩摩藩により征服された。その後も琉球王国は独立国として存続したが，日本(薩摩藩)と中国(明・清)に両属することとなった。

明治時代になると，蝦夷地や琉球は m日本に組み込まれた。その後，沖縄は太平洋戦争末期にアメリカに占領されると，冷戦期にはアジア・太平洋におけるアメリカ軍の拠点として重要になった。それは1972年に n沖縄が日本に復帰して以降も米軍基地が多く残る場所となったことからも分かる。

問９　空欄 ウ ～ オ に該当する人名・語句を答えなさい。

問10　下線部ｊに関連して，次の⑴・⑵の問いに答えなさい。

⑴　蝦夷地で取れた昆布は，日本海側を経て本州や九州などに運ばれた。このとき主に日本海から瀬戸内海を往来した船を何とよぶか，答えなさい。

⑵　17世紀末に，長崎から中国への輸出品として昆布や俵物の輸出が奨励されるようになった。この背景となった国内事情について，解答用紙の枠内で説明しなさい。

問11　下線部ｋに関連して，蝦夷錦とは次のような着物である(図の蝦夷錦は19世紀のもの)。図柄に注目しつつ，アイヌの人々がどのような地域の人々と交易して入手した品物か，解答用紙の枠内で説明しなさい。

(市立函館博物館デジタルアーカイブより)

問12　下線部ｌに関連して，下の２つの図は琉球王国の使節を描いたものであるが，ここでは琉球の衣装を身につけ，楽器を演奏しながら行列をする様子が描かれている。幕府はこの様子を人々に見せた。幕府が人々に琉球王国の使節の様子を見せた理由を40字以内で説明しなさい。

(琉球・沖縄関係貴重資料デジタルアーカイブ「琉球人行列図錦絵」より)

問13　下線部mについて説明した次の文X・Yの正誤の組合せとして正しいものを，下記より1つ選び番号で答えなさい。

X　蝦夷地を北海道と改称して直轄化し，屯田兵をおいて開発に取り組んだ。

Y　明治政府は，琉球漂流民殺害事件をきっかけに琉球王国を沖縄県に改め，日本に編入した。

1　X　正　Y　正	2　X　正　Y　誤
3　X　誤　Y　正	4　X　誤　Y　誤

問14　下線部nに関連して，琉球政府の行政主席であった屋《や》良朝苗《らちょうびょう》は次のように述べた。下の史料の下線部「核ぬき」とはどのようなことを指しているか。解答用紙の枠内で説明しなさい。

「復帰一筋にきた私にはとにかく実現したので感がい深いが，核ぬき本土なみ，暮らし，仕事，通貨に不安があり心配である。」

（福木　詮『沖縄のあしおと―一九六七～七二―』岩波書店　1973年より）

2

次の(A)と(B)の文章をそれぞれ読み，下記の設問に答えなさい。

(A)

昨年(2021年)の7月から8月は，新型コロナウイルスの感染が急拡大し第5波が到来したが，第32回オリンピック競技大会(東京2020オリンピック)と，a東京2020パラリンピック競技大会が開催された。

近年のオリンピックやパラリンピックは「多様性」が強調されている。今大会でも，世界中の人々が多様性と調和の重要性を改めて認識し，共生《きょうせい》社会を育《はぐく》む契機となるような大会とするという，「b多様性と調和」を基本コンセプトの1つに掲げた。

国際オリンピック委員会(IOC)のオリンピック憲章には，オリンピズムの根本原則として，オリンピックは人権に配慮した大会であることがうたわれている。

このオリンピック憲章の定める権利および自由は，c(ア)人種，(イ)肌の色，(ウ)性別，(エ)性的指向，(オ)言語，宗教，政治的またはその他の意見，国あるいは社会的な出身，財産，出自やその他の身分などの理由による，いかなる種類の差別も受けることなく，確実に享受《きょうじゅ》されなければならないとされている。

東京2020オリンピックの開会式において，ギリシャに続いて全体の2番目に登場したのはd難民選手団だった。難民選手団は，2013年にIOCの会長に就任したトーマス・バッハ氏の肝《きも》いりで結成された。バッハ会長は2015年，e国連総会の場で「暴力や飢餓から逃れているアスリートにも最高峰のスポーツの舞台で競技する夢を後押ししたい」と演説し，翌年のリオデジャネイロ五輪において難民選手団という形で初めて実現させた。今回の難民選手団は11カ国29名で結成し，f旗手は五輪旗を掲げ，濃紺《のうこん》のおそろいのスーツに身を包み，入場行進した。

新型コロナウイルスの感染拡大という異例の状況下で，東京2020オリンピック・パラリンピックともに原則無観客での開催となったが，当時の菅義偉g内閣総理大臣は，東京2020オリンピックの開会式に出席した外国首脳らと五輪外交をおこなった。開会式当時，世界も深刻なコロナ禍《か》にあり，来日する首脳の数はリオデジャネイロ大会に比べて少なくなった。h先進7カ国(G7)の中でフランス大統領のみが来日し，菅内閣総理大臣と会談をおこなった。また，i南スーダンの副大統領，モンゴルの首相，国連難民高等弁務官事務所の難民高等弁務官，世界保健機関の事務局長などとも会談した。アメリカからは大統領夫人が来日し，懇談《こんだん》した。

当初は開催自体が危ぶまれたが，東京2020オリンピック・パラリンピックは無事に日程を終えることができ，世界中の人たちに感動と勇気を与えた。

問1　下線部aに関する次の文X・Yについて，その正誤の組合せとして正しいものを，下記より1つ選び番号で答えなさい。

X　東京は，世界で初めて夏季パラリンピックを2度開催した都市である。

Y　21世紀に開催された夏季パラリンピックは，東京2020パラリンピックを除き，4年に1度開催されている。

1	X	正	Y	正	2	X	正	Y	誤
3	X	誤	Y	正	4	X	誤	Y	誤

問2　下線部bに関連して，東京2020オリンピックの開会式では，国歌斉唱をした歌手がレインボーカラーのドレスで登場し話題になった。レインボーカラーは，レインボーフラッグやレインボーグッズで知られているが，これらに共通するレインボーカラーが意味することを，解答用紙の枠内で答えなさい。

問3　下線部cの中で，日本国憲法の平等権に関する条文で明記されているものを，(ア)～(オ)の中からすべて選び記号で答えなさい。

問4　下線部dに関する次の文X・Yについて，その正誤の組合せとして正しいものを，下記より1つ選び番号で答えなさい。

X　難民の地位に関する条約(難民条約)は，国際連盟で採択されたものである。

Y　経済的理由によって祖国を離れた人々や，国境を越えないで国内にとどまっている国内避難民も，難民条約が規定する難民に含まれる。

1	X	正	Y	正	2	X	正	Y	誤
3	X	誤	Y	正	4	X	誤	Y	誤

問5　下線部eに関する次の文X・Yについて，その正誤の組合せとして正しいものを，下記より1つ選び番号で答えなさい。

X　総会は全加盟国で構成され各国がそれぞれ1票を持つが，常任理事国だけは拒否権が認められており，重要な問題はそのうちの1カ国でも反対すると否決される。

Y　通常総会は国連本部のあるニューヨークで毎年9月から開かれ，世界のさまざまな問題を話し合うが，日本の内閣総理大臣は毎年必ず出席している。

1	X	正	Y	正	2	X	正	Y	誤
3	X	誤	Y	正	4	X	誤	Y	誤

問6　下線部fについて，開会式では難民選手団は母国の国旗ではなく，五輪旗を掲げて入場した。五輪旗に込められた意味を解答用紙の枠内で答えなさい。

問7　下線部gに関する次の文X・Yについて，その正誤の組合せとして正しいものを，下記より1つ選び番号で答えなさい。

X　内閣総理大臣は，衆議院議員の中から国会の議決で指名される。

Y　内閣総理大臣には，これまで女性が1度も選ばれたことはない。

1	X	正	Y	正	2	X	正	Y	誤
3	X	誤	Y	正	4	X	誤	Y	誤

問8　下線部hについて，フランス大統領が来日した理由を，オリンピックに関することに限定して解答用紙の枠内で答えなさい。ただし，自国選手の応援は除くこと。

問9　下線部ｉに関する次の文Ｘ・Ｙについて，その正誤の組合せとして正しいものを，下記より１つ選び番号で答えなさい。ただし，西暦に誤りはないものとする。

Ｘ　南スーダンは，2011年にスーダンから独立したものの，2013年に内戦状態になり，多くの人々が国外に逃れ難民となった。

Ｙ　南スーダンは2021年現在，国連に加盟していないが，南スーダンの選手は東京2020オリンピックに参加した。

1	Ｘ	正	Ｙ	正	2	Ｘ	正	Ｙ	誤
3	Ｘ	誤	Ｙ	正	4	Ｘ	誤	Ｙ	誤

(B)

日本では，紙幣が2024年度上半期に一新される。その中でも，新たな１万円札の表図柄(肖像)となる渋沢栄一に注目が集まっている。

渋沢栄一は「近代日本のｊ資本主義の父」とされる。渋沢栄一は経済を発展させるには，近代的な銀行を設立し社会全体にｋ金融の普及をはかるべきと考えた。近代的な金融制度を確立するための軸となる国立銀行条例の起草に参画し，この条例に基づき，1873年(明治６年)にｌ第一国立銀行を誕生させた。また，500社にのぼるｍ株式会社の設立，商工会議所や経済教育を中心とした大学の創設など，近代日本の経済社会の基礎を作り上げた。

次の資料は，1871年の第一国立銀行の設立に向けｎ株主を公募するにあたり，その趣旨などについて渋沢栄一が銀行のイメージを解説したものである。

銀行は大きな川のようなもので，お金が銀行に集まらないうちは，谷川のしずくの水と異ならない。豪商や豪農の穴蔵に埋蔵し，雇用者やおばあさんのえりの内にあるままでは，人々を豊かくすることや国を富ませることができない。銀行を設立すれば，穴蔵やえりの内にある［　ア　］となり，それをもとに［　イ　］が整備され，国が豊かになる。

(渋沢史料館「私ヲ去り，公ニ就《つ》ク―渋沢栄一と銀行業―」より引用)

問10　下線部ｊに関連して，資本が，お金(資本金)から３つの生産要素に変わり，そして商品へと形を変えながら，利潤を生み出し，蓄えられる経済のしくみを資本主義経済とよぶ。３つの生産要素のうち，設備(資本)を除く２つをそれぞれ漢字で答えなさい。

問11　下線部ｋに関する次の文Ｘ・Ｙについて，その正誤の組合せとして正しいものを，下記より１つ選び番号で答えなさい。

Ｘ　金融機関がお金を借りる側と貸す側との間に入り，貸す側から集めたお金を借りる側に融通することを直接金融という。

Ｙ　企業が発行する社債など借り入れの証明書を購入してもらう形で，お金を借りることを間接金融という。

1	Ｘ	正	Ｙ	正	2	Ｘ	正	Ｙ	誤
3	Ｘ	誤	Ｙ	正	4	Ｘ	誤	Ｙ	誤

問12　下線部ｌに関する次の文Ｘ・Ｙについて，その正誤の組合せとして正しいものを，下記より１つ選び番号で答えなさい。

Ｘ　第一国立銀行は，日本で最初に開業した銀行である。

Ｙ　第一国立銀行は，国営銀行ではなく民間資本による民間経営の銀行だった。

1	X	正	Y	正	2	X	正	Y	誤
3	X	誤	Y	正	4	X	誤	Y	誤

問13　下線部mに関する次の文X・Yについて，その正誤の組合せとして正しいものを，下記より１つ選び番号で答えなさい。

X　現在，法人企業の中で最も数が多いのが，株式会社である。

Y　株式会社では，株主が参加する取締役会が最高意思決定機関として，経営方針の決定などをおこなっている。

1	X	正	Y	正	2	X	正	Y	誤
3	X	誤	Y	正	4	X	誤	Y	誤

問14　下線部nは株価の推移に高い関心を持っていると考えられる。次のグラフは日経平均株価の推移を示したものだが，株価はその時の政策や社会情勢などの影響を受けて推移する。グラフに関する次の文X・Yについて，その正誤の組合せとして正しいものを，下記より１つ選び番号で答えなさい。

日経平均株価の推移

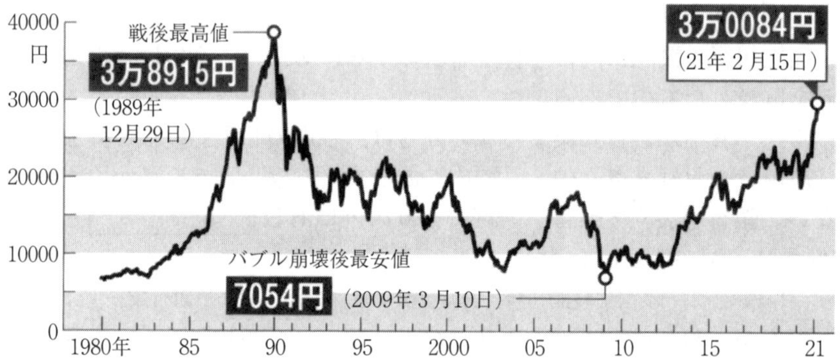

(JIJI.COMウェブサイトより作成)

X　グラフ中にある戦後最高値とバブル崩壊後最安値の際には，自民党と公明党が連立政権を組んでいた。

Y　2020年は前年に比べて日経平均株価が下落しているが，その主な理由はリーマンショックによるものである。

1	X	正	Y	正	2	X	正	Y	誤
3	X	誤	Y	正	4	X	誤	Y	誤

問15　空欄［ア］と［イ］にあてはまる文や語句を，本文の趣旨に合うように考えて，解答用紙の枠内で答えなさい。

3　次の文章を読み，下記の設問に答えなさい。

世界の時刻の基準となる$_{a}$経線はロンドン郊外の旧グリニッジ天文台を通る本初子午線である。本初子午線はヨーロッパではイギリスのほか，フランスやスペインを通過し，$_{b}$アフリカ大陸では$_{c}$アルジェリアや$_{d}$ガーナなど５つの国を通過する。

世界各国はそれぞれ標準時子午線を定め，その上に太陽が位置するときを正午として，それぞれの時刻を定めており，同じ標準時を用いる範囲が等時帯である。

日本の標準時子午線は$_{e}$東経135度線で統一されており，国内に時差は存在しない。しかし，実際には$_{f}$最東端から最西端までは経度上で約30度の開きがあり，これは２時間分の時差に相当するため，同じ日でも場所によって$_{g}$日の出や日没の時刻は大きく異なる。

アメリカ合衆国やロシアのように，東西に国土が広い国では複数の標準時を設定している場合が多い。また，$_{h}$本土と遠く離れた領土を有する国も複数の標準時があると言える。一方で，中国は世界第４位の面積を有する広大な国であるにもかかわらず，標準時は１つしかない。中国はペキンに近い東経120度線を標準時子午線としているため，シンチヤンウイグル自治区や$_{i}$チベット自治区のような西部に住む人々にとっては日常生活において不便が生じている。

本初子午線の反対側には，ほぼ経度180度線に沿って日付変更線が定められている。この線を西から東へ越えた際は日付を１日戻し，東から西へ越えた際は日付を１日進める必要がある。ただし，日付変更線の位置は一定ではなく，関係国の事情で変更されることもある。例えば，$_{j}$1995年のキリバスのケースや$_{k}$2011年のサモアのケースが挙げられる。

アメリカ合衆国など，高緯度の欧米諸国を中心に$_{l}$サマータイム制度を導入している国も多い。これらの国では，サマータイムを実施している時と，そうでない時とで日本との時差が変わることになる。

航空機に乗って海外へ移動すると，時差を実感できる。例えば，$_{m}$成田国際空港からサンフランシスコ国際空港へ向かうときの飛行時間は９～10時間ほどだが，成田を夕方に出発した飛行機がサンフランシスコに到着するのは同じ日の午前中となる。

問１　下線部ａに関して述べた次の文Ｘ・Ｙについて，その正誤の組合せとして正しいものを，下記より１つ選び番号で答えなさい。

Ｘ　経度１度の距離は，赤道付近と極付近とでは異なる。

Ｙ　メルカトル図法では，経線はすべて直線となる。

1	X	正	Y	正	2	X	正	Y	誤
3	X	誤	Y	正	4	X	誤	Y	誤

問２　下線部ｂの本初子午線上を北から南に向かって移動したとき，その気候の変化について正しく示しているものを，下記より１つ選び番号で答えなさい。

1　地中海性気候→砂漠気候→ステップ気候→砂漠気候→サバナ気候

2　地中海性気候→ステップ気候→砂漠気候→ステップ気候→サバナ気候

3　西岸海洋性気候→砂漠気候→ステップ気候→砂漠気候→サバナ気候

4　西岸海洋性気候→ステップ気候→砂漠気候→ステップ気候→サバナ気候

問３　下線部ｃに関して述べた次の文Ｘ・Ｙについて，その正誤の組合せとして正しいものを，下記より１つ選び番号で答えなさい。

Ｘ　原油や天然ガスが豊富で，2021年現在，OPEC（石油輸出国機構）の加盟国である。

Ｙ　公用語はアラビア語で，主要な宗教はイスラム教である。

1	X	正	Y	正	2	X	正	Y	誤
3	X	誤	Y	正	4	X	誤	Y	誤

問４　下線部ｄに関して述べた次の文Ｘ・Ｙについて，その正誤の組合せとして正しいものを，下記より１つ選び番号で答えなさい。

Ｘ　ニジェール川の河口部で，カカオ栽培がおこなわれている。

Ｙ　イギリスの植民地であったため，英語が公用語である。

1	X	正	Y	正	2	X	正	Y	誤
3	X	誤	Y	正	4	X	誤	Y	誤

問5　下線部eに関して，東経135度線上に位置する兵庫県西脇《にしわき》市には「日本へそ公園」という公園があり，「日本のへそ」として，地域振興を図っている。西脇市はどのような点で「へそ」なのか，右の図1を参考に，解答用紙の枠内で説明しなさい。

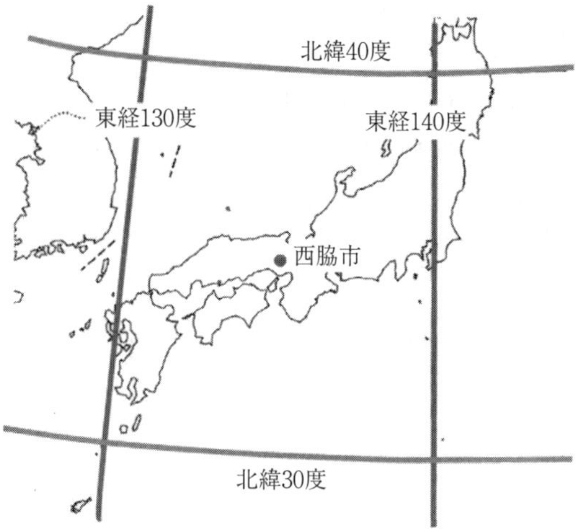

図1

問6　下線部fに関して，日本の最東端の島と最西端の島を説明した次の文X・Yについて，その正誤の組合せとして正しいものを，下記より1つ選び番号で答えなさい。

X　最東端の島は，波の侵食による水没の恐れがあったため，護岸工事がおこなわれた。

Y　最西端の島は，沖縄県にある無人島である。

1	X	正	Y	正	2	X	正	Y	誤
3	X	誤	Y	正	4	X	誤	Y	誤

問7　下線部gに関して，日本の主要4島の平地で，晴天の場合に初日の出を最も早く見ることができる時刻は，日本時間で午前6時45分頃である。同じタイミングで，高度を考慮せずに，初日の出を見ることができる場所を結んだ線として最も適するものを，図2より1つ選び番号で答えなさい。

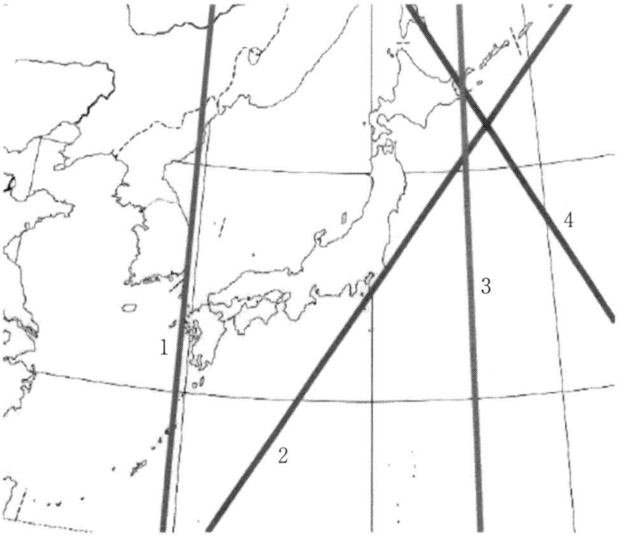

図2
（該当自治体のウェブサイトをもとに作成）

問8　下線部hに関して，オセアニアにあるフランス領の1つで，ニッケル鉱の産出で有名な島の名称を答えなさい。

問９　下線部ｉに分布する代表的な家畜の写真として正しいものを，次より１つ選び番号で答えなさい。

1

2

3

4

（『グラフィックワイド地理 世界・日本 2020～2021』とうほう　2020年より）

問10　下線部ｊに関して，キリバスはもともと日付変更線によって国土が二分されており，同じ国内なのに東西で丸１日の時差が生じていた。この不便さを解消するため，1995年に日付変更線を国土の東側へ移動し，現在は図３のような位置関係になっている。この結果，キリバスの最東端の地域は，どのような特徴を有する場所になったか。解答用紙の枠内で説明しなさい。

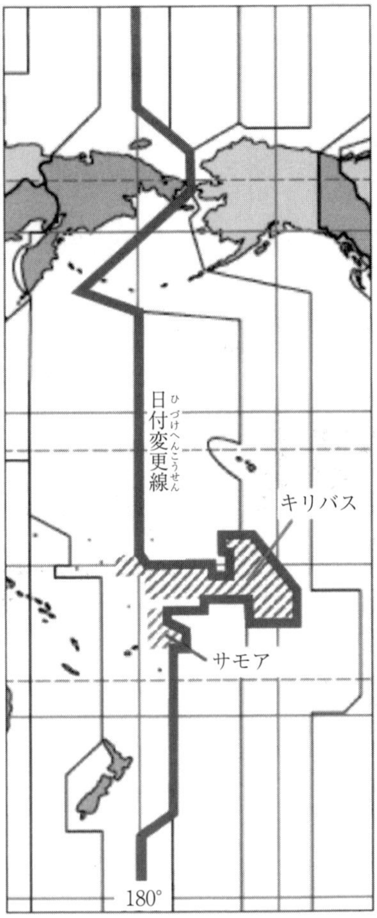

図3
(『新編 新しい社会 地理』東京書籍　2016年より作成)

問11　下線部kに関して，サモア(サモア独立国)はもともと日付変更線の東側に位置していたが，2011年に日付変更線を東に移動し，現在では上の図3のような位置関係(日付変更線の西側に位置する)になっている。サモアがこのようにした理由を，表1を参考にしながら解答用紙の枠内で説明しなさい。

表1

サモアの輸入相手国・地域(2017年)(総額3億5300万ドル)		サモアの輸出相手国・地域(2017年)(総額4400万ドル)	
ニュージーランド	24.9%	アメリカ領サモア	26.7%
シンガポール	18.4%	ニュージーランド	17.7%
中国	11.9%	トケラウ諸島	13.8%

(『データブック オブ・ザ・ワールド 2021年版』二宮書店より作成)

問12　下線部lに関して，アメリカ合衆国ではサマータイムへの切り替えは，生活への影響を少なくするため，毎年3月第2日曜日の深夜帯に実施される。具体的には，開始日の午前1時59分の1分後が午前(　　)時となる。(　)に適する数字を答えなさい。

問13　下線部mに関して，同様の条件でサンフランシスコ国際空港から成田国際空港へ向かうときの飛行時間は10～11時間ほどかかる。このようになる理由を解答用紙の枠内で説明しなさい。

【理　科】（50分）〈満点：100点〉

（注意）
- 必要に応じてコンパスや定規を使用しなさい。
- 円周率は3.14とします。
- 小数第1位までを答えるときは，小数第2位を四捨五入しなさい。整数で答えるときは，小数第1位を四捨五入しなさい。指示のない場合は適切に判断して答えなさい。

1　次の文を読み，問いに答えよ。

一般に，ヒトの血液には1 mm^3 あたり①[500万・5万・5千]個程度の赤血球がみられる。赤血球中のヘモグロビンが酸素の運搬を行う。試験管に採った静脈血は，②[鮮やかな・暗い]赤色だが，酸素を吹き込むと色調が変化する。これは，酸素がヘモグロビンと結合することで起こる。私たちが赤いバラの花を赤く感じられるのは，バラの花弁で吸収されずに反射，あるいは透過した赤色光を目の網膜で受容するからである。私たちは，目に入ってきた光の波長の違いを，色として認識する。図1のグラフは，酸素が結合しているヘモグロビンと酸素が結合していないヘモグロビンとで，どの波長の光をよく吸収するかを示している。吸光係数が大きいほど，その波長の光をよく吸収する。図1から，酸素が結合しているヘモグロビンと，結合していないヘモグロビンを比べると，赤色光は，酸素が③[結合している・結合していない]ヘモグロビンの方によく吸収されることがわかる。

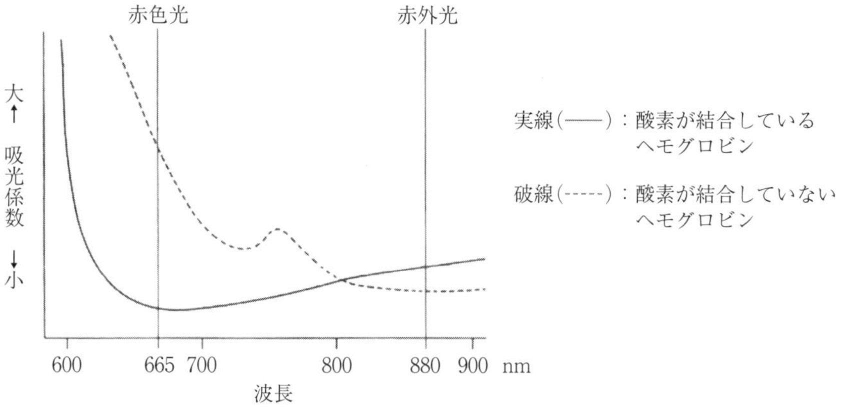

図1

昨今の新型コロナウイルス感染症に関連し，パルスオキシメーターという機器が注目されている。パルスオキシメーターは「酸素飽和度」を計測する。酸素飽和度とは，血液中の全てのヘモグロビンのうち酸素が結合しているヘモグロビンの割合である。パルスオキシメーターでは，赤色光と赤外光の2種類の光を指に当て，酸素が結合しているヘモグロビンと，酸素が結合していないヘモグロビンの赤色光と赤外光の吸収率の違いから酸素飽和度を求めている。患者に負担なくリアルタイムに酸素飽和度を計測できるため，肺炎などの重症度判定や運動療法のリスク管理にも不可欠な機器である。

血液の酸素運搬は，全てヘモグロビンによるものと仮定した上で，ヘモグロビンの酸素運搬を考える。肺には肺胞があり，毛細血管に囲まれている。肺の空気から毛細血管に速やかに拡散した酸素の多くは，ヘモグロビンと衝突し，偶然結合する。周りの酸素濃度が高いほど，衝突確率が高まり，酸素飽和度は上昇する。ところが，酸素とヘモグロビンは，衝突すれば必ず結合するという訳ではない。ヘモグロビン側の酸素との結合しやすさ(酸素親和性)が重要である。酸素がヘモグロビンと結合できるかどうかは，酸素濃度とヘモグロビン自身の酸素親和性で決まる。ただし，ヘモグロビンの酸素親和性は酸素濃度や二酸化炭素濃度などによって変化する。

図2は，二酸化炭素濃度一定で，酸素濃度を様々に変化させた時の成人のヘモグロビンの酸素飽和度を示すグラフで，「酸素解離曲線」という。ここで言う酸素濃度とは，窒素や酸素など様々な気体

が混じり合う空気に含まれる酸素の相対的な濃度で，肺胞の空気中の酸素濃度を100とした時の値である。グラフは，単純な右肩上がりの直線ではなく，S字型の曲線になる。酸素濃度100の時，酸素飽和度は98％である。仮に，ヘモグロビン1gが最大1.39mLの酸素と結合できる場合，血液100mLあたり15gのヘモグロビンが存在するとしたら，酸素濃度100での血液100mL中のヘモグロビンは，④[　　]mLの酸素と結合していることになる。さらに，図2の「P_{50}」とは，酸素飽和度が50％となる酸素濃度の値である。図2の「P_{50}」は26である。

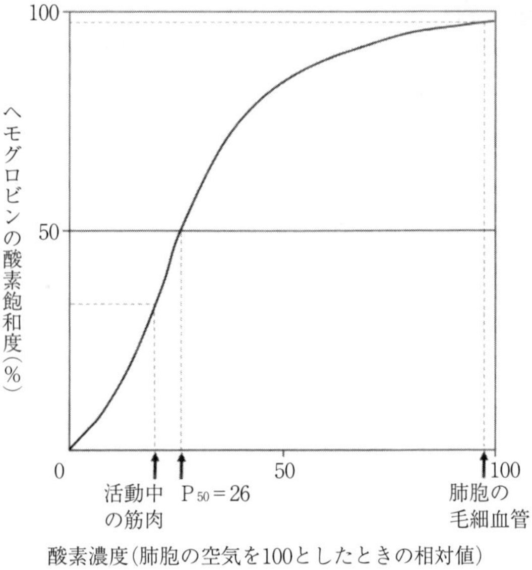

図2　酸素解離曲線

血液は二酸化炭素も運搬する。筋肉などの末梢組織から放出された二酸化炭素は血しょうに溶け，肺へ向かう。血しょうに二酸化炭素が溶けると，水素イオン濃度が高まる。水素イオンは酸素親和性を低下させる。ヘモグロビンは周囲の環境による影響を受け，酸素親和性を変化させることで，肺から全身に多くの酸素を運搬することができる。

＜参考文献＞
コニカミノルタ　パルスオキシメーター知恵袋
(https://www.konicaminolta.jp/healthcare/knowledge/details/principle.html)

(1)　本文の①～③について，適する語句を選び，○で囲め。本文の④には，適切な数値を入れよ。ただし，小数第1位まで答えよ。

(2)　図2では，肺胞の毛細血管の酸素濃度96の時，酸素飽和度は96％である。活動中の筋肉の酸素濃度20の場合，酸素飽和度は32％である。酸素が結合しているヘモグロビンは肺胞から筋肉に達するまで全く酸素を放出せず，肺胞と筋肉における二酸化炭素濃度は同じとする。血液100mL中のヘモグロビンは，何mLの酸素を筋肉で放出することになるか。小数第1位まで答えよ。

(3)　二酸化炭素濃度が図2よりも高い場合を考える。ヘモグロビンのP_{50}は，図2のP_{50}＝26と比べてどうなるか。選択肢Ⅰより適するものを1つ選び，記号を答えよ。また，酸素解離曲線はどのような形になると予想されるか。選択肢Ⅱより適するものを1つ選び，記号を答えよ。

選択肢Ⅰ

ア　26より大きい数値となる

イ　26より小さい数値となる

ウ　26と変わらない

選択肢Ⅱ

ア　(--------)　　イ　(――――)　　ウ　(-·-·-·-)

ただし，イは図2の曲線と同じである。

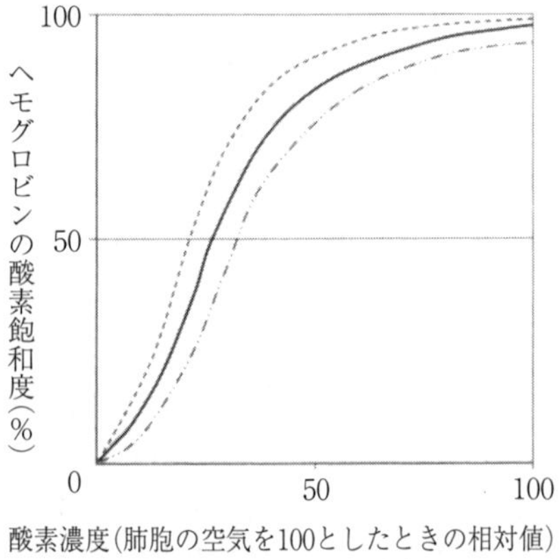

(4)　(3)を参考に，次の文の①，②について，適する語句を選び，○で囲め。また③を適切に補い，文を完成させよ。

活動中の筋肉では，呼吸が盛んに行われているため，多くの①[酸素・二酸化炭素・窒素]が筋肉から放出される。

ヘモグロビンは，その性質から②[酸素・二酸化炭素・窒素]濃度が同じ場所でも，[①]濃度の高い場所で③[　　　　]ことができる。

母体内で成長する胎児は，肺で直接酸素を受け取れず，全てを母体からの供給に頼る。酸素濃度の低い胎盤では，胎児の毛細血管(絨《じゅう》毛)に母体の血液が吹き付けられ，物質がやり取りされる。出産まで母体と胎児の血液は混ざらない。また，アンデス山脈に暮らすリャマは低い酸素濃度でも酸素と結合できるヘモグロビンを持つ。生物は，生育環境に適した性質のヘモグロビンを活用して生活している。

(5) 胎児のヘモグロビンの酸素解離曲線のP_{50}は，図2の$P_{50}=26$と比べてどうなるか。選択肢Ⅰから適するものを1つ選び，記号を答えよ。また，胎児のヘモグロビンの酸素解離曲線はどのような形になると予想されるか。選択肢Ⅱより適するものを1つ選び，記号を答えよ。

選択肢Ⅰ

ア　26より大きい数値となる

イ　26より小さい数値となる

ウ　26と変わらない

選択肢Ⅱ

ア　(--------)　　イ　(———)　　ウ　(-·-·-)

ただし，イは図2の曲線と同じである。

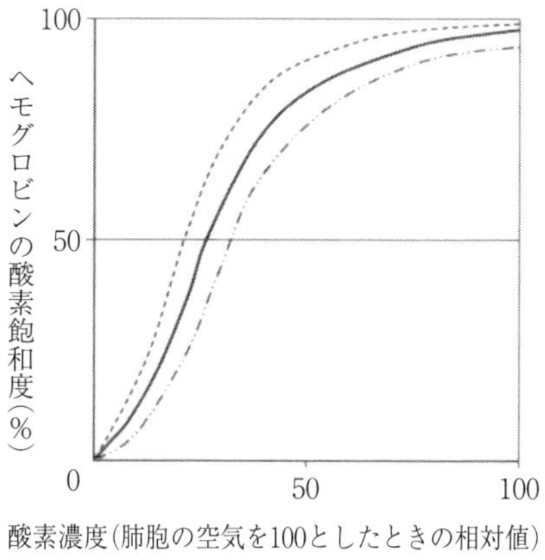

(6) (5)について述べた次の文の①，②を適切に補い，文を完成させよ。

酸素濃度の低い場所での胎児のヘモグロビンの酸素親和性は①[　　　　]ので，胎児のヘモグロビンは胎盤で②[　　　　]ことができる。

2　電気分解は水溶液中では，通常イオンの変化をともなう。イオンを定義したイギリスのファラデーは，1833年に電気分解の法則を発表した。内容は次の通りである。

第1法則：電極で反応したり，生成したりするイオンや原子，分子の個数は，流れた電気量に比例する。

第2法則：同じ電気量によって反応したり，生成したりするイオンの個数は，そのイオンの価数に反比例する。

ここで電気量は　電流×時間　で表せる量である。電子1個の電気量は一定の値である。

また，陰極と陽極では次の変化が起こることが知られている。

陰極の変化(次の優先順位で起こる)

1．銅イオンや銀イオンが溶けていると，それらが電子を受け取って，金属が析出する。

反応式の例　⊖は電子1個を表している。 $Ag^{+} + \ominus \rightarrow Ag$

2．銅イオンや銀イオンがないときは，水素が発生する。

陽極の変化(次の優先順位で起こる)

1．電極に白金・金以外の金属を使うとその金属が溶け出す。

2．塩化物イオンやヨウ化物イオンが溶けていると，それらが電子を放出して非金属の単体が析出する。

反応式の例　I_2はヨウ素を表している。 $2I^{-} \rightarrow I_2 + 2\ominus$

3．塩化物イオンやヨウ化物イオンがないときは，酸素が発生する。

図１のように，両方の電極に炭素棒を使って塩化銅水溶液を電気分解すると，陰極で銅が析出する。この反応では，ある一定電流で２分間電気分解したら，0.26 g の銅が析出した。この実験に関して，以下の問いに答えよ。なお，銅イオン，塩化物イオン１個の質量比は16：９とし，原子の質量に対し電子の質量は無視できるものとする。

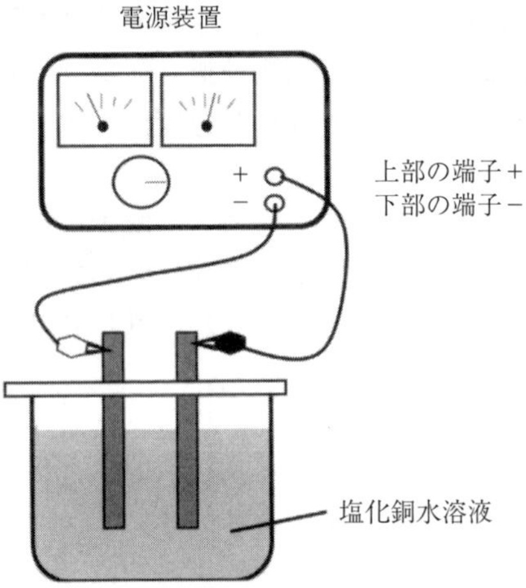

図１

(1)　同じ電気分解装置で電流をはじめの $\frac{1}{2}$ に下げて，10分間電気分解した。ファラデーの第１法則より，この10分間に析出した銅は何 g か。小数第２位まで答えよ。

(2)　ファラデーの第２法則を考える。

①　陽極で生成した物質は何か。化学式で答えよ。

②　一定電流で一定時間電気分解したとき，水溶液中で反応した陽イオンと陰イオンの個数の比をもっとも簡単な整数比で表せ。

③　一定電流で一定時間電気分解したとき，陰極と陽極で生成した物質の質量比をもっとも簡単な整数比で表せ。

図２のように，同数の塩化物イオンを含む，塩酸と塩化銅水溶液を別のビーカーに入れ，すべての電極に炭素棒を使ってクリップで接続し，一定電流で電気分解した。この実験に関して，以下の問いに答えよ。

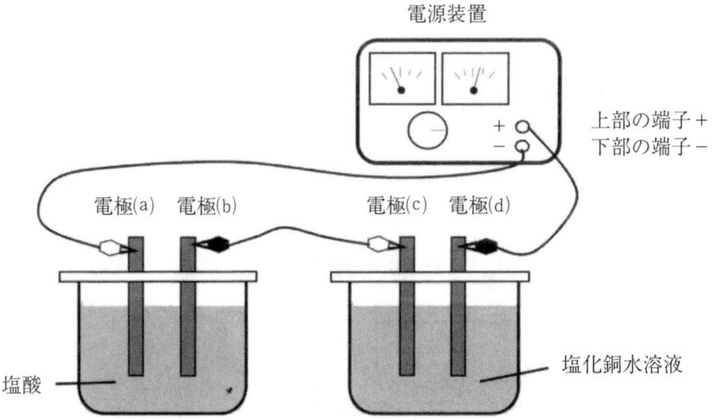

図２

(3)　図２で塩酸の電気分解を考える。

①　電極(a)と電極(b)で起こる変化を反応式の例にならって表せ。

②　電極(b)の炭素棒を銅の棒にしたとき，電極(b)で起こる変化を反応式の例にならって表せ。

(4)　図３のグラフは塩酸に含まれる水素イオンの個数が，時間とともに変化する様子を表している。塩化銅水溶液に含まれる銅イオンの個数が，時間とともに変化する様子を書け。

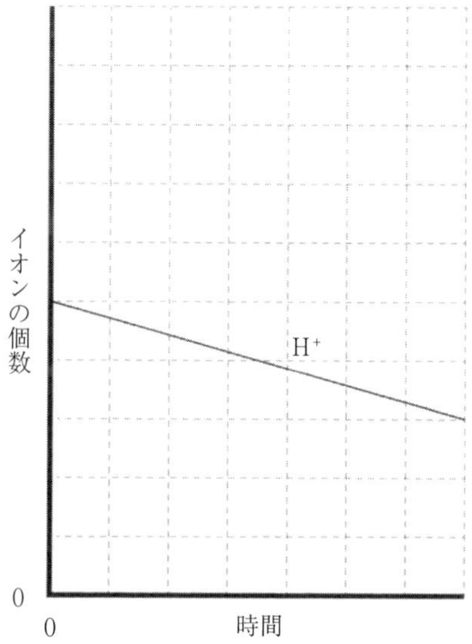

図 3

(5) 図 2 の装置でしばらく電流を流したのち，電極(c)と電極(d)のクリップをつなぎかえた。再び電流を流した直後，電極(c)および電極(d)で起こることについて，もっとも適するものを次より選び，記号で答えよ。

(ア) 電極(c)では水素が発生し，電極(d)では酸素が発生する。
(イ) 電極(c)では酸素が発生し，電極(d)では水素が発生する。
(ウ) 電極(c)では塩素が発生し，電極(d)では銅が析出する。
(エ) 電極(c)では銅が析出し，電極(d)では塩素が発生する。
(オ) 電極(c)では銅が析出し，電極(d)では銅が溶け出す。
(カ) 電極(c)では銅が溶け出し，電極(d)では銅が析出する。

3 次に示すいくつかの□内の文章は，千葉県銚子市に生まれ育ったＡ君が，ある日父親と海に行ったときの会話である。

> Ａ君：５月26日は皆既月食だね。今から楽しみだよ。この海岸から一緒に見ようね。ところで，今まで疑問に思っていたんだけど，海面の高さってどう変化しているのかなあ？
> 父親：海面の高さが変化することは，「潮汐《ちょうせき》」という現象だよ。また，「潮位《ちょうい》」という言葉もあるんだ。潮位は，その地点の基準面から海面までの高さを表示しているんだよ。そして，潮位が高いときを「満潮《まんちょう》」，潮位が低いときを「干潮《かんちょう》」と言うんだ。
> Ａ君：さっそく，銚子漁港の満潮と干潮を調べてみるよ。

Ａ君が，５月８日と９日の銚子漁港の潮位変化について調べたところ，図１のとおりであった。ただし，縦軸は潮位，横軸は月日時刻である。

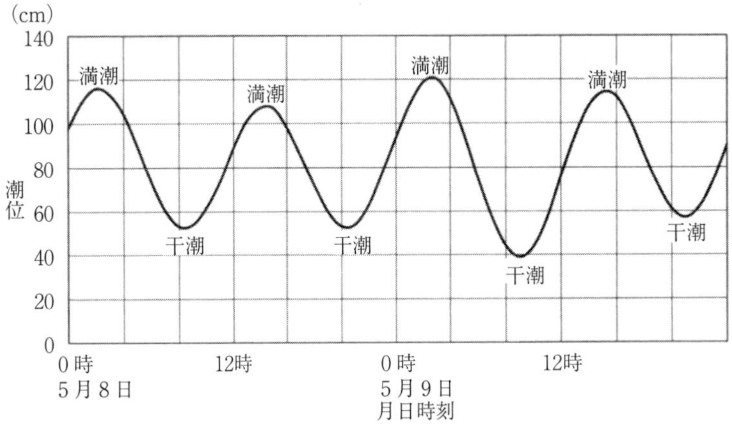

図1　5月8日と9日の銚子漁港の潮位変化

A君：このグラフを見ると，1日にだいたい2回の満潮があるね。 父親：これは，どういうことだろうね。 A君：ぼくもイメージがわかないから，そのことを詳しく調べてみるね。

A君は，北極上空から見た時の赤道付近の海面の凹凸を表した模式図を見つけ，満潮の海面に●印を付けた。(図2)

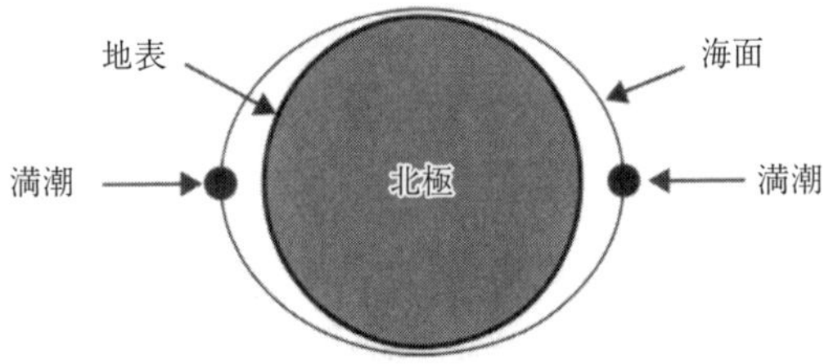

図2　海面の凹凸の模式図

A君：2カ所が満潮になっていて，別の2カ所が干潮になっていることがわかったよ。なかなかおもしろそうだから，もっといろいろと調べてみるよ。 父親：それはいいね。まず，潮位の変化がどのようなリズムで起きているか調べてみてはどうかな。太陽や月との関係も一緒に調べるといいかもしれないね。 A君：わかった。調べてみるね。

A君が，5月8日から5月13日までの6日間について，銚子漁港の潮位変化を調べたところ図3のとおりであった。

また，1日2回の満潮のうち，太陽の南中と月の南中の後の満潮に着目して時刻を調べたところ，表1のとおりであった。

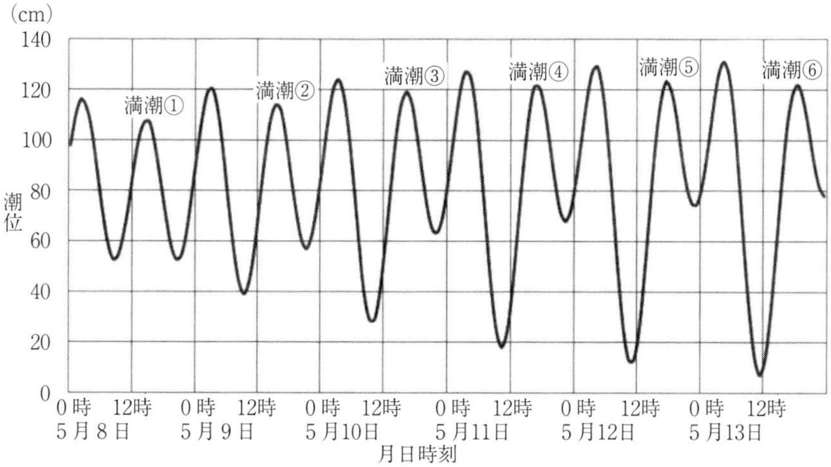

図3　5月8日から5月13日までの銚子漁港の潮位変化

表1　銚子漁港での満潮時刻および太陽と月の南中時刻

満潮時刻		太陽の南中時刻	月の南中時刻
満潮①	5月8日14時23分	11時36分	9時06分
満潮②	5月9日15時12分	11時36分	9時46分
満潮③	5月10日15時54分	11時36分	10時27分
満潮④	5月11日16時34分	11時36分	11時08分
満潮⑤	5月12日17時12分	11時36分	11時52分
満潮⑥	5月13日17時50分	11時36分	12時37分

(1)　5月8日から5月13日までの6日間について，満潮①から満潮⑥までの各満潮時刻の間の5つの時間間隔の平均を求めると，何時間何分となるか。もっとも近いものを次より選び，記号を答えよ。

(ア)　23時間10分　　(イ)　23時間40分　　(ウ)　24時間10分
(エ)　24時間40分　　(オ)　25時間10分　　(カ)　25時間40分

(2)　5月8日から5月13日までの6日間について，月の各南中時刻の間の5つの時間間隔の平均を求めると，何時間何分となるか。もっとも近いものを次より選び，記号を答えよ。

(ア)　23時間10分　　(イ)　23時間40分　　(ウ)　24時間10分
(エ)　24時間40分　　(オ)　25時間10分　　(カ)　25時間40分

A君：調べた結果，月の南中と満潮は関係がありそうだよ。
父親：そうすると，月の動きと潮汐が関係しているかもしれないね。
A君：月の動きと潮汐が関係あるなら，日本列島のいろいろな場所の満潮時刻を調べてみると，その関係がわかるかもしれないね。

A君が，図4に◆印で示した太平洋側にある海岸4カ所について，5月26日の月が南中した後の満潮時刻を調べたところ図4のとおりであった。

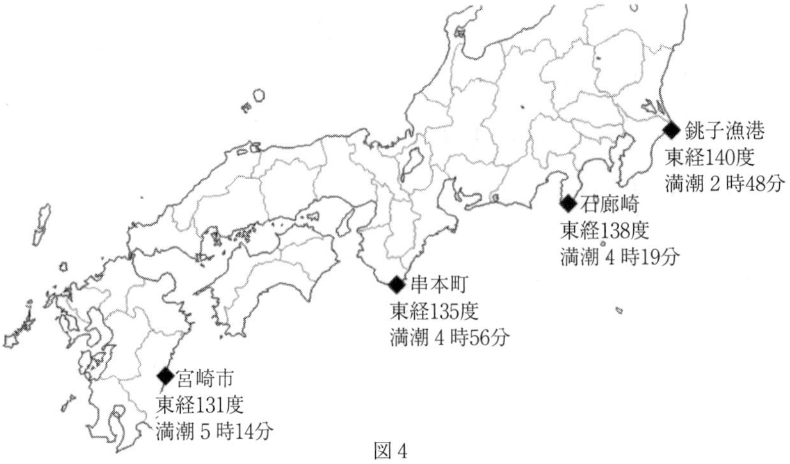

図４

(3)　次の[　]に適する語句を選び，◯で囲め。

図４より，日本列島の太平洋側では，西にある場所ほど満潮時刻が①[早く・遅く]なることがわかる。北極上空から見ると地球が②[時計・反時計]回りに自転しているため，月の南中する場所が，地上では時間とともに③[東から西・西から東]の向きへと移動しているように見える。

A君：潮汐と月の動きとは関係があるけど，太陽の動きとは関係ないのかなあ。
父親：それは，少し長い期間の潮位変化を調べてみるとわかるかもしれないよ。

A君が，皆既月食がおこる５月26日前後の約１ヶ月半について，銚子漁港の潮位変化および１日の最高潮位と最低潮位の予測を調べてグラフを作成したところ，図５のとおりであった。図５には各日の最高潮位をつないだ線と最低潮位をつないだ線も示している。「大潮《おおしお》」は１日の満潮と干潮の潮位差が大きい時期であり，「小潮《こしお》」は潮位差が小さい時期である。

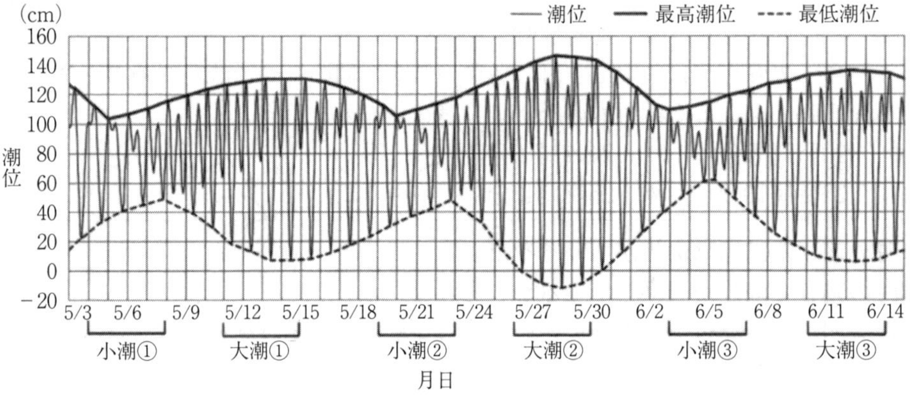

図５　銚子漁港の潮位変化および１日の最高潮位と最低潮位

(4)　次の図は，地球の北極上空から見た月と地球と太陽の位置関係を示す模式図である。大潮①，大潮②，大潮③が始まる時期の位置関係として最も適するものを，それぞれ次より選び，記号を答えよ。

また，小潮①，小潮②，小潮③が始まる時期についても同様に，それぞれ次より選び，記号を答えよ。

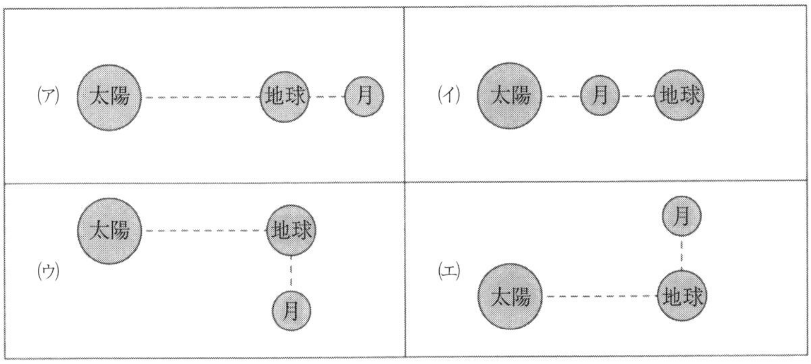

A君：大潮と小潮は，月や太陽の位置と関係があるね。今日は，いよいよ皆既月食だね。
父親：ところで，今日の月の南中と満潮の時刻との関係はどうなっているんだろうね。
A君：そうだね，観測して調べてみるよ。

A君は，皆既月食がおきた５月26日から翌日の５月27日にかけて，銚子漁港での月の出と月の入の時刻，南中の時刻，月が南中した後の満潮の時刻について観測したところ，図６のとおりであった。

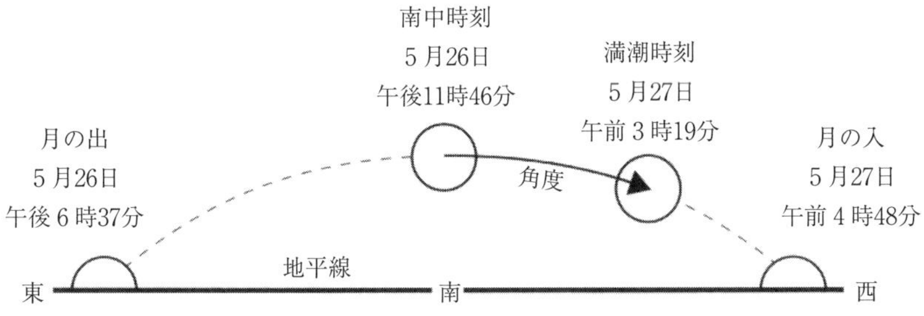

図６

A君：月の南中時刻と満潮時刻は一致しなかったよ。
父親：月の位置と地球上の満潮の位置の関係はどうなっているんだろうね。
A君：観測結果から，月の位置と地球上の満潮の位置を計算して図にしてみるね。

(5)　図６において，南中時刻から満潮時刻までに，月が移動した角度を求め，整数で答えよ。ただし，５月26日の南中から５月27日の南中までに要した時間は，(2)で求めた時間を用いよ。

(6)　５月26日から５月27日にかけての，月の位置と満潮の位置関係としてもっとも近いものを，次の模式図の中から１つ選び，記号を答えよ。

ただし，図は北極上空から見た月と地球上の満潮の位置関係を表す模式図であり，海面の凹凸を表すだ円の線は誇張して描かれている。また，銚子漁港の位置を★印，満潮の海面の位置を●印で示している。

(ア)

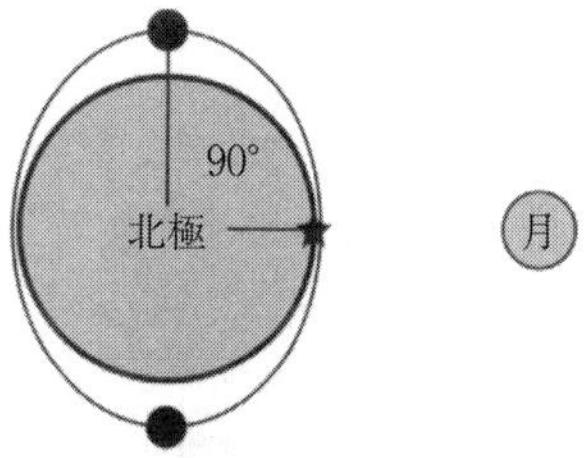

(イ)

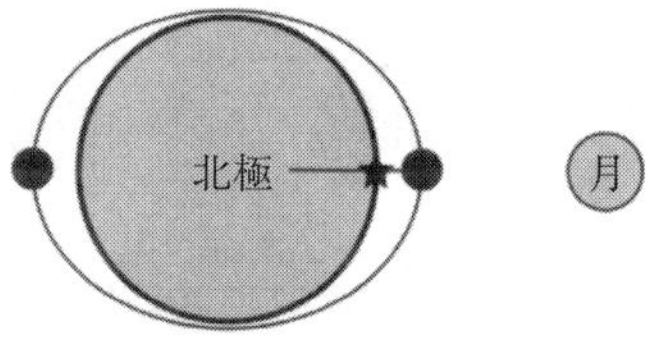

(ウ)

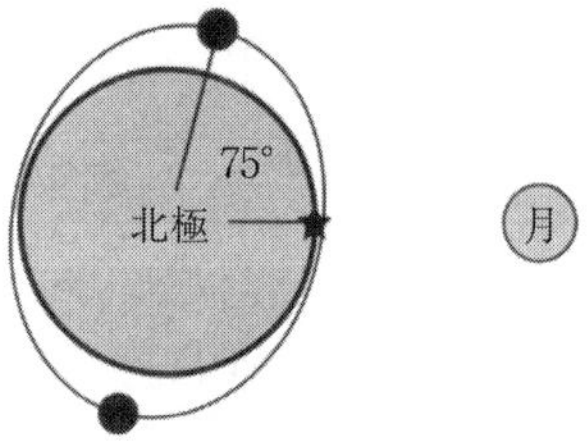

(エ)

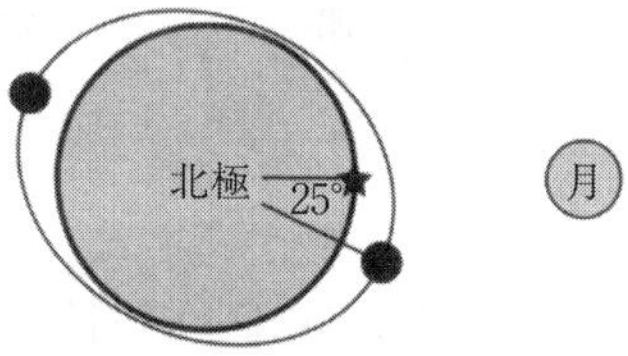

(オ)

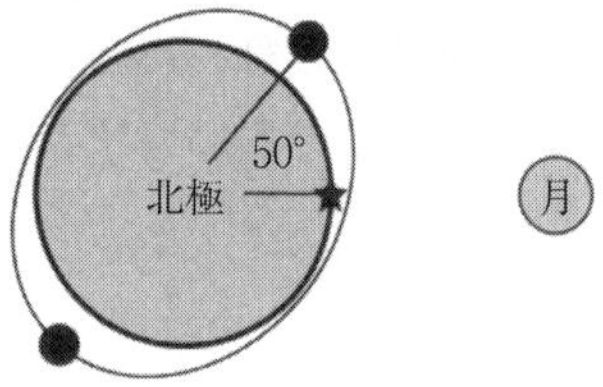

(カ)

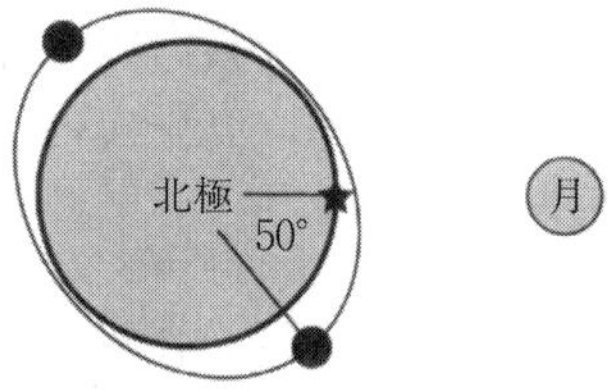

(キ)

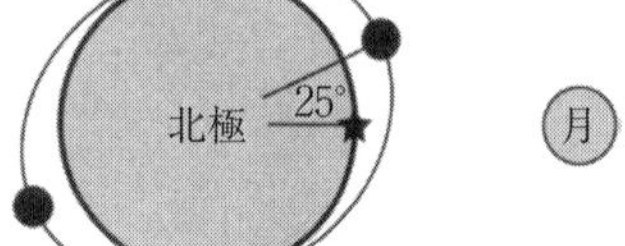

(ク)

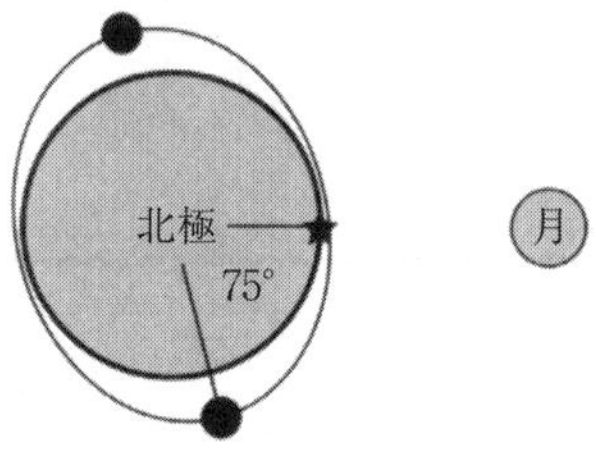

4 　図１，２に示す手回し発電機を用いた電磁誘導について考える。手回し発電機は主に，磁石，コイル，整流子，金属製のブラシ，ハンドルで構成される。磁石はコイルをはさんでＮ極とＳ極が向かい合わせになっている。ハンドルを回転させると，コイルと整流子は図２に示す破線を軸として，一体となって回転する。その際，整流子とブラシは常に接しながら回転する。整流子の拡大図を図３に示す。整流子は円筒形をしており，ブラシと接触する円筒形の側面は導体部と不導体部に分かれている。

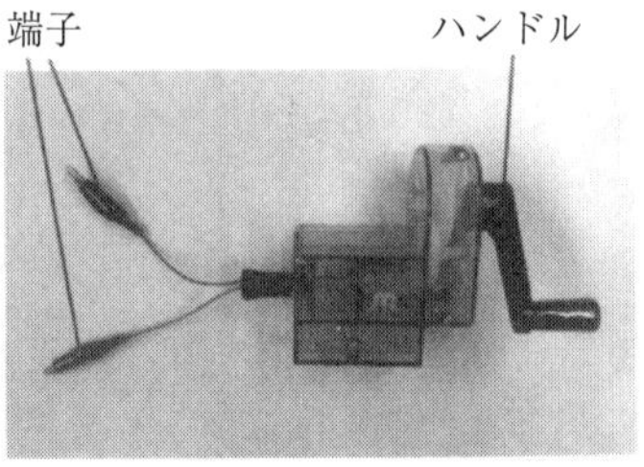

図１　手回し発電機

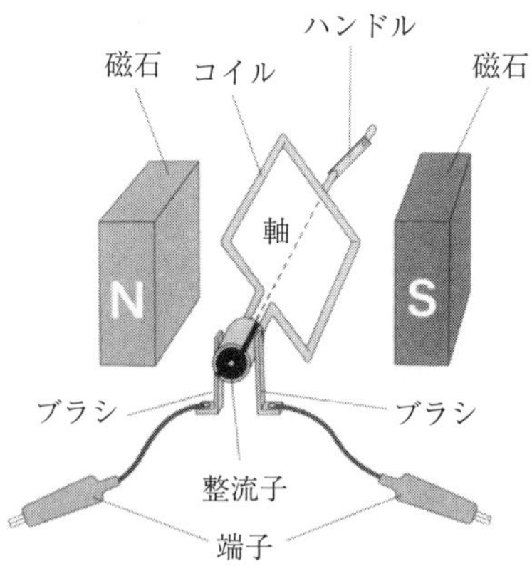

図２　手回し発電機の内部構造

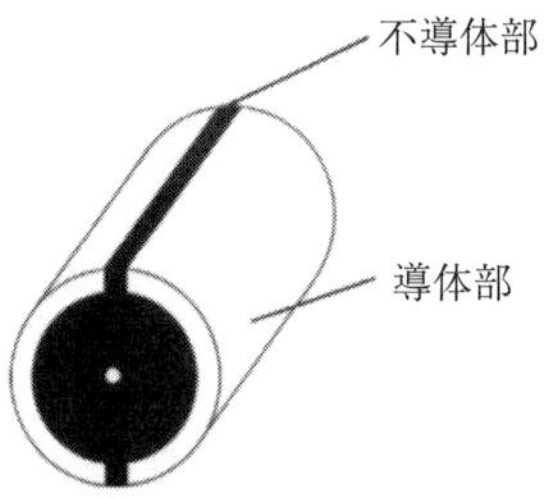

図３　整流子の拡大図

図４のように，手回し発電機と抵抗器を用いて回路を作成する。図４のａ～ｄはコイルの四隅を示す記号である。整流子の導体部とブラシが接しているとき，回路はつながる状態となる。整流子の不導体部とブラシが接触しているときは，回路はつながらない状態となる。コイルを回転させると，コイルの面abcdを貫く磁力線の数が変化するため，電磁誘導によって誘導電流が生じ，抵抗器に電流が流れる。

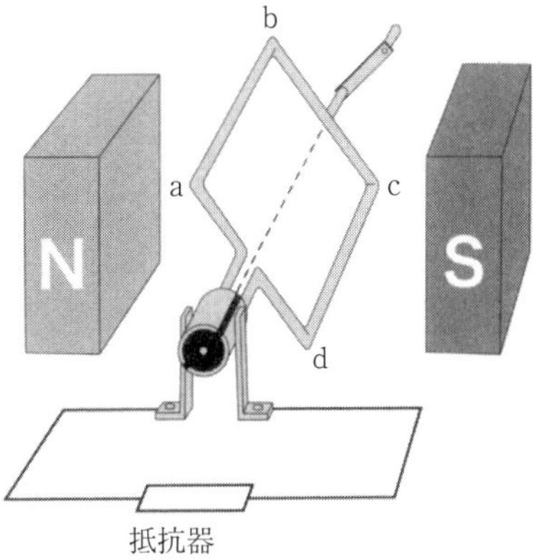

図４　回路図

図５は発電機を整流子側から見た図である。磁石の間の磁界は向きも強さも一様であるものとする。向きも強さも一様な磁界は，図５のように平行で等間隔な磁力線で示すことができる。図５では，６本の磁力線で示したが，実際には平行で等間隔の磁力線が無数に存在するものとする。磁石が作る一様な磁界の中で，コイルを図５のⅰ→ⅱ→……→ⅷ→ⅰの順に，一定の速さで時計回りに回転させる。このとき，コイルの面を貫く磁力線の数は図６に示すグラフで表される。ただし図６では，ⅴ以降のグラフを省略した。

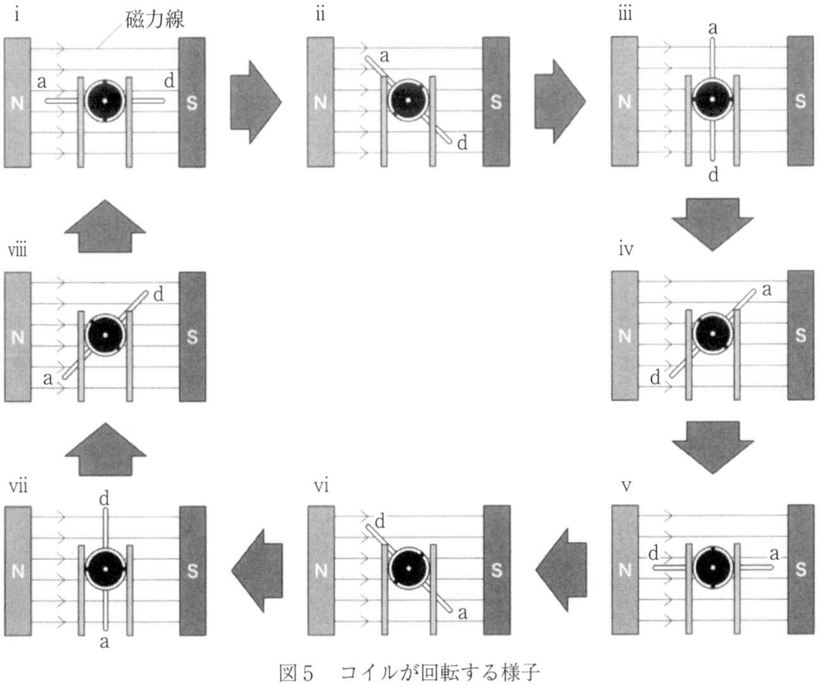

図５　コイルが回転する様子

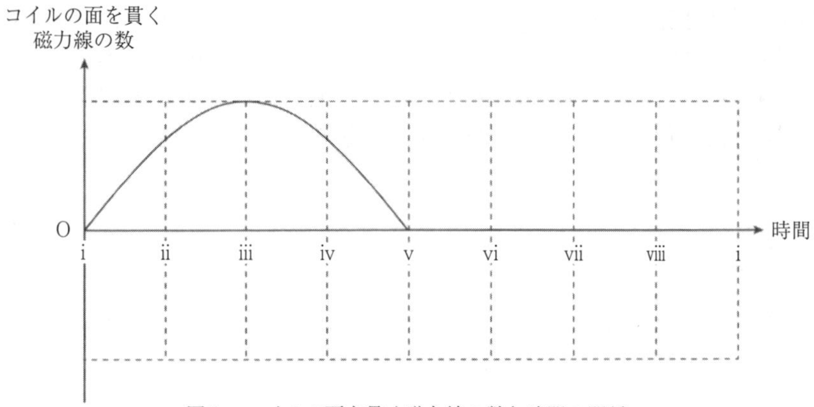

図6　コイルの面を貫く磁力線の数と時間の関係

(1)　コイルを回転させたときに図4の抵抗器を流れる電流の向きについて以下の問いに答えよ。

①　コイルをi→iiまで回転させたときに，抵抗器を流れる電流の向きを説明する次の文章の[　]に適切な選択肢を選び○で囲め。

コイルをi→iiまで回転させると，コイルの面を貫く右向きの磁力線の数は(ア)[増加・減少]する。このとき，電磁誘導によってコイル内に左向きの磁界を作るように誘導電流が流れるので，コイルには(イ)[abcd・dcba]回りの電流が流れる。よって回路の抵抗器には(ウ)[左から右・右から左]向きに電流が流れる。

②　コイルをii→……→viii→iの順に回転させたときについて，(ア)コイルを流れる誘導電流の向き，(イ)抵抗器を流れる電流の向きを①にならって整理する。解答欄の表中の適切な選択肢を選び○で囲め。

(2)　コイルを回転させたときに，図4の抵抗器を流れる電流の大きさについて以下の問いに答えよ。

①　抵抗器を流れる電流の大きさについて，コイルをi→iiまで回転させたときと，ii→iiiまで回転させたときを比較する次の文章の[　]に適切な選択肢を選び○で囲め。

コイルの面を貫く磁力線の数の変化を，コイルをi→iiまで回転させたときと，ii→iiiまで回転させたときで比較すると，磁力線の数の変化は(ア)[i→ii・ii→iii]のときの方が大きい。コイルが回転する速さは一定であるため，抵抗器を流れる電流の大きさは(イ)[i→ii・ii→iii]のときの方が大きくなる。

②　コイルを図5のi→ii→……→viii→iと回転させたとき，抵抗器を流れる電流について，電流と時間の関係を表すグラフとして適切なものを選び記号を答えよ。ただし，縦軸は電流，横軸は時間を表しており，縦軸の正の電流は図4の抵抗器を左から右，負の電流は抵抗器を右から左に流れる電流を表している。

(あ)

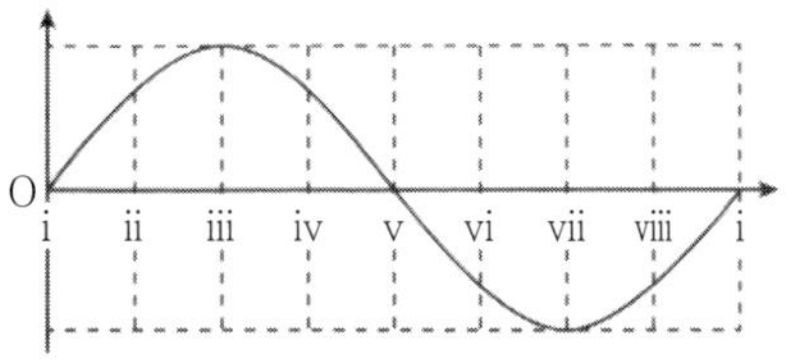

(い)

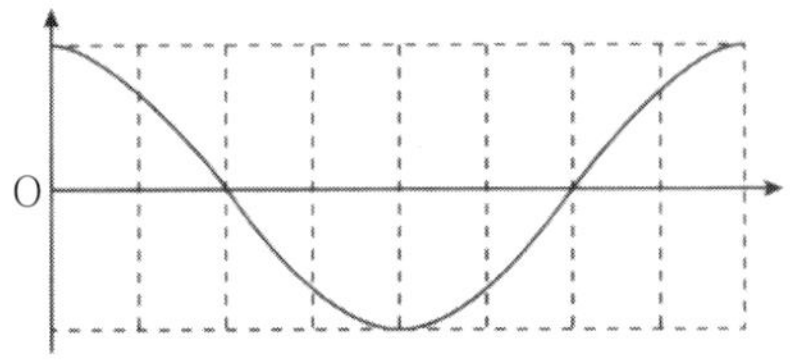

(う)

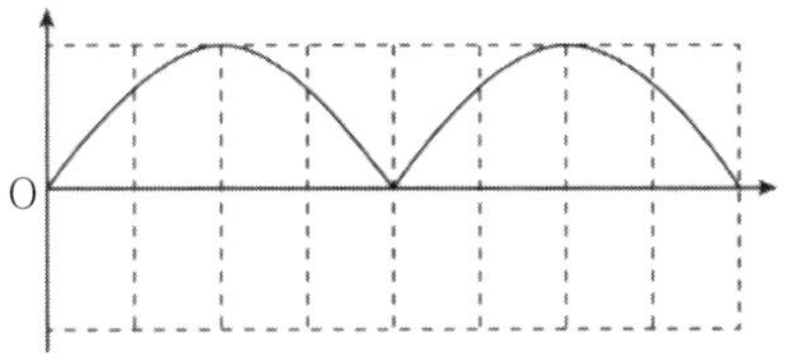

(え)

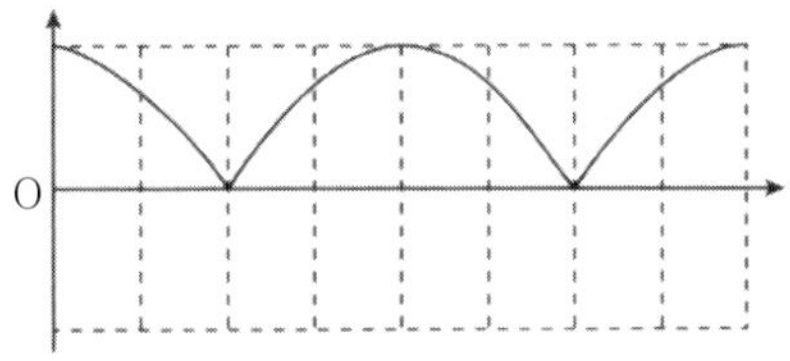

(お)

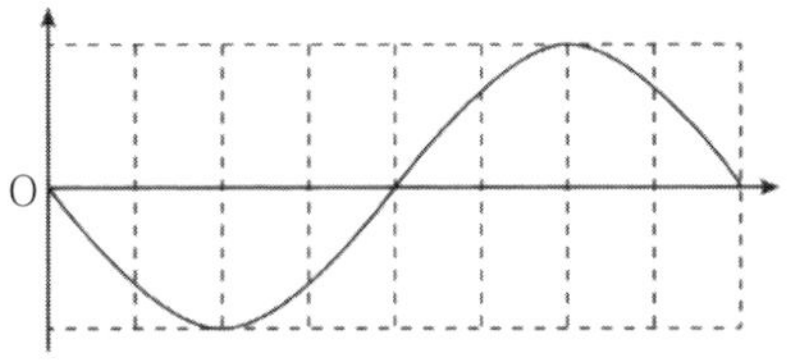

(か)

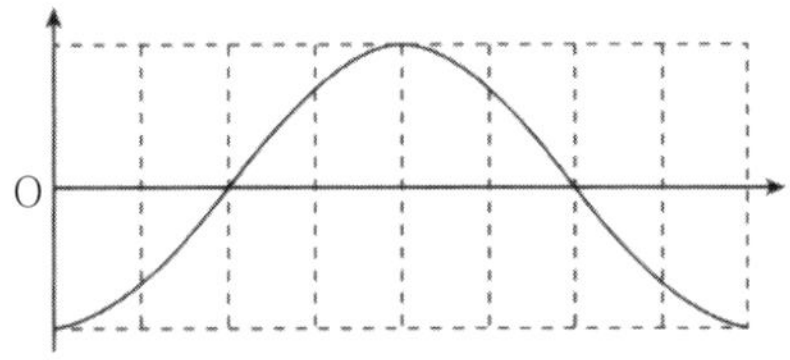

(き)

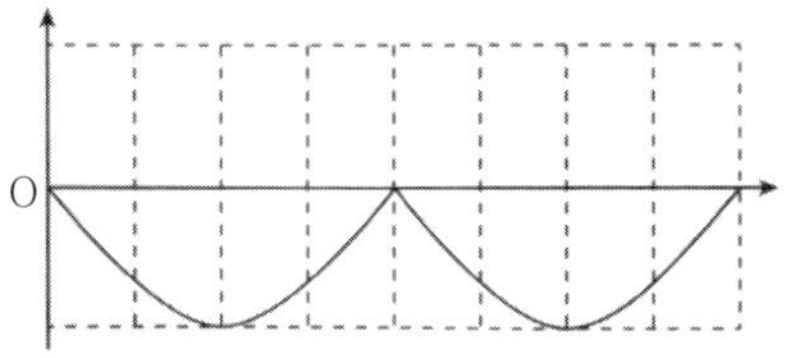

(く)

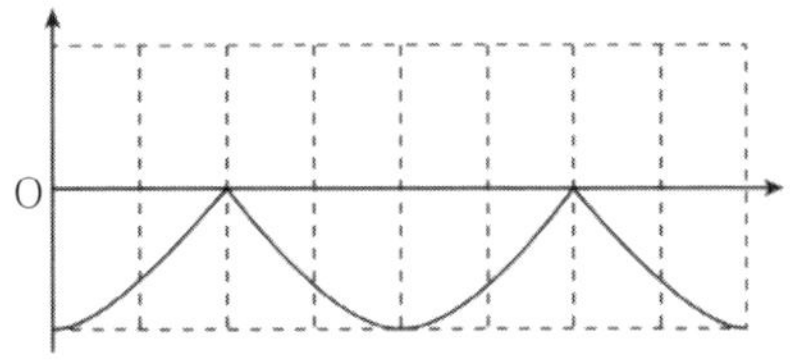

せなば、尋ね聞きてんや」とて、走り出でて行きつつ、習ひ侍りにけりと申し伝へたるこそ、⑤ゆゆしくありがたう覚ゆれ。「敏《と》き時は則《すなは》ち功あり」とぞ、論語といふ文にも侍るなる。この薄をいぶかしく思ひけるやうに、一大事の因縁をぞ思ふべかりける。

※尋ね聞くことができなくなる。

問一 ――部①「因果」は、一般的には四字の言葉で知られる仏教用語である。その四字の言葉のうち「因果」を除く部分を漢字で答えなさい。

問二 ――部②「この法師」について説明したものとして適当なものを二つ選びなさい。

ア 苦手な乗馬を練習によって克服した努力家であった。

イ 酒の席で芸が披露できないことを嫌い、早歌を習った。

ウ 三つの道を極めようとしたことで、失敗した。

エ 道に熟達する中で、その道にのめりこんでいった。

オ 他に類を見ないほどの人格者であった。

問三 ――部③「第一の事を案じ定めて、その外は思ひ捨てて、一事をはげむべし」とあるが、筆者は冒頭の「法師」は、具体的にはどのようにするべきだったと考えているのか。――部③の内容をふまえつつ説明しなさい。

問四 空欄 X に入る言葉として最も適当なものを選びなさい。

ア 三つの石を捨てて、十の石につくことはやすし。

イ 一つの石を捨てて、二の石につくことはやすし。

ウ 八つの石を捨てて、九の石につくことはやすし。

エ 十一の石を捨てて、十二の石につくことはやすし。

オ 二十の石を捨てて、三十の石につくことはやすし。

問五 ――部④「一時の懈怠」とは具体的には何か。その説明として最も適当なものを選びなさい。

ア 西山の方に得るものがあるという判断ができず、遠距離の移動を怠ってしまったこと。

イ 東山での仕事を終えた満足感から、より利益を生む西山への移動をやめてしまったこと。

ウ 東山より西山の方に得るものがあるのに、東山から西山に移動することを怠ったこと。

エ 東山から西山へ移る際に、一度自分の家に戻ることを怠ってしまったこと。

オ 東山から自分の家に帰る手間を惜しみ、結果的に西山へ移動することができなくなったこと。

問六 ――部⑤「ゆゆしくありがたう覚ゆれ」は「大変素晴らしく感じられる」という意味であるが、登蓮法師のどういうところを「素晴らしい」と評していると考えられるか。その説明として最も適当なものを選びなさい。

ア 自分の知りたいことを知ることこそが一大事であり、その為にならば、たとえ、多くの人に迷惑をかけることになるとしてもかまわないと考え、困難な状況の中にありながら信念を貫いたところ。

イ 人間の生はいつ終わるともしれないという恐怖感にとらわれ、人々の雨がやんでから出発するべきだという命令を振り切り、速やかに行動することができたところ。

ウ 人間としてなすべきことの本質から目を背けず、他者の言葉や、天候といった、どうでもよいことには目もくれずに、真理を知るもののいる場所へと、速やかに移動しようとしたところ。

エ 雨のやむのを待てという人々の愚かな言葉に対して、雨がやむまでに人間の命は終わってしまうかもしれないと言って、大義のために堂々と反論することができたところ。

オ 己の最大の関心事を知れるならばと、天候上の困難や、急ぐ必要はないという人々の制止をも気にせず、人の生の無常を意識しながら、迅速に行動しようとしたところ。

問七 この文章は、十四世紀に兼好の書いた随筆中のものである。この随筆の名前を漢字で答えなさい。

の身体の障害をすぐに帰郷できなかったことの言い訳にしようとしている自分のふがいなさ。

三　次の文章を読んで、後の問いに答えなさい。

ある者、子を法師になして、「学問して①因果の理《ことわり》をも知り、説経などして世渡るたづき（※手段）ともせよ」といひければ、教へのままに説経師にならんために、まづ馬に乗り習ひけり。輿《こし》・車は持たぬ身の、導師（※供養の中心を担う僧侶）に請ぜられん時、馬など迎へにおこせたらんに、桃尻にて（※乗るのが下手で）落ちなんは（※落ちてしまったとしたら）、心憂かるべしと思ひけり。次に、仏事ののち、酒など勧むる事あらんに、法師の無下《むげ》に能なきは、檀那（※檀家）すさまじく思ふべしとて、早歌《さうか》といふことを習ひけり。二つのわざ、やうやう境に入りければ、いよいよよくしたく覚えて嗜《たしな》みけるほどに、説経習ふべきひまなくて、年よりにけり。

②この法師のみにもあらず、世間の人、なべてこの事あり。若きほどは、諸事につけて、身を立て、大きなる道をも成じ、能をもつき、学問をもせんと、行末久しくあらます事ども（※遠い将来までよくよく考えている諸事）心にはかけながら、世をのどかに思ひて、うち怠りつつ、まづ、さしあたりたる目の前の事にのみまぎれて月日を送れば、事々なす事なくして、身は老いぬ。終《つひ》に物の上手にもならず、思ひしやうに身をも持たず、悔《く》ゆれども取り返さるる齢ならねば、走りて坂をくだる輪のごとくに衰へゆく。

されば、一生のうち、むねとあらまほしからん事（※主として望んでいること）の中に、いづれかまさると、よく思ひくらべて、③第一の事を案じ定めて、その外は思ひ捨てて、一事をはげむべし。一日の中、一時の中にも、あまたの事の来たらんなかに、少しも益のまさらん事をいとなみて、その外をばうち捨てて、大事を急ぐべきなり。何方《いづかた》をも捨てじと心にとり持ちては、一事も成るべからず。

たとへば、碁をうつ人、一手もいたづらにせず、人に先だちて、小を捨て大につくがごとし。それにとりて、［　X　］。十を捨てて、十一につく事はかたし。一つなりともまさらん方へこそつくべきを、十まで成りぬれば、惜しく覚えて、多くまさらぬ石にはかへにくし。これをも捨てず、かれをも取らんと思ふ心に、かれをも得ず、これをも失ふべき道なり。

京に住む人、急ぎて東山に用ありて、既に行き着きたりとも、西山に行きてその益まさるべき事を思ひ得たらば、門より帰りて西山へ行くべきなり。ここまで来着きぬれば、この事をばまづ言ひてん（※言ってしまおう。）、日をささぬ事（何日と日を決めていないことであるから）なれば、西山の事は帰りてまたこそ思ひたため、と思ふ故に、④一時の懈怠《けだい》、すなはち一生の懈怠となる。これを恐るべし。

一事を必ずなさんと思はば、他の事の破るるをもいたむべからず。人の嘲《あざけ》りをも恥づべからず。万事にかへずしては、一の大事成るべからず。人のあまたありける中にて、ある者、「ますほの薄《すすき》、まそほの薄（※それぞれが、どのような薄を指す言葉なのか、現在に伝わってはいない。当時、それぞれがどういう薄をさすのかについて議論があり、関心の対象となっていた。）などいふ事あり。わたのべの聖《ひじり》、この事を伝へ知りたり」と語りけるを、登蓮《とうれん》法師、その座に侍《はべ》りけるが、聞きて、雨の降りけるに、「蓑笠《みのかさ》やある。貸し給へ。かの薄の事ならひに、わたのべの聖のがり（※ところへ）尋ねまからん」と言ひけるを、「あまりに物さわがし。雨やみてこそ」と人の言ひければ、「無下のことをも仰せらるるものかな。人の命は、雨の晴れ間をも待つものかは。我も死に、聖も失を閉めた。音を立てて落ちていた水がとまった。が、幾代は自分のその動作に気づいてはいないらしかった。それは無意識に行われただけだった」とあるが、この「幾代」の「無意識」の「動作」について説明したものとして適当なものを二つ選びなさい。

ア　出しっぱなしの水道の「水」は幾代の涙の象徴で、その蛇口の栓を閉めるという行為には、唯一の心のより所であった母親の死という現実を直視し、これからは障害のある身体の悲しみをひとりで背負って、東京の他人の中で生き抜いていくことを覚悟した、幾代の堅固な意志が表われている。

イ　悲しみに暮れながらも、台所仕事で体に染みついた動作が無意識に出てしまうところに、主人の言いなりになり母親の死に目に会えなかった幾代の敗北が示されているが、母親を湯治に連れて行くために忙しく働く生活に終止符が打たれ、幾代に新しい未来が待ち受けていることも暗示されている。

ウ　誰もとめない出しっぱなしの水道の「水」は、忙しい大都会東京の真ん中で、寄る辺もなくただ一人泣いている幾代の悲しみの象徴だが、その「水」を自分でも気づかないうちにとめる動作は、彼女も都会の多忙な生活を送るうちにその悲しみをいつの間にか忘れるだろうことを暗示している。

エ　水道の「水」をとめる動作は、多忙な旅館の台所で幾代が率先してやっていたことだが、それが母親を亡くした悲哀に打ちひしがれている時にも意識せず出るところに、他人からの評価や信用だけを気にして働いていたせいで、自分の感情に素直になれなくなった幾代の悲劇がよく表れている。

オ　出しっぱなしの水道の「水」を誰もとめようとしない状況は、皆自分勝手で非人情な都会の縮図だが、そのなかで悲しみに暮れつつも幾代が一人無意識にも「水」をとめたのは、彼女が上京後、人情味あふれる故郷の人たちを思い出すにつけ、都会の人間に反感を覚えていたことを表わしている。

カ　駅員が出しっ放しにしたまま忙しい通行人に全くかえりみられなかった水道を、幾代だけが無意識にもとめたことは、上京してからこれまで非常に多忙な職場で働いてきても、自分のことしか考えていない冷たい都会の人々には同化することのなかった彼女の誠実な人格そのものの表出と理解し得る。

問七　〜〜〜部「打ちひしがれた悲哀」とあるが、「幾代」はどういうことに「打ちひしがれ」ているのか。物語全体の内容をふまえた説明として、最も適当なものを選びなさい。

ア　自分の障害を弱みとは考えず、周りから一人前と認められたい一心で、忙しい仕事場でも一生懸命働いてきたが、かえってそのせいで母親の死に目に会うことができなくなってしまった悲しみと、障害のある身体を自分一人で背負って生きていくことはできない自分の心の弱さ。

イ　自分を障害者扱いしてくる他人に負けてしまわないように、自分の勝ち気な性格を頼りにこれまで必死に働いてきたが、母親の危篤にも主人のいいなりになって仕事を優先した自分の愚かさと、誰一人声をかけてくれないプラットフォームで一人涙が止まらない自分の憐れさ。

ウ　他人ばかりの東京に出てきて、身体の障害の引け目を感じさせることなく負けん気で精一杯働いてきたが、母親の死という一大事に際して主人の言い分に屈し、死に目に会えなくなってしまった自分の弱さと、母亡き今、心から頼れる存在なしで生きていかねばならない悲しみ。

エ　故郷の母親を温泉に連れて行きたい気持ち一つで、上京し旅館の忙しい台所でまじめに働いてきたのに、その思いを叶えられないまま母親が死んでしまったことからくる虚無感と、母親がいなくなった今、障害のある身体を背負ってこれから生きていく意味を見出せない絶望感。

オ　姉の後ろ姿を見て自分も働く気になった娘を頼もしく思い、一緒に湯治に行けることを楽しみにしていた母親を、自分の弱さのせいで裏切ってしまった罪悪感と、この期に及んで、自分た。その場所に、さえぎるものがなくなって春の陽があたった。

（佐多稲子「水」）

《注》

＊1　ズック…綿または麻を用いた厚地の平織り布。

＊2　こりんとした…未詳。二十歳にも満たない若さと健康さを表わすような顔の丸みが、辺り構わぬ労働で最早失われてしまい、小さくこけている様子をあらわすか。

＊3　越中…現在の富山県の旧国名。釜ヶ淵、後出の「人善」はそこの地名。

＊4　ちんば…片足が不自由で、正常な歩行ができないこと、またその人を指していう差別的表現。

問一　＝＝部(a)～(c)のカタカナを漢字に、漢字をひらがなに直しなさい。

問二　――部①「狡猾」という言葉の意味を書きなさい。

問三　――部②「そういうときも幾代は優しい微笑を浮べているだけだった」とあるが、なぜこのような反応をみせるのか。その説明として最も適当なものを選びなさい。

ア　頼りないところがあり、主人の一方的な言い分に流されがちであると同時に、自分の障害を哀れむ人に対しては、身体の引け目や弱さを感じさせるのを嫌い、素直なところをみせようとする負けん気もあるから。

イ　勝気な性格の幾代は、自分の身体をあからさまにじろじろと見回す主人への強い憎悪を心の中では感じているが、さすがに自分の雇い主に反抗することはできず、作り笑いをしてごまかすことしかできないから。

ウ　本当は強い負けん気を秘めているのだが、自分の脚の障害を哀れんだり笑ったりするような他人の視線に慣れ、あきらめてしまっていて、どんなことを言われても笑って受け流すことが習慣になっているから。

エ　正直者の幾代は、主人が本気で自分の苦労に同情してくれていることに対して喜びを感じ、その感情を率直に主人に伝えたいが、一方では自分の弱みを他人に見せまいとする勝ち気な性格がそれを許さないから。

オ　愚直な人間である幾代は、せっかく自分の働きがいを認めてくれた主人の機嫌を損ねることを怖れるあまり、主人がどんなことを言っても反射的に笑いながら「はい」と返事をする癖がついてしまっているから。

問四　――部③「幾代は、そこに他人を感じ、夜更けて床についてから、ひとりで泣いた」とあるが、「幾代」は「主人」のどこに「他人を感じ」たのか具体的に説明しなさい。

問五　――部④「幾代は固い顔をしてそれを聞いていた。聞いていたけれど、反応さえ見せなかった」とあるが、この時の「幾代」の心情の説明として最も適当なものを選びなさい。

ア　死に目に会えなかった母親のもとにいち早く行きたいと思っていたが、不人情にもその思いをふみにじるような女主人の言葉に強い衝撃を受け、口も開かないくらい内心面食らっている。

イ　母親の死に目にも会わせず、そのまま亡くなってしまってからも自分を何やかや理由を付けて引き留めようとする主人夫婦の厚顔無恥ぶりに対してあきれかえって物も言えなくなっている。

ウ　主人のいいなりになって母親の臨終に立ち会えなかったことを悔やみ、憤りをも感じているため、今口を開くとその感情を女主人に正直にぶつけてしまいそうだと警戒し、沈黙している。

エ　母親の死に目に会えなかった悔しさがあり、既に亡くなってしまった母親のもとへ直ちに向かいたいので、まともに女主人の相手をして時間を無駄にしてはいられないと焦りを感じている。

オ　最初の電報が来たときに思い切って帰郷しなかったことを悔やむと同時に、今度こそは他人がなんと言おうと故郷へ帰る決意を固めて、女主人の言葉に従わないようにと緊張している。

問六　――部⑤「幾代は、水道のそばを通り抜けぎわに、蛇口の栓

ハハシンダ、カヘルカ、と次の電報が今朝配達された。幾代は台所の板にへたっと坐ると、

「ああ、かアちゃ」

と、細い、しぼるような泣き声を上げて突っ伏した。

彼女はもう朝のやりかけの仕事をしなかった。泣きながら身まわりのものと貯金通帳を鞄に詰めると、河岸に出かけて留守の主人の帰りを待たずに、女主人にだけ(c)アイサツをして上野駅へ駆けつけた。幾代が出てくるときも、女主人は、夫の留守を口実に引きとめようとした。

「それに、もう死んじゃったんだろ。あんたが帰ったって、死んだものが生きかえるわけでもないしねえ」

④幾代は固い顔をしてそれを聞いていた。聞いていたけれど、反応さえ見せなかった。ズックの鞄を抱えて旅館の台所口から出て歩き出す幾代は、いつもより腰のゆれが強かった。

母親が死んでしまう、という実感にそそられて、はじめて幾代は、自分と母親とのつながりの深さに気づいた。それは幾代にとって唯一の安心の場所が無くなることだった。幾代が自分の身体の引け目を感ぜずにすむのは、母親の前だけであったと気がつくからだった。幾代の身体の悲しさが、もし母親の云うように前世からの約束ごとならば、その罪は母親もいっしょに被るものだった。あるいは母親の罪のために幾代が悲しみを背負っているのかもしれなかった。幾代は母親の労苦を知っていたからそんなことを口に出しもしなかったけれど、兄や姉の前にさえ勝気にふるまう意識の操作を、母親に対してだけは感ぜずにすんだ。

その母親が死んでしまう。一刻も早く、母親の前に行って、母親と一緒に泣きたかった。母親はすでに死んでいるのかもしれない。が、幾代には母の姿は、木綿の薄い夜具の中に眠っている姿でしか想像できなかった。そこにまだ母親は存在しているはずだった。幾代はそんな母親を想像すると、今までの感情になかった性質の哀れみで、可哀想、と切実に感じた。もう母親はすべてに対してすっかり無力になっているにちがいないからであった。しかもその哀れみの感情は、幾代自身にも及ぼして、劇《はげ》しい悲哀がこみ上げていた。昨日の電報のとき、主人に負けてしまった自分の弱さから、母親まで敗北のまき添えにしたような口惜しさがあって、幾代の悲哀を深くしていた。

幾代はもう完全にひとりになるはずだった。ひとりになるということは、彼女の身体の悲しさの重さを、ひとりで背負ってゆくことだった。ホームの混雑は幾代をひとり疎外しておのおのの行方に気負い立っていた。幾代の方でも、その騒がしさは無関係だった。

幾代の乗るはずの列車がホームに入るまでまだ一時間待たねばならなかった。彼女がしゃがんでいる前の列車は、いよいよ発車するらしかった。合図のベルがホームに流れた。それをしおに、幾代は鞄を抱え腰を立てて立ち上った。泣きつづけた彼女の小さな顔は、色白の皮膚を晒したように赤味を消して、瞼《まぶた》が垂れ、細い目がいよいよ細くなっていた。

幾代は、動きだした列車と反対の方向に、重い足で歩き出した。彼女の肩が歩調にともなって、ゆっくり揺れた。彼女はそのとき、列車の窓の視線に自分をあからさまにしたわけだった。

駅員詰所の建物の先きに水道があった。水道の蛇口はさっきから水を出しっ放しであった。駅員が薬かんに水を汲んでそのままくるりと身体をまわして元気に行ってしまってからあと、水は当てなしに流れつづけていた。そのそばを通ってゆくものも多かったが、誰ひとり蛇口の栓を閉めなかった。

幾代は、悲しみを運んでそこまで歩いてきた。顔を上げているので、瞼をあふれた涙が頰に筋を引いた。が、⑤幾代は、水道のそばを通り抜けぎわに、蛇口の栓を閉めた。音を立てて落ちていた水がとまった。が、幾代は自分のその動作に気づいてはいないらしかった。それは無意識に行われただけだった。列車は音を立てて出てゆき、明るくなったあとに街の眺めが展がった。が幾代は、再びもとの場所にもどってしゃがみ込むと、今までと同じように泣きつづけ

き幾代は、自分も働けるようになったら、給料を貯めてこの母親を、今度は自分が湯治に出してやりたいとおもった。

　幾代が五歳のときに父親が亡くなった。兄が十三歳、姉が十歳、末子だった幾代はまだ母と一緒の床に寝ていて、眠りながら、くせになってまだ母親の乳を探ることがあった。母親の乳房はあたたかくて柔かだった。父親が亡くなって幾月か経ったある夜、母親が床にはいってきた気配を感じた幾代が、手を母親の胸に差し入れて乳を探った。とたんに、ぱっと払いのけられて、目が覚めた。目が覚めると、払いのけられたことが口惜しくて、意地になってまた母親の乳房を求めた。

「いやだッてば」

　母親は真剣な声を立て、身ぶるいして、幾代の手を払った。それがあんまりじゃけんだったので、びっくりして幾代は泣き出した。

「なに、泣くう」

　母親はまだおこっているような調子だった。

　そんなときの微妙なことは、幾代にわかるはずはなかった。またある夜は、ふと、母親が泣いているような気がして目を覚ましたこともある。

「かアちゃ」

　そっと呼ぶと、しのび泣きはとまって返事もなかった。幾代は、くら闇の中でそのときは母親の顔を探った。その掌が、母親の涙で濡れて、それは、父親の亡くなったあとの苦労の悲しみなのだ、とはっきりわかった。あるいはその悲しみは、幾代の身体のことを案じてのものかも知れなかった。幾代は成長してからもそのことをときどきおもい出した。

　幾代の左脚が短いことを母親はふびんがって、自分のせいのように謝ることがあった。幾代が二歳のとき、高熱がつづいたのを抱いて、富山市の病院へも連れて行ったのだという。

「一ヵ月も入院して、命のあったのが見つけものと言われた。なアん、片脚が少々短うても、気にせんこっちゃ」

　小学生のとき田圃《たんぼ》道を帰ってくる途中で、男の子に、＊4ちんば、ちんば、とはやし立てられたことがある。丁度ゆき逢った母親がそれを聞きつけた。すると母親はいきなり大声にわめいて小石を投げた。幾代の方が母親の見幕を恥ずかしくなって先きに走った。走ってゆく幾代の姿は、ぴょこん、ぴょこん、と左肩がさがっていた。

　しかし幾代は、明るいとは云えないにしろ、素直な性質だった。旅館の台所で終日立ち働きながら、身体の引け目を見せなかった。どこかに負けん気をひそめていて、それが素直さにもなり、身体の引け目を見せぬ働きものにもするらしかった。この旅館に住み込んで一年と数ヵ月で、料理方も主人も、幾代の働きぶりの誠実さを認めた。東京の他人の中に出て苦労するものと覚悟してきたから、幾代の方では自分が認められるのを仕合せに感じさえした。

「幾ちゃんはいいかみさんになるよ」

　あるとき幾代は、料理人が女中たちをつかまえてそう云っているのを聞きつけた。そこまではよかった。が料理人は幾代が聞いているのを気づかずに、あとはにやついて、幾代の脚のことにふれ、あけすけなほめ言葉までつけ足した。幾代はそのときは唇を嚙んで涙を浮べた。彼女にはそんなあけすけな評言は、自分の悲しみをひそめた身体の中までずけずけと踏み込まれるようにしか聞けなかった。

　主人は、はじめ恩恵をほどこしたつもりで幾代をやとったがおもわぬ拾いものをしたわけだった。幾代がこの頃から、郷里の母親に東京見物をさせてやろう、とおもいはじめたのも、主人からそう云われたからだった。主人は幾代に優しい言葉をかける意味で、田舎のおっかさんに東京見物をさせておやりと云い、泊るのはうちで泊めてやるよ、と云ったのだった。

　そんなふうだったから、ハハキトクスグカヘレの電報がきたとき、幾代は、早速暇がとれるものとおもっていた。自分の一大事は、主人もそのとおりに承知するものとしか考えなかった。それがそのとおりに運ばなかった。③幾代は、そこに他人を感じ、夜更けて床についてから、ひとりで泣いた。

ホームの上は、片方の線にも列車を待つ人の列があって、ほこりっぽい混雑を呈《てい》している。幾代のいる駅員詰所ぎわはホームも先きの方のせいでいくらかその混雑からはずれているが、しゃがんでいる彼女の前もときどき駆け抜けてゆく人の足でざわついた。このほこりっぽい混雑の中で、幾代はまったく自分の膝の上の鞄を抱きしめているよりほかなかった。しっかり鞄を抱いているのは、彼女自身が頼りなくてつかまり場を欲しているからだった。が、彼女はそれを誰かに求めるように意識しているのではなかった。むしろ彼女は、この駅の雑閙《ざっとう》の中で、自分ひとり打ちひしがれた悲哀にいることをそのまま受け入れて、ただ、とどめようもなくあふれ出る涙をあとからあとから拭きながら、胸の中で母親を呼んでいた。

幾代の働いている神田小川町の旅館に、彼女あての電報がとどいたのは昨日の朝だった。幾代はこの旅館の台所で働いていたから、団体客の朝の食事がすんで下がってきた五十人分の食器を洗っていた。

ハハキトクスグカヘレという電文を前にしたとき、幾代ははじめ、瞳孔のひらいてゆくような不安な表情をした。

「こんな電報がきたんですけども」

主人の前へ出てそう云うと、主人は①狡猾に目を働かせた。主人の疑いは大勢の使用人との関係で身についた警戒から出たものだったが、幾代あての電報が嘘ではないらしいとわかったあとも、不人情を言葉の上で瞞着《まんちゃく》しながら、半ば威圧を加えてまざまざと不機嫌になった。それはこの多忙な時期に、使用人を失いたくないという本心をさらすものだった。

「次の電報を待つんだね。ほんとに(a)キトクなら、今から帰ったって富山までじゃ、間に合やしないよ」

「はい」

そう答えるしかなかった幾代を、寸時も立ちどまらせるすきを与えず台所の仕事が追いかけた。

＊3越中釜《かま》ケ《が》淵《ふち》の農家から幾代がこの神田小川町の旅館に働きに出たのは、一昨年の冬だった。主人が同郷の縁故で、この旅館の下働きに住みこんだ。

「お前さんも脚さえ悪くなきゃね」

と、主人は幾代の身体を哀れむように見まわした。

「はい」

②そういうときも幾代は優しい微笑を浮べているだけだった。

幾代は左脚が少し短かった。そのために近くの紡績《ぼうせき》会社を希望したときも採用にならなかった。が、この旅館に働きに出て、幾代は満足していた。下働きでも毎月、母親に送金できるだけの給料があったし、少額ながら貯金もしていた。

幾代は給料を貯めて、一度は母親を(b)湯治に出したい、とおもっていた。郷里の母親は、旅館の女主人と同年齢だというのが信じられないほど老けていた。幾代が中学生のとき、入善《にゅうぜん》の紡績工場に働いている姉からの送金で、母親は一度湯治に出かけた。湯治といいながら、大風呂敷いっぱい、つくろいものの衣類を包み込んで持って出たが、たった四、五日の湯治から帰ってきたときは、見ちがえるほど、母親は若がえっていた。腰も伸びて見えた。普段は、家の中でも腰を曲げた姿勢をしていた。幾代がまだ小さいときから母親はそんなふうに腰を曲げていた。それは年齢のせいというよりは、生活の習慣でそうなったというものだった。それが湯治から帰ってくると、頬が光って、色が白くなっていた。

それ以来、母親のたのしいおもい出話は湯治のことにきまってしまった。湯につかって、三年はたしかに生きのびた、といい、宿の広間にかかった旅まわりの芝居を二晩つづけて見たことも忘れられないらしい。ひとりでじいっと縫物をしているときなども、母親はひそかにおもい出しているのかもしれなかった。そばで宿題をしているとき、ふいにそれを話しかけられたりしたことで、幾代はそうおもうのであった。

「姉ちゃが、工場で働いたお金、おくってくれたでエ」

と、語尾にアクセントをつけて、必ずそれを云った。そういうと者の存在に気づいてもそれが誰なのかを知ることが難しくなっているということ。

オ　法に従って税金や保険料を支払うことで、既に福祉制度を支えているという認識が社会に広まると、人々は目の前に困窮者がいても自らが直接的、対面的に支援する必要性を感じなくなり、福祉国家が目指した相互扶助的な連帯はさらに弱体化していくということ。

問三　空欄 X に入る慣用句を次から選びなさい。

ア　一挙両得　イ　内憂外患　ウ　天の配剤
エ　諸刃の剣　オ　同じ穴の貉《むじな》

問四　――部②「この福祉エゴイズム的なエートスを、福祉国家は逆説的にも生み出してきた」とあるが、どういうことか。説明しなさい。

問五　――部③「それは大きな損失に繋がる」とはどういうことか。その説明として最も適当なものを選びなさい。

ア　福祉国家的連帯が問題を抱えていても、連帯が枯渇しつつある現代では福祉制度の存在が相互扶助に対する人々の意識を高める等の意義を有することも確かであり、福祉国家を否定してしまうとそこに潜在している連帯の可能性まで手放すことになるということ。

イ　福祉国家が外部環境の変化により限界に直面したとしても、社会的少数者の置かれた状況を改善しようとする意識が強まりつつある現代で、支援を必要とする人々同士が支え合うネットワークを強化する福祉制度までも否定することは時代錯誤だということ。

ウ　福祉国家が様々な困難を抱えているとしても、個人主義や経済至上主義がはびこる世界で、人間が生まれながらに持つ貧富の格差を根本から解消できる手段はもはや国家権力による強制しかなく、福祉国家の否定は格差を肯定することを意味するということ。

エ　相互扶助的な連帯が負の側面を持つとしても、移民のように国家から排除される人々が引き起こす問題を見過ごせなくなっている現代では、連帯の精神が宿る福祉国家を否定すると、未来において社会的少数者が連帯する可能性まで捨てることになるということ。

オ　福祉国家が連帯の制度であるという事実が見えにくくても、個人主義、経済至上主義、排外主義が人々を分断させつつある現代で、見知らぬ者同士を最初に結び付けるのは制度的な関係であり、国家を否定してしまうと対面的な連帯も衰退するということ。

二

次の文章を読んで、後の問いに答えなさい。

幾代はそこにしゃがんでさっきから泣いていた。彼女がしゃがんでいるのは、上野駅ホームの駅員詰所《つめしょ》の横だった。だから幾代のしゃがんでいる前には、もう客を乗せて時刻を待っている列車の鋼鉄の壁面があった。正午を過ぎたばかりで、空にはうらうらとした春の陽ざしがあったが、列車にさえぎられて、詰所との間の狭い場所は蔭になっていた。グリーンのセーターに灰色のスカートをはいて、その背をこごめ、幾代は自分の膝の上で泣いた。膝にのせた＊1ズックの鞄《かばん》を両手に抱え込んでその上で泣いていた。

すぐ頭の上の列車の窓から、けげんな顔で人ののぞくのも知っていたが、どうしても涙はとまらず、そこよりほかの場所に行きようもなかった。列車の窓の視線に、パーマネントののびたのをうしろで丸めただけの頭髪を見せて、しきりにガーゼのハンカチで涙を拭いていた。

まだ二十歳にもならぬ若さだがあたりかまわず働いていることがひと目で分るような、＊2こりんとした顔だ。それが泣き濡れていよいよ頼りなくまずしげに見えた。この春の日なかに、駅のホームにしゃがんで泣いているということ自体、頼りなくまずしいことにちがいなかった。

弱し、枯渇しているかもしれない。福祉国家という制度的連帯は、社会に蔓延する個人主義、経済至上主義、排外主義を跳ね返すことができるほどの生命力を保ち続けているだろうか。

だが、他方で、次のような言い方もできる。福祉国家は、個人主義、経済至上主義、排外主義が跳梁するこの世界にあって、なおも連帯が連帯として辛うじて(d)メイミャクを保っている稀有な場所でもある。現在、福祉国家以外に、あるいは福祉国家を凌駕するほどに連帯が存在感を示す場所は、果たして存在するだろうか。連帯の衰退が事実であるとすれば、連帯の精神が本格的に宿る場所は福祉国家をおいてほかに存在しないかもしれない。とはいえ、そのことは、福祉国家的連帯が(e)盤石であることをまったく意味しない。これまで見てきた通り、福祉国家そのものが様々な困難に包囲されているからである。

福祉国家は、このような両義性を帯びている。それゆえに、その消極的側面に注目するのか、それとも積極的側面に注目するのかに応じて、福祉国家に対する評価も大きく異なるものとなる。ここでは、どちらの側面から福祉国家を評価すべきなのかという問題を未決のものとして提示することができるだけである。一つだけ言えることは、たとえ現下の福祉国家が様々な不都合を抱えているとしても、そのことによって福祉国家が培いうるかもしれない連帯の可能な有り様を福祉国家とともに否定してしまうなら、おそらく、③それは大きな損失に繋がるということである。マルセル・モースは、その『贈与論』の結論部において、贈与に関する思考の射程を、社会保険のような現代の制度にまで延ばしてゆくことができると主張している。あるいは、ティトマスは『贈与関係』において、献血という匿名の制度において利他主義が果たす積極的な役割を探究したが、ティトマスがその際に依拠したのがモースの『贈与論』の思考なのであった。社会保障や福祉制度という土壌の下には、連帯の思考を豊かにする思想的な鉱脈が埋まっている可能性がある。それは、社会保障や福祉政策の主体が国家であるという理由だけで捨て去られてはならない類のものである。制度を介することによって成立する連帯が近未来においてなお必須であるとするなら、福祉国家という制度の下に埋もれているかもしれない連帯の可能性を掘り起こすことも試みるに値する課題であるように思われる。

（馬渕浩二『連帯論』より）

《注》

＊1　エートス…慣習。ある社会や文化に共有される気風や精神性。

問一　══部(a)〜(e)のカタカナを漢字に、漢字をひらがなに直しなさい。

問二　――部①「連帯としての本来の姿が、さらに遠退いてしまう」とあるが、どういうことか。その説明として最も適当なものを選びなさい。

ア　福祉国家は行政による権力の行使によって見知らぬ他人同士の間に繋がりを成立させるが、相互扶助のための制度の運用を担うのは行政であって自らが困窮者に対面して直接支援する必要はないため、支援する側とされる側は互いに面識のないままになるということ。

イ　福祉国家を支えているのは対面的、人称的な関係の中で目の前にいる困窮者を支援しようとする人々の意志であるにもかかわらず、福祉制度の運用を行政が行うことで支援を強制されるかのような認識が生じ、人々の支援する意欲が次第に失われていくということ。

ウ　本来、直接的で対面的な連帯である相互扶助が国家により制度化されると、誰が誰を支えているのかが見えにくくなることに加え、福祉制度は国家による強制であると認識しやすくなるため、自らが連帯を支えているという人々の意識はさらに失われるということ。

エ　連帯が福祉国家という巨大な制度として実現されることで人々の間には顔も知らない匿名の人間との繋がりが生じるが、同時にそれは制度によって隔てられた関係であるために、困窮の強力な手段であり続けてきたのである。

福祉国家が実現する私的な依存関係からの解放、それによって助長される個人主義は、福祉国家にとって［X］である可能性がある。一方で、たしかに、個人の自立は実現されるべき価値である。他方で、個人の自立が、連帯の弱体化を招来する可能性もある。たとえば、個人主義は、カール・メッツが「福祉エゴイズムの原則」と呼ぶものを招き寄せる可能性がある。福祉エゴイズムの原則とは、福祉国家による様々な制度的支援が自明のものと見なされることによって登場するもので、「多く要求し少なく貢献する」という原則のことである。メッツが指摘する通り、これが財政上の困難を引き起こす可能性があることは当然だろうが、それを度外視したとしても、連帯という点から見て、福祉エゴイズムは問題含みである。全員が福祉エゴイズムの原則にしたがって行動するとき、支えられようとする人々は増えるが、支えようとする人々は減少し、相互扶助が成り立ち難くなるからである。福祉エゴイズムの拡大は連帯を枯渇させる。そして、②この福祉エゴイズム的な＊1エートスを、福祉国家は逆説的にも生み出してきた可能性がある。

もちろん、福祉国家は、このような負の側面だけを抱えているのではない。福祉国家の存在が、その外部に肯定的な影響を及ぼすこともある。たとえば、グッディンは、福祉国家が存在し、それが有効に機能することで、福祉国家という制度の外部で連帯のネットワークが強化される可能性に言及している。

（……）福祉国家は、社会的ネットワークを通じて自身が作用することによって、相互扶助制度に取って代わるのではなく、むしろ、これらの制度を強化することによって、これらの社会的ネットワークの成長を促すかもしれない。

たしかに、このような可能性は存在する。福祉国家が存在することが、人々の相互扶助の意識を高め、社会をより連帯的にするという可能性を考えることはできる。スティヤーヌは、福祉制度が人々の意識を変化させることに注意を促している。「スカンジナビアでは、知的障害者、ゲイの人々、自分の子どもへの父親の義務といったことに対する態度が、これらの集団の置かれた状況を改善する社会改革を導入したあと変わった」。そうだとしても、連帯が制度化されることによって生み出される負の側面が消滅してしまうわけではない。人々を連帯へと動機づける回路が現在の福祉国家制度に強固に組み込まれているのか、そのことが問われているのである。

とはいえ、「福祉国家は、現代史における最も華々しい革新的成果の一つとも言える」。福祉国家には人類史的な意義がある。このことに疑いの余地はない。福祉国家は、人々の生に内在する脆弱性に対して、そして資本制がもたらす脆弱性に対して、一人ひとりの個人では果たすことができない防御を、人々が大規模に連帯することによって可能にする制度である。他方で、その福祉国家もすでに一定の歴史を刻むことで、それが抱える問題が露呈するようになり、様々な批判が提示され続けている。移民問題において(c)如実に表現されるように、社会保障制度が適用される範囲はどこまでなのか、つまり誰が福祉国家の恩恵を被り、誰がそれから排除されるのかという問題がある。この線引きの問題は福祉国家の問題であると同時に、連帯そのものが内包する問題でもある。人々が連帯するとき、連帯から排除される者たちがかならず生み出される。連帯は、連帯の内部と外部を生み出すからである。

あるいは動機づけの問題がある。福祉国家は連帯の制度ではあるが、制度として確立されているがゆえに、強制的で権力的な表情を見せ、福祉国家が連帯の制度であるという事実が見えにくくなる。そのとき、福祉国家を支えるために連帯的に振る舞おうという動機が持続しがたいものとなる可能性がある。しかし、ならば、どのようにすれば連帯への動機づけが可能になるのだろうか。福祉国家の外部、つまり社会における連帯に訴えるにしても、それがすでに衰

二〇二二年度 渋谷教育学園幕張高等学校（学力選抜）

【国　語】（六〇分）〈満点：一〇〇点〉

（注意）・記述は解答欄内に収めてください。一行の欄に二行以上書いた場合は、無効とします。

一　次の文章を読んで、後の問いに答えなさい。

福祉国家が直面するのは、福祉国家がおかれた外部環境の変化が引き起こす困難だけではない。福祉国家は、そこに内在する論理によって、みずからを弱体化させたり、みずからの足元を掘り崩したりするような困難に直面している可能性がある。以下では、二つの点からそのことを検討する。一つは、制度化した連帯としての福祉国家の、その制度性に注目するものであり、もう一つは、福祉国家が個人主義を生み出すことに関するものである。

まず、連帯が福祉国家という巨大な制度として実現されることがもたらす困難から考えてみよう。そのために、マイケル・イグナティエフの論考を参照しよう。イグナティエフによると、福祉国家という制度によって、人々のあいだには「沈黙の関係」が生み出される。それが沈黙の関係であるのは、それが制度的な関係であって、直接的な対面的な繋がりではないからである。福祉国家制度を支えているのは、そして、その制度によって結び付いているのは、顔も知らない匿名の人間たちなのである。見知らぬ匿名の人々であっても、福祉国家という非人称的な制度によって繋がりが成立する。しかし、同時に、人々は福祉国家という制度によって隔てられてもいる。「福祉国家は、連帯を求めるこのニードを制度化しながらも、それと同時に、(a)シリョクのある者とそれを必要としている者とをお互いに見知らぬ他人のままにさせておく」からである。福祉国家は、見知らぬ者たちを結びつける。しかし、同時に、見知らぬ者たちを見知らぬままにしておく。これが福祉国家が生み出す連帯の性格だというのである。

そうだとすると、相互扶助としての連帯が福祉国家という制度的形態を纏《まと》うとき、何かが決定的に失われてしまうのではないだろうか。相互扶助的な連帯は、元来、対面的で人称的なものである。だが、福祉国家においては、その相互扶助的な連帯が匿名化される。誰が誰を扶助しているのか、そのことが分からなくなる。匿名的であるとは、そういうことである。そして、連帯の対面性や人称性が消去されるとき、様々な問題が生まれる。そのような問題のうち、齋藤純一は大きく三つを指摘している。まず、対面的、人称的な関係においては実感しやすい相互扶助が、福祉国家制度のもとでは、ルーティン化した負担—(b)ジュエキ関係として意識されてしまい、制度を支えている相互性が実感されにくくなる。また、制度の運用は行政によってなされるため、制度が支え合いによって成立しているという一面よりも、行政による権力の行使という一面が前景化されやすくなる。また、納税や保険料の拠出も法で強制されているから、福祉制度は権力によって強制されるものだという認識が成立しやすくなり、目の前にいる困窮者を支援するという①連帯としての本来の姿が、さらに遠退いてしまう。

次に、福祉国家と個人主義の関係について考えてみる。個人主義は連帯と齟齬を来すことがある。個人主義は、集団の利益や他者の利益に貢献することよりも、むしろ自身の利益を重視する発想と親和的だと考えることもできるからである。通常は、個人主義が福祉国家を外部から蝕むと考えられているが、福祉国家そのものが個人主義を助長すると考えることもできる。この件に関して、ガーランドは以下のように述べる。

> しかし、それ〔個人主義の強化——引用者〕は、福祉国家の影響でもある。福祉国家は、個人が家族や隣人に依存することを減少させ、そうでなければ個人がもつことはない自立と選択を個人に与えた。逆説的に見えるが、福祉国家は、個人主義が拡大するため

英語解答

1

番号…2　誤…a　正…my

番号…3　誤…other　正…another

番号…6　誤…said　正…told

番号…7　誤…in　正…on

番号…9　誤…to　正…in〔at〕

番号…11　誤…and　正…or

2

1　A…ク　B…エ　C…キ

2　A…ク　B…エ　C…ア

3　A…イ　B…ク　C…オ

4　A…カ　B…オ　C…ウ

5　A…ウ　B…ア　C…カ

3

(1)　(例) It is a little less than an hour away from the center of Tokyo

(2)　(例) I'd like you to enjoy the changing natural beauty of the four seasons

4

問1　ウ→イ→ア→エ

問2　1…(c)　2…(b)　3…(d)　4…(b)　5…(c)

問3　エ，オ，カ

5

問1　1…ク　2…エ　3…カ　4…イ　5…オ　6…ウ　7…キ　8…ア

問2　a　hard　b　angry

問3　(例)息子は多忙で帰宅の遅い父に1時間分のお金を払うことで一緒に夕食を食べてもらいたいと思っていたが，父の時給は20ドルと聞き，自分の所持金だけではあと10ドル足りなかったから。(84字)

〔放送問題〕

Part 1　1…イ　2…エ　3…ア　4…エ

Part 2　1…イ　2…ウ　3…ア　4…エ

(声の教育社　編集部)

1〔誤文訂正〕

1．「明日の朝の4時に目覚まし時計をセットしたの？　どうしてそんなに早く起きなきゃいけないの？」

2．電源を切り忘れたのは特定の「自分の」電話である。　「携帯電話の電源を切り忘れて，試験中に鳴ってしまった」

3．3つ以上あるもののうち，最初の1つをoneで表した後の「もう1つ〔1人，1匹〕の」はanotherで表す。　「私は4匹の猫を飼っている。1匹は黒，もう1匹は白，残りは茶色だ」

4．「去年の夏，音楽祭で17歳の女の子と友達になった」　make friends with ～「～と友達になる」はfriendsと複数形にすることに注意。

5．「私は去年，千葉マリンスタジアムで2度野球をした」

6．'tell＋人＋to ～'で「〈人〉に～するように言う」となる。sayはこの形で使えない。　「医者は私にこの2種類の薬を飲むように言った」

7．'特定の日の朝・昼・晩'につく前置詞はon。　「去年の12月25日の朝，あなたは何をしましたか」

8．「昨日は日曜日だったので，母が昼まで寝かせてくれた」　'let＋目的語＋動詞の原形'「～に(自由に)…させる」の形。

9．go ～ing「～しに行く」の形において「…に」を表す前置詞は，toではなく，その後に続く場所に合わせる。　「先週の日曜日は家族で食品市場に買い物に行った」

10.「ニュージーランドの人口は何人ですか？　約1億人ですか？」　population「人口」の大きさを尋ねる場合，疑問詞 How much「どのくらい」を使わないように注意。

11. take away ～〔take ～ away〕「～を持ち帰る」か eat in「店内で食べる」かを選べることを伝える文と考えられる。　「この食事は持ち帰ることも店内で食べることもできます」

2〔長文読解―整序結合―伝記〕

≪全訳≫❶1901年12月5日，ウォルター・イライアス・ディズニーはシカゴのノーストリップ通りにある2階建ての小さな家の上階にある寝室で生まれた。❷ウォルターの両親と兄たちは1農作業で忙しく，ウォルターを学校に連れていくことができなかった。そのため，彼は7歳近くになるまで学校に通えなかった。そのときまでには，5歳だった妹のルースも学校に行けるようになっていた。ウォルトは，妹と同時に学校に通い始めるのは「男の子にとって2起こりえる一番恥ずかしいことだった」と言っている。❸ウォルトはいつも，みんなを楽しませたい，みんなに楽しい時間を過ごしてほしいと思っていた。あるとき，俳優の一団が町にやってきてピーターパンを上演した。3それは決して成長しない少年の話だった。ウォルトはこの劇が大好きで，学校での公演でピーターを演じた。兄のロイがワイヤーを使ってウォルトを宙に持ち上げた。観客には，まるで彼が空を飛んでいるように見えた。❹鉛筆を握れるようになった頃には，ウォルトは何時間も絵を描いて過ごしていた。彼はみんなに自分はアーティストだと言った。彼には本当に才能があった。近所の住人のシャーウッド医師は，ウォルトが4とても優れているので，自分の馬の絵を描いてくれと頼もうと考えた。シャーウッド医師と妻はその絵を褒めた。ウォルトはそれがとても誇らしかった。❺ある日，彼は黒いタールの入った樽《たる》を見つけた。彼はルースと一緒に大きな棒をタールに浸して，自分たちの白い家の周り中に絵を描いた。その作品5を見た両親は，少しも喜ばなかった。タールが落ちなかったのだ！

＜解説＞1．‘too ～ to …’「…するには～すぎる，～すぎて…できない」の構文をつくればよい。be busy with ～「～で忙しい」　‘take＋人＋to＋場所’「〈人〉を〈場所〉に連れていく」　... were too busy with farm jobs to take Walt to school.　2．直前の starting school with his younger sister をひとまとまりの主語と考える。これを受ける動詞を could happen とすると文が成り立たないので，代わりに was を置く。この後は embarrassing「恥ずかしい，決まりが悪い」を最上級で用いて the most embarrassing thing とまとめれば，残りはこれを修飾する関係詞節となる。　... starting school with his younger sister “was the most embarrassing thing that could happen to a boy.”　3．直前の Peter Pan という劇を説明する文だと考え，It was about ～「それは～に関するものだった」で文を始めて about の目的語に名詞 a boy を置けば，残りはそれを修飾する関係詞節となる。　It was about a boy who never grows up.　4．‘so ～ that …’「とても～なので…」の構文をつくればよい。　ask for ～「～を求める」　... Walt was so good that he asked for a picture of his horse.　5．直後の「タールが落ちなかった」から，「両親は happy ではなかった」といった文になると考え，主語に their parents を置く。これを受ける動詞を were とすると，その後は not at all ～〔not ～ at all〕「全く～でない」の形にまとまる。残りは when で始まる副詞節をつくればよい。　Their parents were not at all happy when they saw the artwork.

3 〔和文英訳―完全記述〕

≪全訳≫高尾山についてお話ししたいと思います。(1)(例)それは東京の中心部から電車で1時間弱のところにあります。高尾山は，2009年にミシュラン旅行ガイドで3つ星を獲得して以来，世界中の人々に人気があります。毎年，260万人以上の観光客が高尾山を訪れています。高尾山には，さる園や野草園，1000年以上の歴史を持つ薬王院などすばらしい場所がたくさんあり，子どもだけでなく大人もひきつけています。また，高尾山はサクラやスミレ，そして他のさまざまな花々を見るのに適した場所でもあります。(2)(例)四季折々に変化する自然の美しさを楽しんでほしいと思います。天気が良ければ，山頂から富士山のすばらしい景色が見られます。皆さんも高尾山を訪れてはどうでしょうか。

＜解説＞(1)メモ中の「都心から電車で1時間弱」の部分をつくる。ある地点から時間がどのくらいかかるかは‘be動詞＋時間＋away from ～’で表せる。「1時間弱」は1時間にわずかに足りないという意味。「ほとんど，ほぼ」を表すalmostやnearlyでもよい。また，「都心からそこに着くのに1時間弱かかる」と考えて‘It takes＋時間＋to ～’「～するのに(時間が)…かかる」の形でIt takes less than an hour to get there from the center of Tokyo.などとしてもよいだろう。　(2)「四季折々に変化する美しい自然を味わってほしい」の部分をつくる。「～してほしい」はI would like you to ～や，I hope (that) you ～で表せる。「四季折々に変化する美しい自然」はthe beauty of nature that changes from season to seasonなどとすることもできる。なお「美しい自然」はbeautiful natureとは言わず，natural beautyやthe beauty of natureなどと表すのが一般的。

4 〔長文読解総―説明文〕

≪全訳≫❶人はどうしたら，オリンピックチャンピオン，言い換えれば金メダルを取れる選手になれるのだろうか。実は，最高級のアスリートになるには，トレーニングや練習だけでなく，さまざまな要因の組み合わせの全てが必要だ。❷選ばれたアスリートになるための最も重要な要素はおそらく遺伝的なものだ。オリンピック選手のほとんどは，平均的な人とは異なる特定の身体的特徴を持つ。優秀なアスリートの筋肉を例にとろう。人間の骨格筋(体を動かす筋肉)には，速筋繊維と遅筋繊維がある。速筋繊維は，私たちがすばやく動くのに役立つ。例えば，オリンピックの重量挙げの選手たちは普通の人よりはるかに多い，大量の速筋繊維を筋肉中に持つ。この繊維のおかげで，彼らは数秒で数百キロの重量を床から頭上まで持ち上げられるのだ。驚くべきことに，このスポーツで成功するうえで，大きくて筋肉質な体は最も重要な要素ではない。それよりも筋肉の中に速筋繊維がたくさんあることが重要なのだ。❸一方，優秀なマラソンランナーの脚には，90％もの遅筋繊維が含まれていることがある。／→ウ．私たちは長時間激しい運動をすると，疲労や筋肉痛，息苦しさを感じることがよくある。／→イ．これらの感覚は，筋肉が乳酸と呼ばれるものを大量につくり出し，それをすばやく除去できないときに引き起こされる。／→ア．遅筋繊維の多いアスリートは，動くときに筋肉から乳酸を早く排出できるようだ。／→エ．それは効率よくエネルギーをつくり，アスリートがそうした疲労をコントロールして，より長い時間動き続けることを可能にする。／したがって，平均的なランナーであれば，レースの途中から違和感を覚え出すかもしれない。しかし訓練されたオリンピック選手であれば，競技のかなり後の方まで不快感を覚えないだろう。❹一部のオリンピック競技者にとっては，体の大きさが重要だ。水泳の男子チャンピオンのほとんどは180cm以上の身長があり，それによってより遠くへ手が届き，より速く泳げる。しかし男女の体操競技の選手にとっては，体が小さくて体重が軽い方が，ずっと動きやすく，

4.5メートルの高さから床に着地する際にダメージを受ける可能性が少なくなる。❺また，環境のおかげで自然にアスリートとしての能力が上がることもある。ケニア，エチオピア，モロッコなどの国の高地で育ったアスリートたちは，ヘモグロビンが豊富な血液を持つ。ヘモグロビンが大量にあると，酸素をより速く体中に運ぶことができる。そのおかげでそれらのアスリートはより効果的に走れる。また，文化的な要因も一部のアスリートが特定のスポーツで成功するのに役立つ。ケニア北部出身の若い女性であるテグラ・ロルーペはマラソンで何度か優勝している。その成功は国の場所のおかげであり(彼女は約2400メートルの高さでトレーニングをする)，文化的背景のおかげでもあると彼女は言う。子どもの頃，彼女は毎日学校まで10キロを走らなければならなかった。「遅刻すると罰を与えられたものです」と彼女は言う。❻選ばれたアスリートになるには，遺伝子や環境，そして文化までもが関与するが，成功するためにはトレーニングと練習が常に必要だ。マラソンランナーは疲れをコントロールして長時間動き続けられるかもしれないが，目標に到達したり，それを維持したりするためには訓練しなければならない。重量挙げの選手や体操の選手は，同じ動作を無意識にできるようになるまで何度も繰り返すことで技術を向上させる。オリンピックの飛び込みで４つの金メダルを獲得したグレッグ・ローガニスは，飛び込み選手も成功するためには同じやり方でトレーニングをしなくてはならないと言う。「飛んでから着水するまで３秒もないのだから，考えている時間はありません。飛び込みは何百回，あるいは何千回と繰り返さないといけないのです」　このようなトレーニングを続けるためには，アスリートは強い体だけでなく，強い心も持っていなければならない。アメリカのオリンピック・トレーニングセンターのスポーツ心理学者であるショーン・マッキャンは言う。「アスリートは強い心を持っていなければ，我々が彼らに与えるトレーニングをこなせませんでした。彼らは目標を設定すること，必要なときにエネルギーを生み出すこと，不安に対処することに長《た》けていなければならないのです」❼そんなプレッシャーをアスリートはどう克服しているのだろうか。ローガニスは，どのようにして競技中に不安をコントロールできるようになったのかを説明する。「ほとんどの飛び込み選手は考えすぎるのです…」と彼は言う。「僕に効果があったのはユーモアです。僕が下手な飛び込みをしたのをもし母が見たら，何と言うだろうかと考えたのを覚えています。母はきっと，ただ笑顔を浮かべて，水しぶきがきれいだったと言うだろうとね」

問１<文整序>まず，イのThese feelingsが，ウのtiredness, muscle pain, and difficulty breathingを指すと考えられるのでイはウの後にくる。またイのsomething called lactateという表現から，lactate「乳酸」がここで初めて言及されたと考えられるので，the lactateとあるアはイの後にくる。また，slow-twitch muscle fibers「遅筋繊維」の効果を説明する内容と考えられるエは，主語のTheseがアのslow-twitch muscle fibersを，such tirednessがウのtirednessを受けると考えられるので，これを最後に置く。

問２<英問英答>１．「次のアスリートのうち，速筋繊維を最も必要とするのはどれか」―(c)「短距離ランナー」　速筋繊維は速い動きに役立つ(第２段落第５文)。　２．「重量挙げ選手について正しくないものはどれか」―(b)「体が大きいと，もっと容易に動けるようになるので，彼らの大半がより良い結果を出すのに役に立つ」　第２段落最後から２文目参照。　３．「第６段落の主旨は何か」―(d)「スポーツでの成功は多くの練習によるものである」　第６段落第１文後半参照。続いて何度もトレーニングを繰り返すアスリートたちの例が挙げられている。　４．「飛び込み選手のグレッグ・ローガニスはどの文に同意するだろうか」―(b)「一生懸命練習や訓練をしながらも，物事を深刻に考えすぎないことが大切だ」　前半の内容は第６段落中盤，後半の内容は第７段落参照。　　5．「次のうち，トライアスロン(水泳，自転車，ランニングの組み合わせ)の選手になる可能性がおそらく最も高いのはどれか」―(c)「モロッコ出身で180cm，遅筋線維を多く持ち，毎日練習する人」　水泳には長身(第４段落第２文)，マラソンにはモロッコ出身(第５段落前半)と遅筋繊維(第３段落)，スポーツ全般には大量に練習できること(第６段落)がそれぞれ有利な資質となる。

問３＜内容真偽＞ア．「体操競技の選手は男女とも，小さくて重い体の方が，着地したときにダメージを受けにくいのでより有利にはたらく」…×　第４段落第３文参照。　　イ．「ケニア出身のマラソンランナーは，国の位置と文化のおかげで，より良いランナーになる潜在能力がある」…×　第５段落後半参照。環境や文化がアスリートとしての能力に影響を及ぼしうる例として，ケニア出身のテグラ・ロルーペについて挙げられているが，彼女の持つ文化的背景がケニア出身のマラソンランナー一般に当てはまるわけではない。　　ウ．「飛び込み選手は飛んでから着水まで３秒もないので，筋肉をつけるためにトレーニングを続けなければならない」…×　第６段落中盤参照。トレーニングを続けるのは，何も考えずに自然に体が動くようにするため。　　エ．「ショーン・マッキャンは，アスリートたちは強い精神力がないと，自分の与えたトレーニングをこなせなかったと言う」…○　第６段落最後から２文目に一致する。　　オ．「遺伝子，環境，文化などのさまざまな要因がアスリートに影響を与えるが，いずれにせよトレーニングと練習は必要だ」…○　第６段落第１文参照。　　カ．「グレッグ・ローガニスは，トレーニングの方法だけでなく，自分の気持ちをコントロールする方法を知っているアスリートの一例だ」…○　第６段落中盤および第７段落の内容に一致する。

5〔長文読解総合―物語〕

≪全訳≫❶ある男が仕事から遅く帰ってきた。彼は疲れていて，５歳の息子が玄関で彼を待っていたのを見つけたので腹を立てた。❷「$_{1}$パパ，１つきいていい？」❸「$_{2}$お前は寝ているはずだぞ！　何だ？」と男は答えた。❹「$_{3}$パパは１時間にいくら稼ぐの？」❺「$_{4}$なんで私にそんなことをきくんだ？　お前には関係ないことだ！」と怒った男は言った。❻「$_{5}$知りたいだけなんだ。教えてよ。１時間にいくら稼ぐの？」と小さな男の子は尋ねた。❼「$_{6}$どうしても知りたいと言うのなら，１時間20ドルだよ」❽「えっ」と少年はうなだれて答えた。彼は顔を上げて言った。「$_{7}$パパ，10ドル借りてもいい？」❾父親はさらに怒った。「$_{8}$それで父さんがいくら稼ぐか知りたかったのか？　それで，くだらないおもちゃか何かを買えるとでも言うのか？　自分の部屋に行って寝なさい。私は毎日，長い時間，一生懸命働いているんだから，金を無駄にはしたくないんだ」❿少年は静かに自分の部屋に行き，ドアを閉めた。⓫男は少年の質問について考え，腰を下ろすとさらに怒りが募った。「なんであの子はあんな質問をしたのだろう？　どうしてあんなにわがままなんだ？」⓬しばらくして，男は冷静になり，自分が息子に少々きつく当たりすぎたかもしれないと思い始めた。もしかしたら，その10ドルで本当に買いたいものがあったのかもしれないし，彼はあまりお金を欲しがらない子だった。男は息子の部屋へ行き，ドアを開けた。⓭「寝ているのかい？」と彼はきいた。⓮「ううん，パパ，起きてるよ」と少年は答えた。⓯「ずっと考えていたんだが，さっきはお前にきつく当たりすぎたかもしれない」と男は言った。「悪かったな。

長い1日だったから，お前に怒りをぶつけてしまったんだ。ほら，お前が欲しがっていた10ドルだ」⓰少年は笑みを浮かべて身を起こした。「ああ，ありがとう，パパ！」と彼は大声で言った。すると，枕の下に手を入れて，くしゃくしゃになった別の何枚かの紙幣を取り出した。男は，息子がすでにたくさんのお金を持っているのを見て，再び怒りを感じた。⓱少年はゆっくりとお金を数え，父親を見上げた。⓲「もうお金を持っているのに，どうしてもっと欲しがったんだ？」と父親は文句を言った。⓳「だって，足りなかったから。でも今は足りてるよ」と少年は答えた。⓴「パパ，僕には今20ドルあるんだ。お父さんの時間を1時間買ってもいい？　明日は早く帰ってきて。一緒にご飯を食べたいんだ」㉑父親は胸を打たれ，幼い息子を抱きしめた。

問1＜適文選択＞1．次の段落に「男が答えた」とあるので，息子の質問が入る。この後に続く一連のやりとりの最初の質問として適切なものを選ぶ。　2．エのWhat is it？は息子の質問の内容を尋ねたと考えられる。　3．息子の具体的な質問が入る。　4．the angry manとあるのに着目する。息子の質問に対して怒った内容が入る。2文目のIt's none of your business！から，その直前のthatは，カの質問内容である「父親が1時間でいくら稼ぐか」だとわかり，ここから3はカに決まる。It's none of your business.は「余計なお世話だ，お前には関係ない」と相手を突き放すときの定型表現。　5．父親に怒られたことにめげずに，3でしたのと同じ質問をしたのだと考えられる。　6．しつこい息子に根負けして，金額を答えたのである。　7．直後で再び父が怒っているのに着目する。稼ぎを尋ねたうえに，お金もねだってきたので怒ったのである。　8．怒っている父親の発言である。息子が1時間の稼ぎをきいてきたのは金をねだるのが目的だと考えたのである。

問2＜適語補充＞a．次の段落のI'm sorry.に着目。息子につらく当たったことを謝ったのである。このhardは「冷たい，厳しい」を表す形容詞(第12段落第1文にある)。　b．この後で父親が息子に文句を言っていることに着目。お金をねだってきた息子がすでにいくらか持っているのを目にして，また「腹を立てた」のである(第1段落第2文などにある)。

問3＜文脈把握＞息子が10ドルを必要とした理由は，第20段落から「父の時間をお金で買うため」である。父の時給は20ドルと聞き，自分の所持金だけでは不足する10ドル分を借りようと考えたのである。この行動について，息子がお金を必要とした具体的な目的を第20段落第2～4文を中心に読み取り，さらに10ドルという金額の理由について第16～19段落を根拠にしてまとめる。

〔放送問題〕解説省略

数学解答

1 (1) ① $x^4+y^4=A^4-4A^2B+2B^2$
② $55-28\sqrt{3}$
(2) 3，$\frac{1}{3}$　(3) 6組
(4) $-2\sqrt{2}$，$2\sqrt{2}-3$　(5) 6

2 (1) $y=-x+6$
(2) $(3-\sqrt{13},\ 3+\sqrt{13})$

3 (1) 右図　(2) $\frac{107}{216}$

4 (1) 3：7　(2) 3：2

5 (1) $20\sqrt{3}$　(2) $1+3\sqrt{2}$

（例）

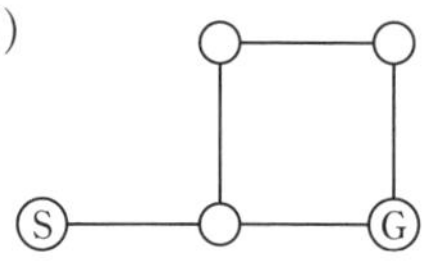

（声の教育社　編集部）

1〔独立小問集合題〕

(1)＜式の計算，数の計算＞①$(x+y)^2=x^2+2xy+y^2$ より，$A^2=x^2+2B+y^2$ となるので，$x^2+y^2=A^2-2B$ である。この両辺を2乗すると，$(x^2+y^2)^2=(A^2-2B)^2$ より，$x^4+2x^2y^2+y^4=A^4-4A^2B+4B^2$，$x^4+2\times(xy)^2+y^4=A^4-4A^2B+4B^2$，$x^4+2B^2+y^4=A^4-4A^2B+4B^2$，$x^4+y^4=A^4-4A^2B+2B^2$ となる。

②$\frac{\sqrt{7}-2+\sqrt{3}}{2}=x$，$\frac{\sqrt{7}+2-\sqrt{3}}{2}=y$ とし，$x+y=A$，$xy=B$ とすると，①より，与式$=x^4+y^4=A^4-4A^2B+2B^2=(x+y)^4-4(x+y)^2\times xy+2\times(xy)^2$ となる。$x+y=\frac{\sqrt{7}-2+\sqrt{3}}{2}+\frac{\sqrt{7}+2-\sqrt{3}}{2}=\frac{2\sqrt{7}}{2}=\sqrt{7}$ である。また，$xy=\frac{\sqrt{7}-2+\sqrt{3}}{2}\times\frac{\sqrt{7}+2-\sqrt{3}}{2}=\frac{\sqrt{7}-(2-\sqrt{3})}{2}\times\frac{\sqrt{7}+(2-\sqrt{3})}{2}$ となり，$2-\sqrt{3}=M$ とおくと，$xy=\frac{\sqrt{7}-M}{2}\times\frac{\sqrt{7}+M}{2}=\frac{7-M^2}{4}=\frac{7-(2-\sqrt{3})^2}{4}=\frac{7-(4-4\sqrt{3}+3)}{4}=\frac{7-7+4\sqrt{3}}{4}=\frac{4\sqrt{3}}{4}=\sqrt{3}$ である。よって，与式$=(\sqrt{7})^4-4\times(\sqrt{7})^2\times\sqrt{3}+2\times(\sqrt{3})^2=49-28\sqrt{3}+6=55-28\sqrt{3}$ となる。

(2)＜数の計算＞$\frac{1}{\square+\frac{1}{\square}}=A$ とおくと，左辺$=\frac{1}{1+\frac{1}{1+A+A}}=1\div\left(1+\frac{1}{2A+1}\right)=1\div\frac{(2A+1)+1}{2A+1}=1\div\frac{2A+2}{2A+1}=1\times\frac{2A+1}{2A+2}=\frac{2A+1}{2A+2}$ となるので，等式は，$\frac{2A+1}{2A+2}=\frac{8}{13}$ となる。両辺に $13(2A+2)$ をかけて A について解くと，$13(2A+1)=8(2A+2)$，$26A+13=16A+16$，$10A=3$，$A=\frac{3}{10}$ となる。よって，$\frac{1}{\square+\frac{1}{\square}}=\frac{3}{10}$ である。次に，$\square=a$ とすると，$\frac{1}{a+\frac{1}{a}}=\frac{3}{10}$ より，$1\div\left(a+\frac{1}{a}\right)=\frac{3}{10}$，$1\div\frac{a^2+1}{a}=\frac{3}{10}$，$1\times\frac{a}{a^2+1}=\frac{3}{10}$，$10a=3(a^2+1)$，$3a^2-10a+3=0$ となるので，解の公式より，$a=\frac{-(-10)\pm\sqrt{(-10)^2-4\times3\times3}}{2\times3}=\frac{10\pm\sqrt{64}}{6}=\frac{10\pm8}{6}$ となり，$a=\frac{10+8}{6}=3$，$a=\frac{10-8}{6}=\frac{1}{3}$ である。したがって，求める数は，3，$\frac{1}{3}$ である。

(3)＜数の性質＞$(x-1)(y-1)=xy-x-y+1$ だから，$xy-x-y+1+118=2022$ とすると，$(x-1)(y-1)+118=2022$，$(x-1)(y-1)=1904$，$(x-1)(y-1)=2^4\times7\times17$ となる。x，y は正の奇数だから，$x-1$，$y-1$ はともに偶数である。積が $2^4\times7\times17$ となる2つの偶数の組を考えると，$(2,\ 2^3\times7\times17)$，$(2^2,\ 2^2\times7\times17)$，$(2^3,\ 2\times7\times17)$，$(2\times7,\ 2^3\times17)$，$(2^2\times7,\ 2^2\times17)$，$(2^3\times7,\ 2\times17)$ の6組ある。$x<y$ より，$x-1<y-1$ なので，これらの6組の数において，小さい方が $x-1$，大きい方が $y-1$ となる。よって，$x-1$，$y-1$ の組は6組となるから，正の奇数 x，y の組は6組ある。

(4)＜関数―$\boldsymbol{a}$の値＞関数$y=-\frac{1}{2}x^2$において，yの変域が$-4\leqq y\leqq 0$だから，xの絶対値が最小のときyの値は最大の$y=0$，xの絶対値が最大のときyの値は最小の$y=-4$である。$y=0$となるのは，$0=-\frac{1}{2}x^2$より，$x=0$のときなので，xの変域には$x=0$が含まれる。xの変域が$a\leqq x\leqq a+3$だから，$a\leqq 0$，$a+3\geqq 0$となる。また，$y=-4$となるのは，$-4=-\frac{1}{2}x^2$，$x^2=8$より，$x=\pm 2\sqrt{2}$だから，絶対値が最大となるxは，$x=-2\sqrt{2}$か$x=2\sqrt{2}$である。xの絶対値が最大になるのは，$x=a$か$x=a+3$だから，$a=-2\sqrt{2}$，$a+3=2\sqrt{2}$が考えられる。$a=-2\sqrt{2}$とすると，$a+3=-2\sqrt{2}+3$より，xの変域は$-2\sqrt{2}\leqq x\leqq -2\sqrt{2}+3$となり，$x=0$を含み，絶対値が最大の$x$は$x=-2\sqrt{2}$なので，適する。$a+3=2\sqrt{2}$とすると，$a=2\sqrt{2}-3$より，$x$の変域は$2\sqrt{2}-3\leqq x\leqq 2\sqrt{2}$となり，$x=0$を含み，絶対値が最大の$x$は$x=2\sqrt{2}$だから，適する。以上より，$a=-2\sqrt{2}$，$2\sqrt{2}-3$である。

(5)＜平面図形―長さ―三平方の定理＞右図で，円Aと4つの円B，C，D，Eの接点をそれぞれG，H，I，Jとする。円Bと円C，円Dと円Eの半径がそれぞれ等しいので，図形の対称性から，5点G，B，A，C，H，5点I，D，A，E，Jはそれぞれ一直線上の点となり，線分GH，線分IJは円Aの直径となる。また，GH⊥IJとなる。よって，△BDAで三平方の定理より，$AB^2+AD^2=BD^2$となる。円Bと円D，円Fの接点をそれぞれK，Lとし，円Bの半径をxとする。$AB=BL-AL=x-2$，$BD=BK+DK=x+\frac{5}{2}$であり，$AI=AG=AB+BG=(x-2)+x=2x-2$より，$AD=AI-DI=(2x-2)-\frac{5}{2}=2x-\frac{9}{2}$となるので，$(x-2)^2+\left(2x-\frac{9}{2}\right)^2=\left(x+\frac{5}{2}\right)^2$が成り立つ。これを解くと，$x^2-4x+4+4x^2-18x+\frac{81}{4}=x^2+5x+\frac{25}{4}$，$4x^2-27x+18=0$より，$x=\frac{-(-27)\pm\sqrt{(-27)^2-4\times 4\times 18}}{2\times 4}=\frac{27\pm\sqrt{441}}{8}=\frac{27\pm 21}{8}$となるので，$x=\frac{27+21}{8}=6$，$x=\frac{27-21}{8}=\frac{3}{4}$である。円Bは円Fより大きいので，円Bの半径は6である。

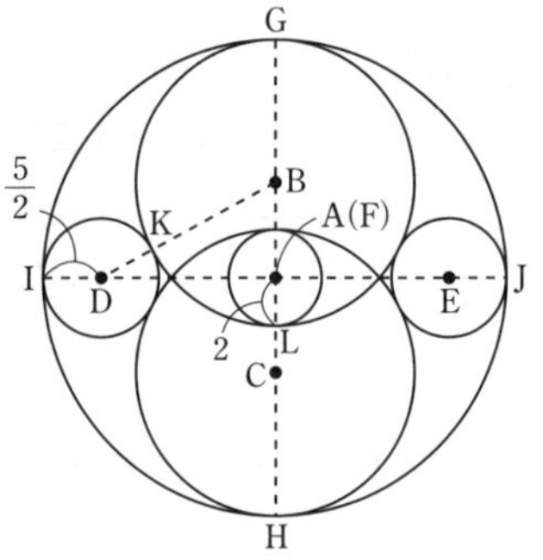

2〔関数―関数$\boldsymbol{y=ax^2}$と一次関数のグラフ〕

≪基本方針の決定≫(2)　まず，点Cのx座標を求める。

(1)＜直線の式＞右図で，線分AB，直線CDとy軸の交点をそれぞれE，F，線分ABと直線CDの交点をMとし，点Mからy軸に垂線MHを引く。A$(-2,\ 2)$，B$(4,\ 8)$より，直線ABの傾きは$\frac{8-2}{4-(-2)}=1$だから，MH＝HEであり，△MHEは直角二等辺三角形である。これより，∠FEM＝45°である。四角形ACBDがひし形より，∠EMF＝90°だから，△EMFも直角二等辺三角形となり，∠MFH＝45°となる。よって，△MFHも直角二等辺三角形となるので，MH＝FHであり，直線CDの傾きは-1となる。したがって，直線CDの式は$y=-x+b$とおける。また，点Mは線分ABの中点だから，x座標は$\frac{-2+4}{2}=1$，y座標は$\frac{2+8}{2}=5$となり，M$(1,\ 5)$である。直線$y=-x+b$が点Mを通るので，$5=-1+b$より，$b=6$となり，直線CDの式は$y=-x+6$である。

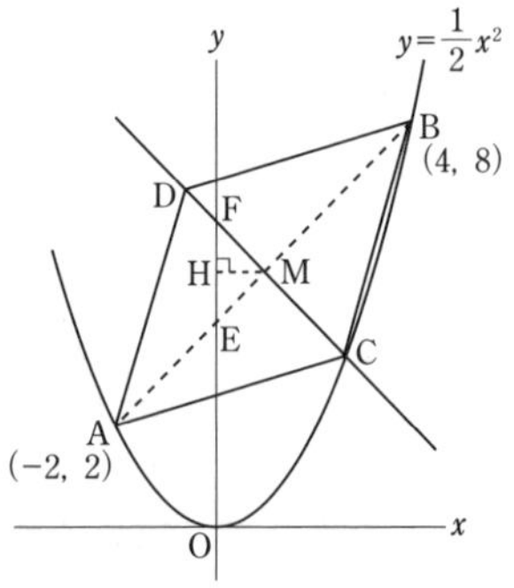

(2)＜座標＞右上図で，(1)より，点Cは放物線$y=\frac{1}{2}x^2$と直線$y=-x+6$の交点である。この2式より，

$\frac{1}{2}x^2=-x+6$，$x^2+2x-12=0$ となり，$x=\frac{-2\pm\sqrt{2^2-4\times1\times(-12)}}{2\times1}=\frac{-2\pm\sqrt{52}}{2}=\frac{-2\pm2\sqrt{13}}{2}=$ $-1\pm\sqrt{13}$ となる。点Cは放物線 $y=\frac{1}{2}x^2$ 上の点Aと点Bの間にあることより，$-2<x<4$ だから，点Cの x 座標は $-1+\sqrt{13}$ である。次に，四角形ACBDがひし形より，点Mは線分CDの中点である。点Dの x 座標を d とおくと，点Mの x 座標が1より，$\frac{(-1+\sqrt{13})+d}{2}=1$ が成り立ち，$d=3-\sqrt{13}$ となる。点Dは直線 $y=-x+6$ 上にあるので，$y=-(3-\sqrt{13})+6=3+\sqrt{13}$ となり，D$(3-\sqrt{13}，3+\sqrt{13})$である。

3 〔データの活用―確率―サイコロ〕

≪基本方針の決定≫(2)　Gにちょうど止まるサイコロの目の和を全て考える。

(1)＜コース＞1つのサイコロを1回振るとき，目の出方は6通りだから，確率が $\frac{1}{2}$ となるとき，$\frac{1}{2}=\frac{3}{6}$ より，その目の出方は3通りある。よって，Gにちょうど止まる目の出方が3通りとなるコースを考えればよい。右図1のようなコースにすると，S→①→G，S→①→②→③→G，S→①→G→③→②→①→Gより，Gにちょうど止まるサイコロの目の出方は2，4，6の3通りとなる。また，右図2のようなコースにすると，S→G，S→①→②→G，S→G→②→①→S→Gより，目の出方は1，3，5の3通りとなる。右図3のようなコースにすると，S→①→②→G，S→①→②→③→G，S→①→②→G→③→②→Gより，目の出方は3，4，6の3通りとなる。

図1

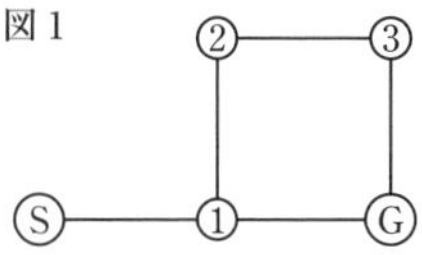

図2

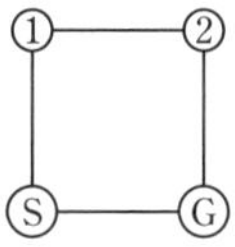

図3

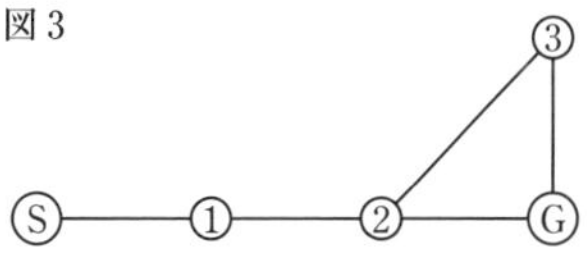

(2)＜確率＞3つのサイコロをA，B，Cとする。3つのサイコロA，B，Cを1回振るとき，目の出方は全部で6×6×6＝216(通り)ある。出た目の和は最大で6＋6＋6＝18だから，18以下でGにちょうど止まる場合の目の和を考えると，最小は5である。また，1回遠回りすると進む数は2増え，1回周回すると進む数は4増えるので，Gにちょうど止まる目の和は5，7，9，11，13，15，17となる。これは，出た目の和が奇数の場合から，和が3以下の奇数になる場合を除いた場合と考えることができる。出た目の和が奇数となるのは，(A，B，C)＝(奇数，奇数，奇数)，(奇数，偶数，偶数)，(偶数，奇数，偶数)，(偶数，偶数，奇数)の場合があり，奇数の目は1，3，5の3通り，偶数の目は2，4，6の3通りだから，いずれの場合も目の出方は3×3×3＝27(通り)である。よって，3つのさいころの出た目の和が奇数となるのは27×4＝108(通り)ある。このうち，出た目の和が3以下の奇数となるのは(A，B，C)＝(1，1，1)の1通りだから，Gにちょうど止まる目の出方は108－1＝107(通り)となり，求める確率は $\frac{107}{216}$ である。

4 〔平面図形―三角形，円〕

≪基本方針の決定≫(1)　△APCと△AQBに着目して，対応する辺の比を考える。　(2)　PM：MQ＝△APR：△AQRであることに気づきたい。

図1

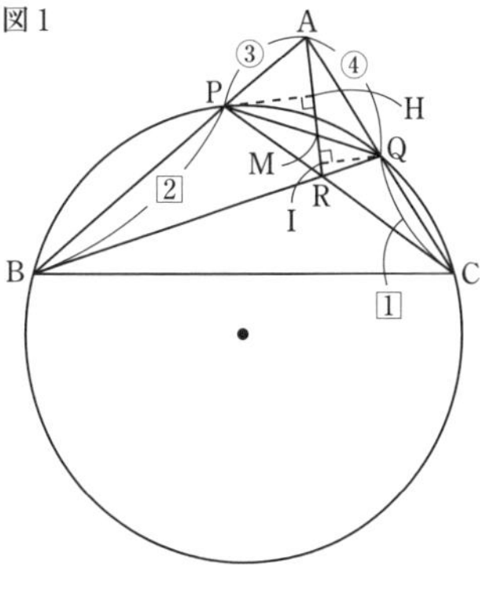

(1)＜長さの比―相似＞右図1で，AP：AQ＝3：4より，AP＝$3x$，AQ＝$4x$ とおけ，PB：QC＝2：1より，PB＝$2y$，QC＝y とおける。∠PAC＝∠QABであり，$\overset{\frown}{\mathrm{PQ}}$ に対する円周角より，∠PCA＝∠QBAだから，△APC∽△AQBである。相似比はAP：AQ＝3：4だから，AC：AB＝3：4となる。AC＝AQ＋QC＝$4x+y$，AB＝AP＋PB＝$3x$

$+2y$ だから，$(4x+y):(3x+2y)=3:4$ が成り立ち，$(4x+y)\times4=(3x+2y)\times3$，$16x+4y=9x+6y$，$2y=7x$ となる。よって，$\mathrm{AP}:\mathrm{PB}=3x:2y=3x:7x=3:7$ となる。

(2)＜長さの比＞前ページの図1で，2点P，QからARに垂線PH，QIを引く。$\angle\mathrm{PHM}=\angle\mathrm{QIM}=90^\circ$，$\angle\mathrm{PMH}=\angle\mathrm{QMI}$ より，$\triangle\mathrm{PMH}\backsim\triangle\mathrm{QMI}$ だから，$\mathrm{PM}:\mathrm{MQ}=\mathrm{PH}:\mathrm{QI}$ となる。また，△APRと△AQRの底辺を辺ARと見ると，$\triangle\mathrm{APR}:\triangle\mathrm{AQR}=\frac{1}{2}\times\mathrm{AR}\times\mathrm{PH}:\frac{1}{2}\times\mathrm{AR}\times\mathrm{QI}=\mathrm{PH}:\mathrm{QI}$ となる。よって，$\mathrm{PM}:\mathrm{MQ}=\triangle\mathrm{APR}:\triangle\mathrm{AQR}$ となる。(1)より，$\mathrm{AP}:\mathrm{PB}=3:7$ だから，$\triangle\mathrm{APR}:\triangle\mathrm{PBR}=3:7$ である。これより，$\triangle\mathrm{APR}=S$ とおくと，$\triangle\mathrm{PBR}=\frac{7}{3}\triangle\mathrm{APR}=\frac{7}{3}S$ となる。次に，$\angle\mathrm{PRB}=\angle\mathrm{QRC}$，$\angle\mathrm{PBR}=\angle\mathrm{QCR}$ だから，$\triangle\mathrm{PBR}\backsim\triangle\mathrm{QCR}$ である。相似比は $\mathrm{PB}:\mathrm{QC}=2:1$ だから，$\triangle\mathrm{PBR}:\triangle\mathrm{QCR}=2^2:1^2=4:1$ となり，$\triangle\mathrm{QCR}=\frac{1}{4}\triangle\mathrm{PBR}=\frac{1}{4}\times\frac{7}{3}S=\frac{7}{12}S$ となる。さらに，(1)より，$2y=7x$ だから，$y=\frac{7}{2}x$ となり，$\mathrm{AQ}:\mathrm{QC}=4x:y=4x:\frac{7}{2}x=8:7$ である。これより，$\triangle\mathrm{AQR}:\triangle\mathrm{QCR}=8:7$ だから，$\triangle\mathrm{AQR}=\frac{8}{7}\triangle\mathrm{QCR}=\frac{8}{7}\times\frac{7}{12}S=\frac{2}{3}S$ となる。したがって，$\triangle\mathrm{APR}:\triangle\mathrm{AQR}=S:\frac{2}{3}S=3:2$ となるから，$\mathrm{PM}:\mathrm{MQ}=3:2$ である。

≪別解≫右図2のように，点Pを通りBQに平行な直線と線分AR，辺ACの交点をそれぞれN，Oとする。$\triangle\mathrm{PMN}\backsim\triangle\mathrm{QMR}$ となるから，$\mathrm{PM}:\mathrm{MQ}=\mathrm{PN}:\mathrm{RQ}$ である。また，$\triangle\mathrm{ANO}\backsim\triangle\mathrm{ARQ}$ となるから，$\mathrm{NO}:\mathrm{RQ}=\mathrm{AO}:\mathrm{AQ}=\mathrm{AP}:\mathrm{AB}=3:(3+7)=3:10$ となり，$\mathrm{NO}=\frac{3}{10}\mathrm{RQ}$ である。さらに，$\mathrm{AQ}:\mathrm{QC}=8:7$ より，$\mathrm{AQ}=\frac{8}{7}\mathrm{QC}$ であり，$\mathrm{AO}:\mathrm{OQ}=\mathrm{AP}:\mathrm{PB}=3:7$ だから，$\mathrm{OQ}=\frac{7}{3+7}\mathrm{AQ}=\frac{7}{10}\times\frac{8}{7}\mathrm{QC}=\frac{4}{5}\mathrm{QC}$ となる。これより，$\mathrm{OQ}:\mathrm{QC}=\frac{4}{5}\mathrm{QC}:\mathrm{QC}=4:5$ である。$\triangle\mathrm{PCO}\backsim\triangle\mathrm{RCQ}$ となるから，$\mathrm{PO}:\mathrm{RQ}=\mathrm{OC}:\mathrm{QC}=(4+5):5=9:5$ であり，$\mathrm{PO}=\frac{9}{5}\mathrm{RQ}$ となる。よって，$\mathrm{PN}=\mathrm{PO}-\mathrm{NO}=\frac{9}{5}\mathrm{RQ}-\frac{3}{10}\mathrm{RQ}=\frac{3}{2}\mathrm{RQ}$ となるから，$\mathrm{PN}:\mathrm{RQ}=\frac{3}{2}\mathrm{RQ}:\mathrm{RQ}=3:2$ となり，$\mathrm{PM}:\mathrm{MQ}=3:2$ である。

図2

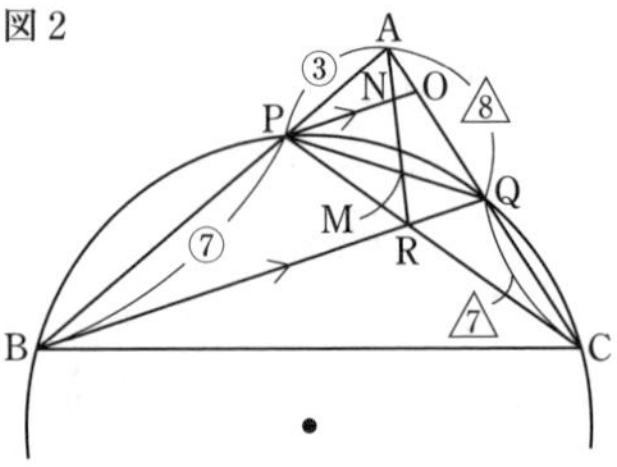

5 〔空間図形―正四角錐，立方体〕

≪基本方針の決定≫点Oを通り面BFGCに平行な平面による断面で考える。

(1)＜面積＞右図1で，3点P，Q，Rを通る平面は3辺CG，DH，ADと交わるので，その交点をそれぞれU，V，Wとすると，切断面は六角形PQRUVWとなる。$\mathrm{OP}:\mathrm{PA}=\mathrm{OQ}:\mathrm{QB}=1:2$ より，PQ∥ABだから，PQ∥WR∥VUとなり，切断面の面積は，〔六角形PQRUVW〕＝〔台形PQRW〕＋〔長方形RUVW〕となる。さらに，$\mathrm{OQ}:\mathrm{QB}=\mathrm{CR}:\mathrm{RB}=1:2$ より，QR∥OCだから，面PQRUVWは面OCDに平行である。よって，点Oを通り面BFGCと平行な平面と辺AB，EF，CD，GH，線分PQ，RW，UVの交点をそれぞれB′，F′，C′，G′，Q′，R′，U′とすると，この平面による断面は右上図2のようになり，OC′∥Q′U′である。$\triangle\mathrm{OB'C'}\backsim\triangle\mathrm{Q'B'R'}$ となるから，

図1

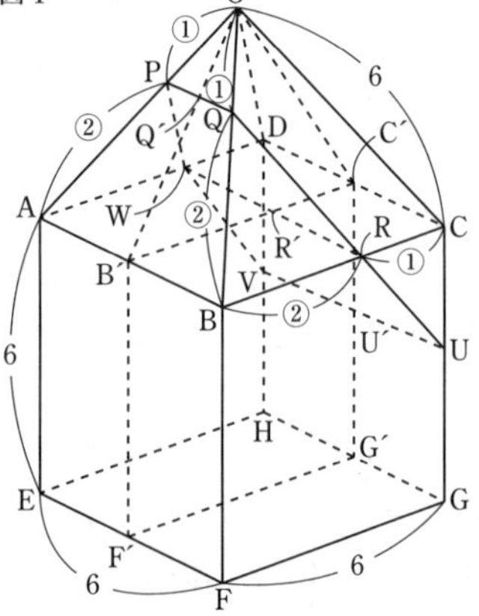

図2

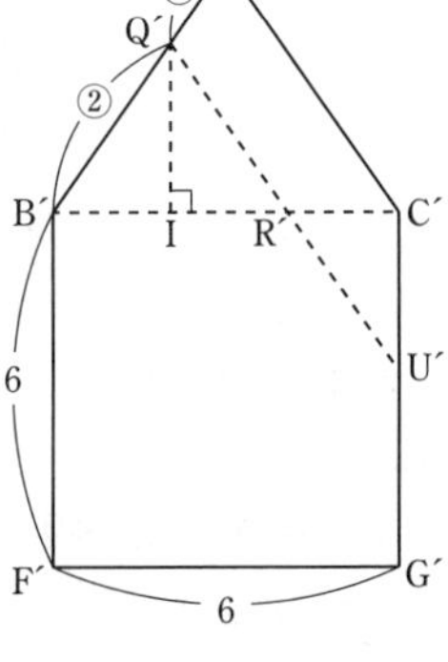

$OC':Q'R'=C'B':R'B'=(1+2):2=3:2$ である。図1で，$\triangle OCC'$ は3辺の比が $1:2:\sqrt{3}$ の直角三角形だから，$OC'=\frac{\sqrt{3}}{2}OC=\frac{\sqrt{3}}{2}\times6=3\sqrt{3}$ であり，図2で，$Q'R'=\frac{2}{3}OC'=\frac{2}{3}\times3\sqrt{3}=2\sqrt{3}$ となる。これより，図1で，台形PQRWの高さは $2\sqrt{3}$ である。$\triangle OPQ\backsim\triangle OAB$ より，$PQ:AB=OP:OA=1:(1+2)=1:3$ だから，$PQ=\frac{1}{3}AB=\frac{1}{3}\times6=2$ であり，$RW=AB=6$ だから，〔台形PQRW〕$=\frac{1}{2}\times(2+6)\times2\sqrt{3}=8\sqrt{3}$ となる。また，図2で，$\triangle OB'C'\backsim\triangle Q'B'R'$ であり，$\triangle OB'C'$ は $OB'=OC'$ の二等辺三角形だから，$\triangle Q'B'R'$ も $Q'B'=Q'R'$ の二等辺三角形である。図1で，$C'R':R'B'=CR:RB=1:2$，$C'B'=CB=6$ より，図2で，$C'R'=\frac{1}{1+2}C'B'=\frac{1}{3}\times6=2$，$R'B'=C'B'-C'R'=6-2=4$ だから，点Q′から線分B′R′に垂線Q′Iを引くと，$B'I=IR'=\frac{1}{2}R'B'=\frac{1}{2}\times4=2$ である。したがって，$C'R'=IR'=2$，$\angle U'C'R'=\angle Q'IR'=90^\circ$，$\angle U'R'C'=\angle Q'R'I$ より，$\triangle U'C'R'\equiv\triangle Q'IR'$ となるので，$U'R'=Q'R'=2\sqrt{3}$ である。これより，図1で，$UR=2\sqrt{3}$ だから，〔長方形RUVW〕$=6\times2\sqrt{3}=12\sqrt{3}$ となる。以上より，〔六角形PQRUVW〕$=8\sqrt{3}+12\sqrt{3}=20\sqrt{3}$ である。

(2)＜長さの比＞右図3で，3点P，Q，Sを通る平面と2辺DH，ADの交点をそれぞれX，Yとすると，(1)と同様にして，PQ∥YT∥XSとなる。点Oを通り面BFGCに平行な平面と線分SX，TYの交点をそれぞれS′，T′とすると，$C'T'=CT$，$T'B'=TB$ となるので，$CT:TB=C'T':T'B'$ である。点Oを通り面BFGCと平行な平面による断面は，右図4のようになる。$\angle S'C'T'=\angle Q'IT'=90^\circ$，$\angle S'T'C'=\angle Q'T'I$ より，$\triangle S'C'T'\backsim\triangle Q'IT'$ だから，$C'T':IT'=C'S':IQ'$ である。図3で，$CS:SG=1:2$ より，$CS=\frac{1}{1+2}CG=\frac{1}{3}\times6=2$ だから，$C'S'=CS=2$ である。また，前ページの図2で，(1)より，$Q'B'=Q'R'=2\sqrt{3}$ である。図4で，(1)より $B'I=2$ だから，$\triangle Q'B'I$ で三平方の定理より，$IQ'=\sqrt{Q'B'^2-B'I^2}=\sqrt{(2\sqrt{3})^2-2^2}=\sqrt{8}=2\sqrt{2}$ であり，$C'T':IT'=C'S':IQ'=2:2\sqrt{2}=1:\sqrt{2}$ となる，$C'I=C'B'-B'I=6-2=4$ なので，$C'T'=\frac{1}{1+\sqrt{2}}C'I=\frac{1}{1+\sqrt{2}}\times4=\frac{4}{1+\sqrt{2}}$ となり，$T'B'=C'B'-C'T'=6-\frac{4}{1+\sqrt{2}}=\frac{2+6\sqrt{2}}{1+\sqrt{2}}$ となる。したがって，$C'T':T'B'=\frac{4}{1+\sqrt{2}}:\frac{2+6\sqrt{2}}{1+\sqrt{2}}=2:(1+3\sqrt{2})$ となるので，図3で，$CT:TB=C'T':T'B'=2:(1+3\sqrt{2})$ である。

図3

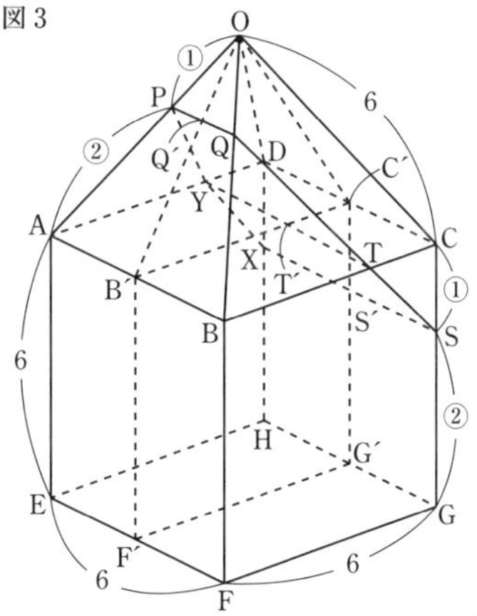

図4

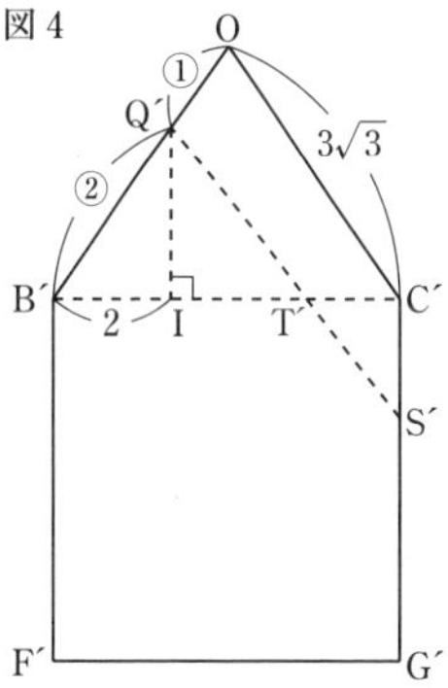

═読者へのメッセージ═

平方根の記号（$\sqrt{\ }$）は，ドイツの数学者ルドルフによる1525年の著書で使われたのが最初といわれています。ルドルフは，上の横線のない記号（√）を使っていました。後に，フランスの数学者デカルトによって，今のような形になりました。

2022年度／渋谷教育学園幕張高等学校（学力選抜）

社会解答

1　問１　2

問２　（例）日本の支配者が中国に朝貢し，中国の皇帝にその地位を認められるという関係。

問３　1　　問４　1　　問５　1924

問６　⑴　カトリック　⑵…4

問７　3　　問８　⑴…4　⑵…2

問９　ウ…コシャマイン　エ…グスク　オ…尚

問10　⑴…北前船

⑵　（例）長崎貿易によって，多くの金銀銅が海外へ流出した。

問11　（例）中国の支配下に入っていた，蝦夷地に近い日本海沿岸地域の人々との交易で入手した。

問12　（例）江戸幕府の権威が琉球など日本以外の東アジアにも及んでいると思わせるため。（36字）

問13　2

問14　（例）沖縄返還に際して，アメリカ軍基地から核兵器を撤去すること。

2　問１　1

問２　（例）LGBT などの性的少数者の尊厳や多様性を尊重すること。

問３　㋐，㋒　　問４　4　　問５　4

問６　（例）世界の５つの大陸の団結や友好を意味する。

問７　3

問８　（例）東京大会の次の2024年の夏季オリンピック開催国だから。

問９　2　　問10　土地，労働力

問11　4　　問12　1　　問13　2

問14　4

問15　ア　（例）お金が集まって大きな資金

イ　（例）社会の基盤

3　問１　1　　問２　2　　問３　1

問４　3

問５　（例）日本の標準時子午線である東経135度の経線と，日本の領土の南北のほぼ中央を通る北緯35度の緯線が交わる地点があるという点。

問６　4　　問７　2

問８　ニューカレドニア　　問９　3

問10　（例）世界で最も早く日付が変わる場所。

問11　（例）主な貿易相手国と同じ日付になるようにするため。

問12　3

問13　（例）航空路を偏西風が吹いているため，東から西へ向かう航空機にとっては向かい風となるから。

（声の教育社　編集部）

1　〔歴史―総合〕

問１＜世界の古代文明＞インダス文明で使用されたインダス文字は，まだ解読されていない。

問２＜弥生時代の国＞史料から，倭〔日本〕にあった国が中国に使者を送り，それに対して中国の皇帝が印章などを授けたという点が共通していることがわかる。これらの国は，中国の臣下となって貢ぎ物を送る代わりに，皇帝からその地位を認めてもらい，返礼品を受け取るという関係を結んでいた。こうした関係を朝貢といい，奴国王や，邪馬台国の女王であった卑弥呼は，中国の皇帝にその地位を認めてもらうことで，自らの権威を高めようとしたものと考えられる。

問３＜世界の古代史＞年代の古い順に，Ｘ(紀元前５世紀頃のシャカによる仏教の始まり)，Ｙ(紀元前４世紀のアレクサンドロス大王の帝国の成立)，後漢(紀元１世紀の後漢の成立)となる。

問４＜平城京＞平城京の北の中央には平城宮が置かれ，天皇の住居や朝廷の役所が置かれた(Ｘ…正)。また，平城京の西半分は，北の平城宮から見て右側となるので右京と呼ばれた(Ｙ…正)。

問５＜干支＞「甲子」，「壬申」，「戊辰」などは，干支と呼ばれる年の表し方である。干支は，中国で殷の時代から使われていた年の表し方が日本に伝えられたもので，日本では年だけではなく，時刻や方位を表す方法として江戸時代まで使われていた。干支は，「甲乙丙丁…」の十干と，「子丑寅卯…」の十二支を組み合わせて60年で一回りする年の表し方なので，60年ごとに同じ干支となる。西暦４年が甲子の年だったこと，明治時代が1868年から1912年までで，$1868 \div 60 = 31.33\cdots$となることから，明治時代以降で初めて甲子の年に当たるのは，$4 + 60 \times 32 = 1924$年である。

問６＜名誉革命＞⑴バテレンとは，キリスト教のうちカトリック教会の司祭を表す。下線部②のオランダやイギリスでは，宗教改革で生まれたプロテスタントが多い。　⑵イギリスで名誉革命が起こった17世紀後半，フランスではルイ14世が絶対王政を行っていた。フランスには，第一身分である貴族，第二身分である僧侶，第三身分である平民からなる三部会という議会があったが，ルイ14世の時代には召集されなかった(Ｘ…誤)。アメリカで南北戦争が起こったのは，19世紀後半のことである(Ｙ…誤)。

問７＜福沢諭吉，北里柴三郎＞1882年に立憲改進党を結成し，1898年に日本初の政党内閣を組織したのは，大隈重信である(Ｘ…誤)。

問８＜アメリカの独立とフランス革命，ベトナムの独立運動＞⑴1776年に独立宣言が出されたのはアメリカ，1789年に革命が起こったのはフランスである。　⑵「この指導者」とは，フランスの植民地だったベトナムの独立運動を指導したホー・チ・ミンである。第二次世界大戦後，フランスからの独立を目指していたベトナムは南北に分裂し，戦争状態となった。社会主義勢力の拡大を恐れたアメリカが本格介入してベトナム戦争は激化したが，1973年にアメリカ軍がベトナムから撤退し，1975年には戦争が終結した。そして，翌1976年に南北ベトナムが統一され，ベトナム社会主義共和国が誕生した。なお，１は朝鮮，３はインド，４はソビエト連邦について述べている。

問９＜北海道と沖縄の歴史＞ウ．15世紀半ばに，和人とアイヌの間で起こった衝突でアイヌを率いた首長は，コシャマインである。　エ．12～14世紀，沖縄本島では，按司と呼ばれる各地の首長がグスクと呼ばれる城を築いて勢力争いをしていた。　オ．15世紀に琉球〔沖縄本島〕を統一して琉球王国を建てたのは，尚氏である。

問10＜江戸時代の貿易と交通＞⑴江戸時代，日本海側の港から下関を経て瀬戸内海を通り大坂〔大阪〕に至る西廻り航路が，日本海側の港から津軽海峡を通って江戸に至る東廻り航路とともに整備された。北前船は，西廻り航路を利用して蝦夷地の海産物などを大坂まで運んだ。　⑵江戸時代の初めに鎖国体制が確立すると，幕府は長崎を唯一の貿易港とし，貿易相手はオランダと中国に限定された。海外からは生糸などが輸入され，その支払いのために日本からは金や銀，後には銅が海外へと流出した。17世紀末には，金銀銅の海外流出を防ぐため，蝦夷地でとれた俵物(いりこ，干しあわび，ふかひれなどの海産物)の輸出が奨励された。

問11＜蝦夷錦＞図は蝦夷錦と呼ばれる着物で，江戸時代，アイヌの人々との交易で日本にもたらされたものである。この蝦夷錦の胸に，中国で生まれた想像上の動物である竜が描かれていることから，これが中国の人々との交易によって得られたものだと判断できる。江戸時代には，樺太でアイヌの人々と沿海州(ロシア極東地域)周辺の人々の交易が行われていた。沿海州は当時，清の支配下にあり，この地域の人々を通じて中国の産物がアイヌの人々に伝えられた。

問12＜琉球使節＞江戸時代には，琉球から将軍の代がわりごとに慶賀使と呼ばれる使節が，国王の代がわりごとに謝恩使と呼ばれる使節が江戸に派遣された。異国の装いをした琉球使節が江戸に送られる様子を人々に見せたのは，江戸幕府の権威が国外にも及んでいると思わせたかったためである。

問13＜明治時代の北海道と沖縄＞明治時代初め，政府は蝦夷地を北海道と改称して直轄化し，開拓使という役所を設置した。そして，屯田兵と呼ばれる兵士を本土から送り込み，開拓と北方警備にあたらせた(X…正)。琉球漂流民殺害事件が起こったのは1871年のことで，明治政府は1874年に台湾出兵を行い，清から賠償金を得た。明治政府は1872年に琉球王国を琉球藩とし，1879年にはこれを沖縄県とした。この一連の動きは，琉球処分と呼ばれる(Y…誤)。

問14＜沖縄返還＞第二次世界大戦後，1952年のサンフランシスコ平和条約発効後も，沖縄は小笠原諸島とともに，アメリカの統治下に置かれた。「核ぬき，本土なみ」は沖縄返還における原則とされた言葉で，沖縄のアメリカ軍基地からの核兵器の撤去と，アメリカ軍基地の存在を含めて，沖縄を本土と同じように扱うという意味である。1972年に沖縄は日本に返還されたが，日本にあるアメリカ軍専用施設の面積の約７割が沖縄県に集中し，核兵器持ち込みの疑いも残っている。

2 〔公民―総合〕

問１＜パラリンピック＞パラリンピックは，1960年にイタリアの首都ローマで第１回大会が開催されて以来，４年に１度開催されている。2021年までで，夏季パラリンピック大会を２回開催した都市は，東京が初めてである(X…正)。また，開催が１年延期となった2020東京大会以外は，オリンピック大会と同様に４年に１度開催されている(Y…正)。

問２＜レインボーカラー＞レインボーカラーとは，LGBT〔レズビアン，ゲイ，バイセクシャル，トランスジェンダー〕などの性的少数者の尊厳を象徴している。近年，性的少数者に対する差別や偏見をなくそうとする動きが強まっている。

問３＜平等権＞日本国憲法第14条は，平等権について「人種，信条，性別，社会的身分又は門地により，政治的，経済的又は社会的関係において，差別されない」と定めている。

問４＜難民＞難民条約は，第二次世界大戦後に国際連合で採択された(X…誤)。難民条約では，難民の定義の１つとして，「国籍国の外にいる者」を挙げているので，国内にとどまっている国内避難民は，難民条約が規定する難民には含まれない(Y…誤)。

問５＜国連総会＞常任理事国に拒否権が認められているのは安全保障理事会で，総会では認められていない(X…誤)。近年，日本の内閣総理大臣が国連総会に出席することが多くなっているが，かつては出席しないこともたびたびあった(Y…誤)。

問６＜難民選手団＞五輪旗に描かれている５つの輪は５つの大陸を表し，５つの大陸の団結と，オリンピックで世界中の選手が集うことを表現している。難民は，故郷で迫害を受けて国外に逃れているので，故郷の国や地域を代表するのではなく，スポーツを通じて平和を求めるアスリートの１人としてオリンピックに参加していると考えられる。

問７＜内閣総理大臣＞内閣総理大臣は，参議院議員も含めた国会議員の中から国会の議決で指名される(X…誤)。1885年に伊藤博文が初代内閣総理大臣となってから，2022年２月現在の岸田文雄総理大臣まで，女性の総理大臣は１人もいない(Y…正)。

問８＜コロナ禍のオリンピック＞開催時期を１年延期して2021年に行われた東京オリンピックの開会式は，新型コロナウイルスの感染が拡大する中で実施されたため各国の首脳の多くが欠席した。しかし，フランスのマクロン大統領は，2024年の夏季大会が同国の首都パリで開催されるため，次回大会開催国の首脳として来日した。

問９＜南スーダン＞2011年にスーダンから独立した南スーダンでは，内戦状態が続いた(X…正)。南スーダンは2011年の独立後，国際連合に加盟した(Y…誤)。

問10＜生産の三要素＞設備〔資本〕，土地，労働力を生産の三要素という。

問11＜金融＞資金の調達方法として，企業が株式や債券を発行して出資者から直接資金を集めることを直接金融，銀行などの金融機関を通じて資金を集めることを間接金融という(X，Y…誤)。

問12＜第一国立銀行＞第一国立銀行は，1873年に設立された日本で初めての銀行である(X…正)。国立銀行といっても国営の銀行ではなく，民間銀行だった(Y…正)。

問13＜株式会社＞法人企業の中心は会社組織で，その中でもほとんどが株式会社である(X…正)。株式会社の最高意思決定機関は，株主が参加する株主総会である(Y…誤)。

問14＜株価＞自民党と公明党の連立政権は，2009年から３年あまり続いた民主党を中心とした政権を挟んで，1999年から現在(2022年２月)まで続いているが，1989年12月29日時点では，自民党の単独政権だった(X…誤)。リーマンショックが起こったのは2008年のことで，グラフ中の2009年の株価下落の理由である。2020年の株価下落は，新型コロナウイルス感染症の感染拡大で経済活動が低迷したためである(Y…誤)。

問15＜銀行のはたらき＞経済的に余裕のある人の資金を経済活動に必要な資金として融通することを金融といい，金融の中心となるのが銀行である。「穴蔵」や「えりの内」にある資金を集めて必要なところに回すことができれば，経済活動が活発になって社会資本〔インフラ〕の整備や教育の普及，貿易の振興などが進み，国が豊かになるという趣旨が述べられている。

3〔地理―総合〕

問１＜経線＞経度１度の距離は，赤道付近で最大となり，極付近で最も短くなる(X…正)。メルカトル図法では，緯線と経線は互いに直交する直線として描かれる(Y…正)。

問２＜アフリカ大陸の気候＞本初子午線を北から南にたどると，ヨーロッパ州で温帯の西岸海洋性気候に属するイギリス，フランスを通った後，温帯の地中海性気候に属するスペインやアフリカ北岸を通る。その後，南北を乾燥帯のステップ気候に属する地域に挟まれた，サハラ砂漠一帯の砂漠気候に属する地域を通り，熱帯のサバナ気候に属するギニア湾沿岸を通ってギニア湾に抜ける。

問３＜アルジェリア＞アフリカ北岸に位置するアルジェリアは産油国で，OPEC〔石油輸出国機構〕に加盟している(X…正)。アルジェリアは，国民の約80％がアラブ人で，公用語はアラビア語，主な宗教はイスラム教である(Y…正)。

問４＜ガーナ＞ニジェール川の河口部はナイジェリアにある(X…誤)。ガーナはかつてイギリスの植民地で，現在も英語が公用語となっている(Y…正)。

問５＜日本の緯度，経度＞「日本のへそ」とは，日本の中心点に近いという意味である。図１から，兵庫県西脇市は，緯度が30度と40度の真ん中，経度が130度と140度の真ん中に位置していることがわかる。実際に西脇市には，北緯35度の緯線と，日本の標準時子午線となっている東経135度の経線が交わる地点がある。

問６＜日本の領域＞波の侵食から島を守るため，護岸工事が行われたのは，日本の最南端に位置する沖ノ鳥島である（X…誤）。日本の最西端に位置する与那国島は，無人島ではない（Y…誤）。

問７＜日の出の時刻＞時差は経度の違いによって生じるが，冬は南東寄りから日が昇るため，緯度によっても日の出の時刻に差が生じ，北海道東部よりも南東に位置する千葉県銚子市の方が早く日の出の時刻を迎える。

問８＜ニューカレドニア島＞オーストラリアの東に位置するフランス領の島で，ニッケルが産出する島は，ニューカレドニア島である。

問９＜チベットの家畜＞チベット高原では，家畜としてヤクが飼育されている。ヤクは，荷物の運搬，食用など，さまざまな用途で飼育されている。なお，１はトナカイ，２はラクダ，４は羊である。

問10＜日付変更線＞太平洋の真ん中を南北に走る180度の経線に沿うように，陸地を避けて引かれている日付変更線は，その西側の日付がその東側の日付より１日進んでいる。したがって，国土の全てが日付変更線の西側となったキリバスは，世界で最初に新しい１日が始まる地域となった。

問11＜サモア＞表１のうち，アメリカ領サモア以外の国は，日付変更線の西側に位置している。経済的なつながりの強い国との時差や日付の違いは小さい方が望ましいので，日付変更線を東に移動して日付を経済的つながりの強い国と同じになるようにしたのだと考えられる。

問12＜サマータイム＞サマータイムの期間は，日の長い夏の明るい時間帯を有効に使えるよう，時計を１時間進ませる。したがって，通常の午前２時が午前３時となる。

問13＜偏西風＞成田国際空港とサンフランシスコ国際空港を結ぶ航空路は，偏西風が吹く中緯度の地域を通る。偏西風は中緯度の上空を一年中吹いている西風で，その風速が強いものはジェット気流とも呼ばれる。したがって，この航空路を西から東へ向かうときは偏西風が追い風となるので所要時間が短くなり，東から西に向かうときには偏西風が向かい風となるので所要時間が長くなる。

理科解答

1 (1) ①…500万　②…暗い
③…結合していない　④…20.4

(2) 13.3mL　(3) Ⅰ…ア　Ⅱ…ウ

(4) ①…二酸化炭素　②…酸素
③…より多くの酸素を放出する

(5) Ⅰ…イ　Ⅱ…ア

(6) ①…(例)成人のヘモグロビンより高い
②…(例)母体から酸素を受け取る

2 (1) 0.65g

(2) ① Cl_2　② 1：2　③ 8：9

(3) ① 電極(a)…$2H^+ + 2⊖ \longrightarrow H_2$
電極(b)…$2Cl^- \longrightarrow Cl_2 + 2⊖$
② $Cu \longrightarrow Cu^{2+} + 2⊖$

(4) 下図　(5) (カ)

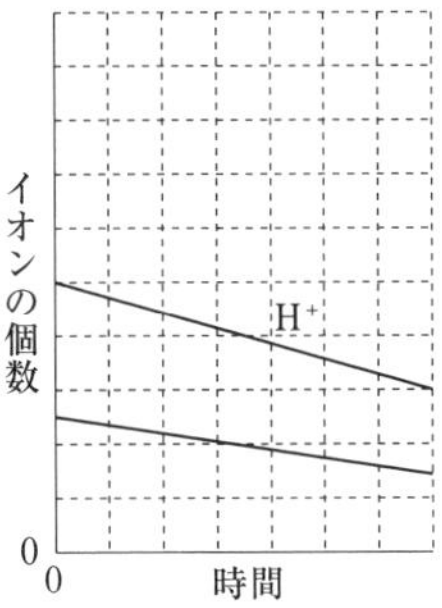

3 (1) (エ)　(2) (エ)

(3) ①…遅く　②…反時計
③…東から西

(4) 大潮①…(イ)　大潮②…(ア)
大潮③…(イ)　小潮①…(エ)
小潮②…(ウ)　小潮③…(エ)

(5) 52°　(6) (オ)

4 (1) ① (ア)…増加　(イ)…abcd
(ウ)…右から左

②
(ア) ⅱ→ⅲ…abcd　ⅲ→ⅳ…dcba
ⅳ→ⅴ…dcba　ⅴ→ⅵ…dcba
ⅵ→ⅶ…dcba　ⅶ→ⅷ…abcd
ⅷ→ⅰ…abcd

(イ) ⅱ→ⅲ…右から左
ⅲ→ⅳ…右から左
ⅳ→ⅴ…右から左
ⅴ→ⅵ…右から左
ⅵ→ⅶ…右から左
ⅶ→ⅷ…右から左
ⅷ→ⅰ…右から左

(2) ① (ア)…ⅰ→ⅱ　(イ)…ⅰ→ⅱ
② (く)

（声の教育社　編集部）

1〔生物の体のつくりとはたらき〕

(1)<血液>①ヒトの血液に含まれる赤血球の数は，1 mm^3当たり男性で約500万個，女性で約450万個である。　②二酸化炭素を多く含み，酸素と結びついたヘモグロビンの割合が少ない赤血球を含む静脈血は，暗い赤色をしている。　③図1より，赤色光(波長が665nm)の吸収が大きいのは，吸光係数が大きい，酸素が結合していないヘモグロビン(破線)の方である。　④ヘモグロビン1gが結合できる酸素の最大量は1.39mLなので，ヘモグロビン15gが結合できる酸素の最大量は，1.39×15＝20.85(mL)となる。酸素濃度が100のときの酸素飽和度は98%なので，血液100mL中のヘモグロビンは，20.85×0.98＝20.433より，20.4mLの酸素と結合している。

(2)<血液のはたらき>血液100mL中のヘモグロビンと結合している酸素は，酸素飽和度が96%のときは，20.85×0.96＝20.016(mL)であり，酸素飽和度が32%のときは，20.85×0.32＝6.672(mL)である。よって，血液100mL中のヘモグロビンは，20.016－6.672＝13.344より，13.3mLの酸素を筋肉で放出する。

(3)＜酸素解離曲線＞二酸化炭素濃度が高い場合，ヘモグロビンの酸素親和性が低下するので，酸素濃度が同じでもヘモグロビンの酸素飽和度は小さくなると考えられる。よって，酸素解離曲線は図2の曲線より下側になるので，ウが適する。このとき，酸素飽和度が50％の直線と交わる点は，図2の曲線より右に位置する。つまりP_{50}の値は26よりも大きくなる。

(4)＜ヘモグロビンの性質＞呼吸は，酸素を取り入れ，二酸化炭素を放出するはたらきである。活動中の筋肉では二酸化炭素が放出されるので，その濃度が高くなっている。(3)より，ヘモグロビンは，二酸化炭素濃度が高くなると，酸素濃度が同じでも酸素飽和度が低下する。つまり，ヘモグロビンは，二酸化炭素濃度が高い場所で，より多くの酸素を放出することができる。

(5)＜酸素解離曲線＞胎児のヘモグロビンは，酸素濃度が低い胎盤でも酸素と結合できなければ，母体から酸素を受け取ることができない。そのため，酸素濃度が低い場所でもヘモグロビンの酸素飽和度が高いことが必要である。よって，胎児のヘモグロビンの酸素解離曲線は，図2よりも上側になり，P_{50}の値は26よりも小さくなる。

(6)＜ヘモグロビンの性質＞(5)より，酸素濃度が低い場所での胎児のヘモグロビンの酸素親和性は，成人のヘモグロビンより高い。そのため，酸素濃度が低い胎盤でも母体から酸素を受け取ることができる。

2〔化学変化とイオン〕

(1)＜電気分解＞ファラデーの第1法則より，析出する銅の質量は流れた電気量に比例する。電気量は〔電流(A)〕×〔時間(s)〕で表されるので，電流をはじめの$\frac{1}{2}$，時間を$10 \div 2 = 5$(倍)にすると，電気量ははじめの$\frac{1}{2} \times 5 = \frac{5}{2}$(倍)になる。よって，析出した銅の質量は，$0.26 \times \frac{5}{2} = 0.65$(g)である。

(2)＜イオン＞①塩化銅水溶液の電気分解では，陰イオンの塩化物イオン(Cl^-)が陽極に引かれて移動し，電極で電子を放して塩素原子(Cl)となり，Clが2個結びついて塩素分子(Cl_2)となって気体として発生する。　②塩化銅($CuCl_2$)は，水溶液中で，銅イオン(Cu^{2+})とCl^-に電離していて，その個数の比は，$Cu^{2+} : Cl^- = 1 : 2$である。よって，一定の電気量が流れたとき，反応した陽イオン(Cu^{2+})と陰イオン(Cl^-)の個数の比は，ファラデーの第2法則より，1：2となる。　③②より，陰極で銅原子(Cu)が1個生成したとき，陽極ではCl_2が1個生成している。よって，その質量の比は，$16 : 9 \times 2 = 8 : 9$である。

(3)＜電離とイオン＞①塩酸中では，塩化水素(HCl)が水素イオン(H^+)とCl^-に電離していて，その個数の比は，$H^+ : Cl^- = 1 : 1$である。図2より，電源装置の－極につながれた電極(a)は陰極で，塩酸中のH^+が引かれて移動し，電極から電子を受け取って水素原子(H)となり，Hが2個結びついて水素分子(H_2)となって，気体として発生する。この変化は，$2H^+ + 2\ominus \longrightarrow H_2$と表せる。また，－極につながれた電極(b)は陽極で，Cl^-が引かれて移動し，電極に電子を渡してClとなり，Clが2個結びついてCl_2となって，気体として発生する。この変化は，$2Cl^- \longrightarrow Cl_2 + 2\ominus$と表せる。
②塩酸の電気分解で，陽極に銅の棒を使うと，陽極での変化の優先順位より，Cuが電子を放出してCu^{2+}となって溶け出す。この変化は，$Cu \longrightarrow Cu^{2+} + 2\ominus$と表せる。

(4)＜イオンの個数＞HClと$CuCl_2$が電離してCl^-が同数できるとき，できる陽イオンの個数の比は，$H^+ : Cu^{2+} = 2 : 1$となる。流れる電流と時間が同じとき，H^+が2個減ると，Cu^{2+}は1個減るので，

H^+とCu^{2+}の個数の比は常に2：1である。よって，Cu^{2+}の個数は，常にH^+の個数の$\frac{1}{2}$になる。

(5)＜電気分解＞図2では，電極に炭素棒を使っているので，塩化銅水溶液を電気分解すると，陽極の電極(d)からはCl_2が発生し，陰極の電極(c)にはCuが析出する。この装置の電極(c)と電極(d)のクリップをつなぎかえ，再び電流を流した直後に電極で起こる反応は，電極(c)は陽極となるので，銅を電極として使った陽極と同じ反応が起こり，Cu^{2+}が溶け出し，電極(d)は陰極となるので，Cuが析出する。

3〔地球と宇宙〕

(1)＜潮の満ち干＞表1の満潮時刻より，各満潮時刻の間の5つの時間間隔は，満潮①から満潮②までが24時間49分，満潮②から満潮③までが24時間42分，満潮③から満潮④までが24時間40分，満潮④から満潮⑤までが24時間38分，満潮⑤から満潮⑥までが24時間38分となる。よって，これらの平均は，$(49+42+40+38+38)\div5=41.4$より，約24時間41分である。

(2)＜月の南中＞表1の月の南中時刻より，満潮①から満潮⑥までの月の各南中時刻の間の5つの時間間隔は，満潮①から満潮②までが24時間40分，満潮②から満潮③までが24時間41分，満潮③から満潮④までが24時間41分，満潮④から満潮⑤までが24時間44分，満潮⑤から満潮⑥までが24時間45分となる。よって，これらの平均は，$(40+41+41+44+45)\div5=42.2$より，約24時間42分である。

(3)＜地球の動き＞①図4より，満潮時刻は西にある場所ほど遅くなっている。　②地球は西から東へ向かって自転している。これを北極上空から見ると反時計回りとなる。　③地球が西から東の向きに自転しているため，月が南中する時刻は東の地点の方が早く，西の地点の方が遅くなる。つまり，月の南中する場所が，地上では時間とともに東から西へと移動しているように見える。

(4)＜潮の満ち干＞5月26日は皆既月食が見られる日で，太陽，地球，月は，この順に一直線上に並ぶ。よって，大潮②が始まる時期の位置関係は(ア)である。これより，北極上空から見ると，月は地球の周りを約4週間で反時計回りに1周するので，26日の約2週間前の大潮①が始まる時期の位置関係は，月と地球が(ア)の位置関係になる半周前なので，(イ)であり，大潮②から約2週間後の大潮③が始まる時期の位置関係も(イ)となる。また，小潮①は大潮①の約1週間前なので，小潮①が始まる時期の位置関係は(エ)である。これより，小潮①から約2週間後の小潮②が始まる時期の位置関係は，月が半周するから(ウ)となる。さらに，小潮②から約2週間後の小潮③が始まる時期の位置関係は，再び(エ)となる。

(5)＜月の動き＞(2)より，5月26日の南中から27日の南中までの時間は24時間40分で，$24\frac{40}{60}=\frac{74}{3}$(時間)である。この間に月は地球の周りを360°回って見えるので，図6の26日の午後11時46分から27日の午前3時19分までの3時間33分，$3\frac{33}{60}=\frac{71}{20}$(時間)で回る角度は，$360°\div\frac{74}{3}\times\frac{71}{20}=51.8\cdots$より，約52°である。

(6)＜月の動きと満ち干＞(5)より，月の南中時刻から満潮時刻まで，月は52°移動している。よって，月の位置と満潮の位置関係は，月が銚子漁港の位置★の正面に位置し，満潮の海面の位置が★から反時計回りに約50°離れた位置にある(オ)となる。

4〔電流とその利用〕

(1)＜電磁誘導＞①問題の図5のように，コイルをⅰ→ⅱと回転させたとき，コイルの面abcdは磁石の磁力線(磁界)に対してしだいに垂直になっていくので，コイルの面abcdを左から右に貫く磁力線の数は増加する。このとき，コイル内に逆向きの左向きの磁界をつくるように誘導電流が流れる。よって，誘導電流が流れる向きはa→b→c→dとなり，このとき，図4の抵抗器には右から左に向かって電流が流れる。　②コイルを流れる誘導電流の向きは，以下のようになる。ⅱ→ⅲ…ⅰ→ⅱのときと同様に，コイルの面abcdを左から右に貫く磁力線の数は増加するので，①と同じくa→b→c→dの向きに誘導電流が流れる。　ⅲ→ⅳ→ⅴ…コイルの面abcdを左から右に貫く磁力線の数が減少するので，コイル内に同じ右向きの磁力線をつくるように誘導電流が流れる。よって，①と逆のd→c→b→aの向きに誘導電流が流れる。　ⅴ→ⅵ→ⅶ…コイルの面abcdを左から右に貫く磁力線の数が増加するので，コイル内に逆向きの左向きの磁界をつくるように誘導電流が流れる。このときd→c→b→aの向きに誘導電流が流れる。　ⅶ→ⅷ→ⅰ…コイルの面abcdを左から右に貫く磁力線の数が減少するので，コイル内に同じ右向きの磁力線をつくるように誘導電流が流れる。よって，a→b→c→dの向きに誘導電流が流れる。また，抵抗器を流れる電流の向きは，ブラシと整流子のはたらきにより常に同じ向きになるから，全てコイルをⅰ→ⅱと回転させたときと同じ右から左である。

⑵＜誘導電流＞①図6より，ⅰ→ⅱのときの磁力線の数の変化は，ⅱ→ⅲのときの磁力線の数の変化より大きい。誘導電流の大きさはコイルを貫く磁力線の数の変化が大きいほど大きいので，抵抗器を流れる電流の大きさはⅰ→ⅱのときの方が大きくなる。　②抵抗器を流れる電流の向きは常に右から左だから，負の電流となる。また，図6で，ⅴ→ⅵ→ⅶ→ⅷ→ⅰでのコイルの面を貫く磁力線の数の変化は，ⅰ→ⅱ→ⅲ→ⅳ→ⅴと同じになる。①より，誘導電流の大きさはⅰ→ⅱのときの方がⅱ→ⅲのときより大きいから，流れる誘導電流の絶対値はⅰ→ⅱ→ⅲと小さくなる。よって，抵抗器を流れる電流について，電流と時間の関係を表すグラフは(く)である。

国語解答

一　問一　(a)　資力　(b)　受益
(c)　にょじつ　(d)　命脈
(e)　ばんじゃく
問二　ウ　　問三　エ
問四　相互扶助としての連帯を制度化して行おうとする福祉国家は，個人の自立を実現し，個人主義を助長したが，そのことが逆に，連帯を弱体化させる「多く要求し少なく貢献する」という「福祉エゴイズムの原則」を招き寄せた，ということ。
問五　ア

二　問一　(a)　危篤　(b)　とうじ　(c)　挨拶
問二　ずる賢いこと。　　問三　ウ
問四　ふだんは幾代に優しい言葉をかけていても，いざとなると幾代の心情よりも旅館の忙しさを重視し，自分の都合を優先しようとする点。
問五　オ　　問六　イ，カ　　問七　ウ

三　問一　応報　　問二　イ，エ
問三　最も大事なのは説経を習うことであると思い定め，乗馬や早歌は断念して，説経に専念するべきだった。
問四　ア　　問五　ウ　　問六　オ
問七　徒然草

（声の教育社　編集部）

一〔論説文の読解―哲学的分野―倫理〕出典；馬渕浩二『連帯論―分かち合いの論理と倫理』「市民的連帯の圏域」。

≪本文の概要≫福祉国家は，そこに内在する論理によって，困難に直面している可能性がある。まず，相互扶助的な連帯が匿名化されることで，制度を支える相互性は実感されにくくなり，行政による権力の行使という面が前面に出やすくなる。加えて，福祉国家は権力によって強制されるものだという認識が成立しやすくなって，連帯としての本来の姿は，さらに遠のく。また，福祉国家は，個人の自立を実現し個人主義を助長するため，かえって個人の自立は連帯の弱体化を招く可能性がある。個人主義は「多く要求し少なく貢献する」という「福祉エゴイズムの原則」を招き寄せる可能性があり，そうなれば相互扶助は成り立ちがたくなり，連帯は枯渇する。しかし，福祉国家の存在が，人々の相互扶助の意識を高め，社会をより連帯的にする可能性もある。福祉国家は，個人主義，経済至上主義，排外主義がはびこるこの世界にあって，なおも連帯の精神が宿る唯一の場所かもしれない。福祉国家という制度のもとに埋もれているかもしれない連帯の可能性を掘り起こすことも，試みるに値する課題だろう。

問一＜漢字＞(a)必要な資金を出すことができる能力のこと。　(b)利益を受けること。　(c)現実のままであること。　(d)命のつながりのこと。　(e)しっかりしていること。

問二＜文章内容＞「連帯としての本来の姿」とは，「目の前にいる困窮者を支援する」という姿であり，その支援の仕方は「相互扶助的な連帯」であって，「元来，対面的で人称的なもの」である。しかし，福祉国家は，「見知らぬ者たちを結びつける」と同時に「見知らぬ者たちを見知らぬままにしておく」ため，「その相互扶助的な連帯が匿名化」されて「誰が誰を扶助しているのか」がわからなくなる。そのうえ，「制度の運用は行政によってなされる」ために「福祉制度は権力によって強制されるものだという認識が成立しやすく」なり，「目の前にいる困窮者を支援」しようという意識は，さらに薄れてしまうのである。

問三＜慣用句＞一方では非常に役立ち利益をもたらすが，一方では損失や損害をもたらす危険性があることを，「諸刃《もろは》の剣」という。福祉国家は，家族や隣人といった「私的な依存関係からの解放」によって「個人主義」を「助長」する。このことは，「個人の自立」を実現することができるという面では望ましいことであるが，他方，「個人の自立」は，自身の利益を重視する発想につながり，「連帯の弱体化を招来する可能性」もあるのである。

問四＜文章内容＞「この福祉エゴイズム的なエートス」とは，「『多く要求し少なく貢献する』という原則」に立とうとする気風や精神性のことである。全員がこの「多く要求し少なく貢献する」という福祉エゴイズムの原則に従って行動するとき，「支えられようとする人々は増えるが，支えようとする人々は減少し，相互扶助が成り立ち難くなる」ので，「連帯」という点から見ると，福祉エゴイズムには問題がある。しかし，そもそも福祉エゴイズムは，「相互扶助としての連帯」を国家として行おうとする「福祉国家」が「私的な依存関係からの解放」を実現して「個人主義」を助長したことから生じたものである。「相互扶助としての連帯」を基盤とするはずの福祉国家が，かえって「連帯を枯渇」させるという点が，「逆説的」なのである。

問五＜文章内容＞「現下の福祉国家が様々な不都合を抱えている」ことは否定できない。しかし，福祉国家は，例えばグッディンが指摘するように，「福祉国家が存在することが，人々の相互扶助の意識を高め，社会をより連帯的にするという可能性」も考えられる。また，「福祉国家は，個人主義，経済至上主義，排外主義が跳梁《ちょうりょう》するこの世界にあって，なおも連帯が連帯として辛うじて命脈を保っている稀有《けう》な場所」でもある。つまり，福祉国家には，「制度の下に埋もれているかもしれない連帯の可能性」があるのであり，福祉国家に問題があるからといって福祉国家そのものを否定してしまえば，その「連帯の可能性」も失われてしまうのである。

二〔小説の読解〕出典；佐多稲子『水』。

問一＜漢字＞(a)病状が悪く，今にも死にそうであること。　(b)温泉に入って病気を治療すること。(c)人に会ったときや別れるときなどに相手と交わす儀礼的な言葉のこと。

問二＜語句＞「狡猾」は，ずる賢いこと。また，そのさま。

問三＜文章内容＞幾代は，「明るいとは云えないにしろ，素直な性質」で，「どこかに負けん気をひそめていて，それが素直さにもなり，身体の引け目を見せぬ働きものに」した。幾代は，「身体の引け目」は感じており，脚のことを人からあからさまに言われて「唇を嚙んで涙を浮べた」こともあった。しかし，それで相手に対して感情をぶつけてその場の雰囲気を気まずいものにするようなことはせず，幾代は，むしろ逆に「素直」に人に従い，「誠実」に働いてきたのである。

問四＜文章内容＞旅館の主人はかつて，幾代に「田舎のおっかさんに東京見物をさせておやり」と言い，さらに「泊るのはうちで泊めてやるよ」とも言った。それは幾代に対する「優しい言葉」だった。しかし，幾代に「ハハキトクスグカヘレ」という電報が来ても，主人は，すぐに帰るようにとは言わず，それどころか，「この多忙な時期に，使用人を失いたくないという本心」から「不機嫌」になり，幾代を帰そうとはしなかった。本当に幾代のことを親身になって考えているなら，母が危篤のときにそのようなことはしないはずであるが，実際には，主人は，店の多忙という事情の方を，幾代の心情よりも重視したのである。

問五＜心情＞前日に母が危篤だという電報が来たとき，主人は「不機嫌」になって，次の電報を待つように幾代に言った。幾代は，それに対して言い返すことはしなかったが，夜，一人で泣いた。朝になって「ハハシンダ，カヘルカ」の電報が来ると，幾代はもう我慢できずに「細い，しぼるような泣き声を上げて」突っ伏し，朝のやりかけの仕事はせずに帰る支度をして，女主人にだけ挨拶をして駅へ走った。このときの幾代は，もう誰に何と言われようと帰ることを，強く心に決めており，女主人の引き止める言葉を聞くことは聞いても，それに従うつもりは全くなくなっていた。

問六＜文章内容＞幾代は，台所仕事が習い性になり，水が出しっぱなしになっていれば半ば自動的に体が動いてその水を止めたというだけのことであろう。だからこそ，水を止めると「再びもとの場所にもどってしゃがみ込むと，今までと同じように泣きつづけた」ものと思われる。しかし，幾代がもとの場所に戻って泣き続けてはいても，列車が出ていって「その場所に，さえぎるものがなくなって春の陽があたった」という描写は，新たな希望を暗示しているといえる(…イ)。また，水が出しっぱなしになっていても誰一人止めようとしないという，都会人特有の他者に対する無関心さに，幾代は同化しているわけではなく，そこに，幾代の真っ直ぐで真面目で誠実な面を見てとることができる(…カ)。

問七＜文章内容＞幾代は，母が危篤だという電報が来たときは，主人の言葉に逆らえず，すぐ帰ることができなかった。しかし，そうしている間に母は死んでしまい，幾代は，すぐ帰らなかったことは悔やんでも悔やみきれないと感じた。同時に，初めて「自分と母親とのつながりの深さ」に気づき，その「つながり」の深い母を「敗北のまき添えにしたような口惜しさ」が，「幾代の悲哀を深く」するとともに，「身体の悲しみの重さを，ひとりで背負ってゆくこと」になるという現実が，幾代を打ちのめした。

三〔古文の読解―随筆〕出典；兼好法師『徒然草』第百八十八段。

≪現代語訳≫ある者が，子を法師にして，「学問をして因果の理をも知り，説教などをして暮らしていく手段にもしなさい」と言ったので，(子は)教えのままに説経師になろうとして，まず乗馬を習った。輿や牛車は持たない身で，導師として招かれるようなとき，馬などを迎えによこしたときに，乗るのが下手で落ちてしまったとしたら，情けないだろうと思った。次に，法事の後，酒など勧めることがあるようなときに，法師が全く芸がないのは，檀家が興ざめに思うだろうといって，早歌ということを習った。二つの芸が，しだいに優れた境地に入ってきたので，ますます上達したいと思われて励むうちに，説経を習う時間がないまま，年をとってしまった。／この法師だけではなく，世間の人は，大方この(ような)ことがある。若いうちは，何事につけても，身を立て，大きな道をも成し遂げ，芸能も身につけ，学問をもしようと，遠い将来までよくよく考えている諸事を心にかけながら，自分の一生をのんびり(したもの)と思って，怠けつつ，まず，さし迫っている目の前にあることにのみ心を奪われて月日を送ると，どれも達成することがなくて，身は老いてしまう。結局何も上手にならず，思ったように大成することもなく，後悔しても取り返せる年齢ではないので，走って坂を下る車輪のように(はやく)衰えていく。／だから，一生のうちで，主として望んでいることの中で，どれが勝るかと，よく比較し考えて，第一に優先すべきことを思い定めて，その他は断念して，一つのことに励むべきである。一日のうち，一時の中でも，多くの用事が出てくるであろう中で，少しでも益が大きいことをして，それ以外は捨てて，大事なことを急いでするべきである。どれも捨てまいと未練を持っていては，一つのことも成るはずがない。／例えば，碁を打つ人が，一手も無駄にせず，相手の先を読んで，大して重要ではない石を捨てて重要な石を取るようなものである。その場合，〈三つの石を捨てて，十の石を取るのは容易である〉。(しかし，)十(の石)を捨てて，十一(の石)を取るのは難しい。一つでも(益の)勝っている方を選ぶべきなのに，(捨てる石が)十にまでなってしまうと，惜しく思われて，大して(益の)多くない石にはかえにくいものである。これも捨てず，あれも取ろうと思う心のために，あれも得ず，これも失うものなのである。／京に住む人が，さし迫って東山に用事があって，すでに着いていたとしても，西山に行くとより有益だろうということを思いついたなら，(東山の)門から帰って西山へ行くべきである。ここまでたどり着いたのだから，このことをまず言ってしまおう。何日と日を決めていないことであるから，西山のことは帰ってからまた思い立とう，と思うがために，その一時の怠りが，そのまま一生の怠りとなる。これを恐れなければならない。／一つのことを必ず成し遂げようと思うなら，他のことがだめになるのも残念に思ってはならない。人の嘲りも恥ずかしいと思ってはならない。万事と引きかえにしないでは，一つの大事なことが成就するはずがない。人が大勢いた中で，ある者が，「ますほのすすき，まそほのすすきなどということがある。わたのべの聖が，このことを伝え聞いて知っている」と語ったのを，登蓮法師が，その座におりまして，聞いて，雨が降っていたので，「蓑と笠はありますか。お貸しください。例のすすきのことを教わりに，わたのべの聖のところへ尋ねに参ります」と言ったのを，「あまりに慌ただしい。雨がやんでから(にしたらよいでしょう)」と人が言うと，(登蓮法師は，)「とんでもないことをおっしゃるものですね。人の命は，雨の晴れ間を待つものでしょうか。私も死に，聖も死んでしまったら，尋ね聞くことができなくなる」と言って，走って出ていって，(そのすすきのことを)習いましたと言い伝えているのは，大変すばらしく感じられる。「すばやく行うときは成功する」と，論語という書物にもありますという。このすすきのことを知りたいと思ったように，悟りを開く機縁を(大切に)思うべきだった。

問一＜四字熟語＞「因果」は，原因と結果のこと。過去の行為に応じて現在の幸・不幸があり，現在の行為に応じて未来の幸・不幸があるということを，「因果応報」という。

問二＜古文の内容理解＞「この法師」は，説経師になろうとしたが，導師として招かれたときに上手に馬に乗れないといけないだろうと考えて乗馬を習い，法事の後の酒席で無芸というのもよくないだろうと考えて早歌を習った(…イ)。しかし，乗馬と早歌が身についてくると，さらに上達したいと思ってのめり込み(…エ)，「この法師」は，説経を習う暇がないまま年をとってしまった。

問三＜古文の内容理解＞「この法師」は，説経師になったときのことを考えて，乗馬や早歌を習ったが，そのために肝心の説経を習う暇がないまま年をとった。そのことから，「この法師」は，「第一の事」は説経であると見定めて，説経以外のことは捨て，説経を習うことに励むべきだったといえる。

問四＜古文の内容理解＞「碁をうつ人」が，三個の石を捨ててそれよりずっと多い十個の石を取るのは，捨てるものがわずかで，得られるものが多いだけに，簡単である。しかし，十個の石を捨てて十一個の石を取るというのは，捨てるものと得られるものにほとんど差がないため，難しい。

問五＜古文の内容理解＞東山に用事があって東山へ行った人が，すでに東山に到着していても，西山に行けばもっと利益があることを思いついたという場合，東山から戻ってそのまま西山へ行くべきである。そのとき，ここまで来たのだから今戻ることはせず，西山にはまた日を改めて行こうと思うのが，「懈怠」である。東山から戻ってそのまま西山に行くことを怠っているのである。

問六＜古文の内容理解＞登蓮法師は，「ますほの薄，まそほの薄」ということを，わたのべの聖が知っていると聞くと，雨の中，すぐにそのことを教わりに行こうとした。その場にいた人々は，あまりに慌ただしいし，雨がやんでからにしたらどうかなどと言ったが，登蓮法師は，人の命は雨の上がるのを待たずに終わってしまうかもしれないと言って走り出ていった。登蓮法師は，世の無常を意識して，大事なことは今すぐにしなければならないと考えていたのである。作者は，大事なことを最優先にすべきだと述べているが，それはこの世は無常だと考えているからであり，作者から見ると，登蓮法師のその行動は，すばらしいと思われるのである。

問七＜文学史＞兼好法師の書いた随筆は，『徒然草』である。

2022年度 渋谷教育学園幕張高等学校(帰国生選抜)

【英　語】（筆記・リスニング：50分　エッセイ：30分）〈満点：面接もふくめて100点〉

（注意）■ Before the listening section starts, you will have two minutes to read the questions.

■ You will hear the listening section recording **once**.

PART 1. LISTENING

Listen carefully to the article. You may take notes or answer the questions at any time. Write the letter of your answer on the answer sheet.

1. Who ordered the world's most expensive painting to be hidden away?
   A. Mohammad Bin Salman　B. Salvator Mundi
   C. Leonardo da Vinci　D. the king of Saudi Arabia
2. How much did the painting sell for in 2017?
   A. $4,500,000　B. $45,000,000　C. $450,000,000　D. $4,500,000,000
3. The *Salvator Mundi* was painted
   A. between 1500 and 1700.　B. around 1500.
   C. 200 years ago.　D. in 2005.
4. The painting first surfaced in
   A. a little-known New Orleans auction house.
   B. a specialist New Orleans auction house.
   C. a famous New Orleans auction house.
   D. an exclusive New Orleans auction house.
5. What was Dianne Modestini accused of doing to the *Salvator Mundi*?
   A. defending its authenticity　B. destroying it
   C. faking it　D. over-restoring it
6. Which word best describes Zollner's comments on the painting?
   A. awestruck　B. sarcastic　C. roused　D. distrustful
7. In Leonardo's workshop, paintings were commonly
   A. painted by assistants and finished by Leonardo.
   B. painted by Leonardo and finished by assistants.
   C. forged by assistants and sold as Leonardo paintings.
   D. painted by Leonardo alone.
8. Bouvier was investigated by Swiss authorities because of
   A. his fraudulent clients.　B. his shady business dealings.
   C. his purchase of the artwork.　D. his colorful character.
9. The marketing video at the Christie's auction showed
   A. the high drama of previous auctions of the painting.
   B. just the viewers' odd bodily reactions to the painting.
   C. viewers looking at images of Christ.
   D. viewers looking at the painting in awe.
10. What would be the most suitable title for this article?

A. *Salvator Mundi* — a Forgery!

B. The Sordid Past of Leonardo da Vinci

C. Is the World's Most Expensive Painting Fake?

D. Russian Oligarchs, Saudi Princes and Leonardo

※＜**リスニング問題放送原稿**＞は英語の問題の終わりに付けてあります。

PART 2. GRAMMAR

There may be an error with grammar, structure, expression, or punctuation in the underlined parts of the following sentences.

If you find an error, select the best replacement for the underlined part and write the letter on the answer sheet. If you think there is no error, select letter A.

1. Despite her reputation as a perfectionist, Hermione does make mistakes from time to time.

   A. does make mistakes [**NO ERROR**] B. mistakes
   C. does mistake D. has made mistake

2. The Arctic explorers knew precisely what they were facing. Certain death.

   A. facing. Certain death [**NO ERROR**] B. facing, certain death
   C. facing: certain death D. facing certain death

3. Everyone was smiling but the band was playing splendidly and, for me, the party was a disaster.

   A. but . . . and [**NO ERROR**] B. for . . . that
   C. and . . . so D. and . . . though

4. The Sullivans wouldn't take no for an answer and insisted that Antonio have dinner with them.

   A. have [**NO ERROR**] B. has C. will have D. had

5. There are less children than we might have expected at the amusement park this year.

   A. less [**NO ERROR**] B. few C. least D. fewer

6. She had forgotten to which page she was up.

   A. to which page she was up [**NO ERROR**]
   B. which page she was onto
   C. up to which page she was
   D. which page she was up to

7. Either you or Brian have to go to Osaka next week.

   A. have [**NO ERROR**] B. has C. had D. are having

8. If I find a wallet in the street, I would take it to the police station.

   A. find [**NO ERROR**] B. will find C. found D. would find

9. It's two o'clock! It's time we should leave for the airport!

   A. should leave [**NO ERROR**] B. will leave C. left D. leave

10. Hannah defeated every opponent she faced almost.

    A. Hannah defeated every opponent she faced almost. [**NO ERROR**]
    B. Hannah defeated almost every opponent she faced.
    C. Almost Hannah defeated every opponent she faced.
    D. Hannah defeated most every opponent she faced.

PART 3. VOCABULARY

Select the best word or words to complete the following sentences and write the letter on your answer sheet.

1. It was foolish for Frank to ______ his fortune on lottery tickets.
   A. squander　B. procure　C. invest　D. distort
2. You shouldn't ______ illness to avoid taking your test.
   A. exemplify　B. catch　C. feign　D. pretend
3. With intense focus, the clockmaker ______ repaired the pocket watch.
   A. meticulously　B. uncaringly　C. strictly　D. negligently
4. Upon seeing the hotel's ______ furnishings, Susan realized she did not have enough money to stay there.
   A. modest　B. lavish　C. derelict　D. fraudulent
5. The thief ______ the police every time they were about to catch him.
   A. intruded　B. surrendered　C. escaped　D. eluded
6. The teacher gave strict ______ for the project, so students couldn't afford to be ______.
   A. rules . . . efficient　B. considerations . . . silly
   C. guidelines . . . sensible　D. criteria . . . careless
7. The coupon was ______ until Tuesday, after which it would expire and be ______.
   A. usable . . . inert　B. functional . . . nonresponsive
   C. valid . . . impractical　D. redeemable . . . worthless
8. While chefs don't always ______ spending so much time in the kitchen, they have __________ for seeing the delighted reactions of diners.
   A. enjoy . . . an attachment　B. cherish . . . a prejudice
   C. prefer . . . a bias　D. appreciate . . . a fondness
9. Sisyphus was given the ______ task of pushing a heavy boulder up a steep hill for ______.
   A. meager . . . infinity　B. substantial . . . forever
   C. grueling . . . eternity　D. pleasant . . . perpetuity
10. Some people find the taste of baked salmon ______, but others consider it __________ dish.
   A. repugnant . . . an exquisite　B. admirable . . . a horrific
   C. appetizing . . . an enjoyable　D. distasteful . . . a revolting

PART 4. READING COMPREHENSION

Read the following passage and answer the questions that follow.

〔編集部注…課題文は著作権上の問題により掲載しておりません。作品の該当箇所につきましては次の内容を参考にしてください〕

Alice Walker「The Flowers」(Genius)

https://genius.com/Alice-walker-the-flowers-annotated

1行目～最終行(第3段落のAlong the shallow ～ down the streamは中略)

Choose the letter of the best answer to each question and write it on the answer sheet.

1．Which word best describes the area where Myop lives ?

A．rural　B．affluent　C．urban　D．pristine

2．In the first paragraph, what made Myop's nose twitch ?

A．the excitement of no school　B．the warmth of the sun

C．her eagerness to be on a walk　D．the weather's sharp coolness

3．The phrase "tat-de-ta-ta-ta" is an example of

A．onomatopoeia.　B．metaphor.　C．personification.　D．simile.

4．In the fourth paragraph, what is suggested by Myop making "her own path" ?

A．She cleared the grass and branches covering the track.

B．She had bought this small road.

C．She had marked the path with ferns and flowers.

D．She chose which way to go by herself.

5．In the fifth paragraph, what is another word that could be used in place of "laden" ?

A. burdened B. carrying C. loaded D. hampered.

6. Why was Myop "unafraid" in the sixth paragraph?

A. She did not know who it was.

B. She did not realize she had stepped on a skull.

C. She had not seen anyone suspicious.

D. She was too young to understand what she had done.

7. The condition of the man's body suggests all of the following **except** that

A. he had been a big man. B. he had not been a businessman.

C. he had been beaten. D. he had died just days earlier.

8. How did the man most likely die?

A. He was hanged. B. He was attacked by a hunting dog.

C. He was shot. D. He was bitten by a snake.

9. In the final paragraph, what is ironic about the rose?

A. The dead man could not have afforded roses when alive.

B. A thing of beauty has grown around a device of death.

C. A ring usually inhibits rather than encourages plant growth.

D. Roses do not naturally bloom in summer, yet this one does.

10. What is implied by the final sentence?

A. Myop's childhood innocence is gone. B. Myop knows autumn has begun.

C. The dead man will never grow old. D. Myop realizes time marches on.

PART 5. READING COMPREHENSION

Read the following article and answer the questions that follow.

Adapted from "Norway has one of the world's most ambitious climate change targets. But it's also a major oil producer and exporter."

by Brett Simpson

Walking down the streets of Oslo, Norway feels like walking into a low-emissions future. Electric trams and buses zip alongside generous bike lanes and around parks designed to store carbon. But the real evidence of the city's low carbon footprint is actually deep below ground, in a vast network of tunnels housing its power lines. Only recently has Oslo had to move power lines underground — because of unprecedented new demands for electricity. "We're busy digging another tunnel for what we know is coming," said Henrik Glette, a representative from Statnett, the state-run power company. What's coming is the move to electrify transportation, industry and buildings to meet Norway's ambitious goals to be carbon neutral by 2030. Norway can afford to invest in radical climate-forward initiatives: It has the world's largest sovereign investment fund, valued at $1.1 trillion. [1]

Even as cities like Oslo become world leaders in climate-forward policies and investments, the government has refused to set an end date on oil drilling. In this week's parliamentary election, some raised questions about whether that contradiction might be addressed — as the Green Party campaigned on a platform of stopping oil production by 2035.

Meanwhile, in cities like Oslo, the move away from fossil fuels is coming fast. Downtown, things are getting eerily quiet — including at one construction site, where battery-powered excavators and diggers move pavement with only a low, barely perceptible hum. Sjur Helljesen, a representative at NASTA, the company that makes these construction vehicles, says government incentives can be thanked for that. In 2018, Oslo decided that all new public construction projects must be zero emissions. Helljesen says that has supercharged innovation and investment. "Two years ago, these machines that you are seeing today didn't exist," Helljesen said.

Just a few miles away along the coast, Heidi Neilson, the head of the environment at Oslo Port, describes another of Oslo's electric fleets in operation : the ferry system. "We have somewhere in between 70 and 100 electric ferries all along the Norwegian coast, because the government had a procurement strategy," Nielson said. The port has also electrified its equipment, and installed electrical "shore power" — electric hookup stations so ships can turn off their diesel engines when they're at the port. [2]

All across Norway, these changes are gathering momentum, making Norway one of the world's leaders in renewable energy use. But the export market sends a very different message. In 2020, Norway exported about 415 million barrels of oil. Burning it would emit 30 times the greenhouse gases that Norway's population does each year. And the country is still approving new oil wells. To many Norwegians, this contradiction is becoming untenable. It was a key issue in this week's national parliamentary election. "It's definitely hypocritical," said Arild Hernstad, the deputy leader of Norway's Green Party. "If everyone here lives in a zero-emissions city, and at the same time works in the oil industry and exports a lot of [carbon dioxide], that's kind of ridiculous," Hernstad said.

But the two biggest parties in Norway don't see it that way. Benjamin Jakobsen is a Labour politician who stressed that sustaining oil extraction is a jobs issue. "Norway has a moral dilemma, of course, but we can't really risk 200,000 jobs, because that will harm the economy," Jakobsen said. "We won't be able to reach our climate goals if people are unemployed." This perspective won out in Monday's nationwide election. The Labour Party claimed the majority, as expected, which means no end date on oil drilling. [3] The Greens did worse than expected and didn't win enough votes to get a decision-making role in parliament.

But Johannes Bergh, who studies national elections with Norway's Institute for Social Research, says that the Greens still have momentum, despite this year's disappointment. "I would actually say that the political winds in Norway are blowing towards the Green Party," he said. Bergh said that this year, other issues like social inequality and the pandemic took center stage. But in the long term, as younger generations make up more of the electorate, climate issues will win out.

Until then, it seems, Norwegians will keep living with the contradictions. And by 2030, they might just be a country that calls itself carbon neutral but still exports a million barrels of oil a day. [4]

Choose the letter of the best answer to each question and write it on the answer sheet.

1 . What is the likely meaning of the word "zip" in the first paragraph ?

A. to move with a zipping sound B. to move like a zipper

C. to add vitality or zest to something D. to move with speed or energy

2 . According to the article, which of the following will most contribute to making Oslo a low-emission city ?

A. carbon-storing parks B. new buried electric power lines

C. an extensive network of bike lanes　　D. electric digging machines and ferries

3. What has contributed to making Oslo "eerily quiet" in the third paragraph?
   A. the use of electric construction equipment
   B. the silence that greeted the Green Party's anti-oil campaign
   C. the lack of diesel engines running in docked ships
   D. the increased use of bicycles

4. What is the main message of the third and fourth paragraphs?
   A. NASTA gets the majority of its business from the Norwegian government.
   B. The Norwegian government has been the fundamental force behind zero-emissions initiatives.
   C. Diesel emissions from ships are a major concern for residents living near port facilities.
   D. Zero-emissions innovations and developments are energizing the Norwegian technology sector.

5. Which word could best replace the word "untenable" in the fifth paragraph?
   A. unrealistic　B. indefensible　C. inexhaustible　D. inevitable

6. The Norwegian Labour Party opposes a ban on oil drilling because it will
   A. cause many Norwegians to become unemployed.
   B. harm the air quality in Oslo and other cities.
   C. give the Green Party the power to make decisions.
   D. make it hypocritical to live in a zero-emission city.

7. As a result of the recent parliamentary election Norway will
   A. set a deadline for oil drilling cessation.
   B. eliminate 200,000 jobs in the oil sector.
   C. prioritize climate issues immediately.
   D. continue to extract and export its oil.

8. What does Johannes Bergh imply in the seventh paragraph?
   A. Norway will invest more in wind power.
   B. Norway will never stop drilling for oil.
   C. Young voters were disappointed by the Green Party.
   D. Young voters care a lot about climate change.

9. Which is the best location for the following sentence: *But that wealth comes with an inherent contradiction: It was built from five decades of oil extraction.*
   A. [1]　B. [2]　C. [3]　D. [4]

10. What would make a good alternate title for this article?
   A. Norway's Oil Thirst　B. Norway's Green Future
   C. Norway's Green Hypocrisy　D. Norway's Oil Capitalism

ESSAY

Essay topic

Which event in the past do you wish you could have witnessed?　To what extent would you have been involved?

<リスニング問題放送原稿>

Adapted from "Where is the World's Most Expensive Painting"

by Caryn James

Somewhere in Saudi Arabia, hidden away by order of Crown Prince Mohammad bin Salman, is the world's most expensive painting, Leonardo da Vinci's *Salvator Mundi*. Or is it? No one in the art world knows for sure where the painting is. Most observers agree that it is likely stashed in the Middle East, but some have speculated that it is stored in a tax-free zone in Geneva or even on the prince's half-a-billion-dollar yacht. Is it even a Leonardo at all? The image of Christ as The Saviour of the World was billed as The Last da Vinci at Christie's 2017 auction, where it sold for a record $450 million to a proxy for bin Salman. But even then, many Leonardo experts were dubious that the painting had more than a few brush strokes by him, and those doubts have ramped up ever since.

Veiled in layers of mystery and international intrigue, the story of the *Salvator Mundi* is an ongoing, endlessly fascinating saga. The painting, which dates to around 1500, was lost to history for more than 200 years, was damaged and badly restored, and was sold and resold as a minor work, probably by a Leonardo acolyte. But now, the *Salvator Mundi* has become the poster boy for the volatile mix of money, power and geopolitics that defines the art world today.

This possibly-Leonardo treasure's route to fame began when it surfaced at an obscure New Orleans auction house in 2005 and was bought by two New York dealers for a measly $1,175. They brought it to Dianne Modestini, a highly respected restorer, who removed decades of grime and overpainting, and was the first to suspect it might be a true Leonardo. She spent years restoring the painting, and has passionately defended its authenticity in precise detail, pointing out attributes that could only be Leonardo's. But many experts think she did a drastic over-restoration. Renowned art historian Frank Zöllner, who has compiled a catalogue raisonné of Leonardo's paintings, wryly calls the *Salvator Mundi* "a masterpiece by Dianne Modestini," who made it "more Leonardesque than Leonardo had done."

Most experts today agree the painting was probably produced by assistants in Leonardo's workshop, where he added some finishing touches — a common practice. But uncertainty is key to the appeal of every version of the story. Nobody knows if it is a Leonardo, so people too can play the game, and can do their own *Da Vinci Code* on the *Salvator Mundi*.

In 2013, some colourful characters entered the game. Yves Bouvier, a Swiss art dealer, bought the painting from the New York dealers for $83 million, reportedly on behalf of his client, a Russian oligarch named Dmitry Rybovlev, though this is disputed by Mr Bouvier. Within two days he sold it to Rybovlev for $127.5 million. A grinning Bouvier says his exploits are just business as usual: "You buy low, and you sell high." Swiss authorities investigated him for defrauding Rybovlev, but this year closed the case without charging him. Soon, the painting was on its way to Christie's.

The Christie's sale itself was a highly staged drama, beginning with a marketing video that showed not the painting but the faces of observers looking reverently at the image as if they were seeing Christ himself. The buyer was anonymous, but the *New York Times* soon revealed him to be acting for bin Salman, a discovery that catapulted the painting into the geopolitical realm. Most art-world observers thought the *Salvator Mundi* would be the centrepiece of a new museum or art centre in the region, but the painting has not been glimpsed in public since.

Amidst many delightfully tangled art histories, nothing rivals the *Salvator Mundi*. Unless new documentation surfaces, or a new scientific method of authentication arrives, the mystery may prove eternal. There's going to be some kind of new information, whether true or not, that's going to blow up everywhere in the news media, but as long as this painting is hidden from the world, and the future and fate of this painting is unknown, it's going to be clouded in a realm of mystery.

2022年度／渋谷教育学園幕張高等学校（帰国生選抜）

英語解答

PART 1

1	A	2	C	3	B	4	A
5	D	6	B	7	A	8	B
9	D	10	C				

PART 2

1	A	2	C	3	D	4	A
5	D	6	D	7	B	8	C
9	C	10	B				

PART 3

1	A	2	C	3	A	4	B
5	D	6	D	7	D	8	D
9	C	10	A				

PART 4

1	A	2	D	3	A	4	D
5	C	6	B	7	D	8	A
9	B	10	A				

PART 5

1	D	2	B	3	A	4	B
5	B	6	A	7	D	8	D
9	A	10	C				

ESSAY

解答省略

（声の教育社　編集部）

2021年度 渋谷教育学園幕張高等学校（学力選抜）

【英　語】（問題：50分　リスニング：10分）〈満点：100点〉

リスニングテストの音声は，当社ホームページで聴くことができます。（当社による録音です）

再生に必要なIDとアクセスコードは「収録内容一覧」のページに掲載しています。

（注意）
- 英語による解答で語数の指定がある場合，it'sやcan'tのような短縮形は１語として数えます。
  また次のような符号は単語の数に含まないものとします。
  ，．！？“ ”—：
- 日本語による解答で字数の指定がある場合，句読点は１字として数えます。
- 筆記試験の時間は50分です。その後リスニングテストが続きます。

1　次の英文に語法・文法上誤りがあれば，例にならってその個所の記号を指摘し，正しく書きかえなさい。誤りがない場合は，「記号」の欄にオと書き，「正しい語句」の欄には何も記入しないこと。

【例】 She (ア)likes (イ)an apple.

［解答］

	記号	正しい語句
例	イ	apples

1．If (ア)it's fine tomorrow, we'll have the Sports Festival as planned.　Don't forget (イ)to bring your P.E. (ウ)clothes.　In case of rain, it'll be put off (エ)by the day after tomorrow, so prepare for regular classes.

2．A：Do you know (ア)who these girls are?

B：What (イ)was happened to them?　Hold on, (ウ)I've read about them!　They were (エ)taken care of by a wolf family, weren't they?

3．It is common for people (ア)having three meals (イ)a day.　However, there are different cultures and customs around the world.　(ウ)Some eat (エ)only once, and others even more than four times!

4．A：Who is the woman Mr. Suzuki is (ア)talking over there?

B：Oh, I'm not sure.　She (イ)looks like the (ウ)parent of a student, but not a teacher.

A：They've been standing (エ)there for more than 30 minutes.　They should take a seat.

5．I found doing (ア)something different difficult.　For example, we had to get used to washing our hands almost every (イ)hour, keeping doors (ウ)open, (エ)wearing masks in hot and cold weather, and staying quiet during lunch time!

6．We have some sister schools and this is the one (ア)that located in Tokyo.　It has about (イ)half as many students as ours.　Also, their school building is (ウ)much taller than ours (エ)because of the limited space.

2　次の英文中の空欄［１］～［５］に適するように，それぞれ与えられた語句を並べかえなさい。ただし，解答欄にはA，B，Cの位置にくる語句を記号で答えなさい。

When the coronavirus first began to spread across the United States, ［　　1　　］ wear a face mask.　Some people said there was no *benefit in wearing masks.　Others said they could stop most *germs.　Now, doctors and scientists around the world recommend wearing a mask.　But it was too late. Many people [2] the common medical view.

"At first people were told wearing a mask was not helpful," says Jonas Kaplan. "Then we got new information. But for many people that first belief remains and it's hard to change." Kaplan is a *cognitive neuroscientist, [3] when we think. He works at the University of Southern California in Los Angeles.

Our brains are easily influenced by what is known as confirmation bias, he says. This is the *tendency to search for and believe information that agrees with what you already accept — and to walk away [4]. People who thought we shouldn't wear masks continued to look for information that said masks were no good or even harmful. They didn't pay attention to information that showed masks could help.

Such behavior has its basis in the brain. One study shows that our brains pay little attention to someone else's idea when it doesn't agree with the ideas they already had. Another study finds that [5] in ourselves. These studies help to show why it's so hard to change our minds. But if we understand this risk, we will have a better chance of overcoming it.

（注） benefit 利益，恩恵　germ 細菌　cognitive neuroscientist 認知神経科学者
tendency 傾向

1．＿＿ ＿A＿ ＿B＿ ＿＿ ＿＿ ＿C＿ ＿＿ ＿＿
ア many　イ not　ウ of us　エ should
オ sure　カ that　キ we　ク were

2．＿＿ ＿A＿ ＿＿ ＿B＿ ＿＿ ＿＿ ＿＿ ＿C＿
ア a mask　イ became　ウ before　エ decided
オ not　カ this　キ to　ク wear

3．＿＿ ＿A＿ ＿＿ ＿B＿ ＿＿ ＿C＿ ＿＿ ＿＿
ア happening　イ in　ウ is　エ someone
オ studies　カ the brain　キ what　ク who

4．＿＿ ＿A＿ ＿＿ ＿B＿ ＿＿ ＿C＿ ＿＿ ＿＿
ア be　イ from　ウ information　エ might
オ shows　カ that　キ wrong　ク you

5．＿＿ ＿A＿ ＿＿ ＿B＿ ＿＿ ＿C＿ ＿＿ ＿＿
ア becomes　イ confident　ウ more　エ stronger
オ tendency　カ this　キ we are　ク when

3　Yukiは春休みのシンガポール研修に参加しています。今日の日記を書き終えたところで，アメリカ人の友人Benから電話がかかってきました。日記の内容に合うようにBenとYukiの会話を完成させなさい。下線部(1)には9語～12語，下線部(2)には4語～7語を補うこととする。

3月20日

今日も屋台でチキンライスを食べた。日本ではほとんど外に食べに行くことはなかったが，シンガポールに来てから毎日の外食にも慣れてきた。シンガポールでは，両親共働きで食事を作る時間のない家庭が多い上に，外食の方が家でごはんを作るよりも安いらしい。みんなが当たり前のように毎日外食するのも納得する。ごはんの時に，ホストブラザーがシンガポール特有の英語であるシングリッシュを話してくれた。英語とはいえ，違うことばのように聞こえてびっくりした。シンガポールなまりのない“正しい英語”を話そうという動きもあるけど，多くのシンガポール人がシングリッシュに誇りを持ち，家族や友達との間で好んで使っているそうだ。シンガポール人にとってシングリッシュは，自分が何者であるかを表すことばなのだ。シンガポールって面白い！

Ben : Hi, Yuki! How is Singapore?

Yuki : Great! I've been enjoying the time here very much. I especially like Singaporean food. I eat out with my host family every day.

Ben : Every day?! Your host family must be rich!

Yuki : Actually, it's common here. Many people in Singapore eat out every day because it is not unusual that (1)____________________. Also, eating out is cheaper than cooking at home.

Ben : That's interesting! Do your host family speak Singlish?

Yuki : When they talk with me, they don't. But today my host brother showed me some examples of Singlish.

Ben : Good for you! Did you understand it?

Yuki : Well, it was too hard for me! In fact, my host brother told me that the government is trying to promote "standard English," but many Singaporeans are proud of their unique English and like to use it when they talk with their family or friends. They see Singlish as (2)__________.

Ben : Interesting! Sounds like it's part of their unique culture.

Yuki : Exactly! Here, I enjoy experiencing their unique cultures every day. I now like Singapore even more!

4 次の英文を読んで，あとの問いに答えなさい。

【1】 Dave Meko lives in Arizona, in the southwestern United States. Like other *residents, he noticed that 1999 was a hot, dry year. The following year was also dry. So was 2001. The year after that was the driest on record. Water levels in the huge Colorado River were dropping rapidly. This was the beginning of a serious drought. Everyone began asking, "[A]" Meko, a scientist at the University of Arizona, believed that he could find the answer in the trees.

【2】 Meko is a tree-ring expert. He studies the rings within a tree to find information about climate change. Each year, a tree adds a new layer of wood. These layers look like a series of rings. During times of heavy rainfall, a ring is wide. When there is a shortage of water, a ring is narrow. These rings are nature's record of rainfall and climate change.

【3】 Meko knew that people were right to be concerned about the low water in the Colorado River. This river supplies water to over 30 million people in seven states as well as parts of Mexico. Cities such as Las Vegas, Phoenix, and Los Angeles depend on it. Without the Colorado River, this land would once more become desert. So Meko was not (B) when people began to worry, and his phone started ringing.

【4】 Meko and his team quickly started a new research project. Their goal was to find out how long *previous droughts lasted. The team collected as many old wood samples as possible. They tested wood samples from 1,200 years ago until the present. When they examined the rings, the news about rainfall in the past was not good.

【5】 Meko's research showed that the 20th century was an unusually (C) time. Trees from this period had wide, healthy rings. During that century, millions of people moved to the region. Before that time, however, the rings showed that droughts *occurred on a regular basis. In fact, drought was part of the usual climate pattern. There were severe droughts in the 900s, the 1100s, and the late 1200s.

【6】 Human history seems to support Meko's findings. The native Anasazi lived in this area for hundreds of years, starting around 500 AD. They were farmers and depended on water to grow their crops. However, at the end of the 13th century, the Anasazi suddenly left the area. Experts do not know exactly why the Anasazi left. They think it was because there was no longer enough water to farm. And Meko's tree rings clearly show a severe drought at that time.

【7】 How long will the *current drought last? Using nature's clues from the past, experts *predict that this drought may continue for another 50 years. This is a serious problem for residents in the area. They will probably not leave the area like the Anasazi, but they will need to *conserve water during this long dry period.

（注） resident 居住者　previous 前の　occur 起こる
current 現在の　predict ～を予測する　conserve ～を保護する

問1 A に入る文として最も適切なものをア～エから選び，記号で答えなさい。

ア How can we stop it?
イ How long will it last?
ウ When will be the next drought?
エ Where can we find water?

問2 (B)に入る語として最も適切なものをア～エから選び，記号で答えなさい。

ア depressed　イ happy　ウ sorry　エ surprised

問3 (C)に入る語として最も適切なものをア～エから選び，記号で答えなさい。

ア cold　イ dry　ウ hot　エ wet

問4 本文の内容に合うように，以下の質問の答えとして正しいものをア～エから選び，記号で答えなさい。

1. What is the main idea of paragraph【4】?

ア Meko's team started to find information about the 1200s.

イ　Meko's team quickly began their research.

ウ　Meko's team examined wood in order to find out about past droughts.

エ　Meko's team found that the rainfall in the past was better than they thought.

2．What is the main idea of paragraph【 6 】?

ア　Historical records match what Meko found.

イ　The Anasazi lived in this area from 500 AD.

ウ　Experts do not know the reason why the Anasazi left the area.

エ　People in this area need farmland and water to survive.

問5　下の1～5の文が本文の内容と合っていればT，違っていればFと答えなさい。

1．Tree rings explain why the water levels in the Colorado River are suddenly dropping.

2．The oldest wood samples that Meko and his team collected were from 1,200 years ago since older samples than those were under the water.

3．Research shows that the drought today will probably continue for more than a decade.

4．People living around the Colorado River today will probably not leave the area because they will need to save water.

5．Tree rings provide information about weather from a long time ago, and this helps scientists understand today's climate.

5　次の英文を読んで，あとの問いに答えなさい。

My husband died suddenly at the age of thirty-four. The next year was filled with sadness. Being alone frightened me, and I felt hopelessly worried about my ability to raise my eight-year-old son without a father.

It was also the year of "I didn't know." The bank charged me extra money on *checking accounts that went below five hundred dollars — I didn't know. My *life insurance was *term and not an *annuity — I didn't know. *Groceries were expensive — I didn't know. I had always been protected, and now I seemed completely unprepared to handle life alone. I felt threatened on all levels by the things I didn't know.

In response to the high cost of groceries, I planted a garden in the spring. Then, in July, I bought a small *chest freezer. I hoped it would help to keep the family food budget down. When the freezer arrived, I was given a warning. "Don't plug it in for a few hours," the deliveryman said. "The oil needs time to settle. If you plug it in too soon, you could blow a fuse or burn up the motor."

I hadn't known about oil and freezers, but I did know about blowing fuses. Our little house blew lots of fuses.

Later that evening I went out to the garage to start up the freezer. I plugged it in. I stood back and waited. It hummed to life with no blown fuses and no overheated motor. I left the garage and walked down the drive to soak in the soft, warm air. It was less than a year since my husband had died. I stood there in the glow of my neighborhood, watching the lights of the city twinkling in the distance.

Suddenly — (1)darkness, everywhere darkness. No lights burned in my house. There were no neighborhood lights, there were no city lights. As (2)I turned around and looked into the garage, where I had just plugged in my little freezer, I heard myself say aloud, "Oh my God, I didn't know . . ." Had I blown the fuses of a whole city by plugging in my freezer too soon ? Was it possible ? Had I done this ?

I ran back to the house and turned on my battery-powered radio. I heard sirens in the distance and feared the police were coming to get me, "the *widow lady with the freezer." Then I heard over the radio that a drunk driver had crashed into the electric light pole on the main road.

I felt both relief and embarrassment — relief because [A], and embarrassment because I'd thought that I (B). As I stood there in the darkness, I also felt something replace the fear that I had been living with since my husband's death. I had *giggled at my misplaced power, and at that moment I knew I had my humor back. I had lived a sorrowful and frightened year of "I didn't know." The sadness wasn't gone, but deep within myself, I could still laugh. The laughter made me feel powerful. After all, hadn't I just blacked out a whole city ?

（注） checking account 当座預金口座　life insurance 生命保険
term = term insurance 定期保険　annuity = annuity insurance 年金保険
groceries 食料雑貨類　chest freezer 箱型冷凍庫　widow lady 未亡人
giggle くすくす笑う

問1　下線部(1)の原因となった出来事を日本語で説明しなさい。

問2　下線部(2)について，主人公がこのような行動をとった理由を日本語で説明しなさい。

問3　①　[A]に入る最も適切な語句を以下から選び，記号で答えなさい。

ア　I hadn't caused the blackout
イ　nobody had been injured in the accident
ウ　the freezer hadn't been broken
エ　the lights had come back

②　(B)に入る最も適切な語を以下から選び，記号で答えなさい。

ア　could　イ　couldn't　ウ　should　エ　shouldn't

問4　この物語で取り上げられている一日を境に主人公の心情は変化をした。どのように変化したのかを日本語で説明しなさい。

問5　下の1～3の文が本文の内容と合っていればT，違っていればFと答えなさい。

1. The lady bought a freezer in order to save money.
2. The man who delivered the freezer didn't know how to plug it in.
3. The lady was afraid of being arrested for killing her husband.

LISTENING COMPREHENSION

※注意　放送中にメモをとってもよいが，その場合にはこのページの余白を利用し，解答用紙にはメモをしないこと。

【Part 1】 英文は1度だけ読まれます。

【A】

1. Why does Dylan most likely need new boots ?

ア　His boots are too small.
イ　He lost his boots in the lake.
ウ　Someone took his boots at camp.
エ　He left his boots at home.

2. Which is true ?

ア　Cole can ride a bike now.

イ　Maggie is one of Dylan's friends.
ウ　Dylan's parents sent the e-mail on the last day of the camp.
エ　Dylan is looking forward to hearing more stories.

【B】

1. What is the story about?
ア　a police officer who is looking for a lost penguin
イ　a police officer who goes to the zoo
ウ　a man who spends time with a penguin
エ　a man who wants to run away from a penguin

2. What did the police officer want the man to do?
ア　take the penguin to the zoo to see the animals
イ　take the penguin home and look after it
ウ　take the penguin to the movies
エ　take the penguin to the zoo and give it to them

【Part 2】　英文は2度読まれます。

1. What is explained in the passage?
ア　why there are few vegetarians outside India
イ　why vegans are healthier than vegetarians
ウ　why people become vegetarians
エ　why Hindus don't allow vegetarianism

2. Which is true about vegans?
ア　There are more than 300 million of them in the world.
イ　They do not eat eggs, but drink milk.
ウ　They do not wear clothes with animal print.
エ　Being a vegan is becoming popular.

3. Which is true?
ア　Hindus are not allowed to keep animals for any reason.
イ　More than 500 million people in India are vegetarians.
ウ　People who do not eat meat are less likely to live for a long time.
エ　Farming animals for food has a negative effect on the environment.

4. What can be a problem for vegetarians?
ア　They may not get enough energy.
イ　Restaurants may not have vegetarian menus.
ウ　They do not have time to visit friends and family.
エ　There are some movements against vegetarians.

<LISTENING COMPREHENSION放送原稿>

【Part 1】

【A】

Dear Dylan,

We got your e-mail today. We laughed so hard when we read it. That was a funny accident! We're glad you weren't hurt, though. Next time, don't stand up in the boat! Then, you won't fall in the lake. And don't worry about your boots. We will get you a new pair. We can buy them on our way to pick you up.

We are busy here. Cole learned to ride his bike. He can't wait to show you. Maggie practices soccer every night. She is the best player on her team!

Well, enjoy your last few days of camp. We look forward to hearing more stories. See you soon!

Love,
Mom and Dad

【B】

One day, a man was walking down the street. He heard something behind him. He wondered what it was. When he turned around, he saw a penguin. The man found a police officer. "What should I do with this penguin? Should I take it home with me?"

"Why don't you take it to the zoo?" said the officer.

"Good idea," said the man, and he left.

The next day, the police officer saw the man again. The penguin was still following him. The police officer was confused. "I told you to take the penguin to the zoo."

"Oh, I did," said the man. "We had a great time."

The police officer shook his head. "How about I take it to the zoo for you?"

"You can't! I'm taking it to the movies today."

【Part 2】

Recent figures show that more than 375 million people in the world are vegetarian. These people do not eat the meat of any living thing. Many people go even further and do not eat things that come from animals, such as eggs and milk, or wear clothes made from animal skins. This is called veganism, and the people who practice it are vegans. Being a vegan or vegetarian has become more and more common in recent years.

Although the number of vegans in the world is still quite small, there are more vegetarians than you may think. The country with the largest number of vegetarians is India. The reason for this is the Hindu religion. Hindus believe that people should try not to hurt other people and animals. Its followers believe that we should not kill animals for meat, and we should not keep animals to produce food like eggs and milk. Thirty-one percent of India's 1.2 billion people are vegetarians.

There are many reasons why people choose not to eat meat. Some people stop eating meat for health reasons. People who do not eat meat live longer and are less likely to have health problems such as heart trouble and cancer. Others stop eating meat to help protect the earth. It takes more land, water, and work to take care of animals for food than it takes to grow plants, and the larger the animal, the worse it is.

While there are many good things about being a vegetarian, it can also be a bit difficult. Eating out can be hard, and visiting friends and family can cause problems, especially as some people do not agree with the vegetarian lifestyle. However, many people all over the world are vegetarians, and many believe that their number will continue to grow.

【数　学】（60分）〈満点：100点〉

（注意）　コンパス，三角定規は使用できます。

1　次の問いに答えなさい。

(1)　次の二次方程式の解のうち，有理数であるものを答えなさい。

$$(2x-5)(x+2)+\sqrt{5}(x+2\sqrt{5}+7)=(x+2\sqrt{5})(x+2)$$

(2)　次の計算をしなさい。

(i)　$\left\{\left(\frac{4}{3}\right)^2-5^2\right\}\left\{\frac{2}{3}\div(-2)^2+\frac{1-3^2}{(-4)^2}\right\}^2+1$

(ii)　$\frac{2+\sqrt{2}}{\sqrt{3}+1}-\frac{\sqrt{2}}{\sqrt{3}-\sqrt{2}}+\frac{\sqrt{6}-3}{\sqrt{2}-2}$

(3)　等式 $2a^2+(8-b)a-4b=2021$ を満たす正の整数 a，b の組 $(a,\ b)$ をすべて求めなさい。

(4)　一辺の長さが6の正四面体が2つある。それぞれの正四面体のある1つの面同士を，2つの面の頂点が互いに重なるように貼りあわせ六面体を作った。

(i)　この六面体が正多面体でないことを正多面体の定義に基づいて説明しなさい。

(ii)　この六面体の2つの頂点を結んでできる線分のうち，最も長いものの長さを求めなさい。

2　AとBの2人が表側にグー，チョキ，パーと書かれたカードを用いてじゃんけんの勝負をする。AとBはそれぞれ同時に手持ちのカードから1枚出して勝負し，結果を記録する。出されたカードはこれより後の勝負には用いない。最初に，Aはグーのカードを4枚，パーのカードを1枚持っており，Bはグーのカードを3枚，チョキのカードを2枚持っている。カードの裏側はどれも区別がつかない。

次の問いに答えなさい。

(1)　AとB，それぞれ手持ちのカードの裏側を上にして，よく混ぜてから1枚ずつカードを出すことにした。

(i)　1回目の勝負でAが勝つ確率を求めなさい。

(ii)　2回目の勝負が終了したとき，Aから見て勝ちが1回，あいこが1回となる確率を求めなさい。

(2)　1回目から4回目までの勝負でAはカードをグー，グー，パー，グーの順番で選んで出し，Bは手持ちのカードの裏側を上にして，よく混ぜてから1枚ずつカードを出すことにした。4回目の勝負が終了したとき，AとBの勝った回数が等しくなる確率を求めなさい。

3　右図のように，$\angle BAC=60°$，$BC=7$，$AC=5$ の△ABCと，その頂点をすべて通る円 K がある。∠BACの2等分線と円 K の交点のうちAと異なる点をD，ADと∠ACBの2等分線の交点をEとする。

次の問いに答えなさい。

(1)　DEの長さを求めなさい。

(2)　CEの長さを求めなさい。

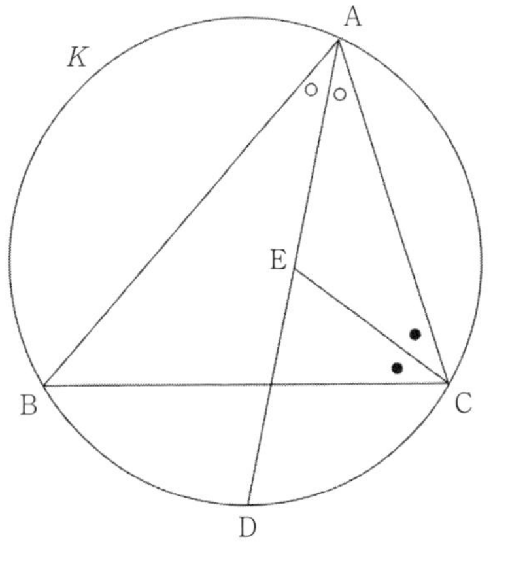

4　右図のように関数 $y=\frac{1}{4}x^2$ のグラフ…①と直線 $y=-1$ …②，及び点F(0, 1)がある。①の $x>2$ の部分に点Pを，②上に点Qを，直線PQが②と垂直になるようにとる。

次の問いに答えなさい。

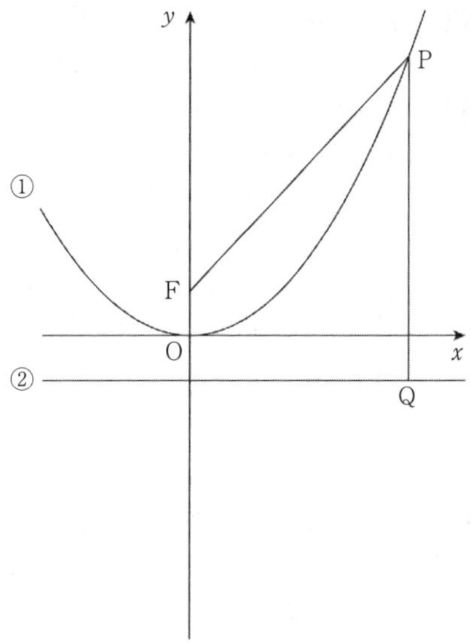

(1)　PQ＝FQであるとき，線分FPの長さを求めなさい。

(2)　直線FPと②の交点をRとし，FP＝FSを満たすように y 軸上に点S(0, m)をとる。ただし，$m<1$ とする。点Pの x 座標を k ($k>2$)とする。

(i)　m を k を用いて表しなさい。

(ii)　4点F，Q，S，Rが同一円周上にあるとき，Pの座標を求めなさい。

5　半径 r，高さ h の円柱がある。この円柱内に，はみ出さないように，半径 R の球をいくつか入れる。

円柱内にはみ出さないように入れることができる球の個数のうち最大のものを $P(r, h, R)$ と表す。例えば，半径4，高さ8の円柱と半径4の球を考えるときは下の左図のようになり，$P(4, 8, 4)=1$ である。半径4，高さ8の円柱と半径2の球を考えるときは下の右図のようになり，$P(4, 8, 2)=4$ である。

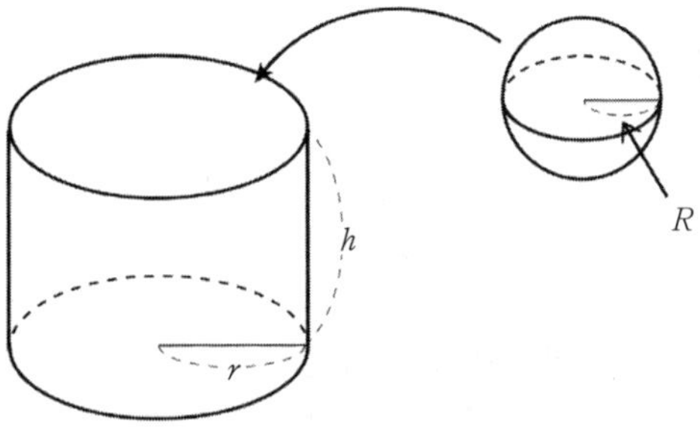

次の問いに答えなさい。

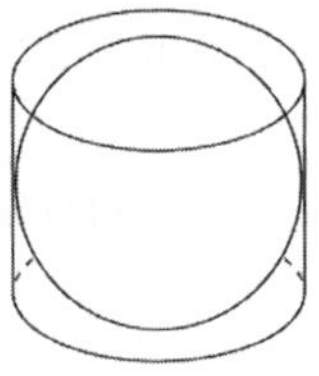

$P(4, 8, 4)=1$

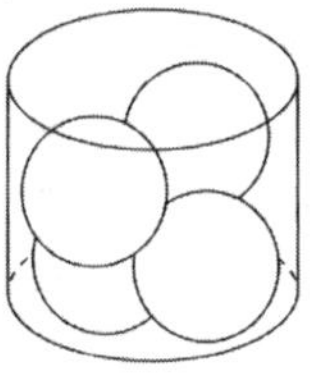

$P(4, 8, 2)=4$

(1)　$P(6, 29, 5)$ の値を求めなさい。

(2)　$P(25, h, 12)=4$ となる最も小さい h の値を求めなさい。

【社　会】 (50分) 〈満点：100点〉

（注意） • 句読点は字数に含めます。

• 字数内で解答する場合，数字は１マスに２つ入れること。例えば，226年なら 22|6|年 とすること。字数は指定の８割以上を使用すること。

〈編集部注：実物の入試問題では，**2** の問８と問12のグラフと，**3** の問４(1)の地図と雨温図，同問５(3)の図１，同問６(2)の図２，同問８(1)の図４はカラー印刷です。〉

1　次の 文章Ⅰ・文章Ⅱ を読み，下記の設問に答えなさい。

文章Ⅰ

昨年(2020年)は，①太平洋戦争の終戦から75年にあたる年だった。この太平洋戦争に限っても，1941年12月に開戦してから1945年８月までのおよそ３年９ヵ月もの間，戦争が続いていたにもかかわらず，現在テレビや新聞などで報道されるのは，原子爆弾の投下や終戦のあった８月に集中し，12月にハワイの［　ア　］攻撃，３月に東京大空襲，６月に a沖縄戦の報道がたまになされるばかりである。

最近のマスコミの報道では，太平洋戦争開戦以前から b中国と戦争をしていたことを知らない人ばかりでなく，太平洋戦争と c第二次世界大戦を全く別の戦争だと理解している人や，太平洋戦争でどの国と戦っていたのかさえも知らない人が増加しているとのことである。

元号も昭和・d平成・令和と移り変わったように，終戦から75年もの歳月が経っているのだから，太平洋戦争に関する知識・記憶の低下，つまり風化が進むのは自然なことかもしれない。実際，戦争を経験した人口は年々減少し，若い世代や他国の人に②戦時体験を伝える語《かた》り部《べ》の数の減少も深刻であり，今後，戦時体験などをどのように伝えていくのかが被爆地など各地で課題となっている。

その一方で，太平洋戦争以前の戦争についてはどうだろう。近所の神社などに足を運ぶと，e明治時代の日清戦争や日露戦争などの戦没者を慰霊《いれい》する石碑などを見ることも少なくない。これらの石碑も，建てられた当時は，その戦争の記憶を風化させないことも目的としていたはずなのだが，近隣の住民でさえそのような石碑の存在を知らないことも多いのが現状ではないだろうか。

問１　空欄［ア］に入る語句を答えなさい。

問２　下線部ａに関連して，沖縄の歴史に関する文Ｘ・Ｙの正誤の組合せとして正しいものを，下記より１つ選び番号で答えなさい。

Ｘ　15世紀，琉球は日本・東南アジア・明(中国)などを結ぶ中継貿易を展開した。

Ｙ　サンフランシスコ平和条約に基づいて，沖縄は日本に返還された。

1	X	正	Y	正	2	X	正	Y	誤
3	X	誤	Y	正	4	X	誤	Y	誤

問３　下線部ｂに関連して，日中関係の歴史に関して述べた文ａ～ｄについて，正しいものの組合せを，下記より１つ選び番号で答えなさい。

ａ　倭(日本)から中国の王朝への正式な使節の派遣は，倭の五王のあと途絶えていたが，推古天皇の時期に派遣された遣隋使によって再開された。

ｂ　平清盛は宋に使者を派遣し，朝貢《ちょうこう》の形で日宋貿易を展開した。

ｃ　北京の郊外で起きた柳条湖事件がきっかけとなり，日中戦争が始まった。

ｄ　田中角栄首相が中華人民共和国を訪問し，日中の国交正常化がなされた。

1　a・c	2　a・d	3　b・c	4　b・d

問４　下線部ｃに関連して，第二次世界大戦に関して述べた文ａ～ｄについて，正しいものの組合せを，下記より１つ選び番号で答えなさい。

a　サラエボ事件をきっかけにして大戦に拡大した。
b　ドイツがポーランドに侵攻して大戦が始まった。
c　ドイツやソビエト連邦などの同盟国と，イギリスなどの連合国とが戦った。
d　この大戦をきっかけに，ニューヨークに本部を置く国際連合が設立された。

1　a・c	2　a・d	3　b・c	4　b・d

問5　下線部ｄに関連して，平成の時期の出来事に関して述べた文ａ～ｄについて，正しいものの組合せを，下記より１つ選び番号で答えなさい。
a　第一次石油危機がおこると，トイレットペーパーなどの価格も高騰した。
b　阪神・淡路大震災では，大阪府や兵庫県は大きな被害を受けた。
c　公害問題が深刻になったため，新たに環境庁が設置された。
d　細川護熙《もりひろ》を首相とする非自民連立政権が成立した。

1　a・c	2　a・d	3　b・c	4　b・d

問6　下線部ｅに関連して，明治時代の出来事に関して述べた文として正しいものを，下記より１つ選び番号で答えなさい。
1　明治新政府は大政奉還をおこない，藩主に土地と人民を政府へ返させた。
2　加藤高明内閣は，満25歳以上の男子に選挙権を与える普通選挙法を成立させた。
3　滝廉《れん》太《た》郎《ろう》が「荒城の月」や「花」を作曲した。
4　韓国を併合した日本は統監《とうかん》府を置き，初代の統監に伊藤博文が就任した。

問7　二重下線部①に関連して，太平洋戦争の終戦後，それ以前に比べると※日本国内の人口が急激に増加した。そのおもな理由を，植民地と関連づけながら50字以内で説明しなさい。
※「日本国内の人口」とは，北海道・本州・四国・九州とその周辺の諸小島における人口を意味する。

問8　二重下線部②に関連して，日中戦争以降の戦時下の体験として，物価が高くて生活が苦しかったことを，多くの人が語っている。以下に掲げる表１・２をふまえて，なぜ物価が高くなったのか45字以内で説明しなさい。

《表１　戦時における鉱工業生産の推移(指数)》

	1938年	1939年	1940年	1941年	1942年	1943年	1944年
一般鉱工業	131.3	164.0	161.9	169.4	142.7	113.5	86.1
陸海軍兵器	352	486	729	1240	1355	1805	2316

※一般鉱工業の基準(100)は，1935～1937年の平均から算出。
※陸海軍兵器は，艦船・航空機・弾丸その他の一般兵器を含む。1925年を100とする。
※安藤良雄編『近代日本経済史要覧』(東京大学出版会，1975年)をもとに改編・作成。

《表2　鉱工業生産額の順位》

1937年		（100万円）	1942年		（100万円）
①	鉄鋼	1644	①	鉄鋼	2626
②	綿糸	1053	②	陸海軍工廠	2294
③	綿織物（広幅綿織物）	734	③	航空機	1930
④	製糸	510	④	鉄砲・弾丸・兵器類	1915
⑤	工業薬品	504	⑤	石炭	1077
⑥	石炭	378	⑥	船舶	858
⑦	船舶	357	⑦	工業薬品	785
⑧	陸海軍工廠	355	⑧	特殊鋼	753
⑨	毛糸	334	⑨	電気機械	633
⑩	人造絹糸	332	⑩	医薬・売薬・同類似品	630

※陸海軍工廠《こうしょう》…陸海軍直営の工場では，兵器類・艦船などのほか，衣料・医薬品などを生産。
※三和良一『概説日本経済史　近現代』（東京大学出版会，1993年）をもとに改編・作成。

文章Ⅱ

昨年より，いわゆる新型コロナウイルス感染症の世界的な感染拡大は，多くの人命を奪い，世界経済に大きな打撃を与えたが，その感染拡大の一因としてグローバル化による，世界的な人と物の活発な移動をあげる人もいる。

そして過去にも他地域との交流やグローバル化によって，感染症が拡大したことはよく知られていることである。

古くは③奈良時代の日本に，新羅もしくは唐から入った感染症が西海道から各地に拡大し，当時の政権の有力人物でさえ数多く罹患《りかん》して死亡している。

f平安時代には，藤原道長が，兄の道隆・道兼の相次ぐ死により内覧《ないらん》という地位に任じられたけれども，兄の道隆・道兼など8人の上級貴族（公卿）が995年の4月から6月の間にたて続けに死去しており，さまざまな記録からも，この当時，感染症が流行していたことを知ることが出来る。

g14世紀には，ミャンマーもしくは中央アジアの風土病だったといわれる［　イ　］が，ユーラシア大陸の東西を結ぶ交易ネットワークを通じて拡大し，h西ヨーロッパの人口の3分の1を奪ったともいわれる。その影響は，西ヨーロッパに限らず，東アジアなど各地で社会不安や政治的混乱の一因となったと考えられている。

さらに16世紀には，スペインやポルトガルの進出した④アメリカ大陸において先住民の人口が激減したが，ヨーロッパからもたらされた感染症の拡大も人口激減の一因と考えられている。

19世紀後半，日本がいわゆる開国をすると，海外からもちこまれた［　ウ　］が，i江戸時代末期から⑤明治時代にかけて感染を拡大した。

※文章Ⅱは以下の文献を参照。

川北稔ほか　『新詳　世界史B』（帝国・世B312，帝国書院，2018年）
福井憲彦ほか　『世界史B』（東書・世B308，東京書籍，2017年）
渡辺晃宏　日本の歴史04『平城京と木簡の世紀』（講談社，2001年）
黒板勝美　新訂増補國史大系『公卿補任』第1篇（吉川弘文館，1938年）
『大日本史料』第2編2冊　長徳元年4月27日条の「日本紀略」など

問9　空欄［イ］・［ウ］に入る語句の組合せとして正しいものを，下記より1つ選び番号で答えなさい。

1　イ　天然痘《てんねんとう》　ウ　コレラ　　2　イ　天然痘　ウ　はしか
3　イ　ペスト　ウ　コレラ　　4　イ　ペスト　ウ　はしか

問10　下線部ｆに関して述べた文ａ～ｄについて，正しいものの組合せを，下記より１つ選び番号で答えなさい。

ａ　平将門と藤原純友が同時期に反乱をおこしたが，将門の反乱は前九年合戦，純友の反乱は後三年合戦と，それぞれ呼ばれている。

ｂ　不自然に女性の多い戸籍がつくられるなどしたため，班田収授法は平安時代の途中で行われなくなった。

ｃ　宋から帰国した最澄は，天台宗を日本に伝えた。

ｄ　紀貫之らは『古今和歌集』を編纂した。

１　ａ・ｃ	２　ａ・ｄ	３　ｂ・ｃ	４　ｂ・ｄ

問11　下線部ｇに関連して，14世紀の日本に関して述べた文として正しいものを，下記より１つ選び番号で答えなさい。

１　執権の北条泰時を中心とする鎌倉幕府は，御成敗式目を制定した。

２　執権の北条時宗は永仁の徳政令を出し，旗本や御家人の借金を帳消しにした。

３　雪舟《せっしゅう》は猿楽《さるがく》に他の芸能の要素を取り入れて，能として発展させた。

４　足利義満によって南北朝の統一が実現された。

問12　下線部ｈに関連して，西ヨーロッパの歴史に関して述べた文として正しいものを，下記より１つ選び番号で答えなさい。

１　アレクサンドロス大王の遠征によって，地中海を囲む広大な地域を支配したギリシャは，コロッセオや水道などの施設を備えたポリスを各地に築いた。

２　ローマ教皇による十字軍の派遣を批判したルターは，聖書信仰によりどころを置くことを主張した。

３　イギリスでは名誉革命により，国王の権利を制限する形で議会の権利を確認した権利章典が定められた。

４　フルトンの改良によって蒸気機関は実用化され，工場などでさかんに使われた。

問13　下線部ｉに関して述べた文ａ～ｄについて，正しいものの組合せを，下記より１つ選び番号で答えなさい。

ａ　江戸幕府は鎖国をすると，海外に渡航する船に朱印状を発行して制限した。

ｂ　松前藩は江戸幕府からアイヌの人々との交易の独占を許された。

ｃ　享保の改革では，キリスト教の禁止を徹底するため，漢訳されたヨーロッパの書物の輸入が禁止された。

ｄ　田沼意次《おきつぐ》は輸出品である銅の専売制を実施した。

１　ａ・ｃ	２　ａ・ｄ	３　ｂ・ｃ	４　ｂ・ｄ

問14　二重下線部③に関連して，聖武天皇や光明皇后が，各国に国分寺・国分尼寺を建てることを命じたほか，都に東大寺を建て，巨大な金銅《こんどう》の大仏をつくらせた理由を40字以内で説明しなさい。

問15　二重下線部④に関連して，南北戦争当時，アメリカの北部は保護貿易を求めていた。それに対し，アメリカの南部が自由貿易を求めた理由を，アメリカ南部の産業や貿易のあり方をふまえて40字以内で説明しなさい。

問16　二重下線部⑤に関連して，地租改正事業によって，地租の負担者や課税の基準，および納税方法はどのように変化したのか30字以内で説明しなさい。

2　次の会話文を読み，下記の設問に答えなさい。

先　生：昨年(2020年)は年明けから，$_a$中国の武漢で発生した新型コロナウイルス感染症に関するニュースが多かったですが，みなさんはどんなニュースに注目しましたか。

そうた：ぼくは，学校の休校期間中に９月入学の議論がさかんになったことが印象に残りました。９月入学のメリットは，休校中の学習の遅れを取り戻せることや，多くの国と入学時期が同じなので留学がしやすくなることだと思います。しかし，多くの$_b$法律を改正しなければならないことや，$_c$義務教育の開始年齢が遅くなることなど，すぐに実施できないこともわかりました。

先　生：長年の制度を変えることは難しいことを示した一例でしたね。1872年に学制が公布された頃は９月入学が多かったようですが，1886年に$_d$予算の会計年度が４月から３月までに改められたことで，大正時代にかけて４月入学に変わっていきました。入学が９月になると家計の教育費負担が増えることや，就職する時期が遅くなるなどの問題が生じるため，社会全体の仕組みを見直す必要がありそうです。

わかな：私は□の関係省令を改正して，昨年７月からレジ袋の有料化が義務づけられたことに興味を持ちました。イギリスでは2015年10月から全土でレジ袋を有料化したところ，イギリスの海岸で見つかるプラスチックのレジ袋の数が４割も減ったそうです。

先　生：$_e$地球環境問題の一つである海洋プラスチック問題では，漂着ごみに占めるレジ袋の割合はわずかに過ぎず，レジ袋を禁止することに効果がないという意見と，これをきっかけに更なる規制強化を求める意見があります。

あやこ：私は，特別定額給付金として政府が10万円を給付したことです。最初は，収入が大きく減少した世帯に30万円を給付する案でしたが，日本に住むすべての人に一律10万円を給付するように変更しました。給付の事務は$_f$地方公共団体が行いましたが，給付に時間がかかったことが課題として挙がりました。

先　生：今回の新型コロナウイルス感染症の緊急経済対策は，特別定額給付金の他にも医療体制の整備や$_g$雇用の維持，$_h$需要の喚起策などがありますが，これらの財源は$_i$国債です。日本の財政健全化は長年の課題ですが，経済活動が停滞し$_j$少子高齢社会で人口が減少するなかで，$_k$どのように税収を確保するかが今後の課題です。

問１　空欄□に入る法律名を答えなさい。

問２　下線部ａについて述べた文Ｘ・Ｙの正誤の組合せとして正しいものを，下記より１つ選び番号で答えなさい。

Ｘ　1949年に建国された中華人民共和国は，中国共産党による一党支配体制の国である。

Ｙ　イギリスの植民地であった台湾は1997年に中国へ返還され，50年間は高度な自治権が認められている。

1	X	正	Y	正	2	X	正	Y	誤
3	X	誤	Y	正	4	X	誤	Y	誤

問３　下線部ｂに関する日本国憲法の規定に関して述べた文Ｘ・Ｙの正誤の組合せとして正しいものを，下記より１つ選び番号で答えなさい。

Ｘ　内閣は政令を制定することができるが，法律の委任がある場合を除いては，罰則を設けることができない。

Ｙ　憲法に反する法律は効力を有しないと規定し，また最高裁判所にのみ違憲審査権を与えている。

1	X	正	Y	正	2	X	正	Y	誤
3	X	誤	Y	正	4	X	誤	Y	誤

問4　下線部cに関連して，教育に関する日本国憲法の規定について述べた文X・Yの正誤の組合せとして正しいものを，下記より1つ選び番号で答えなさい。

X　すべての国民に，その能力に応じて，ひとしく教育を受ける権利を保障しており，この権利は自由権の一つである。

Y　すべての国民は，法律の定めるところにより，その保護する子女に普通教育を受けさせる義務を負うことを定め，義務教育の無償を明文で規定している。

1	X	正	Y	正	2	X	正	Y	誤
3	X	誤	Y	正	4	X	誤	Y	誤

問5　下線部dについて，下記の設問に答えなさい。

(1)　日本国憲法で規定する国の予算に関して述べた文X・Yの正誤の組合せとして正しいものを，下記より1つ選び番号で答えなさい。

X　内閣が作成した予算は，さきに衆議院に提出しなければならない。

Y　予算について，参議院で衆議院と異なった議決をした場合，両院協議会を開いても意見が一致しないときは，衆議院の議決を国会の議決とする。

1	X	正	Y	正	2	X	正	Y	誤
3	X	誤	Y	正	4	X	誤	Y	誤

(2)　予算が会計年度当初までに国会で議決されないとき，内閣はどのような対応をするか。解答用紙の書き出しに続けて枠内で説明しなさい。

問6　下線部eについての国際的な取り組みに関して述べた文ア～エについて正しいものの組合せを，下記より1つ選び番号で答えなさい。なお，西暦年に誤りはないものとする。

ア　1972年にストックホルムで開かれた国連人間環境会議では，生物多様性条約や気候変動枠組条約が調印された。

イ　1992年にリオデジャネイロで開かれた国連環境開発会議(地球サミット)では，「かけがえのない地球」をスローガンに，「人間環境宣言」を採択した。

ウ　2015年にパリで開かれた気候変動枠組条約締約国会議(COP21)では，途上国を含む全ての締約国が温室効果ガス排出量削減の目標をたてて取り組むこととなった。

エ　2019年のG20大阪サミットでは，2050年までに新たな海洋プラスチックごみ汚染をゼロにすることを目指す「大阪ブルー・オーシャン・ビジョン」に合意した。

1　ア・イ　　2　ア・ウ　　3　ア・エ
4　イ・ウ　　5　イ・エ　　6　ウ・エ

問7　下線部fに関して述べた文ア～エについて正しいものの組合せを，下記より1つ選び番号で答えなさい。

ア　知事や市町村長と地方議会の議員を別個に直接選挙する，議院内閣制を採用している。

イ　地方議会は，法律の範囲内で地方公共団体の独自の法である条例を制定することができる。

ウ　地方分権一括法が成立したことで，国の仕事の多くが地方公共団体の仕事となり，地方公共団体の歳入もほとんどが独自財源である地方税となった。

エ　地方公共団体には都道府県や市町村のほか，東京23区のような特別区があるが，政令指定都市におかれる区は市の一部で，独立した地方公共団体ではない。

1　ア・イ　　2　ア・ウ　　3　ア・エ

4　イ・ウ　　5　イ・エ　　6　ウ・エ

問8　下線部ｇに関連して，次の図は2000年と2017年の主要国における女性の年齢階級別労働力率を比較したものである。空欄（A）～（D）にあてはまる年と国名の組合せを，下記より１つ選び番号で答えなさい。

（ A ）

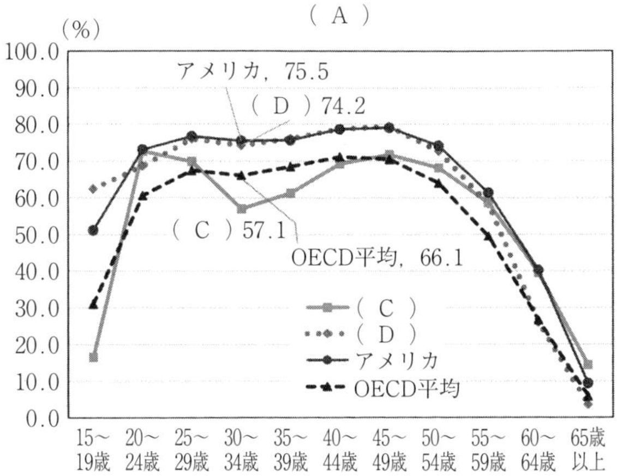

（ B ）

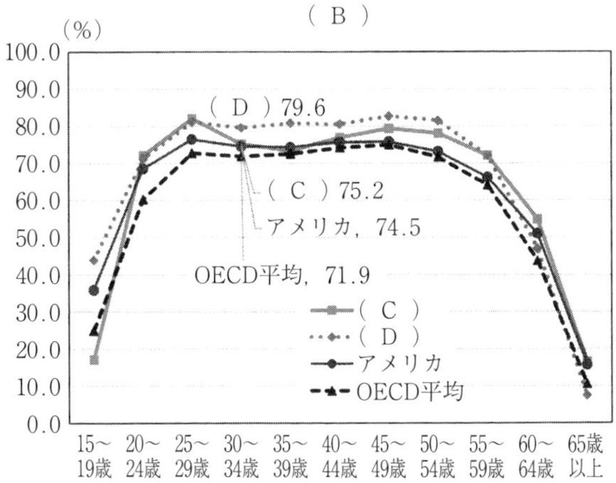

※労働力率とは，15歳以上人口に占める労働力人口の割合（(就業者＋完全失業者)÷15歳以上人口）のことをいう。

※OECDとは，経済協力開発機構のことである。

※「統計が語る平成のあゆみ」（総務省統計局ウェブサイト）より作成

1　（A）　2000年　（B）　2017年　（C）　日本　　　（D）　イギリス

2　（A）　2000年　（B）　2017年　（C）　イギリス　（D）　日本

3　（A）　2017年　（B）　2000年　（C）　日本　　　（D）　イギリス

4　（A）　2017年　（B）　2000年　（C）　イギリス　（D）　日本

問9　下線部hに関連して，ある商品の需要・供給と価格の関係が右の図の通りであるとする。その後，需要の喚起策によって需要量のみが増加し，他の条件に変化がないとき，新たな需要曲線はどこに位置するか，解答用紙の図中に書きなさい。なお，定規は使用しなくてよい。

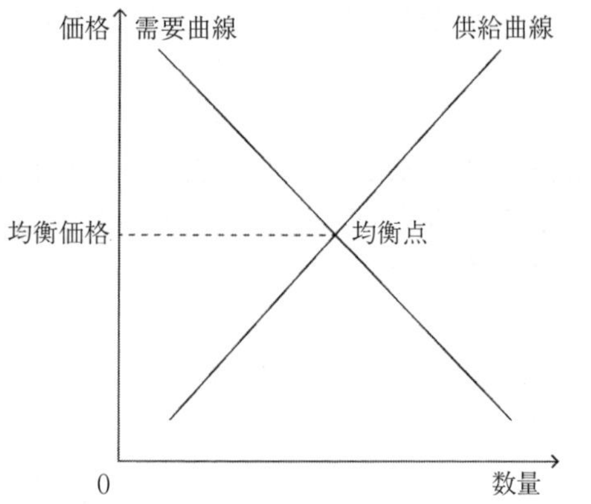

問10　下線部iについて，国債の発行に関して述べた文X・Yの正誤の組合せとして正しいものを，下記より1つ選び番号で答えなさい。

X　財政法では借り入れを原則禁止しているが，赤字国債の発行は認められている。

Y　財政法で建設国債の発行は禁止されているため，特例法を制定して発行している。

1	X	正	Y	正		2	X	正	Y	誤	
3	X	誤	Y	正		4	X	誤	Y	誤	

問11　下線部jに関連して，少子化とは合計特殊出生率が低下することであるが，「合計特殊出生率」を解答用紙の枠内で説明しなさい。

問12　下線部kに関連して，次の図は消費税・所得税・法人税の税収の推移を示したものである。

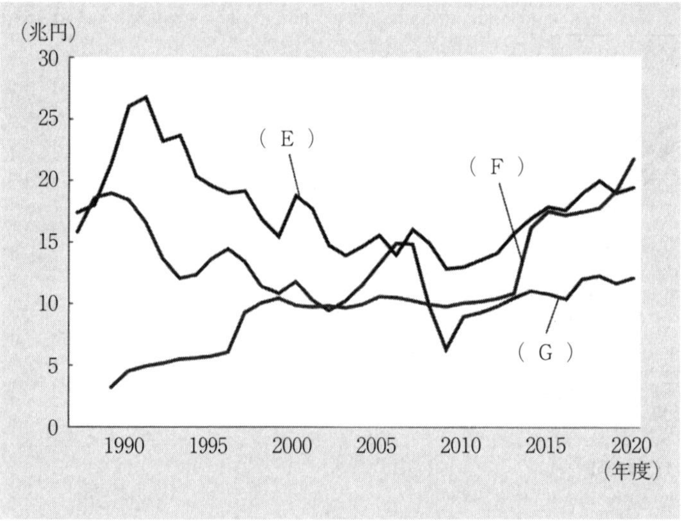

※2018年度以前は決算額，2019年度は補正後予算額，2020年度は予算額である。

※「日本の財政を考える」（財務省ウェブサイト）より作成（最終閲覧日2020年11月）

(1)　次の記述ア～ウを参考にして，図中の空欄（E）～（G）に入る税の組合せとして正しいものを，下記より1つ選び番号で答えなさい。

ア　消費税の導入時，税率は3％だったが，現在までに3回税率を改めている。

イ　所得税は，最高税率の引き下げやバブル景気崩壊で税収が落ち込んだが，その後の景気回復や最高税率を再び引き上げたことにより，税収が回復している。

ウ　法人税は，法人の企業活動により得られる所得に対して課される税であるため，リーマンショックのような不況時では税収が大きく落ち込む。

1 （E） 所得税 （F） 法人税 （G） 消費税
2 （E） 所得税 （F） 消費税 （G） 法人税
3 （E） 法人税 （F） 消費税 （G） 所得税
4 （E） 法人税 （F） 所得税 （G） 消費税
5 （E） 消費税 （F） 所得税 （G） 法人税
6 （E） 消費税 （F） 法人税 （G） 所得税

(2) 徴税には公平性が求められる。このことに関して述べた文X・Yの正誤の組合せとして正しいものを，下記より1つ選び番号で答えなさい。

X　所得税で，所得の多い人に高い税負担を求めることは，税の公平性に反する。

Y　税の逆進性を緩和するために，日本では消費税の軽減税率をすべての飲食料品に適用している。

1	X	正	Y	正	2	X	正	Y	誤
3	X	誤	Y	正	4	X	誤	Y	誤

3　次の文章を読み，下記の設問に答えなさい。

近代製鉄は，高炉で銑鉄《せんてつ》をつくり転炉を用いて溶けた銑鉄から鉄鋼を大量生産する方法が考案されたことに端を発するとされる。この製鋼法は19世紀に $_{a}$イギリスで考案されたもので，その後鉄鋼はあらゆる産業で利用されるようになった。

近代製鉄には鉄鉱石の他に，石炭からつくられるコークスと石灰石などが用いられる。$_{b}$かつての製鉄所は，これらの原料の産出地近くに立地することが多かった。しかし，海外で $_{c}$安価に原料を産出できるようになると，フランスのフォスやダンケルクで見られるように，世界各国で原料を輸入しやすい臨海部に立地する製鉄所が増えた。製鉄原料である鉄鉱石は $_{d}$ブラジルなどで多く産出され，日本にも多くの鉄鉱石が輸入されている。

鉄鉱石と石炭をめぐっては，対立を生むこともあった。$_{e}$ヨーロッパでは，鉄鉱石と石炭を産出するアルザス・ロレーヌ地方が係争地となった歴史がある。そして，第二次世界大戦後，戦争の反省や $_{f}$アメリカ合衆国・ソビエト連邦(ソ連)などの大国に対抗するため，ヨーロッパの統合が進んだ。アルザス地方のストラスブールには欧州連合(EU)などの各機関が置かれている。

一方，$_{g}$官営八幡製鉄所などによる近代製鉄が主流になる前の日本では，砂鉄と木炭を用いた $_{h}$たたら製鉄が発達していた。約1400年前から近世まで，奥出雲を中心とした中国山地で，最盛期には全国のおよそ8割の鉄がつくられていた。

問1　下線部aにおいて，鉄鋼業が発展した背景について述べた文X・Yの正誤の組合せとして正しいものを，下記より1つ選び番号で答えなさい。

X　ペニン山脈は古期造山帯に属し，付近には豊かな石炭の鉱床があった。

Y　鉄鉱石の産地を西郊にもつマンチェスターでは，鉄鋼業が発展した。

1	X	正	Y	正	2	X	正	Y	誤
3	X	誤	Y	正	4	X	誤	Y	誤

問2　下線部bの理由を以下の語句を必ず用いて説明しなさい。

重量	輸送費

問3　下線部cに関連して，日本の石炭産業はオーストラリアなどの安い石炭が輸入されるようにな

ったことで衰退した。オーストラリアの主要な石炭の採掘方法を答えなさい。

問４　下線部ｄに関連して，以下の設問に答えなさい。

(1)　ブラジルや近隣の国々を描いた白地図中の地点Ａ・Ｂ・Ｃの雨温図は，次のア・イ・ウのいずれかである。地点と雨温図の組合せとして正しいものを，下記より１つ選び番号で答えなさい。

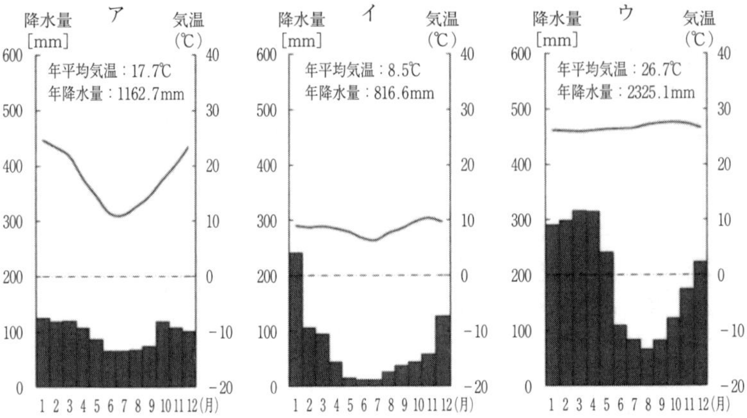

	A	B	C
1	ア	イ	ウ
2	ア	ウ	イ
3	イ	ア	ウ
4	イ	ウ	ア
5	ウ	ア	イ
6	ウ	イ	ア

(2)　ブラジルと日本の関係について述べた文Ｘ・Ｙ・Ｚの正誤の組合せとして正しいものを，下記より１つ選び番号で答えなさい。

Ｘ　20世紀初頭にブラジルに渡った日系移民は，おもにサトウキビ農家の契約労働者となる場合が多かった。

Ｙ　ブラジルと日本が協力して土地の改良などを行った結果，ブラジルは世界有数の小麦生産国となった。

Ｚ　1990年代に出稼ぎで来日した日系ブラジル人は，自動車など製造業の工場がある地域に多く居住していた。

	X	Y	Z
1	正	正	正
2	正	誤	正
3	正	正	誤
4	正	誤	誤
5	誤	正	正
6	誤	誤	正
7	誤	正	誤
8	誤	誤	誤

問５　下線部ｅについて，以下の設問に答えなさい。

(1)　ヨーロッパ統合の歩みに関して述べた文Ｘ・Ｙの正誤の組合せとして正しいものを，下記より

1つ選び番号で答えなさい。

X　石炭と鉄鋼の共同市場の創設を目指したECSCの原加盟国は，西ドイツ・スペイン・ルクセンブルクなど6か国である。

Y　2020年時点で，最後にEUに加盟したのはクロアチアである。

1	X 正	Y 正		2	X 正	Y 誤	
3	X 誤	Y 正		4	X 誤	Y 誤	

(2)　次の表はA国～C国の3か国における1990年～2014年の出身国別の※国際移民数を示したものである。A国～C国は，イギリス・フランス・ドイツのいずれかである。国名の組合せとして正しいものを，下記より1つ選び番号で答えなさい。

※国際移民とは移住の理由や法的地位に関係なく，定住国を変更した人々を指す。

※以下の表は『データブック オブ・ザ・ワールド 2018年版』より作成。

A国(概数，百人)

国際移民の出身国	1990年国際移民数	2010年国際移民数	2014年	
			国際移民数	%
インド	138	214	460	9.1
中国	18	280	390	7.7
ルーマニア	−	70	370	7.3
ポーランド	35	340	320	6.3
C国	−	110	240	4.8
その他	1848	3576	3240	※64.8
合計	2039	4590	5040	100

※実数より計算

B国(概数，百人)

国際移民の出身国	1990年国際移民数	2010年国際移民数	2014年	
			国際移民数	%
ポーランド	2009	1156	1909	14.2
ルーマニア	782	755	1909	14.2
ブルガリア	※80	398	774	5.8
イタリア	369	239	704	5.2
シリア	−	30	647	4.8
その他	5184	4257	7482	55.8
合計	8424	6835	13425	100

※ブルガリアのデータは1995年

C国(概数，百人)

国際移民の出身国	1990年国際移民数	2010年国際移民数	2014年	
			国際移民数	%
アルジェリア	138	214	241	14.3
モロッコ	180	201	211	12.6
チュニジア	40	107	119	7.1
中国	−	57	76	4.5
コモロ	−	29	56	3.3
その他	666	850	978	58.2
合計	1024	1458	1681	100

	A国	B国	C国
1	イギリス	フランス	ドイツ
2	イギリス	ドイツ	フランス
3	ドイツ	イギリス	フランス
4	ドイツ	フランス	イギリス
5	フランス	イギリス	ドイツ
6	フランス	ドイツ	イギリス

(3)　(2)の表をみると，ルーマニアからA国やB国に移住する人々が多いことがわかる。その背景には，どのような問題があるのか。その問題と，ルーマニアからの国際移民がA国やB国へ向かう目的を，図1を参考に解答用紙の枠内で説明しなさい。

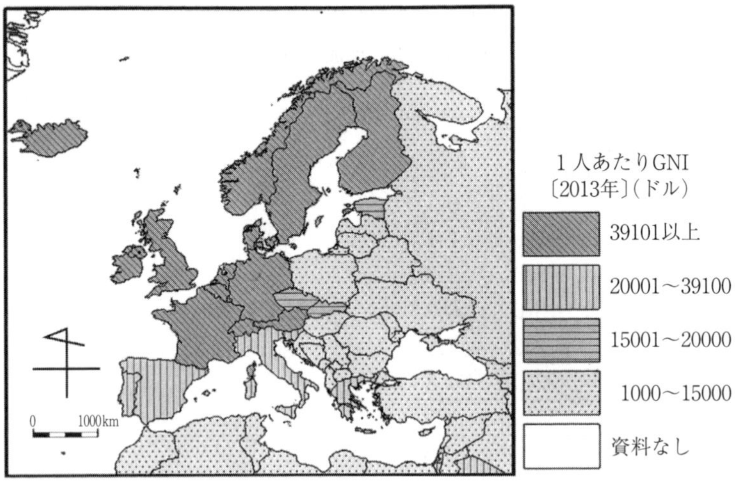

図1　ヨーロッパにおける2013年の1人あたりGNI
(世界銀行ウェブサイトより作成)

(4)　(2)の表のC国では，公共の場における女性のベール着用を禁じる法律が施行され，アルジェリアやモロッコなどからの国際移民の反発を招いた。これらの国際移民が信仰している宗教を答えなさい。

問6　下線部fに関連して，以下の設問に答えなさい。

(1)　アメリカ合衆国のピッツバーグでは，かつて鉄鋼業がさかんであった。ピッツバーグへの原料供給地について述べた文X・Yの正誤の組合せとして正しいものを，下記より1つ選び番号で答えなさい。

X　メサビ鉄山からは，オンタリオ湖を経由して鉄鉱石が供給された。

Y　ピッツバーグの東に位置するロッキー山脈には，豊かな炭田があった。

1	X	正	Y	正	2	X	正	Y	誤
3	X	誤	Y	正	4	X	誤	Y	誤

(2)　自動車工業の不振もあり財政破綻したデトロイト市は，自動車工業のある技術の研究拠点として再生しつつある。次の新聞記事は，デトロイト市の現在の動きを報じたものである。記事の内容や図2を参考に，記事中の［A］に入る技術を答えなさい。

　米デトロイト市の中心街から車で西に40分。ミシガン大学の敷地内に奇妙な「街」があった。道には公道と同じ信号や標識があり，鉄道の踏みきりやトンネルも見える。コンパクトな街並みには様々な形の交差点があり，人やシカを模した人形も置かれている。道路沿いの建物はベニヤ板に絵が描かれたハリボテだけに，映画のセットのようだと言えばやや言い過ぎか。もちろん人は住んでいない。

そんな街が持つ意味を静かに物語るのが，周囲を厳重に取り囲む高さ３メートルほどの壁だ。黒い幕で覆われ外部からの視線をシャットアウトしている。

それもそのはず，ここは［ A ］車の走行実験を目的につくられた仮想の街。ミシガン大が運営するが企業に開放されており，デトロイト内外に本拠を置く米自動車大手３社や，近郊に研究拠点を持つトヨタ自動車などが最新の技術を試しにやって来る。互いに協力することもあるが外部にさらしたくないケースが多く，情報管理には神経をとがらせる。…

［ A ］でクルマの付加価値はハードからソフトに移り，３万点もの部品のうちのいくつかは不要となる。それだけに強固なサプライチェーンの存在が［ A ］車の時代にはかえって重荷となる恐れは度々指摘される。だが，意外にもこの蓄積に目を付けたのが，デトロイトにとって「黒船」だったシリコンバレーの旗手だった。米アルファベット(グーグルの持ち株会社)の［ A ］子会社ウェイモは４月，初の生産拠点をデトロイトに持つと発表した。…

(2019年７月９日「日本経済新聞」)

図２　記事中の仮想の街(2019年７月９日「日本経済新聞」)

問７　下線部ｇに鉄鉱石を供給していた中国の鉱山を答えなさい。

問８　下線部ｈに関連して，たたら製鉄が盛んであった中国山地では，近世には鉄穴流《かんななが》しという方法で砂鉄を採取していた。鉄穴流しについて，以下の問いに答えなさい。

(1)　鉄穴流しは，近世には下流の農民から停止を求めて訴訟を起こされることがあった。農民が停止を求めた理由は，下流域で発生した問題のためであったが，どのような問題が発生したのか。鉄穴流しの方法と図３・図４を参考に，解答用紙の枠内で説明しなさい。

鉄穴流しの方法

①　鉄穴場で花崗《かこう》岩系の風化した砂鉄母岩《ぼがん》を切り崩し，あらかじめ設けてあった水路(走り)に流し込む。

②　土砂は水路を押し流される間に破砕され，土砂と砂鉄に分離し選鉱場(本場)に送られる。

③　土砂と砂鉄は一旦砂溜り(出切り)に堆積され，大池《おおいけ》・中池《なかいけ》・乙池《おついけ》・樋《ひ》と順次下流に移送される。その際，各池で足し水を加えてかき混ぜ，比重の差で軽い土砂と砂鉄を分ける。

図３　砂鉄を含む斜面を削る職人と水路で選鉱する職人(岡山県ウェブサイトより)

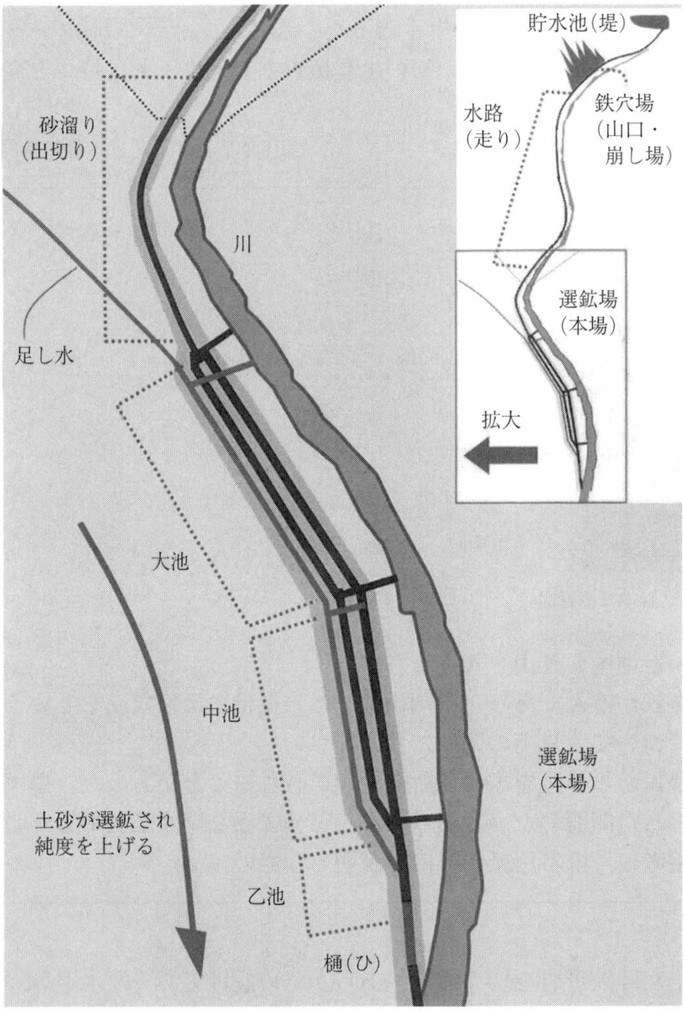

図４　鉄穴流しに用いられた水路と池(HoukiたたらNavi. ウェブサイトより作成)

(2)　近世では，鉄穴流しの停止をめぐる訴訟の結果，鉄穴流しは晩秋から翌年の春に行われることが多くなった。このことは，農民にとってどのような利点があったか，１つあげて解答用紙の枠内で説明しなさい。

【理　科】（50分）〈満点：100点〉

（注意）
- 必要に応じてコンパスや定規を使用しなさい。
- 円周率は3.14とします。
- 小数第１位までを答えるときは，小数第２位を四捨五入しなさい。整数で答えるときは，小数第１位を四捨五入しなさい。指示のない場合は適切に判断して答えなさい。

〈編集部注：実物の入試問題では，**3** の図１の写真はカラー印刷です。〉

1　昔から親の形質が子に伝わることが知られていたが，遺伝のしくみをはじめて明らかにしたのは，Ｇ・メンデルである。メンデルは，エンドウを材料として研究し，優性の法則，(Ⅰ)分離の法則，独立の法則を明らかにした。

さまざまな遺伝病も，メンデルの法則に従う形質である。優性（顕性）の遺伝病と劣性（潜性）の遺伝病がある。優性の遺伝病は，体細胞で対になっている遺伝子が同じ場合でも異なる場合でも発病する。劣性の遺伝病は，対になっている遺伝子が同じ場合にのみ発病する。例えば，ヒトの血友病は，(Ⅱ)血液が凝固しにくい病気であり，劣性の遺伝病である。血友病の原因はDNAの(Ⅲ)突然変異によるものとわかっている。突然変異とは，遺伝子が存在するDNAの構造的な変化や，染色体の形や数の変化による変異である。

遺伝病は，ヒト以外の動物にも現れることがある。家畜である肉牛を繁殖させる場合，血縁が近い個体どうしの交配を避けることが大切だといわれている。交配で生じた子が発病したり，他の形質に悪影響が生じたりするからである。

地域Ｓの肉牛の集団で，(Ⅳ)劣性の遺伝病Ｍが，40,000頭に１頭の割合で発生している。遺伝病Ｍを支配する優性の遺伝子をＡ，劣性の遺伝子をａとする。この集団では自由な交配が行われており，遺伝病Ｍは繁殖には影響がないものとする。また，遺伝病Ｍの発病には，性による差はない。

(1)　下線部(Ⅰ)に関し，分離の法則を説明する次の文章の（　）について，①を15字程度で補い，②には用語を１つ答えよ。

（　①　）が分かれて，別々の（ ② ）に入ること。

(2)　下線部(Ⅱ)に関し，血液の有形成分のうち，出血したときに血液をかためるはたらきをする成分の名称を答えよ。

(3)　下線部(Ⅲ)に関し，突然変異の例として適切なものはどれか。次より２つ選び，記号を答えよ。

(ア)　メラニン色素の合成ができなくなり，体色が白化する。この形質は子に遺伝する。カエルやヘビで見られることがある。

(イ)　インフルエンザにかかり，急に発熱した。

(ウ)　インフルエンザワクチンを打つとインフルエンザにかかりにくくなる。

(エ)　エンドウの優性の形質である丸い形の種子どうしを交配したら，子に劣性の形質であるしわの形の種子が現れる。

(オ)　細菌を殺す効果のある薬剤に対して，細菌が抵抗性を獲得する。

(4)　下線部(Ⅳ)に関し，遺伝病Ｍを発病する個体が持つ遺伝子の組み合わせとして適切なものはどれか。次より選び，記号を答えよ。

(ア)　AA　　(イ)　Aa　　(ウ)　aa

(エ)　AAまたはAa　　(オ)　Aaまたはaa　　(カ)　AAまたはaa

(5)　地域Ｓの肉牛の集団がつくる生殖細胞には遺伝子Ａを持つものと，遺伝子ａを持つものとがある。これら生殖細胞全体のうち，遺伝子ａを持つ生殖細胞が存在する確率として適切なものはどれか。次より選び，記号を答えよ。

(ア)　0.1％　　(イ)　0.2％　　(ウ)　0.5％　　(エ)　0.8％

(オ)　1％　　(カ)　2％　　(キ)　5％　　(ク)　8％

地域Sの肉牛の集団において，ある父牛と，ある母牛とから子牛2頭が誕生し，その子牛2頭の交配により孫牛が誕生したとする。下図に各個体の血縁関係を示す。

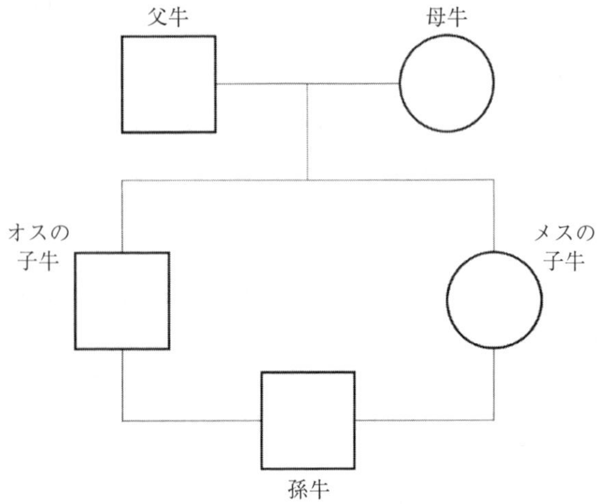

図　肉牛の血縁関係

(6)　遺伝病Mについて，次の(　)に適切な値を分数で答えよ。

遺伝子Aやaのうち，父牛が持つ片方の遺伝子がオスの子牛に伝わる確率は(あ)であり，メスの子牛に伝わる確率は(い)である。同様に，オスの子牛が持つ片方の遺伝子が孫牛に伝わる確率は(う)であり，メスの子牛が持つ片方の遺伝子が孫牛に伝わる確率は(え)である。したがって，父牛の遺伝子の1つに注目すると，その遺伝子が孫牛で対になってそろう確率は(お)である。

同じことは，父牛が持つもう一方の遺伝子についてもあてはまる。また，母牛が持つ両方の遺伝子についてもあてはまる。結局，父牛，母牛の各1対の遺伝子どれについても孫牛で対になる機会があるため，どれかが孫牛で対になる確率は(か)である。

肉牛の集団がつくる生殖細胞全体のうち，遺伝子aが存在する生殖細胞の確率は，(5)で求めた値である。集団内の父牛と母牛の子牛どうしから孫牛が誕生した場合，劣性の遺伝病Mを発病する確率は(き)となる。この値は，40,000分の1よりもはるかに大きい。

このように劣性の遺伝病は近親交配で出現しやすく，家畜の近親交配が適切でない理由と考えられている。

2　てつお君は，おじいさんの本棚から何冊かの古い本を見つけた。てつお君の好きな化学に関係がある本のようであるが，物質の名前や用語などが古い言葉で書かれていてよくわからなかった。そこで，理科と国語が得意なお姉さんといっしょに読みやすい形に書き直してみた。以下がその文章である。

石灰石は，焼くと灰になる石である。その灰は，昔から石灰と呼ばれている。石灰石を1000度ほどで焼くと，炭酸瓦《が》斯《す》を出して石灰になる。できたての石灰を生石灰と呼ぶ。生石灰に水をかけると最初は発熱するが，そのうちに発熱が終わって温度が下がる。発熱が終わることを消和と呼ぶ。消和した石灰のことを消石灰と呼ぶ。消石灰を乾かしてから水をかけても，もう発熱はしない。

消石灰は水に少しだけ溶ける。その水溶液は石灰水と呼ばれる。石灰水に炭酸瓦斯を吹き込むと，白くにごる。このにごりの成分は石灰石と同じ物質である。

湿った消石灰は炭酸瓦斯を吸収すると石灰石と同じ物質に変化する。消石灰に砂や藁《わら》，のりなどを混ぜて，水で練って壁に塗ると，炭酸瓦斯を吸収して固まる。これが漆喰《しっくい》である。

曹達《そーだ》と加里《かり》は，洗濯やそうじに使われることがある。どちらも油汚れをよく落とすが，手につくと皮膚を傷めることがあるので注意が必要である。加里は植物を焼いた灰から得られ，曹達はエジプトなどの乾燥地帯にある塩湖の土から得られる。曹達や加里を溶かした水溶液は酸の性質を打ち消す。

曹達に消石灰を作用させると，もっと性質の強い物質を作ることができる。この方法を苛性化《かせいか》という。(Ⅰ)曹達の水溶液に消石灰の粉を加えてよく混ぜてから置いておくと，上澄み中に苛性曹達ができる。底に残った沈澱物は石灰石の粉末と同じ物質である。同じ方法で加里からは苛性加里を作ることができる。苛性曹達も苛性加里も，とても強い作用を持つ物質であるから取り扱いには注意を要する。

曹達は炭酸曹達とも呼ばれ，加里は炭酸加里とも呼ばれる。曹達を水に溶かして，炭酸瓦斯を十分に吹き込むと，重炭酸曹達ができる。重炭酸曹達は，略して重曹と呼ばれる。

加里は，藁灰《わらばい》などから得ることができるが，曹達を作ることは難しい。ひとつの方法として，食塩と炭酸瓦斯から作るソルベー法がある。食塩と炭酸瓦斯は，そのまま混ぜても反応しないが，安母尼《あんもに》亜《あ》瓦斯を使うことで反応させることができる。濃い食塩水に安母尼亜瓦斯を充分に溶かし込み，そこに炭酸瓦斯を吹き込むと，重曹が沈んでくる。重曹を濾過して除いた水溶液には塩安が含まれる。(Ⅱ)重曹を焼くと，炭酸瓦斯と水蒸気を出して曹達になる。(Ⅲ)塩安を含む水溶液に消石灰を加えて熱すると安母尼亜瓦斯が出てくるので，これをまた原料に使うことができる。

さて，てつお君とお姉さんは，次のような表をつくってみたところ，文中の化合物や化学反応を解読することができた。みなさんもこの表を参考にして考えてみよう。

	塩化物イオン	炭酸イオン	炭酸水素イオン	水酸化物イオン	酸化物イオン
	Cl^-		HCO_3^-		
ナトリウムイオン	塩化ナトリウム				酸化ナトリウム
Na^+	$NaCl$				Na_2O
カリウムイオン			炭酸水素カリウム	〔 ① 〕	
			$KHCO_3$		
カルシウムイオン					
			(②)		

(1) 表中の〔①〕に当てはまる物質の名称と，(②)に当てはまる物質の化学式を答えよ。

(2) 文中の各物質が何であるかを推定し，化学式を答えよ。

① 生石灰　② 消石灰　③ 重曹　④ 加里　⑤ 苛性曹達

(3) 生石灰の日常生活の中での用途を次の選択肢の中から２つ選び，記号を答えよ。

(ア) 乾燥剤(除湿剤)　(イ) 胃腸薬　(ウ) 融雪剤

(エ) 漂白剤　(オ) 加温剤(発熱剤)

(4) 下線部(Ⅰ)～(Ⅲ)で起きる変化の化学反応式を記せ。

(5) 下線部(Ⅲ)の反応後，水溶液中の溶質として，最も多く含まれる物質の名称を答えよ。また，その物質の用途を次の選択肢の中から２つ選び，記号を答えよ。

(ア) 乾燥剤(除湿剤)　(イ) 胃腸薬　(ウ) 融雪剤

(エ) 漂白剤　(オ) 加温剤(発熱剤)

3　秋吉台は日本最大級のカルスト地形で，1955年に国定公園に，1964年に特別天然記念物に指定されている。秋吉台では，様々な種類の岩石が見つかっている。陸の近くで形成されたものもあれば，陸から遠く離れた場所で形成されたものもあり，形成された場所が異なる。また，形成された時代も大きく異なる。これらの岩石が一緒に現れる理由は，海洋プレートの移動によって説明することができる。秋吉台には次の３種類の堆積岩が見られる。

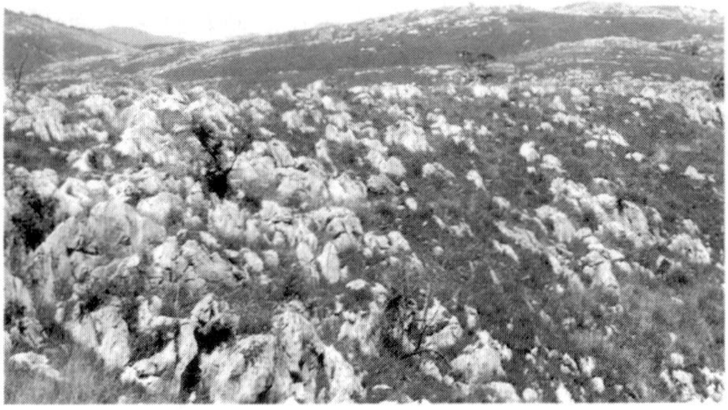
図１　(秋吉台国定公園のホームページより転載)

岩石１：地表の岩石が風化や侵食の作用によって破片や粒となり，河口から海溝付近まで運ばれて堆積してできる

岩石２：放散虫という海洋プランクトンの遺がいが，陸から遠く離れた場所で堆積してできる

岩石３：有孔虫という海洋プランクトンや，海洋生物の殻やサンゴからできる

(1)　岩石２と岩石３について以下の問いに答えなさい。

①　岩石の名称をそれぞれ答えよ。

②　主な成分の化学式をそれぞれ答えよ。

③　以下の特徴はどちらの岩石について述べたものか。ア～エのそれぞれをどちらか一方に答えよ。

ア．塩酸によく溶ける。

イ．固い岩石で火打ち石として使われることもある。

ウ．目に見える大きさの化石がしばしば含まれている。

エ．土壌の酸性を弱め，カルシウム等の養分を供給するはたらきがある。

秋吉台で見られる堆積岩が，いつ，どのように形成し，陸地となったのか見てみよう。

海洋プレートは中央海嶺と呼ばれる場所で生み出される。中央海嶺で生まれた海洋プレートは，平均水深4000mにも達する深海を，大陸プレートであるアジア大陸に向かって年に数cmずつ移動している(図２)。

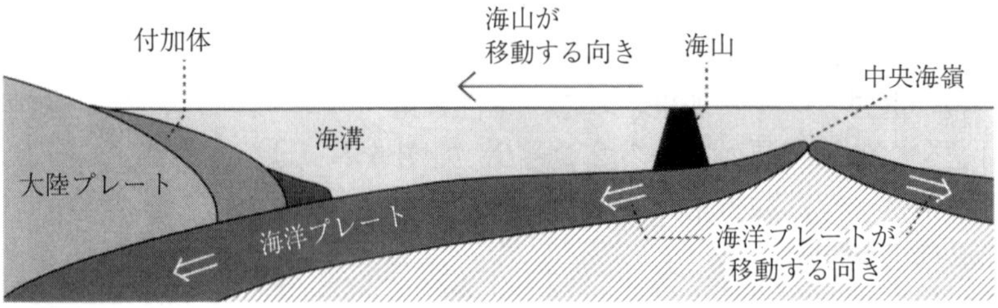

図２

海洋プレートの上には，海洋プランクトンの遺がいが絶えず降り積もっている。平均水深4000mにも達する海底では，岩石３の成分は変化して海水に溶けやすくなるため，主に岩石２が形成される。約3.5億年前には太平洋の赤道付近で，海底火山の活動によって海洋プレート上に海山が形成された。約3.3億年前にはこの海山が成長して頂部が海面付近に達し，$_{\mathrm{I}}$頂部付近にサンゴ礁が形成され，岩石３が作られるようになった。その後，約7000万年間にわたり，サンゴ礁の形成と平行して岩石が作られた。約2.6億年前になると，海山はアジア大陸に近づき，$_{\mathrm{II}}$サンゴ礁の成長が止まった。約2.5億年前に海山は海溝に達した。海溝では陸から運ばれた堆積物が溜まっており，その一部が岩石１であ

る。海山は，海洋プレートと共に海溝の岩石１や大陸プレートの下に沈み込んで行こうとするが，海洋プレートからはぎ取られ，海溝の岩石１と共に大陸プレートに付け加えられた。この付け加えられた部分は付加体とよばれ，のちに隆起して陸地の一部となった。その後，第四紀になると雨や地下水の影響で岩石３が溶かされ，カルスト地形が形成された。

(2) サンゴ礁の形成について以下の問いに答えよ。

① 下線部Ⅰに関して，図２に示す海山の周囲において，サンゴ礁が海山の頂部周辺にのみ形成されるのはなぜか。最も適する理由を答えなさい。

② 下線部Ⅱに関して，海山がアジア大陸に近づくとサンゴ礁の形成が止まるのはなぜか。理由を答えなさい。ただし，①で答えた内容は変わらないものとする。

(3) 放散虫の堆積速度を１cm/1000年として以下の問いに答えよ。

① 約3.5億年前の海底火山の活動が起こった時点で，放散虫による堆積物の厚さが300mであったとする。海洋プレートが生まれたのは現在から約何億年前か。小数第１位まで答えよ。

② 海洋プレートの移動速度が５cm/年であるとすると，海底火山の活動が起きたのは中央海嶺から何kmの位置にあるか。整数で答えよ。

4 光は真空中や一様な物質中では直進するが，ある物質から別の物質へ進むとき，物質どうしの境界面で反射や屈折を起こす。図１は空気から水へ光を入射した場合の例である。境界面に垂直な直線を法線とよび，法線と入射光，反射光，屈折光の間の角を，それぞれ入射角，反射角，屈折角という。

赤色のレーザー光を空気から水へ入射したときの屈折現象を観察し，入射角と屈折角の関係を調べた。入射角と屈折角の関係を図２に示す。

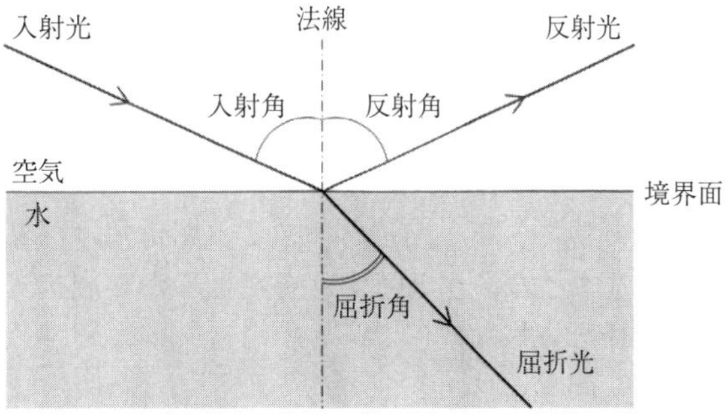

図１

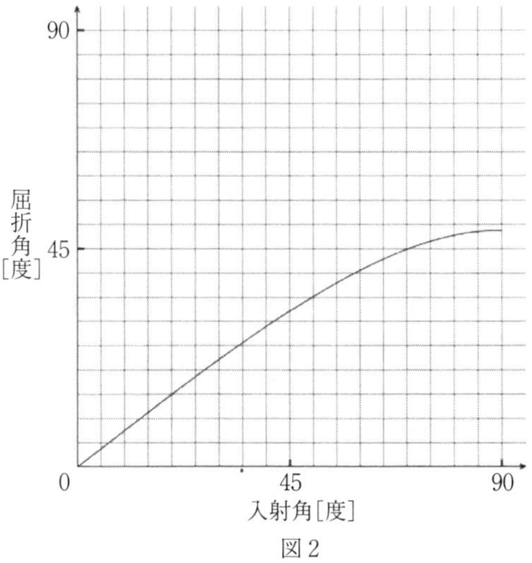

図２

(1) 入射角が70度のとき，屈折角は何度か。整数で答えよ。

次に赤色のレーザー光を水から空気へ入射したときの屈折現象を観察し，入射角と屈折角の関係を調べた。入射角と屈折角の関係を図３に示す。

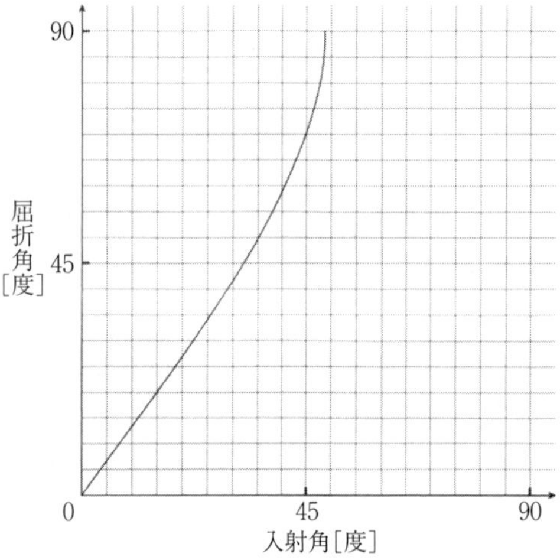

図３

(2)　水から空気へ光を入射する場合，入射角を０度から次第に大きくしていくと，入射角がある大きさになると屈折光が見られなくなる。そのときの入射角は何度か。整数で答えよ。加えてこの現象を何というか答えよ。

(3)　図４のように，入射角を図１の屈折角と同じ角度にして水から空気へと光を入射する。そのとき，屈折光はどのような道すじをたどるか。屈折光を実線で作図せよ。ただし，図４に示す破線は図１の入射光をあらわしている。

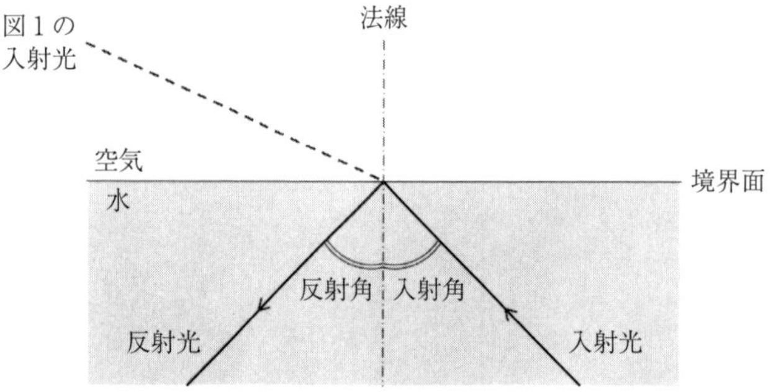

図４

空気中で白色光を三角プリズムに通して白い紙に当てると，赤・橙《だいだい》・黄・緑・青・紫に連続的に分かれた色の帯が見える。この現象を「分散」という。このように見えるのは，同じ物質でも光の色によって屈折の仕方がわずかに異なるためで，白色光に含まれる赤から紫の光がそれぞれ異なる角度で屈折して進んだ結果である。図５のような配置で実験をした場合，分かれた光の一番上には赤が，一番下には紫が見える。空気中から水に光を入射した場合も同様に，赤色の光よりも紫色の光の方が大きく屈折する。

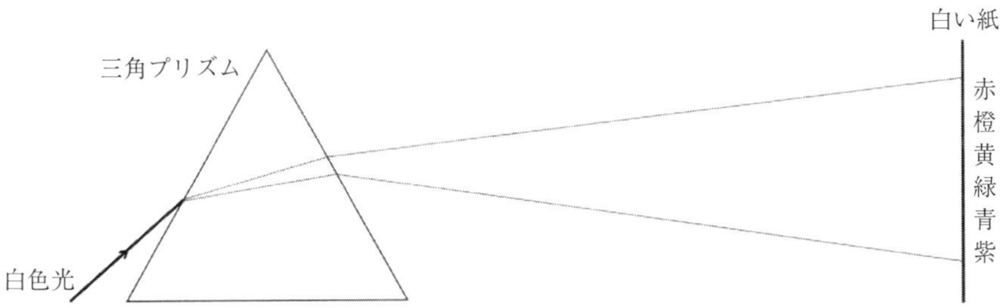

図5

(4)　赤色のレーザー光を用いて実験した図2，3のグラフを1つにまとめたものが図6である。紫色のレーザー光を用いて同様の実験をおこなった場合，入射角と屈折角の関係はどのようになるか。適切なものを選び，記号を答えよ。ただし，実線が赤色のレーザー光の実験結果，点線が紫色のレーザー光の実験結果である。

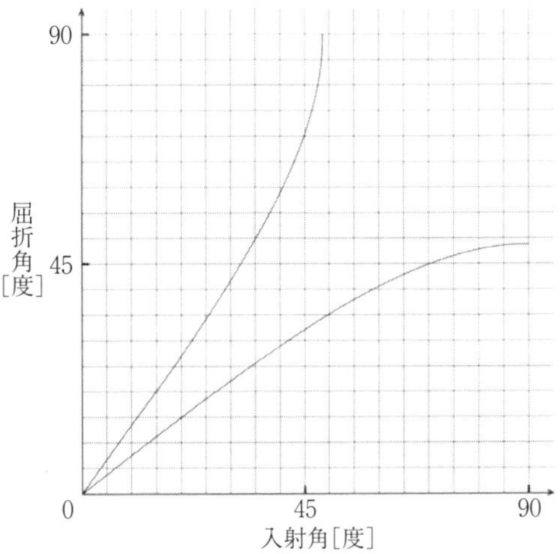

図6

(ア)

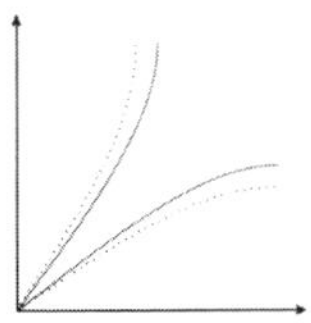

(イ)

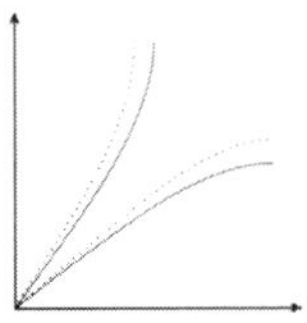

(ウ)

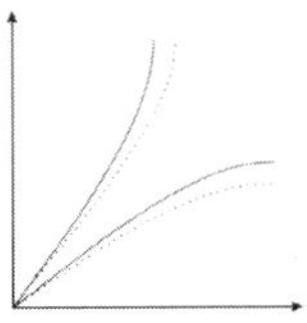

(エ)

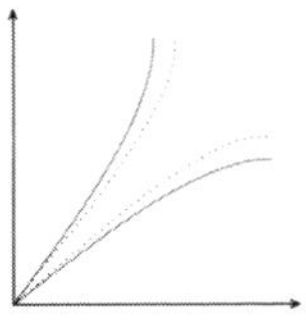

自然界で見られる光の分散の例として虹があげられる。虹は空気中の水滴が光を分散することによって見られる現象である。

図7に示す円は，水滴の中心を通る断面である。水滴は完全な球であるものとする。点Aから点Bに向かって進んだ白色光は，点Bで1回目の屈折をし，このときに分散する。境界面が円の場合，法線は円の中心を通る直線である。点Bの法線は図中のONである。その後，点Rで1回反射し，点Cで2回目の屈折をして点Dの方向へ進む。ただし，図7では点Rと水滴内を進む光の道すじは示していない。入射光ABの延長線と屈折光CDの延長線は点Eで交わり，赤色の屈折光の場合，∠BECはおよそ42度になることが知られている。

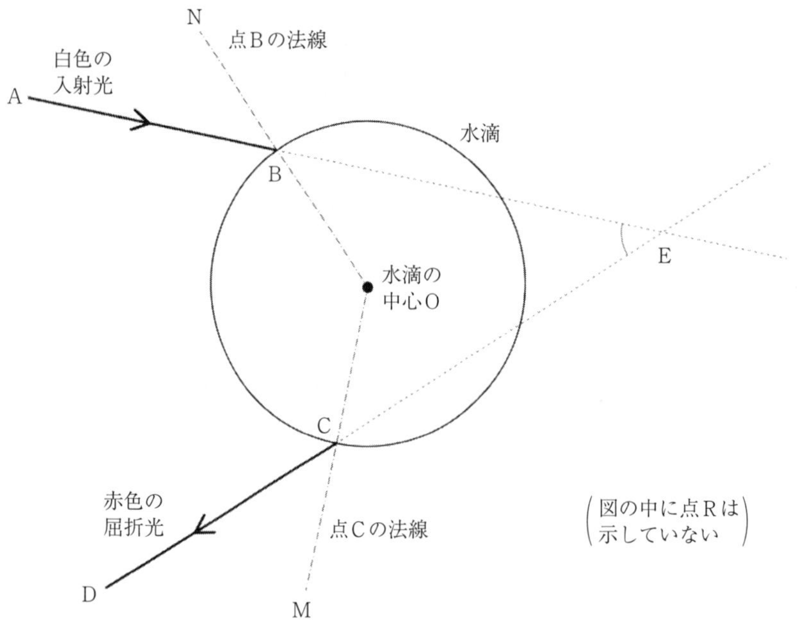

図7

(5) 水滴内の**赤色の光の道すじを実線**で作図せよ。また，**点Rの法線を破線**で示すこと。

(6) 1回目の屈折における入射角∠ABNの大きさを i，屈折角∠OBRの大きさを r とする。以下に示す角の大きさを i または r から必要な文字だけを用いて文字式で答えよ。

① 水滴内で生じる反射の反射角∠ORC

② 2回目の屈折における屈折角∠MCD

(7) 白色光を図7の点Aから点Bに向かって入射させた場合の紫色の光の道すじについて考える。次の文章の[ ]に適切な語句を選び，○で囲め。

> 点Bにおいて，入射角∠ABNは赤色の光も紫色の光も同じだが，屈折角は赤色より紫色の方が①[大きく・小さく]なる。そのため，紫色の光が水滴内で反射する位置は赤色の光と比べて②[時計・反時計]回りにずれる。

(8) 図8は，図7の赤色の屈折光CDを破線で示したものである。**紫色の光の道すじを実線**で作図し，図7の点C，D，Eに対応する点C′，D′，E′を示せ。作図に必要な**補助線を破線**で示すこと。水滴内の反射点の位置は，適切な範囲で決めてよい。

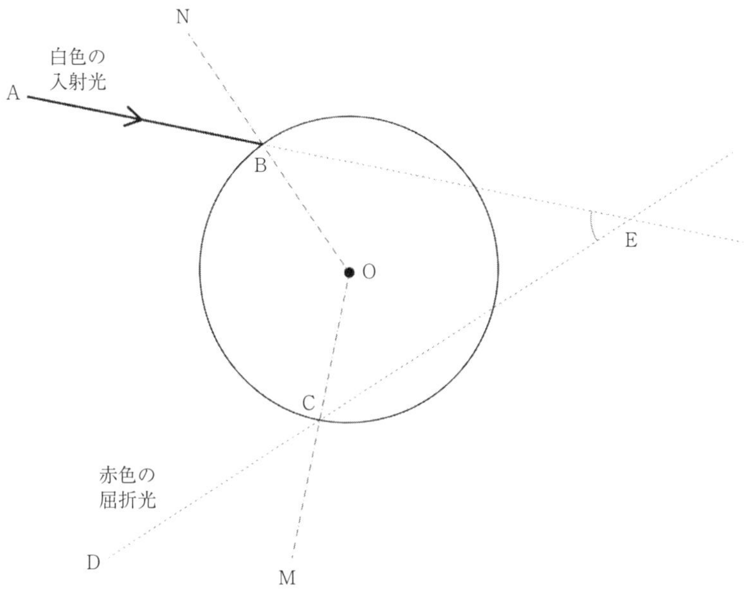

図 8

(9)　空気中に無数の水滴が存在しているときに，図 9 のように太陽光が入射して虹が見えるとする。水滴に入射する太陽光は平行であるとみなす。このとき，虹の頂部付近(図 9 の破線の囲み)における色の並びを，図 7 の∠BEC と，(8)で作図に示した∠BE′C′を比べて考える。次の文章の[　]に適切な語句を選び，◯で囲め。

> ∠BEC と∠BE′C′を比べると，①[∠BEC・∠BE′C′]の方が大きいので，②[赤・紫]色の光の方が，水平方向に対して見上げる角度が大きくなる。したがって，赤色の光が③[高い・低い]位置の水滴から届き，紫色の光が④[高い・低い]位置の水滴から届く。

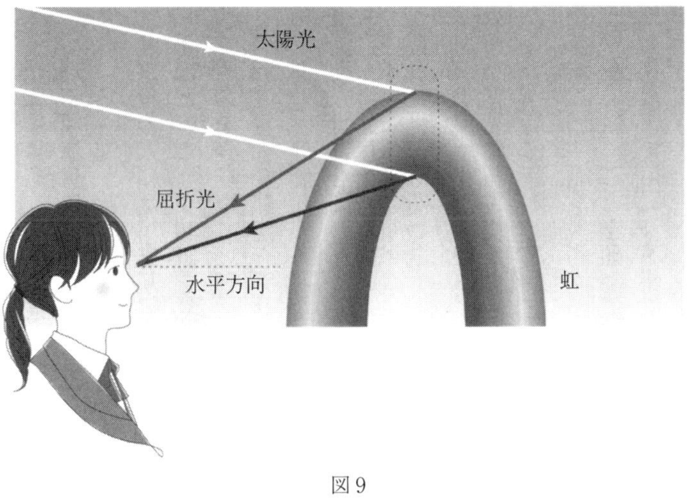

図 9

ア　子息への罰は、今後も女房を苦しめ続けることになると悟ったということ。
イ　女房が当初思っていた以上に、子息に対する処罰が重くなったということ。
ウ　女房の一方的な思い込みが、子息への厳罰という形で裁定されたということ。
エ　私的な問題を公の裁定にまで持ち込んだことを、気恥ずかしく思ったということ。
オ　子息に対する処置は、禅門にとって利益が少ないということに気づいたということ。

問四　――部③「『まことにはいかで打ち候ふべき』」の内容を説明したものとして最も適当なものを選びなさい。

ア　子息が禅門に、母の訴えている通り、本当に母のことを叩いたのだと訴えている。
イ　禅門が子息に、本当は母のことを叩くことなどしなかっただろうと確認している。
ウ　子息が禅門に、母のことを叩くことなどできるはずがないということを答えている。
エ　禅門が子息に、どうして母のことを叩くことができたのかということを問うている。
オ　女房が子息に、本当はまったく母を叩かなかったではないかと、泣いて責めている。

問五　――部④「至孝の志」とあるが、この逸話における「至孝の志」を説明したものとして最も適当なものを選びなさい。

ア　どのような逆境に立たされようとも、子の運命として、親の望む将来へと進もうとした意志。
イ　どのような処罰が下ろうとも、親の仕える人物の裁定には従い、親を困らせまいとした意志。
ウ　どのように勘違いされようとも、親の顔に泥を塗らぬよう、従順に生きていこうという意志。
エ　どのような親であろうとも、子として生まれたからには、命を差し出す覚悟でいようとした意志。
オ　どのように理不尽な目に遭おうとも、子のつとめとして、親に真心を尽くしていこうとした意志。

問六　――部⑤「末代の人には、有り難く、珍しくこそ覚ゆれ」について、語り手はどのような感慨を覚えているのか。その説明として最も適当なものを選びなさい。

ア　真実を見通して寛大な裁定を下せる禅門は、当世の人々にとっての希望であると評価している。
イ　仏法の衰えた末世にも関わらず、孝行心に篤い者がいたということを趣深く感じ、称賛している。
ウ　道徳心が薄れた世にも関わらず、心温まる出来事が起こったことに驚き、禅門の治世を称えている。
エ　子息のような恩愛に満ちた人物の存在は、将来の人々にとっては滅多にない模範になると思っている。
オ　禅門や子息のように思いやりのある人物が多く出ることと、禅門の治世が長く続くことを願っている。

問七　この文章の出典である『沙石集』と同じ分野（ジャンル）に属する作品を選びなさい。

ア　枕草子　　イ　源氏物語　　ウ　竹取物語
エ　平家物語　　オ　宇治拾遺物語

問七　永井龍男は芥川賞の選考委員を務めたが、次の中から芥川賞作家を選びなさい。

ア　太宰治　　イ　永井荷風　　ウ　大江健三郎
エ　菊池寛　　オ　川端康成　　カ　宮沢賢治

三

次の文章を読んで、後の問いに答えなさい。

故（＊1）相州禅門《さうしうぜんもん》のうちに（＊2）祗候《しこう》の女房ありけり。腹悪しく、たてたてしかりけるが、ある時、成長《せいぢやう》の子息の同じく仕へしけるを、いささかの事によりて、腹を立てて打たんとしけるほどに、物にけつまづきていたく倒れて、Ⅰいよいよ腹を据ゑかねて、禅門に、「子息某《それがし》、わらはを打ちて侍るなり」と訴へ申しければ、「不思議の事なり」とて、「（＊3）かの俗を召せ」とて、「まことに母を打ちたるにや。母しかしか申すなり」と問はる。「まことに打ちて侍る」と申す。禅門、「Ⅱかへすがへす奇怪なり、不当なり」と叱りて、①所領を召し、流罪に定まりにけり。

②事苦々しくなりける上、腹も漸《やうや》く癒《い》て、あさましく覚えければ、母また禅門に申しけるは、「腹の立つままに、この子を、打ちたると申し上げて侍りつれども、まことにはさる事候はず。大人気なく彼を打たんとして、倒れて侍りつるを、Ⅲねたさにこそ訴へ申し候ひつれ。まめやかに御勘当候はん事はあさましく候ふ。許させ給へ」とて、けしからぬほどにまたうち泣きなど申しければ、「さらば召せ」とて、召して、事の子細を尋ねられけるに、③「まことにはいかで打ち候ふべき」と申す時、「さては、など始めより、ありのままに申さざりける」と、禅門申されければ、「母が打ちたりと申し候はん上には、我が身こそいかなる咎《とが》にも沈み候はめ。母を（＊4）虚誕《きよたん》の者には、いかがなし候ふべき」と申しければ、「いみじき④至孝の志深き者なり」とて、大きに感じて、別の所領をそへて給ひて、殊《こと》に不便の者に思はれけり。

⑤末代の人には、有り難く、珍しくこそ覚ゆれ。

（『沙石集』による）

《註》
＊1　相州禅門…鎌倉幕府執権、北条時頼のこと。
＊2　祗候…お側近く仕える。
＊3　かの俗…ここでは、子息のこと。
＊4　虚誕…嘘つき。

問一　〰〰部Ⅰ「いよいよ腹を据ゑかねて」、Ⅱ「かへすがへす奇怪なり」、Ⅲ「ねたさにこそ訴へ申し候ひつれ」の訳として最も適当なものを、それぞれ選びなさい。

Ⅰ「いよいよ腹を据ゑかねて」
ア　どうにも格好がつかなくなって
イ　とうとう覚悟を決めざるを得なくなって
ウ　いっそう怒りを我慢することができなくて
エ　さすがに気持ちの落ち着けどころがなくて
オ　なんとしても肝が据わる状態にはならないで

Ⅱ「かへすがへす奇怪なり」
ア　本当に不届きである
イ　何となく納得がいかない
ウ　どう考えても嘘をついている
エ　何はともあれおかしなことだ
オ　何度聞いても不思議なことだ

Ⅲ「ねたさにこそ訴へ申し候ひつれ」
ア　何とも羨ましくて訴え申し上げました
イ　腹立たしさのあまり訴え申し上げました
ウ　憂さ晴らしを訴え申し上げていましたのに
エ　引け目を感じて訴え申し上げられませんでした
オ　恥ずかしくて訴え申し上げずにいられませんでした

問二　――部①「所領を召し、流罪に定まりにけり」と同じ内容の語句を、本文中から漢字二字で抜き出しなさい。

問三　――部②「事苦々しくなりける」とは、どういうことか。その説明として最も適当なものを選びなさい。

私はそれを永く覚えていた。操觚も解《わか》らなかったが、「ふでとりもの」という説明は、解りそうでなお分からなかった。庭へ廻った巡査が、大連の人と問答するのを聞きながら、私はそれを思い出していた。テレくささが、いつまでも尾を引いた。

（永井龍男「そばやまで」による）

《註》

＊1　大連…中国の都市。戦前は日本の租借地であった。
＊2　支那そば…ラーメンのこと。当時はこのように呼んでいた。
＊3　七とこ借り…方々から借金をすること。
＊4　珊瑚樹…スイカズラ科の常緑樹。
＊5　パージ…公職などから締め出すこと。戦後ＧＨＱによって行われた公職追放を指す。
＊6　代書屋…本人に代わって官公署に提出する書類などを書く職業。

問一　＝＝部(a)〜(c)のカタカナを漢字に、漢字をひらがなに直しなさい。

問二　空欄 X に入る「小さなことにこだわらず、おっとりとして上品な様子」という意味の熟語を選びなさい。

ア　尊大　　イ　明朗　　ウ　鷹揚
エ　横柄　　オ　篤実

問三　――部①「己れの貧寒な性根が、あからさまに見え透く」とあるが、どういうことか。その説明として最も適当なものを選びなさい。

ア　文筆で生活を立てていく決心をしたのは良いものの、すぐに自立できるような見通しも立たず、自分の不甲斐なさと向き合わざるを得なくなったということ。

イ　作家として生活できるか見通しは立たないうえ、家を失うという不安から、落ち着いて仕事に取り組むことができない自分の気の小ささがはっきりしたということ。

ウ　満足な作品が書けないことが明らかになって初めて、自分が永年親しんできた通勤生活に未練を残しており、他の仕事を探せばいいという甘えを捨てきれない性格だとわかったということ。

エ　生活費の援助があり、作品を発表するためのつてもあるといった後ろ盾があるため、それらを言い訳に努力をしない自らの怠惰さが明らかになったということ。

オ　文章を書いて生活したいが、自分には才能も覚悟もないことがはっきりとわかっているうえ、通勤生活にも戻れず、自暴自棄になっているということ。

問四　――部②「珊瑚樹の生垣の裾に、部厚な病葉のつもったのが、いかにも売り家らしかった」とあるが、どういうことか。説明しなさい。

問五　――部③「家主が来たと聞き、きつくなる身構えを、そういう妻の話が崩した」とあるが、どういうことか。説明しなさい。

問六　――部④「私は口籠った」とあるが、このときの「私」の心情を説明したものとして、最も適当なものを選びなさい。

ア　著述業という名称から得られる印象とはあまりにかけ離れた貧しい自分の生活を巡査に見られたのが恥ずかしく、本当のことを言いあぐねる気持ち。

イ　具体的に成果と呼べるようなものを出したわけでもなく、名を成しているわけでもない自分が、著述業という職業名を名乗ることに口はばったさを感じ、ためらわれる気持ち。

ウ　世間から低く見られている著述業に就くようになった劣等感を、巡査からの質問に応じることでことさら実感しなければならないことに抵抗を覚える気持ち。

エ　公職追放を受け、実際にはほとんど仕事がない状態にもかかわらず、当座の職業として著述業を名乗らなければならない自分の欺瞞《ぎまん》を恥ずかしく思う気持ち。

オ　通勤生活を放棄して、胸を張って人には説明しづらい仕事をしていることを、他人がどのように見るのかが予想できず、できればこのままいなしたいと思う気持ち。

「前住の家を売った時から迷惑をかけ続け、あなた方の困っているのはよく察している。そこで、御承知の通り親戚の者も転げ込んで来たわけだから、私の家に寄った四畳半と三畳の二間を、引揚げ者のために明けてもらえぬものだろうか。そう話がつけば、気に入った家があるまでは、あなたの方も無期限でここに住んでいただいて差し支えない……」

③家主が来たと聞き、きつくなる身構えを、そういう妻の話が崩した。家主の申し出に乗るより他にないことを、先きへ呑み込んだ妻が、私の同意を求める話し方をした。自分の無力を嗤《わら》うものは、それでも胸に来たが、眼をつむるより他にまったく途《みち》はなかった。

南向きの庭の端へ、そこだけ少し出張った四畳半と三畳の間を、私たちは明け渡した。廁《かわや》に続く玄関の二畳と、前の引越しの時に、荷を積んだままの台所脇の四畳半は使えず、六畳の茶の間と八畳の座敷で、親子四人の生活が始まった。通勤生活を続けていたら、ぎりぎりこれで暮せぬことはない広さである。

追い詰められるなら、とことんまで追い詰められて見ることが、今の自分には必要な気もした。そこまで行けば、ふんぎりのつくきっかけが生じるようにも思われた。通勤生活を離れたのは、私の職歴が進駐軍の(＊5)パージの枠に触れたからで、当分就職の途のないことも、かえって眼先きのちらつきを払ってくれる結果になった。

半坪そこそこの、玄関の沓脱《くつぬ》ぎに椅子テーブルを置いた。出入口の硝子戸を半開きに、用事の人には庭へ廻ってもらう貼り紙をし、簾《すだれ》をたらした。

明け渡した二間は、沓脱ぎと反対の縁側の端に当たり、一応充分な距離は保たれてあるはずだったが、玄関脇の廁は共同で使うので、茶の間から座敷、それから縁を曲がって玄関まで、われわれの起居はすべて見通しになった。引揚げ者は、はじめは二組の夫婦が枕をならべたが、間もなく一組は、老夫婦を残して東京へ出た。老主人は脳溢血《のういっけつ》の予後で、肩を振り片足を投げ出すようにして歩行はできたが、半身不随といってよかった。いつも婦人が付添い、硝子戸を震わせて縁を通った。

玄関と沓脱ぎの間の障子を締めておけば、私との交渉は一応断たれたが、一日中かけ放しのラジオには一番困った。癇癪《かんしゃく》の起こるのを耐《こら》えていると、顔から体へ、汗の噴き出すことがしばしばあった。

貼り紙はしてあっても、郵便をはじめ水道局や電燈の集金人が、簾の隙《すき》から覗き込み、あまり近々とある私の顔に驚いたりした。シャツとパンツで、書き物をする自分が、(＊6)代書屋を開業したように思われた。

「変わりはありませんか」

そんなふうに、若い巡査が首を出したこともある。

「私の家には、変わりありませんが、大連から引揚げた人が、最近同居していますから、後で庭から廻って下さい」

「御親戚ですか?」

「うちとは、全然関係ありません」

「そうですか。……家族は四人でしたな、職業は、お勤めですか……」

「いいえ」

と答え、④私は口籠った。著述と、そこまで出かけて、実にてれくさかった。

「著述……業、というようなところでしょうか」

「ええと……、ちょじゅつの、ちょは、どう書きましたかな」

若い巡査が、名簿から眼を外していった。

「草冠りに、者……」

「はあはあ……」

私のテーブルに名簿を置き、彼は「著述」と記入した。記入されて見れば、それで理屈の通らぬこともなく、私の未熟な職業にふさわしい気もした。

少年時代に読んだ何かの本に、操觚《そうこ》業者というむずかしい熟語があった。「ふでとりもの」と古風なルビが振ってあったばかりに、意を告げ、二言三言交わしていると、後ろ向きの女客が、もの静かに膝《ひざ》をねじった。

女にしては、かなり背の高い人だと、妻の脇《わき》からその後ろ姿を見ていたが、こちらへ向けたその人の顔から衿《えり》もとは、思いがけぬほど色が白かった。背の割りに小ぢんまりして見える顔に、瞳《ひとみ》が無表情に大きく、染め付けか何かの、細長い瓶を感じさせるようなところがあった。陶器の、そんな冷たさを連想させる肌の白さだった。

こちらを向いた時の静けさで、女客が視線をもとに戻すと、庭の角から、紺の角帯を締めた三十五、六の男がゆっくり出てきた。油気のない長髪に額が広く、寛《ゆる》やかに着た和服の具合からも、商人や勤人でないことはすぐ知れた。これも家を見に来た一組なのだ。

女客は少し座をすさって、

「おいとま、しましょうか」

と、その方へ声をかけた。

「うん……」

女客の言葉に関西訛《なま》りがあり、二十六、七にしては妙に稚《おさな》い、女学生めいた東京弁を、私は久し振りに聞いたと思った。

女客が、すらりと立った。

「いずれ、××さんの方へ御返事をします」

縁先きから、古本の紙包みらしいものを取って、男は［X］にいった。男が角を曲がって出て来たところに、山吹が咲きかけているのを、私は見つけた。花よりも、葉の緑の鮮やかな山吹であった。

二人は私たちに黙礼して、庭を立って行った。女客は、自分の上背を、習慣的に遠慮しているような歩き方をした。

家屋は相当古く、どんなところからそんな価格が割り出されたのか、私には分からなかった。損《いた》みのひどい無人の家の中を、それでも一応案内してもらうことにしたが、後ろの崖《がけ》に寄った四畳半の襖の陰に、老婆がひっそりと針仕事をしていて、私どもを驚かせた。家を売る側にも、差し迫った事情があるのを、なんとなく知る思いがした。

型通りの挨拶をして路へ出ると、

「問題じゃあないね」

と、私はすぐいった。

ちょっと押せば、坐ったまま崩れてしまいそうだった老婆の姿が、いたく不吉な感じで残っていた。

「あれで、五十万円だなんて……」

「売る方は、自分の家だけしか知らないんだよ」

「ひどいお台所」

低声《こごえ》で話しながら歩いた。

「さっきの人たち、何者だろう」

「どっちが？」

「夫婦がさ」

「さあ。……美人ね。色の白いひと！」

「新婚じゃあ、もちろんないが、世帯馴れない感じの奥さんだね」

自分の上背を、多少持ちあつかい気味にした肩の様子や、無器用な東京弁がよみがえってきた。家主の門前を通る時、いつもの圧《お》された気分を味わい、さっきの男の余裕のある物腰が、ふと心に浮かび上がった。

留守番をさせて出た二人の子供が、家の前で賑《にぎ》やかに毬《まり》を突いていた。突いては、毬を一とまたぎするやり方だった。この娘たちが無心で、暗い翳《かげ》のないのが、私たちの唯一のよりどころといってよかった。

このままでは埒《らち》が明かぬと見たか、さして間数のない家主の家へ、引揚げ者が荷を解き、家主の老人が私の留守に妻に会いに来た。このごろは、できるだけ顔を合わさぬように、私の方から仕向けている老人だが、隣り組や防火群なぞの結ばれる前から、招《よ》んだり招ばれたり酒のつきあいもした老人である。

二 次の文章を読んで、後の問いに答えなさい。

住まいのことでは、一時思い屈した。

六、七年来住み馴《な》れた家が、終戦後間もなく他へ売られ、すぐ傍の同じ家主の持家へ引き移ることで、ひとまず小康を得たが、それも、家主の親戚《しんせき》が（＊1）大連から引揚げて来れば、立ち退《の》いて欲しいという条件つきであった。

ちょうどそのころ、私は通勤生活を辞めなければならない事情ができ、家に引き籠《こも》ることになった。移った家は、もともとごく普通の貸家で、襖《ふすま》や硝子《ガラス》戸の仕切りが多く、読み書きに都合のよい部屋があるわけではなかったから、机の置き場にも工夫の要る始末だった。それに、永い通勤生活の習慣に染み、机の前に落着いて座を占める修業から始めなければならなかった。机の向きはその当座毎日変わり、部屋の隅へ行ったり真ン中へ出たりした。そんなことで、いたずらに時間を費やす己れの姿を、一々軽蔑する自分がいつも一方にあった。

私は売文で暮しを立てる決心をしていた。親切な人の補助を月々受けていたが、それのある中《うち》に早く筆に馴れたかったし、早く一人立ちの生活もしたかった。売文生活が成り立つものかどうか、(a)カイモク自信はなかったが、つての多いのが頼りであった。その代り才能がないと見切りがつけば、（＊2）支那そばの屋台でもなんでも曳《ひ》くという腹はできていた。①己れの貧寒な性根が、あからさまに見え透くのも、そのころのことであった。永い通勤生活が、自分の眼を曇らせていた。

どこそこに恰好《かっこう》な売り家があると、時々隣りの家主から知らせて来た。親兄弟すべて貧しい東京育ちで、住まいは借りて住むものと思い込んでいたから、資力のないことはいうまでもないとして、困惑は一層激しかった。

とにかく家財道具を売り払い、（＊3）七《なな》とこ借りをして手金を打てば、後は引き移ってから何とかなるものだと、教えてくれる人もあったが、七とこ借りの気力が生まれて来ようとは思えなかった。

三度に一度は、夫婦で売り家を見に行かなければならなかったが、それは家主への偽装で、そのたびに気の詰まる思いをした。

貸家を当てにするのは、奇蹟《きせき》を待つ以上のことで、困《こう》じ果てると、身をなめくじに譬《たと》えて(b)ジチョウして見たりした。同じ種類の虫でありながら、自分の体をきちんと殻に納める蝸牛《かたつむり》が、なめくじに比べて非常に高級なものに思われた。辞書を引くと、やはりなめくじは退化したものだと記してあった。

家主の親戚が、いよいよ大連から九州へ引揚げ、近く隣家へ身を寄せると知らせて来た。そして、手ごろな売り家があるから、ぜひ見に行くようにと託《ことづ》けもあった。

困惑の底から、逆に捨て鉢な気持も湧《わ》いてきた。自分たち一家だけが困っているのではないと、周囲を見廻す余裕を取り戻した気がした。なめくじの角に似ていた。

法外な家の値段にも、最初はそのつど出ばなを挫《くじ》かれたが、二度三度耳に馴れれば度胸がついた。どうせ自分の持物になるものなら、納得の行かぬ買物をすることはない、それまでは現在の家にいる権利があるのだと、遅ればせに背水の陣を(c)布く気持も生まれた。

今度の売り家は、二、三町先きにあった。若葉の艶々《つやつや》と繁《しげ》った生垣の中に、私と妻はすぐそれらしいものをさがし出し、相当古い平家建ての家を見透かした。②（＊4）珊瑚樹《さんごじゅ》の生垣の裾に、部厚な病《わくら》葉《ば》のつもったのが、いかにも売り家らしかった。もう羽織も要らなくなりかける時分で、ふところ手をしたその手で、所在なく自分の胸の辺りを撫《な》でながら歩いていた私は、垣のうちに話し声のするのを聞いた。

標札をたしかめ、妻と前後して門を入った。右手の木戸が開いていた。正面の玄関よりも、そっちへ行く方が気楽に思われた。

生垣の中は通りに沿った庭で、古びた縁先きへ、はすに掛けた女客の後ろ姿があり、障子を引いたほの暗い家の中を背に、老《ふ》けた女がそれと対坐していた。

視線を私たちに移した様子で、それが家人と知れるので、妻は来世界と向き合えないことは、多くの生理学的な知見が教えてくれている。聴覚には周波数の可聴域があるし、視覚にも可視光線の範囲と可視のための諸条件がある。触覚や嗅覚はさらに習慣性が強く、受容の錯誤や麻痺すらが起こる。味覚にいたっては、文化拘束性が一段と高まるばかりか、好き嫌いに始まる個体差が著しく、ほとんど客観的な受容の事実を確定することは困難である。ことほどさように、感覚を媒介するかぎり、人間はひじょうに小さな窓からのみ実在世界を眺めているにすぎないのである。

それでも、これらはどれもまだ物理化学的な刺激・受容、いわば客観的に同定できる段階での限定なのだが、これに文化的なバイアス(歪み)が加わるのだから、③人間が針の穴を通すようにして世界を覗き見ていることは明らかだ。裏返していえば、人間が語っている世界は、客観的に受け取った実在そのものの世界ではなく、むしろ人間が構想した、主観による世界だと考えた方が、却って正直というものだろう。しかも、その主観は、地域によって、また、それぞれの歴史によってさまざまに異なるものであることも注意しておきたい。人間は、そうした主観という眼鏡を通してしか世界が見られないのである。この、独我的な主観ではなく、複数の人間が協働してつくりあげる共同的な主観こそが文化にほかならない。絶海の孤島で生まれ育った人間(ありえないが)には、文化は存在しない。

(山本雅男『近代文化の終焉』による)

問一 ===部(a)~(d)のカタカナを漢字に、漢字をひらがなに直しなさい。

問二 ——部①「ことの真意が、精神と肉体の分離を謳う心身二元論への対置にあることはいうまでもない」とあるが、ここで筆者が主張しようとしていることの説明として最も適当なものを選びなさい。

ア 家の中では外履きを脱がないという習慣が筆者を狼狽えさせたことは、日本人として培ってきた文化がとっさの時に行動を規定するということなので、観念的な約束事と身体的活動が相互に関係していることは明らかだということ。

イ 家の中では外履きを脱がねばならないという観念が、友人宅の玄関で筆者を緊張させ、躓かせたように、文化はときに人間を強迫し、人間の行動を阻害するので、肉体が精神の支配下にあることは自明であるということ。

ウ 日本家屋でありながら中はイギリス風であることに違和感を覚え、筆者が脚を竦ませたように、文化的な慣習が人間の身体的行動に影響を与えているのだから、精神と肉体が密接に関連しているのは明白だということ。

エ 家の中では外履きを脱ぐ習慣のないイギリス人の友人も、日本家屋に住めばその暮らしを楽しむようになることから、異なる文化圏であっても、身体の振る舞いは自ずと似通ってくることになるのは当然だということ。

オ 日本家屋でありながら、中では外履きを脱がないという習慣に気づけなかった筆者は、脚が竦んでしまったが、それは家屋の構造上の問題であり、文化という精神的な働きが身体を束縛しているとまでは言えないということ。

問三 空欄 X に入る言葉として最も適当なものを選びなさい。

ア 言葉が音を可視化する
イ 言葉に音が作用する
ウ 言葉が音を利用する
エ 言葉が音を創出する
オ 言葉を音が変質させる

問四 ——部②「それを正の価値として生理的に育む過程」とあるが、その内容を四十字以上五十字以内で説明しなさい。

問五 ——部③「人間が針の穴を通すようにして世界を覗き見ている」とあるが、どういうことか。「針の穴」の意味がわかるように説明しなさい。

体への拘束ではあるが、たとえば、空き巣狙いや強盗、押し込みがこれを平然とやってのけることを考えると、その呪縛も、自文化に対する関わり方、その時間と場所によって可変的であることも分かる（泥棒も、まさか自宅では履物を脱ぐだろう）。この同じ事態を人間の側から見れば、人間は文化(c)ヒ拘束の存在だと表現することができる。それは、人間が無媒介な存在、すなわち実体的存在であるとする伝統的主体主義の言表に対する反省の表現でもあることはいうまでもない。

人間は観念の動物であるといわれるが、個人の特殊な観念ではなく、複数、多数の人間による共同的な観念（これを「共同主観性（Intersubjectivity）」と呼ぶこともある）が、個々の人間の生理に大きな影響を及ぼしている例は、ほかにもたくさんある。冒頭で紹介した蹴躓《けつまず》きの一件は、筋肉の物理的な機能に関わる事例であるが、そうした文化的な拘束は人間の生体的機能のすべてにわたっているのである。たとえば、聴覚に関する例では、さまざまな動物の鳴き声の違いが比較文化の話題としてよく紹介されている。イヌは、日本で「ワンワン」と鳴き、イギリスでは「bow wow」と吠える。ネコは「ニャーニャー」に対して「mew」、ニワトリは「コケコッコー」と「cock-a-doodle-doo」、ヒツジは「メーメー」と「baa baa」という具合に、その対照ぶりは異文化への好奇心を掻き立てるに十分なほど鮮やかである。

それらは、いうまでもないことながら、それぞれの動物の種類が違っているのでも、聴く条件が異なっているのでもない。同一の音源に対して、まったく違う感覚的反応をするのである。つまり、おなじイヌの鳴き声を聴いていても、日本人には「ワンワン」としか聴こえないのであり、英語人には「bow wow」いがいには聴こえないということなのである。音声を分析する機器にかければ、どちらもおなじ測定結果が出されるわけで、とすれば、物理的な因果関係の問題ではなく、文化的な認知の問題だということになろう。人間がたんなる受容器官ではなく、文化的な（文化ヒ拘束の）生き物である(d)所以がここにある。

動物の鳴き声は、その動物が人間の生活に近しいほど多種多様な鳴き声をもっている。それは、日々の生活の必要から生み出されたからにほかならない（同一の魚の名称が、各地で異なっていたり、成長するごとに名称が変わったりするのもおなじ理由による）。いずれにせよ、現象に対する名付け、すなわち言葉と深い関係にあることは事実で、そうすると、同一言語内の方言にしろ、異言語にしろ、言葉の種類とおなじ数だけ鳴き声の表現も可能だといえるだろう。ということは、人間が動物の鳴き声を聴くということは、音の刺激に対して言葉を当てるという手続を踏むのではなく、むしろ、［　X　］とさえいっても過言でないことになる。そのことは、たとえば劇画などで多用される擬声語（onomatopoeia）を見たときに鮮明に実感できることでもある。音は、本来、それ自体不可視のものではあるが、文字化することで、音の実態そのものが実在性を増すことがありえるのである。ただ、これも、その擬声語を含む言語（ないし表記法とその音声化の規則）を知っていることが前提になっているわけで、その意味においても、やはり文化拘束的というほかない。

聴覚が文化によって左右されるという例は、虫の音の捉え方にも表れている。日本では、秋の夜長を彩るさまざまな虫の音は、季節の徴表として風流とも野趣溢れるものとも受け取られているが、西欧においては、たんなる自然世界の音、ときには雑音とさえ受け止められているという。これは、右脳／左脳の受容器官の違いから説き起こされた興味深い知見ではあるが、②それを正の価値として生理的に育む過程が日常的伝承や積年の知的遺産など文化的な影響下になされてきたことは間違いないし、ましてや、そこから齎《もたら》されるさまざまな波及効果（詩歌に詠み込んだり、心理療法に応用したり、サウンドスケープといわれる環境音楽に採られたり）が文化的な内容を豊富にもっていることはいうまでもない。

そもそも人間の感覚器官がきわめて限定された範囲でしか実在の

二〇二一年度

渋谷教育学園幕張高等学校（学力選抜）

【国　語】（六〇分）〈満点：一〇〇点〉

〈注意〉・記述は解答欄内に収めてください。一行の欄に二行以上書いた場合は、無効とします。

一 次の文章を読んで、後の問いに答えなさい。

日本に住むイギリス人の友人から招かれたことがあった。郊外のどこにでもありそうな日本家屋であったが、家のなかは万事イギリス風で、家族みな暮らしを楽しむ風が偲ばれるようであった。そうするうち、招じられるままに玄関を入って、思わず脚が竦《すく》んでしまった。昔の家なら上がり框《かまち》という、三和土《たたき》と廊下とのわずか十cmほどの段差のところで、躓《つまず》きそうになったのである。先導していた当家の主人は、外からの歩様をいささかも緩めることなく、ごく自然にこの段差を越えて、廊下を奥まで進んでいってしまった。こちらが、一瞬、脚を絡ませているのに気がついた家人は、日本人客の多くがおなじように狼狽《うろた》えると庇《かば》ってくれたものである。罠に掛かるのを楽しんでいるようにも見えたが、それは見当違いの僻目《ひがめ》であろう。

家のなかでは外履きを脱いで素足かスリッパに履き替えるという日本の習慣は、おそらく世界のなかでも稀有な部類に入るだろう。夏期の高温多湿を凌ぐのに高床式としたから、家中を外履きで歩き回るのを嫌ったのだとか、椅子や寝台を使わず床に直接座ったり横たわったりしたこと、また畳という厚手なマット様のものを床に敷き詰めるようになったことなども、内外を区別する要因になったのだといわれている。それにひきかえ、日本や朝鮮半島を除く大抵の地域では、内外をとわず四六時中、履物を身につけることで、履物はほとんど衣服とおなじ感覚で捉えられ、裸足になることは着衣を脱ぐこと同然と考えるようになったという。その結果、ベッドで横になるとしても、本格的に睡眠するいがいは靴を履いたままだし、夜なども床に入る瞬間まで素足にならないという習慣ができてしまった。

履物は、人類が直立二足歩行を始めてからも、かなり長いあいだ必要性を感じなかった日用道具のひとつである。いまもなお素足で生活の不自由を厭わない人びとが世界にはたくさんいるし、原始的生活を想像させるイメージでも、装飾具や腰覆いはつけながら、なぜか履物に類するものは(a)足許にない。足は、顔とおなじように、いやそれいじょうに苛酷な自然条件に耐えうるものなのであろう。ということは、紀元前二〇〇〇年ころとされる履物の起源以降、わずか四千年間における履物の変遷は、まことに驚異的、文字どおり長足の進化を辿ったということになる。ましてや、それが人類史のなかでも文明の時代といわれる時期とぴったり符合していることを考えると、履物を交点としたさまざまな文化現象（たとえば、建物の構造や意匠、敷物、靴下等の服飾観、人びとの清潔感の変化、履物に起因する各種(b)シッペイ、歩行をめぐる人間工学、そしてもちろん履物自体の構造や意匠、運動靴などの機能性、素材の入手法や開発、製造技術、社会的記号性等々）が、この間に顕《あらわ》れてきたことは容易に想像がつく。

ここで、文化と国家の問題を考えるために履物の話をもち出したのは、しかし、そうした履物の文化史を始めるためではない。冒頭に示した逸話は、文化という社会的な約束事、いわば観念の産物にすぎないものが、人間の生理、生体としての物理的機能をも拘束するということを再確認するためであった（①ことの真意が、精神と肉体の分離を謳う心身二元論への対置にあることはいうまでもない）。

つまり、靴を履いたまま家のなかには上がらないという生活習慣があるからこそ、それを日々実践する人間は玄関先で、どうしても脚が一歩先に進まないのである（そうした生活習慣のことを、われわれは文化と呼んでいる）。それは、呪縛と呼んでもよいような肉

2021年度／渋谷教育学園幕張高等学校(学力選抜)

英語解答

1
1　記号…エ　正しい語句…till〔until〕
2　記号…イ　正しい語句…happened
3　記号…ア　正しい語句…to have
4　記号…ア
正しい語句…talking to〔with〕
5　記号…オ
6　記号…ア
正しい語句…(that is) located

2
1　A…ウ　B…ク　C…カ
2　A…オ　B…ク　C…イ
3　A…ク　B…キ　C…ア
4　A…ウ　B…オ　C…エ
5　A…オ　B…エ　C…キ

3
(1)　(例)both parents work, so they don't have time to cook at home
(2)　(例)the language to express who they are

4
問1　イ　問2　エ　問3　エ
問4　1…ウ　2…ア
問5　1…F　2…F　3…T　4…T
5…T

5
問1　(例)酔った運転手が，車を大通りの電信柱にぶつけたこと。
問2　(例)自分が冷蔵庫の電源をあまりに早く入れたことが，街中のヒューズを飛ばして停電を引き起こす原因になったかもしれないと思ったから。
問3　①…ア　②…ア
問4　(例)以前は夫を亡くした悲しみや世間を知らないことへの不安に満ちていたが，この日からユーモアを取り戻し，力強さの感覚も生まれた。
問5　1…T　2…F　3…F

〔放送問題〕
Part 1　A　1…イ　2…ア
B　1…ウ　2…エ
Part 2　1…ウ　2…エ　3…エ
4…イ

(声の教育社　編集部)

1〔誤文訂正〕

1．'by＋時点'は「～までに」という'期限'，'till〔until〕＋時点'は「～まで(ずっと)」という'継続'を表す。ここでは後者が適切。　「明日晴れた場合は予定どおり運動会をします。忘れずに体操着を持ってきてください。雨の場合は明後日まで延期されるので，ふだんの授業の準備をしてください」

2．happen「起こる」は自動詞なので，受け身形にできない。　「A：この女の子たちが誰か知ってる？／B：彼女たちに何があったの？　ちょっと待って，彼女たちのことは読んだことがあるよ！オオカミの家族に世話をしてもらっていたんだよね？」

3．'It is ～ for … to ―'「…が〔…にとって〕―することは～だ」の構文。'for …'はto不定詞の意味上の主語。　「人は1日に3回食事をするのが一般的だ。だが世界にはいろいろな文化や習慣がある。1回しか食べない人もいれば，4回よりもずっと多く食べる人もいる」

4．「～と話す」はtalk to〔with〕～の形になる。the womanとMr. Suzukiの間に目的格の関係代名詞が省略された形なので，to〔with〕の目的語はthe womanである。　「A：あそこで鈴木先生が話している女性は誰？／B：えっ，わからないな。生徒の親みたいだけど，先生ではないようだね。／A：彼らはあそこに30分以上立ちっぱなしだよ。座ればいいのに」

5．(ア)は ‘find＋目的語＋形容詞’「～が…だとわかる」の形。‘目的語’ が doing something different で(-thing の形の代名詞は形容詞を後置する)，‘形容詞’ が difficult である。　「違うことをするのは難しいとわかった。例えば，ほぼ1時間ごとに手を洗って，ドアを開けておき，暑くても寒くてもマスクをして，昼食時は静かにしていることに慣れなくてはいけなかった！」

6．‘be located in＋場所’で「〈場所〉に位置する」という意味なので，関係詞節の that is located か，過去分詞の形容詞的用法の located に直す。　「私たちにはいくつか姉妹校があり，これは東京にある姉妹校です。そこには私たちの学校の半分くらいの生徒がいます。それと，その学校の校舎は，土地が限られているので私たちのものよりずっと高いです」

2〔長文読解―整序結合―説明文〕

≪全訳≫❶最初にコロナウイルスがアメリカに広まり始めたとき，[1]我々の多くは，顔にマスクをつけるべきだという確信がなかった。マスクをつけることには何の利点もないという人もいれば，マスクはほとんどの細菌を防げるという人もいた。今では世界中の医師と科学者たちがマスクの着用を奨励している。だがそれは遅すぎた。[2]これが共通の医学的な認識になる前に，多くの人々がマスクをつけないようにしたのだ。❷「当初，人々がマスクをつけることは役に立たないと言われていました」とジョナス・カプランは言う。「その後，私たちは新しい情報を得ました。しかし多くの人には最初に信じたことが残っていて，変えることが難しかったのです」 カプランは認知神経科学者，つまり，[3]私たちが考えるときに脳の中で何が起きているかを研究している人物だ。彼はロサンゼルスの南カリフォルニア大学に勤務している。❸我々の脳は，確証バイアスとして知られるものにたやすく影響されると彼は言う。これは自分がすでに受け入れているものに調和する情報を探したり信じたりして，[4]自分が間違っている可能性を示す情報からは遠ざかる傾向のことだ。マスクをつけるべきでないと考えた人々は，マスクに利点はないどころか有害ですらあると語る情報を探し続けた。彼らはマスクが役に立つ可能性を示す情報には注意を払わなかったのだ。❹そのような行為の基盤は脳の中にある。ある研究では，我々の脳は，自分がすでに持っている考えと他人の考えが調和しない場合には，それにほとんど目を向けないことが示されている。別の研究は，[5]自分により自信があるときはこの傾向が強まることを発見した。これらの研究は我々の意見を変えるのがなぜそんなに難しいのかを示すのに役立つ。だが我々がこの危険性を理解していれば，それを克服する可能性も高まるだろう。

1．次の2文ではマスクに対する人々の態度が分かれているから，「マスクをつけるべきだという確信がない」という内容が予想できるので，まず were not sure that ～「～であるという確信がない」とまとめる。that の後を we should (wear a face mask)「我々は(顔にマスクをつける)べきだ」とすれば，残りは many of us とまとまり文の主語となる。　..., many of us were not sure that we should wear a face mask.

2．前の2文ではマスクの推奨が遅すぎたとあるから，「多くの人々がマスクをつけなかった」という内容が予想できる。Many people の後を decide not to ～「～しないと決める」の形にすると，‘～’ の部分には wear a mask が入る。残りは ‘before＋主語＋動詞...’「～する前に」という ‘時’ を表す節となる。　Many people decided not to wear a mask before this became the common medical view.

3．直前のコンマを非制限用法の関係詞節を導くと考えwhoで始めるとsomeoneが余るので，a cognitive neuroscientistを説明する同格の名詞節と考え，someone who ～「～する人」の形で始める。whoに続く動詞にstudies「～を研究する」を置き，その目的語を間接疑問のwhat is happeningとすれば，残りはin the brainとなる。　..., someone who studies what is happening in the brain when we think.

4．同じ文中のsearch for and believe informationと対をなす語句と考え，walk away from information「情報から遠ざかる」で始める。残りの語句からinformationを修飾する関係詞節を予想し，関係代名詞としてthatを置く。ここで「～を示す」という動詞showsをthatの後に置けば，残りはyou might be wrongとまとまりinformationの内容を説明する語句となる。　...and to walk away from information that shows you might be wrong.

5．次の文にThese studies help「これらの研究は～役立つ」とあるので，前文の研究を補強する内容を予想する。前文の我々が自分に合わない意見を無視しがちであることをthis tendency「この傾向」と表し，これを主語にすると，述語はbecomes stronger「より強まる」となる。残りはwhenを使った‘時’を表す副詞節となり，その内容はbe confident in ～「～に自信がある」の形でまとまる。　Another study finds that this tendency becomes stronger when we are more confident in ourselves.

3〔長文読解―条件作文―対話文〕

≪全訳≫❶ベン(B)：こんにちは，ユキ！　シンガポールはどう？❷ユキ(Y)：すごくいいわよ！　ここでの時間はとても楽しいわ。特にシンガポールの料理が好きなの。毎日ホストファミリーと外食しているのよ。❸B：毎日？　君のホストファミリーはきっとお金持ちなんだね！❹Y：実はここではよくあることなの。シンガポールの多くの人は毎日外食するのよ。(1)(例)両親がどちらも働いていて，家で食事をつくる時間がないのは珍しいことではないから。それに，外食は家で料理をするより安いのよ。❺B：それはおもしろいね！　君のホストファミリーはシングリッシュを話すの？❻Y：私としゃべるときには，話さないわ。でも今日はホストブラザーがシングリッシュの例をいくつか教えてくれたの。❼B：それはよかったね！　理解できた？❽Y：うーん，私には難しすぎたわ！　実際，政府は「標準英語」を奨励しようとしているんだってホストブラザーが私に教えてくれたの。でもシンガポール人の多くは自分たちの独特な英語を誇りにしていて，家族や友達と話すときにはそれを使いたがるのよ。彼らにとってシングリッシュは，(2)(例)自分が何者であるかを表すことばなの。❾B：おもしろいなあ！　彼らの独特な文化の一部みたいだね。❿Y：そのとおりよ！　ここでは彼らの独特な文化を毎日経験できて楽しいわ。今ではシンガポールがずっと好きになったの！

(1)unusualは「普通でない，まれな」の意味。日記の本文3，4行目の内容を反映した文にする。「共働きで」は「両親のどちらも働いている」と表せばよい。「～する時間」はtime to ～ で表せる。

(2)‘see A as B’は「AをBと見なす」の意味。日記の最後から2行目の内容を反映した文にする。「～を表すことば」はto不定詞や関係代名詞を使ってthe language to express ～, the language that shows ～ などとすればよい。「自分(＝シンガポール人たち)が何者であるか」はwho they areで表せる。あるいは，「自分が何者であるかを表すことば」を「自分たちのアイデンティティーの象徴」と考え，a symbol of their identity などとしてもよいだろう。

4〔**長文読解総合―説明文**〕

《**全訳**》❶デイブ・ミーコはアメリカ南西部のアリゾナに住んでいる。他の住人たちと同じく，彼は1999年が暑く乾燥した年だと気づいた。次の年もまた乾燥していた。2001年もそうだった。その次の年は記録上最も乾燥した年だった。巨大なコロラド川の水位は急速に下がっていた。これは深刻な干ばつの始まりだった。誰もが「Aそれはどのくらい長く続くのか」と問い始めた。アリゾナ大学の科学者のミーコは，木々の中にその答えが見つかると考えていた。❷ミーコは年輪の専門家だ。彼は気候変動の情報を見つけるために木の内部の輪を研究している。毎年，木は木肌の新しい層を加える。それらの層は一連の輪のように見える。大雨が降る間は，輪は広くなる。水が足りないと，輪は狭くなる。それらの輪は降雨と気候変動を自然が記録したものなのだ。❸コロラド川の低い水位を人々が心配するのはもっともだとミーコはわかっていた。この川はメキシコの一部と7つの州の3000万を超える人々に水を供給する。ラスベガス，フェニックス，ロサンゼルスといった都市がそれに依存している。コロラド川がなかったら，この地は再び砂漠になるだろう。だからミーコは人々が心配し始めても驚かなかった。そして彼の電話が鳴り始めた。❹ミーコと彼の研究班はすぐに新しい研究プロジェクトを開始した。彼らの目的は以前の干ばつがどのくらい続いたかを知ることだ。研究班は古い木のサンプルをできるだけたくさん集めた。彼らは1200年前から現代までの木のサンプルを分析した。年輪を調査すると，過去の降雨の情報は良いものではなかった。❺ミーコの研究は20世紀が異常に雨の多い時代だったことを示した。この時代の木は，広く，健康的な年輪を持っていた。その世紀の間，何百万もの人々がその地域に移動した。だが，それ以前には干ばつが定期的に起こったことを年輪は示していた。事実，干ばつは通常の気候の型の一部だった。900年代，1100年代，そして1200年代後半にはひどい干ばつがあった。❻人類の歴史はミーコの発見を支持しているようだ。先住民のアナサジ族は500年頃から，数百年にわたりその地域で暮らした。彼らは農民であり，穀物を育てるために水を頼った。しかし，13世紀の終わりにアナサジ族は突然その地域を離れた。なぜアナサジ族が出ていったのか，正確なところは専門家にもわからない。それは農業に十分な水がもはやなかったからだと彼らは考えている。そしてミーコが調べた木の年輪は，その時代のひどい干ばつを明確に示していた。❼現在の干ばつはどのくらい長く続くのか。過去の自然からの手がかりを使って，専門家たちはこの干ばつがさらにもう50年続くと予測している。これはその地域の住民たちにとって深刻な問題だ。彼らはおそらくアナサジ族のようにその地域を離れたりはしないだろうが，この長い乾燥の時期の間，彼らは水を保護する必要があるだろう。

問1＜**適文選択**＞空所Aの問いへの答えは，木々の中に見出せる(次の文)。そして彼が着手した研究は干ばつの長さを探るのが目的だった(第4段落第1，2文)。また，まとめの段落である第7段落第1文は，問題提起となる空所Aの繰り返しになっていると考えられる。

問2＜**適語選択**＞前の3文では人々の生活に対するコロラド川の重要性が述べられている。よってその水位の低下を人々が心配するのは当然のこと，つまり驚くべきことではないと考えられる。

問3＜**適語選択**＞次の文から20世紀の年輪は広いとわかるが，それは雨量の多い時代の特徴である(第2段落最後から3文目)。

問4＜**英問英答**＞1．「第4段落の要点は何か」―ウ．「ミーコの研究班は過去の干ばつについて知るために木を調べた」　ミーコの研究方法について具体的に述べた段落だが，彼の研究と干ばつとのつながりを述べた第２文が特に重要と考えられる。　２.「第６段落の要点は何か」―ア.「歴史上の記録はミーコが見つけたものと合致する」　ミーコの発見は木を自然科学の見地から分析したものだが，それが歴史学の見地からも裏づけられることを示した段落である。

問５＜内容真偽＞１.「木の年輪はコロラド川の水位がなぜ急激に下がったかを説明する」…×　年輪からわかるのは干ばつの原因ではなくその長さである。　２.「ミーコと彼の研究班が集めた最も古い木のサンプルが1200年前のものだったのは，それより古いサンプルは水面下にあったからだ」…×　「水面下」という記述はない。　３.「今日の干ばつはおそらく10年以上続くことを研究は示している」…○　最終段落第２文に一致する。　４.「今日コロラド川周辺に住む人々は，水をためる必要があるからといってその地域を離れることはおそらくないだろう」…○　最終段落最終文に一致する。ここでの‘not ~ because …’は「…だからといって～ない」の意味と解釈するのが自然。　５.「木の年輪は大昔の気候の情報を提供するが，これは科学者たちが今日の気候を理解するのに役立つ」…○　年輪の研究(第４，５段落)を通じて，今日の干ばつの続く期間を予想している(最終段落第２文)。

5〔長文読解総合―エッセー〕

≪全訳≫❶私の夫は34歳で突然亡くなった。その後の１年間は悲しみに満ちていた。孤独は私をおびえさせ，８歳の息子を父親なしで育てることが私にできるのか，どうしようもないくらい心配していた。❷それはまた「私は知らなかった」という１年間でもあった。銀行は500ドル以下になった当座預金口座に追加料金を請求してきたが，私は知らなかった。私の生命保険は年金保険ではなく，定期保険だったが，私は知らなかった。食料雑貨は高かったが，私は知らなかった。私はいつも守られていたので，そのとき１人で人生を乗りきる準備が全くできていなかった。私はあらゆる段階で私の知らないことに脅かされていると感じた。❸食料雑貨にかかる費用が高いので，私は春，庭に木を植えた。その後，７月には小さな箱型冷蔵庫を買った。私はそれが家庭の食料代を抑えるのに役立つことを期待した。冷蔵庫が着いたとき，私は警告を受けた。「何時間かは電源につながないでください」と配達の人は言った。「オイルがなじむのに時間がかかります。あまり早く電源を入れると，ヒューズが飛んだりモーターが燃えたりしますよ」❹私はオイルや冷蔵庫のことは知らなかったが，ヒューズが飛ぶことなら知っていた。私たちの小さな家はたくさんのヒューズを飛ばしていたのだ。❺その夜遅く，私は冷蔵庫を使い始めようとガレージに行った。私はそれを電源につないだ。私は後ろに下がって待った。ヒューズが飛ぶこともモーターが過熱することもなく，それは音を立てて動き出した。私はガレージを出て車道を歩き，柔らかく暖かい空気を吸った。私の夫が亡くなってからまだ１年たっていなかった。私は近所の明かりに包まれて立ったまま，遠くにきらめく街の光を見つめていた。❻突然，真っ暗になった。どこも真っ暗だ。私の家に明かりがついていない。近所も明かりがついていない。街にも明かりがない。私は振り返ってガレージ――私はそこで自分の小さな冷蔵庫の電源を入れたばかりだった――をのぞき込んだとき，私は大声を上げていた。「ああなんてこと。知らなかったわ…」　私が冷蔵庫の電源を入れたのが早すぎたことで街全部のヒューズが飛んでしまったのだろうか？　そんなことがありえるだろうか？　私がやったのだろうか？❼私は走って家に戻ると，電池で動くラジオのスイッチを入れた。遠くにサイレンの音が聞こえ，警察が「冷蔵庫を持つ未亡人」の私を捕まえに来ているのではないかと恐れた。そのとき，酔った運転手が大通りの電信柱にぶつかったとラジオから聞こえた。❽私は救われた気持ちと恥ずかしい気持ちの両方を感じた。救われたのは私が停電を起こしたのではなかったからだ。そして恥ずかしかったのは私が停電を起こしたかもしれないと思っていたからだ。私はまた，暗闇に立っている間に，夫の死以来私が抱えていた恐怖心に何かが取って代わるのを感じた。私は自分の場違いな力にくすくすと笑っていたのだが，その瞬間に私のユーモアが戻ってきたのがわかった。私は，悲しみと恐怖の「私は知らなかった」の年を過ごしていた。悲しみがなくなったのではないが，自分自身の奥深いところで，私はまだ笑うことができた。その笑いは私を力づけた。だって私は街全部を停電させたんじゃなかったの？

問1＜文脈把握＞下線部(1)は街中が停電したことを指す(次の2文)。筆者は自分が停電の原因ではないかとおびえていたが(第6，7段落)，ラジオのニュースを聞いて安堵しているので(第7段落最終文〜第8段落第1文)，ラジオのニュースの内容が停電の原因と考えられる。　crash「衝突する」

問2＜文脈把握＞下線部(2)では筆者がガレージを見に戻っている。続きの部分に自分が冷蔵庫の電源を入れたことが停電を引き起こしたのではないかと不安に思っている筆者の言葉があるので，それが戻った理由と考えられる。

問3＜適文・適語選択＞①relief は「安堵感」の意味。筆者は停電を引き起こしたのは自分かもしれないと不安に思っていた(第6，7段落)。その後ラジオのニュース(第7段落最終文)で停電の原因が自分ではないとわかり安堵した。　②embarrassment は「恥ずかしさ」の意味。自分が街中を停電させたかもしれないという勘違いをしていたことを恥ずかしく思った。could の後に have caused the blackout が省略されていると考えられる。

問4＜要旨把握＞主人公の心境の変化は最終段落に詳しく述べられている。以前の心境は sorrowful「悲しんだ」，frightened「おびえた」，sadness「悲しみ」，以後の心境は humor「ユーモア」，laughter「笑い」，powerful「力強い」といった段落中の言葉を用いてまとめればよい。

問5＜内容真偽＞1.「女性はお金を節約するために冷蔵庫を買った」…○　第3段落第3文に一致する。　budget「予算」　2.「冷蔵庫を配達した人はどうやって電源を入れるか知らなかった」…×　そのような記述はない。　3.「女性は夫を殺したとして逮捕されることを恐れていた」…×　第6，7段落参照。逮捕を恐れたのは自分が停電を引き起こしたと思ったから。

〔放送問題〕解説省略

数学解答

1 (1)　$x=3$

(2)　(i)　$-\dfrac{128}{81}$　(ii)　$\dfrac{2\sqrt{2}-3\sqrt{6}}{2}$

(3)　$(a,\ b)=(39,\ 31),\ (43,\ 43),\ (2017,\ 4033)$

(4)　(i)　(例) 3つの面が集まる頂点と4つの面が集まる頂点があり，頂点に集まる面の数が全て等しい立体ではないので，正多面体ではない。

(ii)　$4\sqrt{6}$

2 (1)　(i)　$\dfrac{11}{25}$　(ii)　$\dfrac{12}{25}$　(2)　$\dfrac{3}{10}$

3 (1)　$\dfrac{7\sqrt{3}}{3}$　(2)　$\sqrt{7}$

4 (1)　4

(2)　(i)　$m=-\dfrac{1}{4}k^2$

(ii)　$(2+2\sqrt{2},\ 3+2\sqrt{2})$

5 (1)　2　(2)　$24+\sqrt{238}$

（声の教育社　編集部）

1〔独立小問集合題〕

(1)＜二次方程式＞$2x^2+4x-5x-10+\sqrt{5}x+10+7\sqrt{5}=x^2+2x+2\sqrt{5}x+4\sqrt{5}$，$x^2-3x-\sqrt{5}x+3\sqrt{5}=0$，$x(x-3)-\sqrt{5}(x-3)=0$とし，$x-3=A$とおくと，$xA-\sqrt{5}A=0$，$A(x-\sqrt{5})=0$，$(x-3)(x-\sqrt{5})=0$となる。よって，$x=3$，$\sqrt{5}$だから，有理数であるものは，$x=3$である。

(2)＜数・平方根の計算＞(i)与式$=\left(\dfrac{16}{9}-25\right)\left(\dfrac{2}{3}\div4+\dfrac{1-9}{16}\right)^2+1=\left(\dfrac{16}{9}-\dfrac{225}{9}\right)\left(\dfrac{2}{3}\times\dfrac{1}{4}+\dfrac{-8}{16}\right)^2+1=-\dfrac{209}{9}\times\left(\dfrac{1}{6}-\dfrac{1}{2}\right)^2+1=-\dfrac{209}{9}\times\left(\dfrac{1}{6}-\dfrac{3}{6}\right)^2+1=-\dfrac{209}{9}\times\left(-\dfrac{2}{6}\right)^2+1=-\dfrac{209}{9}\times\left(-\dfrac{1}{3}\right)^2+1=-\dfrac{209}{9}\times\dfrac{1}{9}+1=-\dfrac{209}{81}+\dfrac{81}{81}=-\dfrac{128}{81}$

(ii)$\dfrac{2+\sqrt{2}}{\sqrt{3}+1}=\dfrac{(2+\sqrt{2})\times(\sqrt{3}-1)}{(\sqrt{3}+1)\times(\sqrt{3}-1)}=\dfrac{2\sqrt{3}-2+\sqrt{6}-\sqrt{2}}{3-1}=\dfrac{2\sqrt{3}-2+\sqrt{6}-\sqrt{2}}{2}$，$\dfrac{\sqrt{2}}{\sqrt{3}-\sqrt{2}}=\dfrac{\sqrt{2}\times(\sqrt{3}+\sqrt{2})}{(\sqrt{3}-\sqrt{2})\times(\sqrt{3}+\sqrt{2})}=\dfrac{\sqrt{6}+2}{3-2}=\sqrt{6}+2$，$\dfrac{\sqrt{6}-3}{\sqrt{2}-2}=\dfrac{(\sqrt{6}-3)\times(\sqrt{2}+2)}{(\sqrt{2}-2)\times(\sqrt{2}+2)}=\dfrac{2\sqrt{3}+2\sqrt{6}-3\sqrt{2}-6}{2-4}=\dfrac{-2\sqrt{3}-2\sqrt{6}+3\sqrt{2}+6}{2}$だから，

与式$=\dfrac{2\sqrt{3}-2+\sqrt{6}-\sqrt{2}}{2}-(\sqrt{6}+2)+\dfrac{-2\sqrt{3}-2\sqrt{6}+3\sqrt{2}+6}{2}=$

$\dfrac{2\sqrt{3}-2+\sqrt{6}-\sqrt{2}-2(\sqrt{6}+2)-2\sqrt{3}-2\sqrt{6}+3\sqrt{2}+6}{2}=$

$\dfrac{2\sqrt{3}-2+\sqrt{6}-\sqrt{2}-2\sqrt{6}-4-2\sqrt{3}-2\sqrt{6}+3\sqrt{2}+6}{2}=\dfrac{2\sqrt{2}-3\sqrt{6}}{2}$となる。

(3)＜整数の性質＞$2a^2+8a-ab-4b=2021$より，$2a(a+4)-b(a+4)=2021$とし，$a+4=A$とおくと，$2aA-bA=2021$，$A(2a-b)=2021$，$(a+4)(2a-b)=2021$となる。a，bは正の整数だから，$a+4$は5以上の整数，$2a-b$は整数となる。$2021=1\times2021$，43×47だから，$(a+4,\ 2a-b)=(43,\ 47)$，$(47,\ 43)$，$(2021,\ 1)$が考えられる。$a+4=43$……①，$2a-b=47$……②のとき，①より，$a=39$となり，これを②に代入して，$2\times39-b=47$，$b=31$となる。同様にして，$a+4=47$，$2a-b=43$のとき，$a=43$，$b=43$となり，$a+4=2021$，$2a-b=1$のとき，$a=2017$，$b=4033$となる。よって，求める正の整数a，bの組は$(a,\ b)=(39,\ 31)$，$(43,\ 43)$，$(2017,\ 4033)$である。

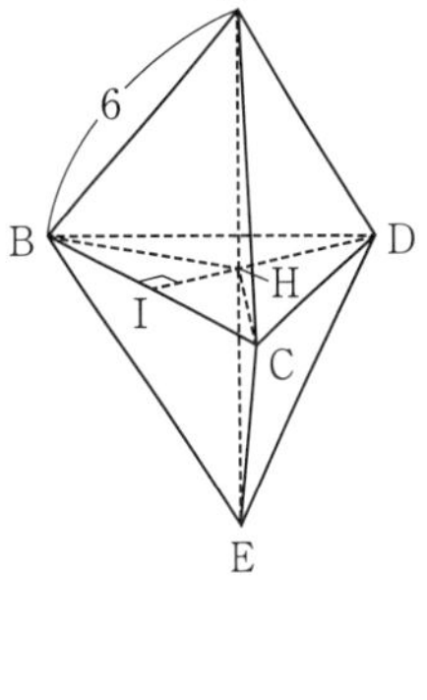

(4)＜図形—説明，長さ＞(i)正多面体は，全ての面が合同な正多角形で，1つの頂点に集まる面の数が全て等しく，へこみのない立体である。1辺の長さが

6の正四面体2つを貼り合わせてつくった六面体は前ページの図のような立体で，5点A，B，C，D，Eを定めると，頂点Aに集まっている面の数は3つ，頂点Bに集まっている面の数は4つで，異なっている。解答参照。　**(ii)**前ページの図で，最も長い線分は線分AEである。線分AEと面BCDの交点をHとし，点Hと3点B，C，Dをそれぞれ結ぶと，図形の対称性から，AE⊥〔面BCD〕，AH＝EH，BH＝CH＝DHとなる。BC＝CD＝DBだから，△HBC，△HCD，△HDBは合同な二等辺三角形となり，∠BHC＝∠CHD＝∠DHB＝$360^\circ \div 3 = 120^\circ$となる。点Hから辺BCに垂線HIを引くと，∠BHI＝∠CHI＝$\frac{1}{2}$∠BHC＝$\frac{1}{2}\times 120^\circ = 60^\circ$となるから，△BHIは3辺の比が$1:2:\sqrt{3}$の直角三角形である。また，点Iは辺BCの中点となるから，$\mathrm{BI}=\mathrm{CI}=\frac{1}{2}\mathrm{BC}=\frac{1}{2}\times 6=3$となる。よって，$\mathrm{BH}=\frac{2}{\sqrt{3}}\mathrm{BI}=\frac{2}{\sqrt{3}}\times 3=2\sqrt{3}$となり，△ABHで三平方の定理より，$\mathrm{AH}=\sqrt{\mathrm{AB}^2-\mathrm{BH}^2}=\sqrt{6^2-(2\sqrt{3})^2}=\sqrt{24}=2\sqrt{6}$となる。したがって，求める線分の長さは，$\mathrm{AE}=2\mathrm{AH}=2\times 2\sqrt{6}=4\sqrt{6}$である。

2〔確率―じゃんけんのカード〕

≪基本方針の決定≫(2)　考えられる勝ち，負け，あいこの回数を調べる。

(1)**＜確率＞(i)**A，Bとも1回目は5枚のカードの中から1枚を出すので，2人のカードの出し方は全部で$5\times 5=25$(通り)ある。このうち，Aが勝つのは，Aがグー，Bがチョキのときか，Aがパー，Bがグーのときである。Aはグーを4枚，Bはチョキを2枚持っているので，Aがグー，Bがチョキを出してAが勝つのは$4\times 2=8$(通り)ある。Aはパーを1枚，Bはグーを3枚持っているので，Aがパー，Bがグーを出してAが勝つのは$1\times 3=3$(通り)ある。よって，Aが勝つ場合は$8+3=11$(通り)だから，求める確率は$\frac{11}{25}$である。　**(ii)**(i)より，1回目の2人のカードの出し方は25通りあり，2回目は，A，Bとも残りの4枚の中から1枚を出すので，$4\times 4=16$(通り)ある。よって，2人の2回のカードの出し方は，全部で$25\times 16=400$(通り)ある。このうち，Aから見て勝ちが1回，あいこが1回となるのは，①1回目にAがグーで勝ち，2回目があいこ，②1回目にAがパーで勝ち，2回目があいこ，③1回目があいこで，2回目にAがグーで勝つ，④1回目があいこで，2回目にAがパーで勝つ，の4つの場合がある。また，あいこになるとき，2人が出すカードはグーである。①の場合，(i)より，1回目の出し方は8通りある。Aの持っているグーのカードは3枚となるので，2回目に2人ともグーを出すのは$3\times 3=9$(通り)となり，①の場合のカードの出し方は$8\times 9=72$(通り)ある。②の場合，(i)より，1回目の出し方は3通りある。Bの持っているグーのカードは2枚となるので，2回目に2人ともグーを出すのは$4\times 2=8$(通り)となり，②の場合のカードの出し方は$3\times 8=24$(通り)ある。③の場合，1回目に2人ともグーのカードを出すのは$4\times 3=12$(通り)ある。Aの持っているグーのカードは3枚となるので，2回目にAがグーで勝つのは$3\times 2=6$(通り)となり，③の場合のカードの出し方は$12\times 6=72$(通り)ある。④の場合，③の場合と同様に1回目は12通りある。Bの持っているグーのカードは2枚となるので，2回目にAがパーで勝つのは$1\times 2=2$(通り)となり，④の場合のカードの出し方は$12\times 2=24$(通り)ある。以上より，Aから見て勝ちが1回，あいこが1回となるのは$72+24+72+24=192$(通り)だから，求める確率は$\frac{192}{400}=\frac{12}{25}$である。

(2)**＜確率＞**Bの4回のカードの出し方は，1回目が5通り，2回目が4通り，3回目が3通り，4回目が2通りだから，全部で$5\times 4\times 3\times 2=120$(通り)ある。Bが勝つのは，Aがパー，Bがチョキを出す場合のみだから，Aがグー，グー，パー，グーの順番で出したとき，Bが勝つのは最大で1回である。また，あいこが4回になることもないので，4回の勝負が終了したときにAとBの勝った回数が等しくなるのは，勝ちが1回，負けが1回，あいこが2回となるときである。よって，Bは3回目にチョキを出して勝ち，1回目，2回目，4回目のいずれか1回チョキを出して負け，残りの2回はグーを出してあいことなる。したがって，Bの4回のカードの出し方は，①グー→グー→チョキ→チョキ，②グー→チョキ→チョキ→グー，③チョキ→グー→チョキ→グーの3つの場合となる。カードの出し方は，①のとき$3\times2\times2\times1=12$(通り)，②のとき$3\times2\times1\times2=12$(通り)，③のとき$2\times3\times1\times2=12$(通り)だから，AとBの勝った回数が等しくなる場合は$12+12+12=36$(通り)あり，求める確率は$\dfrac{36}{120}=\dfrac{3}{10}$である。

3 〔平面図形—三角形，円〕

≪基本方針の決定≫(1)　△DECに着目する。　　(2)　点Cから線分ADに垂線を引く。

(1)**＜長さ—特別な直角三角形＞**右図で，2点C，Dを結ぶ。$\angle BAD=\angle CAD=\dfrac{1}{2}\angle BAC=\dfrac{1}{2}\times60^\circ=30^\circ$だから，△AECで内角と外角の関係より，$\angle DEC=\angle CAD+\angle ACE=30^\circ+\angle ACE$である。また，$\overset{\frown}{BD}$に対する円周角より，$\angle BCD=\angle BAD=30^\circ$だから，$\angle DCE=\angle BCD+\angle BCE=30^\circ+\angle BCE$である。$\angle ACE=\angle BCE$だから，$\angle DEC=\angle DCE$となり，△DECは$DE=DC$の二等辺三角形である。次に，2点B，Dを結び，点Dから辺BCに垂線DFを引く。$\overset{\frown}{CD}$に対する円周角より，$\angle CBD=\angle CAD=30^\circ$となり，$\angle BCD=\angle CBD$だから，△BCDは$DB=DC$の二等辺三角形である。これより，点Fは辺BCの中点だから，$CF=\dfrac{1}{2}BC=\dfrac{1}{2}\times7=\dfrac{7}{2}$となる。△DCFは3辺の比が$1:2:\sqrt{3}$の直角三角形だから，$DC=\dfrac{2}{\sqrt{3}}CF=\dfrac{2}{\sqrt{3}}\times\dfrac{7}{2}=\dfrac{7\sqrt{3}}{3}$となり，$DE=\dfrac{7\sqrt{3}}{3}$である。

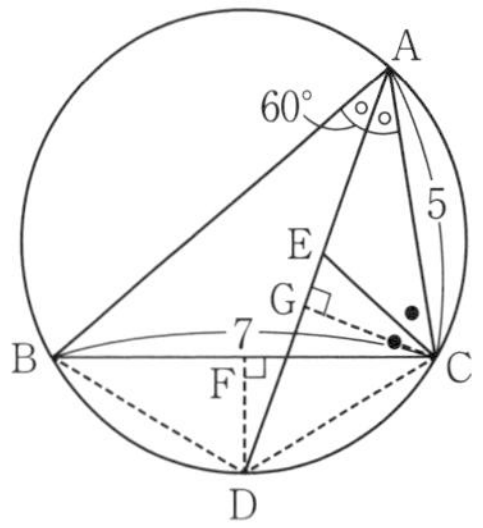

(2)**＜長さ—三平方の定理＞**右上図で，点Cから線分ADに垂線CGを引く。$\angle CAD=30^\circ$より，△AGCは3辺の比が$1:2:\sqrt{3}$の直角三角形だから，$CG=\dfrac{1}{2}AC=\dfrac{1}{2}\times5=\dfrac{5}{2}$である。△CGDで三平方の定理より，$DG=\sqrt{DC^2-CG^2}=\sqrt{\left(\dfrac{7\sqrt{3}}{3}\right)^2-\left(\dfrac{5}{2}\right)^2}=\sqrt{\dfrac{363}{36}}=\dfrac{11\sqrt{3}}{6}$となり，$EG=DE-DG=\dfrac{7\sqrt{3}}{3}-\dfrac{11\sqrt{3}}{6}=\dfrac{\sqrt{3}}{2}$となる。よって，△CEGで三平方の定理より，$CE=\sqrt{CG^2+EG^2}=\sqrt{\left(\dfrac{5}{2}\right)^2+\left(\dfrac{\sqrt{3}}{2}\right)^2}=\sqrt{7}$である。

4 〔関数—関数$y=ax^2$と直線〕

≪基本方針の決定≫(1)　$PQ=FQ$より，$PQ^2=FQ^2$である。

(1)**＜長さ—三平方の定理＞**右図1で，直線$y=-1$とy軸の交点をTとし，点P，点Qのx座標をkとする。点Pは関数$y=\dfrac{1}{4}x^2$のグラフ上にあるから，$P\left(k,\ \dfrac{1}{4}k^2\right)$である。点Qは直線$y=-1$上にあるから，$Q(k,\ -1)$である。よって，$PQ=\dfrac{1}{4}k^2-(-1)=\dfrac{1}{4}k^2+1$と表せる。また，$F(0,\ 1)$より，$FT=1-(-1)=2$，$TQ=k$であり，△FTQは$\angle FTQ=90^\circ$の直角三角形だから，三平方の定理より，$FQ^2=FT^2+TQ^2=2^2+k^2=k^2+4$となる。$PQ=FQ$より，$PQ^2=FQ^2$だから，$\left(\dfrac{1}{4}k^2+1\right)^2=k^2+4$が成り立つ。これより，$\dfrac{1}{16}k^4+\dfrac{1}{2}k^2+1=k^2+4$，$k^4-8k^2-48=0$，$(k^2)^2-8k^2-48=0$，$(k^2+4)(k^2-12)=0$となり，$k^2=-4$，$12$となる。$k>2$

図1

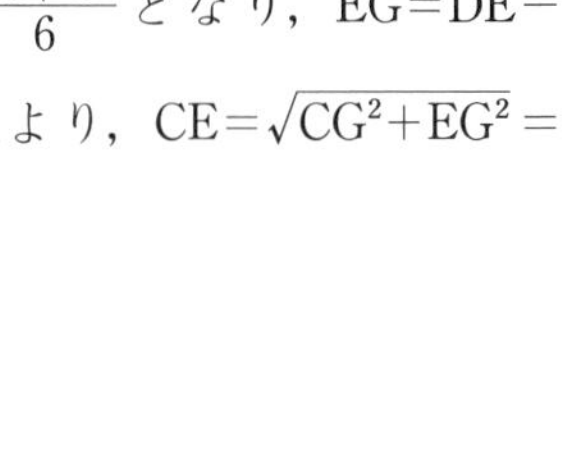

より，$k^2>4$ だから，$k^2=12$ であり，$k=\pm2\sqrt{3}$ となるので，$k=2\sqrt{3}$ である。このとき，$\frac{1}{4}k^2=\frac{1}{4}\times12=3$ となるので，$\mathrm{P}(2\sqrt{3},\ 3)$ である。点Fから線分PQに垂線FHを引くと，$\mathrm{FH}=k=2\sqrt{3}$，PH＝3−1＝2 となるから，△FHPで三平方の定理より，$\mathrm{FP}=\sqrt{\mathrm{FH}^2+\mathrm{PH}^2}=\sqrt{(2\sqrt{3})^2+2^2}=\sqrt{16}=4$ となる。

≪別解≫図1で，$\mathrm{F}(0,\ 1)$，$\mathrm{P}\left(k,\ \frac{1}{4}k^2\right)$ より，$\mathrm{FH}=k$，$\mathrm{PH}=\frac{1}{4}k^2-1$ だから，△FHPで三平方の定理より，$\mathrm{FP}=\sqrt{\mathrm{FH}^2+\mathrm{PH}^2}=\sqrt{k^2+\left(\frac{1}{4}k^2-1\right)^2}=\sqrt{\frac{1}{16}k^4+\frac{1}{2}k^2+1}=\sqrt{\left(\frac{1}{4}k^2\right)^2+2\times\frac{1}{4}k^2\times1+1^2}=\sqrt{\left(\frac{1}{4}k^2+1\right)^2}=\frac{1}{4}k^2+1$ となる。$\mathrm{PQ}=\frac{1}{4}k^2+1$ だから，FP＝PQ となる。よって，PQ＝FQ のとき，FP＝PQ＝FQ となるので，△FPQは正三角形となる。点Hは線分PQの中点となるから，PH＝HQ＝1−(−1)＝2 となり，FP＝PQ＝PH＋HQ＝2＋2＝4 である。

⑵＜**関係式，座標**＞**(i)**右図2で，⑴の≪別解≫より，$\mathrm{FP}=\frac{1}{4}k^2+1$ と表せる。よって，$\mathrm{FS}=\mathrm{FP}=\frac{1}{4}k^2+1$ である。$\mathrm{F}(0,\ 1)$ より，点Sの y 座標は $1-\left(\frac{1}{4}k^2+1\right)=-\frac{1}{4}k^2$ となるので，$m=-\frac{1}{4}k^2$ である。

図2

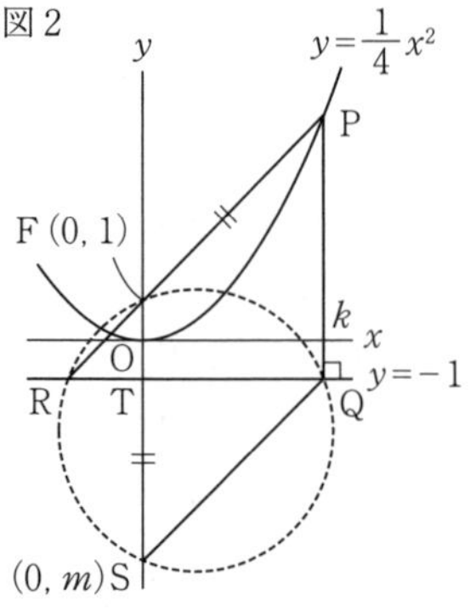

(ii)図2で，4点F，Q，S，Rが同一円周上にあるとき，$\overset{\frown}{\mathrm{RS}}$ に対する円周角より，∠TQS＝∠TFR となる。また，⑴より $\mathrm{PQ}=\frac{1}{4}k^2+1$，(i)より $\mathrm{FS}=\frac{1}{4}k^2+1$ だから，PQ＝FS である。PQ∥FS だから，四角形FPQSは平行四辺形となり，PR∥QS である。これより，∠TFR＝∠TSQ となる。よって，∠TQS＝∠TSQ となるから，TQ＝TS である。$\mathrm{TQ}=k$，$\mathrm{TS}=-1-m=-1-\left(-\frac{1}{4}k^2\right)=\frac{1}{4}k^2-1$ だから，$k=\frac{1}{4}k^2-1$ が成り立ち，$k^2-4k-4=0$ より，$k=\frac{-(-4)\pm\sqrt{(-4)^2-4\times1\times(-4)}}{2\times1}=\frac{4\pm\sqrt{32}}{2}=\frac{4\pm4\sqrt{2}}{2}=2\pm2\sqrt{2}$ となる。$k>2$ だから，$k=2+2\sqrt{2}$ であり，$\frac{1}{4}k^2=\frac{1}{4}\times(2+2\sqrt{2})^2=3+2\sqrt{2}$ となるので，$\mathrm{P}(2+2\sqrt{2},\ 3+2\sqrt{2})$ である。

5〔**空間図形―円柱，球**〕

≪**基本方針の決定**≫⑴　断面で考える。

⑴＜**球の個数**＞底面の半径が6，高さが29の円柱に，半径が5の球を入れるので，全ての球の中心を通り円柱の底面に垂直な断面を考えると，この断面は球と円柱の側面，底面の接点も通り，右図1のようになる。円の中心をO，P，Q，長方形の頂点をA，B，C，円と長方形の辺との接点をD，E，Fとし，点Oを通り辺BCに平行な直線と点Pを通り辺ABに平行な直線の交点をG，点Pを通り辺BCに平行な直線と点Qを通り辺ABに平行な直線の交点をHとする。∠OGP＝90°であり，OP＝5＋5＝10，OG＝BC−OE−PF＝6×2−5−5＝2 だから，△OPGで三平方の定理より $\mathrm{PG}=\sqrt{\mathrm{OP}^2-\mathrm{OG}^2}=\sqrt{10^2-2^2}=\sqrt{96}=4\sqrt{6}$ となる。よって，下から2個目の円Pの一番高いところにある点をIとすると，辺BCから点Iまでの距離はOD＋PG＋PI＝$5+4\sqrt{6}+5=10+4\sqrt{6}$ となる。$\sqrt{81}<\sqrt{96}<\sqrt{100}$ より，$9<4\sqrt{6}<10$，$10+9<10+4\sqrt{6}<10+10$，$19<10+4\sqrt{6}<20$ だから，$10+4\sqrt{6}<29$ である。同様

図1

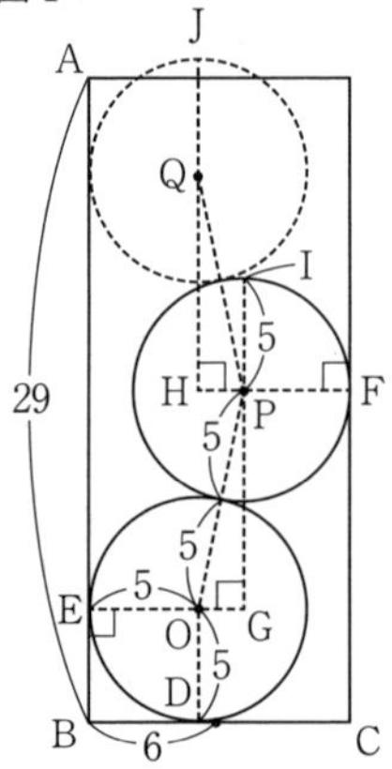

に考えて，$QH=PG=4\sqrt{6}$ となるから，下から3個目の円Qの一番高いところにある点をJとすると，辺BCから点Jまでの距離は，点Iまでの距離よりも線分QHの長さの分だけ長くなり，$(10+4\sqrt{6})+4\sqrt{6}=10+8\sqrt{6}$ となる。$8\sqrt{6}=\sqrt{384}$ だから，$\sqrt{361}<\sqrt{384}<\sqrt{400}$ より，$19<8\sqrt{6}<20$，$10+19<10+8\sqrt{6}<10+20$，$29<10+8\sqrt{6}<30$ となる。したがって，3個目の球が円柱からはみ出すことになるので，入れることができる球は最大で2個であり，P(6, 29, 5)＝2 となる。

(2)＜***h*の最小の値**＞まず，3個の半径12の円が入る，最も小さい円を考える。

図2

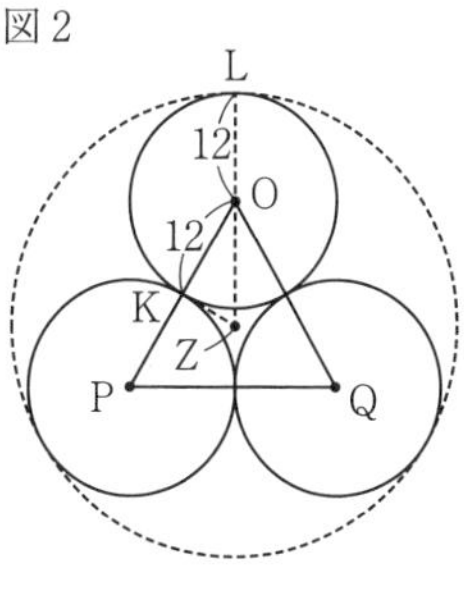

右図2で，3個の半径12の円の中心をO，P，Qとし，円O，P，Qが入る最も小さい円の中心をZ，円Oと円Pの接点をK，円Oと円Zの接点をLとする。△OPQは正三角形となるから，$\angle POQ=60^\circ$ であり，$\angle ZOK=\frac{1}{2}\angle POQ=\frac{1}{2}\times 60^\circ=30^\circ$ となる。$ZK\perp OP$ なので，△OKZは3辺の比が $1:2:\sqrt{3}$ の直角三角形である。$OZ=\frac{2}{\sqrt{3}}OK=\frac{2}{\sqrt{3}}\times 12=8\sqrt{3}$ となるので，円Zの半径は $ZL=OL+OZ=12+8\sqrt{3}$ である。$8\sqrt{3}=\sqrt{192}$ だから，$\sqrt{169}<\sqrt{192}<\sqrt{196}$ より，$13<8\sqrt{3}<14$，$12+13<12+8\sqrt{3}<12+14$，$25<12+8\sqrt{3}<26$ である。このことから，底面の半径が25の円柱に半径が12の球を入れたとき，3個の球が底面に接することはない。よって，円柱の底面に接する球は2個である。P(25, *h*, 12)＝4 となる *h* で最も小さくなるのは，右図3のように4個の球の中心をO，P，Q，Rとすると，球Oと球Pは底面に接して最も離れた位置にあり，球Qと球Rはともに球Oと球Pに接し最も離れた位置にある場合である。このとき，4点O，P，Q，Rを結ぶと四面体OPQRができ，辺OPの中点をM，辺QRの中点をNとすると，図形の対称性から，直線MNは円柱の底面に垂直になる。球Oと円柱の底面との接点をS，球O，球Pと円柱の側面との接点をそれぞれT，Uとし，球Qの一番高いところにある点をVとする。4点T，O，P，Uは一直線上にあり，線分TUは円柱の底面の直径と等しいから，$TU=25\times 2=50$ である。$OT=PU=12$ だから，$OP=50-12-12=26$ となる。同様に，$QR=26$ となる。また，$OQ=OR=PQ=PR=12+12=24$ である。$QN=RN=\frac{1}{2}QR=\frac{1}{2}\times 26=13$ であり，△OQRが二等辺三角形より，$ON\perp QR$ だから，△OQNで三平方の定理より，$ON^2=OQ^2-QN^2=24^2-13^2=407$ となる。同様に，$OM=13$ であり，△NOPが $ON=PN$ の二等辺三角形より，$MN\perp OP$ だから，△ONMで三平方の定理より，$MN=\sqrt{ON^2-OM^2}=\sqrt{407-13^2}=\sqrt{238}$ となる。したがって，円柱の底面から点Vまでの距離は，$OS+MN+QV=12+\sqrt{238}+12=24+\sqrt{238}$ となるので，求める最も小さい *h* は $h=24+\sqrt{238}$ である。

図3

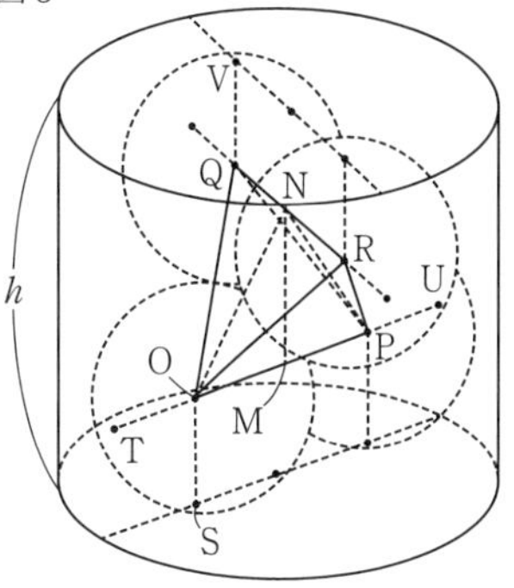

＝読者へのメッセージ＝

4では，FP，PQの長さがともに $\frac{1}{4}k^2+1$ と表せることから，FP＝PQとなりました。このことから，放物線 $y=\frac{1}{4}x^2$ 上の点は，F(0, 1)と直線 $y=-1$ から等しい距離にあることがいえます。逆にいうと，F(0, 1)と直線 $y=-1$ から等しい距離にある点の集まりは，放物線 $y=\frac{1}{4}x^2$ になります。

社会解答

1 問１　真珠湾　　問２　２　　問３　２

問４　４　　問５　４　　問６　３

問７　（例）朝鮮や台湾などの植民地や，満州などの中国で暮らしていた日本人が，終戦によって引き揚げてきたため。（48字）

問８　（例）兵器などの軍需品の生産が優先されて衣料などの生活必需品の供給量が不足するようになったため。（45字）

問９　３　　問10　４　　問11　４

問12　３　　問13　４

問14　（例）感染症の流行や貴族の反乱などによる社会不安を，仏教の力で鎮めようとしたため。（38字）

問15　（例）奴隷労働で生産した綿花などをイギリスに輸出し，工業製品を輸入していたため。（37字）

問16　（例）土地の所有者が，地価の３％を現金で納めるようになった。（27字）

2 問１　容器包装リサイクル法

問２　２　　問３　２　　問４　３

問５　(1)…１

(2)　（例）暫定予算を編成し，国会の承認を受けて執行する。

問６　６　　問７　５

問８　１　　問９　右図　　問10　４

問11　（例）１人の女性が一生のうちに産む子どもの平均人数。

問12　(1)…２　(2)…４

3 問１　２

問２　（例）製鉄の原料となる大量の鉄鉱石や石炭は重量が重く，原料の産出地から離れると輸送費がかかるため。

問３　露天掘り

問４　(1)…６　(2)…６

問５　(1)…３　(2)…２

(3)　（例）国家間の経済格差が大きく，自国よりも高い収入を求めるため。

(4)…イスラム教

問６　(1)…４　(2)…自動運転

問７　ターイエ〔大冶〕鉄山

問８　(1)　（例）川の水に土砂が混ざり，農業用水に悪影響を及ぼす。

(2)　（例１）農閑期のため，農業への悪影響が少なくなる。

（例２）農閑期のため，鉄穴流しの仕事が農民の副業となる。

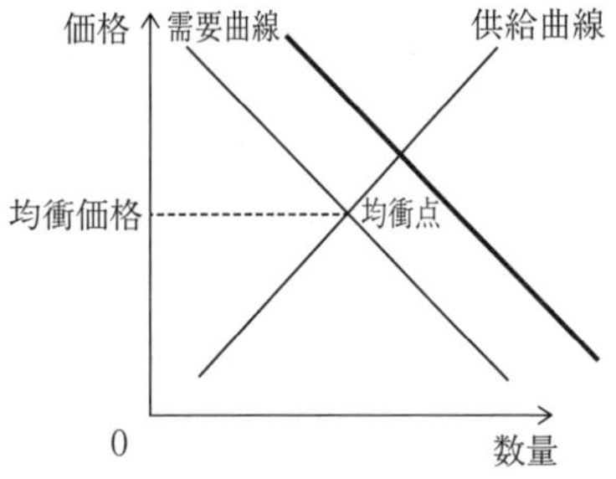

（声の教育社　編集部）

1〔歴史―総合〕

問１＜**太平洋戦争**＞1941年12月８日，日本海軍がハワイの真珠湾にあったアメリカ海軍基地を奇襲攻撃するとともに，日本陸軍がイギリス領マレー半島に上陸したことで，太平洋戦争が始まった。

問２＜**沖縄の歴史**＞15世紀前半の1429年，尚氏によって建てられた琉球王国は，16世紀後半にかけて，日本，東南アジア，明などを結ぶ中継貿易で栄えた（X…正）。1951年に結ばれたサンフランシスコ平和条約が翌1952年に発効したことにより，日本は独立を回復したが，沖縄や小笠原諸島は引き続きアメリカ合衆国の占領統治下に置かれた。沖縄は，1971年に結ばれた沖縄返還協定に基づき，翌

1972年に日本に返還された(Y…誤)。

問３＜**日中関係の歴史**＞平清盛が行った日宋貿易は私貿易であり，正式に国交を開いて宋との朝貢関係を結んだうえで行われたものではなかった(b…×)。日中戦争のきっかけとなったのは，1937年に北京郊外で起こった盧溝橋事件で，1931年に奉天郊外で起こった柳条湖事件は，満州事変のきっかけとなった事件である(c…×)。

問４＜**第二次世界大戦**＞サラエボ事件は，第一次世界大戦のきっかけとなった事件である(a…×)。第二次世界大戦では，ドイツ，イタリア，日本などの枢軸国と，イギリス，フランス，アメリカ合衆国，ソビエト連邦，中国などの連合国が戦った(c…×)。

問５＜**平成時代の出来事**＞阪神・淡路大震災は1995(平成７)年，細川護熙を首相とする非自民連立政権の成立は1993(平成５)年の出来事である。なお，第一次石油危機は1973(昭和48)年，環境庁の設置は1971(昭和46)年の出来事である(b，c…×)。

問６＜**明治時代の出来事**＞滝廉太郎は明治時代後半に活躍した音楽家で，「荒城の月」や「花」を作曲した。なお，明治新政府は1869年に版籍奉還を行い，藩主に土地と人民を政府へ返還させた。大政奉還は江戸時代末の1867年，第15代将軍徳川慶喜によって行われた(１…×)。普通選挙法は，大正時代末の1925年に成立した(２…×)。韓国に統監府が置かれたのは1905年のことで，1910年の韓国併合より前のことである。1909年に初代統監であった伊藤博文が暗殺されると，翌1910年に韓国併合が行われ，統監府に代わって朝鮮総督府が置かれた(４…×)。

問７＜**終戦後の人口増加**＞太平洋戦争終戦前，日本は朝鮮半島や台湾を植民地とし，中国東北部には満州国を建国してこれを支配していた。これらの地域で暮らしていた多くの日本人が終戦とともに日本に引き揚げてきたことに加え，平和になって死亡数が減り，出生数が増えたため，終戦後，日本国内の人口が急激に増加したのである。

問８＜**戦争中の物価**＞表１からは，日中戦争開戦の翌年にあたる1938年から，太平洋戦争が始まった1941年にかけて，一般鉱工業の生産量は増加傾向を示した後，太平洋戦争開戦後に減少したことがわかる。一方，兵器の生産量は増え続け，特に太平洋戦争開戦後の1942～44年に急増している。表２からは，日中戦争が始まった1937年には，綿糸や綿織物などの繊維製品が鉱工業生産額の上位にあったが，太平洋戦争開戦後の1942年には上位から姿を消していることがわかる。これらのことから，戦時中の物価高は，戦争が続く中で鉱工業生産の中心が兵器などの軍需品へと移り，繊維製品などの生活必需品の生産を圧迫したことによる品不足が原因となって起こったと判断できる。

問９＜**感染症の歴史**＞14世紀には，「黒死病」と呼ばれたペストがアジアからヨーロッパへと拡大し，多くの死者を出した。また，江戸時代末期には開国の影響でコレラが日本に持ち込まれ，感染が拡大した。

問10＜**平安時代の出来事**＞関東地方の平将門の乱と瀬戸内地方の藤原純友の乱は10世紀前半に起こり，合わせて承平・天慶の乱と呼ばれる。前九年合戦と後三年合戦は，11世紀後半に東北地方で起こった豪族や武士の争いである(a…×)。平安時代初めの804年，遣唐使船で唐に渡った最澄は帰国後，比叡山延暦寺を本山として天台宗を開いた(c…×)。

問11＜**14世紀の日本**＞室町幕府第３代将軍足利義満は，1392年に南北朝の統一を実現した。なお，北条泰時が御成敗式目を制定したのは，13世紀前半の1232年のことである(１…×)。永仁の徳政令が出されたのは13世紀末の1297年のことで，このときの執権は北条貞時である(２…×)。室町時代前半に能を大成したのは観阿弥，世阿弥父子で，雪舟は室町時代後半に日本風の水墨画を大成した人物である(３…×)。

問12＜**西ヨーロッパの歴史**＞1688年，イギリスで名誉革命が起こると，翌年，王権を制限し，議会の権利を確認する権利章典が定められた。なお，コロッセオや水道などの施設を備えたのは，ローマ帝国である(1…×)。16世紀前半，ルターはローマ教会による免罪符や教会の腐敗を批判し，宗教改革を始めた(2…×)。蒸気機関を改良して産業革命に貢献したのはワットで，フルトンは蒸気船を実用化させた人物である(4…×)。

問13＜**江戸時代の出来事**＞朱印状という渡航許可証を与えられた船による朱印船貿易は，鎖国政策が強化される中，1635年に日本人の海外渡航と帰国が禁止されたことにより，行われなくなった(a…×)。享保の改革では，キリスト教との関連がない漢訳洋書の輸入制限が緩和された(c…×)。

問14＜**大仏造立**＞奈良時代の前半，都では皇族や貴族の間の権力争いや地方での反乱，天然痘の流行などの社会不安が相次いでいた。聖武天皇は，こうした社会不安を仏教の力で鎮め，国を安らかに治めようとして，各国に国分寺・国分尼寺の建立を命じるとともに，都の平城京には東大寺を建て，中に金銅の大仏をつくらせた。

問15＜**南北戦争**＞19世紀後半，アメリカ合衆国では，工業が発展した北部と，綿花などの栽培が盛んな南部との間で対立が激しくなった。奴隷労働に支えられた綿花などの輸出を続けるため，南部は奴隷制を肯定し，自由貿易を求めた。これに対し，工業が発展していた北部は，国内の工業生産を守るために保護貿易を主張し，奴隷制に反対した。この対立が南北戦争(1861～65年)へと発展し，戦いはリンカン大統領が率いる北部の勝利で終わった。

問16＜**地租改正**＞江戸時代の年貢は，村ごとに定められた生産高に対して一定割合の年貢が課されていたが，1873年に明治新政府が行った地租改正では，地券を発行して土地所有者を確定し，土地所有者が，政府が定めた地価の3％(1877年以降2.5％)の地租を現金で納めることになった。

2〔公民―総合〕

問1＜**レジ袋有料化**＞プラスチックごみの増加による地球環境汚染を食い止めることなどを目的として，2020年7月にレジ袋の有料化が義務づけられた。これは，ごみを分別収集してリサイクルし，廃棄物を減らすために制定された容器包装リサイクル法の関係省令を改正するという形で実施された。

問2＜**中国**＞1949年に建国された中華人民共和国では，経済面では開放政策が進んでいるが，政治面では中国共産党の一党支配体制が続いている(X…正)。1997年にイギリスから中国に返還され，一国二制度の下，高度な自治権が認められてきたのは，香港である(Y…誤)。

問3＜**日本国憲法の規定**＞日本国憲法第73条の規定に基づき，内閣は法律を施行するための必要な決まりとして政令を定めることができるが，法律の委任がある場合を除き，罰則を設けることはできない(X…正)。違憲立法審査権は，最高裁判所だけではなく下級裁判所を含む全ての裁判所に与えられている(Y…誤)。

問4＜**教育に関する基本的人権**＞教育を受ける権利は，生存権や労働者の権利とともに，社会権に分類される(X…誤)。日本国憲法第26条第2項は，「すべて国民は，法律の定めるところにより，その保護する子女に普通教育を受けさせる義務を負ふ。義務教育は，これを無償とする」と定めている(Y…正)。

問5＜**衆議院の優越**＞(1)日本国憲法第60条の規定に基づき，内閣が作成した予算は，先に衆議院に提出しなければならない(X…正)。予算の議決や条約の承認，内閣総理大臣の指名において衆議院と参議院の議決が異なった場合には，両院協議会が開かれる。両院協議会で意見が一致しなかった場合は，衆議院の議決がそのまま国会の議決となる(Y…正)。　(2)会計年度が始まる4月までに予算が議決されないとき，内閣は行政の仕事を中断させないために暫定予算を作成し，これを執行する。正式に予算が議決されると，暫定予算は正式な予算に吸収される。

問6＜**地球環境問題**＞1972年にスウェーデンのストックホルムで開かれた国連人間環境会議では，「かけがえのない地球」をスローガンに「人間環境宣言」が採択され，1992年にリオデジャネイロで開かれた国連環境開発会議〔地球サミット〕では，生物多様性条約や気候変動枠組条約が調印された(ア，イ…×)。

問7＜**地方自治**＞日本やイギリスの国政で採用されている議院内閣制では，選挙で選ばれた議員で構成される議会で，行政の長を選出する。これに対し，地方自治では，議会の議員と地方行政の長である首長を別々に選挙で選出する。この仕組みは，二元代表制と呼ばれる(ア…×)。地方分権一括法の成立によって地方分権は進んだが，地方財政が国からの資金に依存している状態は大きく改善されなかったため，地方税などの独自財源の割合はまだ低い(ウ…×)。

問8＜**男女の雇用格差**＞日本では，学校を卒業して就職をした女性のうち，結婚や出産，育児に伴って仕事を辞め，子育てが一段落した後，再び就職する割合が他の先進国と比べて高いため，年齢階級別労働力率のグラフでは，30歳代前半で大きく労働力率が下がる「M字カーブ」を示していたが，近年，この傾向は弱まりつつある。

問9＜**需要と供給**＞需要量が増加すると，需要曲線は数量の大きくなる右にスライドする。供給曲線に変化がない場合，需要曲線と供給曲線が交わる均衡点は右上に移動するため，均衡価格は上昇する。

問10＜**国債**＞財政法では，未来の世代にも財産が残せることから，建設国債の発行が認められている。しかし，未来の世代に負担を背負わせることになるので，赤字国債の発行は認められていない。そのため，赤字国債の発行には特例法の制定が必要となる(X，Y…誤)。

問11＜**合計特殊出生率**＞15歳から49歳までの女性の出生率を合計したものを，合計特殊出生率という。合計特殊出生率は，１人の女性が一生のうちで平均して何人の子どもを産むかを表す。

問12＜**税**＞(1)1989年の導入時には３％だった消費税の税率は，1997年に５％，2014年に８％，2019年には10％に引き上げられた。間接税である消費税は景気変動の影響が少なく，一定の税収が見込めるので，税率の引き上げが税収の増加に直結する。また，2008年のリーマンショックは企業の収益に大きな影響を与え，法人税による税収が大きく落ち込んだ。　(2)所得税には累進課税が採用されており，所得の高い人ほど税率を高くすることによって，税の公平性を保っている(X…誤)。2019年10月に消費税の税率が８％から10％に引き上げられたが，所得の少ない人ほど負担が重くなるという逆進性を緩和するため，食料品などには軽減税率の８％が適用されている。しかし，この軽減税率は酒類や外食には適用されない(Y…誤)。

3〔地理―総合〕

問1＜**イギリスの工業**＞イギリス中部を南北に走るペニン山脈は古期造山帯に属し，付近に広がる豊かな石炭の鉱床は，イギリスの鉄鋼業を支えた(X…正)。産業革命期に発達したイギリスの工業都市のうち，西郊に鉄鉱石の産地を持ち，鉄鋼業が発達したのは，バーミンガムである。マンチェスターでは，綿工業が発達した(Y…誤)。

問2＜**製鉄所の立地**＞製鉄の原料となる鉄鉱石や石炭は重量が重く輸送費がかかるので，鉄鋼業は鉄鉱石や石炭の産地の近くで発達することが多かった。なお，日本など，原料となる資源が国内で十分に産出しない所では，原料の輸入に便利な臨海部に製鉄所が建設されている。

問3＜**露天掘り**＞オーストラリアでは主に，地表に露出した，あるいは地表付近の浅い地下にある鉱床を直接掘り進んで鉱石を採掘する，露天掘りという方法で石炭がとられている。

問４＜南アメリカ大陸＞⑴赤道に近いアマゾン川流域に位置するＡ（マナウス）は熱帯に属し，年中高温で降水量が多い熱帯雨林気候の特徴を示すウの雨温図が当てはまる。アンデス山中の高地に位置するＢ（ラパス）には，気温が低く，季節による変化の少ない高山気候の特徴を示すイの雨温図が当てはまる。大陸東岸の中緯度に位置するＣ（ブエノスアイレス）には，季節による気温の変化がはっきりしている温帯〔温暖〕湿潤気候の特徴を示すアの雨温図が当てはまる。　⑵ブラジルに渡った日系移民は，主にコーヒー農家の労働者となった（Ｘ…誤）。ブラジルは，日本が協力した土地改良などによって，世界有数のトウモロコシや大豆の生産国となった（Ｙ…誤）。出稼ぎで来日した日系ブラジル人には，愛知県や群馬県などにある自動車工場で働き，その周辺に居住する人が多い（Ｚ…正）。

問５＜EU＞⑴第二次世界大戦後，ヨーロッパの地域協同体として，西ドイツ，フランス，イタリア，オランダ，ベルギー，ルクセンブルクの６か国を原加盟国とするECSC〔ヨーロッパ石炭鉄鋼共同体〕が創設された。その後，ECSCはEEC〔ヨーロッパ経済共同体〕，EC〔ヨーロッパ共同体〕を経てEU〔ヨーロッパ連合〕へと発展した。なお，スペインの加盟は，1986年のECの時期である（Ｘ…誤）。EUにクロアチアが加盟したのは2013年のことで，2021年５月現在，それ以降の加盟国はない（Ｙ…正）。　⑵インドからの移民が多いＡ国は，インドのかつての宗主国であったイギリス，ポーランドからの移民が多いＢ国は，ポーランドと国境を接するドイツである。また，アルジェリアなどの北アフリカ諸国からの移民が多いＣ国は，かつてそれらの国を植民地とし，アフリカ大陸とは地中海を挟む位置関係にあるフランスである。　⑶EU加盟国内では，労働力の移動は自由にできる。図１を見ると，Ａ国〔イギリス〕やＢ国〔ドイツ〕は１人あたりGNIが高いのに対して，ルーマニアなどの東ヨーロッパ諸国の１人あたりGNIは低いことがわかる。このような経済格差があるため，経済的に貧しい国から豊かな国へと仕事を求めて移住する人が多くなるのである。

⑷アルジェリアやモロッコなどの北アフリカ諸国は，西アジアの国々とともに，イスラム教徒の多い国である。イスラム教徒の女性は，その教えに基づいて顔や肌を隠すため，ヒジャブやブルカなどのベールを着用する。

問６＜アメリカ合衆国の鉄鋼業＞⑴メサビ鉄山で産出した鉄鉱石は，五大湖の水運を利用してピッツバーグに運ばれるが，この２点を結ぶルートよりも東に位置するオンタリオ湖は通らない（Ｘ…誤）。ピッツバーグの東にはアパラチア山脈が連なり，炭田が分布している（Ｙ…誤）。　⑵「最新の技術」，「クルマの付加価値はハードからソフトに移り」などの記述から，走行実験を行っているのが自動運転車だと判断できる。

問７＜八幡製鉄所＞明治時代後半，現在の北九州市に八幡製鉄所が建設され，1901年に操業が開始された。この地が選ばれたのは，九州地方で石炭や石灰石が産出することと，中国から鉄鉱石を輸入するのに便利だったからである。八幡製鉄所に運ばれた鉄鉱石は，中国のターイエ〔大冶〕鉄山で産出されたものだった。

問８＜たたら製鉄＞⑴鉄穴流しでは，砂鉄と分けられた土砂が川の下流に流れていくため，下流では農業用水に悪い影響を与えた。また川床に土砂が堆積するため，洪水が起こる危険性も増した。

⑵冬を中心とした季節は農閑期にあたるので，下流の農業への影響が少ないだけでなく，鉄穴流しが農閑期の農民の副業として，農家の収入源となった。

理科解答

1 (1) ① (例)減数分裂により，対になった遺伝子

② 生殖細胞

(2) 血小板　(3) (ア)，(オ)　(4) (ウ)

(5) (ウ)

(6) あ…$\frac{1}{2}$　い…$\frac{1}{2}$　う…$\frac{1}{2}$　え…$\frac{1}{2}$

お…$\frac{1}{16}$　か…$\frac{1}{4}$　き…$\frac{1}{800}$

2 (1) ①…水酸化カリウム

②…$Ca(HCO_3)_2$

(2) ① CaO　② $Ca(OH)_2$

③ $NaHCO_3$　④ K_2CO_3

⑤ $NaOH$

(3) (ア)，(オ)

(4) (I) $Na_2CO_3+Ca(OH)_2$

$\longrightarrow 2NaOH+CaCO_3$

(II) $2NaHCO_3$

$\longrightarrow Na_2CO_3+H_2O+CO_2$

(III) $2NH_4Cl+Ca(OH)_2$

$\longrightarrow 2NH_3+CaCl_2+2H_2O$

(5) 名称…塩化カルシウム

記号…(ア)，(ウ)

3 (1) 岩石2　① チャート　② SiO_2

③ イ

岩石3　① 石灰岩　② $CaCO_3$

③ ア，ウ，エ

(2) ① (例)サンゴは浅い海に生息するから。

② (例)海山の頂部が海中に沈み，サンゴが死滅するから。

(3) ① 3.8億年前　② 1500km

4 (1) 45°

(2) 入射角…49°〔48°〕　現象…全反射

(3) 下図1　(4) (ア)　(5) 下図2

(6) ① r　② i

(7) ①…小さく　②…時計

(8) 下図3

(9) ①…∠BEC　②…赤　③…高い

④…低い

図1

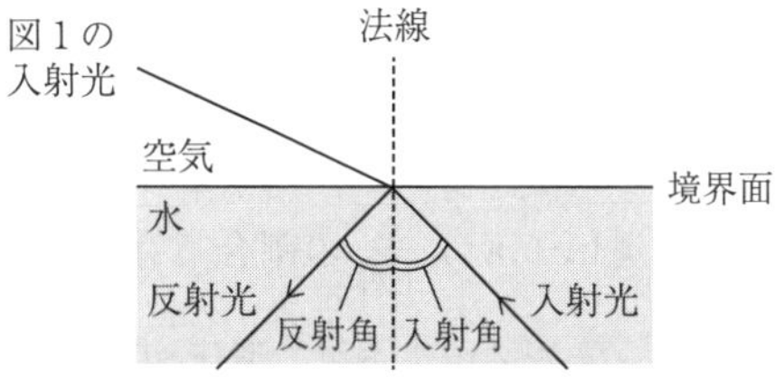

図2

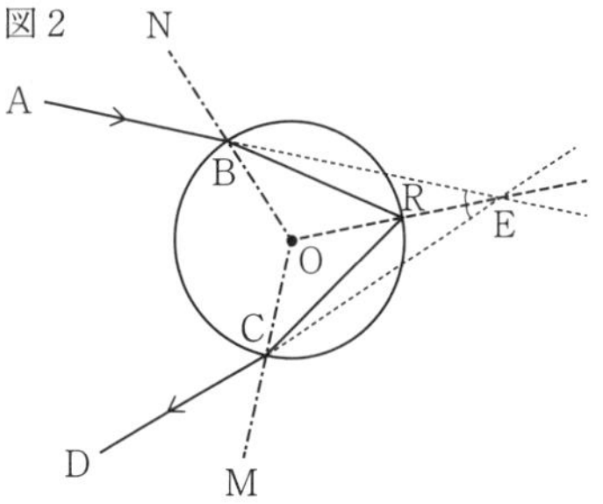

図3

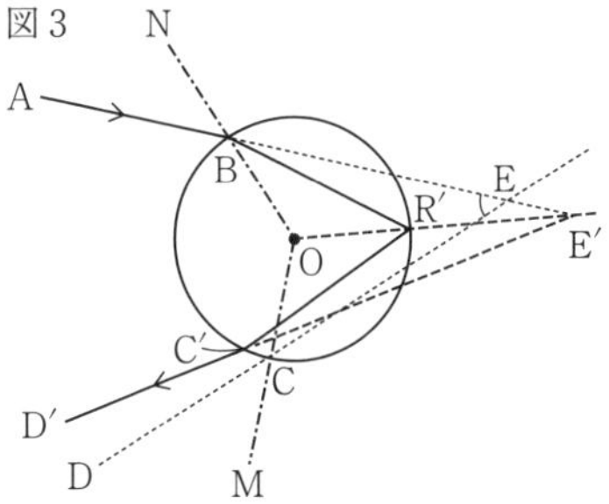

(声の教育社　編集部)

1〔生命の連続性〕

(1)＜**分離の法則**＞分離の法則は，減数分裂によって生殖細胞がつくられるとき，対になった遺伝子が分かれて，別々の生殖細胞に入ることである。

(2)＜**血小板**＞出血したときに血液をかためるはたらきをする成分は血小板である。血小板は赤血球よ

りも小さくて核を持たない細胞で，出血すると血液のかたまり(血ぺい)をつくり，出血を止める。

(3)＜**突然変異**＞(ア)…適切。体色の白化はメラニン色素を合成する遺伝子の突然変異によって起きる。この突然変異によって変異した遺伝子は子に伝わり，形質が何代も先に現れることもある。　(オ)…適切。ある細菌に対して効果のあった薬剤が効果を失うことがある。これは，突然変異により，その薬剤に対して抵抗性を持つ細菌が出現し，増殖するためである。　(イ)…不適切。インフルエンザにかかるのは，インフルエンザウイルスが体内に侵入し，増殖するためである。ヒトは発熱することで，インフルエンザウイルスの活動を弱めたり，増殖を抑えたりしている。　(ウ)…不適切。インフルエンザワクチンを打つとインフルエンザにかかりにくくなるのは，弱毒化されたインフルエンザウイルスを体内に入れることで，体内にインフルエンザウイルスの増殖を抑える仕組み(免疫)ができるためである。　(エ)…不適切。子に劣性(潜性)の形質が現れたのは，両親から劣性の形質を現す遺伝子を受け継いだためである。

(4)＜**遺伝の規則性**＞遺伝病Mは劣性(潜性)の遺伝病なので，対になっている遺伝子が同じ劣性の遺伝子aの場合のみ発病する。よって，発病する個体が持つ遺伝子の組み合わせはaaだけである。

(5)＜**遺伝の規則性**＞地域Sの肉牛の集団において，生殖細胞全体のx％が遺伝子aを持つものとすると，遺伝子aは$\frac{x}{100}$の割合で存在するから，遺伝子の組み合わせがaaになる割合は$\frac{x}{100}\times\frac{x}{100}=\frac{x^2}{10000}$となる。よって，遺伝病Mは40000頭に1頭の割合で発病するので，$\frac{x^2}{10000}=\frac{1}{40000}$が成り立つ。これを解くと，$x^2=\frac{1}{4}$より，$x>0$なので，$x=\frac{1}{2}=0.5$(％)である。

(6)＜**遺伝の規則性**＞対になった遺伝子は分かれて，別々の生殖細胞に入るので，父牛が持つ片方の遺伝子がオスの子牛に伝わる確率もメスの子牛に伝わる確率も$\underline{\frac{1}{2}}$あ，い　であり，子牛が持つ片方の遺伝子が孫牛に伝わる確率も$\underline{\frac{1}{2}}$う，え　である。よって，父牛が持つ片方の遺伝子がオスの子牛に伝わる確率は$\frac{1}{2}$，オスの子牛の生殖細胞に入る確率はさらに$\frac{1}{2}$になるので，父牛が持つ片方の遺伝子がオスの子牛の生殖細胞に入る確率は$\frac{1}{2}\times\frac{1}{2}=\frac{1}{4}$である。同様に，メスの子牛の生殖細胞に入る確率も$\frac{1}{4}$だから，図の血縁関係において，父牛が持つ片方の遺伝子が孫牛で対になってそろう確率は$\frac{1}{4}\times\frac{1}{4}=\underline{\frac{1}{16}}$お　である。これより，父牛と母牛の各一対のどの遺伝子についても，孫牛で対になってそろう確率は$\frac{1}{16}$なので，どれかが孫牛で対になってそろう確率は$\frac{1}{16}\times 4=\underline{\frac{1}{4}}$か　となる。また，(5)より，肉牛の集団がつくる生殖細胞全体のうち，遺伝子aが存在する生殖細胞の確率は$\frac{5}{1000}=\frac{1}{200}$である。したがって，図の血縁関係において，劣性(潜性)の遺伝病が発病する確率は$\frac{1}{200}\times\frac{1}{4}=\underline{\frac{1}{800}}$き　である。

2〔**化学変化と原子・分子**〕

(1)＜**化合物**＞カリウムイオン(K^+)と水酸化物イオン(OH^-)からできた物質は<u>水酸化カリウム</u>①(KOH)である。また，カルシウムイオン(Ca^{2+})と炭酸水素イオン(HCO_3^-)からできた物質は炭酸水素カルシウムである。炭酸水素カルシウムは電気的に中性なので，Ca^{2+}とHCO_3^-がそれぞれ持つ＋と－の電気の総和は等しい。よって，結びつくCa^{2+}とHCO_3^-の個数の割合は1：2になるから，化学式は$Ca(HCO_3)_2$②となる。

⑵＜**物質の化学式**＞①石灰石の成分は炭酸カルシウム($CaCO_3$)である。石灰石を約1000℃で加熱すると炭酸瓦斯(二酸化炭素(CO_2))を生じて生石灰が生じるから，この反応は，$CaCO_3 \longrightarrow CO_2 + CaO$となり，生石灰の化学式は$CaO$である。　②生石灰($CaO$)に水を加えると発熱しながら消石灰になる反応は，$CaO + H_2O \longrightarrow Ca(OH)_2$となるので，消石灰の化学式は$Ca(OH)_2$である。③重炭酸曹達(重曹)は炭酸水素ナトリウム($NaHCO_3$)である。濃い食塩水に安母尼亜瓦斯(アンモニア(NH_3))を溶かし，炭酸瓦斯(CO_2)を吹き込むと，塩安を含んだ水溶液ができて重曹が沈殿する反応は，$NaCl + H_2O + NH_3 + CO_2 \longrightarrow NaHCO_3 + NH_4Cl$となり，$NH_4Cl$が塩安(塩化アンモニウム)である。　④加里(炭酸加里)は，カリウムイオン(K^+)と炭酸イオン(CO_3^{2-})が結びついた炭酸カリウム(K_2CO_3)である。　⑤曹達(炭酸曹達)は，下線部(Ⅱ)より，炭酸ナトリウム(Na_2CO_3)である。苛性曹達は，曹達(Na_2CO_3)の水溶液に消石灰($Ca(OH)_2$)を混ぜた上澄み液中にでき，このとき，石灰石と同じ物質($CaCO_3$)が沈殿するので，この反応は，$Na_2CO_3 + Ca(OH)_2 \longrightarrow 2NaOH + CaCO_3$となり，苛性曹達は水酸化ナトリウム($NaOH$)である。

⑶＜**生石灰**＞生石灰は日常生活の中で乾燥剤，加熱剤(発熱剤)等に使われている。生石灰には，空気中の水分をよく吸収する性質があるので乾燥剤になり，また，水と激しく反応して発熱するので食品や缶飲料の加熱に利用されている。

⑷＜**化学反応式**＞化学反応式は，矢印の左側に反応前の物質，右側に反応後の物質の化学式を書き，矢印の左と右で原子の種類と数が等しくなるように係数をつける。下線部(Ⅰ)では，曹達(Na_2CO_3)の水溶液に消石灰($Ca(OH)_2$)を混ぜて，石灰石と同じ成分($CaCO_3$)が沈殿し，上澄み液中に苛性曹達($NaOH$)ができる。(Ⅱ)では，重曹($NaHCO_3$)を焼くと炭酸瓦斯(CO_2)と水蒸気(H_2O)を出して曹達(Na_2CO_3)になる。(Ⅲ)では，塩安(NH_4Cl)を含む水溶液に消石灰($Ca(OH)_2$)を加えて熱すると，安母尼亜瓦斯(NH_3)が発生し，塩化カルシウム($CaCl_2$)と水(H_2O)が生じる。

⑸＜**塩化カルシウム**＞⑷より，下線部(Ⅲ)の反応後の水溶液中に最も多く含まれる溶質は塩化カルシウム($CaCl_2$)である。塩化カルシウムは，空気中の水分をよく吸収するので湿気を取り除く除湿剤に利用され，水に溶けると熱を発生するので，路面の凍結防止と除雪のための融雪剤として利用されている。なお，反応後の水溶液にはアンモニアも溶けているが，含まれる質量は塩化カリウムの方が大きい。

3〔**大地のつくりと変化**〕

⑴＜**チャートと石灰岩**＞放散虫は二酸化ケイ素(SiO_2)を主な成分とする硬い殻を持つので，岩石2はチャートである。チャートは固い岩石で，火打ち石として使われることもある。一方，有孔虫の殻やサンゴの骨格は炭酸カルシウム($CaCO_3$)を主な成分とするので，岩石3は石灰岩である。石灰岩は，塩酸に溶けて二酸化炭素を発生し，目に見える大きさの化石がしばしば含まれる。また，土の酸性の度合いを弱めるとともに，カルシウムを供給するはたらきをするため，土壌の改良に細かくした石灰岩が利用される。

⑵＜**サンゴ礁の形成**＞①サンゴ礁はサンゴが成長することによって形成される。サンゴは浅い海でしか生息できないため，海面付近に達した海山の頂部周辺にのみサンゴ礁は形成される。なお，サンゴは体内に植物プランクトン(褐虫藻)がすんでいて，褐虫藻が光合成によってつくる栄養分を使って生活する。そのため，光合成に必要な光が届かない深い海でサンゴは生息することができない。

②海山がアジア大陸に近づくと，海洋プレートが海溝の下に沈み込むので，水深が深くなり，海山の頂部は海中に沈み，光が届かなくなる。そのため，サンゴは死滅するので，サンゴ礁の形成は止まる。

(3)＜**海洋プレートの移動**＞①放散虫は1000年で1cm堆積するので，厚さが300mになるには，300×100÷1×1000＝30000000より，0.3億年かかる。よって，海洋プレートが中央海嶺で生み出されたのは，約3.5億年前の0.3億年前だから，現在から，3.5億＋0.3億＝3.8億(年)前である。　②海底火山の活動が起きたのは，①より，海洋プレートが生まれてから0.3億年後である。海底火山の活動が起きた位置が，中央海嶺で生み出された海洋プレートが移動した距離に等しいとき，海洋プレートは中央海嶺から1年に5cmずつ離れるので，中央海嶺から，5×0.3億＝1.5億(cm)より，1500km離れた位置となる。

4 〔身近な物理現象〕

(1)＜**屈折角**＞図2より，レーザー光の入射角が70°のときの屈折角は，45°である。

(2)＜**全反射**＞光が水から空気へ進むとき，入射角を大きくすると屈折角が90°に近づき，90°になると屈折光は見られなくなる。図3より，レーザー光を水から空気へ入射したとき，屈折角が90°になるのは，入射角が約49°(48°)のときである。入射角がこれ以上大きくなると，入射光は，水面で全て反射するようになる。この現象を全反射という。

(3)＜**光線の逆進**＞図4のように，入射光の入射角を，図1の屈折光の屈折角と同じ大きさにしたとき，図4の屈折光の屈折角は，図1の入射光の入射角と等しくなる。よって，屈折光の道すじは，図1の入射光の道すじと一致する。

(4)＜**光の色と屈折角**＞図5より，空気から水に入射した場合も，水から空気に入射した場合も，赤色の光よりも紫色の光の方が大きく屈折する，つまり，紫色の光は赤色の光に比べ，空気から水へ入射した場合，右図1のように，屈折角は小さくなり，水から空気へ入射した場合，右図2のように，屈折角は大きくなる。よって，入射角と屈折角の関係は，(ア)のようになる。

図1

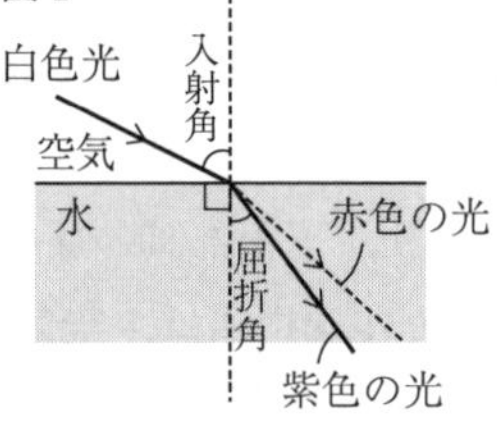

図2

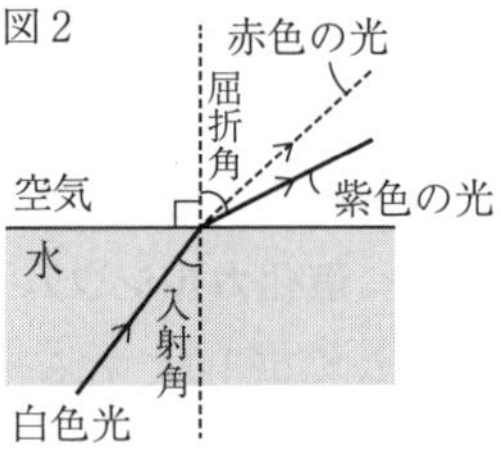

(5)＜**赤色の光の進み方**＞赤色の光が円上の点Rで反射するとき，右図3で，入射角∠ORBと反射角∠ORCは等しいこととOB＝OR＝OCより，△OBRと△OCRは合同な二等辺三角形なので，赤色の光が水滴に入るときの屈折角∠OBRと水滴から出るときの入射角∠OCRが等しいこと，(3)より赤色の光が水滴に入るときの入射角∠NBAと水滴から出るときの屈折角∠MCDは等しいことから，赤色の光が反射する点Rにおける法線は，図3のように，2点O，Eを通る直線となる。よって，点Rは直線OEと水滴を表す円の交点となる。

図3

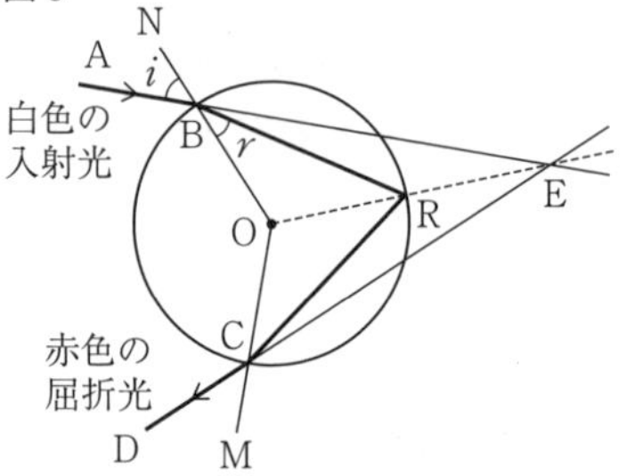

(6)＜**入射角と屈折角**＞①右上図3において，△OBRはOB＝ORの二等辺三角形なので，∠OBR＝rとすると，∠ORB＝∠OBR＝rである。よって，点Rで光は入射角と反射角が等しくなるように反射するので，∠ORC＝∠ORB＝rとなる。　②図3において，△OCRはOC＝ORの二等辺三角

形なので，∠OCR＝∠ORC＝r である。光が水滴に入るときの屈折角∠OBRと，水滴から出るときの入射角∠OCRが等しいので，(3)より，光が水滴に入るときの入射角∠ABNと，水滴から出るときの屈折角∠MCDは等しい。よって，∠ABN＝i とすると，∠MCD＝∠ABN＝i となる。

(7)＜**紫色の光の進み方**＞前ページの図1より，空気から水に進むとき，赤色の光よりも紫色の光の方が大きく屈折し，紫色の光の方が屈折角は小さくなる。そのため，右図4のように紫色の光が水滴内で反射する点R′は赤色の光が反射する点Rよりも時計回りにずれることになる。

図4

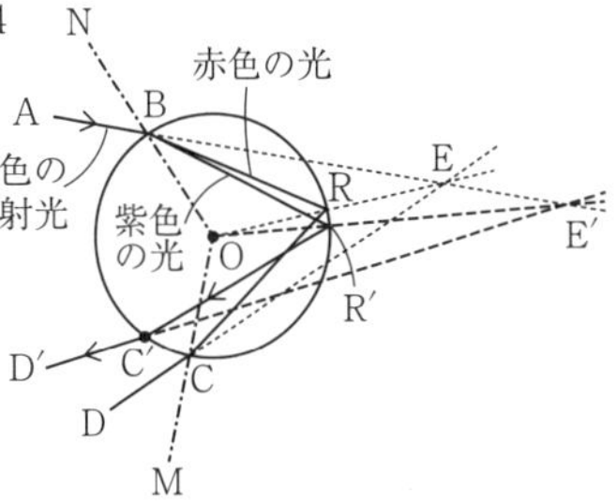

(8)＜**紫色の光の進み方**＞(7)より，右図4の点R′は，紫色の光が水滴内で反射する点である。∠OR′B＝∠OR′C′より，△OBR′≡△OC′R′だから，C′R′＝BR′となるようにとった点C′が2回目の屈折が起きる点である。これより，2点O，R′を結ぶ直線とABの延長線の交点がE′となり，2点E′，C′を結ぶ直線上に点D′があり，C′D′が紫色の屈折光の道すじになる。

(9)＜**虹の見え方**＞右上図4より，∠BE′C′よりも<u>∠BEC</u>①の方が大きいため，水平面に対して赤色の光の屈折光CDがつくる角度の方が紫色の屈折光C′D′がつくる角度よりも大きく，<u>赤</u>②色の光の方が見上げる角度が大きくなる。よって，右図5のように，虹を見る人には，赤色の光はより<u>高い</u>③位置に漂う水滴で屈折した光が，紫色の光はより<u>低い</u>④位置に漂う水滴で屈折した光が届いて見える。

図5

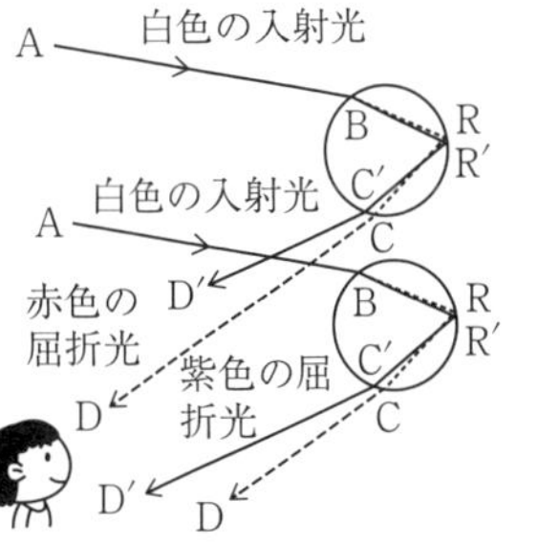

国語解答

一 問一 (a) あしもと (b) 疾病 (c) 被 (d) ゆえん

問二 ア　問三 エ

問四 日本において，身体のレベルで，秋の虫の音を風流とも野趣あふれるものとも受け取るようになっていく過程。(50字)

問五 人間の感覚器官は限定的にしか機能しないうえに，実在の世界と向き合う際には文化的なバイアスもかかるため，人間は，ごく限られたものしかとらえることができない，ということ。

二 問一 (a) 皆目 (b) 自嘲 (c) し

問二 ウ　問三 ア

問四 生垣の下に枯れ葉が分厚く積もるほど手入れが行き届いていない様子を見て，その家が売りに出されていることに納得がいった，ということ。

問五 「私」は，家主が来たというのでついに追い出されるかと緊張したが，二間を明け渡せばよいと聞いて緊張が緩み，家主の求めに従う気になった，ということ。

問六 イ　問七 ウ

三 問一 Ⅰ…ウ　Ⅱ…ア　Ⅲ…イ

問二 勘当　問三 イ　問四 ウ

問五 オ　問六 イ　問七 オ

(声の教育社　編集部)

一〔論説文の読解―文化人類学的分野―文化〕出典；山本雅男『近代文化の終焉――「人・モノ・情報」を見る眼』「文化と人と国家」。

≪本文の概要≫日本家屋でイギリス風の暮らしをしているイギリス人の家に招かれたとき，屋内では外履きを脱ぐという日本の習慣に慣れている私は，玄関で脚がすくんだ。このことから見ても，人間が文化に拘束された存在であることがわかる。文化的な拘束は，人間の生体的機能の全てにわたり，動物の鳴き声の聴こえ方が文化によって異なったり，西欧では単なる自然世界の音，ときには雑音と受けとめられる秋の虫の音が，日本では風流とも野趣あふれるものとも受け取られたりするのも，聴覚が文化によって左右されることを示す。そもそも人間は，感覚を媒介するかぎり非常に小さな窓からのみ実在世界を眺めているのであり，それに文化的なバイアスが加わるのであるから，人間は，本当に限られた見方で世界を見ているといえる。人間が語っている世界は，人間が構想した，主観による世界だと考えた方がよい。しかも，その主観は，地域やそれぞれの歴史によって，さまざまに異なる。複数の人間が協働してつくりあげる共同的な主観こそが，文化なのである。

問一＜漢字＞(a)足の下の辺りのこと。　(b)病気のこと。　(c)「被」は，受け身であることを表す語で，「被拘束」とは，拘束される，という意味。　(d)わけ，いわれのこと。

問二＜文章内容＞「私」は，イギリス人の友人の家の日本家屋で「招じられるままに玄関を入って，思わず脚が竦んでしまった」が，それは，「家のなかでは外履きを脱いで素足かスリッパに履き替えるという日本の習慣」が身についていたためである。家の中では外履きを脱ぐということは，「文化という社会的な約束事，いわば観念の産物にすぎないもの」であるが，それが身体の動きと連動していたのである。このことは，精神と肉体は別々のものだとする「心身二元論」とは，対照的である。

問三＜文章内容＞犬の鳴き声は，日本では「ワンワン」であるが，イギリスでは「bow wow」である。ネコやニワトリやヒツジの鳴き声も，文化によってそれぞれ異なっている。しかし，それは動物の鳴き声そのものが異なっているということではなく，「文化的な認知」の結果であるため，「言葉の種類とおなじ数だけ鳴き声の表現も可能だ」ということができる。ということは，「言葉」が，動物の鳴き声という「音」をつくり出しているといっても過言ではない。

問四＜文章内容＞「秋の夜長を彩るさまざまな虫の音」は，日本では「季節の徴表として風流とも野趣溢れるものとも受け取られて」いる。しかし，西欧では，「たんなる自然世界の音，ときには雑音とさえ受け止められている」のであり，その受けとめ方は全く異なっている。それは「右脳／左脳の受容器官の違い」によるという知見はあるが，日本では，理屈ではなく身体のレベルで「虫の音」を心地よいものとして受け取るような文化が形成されてきたのである。

問五＜文章内容＞「人間の感覚器官」は，聴覚にせよ視覚にせよ，「きわめて限定された範囲でしか実在の世界と向き合えない」ため，「感覚を媒介するかぎり，人間はひじょうに小さな窓からのみ実在世界を眺めているにすぎない」といえる。さらにそこに「文化的なバイアス(歪み)が加わる」となると，人間は，「小さな窓」よりもさらに限られた，「針の穴」ほどの隙間から見えるものしか見ていないことになる。

二〔**小説の読解**〕出典；永井龍男『そばやまで』。

問一＜漢字＞(a)全然，ということ。下に打ち消しの語を伴う。　(b)自分で自分をあざ笑うこと。
(c)「背水の陣を布く」は，失敗したら再起はできないことを覚悟して全力で事に当たる，という意味。

問二＜語句＞「鷹揚」は，ゆったりとしていること。

問三＜文章内容＞「私」は，「通勤生活」をやめ，「売文で暮しを立てる決心」をしていた。「早く一人立ちの生活もしたかった」が，「売文生活が成り立つものかどうか」自信はなく，「才能がないと見切りがつけば，支那そばの屋台でもなんでも曳くという腹はできて」いた。

問四＜文章内容＞「病葉」は，色づいて枯れ始めた葉のこと。「珊瑚樹の生垣の裾に，部厚な病葉のつもった」とは，「珊瑚樹」の生垣の下に，枯れ葉が分厚く積もっている様子である。家の外周りがそのような様子であるのは，住人による手入れができていないためだと考えられる。さらにいえば，家の生垣の辺りが手入れされていないのは，その家がいかにも売りに出された家であることを感じさせるということである。

問五＜文章内容＞「私」たち夫婦が移る先を決めることができずにいるうちに，家主の家にはもう，大連からの「引揚げ者」が入ってきた。そして，「私」の留守中に家主が来て，二間を引揚げ者のために明け渡してくれるなら，この家に無期限で住んでいてよい，と言った。帰宅した私は，家主が来たと聞いたときは，いよいよ追い出されるかと思って緊張し，身構えたが，家主の話の内容を聞くと少し安心し，そういうことなら家主の申し出を受け入れようかという気持ちになった。

問六＜心情＞「私」は，「通勤生活」をやめて「売文で暮しを立てる決心をしていた」が，家主の家に間借りをして，書き物をするのに適切な場所もなく，「玄関の沓脱ぎに椅子テーブルを置いた」状態で書き物をしていた。「シャツとパンツで，書き物をする自分が，代書屋を開業したように」思えるような姿で過ごしているため，職業を尋ねられても著述業と言いかけて，「実にてれくさかった」のである。

問七＜文学史＞大江健三郎は，1958(昭和33)年に『飼育』で芥川賞を受賞した。芥川賞受賞作家としては，当時最年少の23歳だった。

三〔**古文の読解―説話**〕出典；無住法師『沙石集』第七ノ七。

≪現代語訳≫故相州禅門の内にお側近くに仕える女房がいた。怒りっぽく，とげとげしい性格だったが，あるとき，成長した息子が同じように仕えていたのを，ちょっとしたことで，腹を立ててたたこうとしたところ，物に蹴つまずいてひどく転んで，いっそう怒りを我慢することができなくて，禅門に，「息子の某が，私をたたいたのです」と訴えたので，(禅門は，)「けしからぬことである」と言って，「その男を呼べ」ということになって，(禅門が)「本当に母をたたいたのか。母はこれこれと申している」と(息子に)お尋ねになった。(息子は)「本当にたたきました」と申し上げた。禅門は，「本当に不届きである，あってはならないことである」としかって，所領を召し上げ，流罪と決まった。／事が気まずくなったうえ，怒りもようやく収まって，あきれたことだと思われたので，母はまた禅門に，「腹の立つのにまかせて，この子が，(私を)たたいたと申し上げましたが，本当はそのようなことはありませんでした。大人げなく彼をたたこうとして，転んでしまいましたのを，腹立たしさのあまり訴え申し上げました。本当に処罰が下されますのはあまりのことでございます。お許しください」と申し上げて，異様なほどにまた泣いたりなどしたので，(禅門は)「それでは(息子を)呼べ」と言って，呼んで，詳しい事情をお尋ねになると，(息子は)「本当にはどうしてたたくことなどございましょう」と申したので，「それでは，なぜ初めから，ありのままに申さなかったのか」と，禅門がおっしゃると，(息子は)「母がたたいたと申しました以上，私の身はどのような罪にも沈みましょう。(けれども，)母をうそつき者には，どうしてできましょうか」と申したので，(禅門は)「すばらしい至孝の志の深い者である」と言って，大変感嘆して，別の所領を加えて賜って，ことさらにかわいがられるようになった。／末代の人には，めったにない，珍しいことだと思われる。

問一＜現代語訳＞Ⅰ. 女房は，「いささかの事」で息子に腹を立てていたが，それで息子をたたこうとしたときに，物に蹴つまずいてひどく転んでしまい，ますます怒りが増した。　**Ⅱ.**「かへすがへす」は，本当に，どう考えても，という意味。「奇怪」は，けしからぬこと，不届きであること。**Ⅲ.**「ねたさ」は，しゃくにさわる，腹立たしい，という意味の形容詞「ねたし」の名詞形。女房は，あまりに腹が立ったために，ついうそを言って息子のことを訴えたのである。

問二＜古文の内容理解＞「所領を召し，流罪に定まりにけり」とは，女房が禅門に息子のことを訴えた結果，禅門が息子に下した処罰である。禅門は，女房の訴えを聞いて，息子を「まめやか」に「勘当」したのである。「勘当」は，とがめのこと。

問三＜古文の内容理解＞女房が腹立ち紛れにありもしないことを言って息子を訴えたところ，息子は所領を取り上げられて流罪になってしまった。そのため，女房は気まずいことになったと感じた。

問四＜古文の内容理解＞直訳すれば，本当にはどうしてたたくことなどございましょう，という意味で，これは，実際にはたたいていない，という意味の反語表現である。禅門に改めて事情を尋ねられた息子は，母のことをたたいたりはしていないと，答えたのである。

問五＜古文の内容理解＞「至孝」は，このうえなく孝行であること。息子は，母をたたいたとして訴えられ，禅門に事情を尋ねられたときには，本当に母をたたいたと答えていた。それは，自分はどんな罪に問われてもよいが，母がそう訴えた以上，母の訴えを否定して母をうそつき者にしてしまうことはできないと，考えたからだった。息子は，そうまでして母を大事にしようとしたのである。

問六＜古文の内容理解＞母がうそをついて息子を訴えたとき，息子は母をうそつき者にしたくないという思いから，母の言うことは事実であると言って，自分は厳しい処罰を甘んじて受けた。末世となってもなおそんな深い孝行心を持った者がいることに，作者は感嘆している。

問七＜文学史＞『沙石集』は，鎌倉時代成立の無住法師が著した説話集。『宇治拾遺物語』は，鎌倉時代成立の説話集。『枕草子』は，平安時代に清少納言が著した随筆。『源氏物語』は，平安時代成立の紫式部が著したつくり物語。『竹取物語』は，平安時代成立の伝奇物語。『平家物語』は，鎌倉時代成立の軍記物語。

2021年度 渋谷教育学園幕張高等学校(帰国生選抜)

【英　語】（筆記・リスニング：50分　エッセイ：30分）〈満点：面接もふくめて100点〉

（注意）■ Before the listening section starts, you will have two minutes to read the questions.

■ You will hear the listening section recording **once**.

PART 1. LISTENING

Listen carefully to the passage. You may take notes or answer the questions at any time.

Write the letter of your answer on the answer sheet.

1. For how long have survivor testimonies been important for Holocaust commemoration ?
   A. 7 years　B. 17 years　C. 77 years　D. 70 years
2. Why are Holocaust remembrance advocates seeking creative ways to share witnesses' stories ?
   A. The world's Jewish population is rapidly aging.
   B. The number of Holocaust survivors is shrinking.
   C. Six million Jews were killed in the Holocaust.
   D. Younger generations do not like history.
3. Why did they decide to use an Instagram account ?
   A. There were many interesting Holocaust photos to post.
   B. Families of Holocaust victims use this social networking site.
   C. The project's co-producer invested money in Instagram.
   D. They wanted young people to remember the Holocaust.
4. Who did they create an Instagram account for ?
   A. Anne　B. Eva　C. Maya　D. Mati
5. How many Hungarian Jews were killed in the Holocaust ?
   A. 430,000　B. 568,000　C. 6 million　D. 516,000
6. Which is **not** part of the story told about the Heymans ?
   A. They lost their business and home.　B. They were deported to the ghetto.
   C. They heard a siren for two minutes.　D. They were sent to Auschwitz.
7. The Israeli prime minister urged Israelis to follow the account in order to
   A. remind them what they lost.　B. boost the number of followers.
   C. let survivors know that Israelis care.　D. boost his public approval rating.
8. Why did the Kochavis choose Heyman's diary ?
   A. They wanted to recreate Anne Frank's diary with someone new.
   B. They believed today's children and teenagers could connect with her life.
   C. She was less famous than Anne Frank, which would get her more attention.
   D. She wrote about things during the Holocaust that had never been heard of before.
9. What was the controversy that arose from creating this Instagram account ?
   A. People worried it could make the Holocaust seem less important.
   B. Critics could not understand the new internet lingo.
   C. Not enough people were interested in following the account.
   D. People thought advertisements would get in the way of the message.

10. Which is **not** a reason given for using interactive technology for Holocaust remembrance?
A. It captures young people's attention.
B. Physical relics are disintegrating.
C. Teenagers avoid reading about history.
D. Human memories are fading.

※**＜リスニング問題放送原稿＞**は英語の問題の終わりに付けてあります。

PART 2. GRAMMAR

There may be an error with grammar, structure, expression, or punctuation in the underlined parts of the following sentences.

If you find an error, select the best replacement for the underlined part and write the letter on the answer sheet. If you think there is no error, select letter A.

1. Public transportation, such as a bus and a train, can help to reduce air pollution.
A. a bus and a train [**NO ERROR**]　B. the bus and the train
C. buses and trains　D. bus and train

2. Tomorrow, I plan to clean the house, taking the dog to the vet, and doing the laundry.
A. plan to clean [**NO ERROR**]　B. have to clean
C. plan cleaning　D. plan on cleaning

3. My umbrella, that was stolen yesterday, cost more than $50.
A. that [**NO ERROR**]　B. which　C. what　D. where

4. Next Saturday, Ginny would be working here for 20 years.
A. would be working [**NO ERROR**]　B. will have been working
C. had been working　D. will be working

5. What he lacks with character, he makes up for with his brilliant intellect.
A. with [**NO ERROR**]　B. for　C. in　D. of

6. I will either buy a bicycle or a skateboard for Christmas this year.
A. I will either buy [**NO ERROR**]　B. Either will I buy
C. I will buy either　D. I will neither buy

7. Speeding down the hallway, the doors to the gym came into view.
A. the doors to the gym came into view [**NO ERROR**]
B. the impatient teacher was waiting outside the classroom
C. the wet floors were an ever-present danger
D. the boy tripped and went crashing into the lockers

8. The senior members on the board speak last at the company's quarterly meetings.
A. speak [**NO ERROR**]　B. will have been spoken　C. speaks　D. spoken

9. The police advised that no valuables are left inside our vehicles overnight.
A. are left [**NO ERROR**]　B. are leaving　C. be left　D. left

10. My friend is from New York City therefore she speaks incredibly fast.
A. New York City therefore she speaks [**NO ERROR**]
B. New York City and, therefore, speaks
C. New York City; therefore she is speaking
D. New York City: therefore she speaks

PART 3. VOCABULARY

Select the best word or words to complete the following sentences and write the letter on your answer sheet.

1. After the revolution, the king was forced to ______.
   A. vindicate B. abdicate C. escalate D. reprobate
2. High motivation generally ______ with better grades.
   A. correlates B. denotes C. associates D. relates
3. Lack of access to education has one of the biggest ______ on our chances of success in life.
   A. results B. criteria C. affects D. impacts
4. Earth has only ________ amount of resources.
   A. a ludicrous B. an infinite C. a finite D. an ample
5. The politician was ______ for telling lies, and consequently lost her re-election bid.
   A. notorious B. relentless C. respected D. credited
6. Jane's ______ personality often clashed with her sister's ______ nature.
   A. introverted . . . introspective B. flamboyant . . . quiet
   C. outgoing . . . outrageous D. tumultuous . . . wild
7. Under the ______ weight of her guilt, Siobhan decided to ______ to her friend.
   A. staggering . . . apologize B. immense . . . atone
   C. considerable . . . absolve D. miniscule . . . confess
8. After Karen's secret was ______, the media began to ______ her differently.
   A. blathered . . . show B. released . . . handle
   C. illuminated . . . treat D. revealed . . . portray
9. Abel displayed his wealth ______, which was ______ for his less attention-seeking siblings.
   A. freely . . . oppressive B. substantially . . . awkward
   C. titanically . . . encouraging D. ostentatiously . . . embarrassing
10. The advantageous ______ of silicon make it a ______ component of many electronics.
   A. deficiencies . . . complex B. characteristics . . . limited
   C. properties . . . versatile D. state . . . viable

PART 4. READING COMPREHENSION

Read the following scene and answer the questions.

Adapted from *The Matchmaker*
by Thornton Wilder

Living-room of Mr Vandergelder's house, over his hay, feed, and provision store in Yonkers, fifteen miles north of New York City. Articles from the store have overflowed into this room; it has not been cleaned for a long time and is in some disorder, but it is not sordid or gloomy.

Mr Vandergelder's Gladstone bag, packed for a journey, is beside the desk. It is early morning.

[VANDERGELDER, *sixty and choleric, wears a soiled dressing gown. He is seated with a towel around his neck, in a chair beside the desk, being shaved by* the barber, JOE SCANLON. VANDERGELDER *is smoking a cigar and holding a hand mirror.* AMBROSE KEMPER, *thirty, dressed as an artist, is angrily striding about the room.*]

VANDERGELDER [*loudly*] : I tell you for the hundredth time you will never marry my niece.

AMBROSE : And I tell you for the thousandth time that I will marry your niece ; and right soon, too.

VANDERGELDER : Never !

AMBROSE : Your niece is of age, Mr Vandergelder. Your niece has consented to marry me. This is a free country, Mr Vandergelder — not a private kingdom of your own.

VANDERGELDER : There are no free countries for fools, Mr Kemper. Thank you for the honour of your visit — good morning.

JOE : Mr Vandergelder, will you please sit still one minute ? If I cut your throat it'll be practically unintentional.

VANDERGELDER : Ermengarde is not for you, nor for anybody else who can't support her.

AMBROSE : I tell you that I can support her. I make a very good living.

VANDERGELDER : No, sir ! A living is made, Mr Kemper, by selling something that everybody needs every day. You artists produce something that nobody needs at any time. You may sell a picture once in a while, but you'll make no living.

AMBROSE : Not only can I support her now, but I have considerable expectations.

VANDERGELDER : *Expectations !* We merchants don't do business with them. I don't keep accounts with people who promise somehow to pay something someday, and I don't allow my niece to marry such people.

AMBROSE : Very well, from now on you might as well know that I regard any way we can find to get married is right and fair. Ermengarde is of age, and there's no law . . .

[VANDERGELDER *rises and crosses towards Ambrose.* JOE SCANLON *follows him complainingly and tries to find a chance to cut his hair even while he is standing.*]

VANDERGELDER : Law ? Let me tell you something, Mr Kemper : most of the people in the world are fools. The law is there to prevent crime ; we men of sense are there to prevent foolishness. It's I, and not the law, that will prevent Ermengarde from marrying you, and I've taken some steps already. I've sent her away to get this nonsense out of her head.

AMBROSE : Ermengarde's . . . not here ?

VANDERGELDER : She's gone — east, west, north, south. I thank you for the honour of your visit.

[*Enter* GERTRUDE — *eighty; deaf; half-blind; and very pleased with herself.*]

GERTRUDE : Everything's ready Mr Vandergelder. Ermengarde and I have just finished packing the trunk.

VANDERGELDER : Hold your tongue !

[JOE *is shaving Vandergelder's throat, so he can only wave his hands vainly.*]

GERTRUDE : Yes, Mr Vandergelder, Ermengarde's ready to leave. Her trunk's all marked, Care Miss Van Huysen, 8 Jackson Street, New York.

VANDERGELDER : Hell and damnation ! Didn't I tell you it was a secret ?

AMBROSE : [*picking up hat and coat — kissing Gertrude*] : Care Miss Van Huysen, 8 Jackson Street, New York. Thank you very much. Good morning, Mr Vandergelder.

[*Exit* AMBROSE, *to the street.*]

VANDERGELDER : It won't help you Mr Kemper —

Choose the letter of the best answer to each question and write it on the answer sheet.

1 . Mr Vandergelder's living room can best be described as
A . dirty and repulsive. B . clean but disorganized.
C . messy but comfortable. D . jumbled and murky.

2 . Mr Vandergelder's phrase "for the hundredth time" and Ambrose's phrase "for the thousandth time" are examples of
A . hyperbole. B . alliteration. C . oxymoron. D . metaphor.

3 . Ambrose claims that Mr Vandergelder's niece is all of the following **except**
A . willing to marry him. B . free to marry him.
C . obliged to marry him. D . old enough to marry him.

4 . When Mr Vandergelder thanks Ambrose "for the honour" of his visit, his tone is most likely
A . sincere. B . desperate. C . amicable. D . sarcastic.

5 . By using the phrase "practically unintentional", Joe Scanlon ironically implies that, if he cuts Vandergelder's throat, it will be
A . generally intended. B . mostly accidental.
C . carefully planned. D . totally expected.

6 . When Ambrose claims that he has "considerable expectations", he implies that he has
A . many obligations. B . plenty of offers.
C . heavy responsibilities. D . great prospects.

7 . Ambrose believes that his intention to marry Mr Vandergelder's niece is
A . necessary. B . mandatory. C . legitimate. D . urgent.

8 . Gertrude is most likely "very pleased with herself" because
A . she mistakenly thought Mr Vandergelder was thanking her.
B . she has completed her preparations faster than expected.
C . she has managed to prepare everything without help.
D . she is deliberately ruining Mr Vandergelder's plans.

9 . What is Ambrose's most likely reason for kissing Gertrude ?
A . He is thanking her for helping him.
B . He is in a hurry to leave.
C . She has finished packing very quickly.
D . She is his grandmother.

10. Which of the following is the most accurate description of Mr Vandergelder ?
A . He is sly and stubborn.
B . He is proud and considerate.
C . He is vain and naive.
D . He is crafty and composed.

PART 5. READING COMPREHENSION

Read the following article and answer the questions.

Adapted from "Can Artificial Crowd Noise Match the Thrill of Packed Stadiums ?"

by Bianca Hillier

In 2020, the lyrics "take me out to the ball game" have a rather bleak meaning. As professional sports have tiptoed back to the playing field, league officials and television executives around the world have come to a consensus : that sporting events without the accompaniment of crowd noise are simply too jarring, too unfamiliar, and too boring for the typical fan to endure. There are no roaring fans packed into stands or block parties. Still, the cheers and jeers must come from somewhere. Teams, leagues, and broadcasters around the world are, however, taking different approaches to providing artificial crowd noise for games.

In South Africa, curating these sounds has been top of mind for broadcaster SuperSport. "Replicating the atmosphere of the fans behind a closed-door match is hard because South Africans have a very unique fan culture," said Dheshnie Naidoo of SuperSport International. "The popular *vuvuzela* that was made famous at the 2010 soccer World Cup still remains abuzz at our stadiums." For that reason, according to Naidoo, it has been important that fans at home hear the *vuvuzela* since football restarted in South Africa in August. Those sounds, along with all of the other cheers and crowd noises, are sourced from previous matches. "We have audio samples for specific scenes. The ahs and the oohs. How your fans would react," Niadoo said. While the system is vastly different from pre-pandemic life, she added, it's exciting to see the changes happening : "We're now getting to try out different ways of doing things from the norm. So, the new normal."

Alvin Naicker, Naidoo's co-worker, said the company has had to think very carefully about how it wants to incorporate crowd noise. One solution it plans to implement is having two audio operators in the stadium who each focus on playing different sounds. "Obviously, you need a very sharp and cued up audio operator," Naicker said. "So we decided to have two people : one to control cheering and one for disappointment." Both colleagues said they're confident their plans will closely match the real experience of being in the stands. "When the camera is on a close-up and you're getting all this audio — you actually forget that it's an empty stadium and think, 'Wow, this is actually awesome,'" Naicker said. "I think it's more disconcerting for the players, who don't have that energy coming through from the 12th person on the field."

MyApplause, an app from a German-based company, lets fans control which noises are blasted through stadium speakers. People at home simply select their team and the match. Brad Roberts, head of International Sales, explains, "When you download the app, you have four options : Cheer, clap, sing, and whistle. The sound of the fans reacting in real-time — this is what gets played through the stadium speakers so the players can hear it. In return, that sound gets picked up through the TV cameras and comes back through the TV." That way, Roberts said, not only are the fans transported to the stadium, but the players are also able to receive the energy from the crowd's cheers. Jürgen Kreuz, the campaign manager, says players have told them that it makes a difference to know that the cheers are actually coming from the fans. "There were some players from the UK — from Manchester and Leeds — who said that if there is fake crowd noise, it's OK," Kreuz said. "But knowing that it was created by people at home — that's a completely different story. Because they feel like, 'Wow, there are people watching us and supporting us.'" However, there have been some concerns about the legitimacy of the App's functions. Certain cheers have different significance and meaning around the world. For example, Kreuz said they received feedback from Australian leagues that their fans don't "boo" often. "In England, if you don't have the boos or the whistling, that will be like, OK, the app is not worth anything," Kreuz added.

But regardless of how the game sounds, most fans have expressed nothing short of desperation for sports to re-enter their lives. Some people don't mind the fake crowd noise. Others think it's distracting and disingenuous. Broadcasters have largely left it up to viewers to decide by offering games with or without artificial crowd noise. "We're very hopeful that we will create the very best audio experience," Naidoo said. But she also acknowledges that not everyone is a fan of artificial crowd noise. "The viewer would have the option to switch it off if it's not their preference," she said.

Choose the letter of the best answer to each question and write it on the answer sheet.

1. The article suggests the lyrics "take me out to the ball game" have a rather bleak meaning because
   A. it is now difficult to get tickets for games.
   B. in 2020 fans cannot attend stadiums to cheer on their team.
   C. fans do not want to spend money on live sporting events.
   D. many sports stars have contracted COVID-19.
2. In the first paragraph, why does the author repeat the word "too" ?
   A. to trivialize a point　　B. to emphasize a point
   C. to define a point　　D. to argue against a point
3. The author implies that "cheers and jeers" are important because they enhance
   A. the broadcasters' experience.　　B. the athletes' experience.
   C. the experience of officials.　　D. the fans' experience.
4. What does the word "curating" mean as it applies to the article ?
   A. selecting, organizing, and presenting recorded cheers, jeers and sounds
   B. creating new cheers, jeers and sounds
   C. using sound creators to produce the atmosphere of a packed stadium
   D. hiring people to recreate the live sounds of fans in stadiums
5. The situation in South Africa is difficult because
   A. the crowd sounds cannot be sourced.
   B. the crowds do not accept the changes.
   C. the crowd sounds are so distinctive.
   D. the *vuvuzela* is so loud.
6. The phrase "So, the new normal" suggests that
   A. the fan experience is now very different.
   B. there is no need for fans to adapt.
   C. sports will soon be back to normal.
   D. post-pandemic life will involve no change.
7. In the third paragraph, what is "disconcerting for the players" ?

A. Fans can now hear what they say on the field.
B. The production required is too distracting.
C. The fake atmosphere is no substitute for a real one.
D. Players are against the use of artificially created fan noise.

8. According to its creators, what is a major barrier to the use of MyApplause ?
A. Noises, chants, and sounds are often culturally specific.
B. It is difficult to create a real-time atmosphere.
C. It is difficult to engage fans because they watch from their own homes.
D. There are time lags with the sounds.

9. In the fifth paragraph, the author implies that fans are desperate for sports to return because their lives have been
A. upended by the COVID-19 pandemic.　B. enthralling without live sports.
C. intoxicating due to the lack of sports.　D. empty without live sports.

10. What is the purpose of this article ?
A. to present the benefits of fake crowd noise
B. to compare sporting life before and during the pandemic
C. to introduce innovations in broadcasting technology
D. to describe how artificial crowd noise is created

ESSAY

Essay topic

What are two things you have learned about yourself during the last year ?

＜リスニング問題放送原稿＞

Adapted from "Instagram Story Aims to Engage New Generation with Holocaust"

by Isaac Scharf and Audrey Horowitz

For seven decades, survivor testimony has been the centerpiece of Holocaust commemoration. But with the world's community of aging survivors rapidly shrinking and global understanding of the genocide that killed 6 million Jews declining, advocates of Holocaust remembrance are seeking new and creative ways to share witnesses' stories with younger generations.

Much as Anne Frank's diary gripped the older generations, an Instagram account based on a true 13-year-old Jewish victim's journal, called Eva.Stories, is generating buzz among the young.

"If we want to bring the memory of the Holocaust to the young generation, we have to bring it to where they are," said the project co-producer, Mati Kochavi, an Israeli high-tech billionaire who hails from a family of Holocaust victims, survivors and educators. "And they're on Instagram."

Kochavi and his daughter, Maya, have created a series of 70 Instagram stories that chronicle the downward spiral of Eva Heyman's life in the fateful spring of 1944 when the Nazis conquered Hungary.

Heyman was one of approximately 430,000 Hungarian Jews who were deported to Nazi concentration camps between May 15 and July 9, 1944. Of the estimated 6 million Jews killed in the Holocaust, around 568,000 were Hungarian, according to Israel's Yad Vashem Holocaust memorial.

Heyman's tale will stream throughout Israel's Holocaust Remembrance Day. The installments appear as if Heyman had owned a smartphone during World War II and was using Instagram to broadcast her life updates.

The story goes live Wednesday afternoon, opening with Heyman's happier adolescent experiences then darkening as night falls. The Nazis tighten their hold on Hungary's Jews, confiscating her family's business, belongings and home, deporting Heyman to the ghetto and ultimately to the Auschwitz death camp. The story's climactic event is timed to follow Israel's two-minute siren that wails nationwide on Thursday, bringing the country to a standstill at 10 a.m., in annual commemoration of Jewish Holocaust victims.

Even days before the series' release, the account had amassed over 180,000 followers.

One of them was Israeli Prime Minister Benjamin Netanyahu, who posted a video to Instagram on Monday urging Israelis to follow the account and spread stories of survivors via social media in order to remind themselves what they lost in the Holocaust and what was returned to them by the creation of the state of Israel.

"What if a girl in the Holocaust had Instagram ?" asked the trailer, released on Sunday. The brief film shows simulated cellphone footage of Heyman's fictionalized life, from dancing with friends and a birthday party with her grandparents, to Nazi troops marching through the streets of Budapest.

Dozens of Holocaust victims kept diaries of their experiences, with the best-known work written by Anne Frank. The Kochavis pored over scores of the diaries before deciding on Heyman, who, Maya Kochavi said, is the kind of girl "a modern kid in 2019 could connect to," with an unrequited middle school crush, family drama and grand ambitions to become a news photographer.

They hope Heyman's firsthand account will engage otherwise disinterested or uninformed youth. Yet the concept is not without controversy. While the bulk of the feedback appears to be positive, some critics fear the story, with its internet lingo, hashtags and emojis, risks trivializing Holocaust atrocities.

"A cheapening of the Holocaust compressed into Boomerang," one Instagram user, Dor Levi, wrote in Hebrew in response to the trailer. He jokingly remarked "the place for commemorating the Holocaust and getting the message across is on Instagram, between a makeup advertisement and a video of a chocolate cake."

Maya Kochavi said she anticipated backlash. But she defended Instagram as a place where "lots of very intense and very powerful movements are happening," with potential to convey history's relevance at a time when anti-Semitism is surging in parts of the world, and Holocaust deniers are amplifying their dangerous messages online.

"It is frightening but quite clear to me. We might be the last generation that really remembers and cares about the Holocaust," said her father.

As physical relics disintegrate and human memories fade, Eva's Instagram story contributes to a growing push by Holocaust museums and memorials to capture young people's attention with interactive technology, such as video testimonies, apps and holograms. The efforts aim, Maya said, "to make monumental historical events tangible and relatable," and to preserve stories of witnesses in perpetuity.

2021年度／渋谷教育学園幕張高等学校（帰国生選抜）

英語解答

PART 1

1 D　2 B　3 D　4 B
5 B　6 C　7 A　8 B
9 A　10 C

PART 2

1 D　2 D　3 B　4 B
5 C　6 C　7 D　8 A
9 C　10 B

PART 3

1 B　2 A　3 D　4 C
5 A　6 B　7 A　8 D
9 D　10 C

PART 4

1 C　2 A　3 C　4 D
5 B　6 D　7 C　8 C
9 A　10 A

PART 5

1 B　2 B　3 D　4 A
5 C　6 A　7 C　8 A
9 D　10 D

ESSAY

解答省略

（声の教育社　編集部）

2020年度 渋谷教育学園 幕張高等学校

【英　語】（問題：50分　リスニング：10分）〈満点：100点〉

■放送問題の音声は，当社ホームページ（https://www.koenokyoikusha.co.jp）で聴くことができます。
（当社による録音です）

（注意）
- 英語による解答で語数の指定がある場合，it'sやcan'tのような短縮形は１語として数えます。また次のような符号は単語の数に含まないものとします。

  ，．！？“ ” — ：

- 日本語による解答で字数の指定がある場合，句読点は１字として数えます。
- 筆記試験の時間は50分です。その後リスニングテストが続きます。

1　次の英文にはそれぞれ語法・文法上正しくない個所があります。例にならって，その個所の記号を指摘し，正しく書きかえなさい。

【例】　She (ア)likes (イ)an apple.

［解答］

	記号	正しい語句
例	イ	apples

1．(ア)Most people from America only (イ)speak one language, but many people around the world (ウ)are using two languages in their everyday (エ)lives.

2．When I (ア)first went to Tokyo, I wanted to see Tokyo Skytree because it (イ)is (ウ)very taller than (エ)the other towers in Japan.

3．We (ア)are thinking about (イ)going to a museum, but we don't know how long (ウ)will it take to (エ)get there.

4．(ア)My classmates and I forgot (イ)studying for our math test and couldn't do (ウ)well on it because we were making many things (エ)for the school festival.

5．She is visiting (ア)to Australia (イ)to stay with her family (ウ)whom she (エ)hasn't seen for two years.

6．Michael Jackson, an American singer (ア)is known as the King of Pop, (イ)has sold more albums than (ウ)any other singer (エ)in the world.

2　次の英文中の空らん［ 1 ］～［ 5 ］に適するように，それぞれ与えられた語句を並べかえなさい。ただし，解答らんにはA，B，Cの位置にくる語句を記号で答えなさい。文頭にくるべき語も小文字で書き始めてあります。

There once was a man who travelled the world on a fine elephant.　One evening, ［　1　］ and found a house where six brothers lived.

He knocked on the door and asked them to lend him a bed and some space for his elephant.

The brothers looked confused.　“What is an elephant ?” they asked.

“You've never seen one ?” asked the man.　“You will be amazed !”

But it was already dark and there was no moon that night, so the man said, “Let's sleep and I will show you the elephant in the morning.”

The brothers smiled.　“We are all blind,” they told the man.　“Please ［　2　］ now.　We want to know all about it !”

The man led the brothers to the elephant which was standing outside eating the leaves of a tree, and the brothers stood around and began touching it. However, the elephant [3] was different. One brother touched its leg and said it was like the pillar of a building. Another brother held its tail and said it was a thick rope. A different brother touched its ear and said it felt like a leather apron.

The brothers [4]. After a little while, the man said, “Friends, there is no need to fight. You are each right about the elephant. But you are all wrong to think that you know the whole truth. An elephant has many different parts. [5] if you want to understand an elephant.”

1．＿＿　＿A＿　＿＿　＿B＿　＿＿　＿＿　＿C＿　＿＿

ア a　イ for　ウ he　エ looking
オ place　カ sleep　キ to　ク was

2．＿＿　＿A＿　＿＿　＿＿　＿B＿　＿＿　＿C＿　＿＿

ア an elephant　イ call　ウ show　エ that
オ the　カ thing　キ us　ク you

3．＿＿　＿A＿　＿＿　＿＿　＿B＿　＿＿　＿C＿　＿＿

ア being　イ big　ウ every　エ part
オ so　カ that　キ touched　ク was

4．＿＿　＿＿　＿A＿　＿＿　＿B＿　＿＿　＿C＿

ア about　イ began　ウ fight　エ right
オ to　カ was　キ who

5．＿＿　＿＿　＿A＿　＿＿　＿＿　＿B＿　＿＿　＿C＿

ア for　イ important　ウ it’s　エ listen to
オ other brothers　カ to　キ you　ク your

3　TakuとNanaが東京オリンピックについて話しています。下線部(1)，(2)に，それぞれ7語以上を補って，対話を完成させなさい。ただし，本文中にある表現をそのまま用いないこと。

Taku : In almost half a year, the Summer Olympic Games will start in Tokyo. I’m really looking forward to such a wonderful event!

Nana : Yes! During that time, hundreds of thousands of tourists from abroad will visit Japan. But Tokyo, one of the busiest cities in the world, is facing so many problems now. For example, (1)＿＿＿＿＿.

Taku : Hmm. . . . It would be helpful if we put more English signs in stations and on the streets. By looking at them, foreign visitors will know where they are and will be able to find their way easily.

Nana : Sounds like a good idea! However, there’s another problem. (2)＿＿＿＿＿.

Taku : Instead of the trains, why don’t we rent bicycles to visitors at a low price? If we have more ways of travelling, public transportation won’t be so busy.

Nana : Great! I hope we can make the Olympic Games successful!

4 次の英文を読んで，あとの問いに答えなさい。

【１】 Have you ever felt you were being watched ? Some new technologies might make you feel that way. Digital *billboards have cameras pointed at the people on the street, and software that tries to *recognize people by age and *gender. A computer inside the billboard then uses this information to display *advertisements that are directed at the people who are looking at the billboard. For example, if a man passes a billboard featuring an ad for *cosmetics, the computer can change the ad to something that is more likely to catch the man's attention, such as a restaurant, or sporting goods.

【２】 While advertisers see this as a great chance to reach their target customers, some people feel that this kind of thing is an *invasion of their privacy. People are now more interested in how information is shared, bought, and sold on the Internet. Now this debate will include technologies such as these "smart" billboards. But advertisers say that they are now more careful about people's privacy — companies that have tested the billboards in Japan and the US tell people that the billboards can only guess your age and gender, but they will not be able to recognize your face or get any personal information about you.

【３】 Until recently, this kind of "personal" advertising has been mostly limited to the Internet. Search engines like Google can follow things that we search for because each computer that connects to those websites has a unique *identity. Companies then pay search engines to use this information to display ads for products and services that you have searched for. So if you search for travel information, you are likely to see ads for airlines and hotels. This kind of advertising is more useful and helpful than traditional advertising.

【４】 In addition to taking steps to deliver more personalized messages, advertisers are using billboards to offer more useful information. Digital billboards can connect to the Internet to display information such as the time, weather, and news headlines. In the future, this technology might be used to reflect activity on a social networking service(SNS) or to advertise local events.

【５】 In today's world, thousands of ads go without being noticed every day. Advertisers are trying to change that trend by personalizing the experience of seeing an ad. So pay attention the next time you see a billboard — it could be [A] you.

（注） billboard 広告看板　recognize ～を認識する　gender 性別　advertisement(ad) 広告
cosmetics 化粧品　invasion 侵害　identity 特性，個性

問１ 本文の内容に合うように，以下の質問の答えとして正しいものをア～エから選び，記号で答えなさい。

１．What does a digital billboard's camera look for ?

ア a person's fashion style
イ what a person is carrying
ウ a person's age and gender
エ something that catches a person's attention

２．What is the main idea of Paragraph【２】?

ア Hi-tech billboards do not collect personal information.
イ People do not mind the billboards tested in Japan and in the US.
ウ Advertisers buy information about consumers on the Internet.
エ People are worried about the type of information collected by billboards.

3．Why does this writing mention Google ?

ア　It is an example of a search engine that sells information to companies.

イ　It is better than other search engines in gathering information.

ウ　It has started using high-tech billboards to get information.

エ　It plans to develop better ways to profile Internet users.

4．What will probably happen if a person buys airline tickets online ?

ア　They will see ads for hotels and car rental companies.

イ　They will get better prices on their airline tickets.

ウ　They will not see ads on the airline's website.

エ　They will get discounts on shoes and clothing.

5．What does the writer say about digital billboards ?

ア　They allow people on the street to use the Internet.

イ　They show movies and commercials.

ウ　They display information about the weather and news.

エ　They are placed inside stores and buildings.

6．What is the reason for advertisers making high-tech billboards ?

ア　People do not pay attention to regular ads.

イ　Regular billboards are not in good locations.

ウ　It is cheaper to make high-tech billboards.

エ　People are worried about this new type of advertising.

7．What is the best title ?

ア　The Dangers of Technology　　イ　Billboards Past and Present

ウ　How Information is Sold　　エ　A New Level of Advertising

問2　[A] に入る最も適切な語句をア～エから選び，記号で答えなさい。

ア　hearing from　　イ　listening to　　ウ　looking for　　エ　talking to

5　次の英文は貧しい村の村人と獣医(vet)である筆者との物語です。これを読んで，あとの問いに答えなさい。

Two days after Christmas a woman and her schoolboy son sat waiting for me to finish my morning's clinic in *Ondini. She wanted me to visit her mother's cow, and the cow had a calf waiting to be born. But for two days now the calf would not come out, and the poor cow was getting very tired.

So we left : the woman, the schoolboy, my assistant, and myself. I drove my *pick-up truck on bad roads for an hour. After that we walked over rocks and by the side of rivers for about forty-five minutes. Finally we reached a very small village, and soon I found the poor old cow under some fruit trees, looking very, very tired.

They brought out two nice wooden chairs. I put my black bags on them, but first I said hello to Granny ; she was the owner of the cow. She was a very small woman, but she was the head of her family in the village.

Then I looked at the cow and found that the calf was still alive, and very, very big. So, with my assistant helping me, I put the cow to sleep and did a caesarean operation — cutting the cow open to take out the calf.

When I finished, there was a crowd of about fifty people watching me — men standing, older women sitting on the ground, children sitting in the fruit trees. Now the calf was trying to stand on his feet, and shaking his head from side to side.

Someone brought a chair for Granny to sit on.

"We must talk about money. How much do you want me to pay you?" she called out so everyone could hear.

"Well," I said, "you nearly had a dead cow and a dead calf, but I came and got the calf out, and now they are both alive, right?"

She agreed, and fifty other people agreed, too.

"And I drove all the way from Ondini in my pick-up truck — (1)a thirsty car — as thirsty as an old man drinking beer on a Sunday."

Smiles and laughter.

"And if you take good care of this calf and he grows into a strong young bull, when he is a year old, at the market in Ondini, they will pay you 1,500 *rands for him, won't they?"

"Yes." The old men in the crowd nodded their heads.

"And the cow . . . she is old and tired, and it is very hot this summer. But if she lives, next autumn you can sell her for over 2,500 rands."

"Yes!"

Loud noises of agreement from the crowd.

"Yes," said Granny.

"So how about we go halves — I take [A] rands?"

Much *whispering between Granny and her friends.

"That's a lot of money," she said.

"Yes, it is," I said, "and we have just had Christmas and soon it will be New Year, and maybe the cow will die. So it is better that I don't ask for so much. (2)You can pay me just half of that — 750 rands."

Louder whispering and nods of agreement.

"But!" said the schoolboy, standing behind his grandmother, "half of 2,000 is not [B], it is 1,000!"

"You are a clever young man! I made a mistake, but once I said 750, I will not change it."

Well, what a noise there was after that! Everybody was smiling and happy. Granny pulled out a great big handful of 200 rand notes, and she gave four of them to me.

I took the money, counted the notes and said to Granny, "You have given me too much."

She stood up and said, "Keep the [C], it is for your assistant."

I was deeply impressed with her words and thought the season of *goodwill was amazing.

（注） Ondini 南アフリカ共和国の都市　pick-up truck 小型トラック
rand 南アフリカ共和国の通貨単位　whispering ささやき　goodwill 善意

問1　筆者が村に行った理由を20字程度の日本語で説明しなさい。

問2　下線部(1)はどのような車か，最も適切なものをア～エから選び，記号で答えなさい。

ア　a car that is so old that it doesn't run very fast

イ　a car that uses a lot of gasoline

ウ　a car that makes you feel thirsty

エ　a car that can be driven by an old man

問3　[A]～[C]に入る適切な数字を答えなさい。

問4　下線部(2)の発言をした理由として最も適切なものをア～エから選び，記号で答えなさい。

ア　The vet made a mistake because he was not good at numbers.

イ　The vet made a mistake because he was only thinking of the calf.

ウ　The vet did not really make a mistake ; he wanted to give Granny a good price.

エ　The vet did not really make a mistake ; he wanted to check the villagers' understanding of numbers.

問5　次の英文を本文に戻すとき，最適な場所はどこか。英文が入る直前の文の最後の2語を答えなさい。

"So then, Granny, my work has given you about 4,000 rands that you didn't have before."

問6　本文の内容と一致するものをア～クから3つ選び，記号で答えなさい。

ア　There were a woman and her son waiting for the vet to treat him.

イ　The two-hour drive to the mother and her son's village was very rough.

ウ　The operation was successful and the calf was born safely.

エ　Granny agreed with the vet that, thanks to the operation, the cow didn't die.

オ　The old men in the crowd thought that 1,500 rands was too much to pay.

カ　The crowd didn't like the idea of selling the old cow.

キ　When the vet told Granny his final decision, the crowd became quiet.

ク　Both Granny and the vet showed kindness to each other.

LISTENING COMPREHENSION

※注意　放送中にメモをとってもよいが，その場合にはこのページの余白を利用し，解答用紙にはメモをしないこと。

【Part 1】　英文は1度しか読まれません。

No. 1．Her husband made breakfast better than usual.

No. 2．She finished her weekly report by herself.

No. 3．She had lunch with the president who was introduced by her friend.

No. 4．She is a negative person.

【Part 2】　英文は2度読まれます。

No. 1．What kind of movies does Devlin make ?

ア　Action　　イ　Romance　　ウ　Horror　　エ　Science fiction

No. 2．Which is true about Greg ?

ア　He took a picture with Devlin.　　イ　He is afraid of Devlin.

ウ　He is friends with Devlin.　　エ　He knows a lot about Devlin.

No. 3．Which is true about this story ?

ア　Greg's mother also likes Devlin.

イ　Greg's mother told Greg to call the school.

ウ　Greg wasn't allowed to skip school.

エ　Greg caught a cold.

No. 4．What is likely to happen later that day ?

ア　Greg will stay at home.　　イ　Greg will watch Devlin's latest movie.

ウ　Greg will go to the hospital.　　エ　Greg will go to school.

<LISTENING COMPREHENSION放送原稿>

【Part 1】

Something really bad is going to happen. I can just feel it. Mondays are always bad, but when I woke up this morning, the weather was perfect. My husband isn't a very good cook, but today the eggs he made for me were cooked just how I like them.

When I got to work, my boss was in a great mood and he smiled at me. I thought I had to spend all day working on a big presentation for next week, but one of my coworkers said, "Don't worry! It has already been finished! We made it yesterday."

Then I decided to finish my weekly report for last week. It's usually due on Friday, but I hadn't done it yet because I was really busy last week. When I said sorry to my boss, he said, "Don't worry. It has been sent already. I did it for you."

Then I went to lunch with a friend at a restaurant near my office. She told me about a company that was interested in doing business with us. After lunch, I called them and talked to the president. After a few minutes, we decided to become business partners!

Everything has been going so well that now I'm sure that something bad will happen. I'm really worried.

【Part 2】

Greg loved watching movies. He always tried to watch as many movies as he could. His favorite movie star was Ryan Devlin. Whenever he was in a movie, it was a good movie. Some of his famous movies were *Dead or Alive*, *Strong Heroes*, and *Fighters in the Ring*.

Greg was a member of the Ryan Devlin Fan Club. Every month he received a newsletter with information about the latest movies Ryan Devlin was in. It also had lots of pictures of Ryan Devlin and advertisements for all kinds of goods and books about him.

Greg also knew where to go on the Internet to read about Ryan Devlin. He knew everything about Ryan Devlin and even had an autographed picture of him on his wall. Greg wanted to be a movie star like Ryan Devlin when he grew up.

One day, he read in the newspaper that the new Ryan Devlin movie, *Racing Car Fever*, was opening in the local movie theater the next day. Greg had read about this movie in the Ryan Devlin Fan Club newsletter and couldn't wait to see it.

Greg wanted to see the movie as soon as he could, but he knew that he had to go to school. He talked to his mom.

"Mom, can I stay home from school tomorrow?" he asked. His mom knew why Greg wanted to stay home from school.

"No, Greg," she answered. "You know that school is more important than Ryan Devlin."

Greg had an idea. The next day, before school, he called his teacher.

"Hello," said his teacher. "Marchville School. Mr. Armstrong speaking."

"Oh, hello," said Greg. He tried to make his voice sound like an adult. "I'm calling to say that Greg won't be coming to school today. He's feeling sick."

"That's too bad," said Mr. Armstrong. "May I ask who's calling, please?"

"Yes, of course," said Greg. "This is my father."

【数　学】（60分）〈満点：100点〉

（注意）　コンパス，三角定規は使用できます。

1　次の各問いに答えなさい。

(1)　次の $\square$ の中にあてはまる式を求めなさい。

$$-\frac{(-4x^2y^3)^3}{3} \div \left(\frac{3y^4}{-2x^3}\right)^2 \div \boxed{} = \left(-\frac{4x^2}{3y^3}\right)^4$$

(2)　$x+\dfrac{1}{x}=5-\sqrt{5}$ のとき，次の値を求めなさい。

①　$x^2+\dfrac{1}{x^2}$

②　$\dfrac{\sqrt{x^4-10x^3+25x^2-10x+1}}{x}$

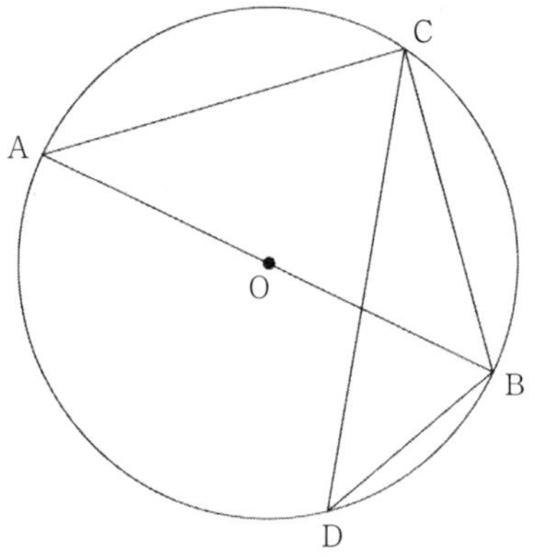

(3)　右の図のようにABを直径とする円Oにおいて，OA＝3，BC＝4，BD＝2であるとき，△BCDの面積を求めなさい。

(4)　2つの2次方程式 $2x^2-kx-8=0$，$x^2-x-2k=0$ が共通の解をもつとき，その解を求めなさい。

2　①，②，③の3つの部屋がある。①の部屋にA君とB君が，②の部屋にC君とD君が，③の部屋にE君とF君がいる。各部屋で，勝負がつくまでじゃんけんを行い，その結果によって次の(ア)～(ウ)のルールで部屋の移動を行う。これを繰り返す。

> (ア)　①の部屋でじゃんけんに勝った人は②の部屋に移動し，負けた人は①の部屋にとどまる。
> (イ)　②の部屋でじゃんけんに勝った人は③の部屋に移動し，負けた人は①の部屋に移動する。
> (ウ)　③の部屋でじゃんけんに勝った人は③の部屋にとどまり，負けた人は②の部屋に移動する。

A君とB君は下の図のような「勝敗記録表」に，勝ったときは○，負けたときは×をつけて記録する。

「勝敗記録表」

	1回目	2回目	3回目	4回目	5回目	・・・
A君						
B君						

このとき，次の各問いに答えなさい。

(1)　3回目のじゃんけんでA君が勝ち，B君が負けて部屋を移動したところ，A君とB君は同じ部屋になった。このとき，1回目と2回目の勝敗を解答欄の勝敗記録表に記入しなさい。

	1回目	2回目	3回目
A君			○
B君			×

(2)　3回目のじゃんけんを行い，その結果，部屋を移動したところ，A君とB君は同じ部屋になった。このとき，A君とB君の「勝敗記録表」の○×のつき方は何通り考えられるか。

(3)　4回目のじゃんけんを行い，その結果，部屋を移動したところ，A君とB君は同じ部屋になった。このとき，A君とB君の「勝敗記録表」の○×のつき方は何通り考えられるか。

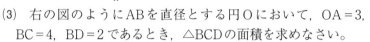

3　原点をOとする座標平面上において，放物線 $y=ax^2\ (a>0)$ と，傾きが正である直線 l が2点で交わっている。この2点のうち x 座標の小さい方からA，Bとする。また，直線 l と x 軸との交点をCとし，A，Bから x 軸にひいた垂線と x 軸との交点をそれぞれD，Eとする。

CD：DO＝2：1であるとき，次の各問いに答えなさい。

(1)　CO：OEを求めなさい。

(2)　直線 l と，原点Oを通る直線 m の交点をFとする。直線 m が△BCEの面積を2等分するとき，AF：FBを求めなさい。

(3)　点Eの座標をE(3，0)とするとき，OA⊥ABとなるような a の値を求めなさい。

4　右の図のように1辺の長さが1の正十二角形があり，6つの頂点をA，B，C，D，E，Fとする。正十二角形の内部に正三角形ADG，BEH，CFIをかき，IとGを結ぶ。BHとIGの交点をJ，BHとFIの交点をK，EHとAGの交点をL，EHとIGの交点をM，AGとFIの交点をNとする。

このとき，次の各問いに答えなさい。

(1)　BEの長さを求めなさい。

(2)　LGの長さを求めなさい。

(3)　五角形JKNLMの面積を求めなさい。

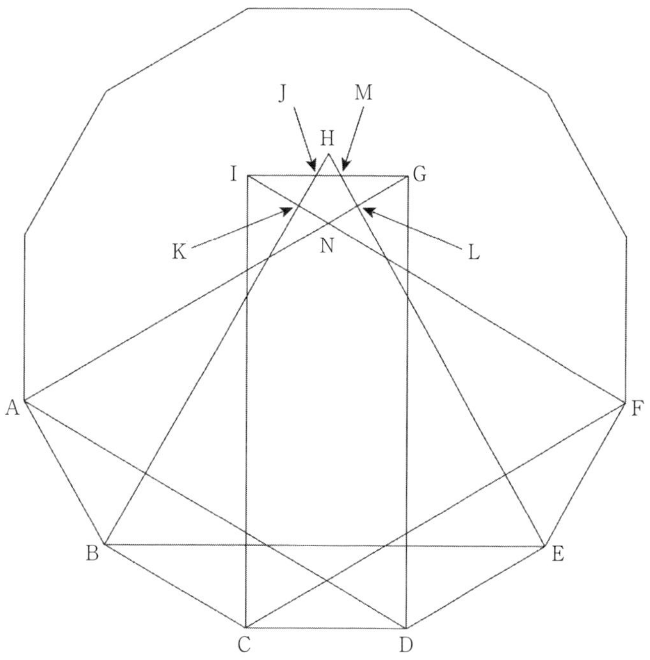

5　1辺の長さが a である5つの立方体をすきまなく重ねて右の図のような立体を作る。立方体ABCD-EFGHは，線分EGが線分IK上にあり，線分EGの中点と線分IKの中点が一致する位置にある。この立体を3点D，M，Oを通る平面で切り，2つに分ける。

このとき，次の各問いに答えなさい。

(1)　切り口の面積を求めなさい。

(2)　2つに分けた立体のうち，体積の大きい方の立体の体積を求めなさい。

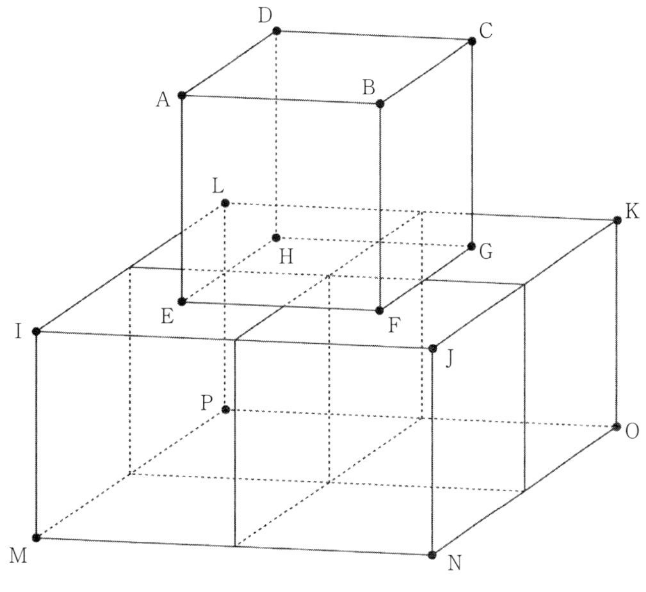

【社　会】（50分）〈満点：100点〉

（注意）・句読点は字数に含めます。

・字数内で解答する場合，数字は１マスに２つ入れること。例えば，226年なら 22 6 年 とすること。字数は指定の８割以上を使用すること。

〈編集部注：実物の入試問題では，**2** の図１～図４，**3** の問１(1)の１～４，写真１～写真５の資料はカラー印刷です。なお，**3** の問１(1)の１～４，写真５はカラー印刷のものを弊社ホームページに掲載してあります。

※必要な方はアクセスしてください。右のQRコードからもアクセス可能です。〉

1　歴史の学習では，共通した性格を持つ時期をひとまとめにしてその特徴を考え，どこに転換点や画期《かっき》があったのかを考えることが重要である。また，ある出来事がその後どのように変化したのかという「ビフォア→アフター」を追うことで，歴史を「トリの目」で大きくとらえることが可能となる。

歴史を学ぶＡさんは，日本の歴史上，次の５つを画期と考えた。これに関する下記の設問に答えなさい。

（Ａさんが考える日本の歴史における画期）

１	（古代）：律令体制の成立
２	（中世）：御成敗式目の制定
３	（近世）：太閤検地による石高制の成立
４	（近代）：明治維新とその後の諸改革
５	（現代）：高度経済成長

画期１　（古代）　律令体制の成立

問１　日本の律令に関して説明した次の文Ｘ・Ｙの正誤の組合せとして正しいものを下記より１つ選び番号で答えなさい。

Ｘ　律令では太政官の下には民部省など８つの省が置かれた。大宝律令の制定時と同じ名称を持つ省は，現在も３省が存在する。

Ｙ　令の規定では，良民の成人男性には庸や調，雑徭《ぞうよう》を課した。これらはいずれも国税（中央税）に区分された。

１	Ｘ	正	Ｙ	正	２	Ｘ	正	Ｙ	誤
３	Ｘ	誤	Ｙ	正	４	Ｘ	誤	Ｙ	誤

問２　大宝律令が制定された**８世紀の世界**に関して説明した次の文Ｘ・Ｙの正誤の組合せとして正しいものを下記より１つ選び番号で答えなさい。

Ｘ　ヨーロッパでは，フランク王国とビザンツ帝国がそれぞれ支配を築いていた。

Ｙ　東アジアでは，玄宗と楊貴妃の時代に安史の乱が起こり，均田制や租庸調制が動揺して唐が滅亡した。

１	Ｘ	正	Ｙ	正	２	Ｘ	正	Ｙ	誤
３	Ｘ	誤	Ｙ	正	４	Ｘ	誤	Ｙ	誤

問３　９世紀に入ると，桓武天皇や嵯峨天皇は律令体制の再編を試みた。この内容について説明した次の文Ｘ・Ｙの正誤の組合せとして正しいものを下記より１つ選び番号で答えなさい。

Ｘ　桓武天皇の時代には，藤原氏の摂政と関白が常に置かれるようになり，藤原氏を中心に律令体制の再編が試みられた。

Y　嵯峨天皇の時代には，貴族は漢詩文の素養がより求められるようになり，初めての勅撰漢詩集である『懐風藻』が編まれた。

1	X	正	Y	正	2	X	正	Y	誤
3	X	誤	Y	正	4	X	誤	Y	誤

問4　10世紀の日本では，土地単位での課税が進んだ。なぜ，このような土地単位での課税方法が取り入れられたのだろうか。大宝律令で定められた従来の方法との相違点を想起しながら，以下の語句を必ず用いて**30字程度**で説明しなさい。

戸籍

画期2　(中世)　御成敗式目の制定

問5　御成敗式目に関して説明した次の文X・Yの正誤の組合せとして正しいものを下記より1つ選び番号で答えなさい。

X　公平な裁判のために北条泰時の時代に制定された。その内容は，源頼朝以来の先例や武家社会の習慣を成文化したものが中心で，律令の内容と異なるものも含まれた。

Y　御成敗式目の制定後はさまざまな追加法が作られたが，室町幕府は御成敗式目を否定して新たな追加法を作成した。

1	X	正	Y	正	2	X	正	Y	誤
3	X	誤	Y	正	4	X	誤	Y	誤

問6　御成敗式目が作られた**13世紀の世界**に関して説明した次の文X・Yの正誤の組合せとして正しいものを下記より1つ選び番号で答えなさい。

X　ローマ教皇の呼びかけで，セルジューク朝から聖地エルサレムの奪還を目的とした十字軍がこの頃に初めて派遣されたが，結局は失敗に終わった。

Y　ユーラシア大陸の東西にまたがる大帝国を打ち立てたモンゴルは，東方では高麗，西方ではビザンツ帝国を支配下に入れた。

1	X	正	Y	正	2	X	正	Y	誤
3	X	誤	Y	正	4	X	誤	Y	誤

問7　Aさんは，なぜ，鎌倉幕府が成立して40年以上も過ぎてから御成敗式目(成文法)が作られたのかに疑問を持ち，世代交代の際に，惣領《そうりょう》と庶子《しょし》，または庶子間で相続を巡る対立が増加していたことを，その理由として考えてみた。他にはどのようなことが考えられるだろうか。1220年代に起きた出来事を想起して，以下の語句を必ず用いて**30字程度**で答えなさい。

地頭

問8　幕府は1297年，永仁の徳政令を発した。この際に，土地を担保に借金を重ねていた御家人の土地の取り返しについて，御家人間の貸借では20年以内という一定の基準を設けている。この時期は，元に対する軍事動員など，幕府が急いで御家人の生活を再建させる(御家人を救済する)理由があったにもかかわらず，一方で，20年という一定の基準にこだわっている。この理由について**20字程度**で説明しなさい。

画期３　（近世）　太閤検地による石高制の成立

石高制は豊臣秀吉以降，江戸時代を通して社会の基盤となったシステムである。石高は明治時代の初めまで経済単位として利用された。

問９　画期３に関して説明した次の文Ｘ・Ｙの正誤の組合せとして正しいものを下記より１つ選び番号で答えなさい。

Ｘ　豊臣秀吉は朝廷から関白に任命され，その権威も背景に全国に停戦を命じた。秀吉による太閤検地と刀狩などにより兵農分離が進んだ。

Ｙ　豊臣秀吉は京枡《ます》など単位の統一を図った。貨幣ではなく米の量を示す石高により，大名の規模が統一的に示されるようになった。

1	Ｘ	正	Ｙ	正	2	Ｘ	正	Ｙ	誤
3	Ｘ	誤	Ｙ	正	4	Ｘ	誤	Ｙ	誤

問10　石高制が成立した**16世紀の世界**に関して説明した次の文Ｘ・Ｙの正誤の組合せとして正しいものを下記より１つ選び番号で答えなさい。

Ｘ　ヨーロッパで宗教改革が起こった結果，プロテスタント側はイエズス会を創設するなどして，アジアへの布教活動を積極的におこなった。

Ｙ　アメリカ大陸ではアステカ帝国やインカ帝国など独自の文明が栄えていたが，この時期にスペイン人によって征服された。

1	Ｘ	正	Ｙ	正	2	Ｘ	正	Ｙ	誤
3	Ｘ	誤	Ｙ	正	4	Ｘ	誤	Ｙ	誤

問11　江戸時代において，村全体の石高である村高は，支配者にとって非常に便利な数値であった。村高はどのように用いられたと考えられるだろうか。現在とは異なる江戸時代の年貢収納方法を想起して**20字程度**で答えなさい。

問12　石高制の時代，年貢はふつう米などの生産物で納められていた(現物納)。江戸時代後半になると幕府や諸藩の財政は苦しくなり，同様に個々の武士の生活も困窮した。この赤字は，例えば鉱山の枯《こ》渇《かつ》や天災後の復旧など個別の理由の他に，**石高制の下での構造上の理由**が考えられる。以下の語句を必ず用いて**30字程度**で説明しなさい。

米価

画期４　（近代）　明治維新とその後の諸改革

問13　明治維新が起きた**19世紀の世界**に関して説明した次の文Ｘ・Ｙの正誤の組合せとして正しいものを下記より１つ選び番号で答えなさい。

Ｘ　ヨーロッパでは，廃藩置県と同時期にドイツ帝国が成立した。この頃，イギリスは英領インド帝国を成立させ，フランスはインドネシアを植民地にした。

Ｙ　アメリカの南北戦争では，国内産業の発展のために保護貿易を求める北部が勝利した。この結果，北部の支持するリンカンが大統領に選ばれて奴隷解放を宣言した。

1	Ｘ	正	Ｙ	正	2	Ｘ	正	Ｙ	誤
3	Ｘ	誤	Ｙ	正	4	Ｘ	誤	Ｙ	誤

問14　1873年から始まった地租改正は，税を貨幣で納める(金納)という税制度の改革と，政府が土地の値段(地価)を初めて定めて，地主には地券を発行するという土地制度の改革の両面をあわせ持つ。

この地租改正によって確立した「土地制度の近代化」とは何を意味するのだろうか。①「近代化」という言葉の持つ意味，②江戸時代の村における田畑の所持や耕作についてのさまざまな制約の存在を想起して**20字程度**で説明しなさい。

画期５　(現代)　高度経済成長

問15　1955～73年における高度経済成長期の日本に関して説明した次の文Ｘ・Ｙの正誤の組合せとして正しいものを下記より１つ選び番号で答えなさい。

Ｘ　第１次産業の従事者が減り，兼業農家の割合が増えた。また，大学への進学希望者数よりも大学の入学定員が上回り，高等教育の大衆化が進んだ。

Ｙ　政府は環境省や環境基本法を設けて深刻化した公害問題に取り組んだ。また，水俣病などの「四大公害訴訟」ではいずれも原告側が勝訴した。

1	X	正	Y	正	2	X	正	Y	誤
3	X	誤	Y	正	4	X	誤	Y	誤

問16　日本の高度経済成長が進みかつ終焉《しゅうえん》した**1960～70年代の世界**について説明した下記の文章のうち，**誤っているものを２つ**選び**番号順**に答えなさい。

1　この時期にアメリカはベトナム戦争に介入したが，北ベトナムと和平協定を結ぶ形でベトナムから撤退した。

2　この時期にドイツでは「ベルリンの壁」が崩壊した。また，ソ連とアメリカの首脳がマルタで会談を持ち，「冷戦」体制が終結した。

3　この時期に第４次中東戦争を原因とした石油危機が起きた。この危機に対応するため，日本を含む先進国の首脳が集まるサミットが初めて開かれた。

4　この時期にインドや中国を中心にアジア・アフリカ会議(いわゆるバンドン会議)が開かれ，米ソ以外の第三国の存在と連帯を世の中に示した。

問17　1970年代になると，アメリカは対日貿易赤字を問題視するようになり，さまざまな品目において日米間では貿易摩擦の状態が続いた。日本は輸出の自主規制や工場の海外移転，アメリカ産品の輸入を促進して対応した。1965年頃から1970年代初めにかけて日本の貿易が比較的順調であった理由としてＡさんは，以下の①・②を挙げてみた。

①　製造業では設備投資や機械化が進み，良質な製品を大量・安価に製造できるようになったこと。

②　輸入に関して，日本市場の閉鎖性がある程度認められていたこと。

この他に何が考えられるだろうか。次の条件③～⑥に関連することを想起して**20字程度**で説明しなさい。

③　1949年，1971年，1973年のある出来事に関係する内容であること。

④　石油がきわめて安価であった当時，貿易上，日本に有利な状況の一つとなったこと。

⑤　冷戦構造のなか，日本の経済復興はアメリカの利害とも一致すると，日本の占領中は考えられていたこと。

⑥　1985年以降の日本の貿易に何らかの影響を与えることとは「表裏」の関係にあるといえること。

2　次の先生と生徒の会話文を読み，下記の設問に答えなさい。

先　生：今日は，平成から令和の時代の出来事について振り返ってみましょう。昨年(2019年)の５月１日には「剣璽《けんじ》等継承の儀」と「即位後朝見《ちょうけん》の儀」が a 天皇の国事行為として執り行われ，新しい天皇陛下が皇位を継承しましたね。

かずき：「令和」には「人々が美しく心を寄せ合う中で，文化が生まれ育つ」という意味も込められていると b 内閣総理大臣の発表がありました。新しい時代に美しい文化が育つとよいです。

み　き：昨年７月には c 国政選挙が行われました。この選挙では２つの新しい政党が議席を獲得しました。

先　生：d この選挙では改選数が増え，e 比例代表選挙のしくみでも改正がありました。f 一票の格差問題はあまり改善されず，投票率が前回より低くなってしまうなど，問題がありましたね。

かずき：選挙も気になるけど，私は g 平成時代に行われた司法制度改革によって進められた h 裁判員制度に関心があります。

先　生：裁判員制度は国民が実際の裁判に参加することによって，裁判の判決や進め方に国民の視点や感覚が反映されるようになり，司法に対する理解と信頼が深まることが期待されていましたが，裁判員の無断欠席や辞退率が上昇しているのは問題ですね。

み　き：裁判員制度の他に気になるのは，約20年ぶりの変更となる i 新紙幣のデザインですね。財務大臣が昨年４月に発表しました。新しい１万円札は(　１　)，５千円札は(　２　)，千円札は北里柴三郎になるとのことで楽しみです。

先　生：紙幣のデザインは財務省と j 日本銀行，紙幣を印刷する国立印刷局が協議して最終的には財務省が決定するのですよ。

かずき：昨年10月には k 消費税の税率が10%に上がりましたね。増税分は社会保障の財源に充てられることになっているので，年金・医療・介護・少子化対策が進むことを期待しています。

問１　空欄(１)・(２)に適する人物名を，下記の文を参考にして漢字で答えなさい。

(１)の人物は，「日本の資本主義の父」と呼ばれている。

(２)の人物は，女子の高等教育を目指した女子英学塾の創立者である。

問２　下線部ａに関する下記の設問に答えなさい。

(1)　次の日本国憲法第３条の空欄(ア)・(イ)に適する語句を漢字で答えなさい。

> 天皇の国事に関するすべての行為には，(　ア　)の助言と(　イ　)を必要とし，(　ア　)が，その責任を負ふ。

(2)　天皇の国事行為に関する次の文Ｘ・Ｙについて，その正誤の組合せとして正しいものを下記より１つ選び番号で答えなさい。

Ｘ　天皇は，衆議院の指名に基づき内閣総理大臣を任命する。

Ｙ　天皇は，内閣の指名に基づき最高裁判所の裁判官を任命する。

1	Ｘ	正	Ｙ	正	2	Ｘ	正	Ｙ	誤
3	Ｘ	誤	Ｙ	正	4	Ｘ	誤	Ｙ	誤

問３　下線部ｂに関する次の文Ｘ・Ｙについて，その正誤の組合せとして正しいものを下記より１つ選び番号で答えなさい。

Ｘ　内閣総理大臣は国務大臣を任命し，その過半数は国会議員の中から選ばれなければならない。

Ｙ　内閣総理大臣は内閣を代表して，国政に関する調査を実施できる。

1	X	正	Y	正	2	X	正	Y	誤
3	X	誤	Y	正	4	X	誤	Y	誤

問4　下線部cに関して，現行の国政選挙について述べた次の文ア～エについて，正しいものの組合せを下記より1つ選び番号で答えなさい。

ア　普通選挙と投票の秘密は日本国憲法によって保障されている。

イ　参議院議員選挙では，重複立候補制を採用している。

ウ　衆議院議員選挙の比例代表選挙では，全国を11に分けるブロック制を採用している。

エ　衆議院議員選挙の比例代表選挙では，非拘束名簿式を採用している。

1　ア・イ　　2　ア・ウ　　3　ア・エ

4　イ・ウ　　5　イ・エ　　6　ウ・エ

問5　下線部dに関する次の文X・Yについて，その正誤の組合せとして正しいものを下記より1つ選び番号で答えなさい。

X　都道府県単位の選挙区では，一部の選挙区で合区が導入されたが，選出される議員定数の増減はなかった。

Y　比例代表選挙の定数は，2増えて50となった。

1	X	正	Y	正	2	X	正	Y	誤
3	X	誤	Y	正	4	X	誤	Y	誤

問6　下線部eに関連して，現行の参議院議員選挙のしくみを用いて，議員定数を6とした場合の当選者を，下記より1つ選び番号で答えなさい。(表は仮想上の比例選挙区の投票結果である。)

A党	票数	特定枠	B党	票数	特定枠	C党	票数	特定枠
アさん	2900		カさん	720		コさん	760	
イさん	1490		キさん	570		サさん	250	
ウさん	1100		クさん	460		シさん		1位
エさん		1位	ケさん	340				
オさん		2位						
A党	4770		B党	2390		C党	1470	

1　アエオカコシ　　2　アイエオカキ　　3　アイウエカシ

4　アイエオカシ　　5　アイカキコサ　　6　アイカキコシ

問7　下線部fについて，一票の格差とはどのような問題を言うのか。解答用紙の枠内で答えなさい。

問8　下線部gに関する次の文X・Yについて，その正誤の組合せとして正しいものを下記より1つ選び番号で答えなさい。

X　法曹人口の拡大を目的に，法科大学院(ロースクール)が設けられた。

Y　誰もが司法に関するサービスを受けられる，日本司法支援センター(法テラス)が設けられた。

1	X	正	Y	正	2	X	正	Y	誤
3	X	誤	Y	正	4	X	誤	Y	誤

問9　下線部hに関する次の文X・Yについて，その正誤の組合せとして正しいものを下記より1つ選び番号で答えなさい。

X　裁判員裁判は，地方裁判所の刑事裁判と民事裁判の第一審で行われる。

Y　裁判員は満18歳以上の日本国民の中から選出される。

1	X	正	Y	正		2	X	正	Y	誤
3	X	誤	Y	正		4	X	誤	Y	誤

問10　下線部 i に関して，図１から図２への変更は世界の大きな流れを受けたものである。これは，図３や図４にも同じ流れを見ることができる。このような世界的な流れとはどのようなことか，解答用紙の枠内で説明しなさい。

図１

図２

図３

図４

（設問の関係上，出典は省略した。）

問11　下線部 j は日本銀行券を発行する他に，物価の変動を抑え，景気の安定化を図るために金融政策を行っている。その政策の１つである「買いオペレーション」を実施すると，市中銀行は貸出金利を引き下げる。その理由を，次の語句を必ず用いて，解答用紙の枠内で答えなさい。なお，使用した語句に<u>**下線**</u>を引くこと。

日本銀行　　国債

問12　下線部 k に関して，税金は所得税や法人税などの直接税（国税および地方税）と，消費税や酒税などの間接税に分けることができる。下記に示す**日本・アメリカ・ドイツ・イギリス**の直間比率のグラフ（2016年）のうち，日本を示すものを１つ選び番号で答えなさい。

（財務省ウェブサイトより作成）

3　下記の設問に答えなさい。

問1　写真１は鹿児島県指宿市の知《ち》林《りん》ヶ《が》島《しま》である。写真に見られる「砂の道」は，３月～10月までの大潮～中潮の干潮時に限定して出現するものである。

写真１　知林ヶ島(2017年10月撮影)

(1)　この地形の成立過程について，正しく表した図を１つ選び番号で答えなさい。

1

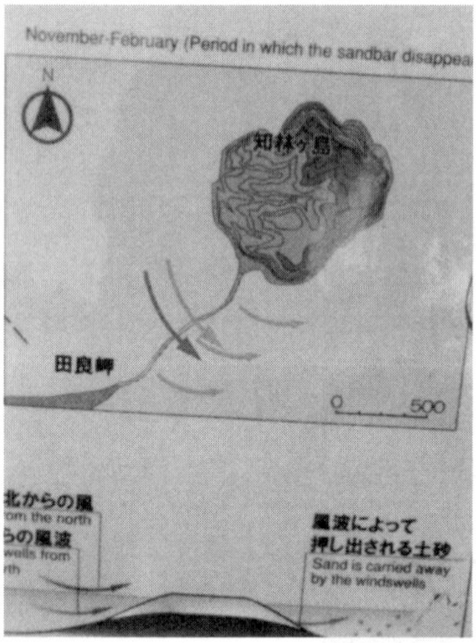

2

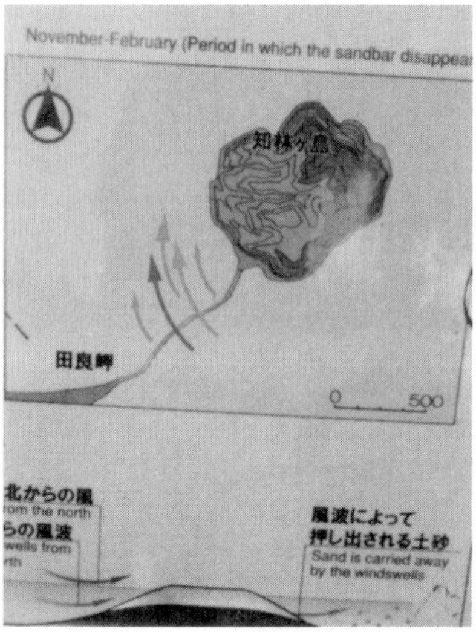

3

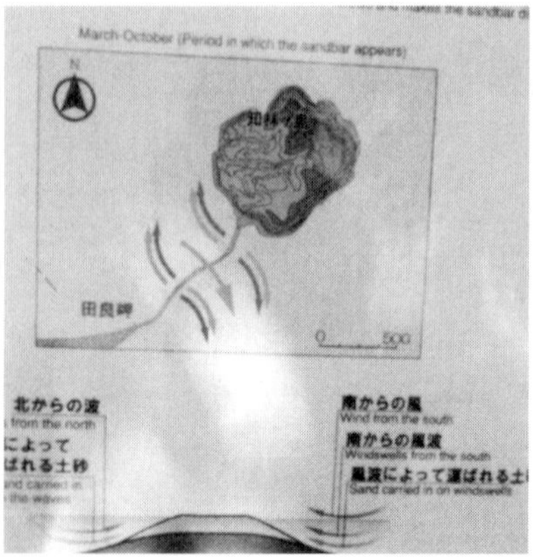

4

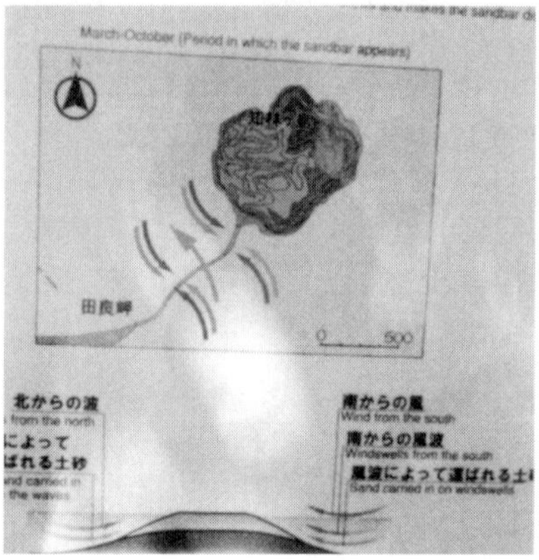

(2)　知林ヶ島と類似の成立過程を有し，「砂の道」が通年存在している箇所の正しい組合せを下記より１つ選び番号で答えなさい。

1　函館・江の島・志賀島

2　利尻島・室戸岬・壱岐

3　室蘭・足摺岬・対馬

4　十三湖・天橋立・青島

問2　指宿は温泉地としても知られる。中でも海岸に「砂蒸《む》し風呂(温泉)」というものがあり，多くの観光客でにぎわっている。(写真2参照)

写真2　鹿児島県指宿市の「砂蒸し風呂(温泉)」(2017年5月撮影)

(1)　この「砂蒸し風呂」についての適切な説明文を下記より1つ選び番号で答えなさい。

1　「砂蒸し風呂」のある海岸の後背地には通常温度の泉源が複数あり，その地下水が海岸に向かって流下《りゅうか》する際に圧力の上昇に合わせて90℃を超す温度となっている。

2　「砂蒸し風呂」の熱源は桜島の火山活動によってあたためられた鹿児島湾の海水であり，海岸の砂浜をあたためている。

3　地下水と海水の境界を作っている「塩水クサビ」は大雨後，地下水位の上昇によって海水の塩分濃度が低下するため，一時的に消滅してしまう。

4　「塩水クサビ」は満潮時に海水と淡水の攪拌《かくはん》による塩分濃度の均一化により垂直方向に傾斜し，熱水が「砂蒸し風呂」の場所付近に湧き上がりやすくなる。

(2)　指宿周辺の地形分類図として正しいものを下記より１つ選び番号で答えなさい。

1

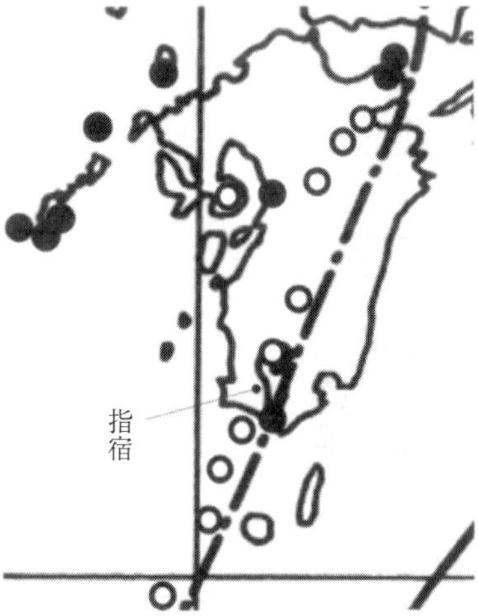

2

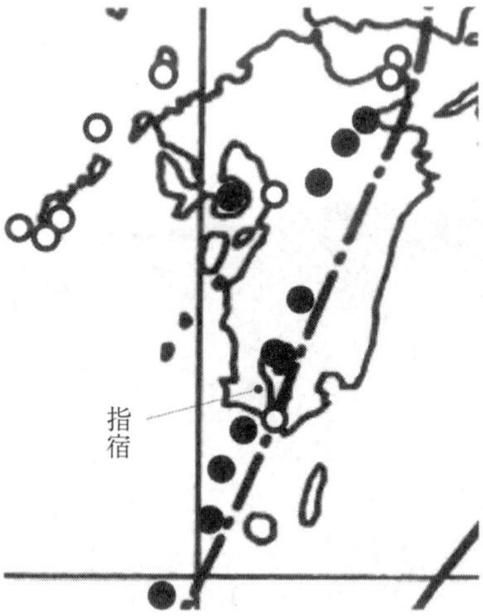

3

4

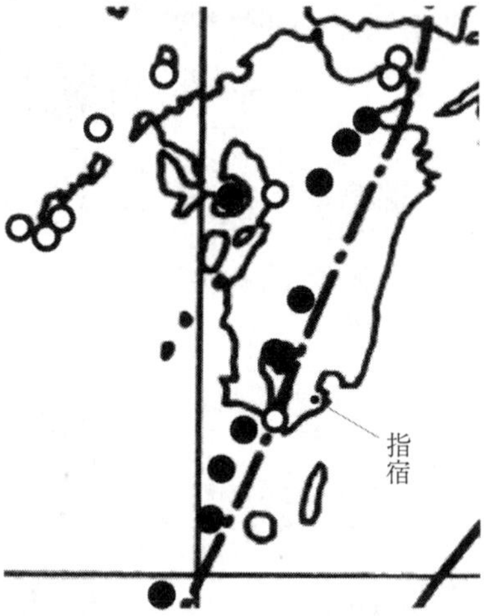

(凡例)

●：活火山(概ね過去１万年以内に噴火した火山及び現在活発な噴気活動のある火山)

○：活火山ではないが第四紀(約258万年前～現在)に活動したとされる火山

━・━・━：火山フロント

━━━：海溝・トラフ

問3　指宿はオクラの産地としても有名で，日本一の収穫量を誇る。(写真3参照)

写真3　オクラ畑(指宿市ウェブサイトより)

(1)　指宿を含む鹿児島県もオクラの収穫量は全国1位(2016年)である。その割合を下記より1つ選び番号で答えなさい。

1　12%　　2　27%　　3　42%　　4　57%

(2)　鹿児島県が収穫量の上位を占める農畜産物3種を以下のグラフに掲げる。

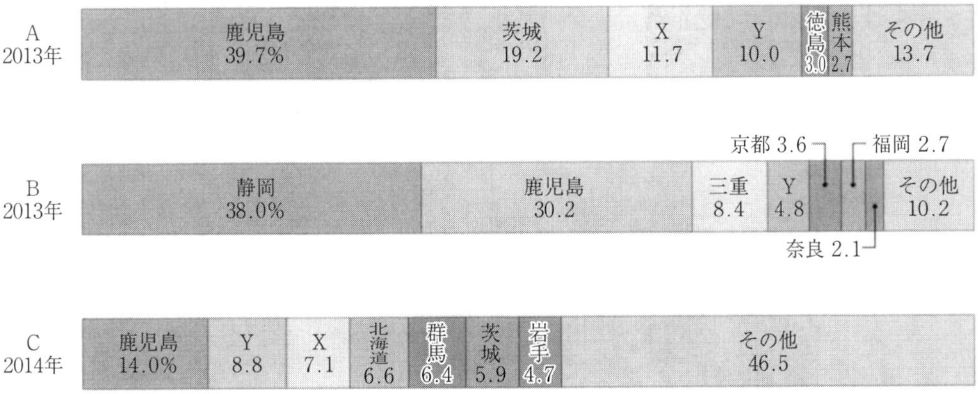

(農林水産統計ほかより)

①　A～Cの正しい組合せを下記より1つ選び番号で答えなさい。

1　A　さつまいも　B　茶　C　豚
2　A　さつまいも　B　豚　C　茶
3　A　茶　B　豚　C　さつまいも
4　A　茶　B　さつまいも　C　豚
5　A　豚　B　さつまいも　C　茶
6　A　豚　B　茶　C　さつまいも

②　グラフ中の都道府県名X・Yの正しい組合せを下記より1つ選び番号で答えなさい。

1　X　埼玉　Y　佐賀
2　X　佐賀　Y　埼玉
3　X　宮崎　Y　千葉
4　X　千葉　Y　宮崎

問4　長崎県の雲仙普賢岳は1991年6月に大規模な噴火を起こした。

(1)　雲仙岳は過去にも幾度もの噴火を繰り返し，江戸時代の噴火では「島原大変［　X　］迷惑」という呼ばれ方がされている。

①　［X］には対岸に位置する旧国名が入る。この国名を漢字で答えなさい。

②　「島原大変」は噴火の直接的被害を表現しているが，「［X］迷惑」は雲仙岳の一部(眉山《まゆやま》)が大崩落を起こしたために表現されている。具体的に何が起きたかを答えなさい。

③　2018年12月にある国でも，②と同様のメカニズムで被害が起きている。この国名を答えなさい。

(2)　1991年の噴火で，島原湾に向けて土石流が水無《みずなし》川沿いに流れ込んだ痕跡は今も残る。(写真4参照)

雲仙岳災害記念館より普賢岳を望む

雲仙岳災害記念館より眉山を望む

土石流被災家屋保存公園(みずなし本陣ふかえ)

写真4　(2015年3月撮影)

(注)「雲仙岳災害記念館」や「みずなし本陣ふかえ」は，図2の東側の有明海(島原湾)を望む場所にある。

① 以下の地形図(図１)中に記された「大野《おおの》木《こ》場《ば》小学校」が受けた被害を図２も参考にして土石流以外に説明しなさい。

1984年：噴火前

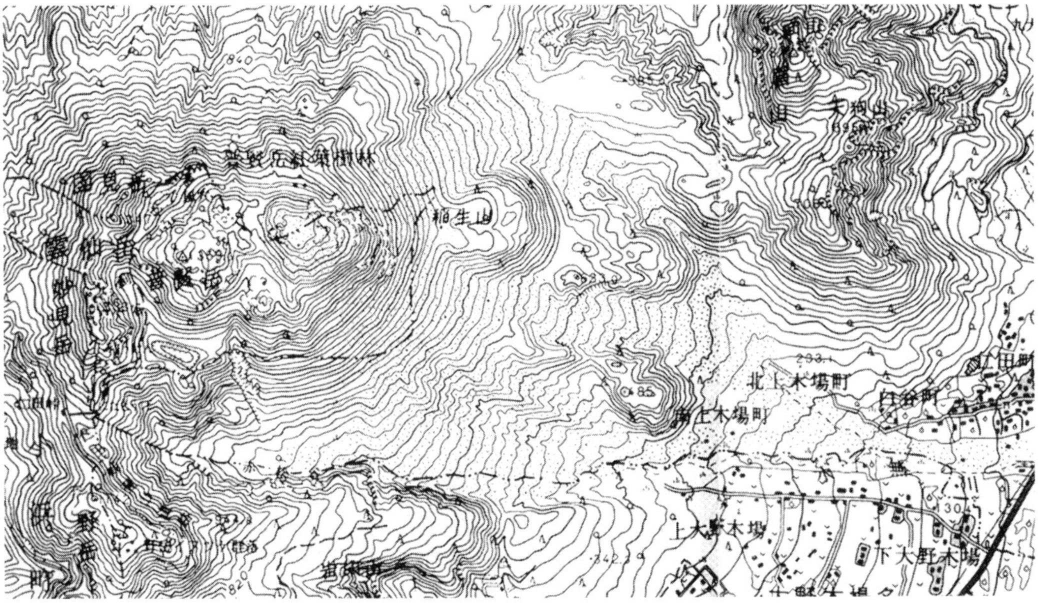

1994年：噴火後

図１　雲仙普賢岳東側における1991年噴火前後の変化　国土地理院地形図　縮尺：１／５万
（上）昭和59(1984)年修正　（下）平成６(1994)年修正

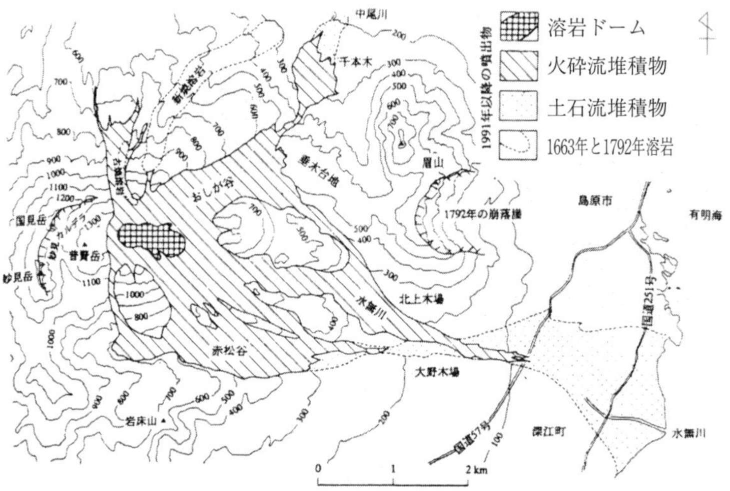

図2　1990年に始まった雲仙普賢岳の噴火による地形変化
『日本の地誌10　九州・沖縄』＜朝倉書店＞（2012年）より

② 写真4と写真5からは雲仙普賢岳東麓の島原湾を望む低地部にビニールハウスが点々と見られる。ビニールハウス内で生産される作物の生産カレンダーと都道府県別収穫量データをもとにこの作物名を答えなさい。

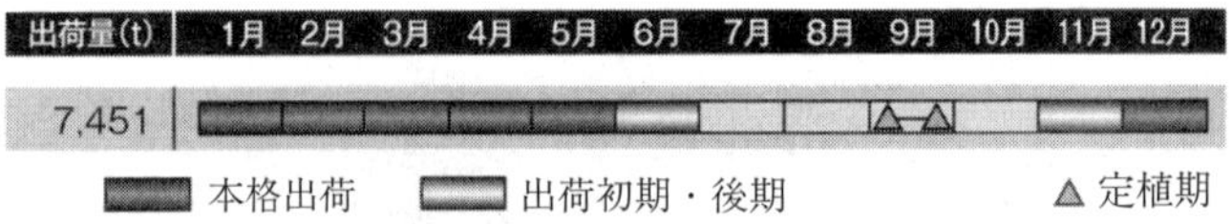

生産カレンダー（JA島原雲仙の資料 https://www.ja-shimabaraunzen.or.jp/より）

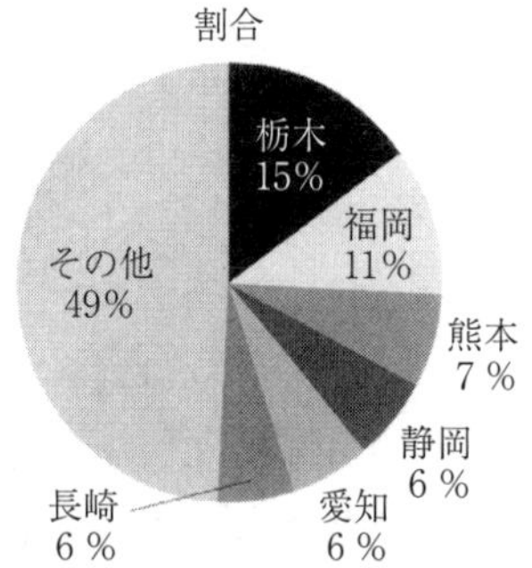

都道府県別収穫量データ2017年（農林水産省統計より）

(3)　写真5は雲仙岳にある仁田《にた》峠から山腹や島原湾を望んだものである。

(←春)

(←夏)

(←秋)

(←冬)

写真5　仁田峠

（長崎県島原市・雲仙市雲仙ロープウェイ
http://unzen-ropeway.com/index.htmlより）

仁田峠付近の四季を並べた写真5から見られる樹木から，日本のどの平地のものと同じかを，図3を参考にして

① 緯度値で答えなさい。

② 植生の特徴を説明しなさい。

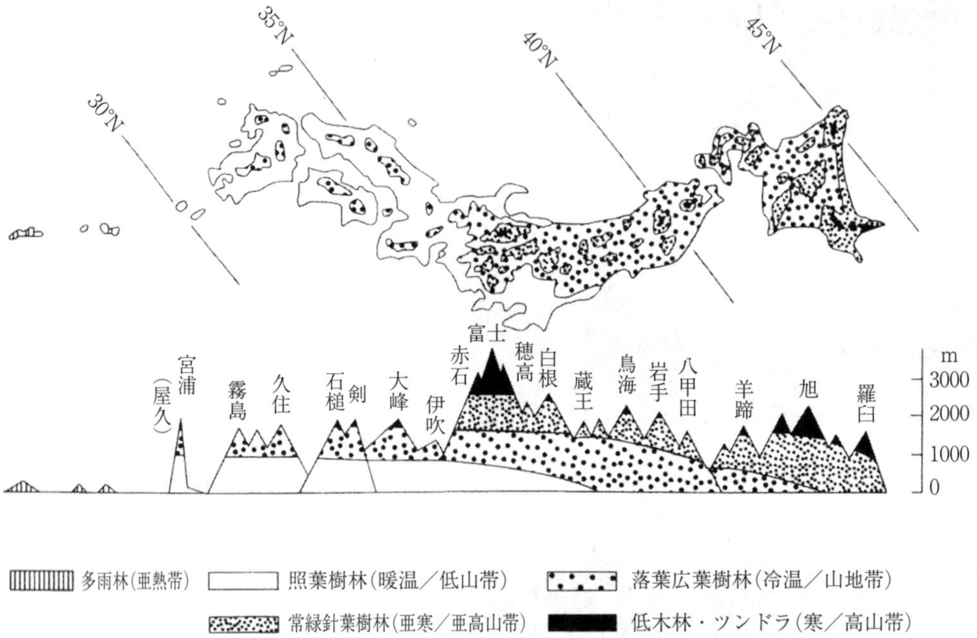

図3　日本の植物群系(垂直・水平分布)

NHKブックス1167『新版　森と人間の文化史』只木良也　著　<NHK出版>（2010年）

【理　科】（50分）〈満点：100点〉

（注意）• 必要に応じてコンパスや定規を使用しなさい。

• 円周率は3.14とします。

• 小数第1位までを答えるときは，小数第2位を四捨五入しなさい。整数で答えるときは，小数第1位を四捨五入しなさい。指示のない場合は適切に判断して答えなさい。

1　アンモニアの合成について，次の文章を読み，問いに答えよ。

アンモニアNH_3は，特有の刺激臭をもつ有毒な気体であるが，我々の生活を支える重要な物質であり，さまざまな製品の原料となっている。

実験室でアンモニアを発生させるには，図1のような装置を用いて，塩化アンモニウムと水酸化カルシウムの混合物を加熱する方法がよく知られている。

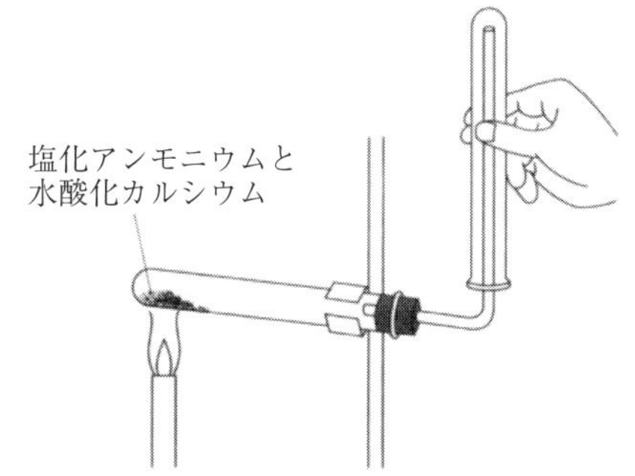

図1

(1)　下線部について，次の①～③に答えよ。

①　発生したアンモニアは，図1のように，空の試験管に上方置換法で捕集する。この方法で捕集するのは，アンモニアがどのような性質をもっているからか。「水」，「密度」の2つの語句を必ず用いて，簡単に説明せよ。

②　図1の装置において，加熱する試験管の口を底より少し下げるのは何のためか。30字以内で説明せよ。

③　塩化アンモニウムNH_4Clと水酸化カルシウム$Ca(OH)_2$の混合物を加熱したときに起こる化学変化を化学反応式で表せ。ただし，この化学変化では，アンモニアの発生以外に，水と塩化カルシウムが生じる。

工業的にアンモニアを合成するには，空気中の窒素N_2と，化石燃料からつくられる水素H_2を直接化合させる方法が用いられている。この反応を化学反応式で表すと次のようになる。

$N_2 + 3H_2 \rightarrow 2NH_3$……(i)

ここで，水素H_2は，空気と混合して点火すると容易に酸素O_2と反応して燃えるなど，非常に反応性の高い気体であるが，窒素N_2は，常温では，非常に反応性に乏しく，他の物質と結びつくことはない。そのため，この反応は500℃，200気圧という高温・高圧の激しい条件で，さらに鉄の化合物を主成分とする触媒を用いて行われる。触媒とは，特定の化学反応を速くするはたらきをもつが，それ自身は反応前後で変化しない物質である。この反応では，窒素と水素からアンモニアが生じると同時に，アンモニアが分解して窒素と水素が生じる反応，つまり(i)式の右辺から左辺への反応も起こる。窒素と水素のどちらか，または両方が完全に無くなることはない。密閉容器に窒素と水素を入れて長時間にわたり反応させると，窒素，水素，アンモニアが一定の割合で共存する状態となる。初めの窒素と水素の割合が決まれば，温度と圧力で最終的なアンモニアの割合が決まる。工業的には，できるだけアンモニアの割合が高くなるように，技術的に可能な範囲で温度と圧力の条件を決めている。

以上の方法は，今から約100年前の20世紀初め，二人のドイツ人化学者，ハーバーとボッシュによって発明され，現在でも主たるアンモニア合成法として利用されている。

(2)　密閉容器にn個の窒素分子と$3n$個の水素分子を入れ，高温・高圧で長時間保ったとする。容器内にアンモニア分子がx個生成したとして，次の①～③に答えよ。ただし，文字式では分数を用いてもよい。

①　長時間保った後に存在している窒素分子，水素分子の分子数を，それぞれnとxを使った式で表せ。

② 長時間保った後，生成したアンモニア分子数の割合は，窒素分子，水素分子，アンモニア分子の総数の15％であった。このとき，アンモニアの分子数xを，nを使った式で表せ。

③ 図２は，密閉容器に窒素と水素を入れ，触媒を使わずに高温・高圧の条件で反応させたとき，アンモニア分子数の割合が時間とともに変化するようすを表したものである。温度と圧力の条件を変えずに触媒を使ったとき，図２のグラフはどのようになるか。解答欄には，もとの図２のグラフが破線で描かれている。触媒を使った場合の変化を表す線を描け。

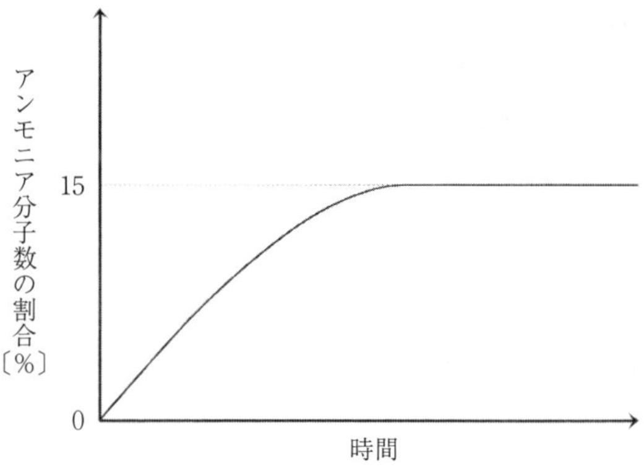

図２

2 コンデンサ(キャパシタ)は電気を蓄えることができる回路素子である。コンデンサの写真と回路記号を図１に示す。コンデンサに電気を蓄えることを充電と呼ぶ。

コンデンサを充電するときの様子を，電圧計と電流計で調べた。以下の問いで，回路の中の抵抗は，抵抗器のみにあるとする。

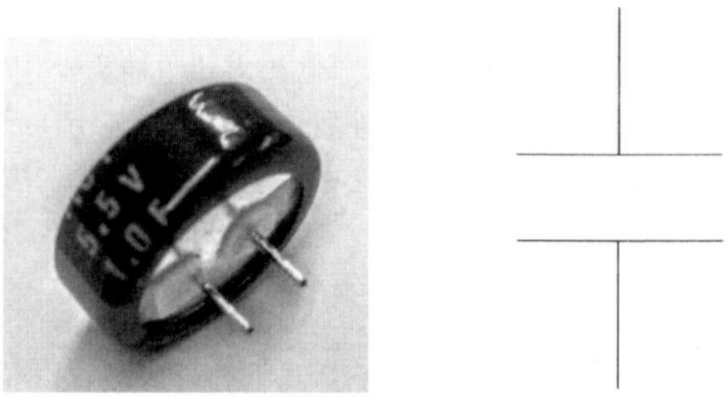
コンデンサの写真　　コンデンサの回路記号
図１

図２の回路図で示すように電圧計と電流計をつなげ，抵抗の両端の電圧V_1とコンデンサの両端の電圧V_2を同時に調べられるようにした。電圧計の回路記号に併記した「赤」「黒」は電圧計の端子の色を示している。スイッチを入れる前，コンデンサはまったく充電されていない状態で，V_2の値は０Ｖであった。スイッチを入れたあと，電圧が時間変化することが分かった。スイッチを入れた瞬間からの時間と，そのときの電圧V_1，V_2と電流Iを測定した結果を表１に示す。

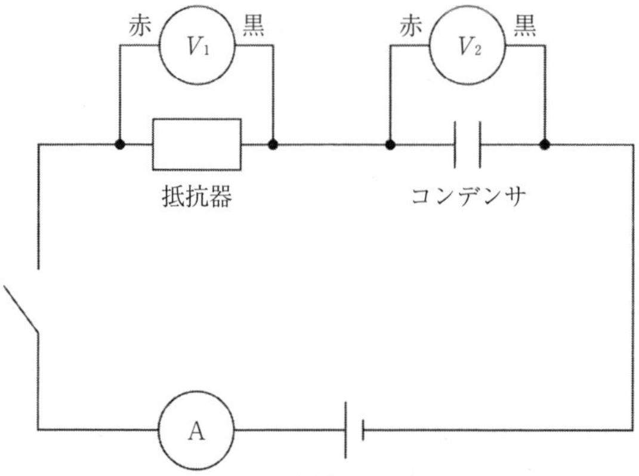

図２

表１

時間	V_1	V_2	I
10秒	0.90V	0.60V	0.045A
20秒	0.56V	0.94V	0.028A
30秒	0.34V	1.16V	0.017A

(1) 表1より，抵抗器の両端の電圧V_1と，コンデンサの両端の電圧V_2の関係について，成り立つ等式をV_1とV_2の文字を用いて表せ。
(2) 表1より，抵抗器の両端の電圧V_1と，電流Iについて，成り立つ等式をV_1とIの文字を用いて表せ。
(3) 表1より，抵抗器の抵抗値を求めよ。
(4) 図2の回路で測定しているとき，電流計の値が0.020Aになった瞬間があった。この瞬間のV_1とV_2の値を答えよ。
(5) 図2の回路で，スイッチを入れた直後の電流の値を求めよ。

次に，図2の回路で，スイッチを入れてからの時間と電流の関係について，さらに長い時間調べた。スイッチを入れる前，コンデンサはまったく充電されていない状態とする。スイッチを入れたあとの結果を表2に示す。

表2

時間	I
10秒	0.045A
20秒	0.028A
30秒	0.017A
40秒	0.010A
50秒	0.006A

(6) 図2の回路で，縦軸が電流，横軸が時間のグラフを書くと，どのような形になるか。下から選び記号で答えよ。

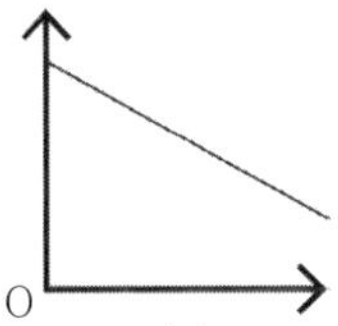
(ア)

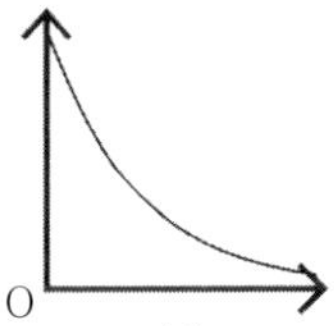
(イ)

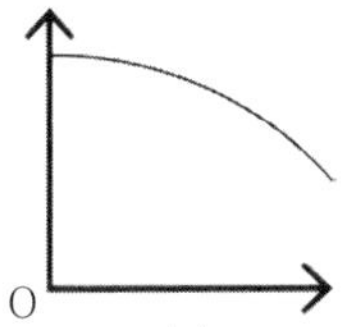
(ウ)

(7) 図2の回路で，V_1とV_2はスイッチを入れてからの時間とどのような関係にあるか考える。縦軸が電圧，横軸が時間のグラフを書くと，V_1とV_2はそれぞれどのような形になるか。記号で答えよ。

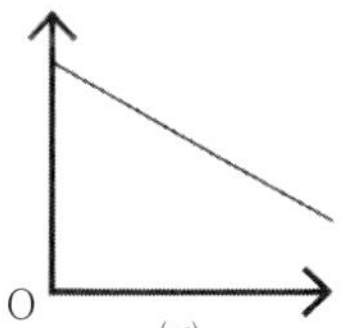
(ア)

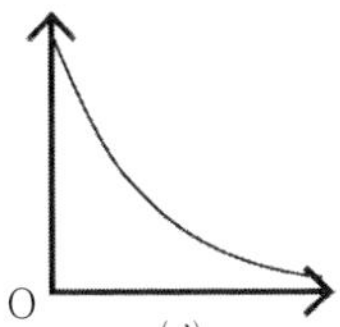
(イ)

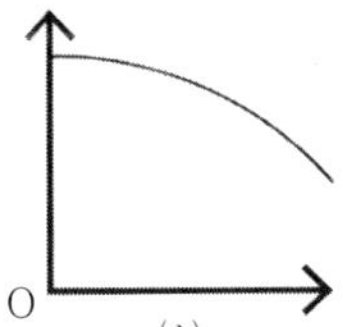
(ウ)

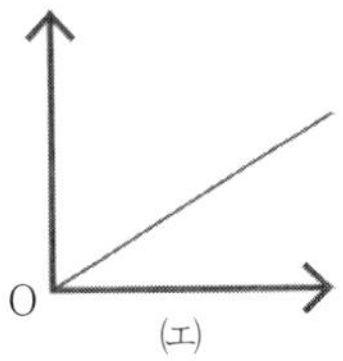
(エ)

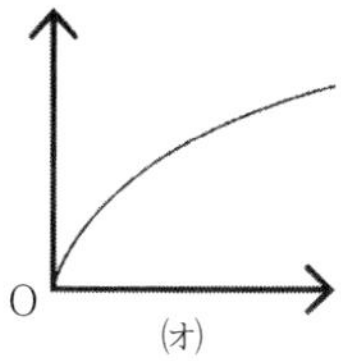
(オ)

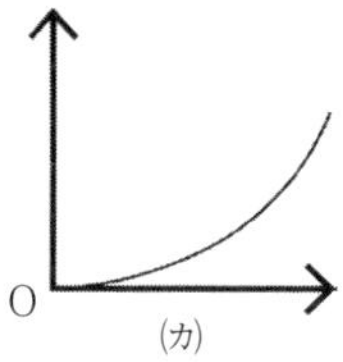
(カ)

3 地震について，資料をもとに答えよ。

日本付近で発生する地震は，地球全体の約10%をしめる。地震の発生機構の解明や，迅速な避難対応などを目的に，国内には強震観測網(K-NET)や基盤強震観測網(KiK-net)がある。

地震は地下の地層や岩石が破壊され，その破壊のエネルギーが波の形で伝わる現象である。地震計は南北，東西，上下方向の振動を同時に記録する。振幅の単位はgal，時間は秒(s)である。マグニチュードや震度は，この記録をもとに計算され，その値は小数まで求めることができる。

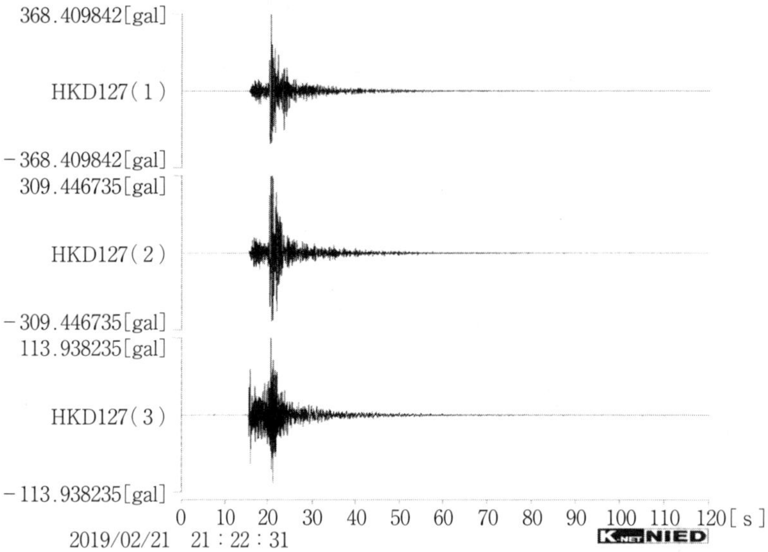

図１　K-NET地震計による観測例
上から順に南北，東西，上下の振動の記録

地震が発生する場所や深さによって，その振動の伝わり方には違いが生じる。
表１に示した２つの地震について考える。

表１　本問で扱う地震

	発生年月日	震央位置(北緯，東経)		震源の深さ(km)	マグニチュード
地震１	2019年４月１日	33.3°	136.4°	29	6.5
地震２	2019年７月28日	33.0°	137.4°	420	6.5

図２，図３は，それぞれ地震１，地震２の震度分布である。また，図４，図５は，それぞれ地震１，地震２の震央距離と震度の関係を調べたものである。図６は日本列島付近の断面を表す模式図である。

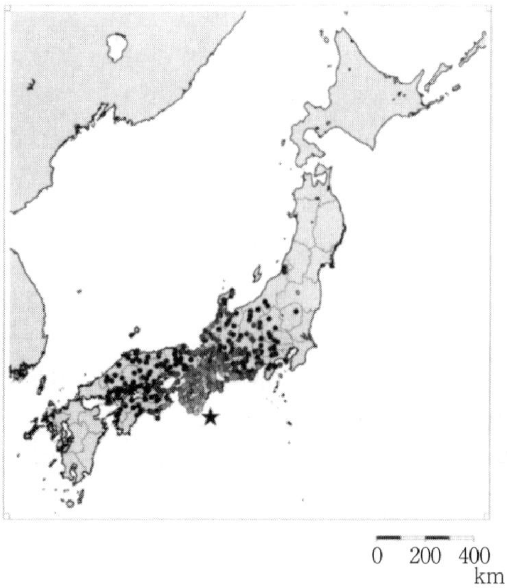

図２　地震１の震度分布（★は震央を表す）

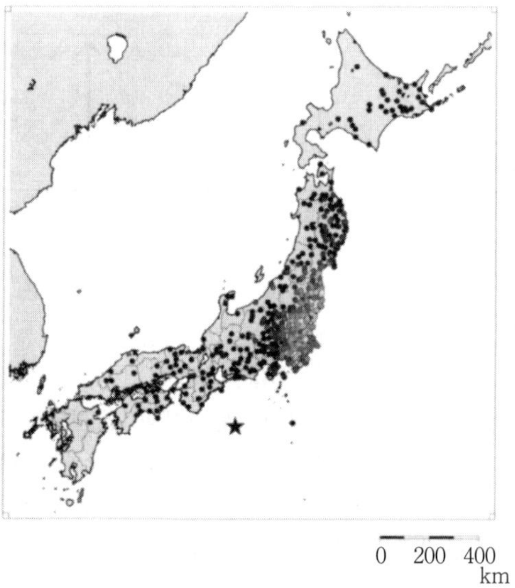

図３　地震２の震度分布（★は震央を表す）

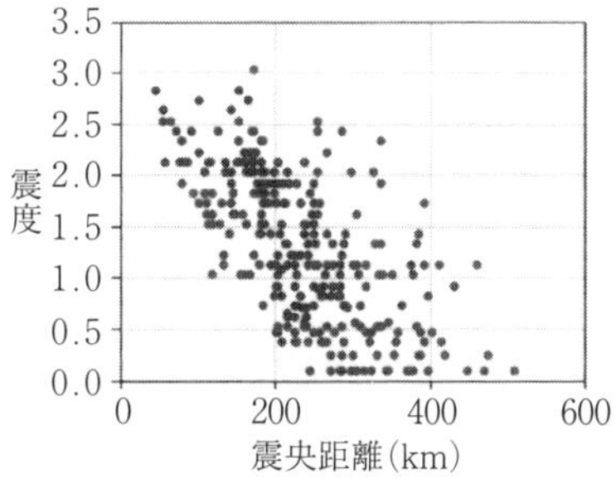

図4　地震1の震央距離と震度の関係

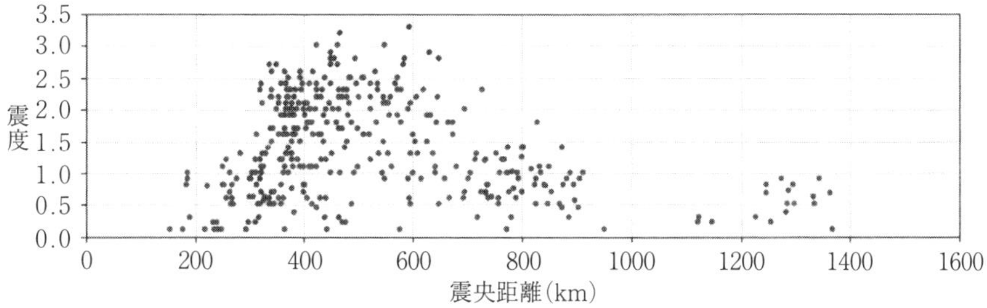

図5　地震2の震央距離と震度の関係

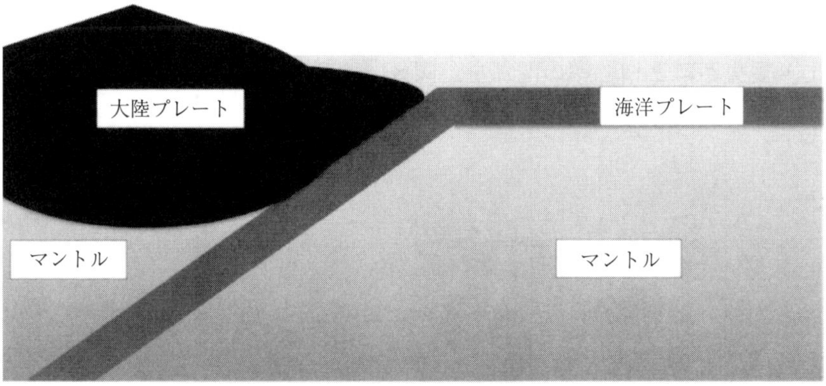

図6　日本列島付近の断面(模式図)

(1)　次の[　]に適切なものを選び，○で囲め。

地震1は，震央を中心に同心円状に揺れが広がった。図から，震央距離が大きくなると震度が①[小さく・大きく]なることがわかる。地震2は，震央距離が200kmの三重県や愛知県などでは震度は②[小さく・大きく]，震央距離が400～600kmの千葉県や茨城県などでは震度が③[小さく・大きく]なっている。

ところで，地震1と地震2の震央は，ともに紀伊半島沖合であるが，震源の深さは，④[地震1・地震2]の方が深い。

(2)　地震1および地震2について，図2～図6より推測できる適切な文を次より2つ選び，記号を答えよ。

(ア)　日本列島で発生する地震は，大陸プレート内で発生する。

(イ)　地震1と地震2は，海底下で起こった地震のため必ず大きな津波が発生する。

(ウ)　地震2は，地震1にくらべて広い範囲に地震波が伝わった。

(エ)　地震1は，大陸プレートを取り囲むように，強い揺れが観測された。

(オ)　地震2では，海溝と平行に，強い揺れが観測された。

図７は，地震２の震源，震央，および観測点Ａ，Ｂの位置を立体的に示している。震源は海洋プレートにある。観測点Ａの震央距離は179km，震度は0.5であり，観測点Ｂの震央距離は550km，震度は3.0であった。日本列島が乗っている大陸プレートは，海洋プレートと衝突しており，衝突境界で海洋プレートは沈み込み，マントルの中へ入っていく。地震２で発生した地震波が観測点Ａに向かうとき，マントルを通過する。一方で，観測点Ｂに向かう地震波は海洋プレート内を伝わる。

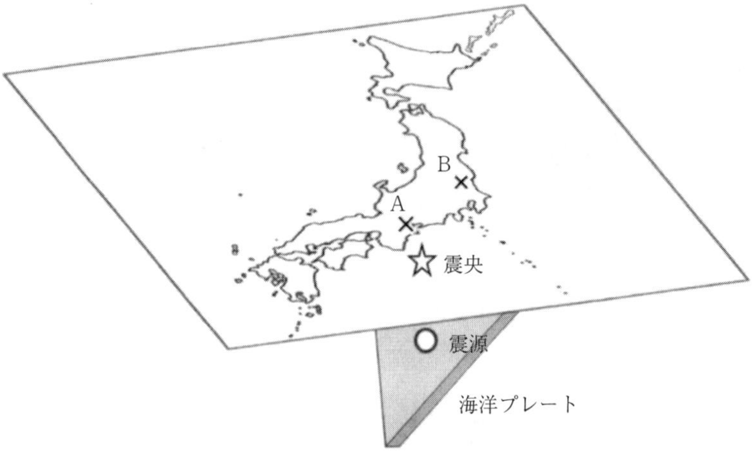

図７　地震２における，震源，震央，観測点Ａ，Ｂの位置関係

震源の周りが均質な地層・岩石であると仮定すれば，震源距離（震央距離）に応じて振幅は小さくなっていくはずである。ここで，均質な地層や岩石の場合の振幅に対する，各観測点で実際に測定された振幅の割合を「増幅率」と定義する。ある観測点において，増幅率が１未満では「揺れにくく，地震波が伝わりにくい」，増幅率が１を超えれば「揺れやすく，地震波が伝わりやすい」ということである。地震１と地震２について，震央距離と増幅率の関係を，図８，図９に示す。

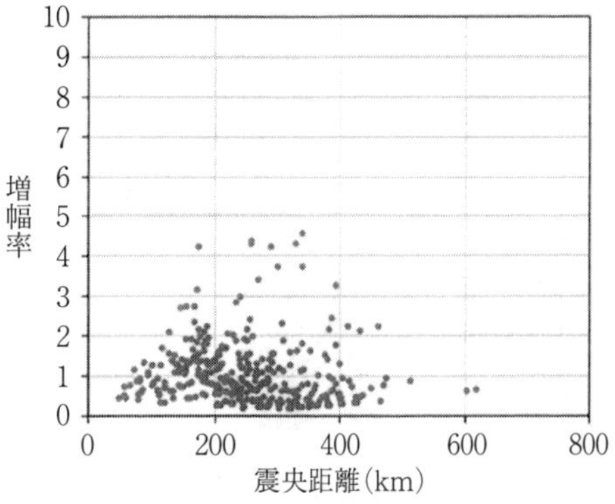

図８　地震１における震央距離と増幅率

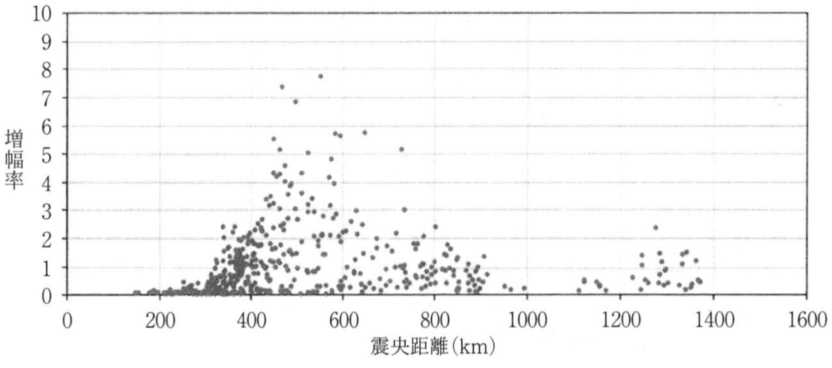

図９　地震２における震央距離と増幅率

(3)　適切なものを次よりすべて選び，記号を答えよ。

(ア)　増幅率が１にならない観測点があるのは，場所ごとに地層や岩石が異なるからである。

(イ)　仮にすべての地点で増幅率が１ならば，震央距離によらず，震度は同じ値になる。

(ウ)　地震１では，震央距離が近いほど増幅率が大きい。

(エ)　地震２では，震央距離400～600kmの地点に増幅率が大きい地点がある。

(オ)　増幅率の大きさは，発生した地震のマグニチュードに比例する。

観測された地震波には，さまざまな周期の地震波が含まれている。一般に，地震波の中では，１秒前後の周期がよく観測されている。また，硬い地層や岩石ほど短い周期で揺れやすい傾向があることが知られている。図10，図11は，地震２において観測点Ａ，観測点Ｂで，どのような周期の波が，どのような振幅を起こしているかを調査したものである。

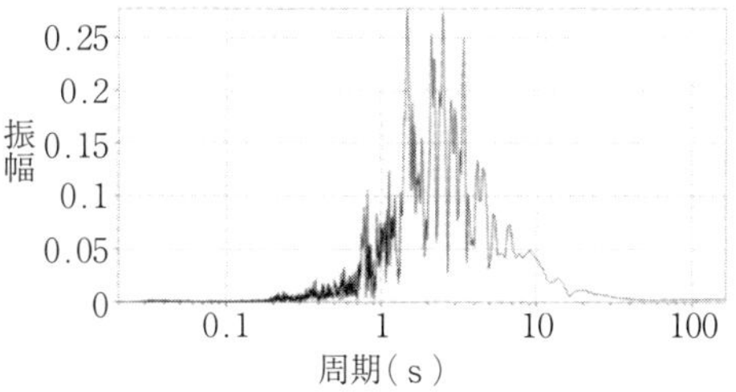

図10　観測点Ａの周期の特性

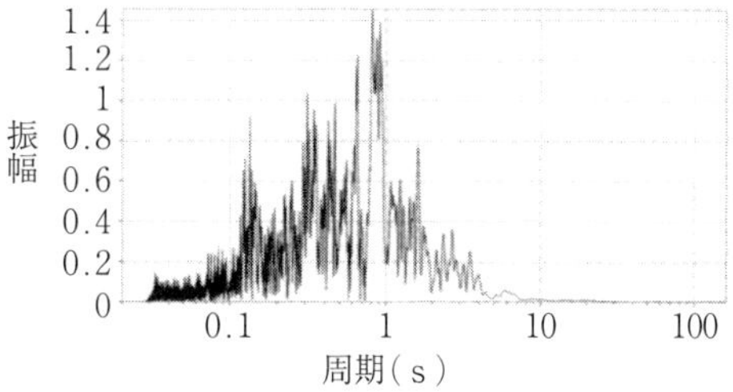

図11　観測点Ｂの周期の特性

(4)　次の[　]について適切なものを選び，○で囲め。

観測点Ａの特性をみると，１秒より①[短い・長い]周期が目立ち，観測点Ｂは，１秒より②[短い・長い]周期が目立つ。観測点Ａに到達する地震波がマントルを通過してきたこと，および観測点Ｂに到達する地震波が海洋プレートを伝わってきたことから，マントルと海洋プレートでは，マントルの方が③[硬い・柔らかい]と考えられる。地震２において，震央距離が500km以上であるにもかかわらず，震度が④[小さい・大きい]観測点が存在するのは，その地点での増幅率が⑤[小さい・大きい]ことに一致し，海洋プレートはマントルより地震波を伝え⑥[やすい・にくい]ということにつながる。

4　問いに答えなさい。

ある種類のマツバボタンには，赤花が咲くものと白花が咲くものがある。この遺伝は，メンデルの遺伝の法則に従う。マツバボタンについて，純系の白花のめしべに，純系の赤花の花粉をつけてできた種子をまくと，育った子のマツバボタンは，どれも赤花であった。

一般に，生物の個体がもつ遺伝子の組合せを遺伝子型《がた》という。また，遺伝子型にもとづいて個体に表れる形質を表現型《がた》という。マツバボタンの遺伝において，赤花にする遺伝子をＲ，白花にする遺伝子をｒと書くと，赤花のマツバボタンの遺伝子型は，ＲＲまたはＲｒであり，白花のマツバボタンの遺伝子型は，ｒｒである。

すべての交配のパターンは，表１の６通りである。

表1

交配のパターン	遺伝子型の組合せ	子の表現型
①	RR × RR	すべて赤花
②	RR × Rr	すべて赤花
③	Rr × Rr	赤花：白花＝3：1
④	RR × rr	すべて赤花
⑤	Rr × rr	赤花：白花＝1：1
⑥	rr × rr	すべて白花

個体数が極めて多いマツバボタンの集団を考える。ここでは，すべての集団において，個体間の生存力や繁殖力に差がないとする。

集団Aをつくる個体の遺伝子型の種類と比が，RR：Rr：rr＝3：2：5であるとする。集団Aのすべての個体が自由に交配することで生じる子の集団を，集団Bとする。集団Bについて，遺伝子型の種類と割合を考える。自由に交配するとは，集団内の個体の間で選り好みなくランダムに交配が行われることである。以下に2つの考え方ⅠとⅡを示す。

（考え方Ⅰ）

集団Aの自由な交配では，表1のすべての交配が起こる。さらに，集団Aの遺伝子型の種類と比がRR：Rr：rr＝3：2：5であるとは，RRが$\frac{3}{10}$，Rrが$\frac{2}{10}$，rrが$\frac{5}{10}$の割合で存在することである。よって，自由な交配が起こる集団Aの中で，表2の①のようにRR×RRの交配が起こる確率は，$\frac{3}{10}\times\frac{3}{10}=\frac{9}{100}$，つまり9％である。表2の②～⑥のそれぞれについても交配が起こる確率を計算する。①～⑥の交配が起こる確率を合計すると100％になる。

①の交配で生じる子はすべてRRであり，①で生じたRRの子が集団B内で占める割合は9％である。また，②の交配によって生じる子は，RR：Rr＝1：1であるから，②で生じたRRとRrが，集団B内で占める割合は，それぞれ（ い ）％である。同様に考えていくと，③～⑥の交配によって生じるそれぞれの子が集団B内で占める割合を求めることができる。以上を表2に整理した。

表2

交配のパターン	交配が起こる確率	交配で生じた子が集団B内で占める割合
①RR × RR	9％	子はすべてRRだから，①の交配で生じるRRは，集団B内で9％を占める。
②RR × Rr	（ あ ）％	子はRR：Rr＝1：1だから，②の交配で生じるRRとRrは，集団B内で，それぞれ（ い ）％を占める。
③Rr × Rr	（ う ）％	子はRR：Rr：rr＝（ え ）だから，③の交配で生じるRR，Rr，rrは，集団B内で，それぞれ（ お ）％，（ か ）％，（ き ）％を占める。
④RR × rr	（ く ）％	子はすべてRrだから，④の交配で生じるRrは，集団B内で（ け ）％を占める。
⑤Rr × rr	（ こ ）％	子はRr：rr＝1：1だから，⑤の交配で生じるRrとrrは，集団B内で，それぞれ（ さ ）％を占める。
⑥rr × rr	（ し ）％	子はすべてrrだから，⑥の交配で生じるrrは，集団B内で（ す ）％を占める。

以上を，遺伝子型ごとにまとめる。

集団Bにおいて，RRは9％＋（ い ）％＋（ お ）％＝16％，Rrは（ い ）％＋（ か ）％＋（ け ）％＋（ さ ）％＝48％，rrは（ き ）％＋（ さ ）％＋（ す ）％＝36％を占めている。このようにして，集団BにおけるRR：Rr：rrの比は，最も簡単な整数比で示すと，RR：Rr：rr＝4：12：9となる。

(1) 表中の(あ)～(す)を答えよ。ただし，(え)は最も簡単な整数比を答えよ。

（考え方Ⅱ）

考え方Ⅰは，ずいぶん面倒である。もっと簡単な方法が，考え方Ⅱである。

自由な交配とは，集団の中の個体間で選り好みなくランダムに交配が行われることである。すなわち，集団内でつくられた花粉が自由に飛び回り，ランダムにめしべと受粉し，花粉から生じる精細胞が，卵細胞と受精することである。集団Aにおいて，自由に飛び回る花粉には，Rをもつ花粉とrをもつ花粉がある。次に，集団Aにおいて，Rをもつ花粉とrをもつ花粉の割合を考える。

RR：Rr：rr＝3：2：5である集団Aでは，それぞれの遺伝子型の集団がつくる花粉の数の比が，3：2：5だと言える。例えば，RRが3000万個の花粉をつくったとすれば，Rrは2000万個，rrは5000万個をつくる。そして，RRがつくる花粉は，Rをもつ花粉のみである。Rrがつくる2000万個の花粉の内訳は，Rをもつ花粉が1000万個，rをもつ花粉が1000万個である。rrがつくる花粉は，rをもつ花粉のみである。以上を，表3に整理した。

表3

遺伝子型と花粉の数	花粉の種類と数
RRがつくる3000万個の花粉	Rをもつ花粉のみ3000万個
Rrがつくる2000万個の花粉	Rをもつ花粉1000万個とrをもつ花粉1000万個
rrがつくる5000万個の花粉	rをもつ花粉のみ5000万個

集団Aがつくる花粉の種類と比を求めると，Rをもつ花粉：rをもつ花粉＝4000万：6000万＝2：3である。つまり，花粉のうち，$\frac{2}{5}$はRをもち，残り$\frac{3}{5}$はrをもつことになる。また，集団Aがつくる卵細胞も同様であり，卵細胞のうち，$\frac{2}{5}$はRをもち，残り$\frac{3}{5}$はrをもつ。

よって，自由な交配において，RRの子が生じる確率は，16％，Rrの子が生じる確率は，48％，rrの子が生じる確率は，36％である。このようにして，集団Bにおける遺伝子型の種類と比は，RR：Rr：rr＝4：12：9となる。

(2) 集団Bにおいて，集団内で生じる卵細胞について，R：rの比を答えよ。

(3) 集団Bがさらに自由な交配を行ったとする。生じる子の集団における遺伝子型の比を答えよ。

(4) RR：Rr：rr＝1：2：3の新たな集団Cが自由な交配を行う。生じる子の集団(集団D)における表現型の種類と比を，表1の表記にならって答えよ。

(5) 集団Dがさらに自由な交配を行う。生じる子の集団における表現型の種類と比を，表1の表記にならって答えよ。

と、人々は考えていたということ。

問二 ――部②「あらがひて」とあるが、誰が誰に対して「あらが」ったのか。説明しなさい。

問三 ――部③「逢坂の関」とは、ある国とある国の国境付近にあった関所である。その二つの国を旧国名で答えなさい。

問四 ――部④「さては空言なりけり」とあるが、どういうことか。その説明として最も適当なものを次の中から選びなさい。

ア　一条摂政が、「姫君と逢いたいと気が急くけれども、逢うのは難関でありあきらめよう」という趣旨の和歌をよこしたので、姫君の父は、一条摂政が奥ゆかしい男であり、世間の噂はあてにならないと考えたということ。

イ　一条摂政が、「人知れず私は年をとっていったけれども、何とかあなたに逢えてよかった」という趣旨の和歌をよこしたが、姫君の父は、その言葉が嘘であり、実際はまだ、姫君と逢ってはいないと考えたということ。

ウ　一条摂政が、「姫君と逢いたいと気が急くけれども、どうして逢うことができないのか」という趣旨の和歌をよこしたので、姫君の父は、一条摂政が、すぐに女に手を出すという世間の噂は嘘だったのかと思ったということ。

エ　一条摂政が、「人知れず私は年老いていくけれども、たとえ困難でもいつかは逢ってみせよう」という趣旨の和歌をよこしたので、一条摂政はすぐに女と関係を持つという世間の話は嘘だったのではないかと思ったということ。

オ　一条摂政が、「人知れず歳月は流れていったけれども、何とかあなたに逢えてよかった」という趣旨の和歌をよこしたが、姫君の父は、娘を信じたい気持ちがあったので、おそらく一条摂政の歌は嘘であろうと考えたということ。

問五 ――部⑤「をかしく」とあるが、どういうことか。その解釈として適当なものを次の中から二つ選びなさい。

ア　一条摂政が姫君と既に関係を持っているのに、それを信じない父親の姿はかわいそうであり、親の気持ちをふみにじる一条摂政の振る舞いはおかしいということ。

イ　一条摂政が、姫君と関係を持っていないことに気づいた上で、娘の代わりに、一条摂政に対してよい返事をした父親の賢明さには、心ひかれるものがあるということ。

ウ　一条摂政の和歌にだまされただけでなく、娘の代わりに和歌を詠んで、娘を窮地《きゅうち》に追いやってしまった父親の振る舞いは、愚かで滑稽であるということ。

エ　姫君の母と一条摂政にだまされた父は滑稽でもあるが、娘を思い、断りの和歌を代筆までした親心は、おかしくも心ひかれる部分があるということ。

オ　好人物ではあるが滑稽な父親と、したたかで、ややずるい母親という対照的な夫婦の姿もそうだが、父が結局は一条摂政をやりこめてしまったという、予想外な結末も面白いということ。

カ　姫君の母や乳母を味方にした上、見事な歌で父をだましたというだけでなく、父のおかしくも哀しい親心に共感を寄せる一条摂政の姿は心ひかれる部分があるということ。

キ　娘を思う気持ちが強すぎて、最終的に混乱状態に陥り、一条摂政に対して、自分が娘の代わりに結婚するという和歌を贈った父親の姿は、あまりにも滑稽だということ。

問六 『宇治拾遺物語』よりも成立年代が古い作品を、次の中から全て選びなさい。

ア『古今和歌集』　イ『更級日記』　ウ『徒然草』
エ『源氏物語』　オ『太平記』　カ『細雪』

てきたようでうれしかったから。

問八 ――部④「深い額の皺を拭ったように消してしまうのであった」とあるが、この描写が表現していることを、本文全体の内容を踏まえて説明しなさい。

問九 作者・永井荷風の作品をすべて選びなさい。

ア『浮雲』　イ『五重塔』　ウ『すみだ川』
エ『たけくらべ』　オ『ふらんす物語』　カ『破戒』
キ『三四郎』　ク『濹東綺譚』　ケ『城の崎にて』
コ『或阿呆の一生』

三

次の文章を読んで、後の問いに答えなさい。

今は昔、＊1一条摂政とは＊2東三条殿の兄におはします。御かたちより始め、＊3心用ひなどめでたく、才、有様、まことしくおはしまし、また色めかしく、女をも多く御覧じ興ぜさせ給ひけるが、少し＊4軽々《きやうきやう》に覚えさせ給ひければ、御名を隠させ給ひて、大蔵《おほくら》の丞《じよう》豊蔭《とよかげ》と名のりて、上ならぬ女のがりは御文《ふみ》も遣はしける。懸《け》想《さう》せさせ給ひ、逢はせ給ひもしけるに、①皆人さ心得て知り参らせたり。

やんごとなくよき人の姫君のもとへおはしまし初《そ》めにけり。乳母《めのと》、母などを語らひて、父には知らせさせ給はぬ程に、聞きつけて、いみじく腹立ちて、母をせため、爪弾《つまはじ》きをして、いたくのたまひければ、「さる事なし」と②あらがひて、「まだしき由《よし》の文書きて給《た》べ」と、母君の＊5わび申したりければ、

人知れず身はいそげども年を経てなど越えがたき③逢坂《あふさか》の関

とて遣はしたりければ、父に見すれば、「④さては空言《そらごと》なりけり」と思ひて、返し、父のしける。

あづま路《ぢ》に行きかふ人にあらぬ身はいつかは越えん逢坂の関

と詠みけるを見て、ほほゑまれけんかしと、＊6御集にあり。⑤をかしく。

（『宇治拾遺物語』より）

《註》
＊1　一条摂政…藤原伊尹《これただ》。
＊2　東三条殿…藤原兼家。
＊3　心用ひ…他人に対する心づかい
＊4　軽々に覚えさせ給ひければ…軽々しい振る舞いだと自覚なさったので。「させ給ふ」「せ給ふ」は尊敬表現。
＊5　わび申したりければ…困って申し上げたので
＊6　御集…一条摂政個人の和歌を集めたものである『一条摂政御集』のこと。

問一 ――部①「皆人さ心得て知り参らせたり」とあるが、どういうことか。その説明として最も適当なものを次の中から選びなさい。

ア　一条摂政は容姿もよく女好きではあるが、才能にあふれ、思いやりもある男であり、結婚相手として不足はないと、人々は考えていたということ。
イ　一条摂政が女好きで、身分の高くない女には偽名を使って手紙を送り、関係を持っていたという事情を、人々は理解していたということ。
ウ　一条摂政は、女好きではあるが、東三条殿の弟でもあり、出自は申し分ないので、是非娘の結婚相手にしたいと、人々は考えていたということ。
エ　一条摂政が、身分に関わらず多くの女性と関係を持っており、時に偽名を使うほどの悪人であるということを、人々は理解していたということ。
オ　女好きの一条摂政が、偽名を使って手紙を送ってきた時には、娘が狙われているということなので、注意しなければならない

問一 ＝＝部(a)「ジュスイ」・(b)「シンダイ」のカタカナを漢字に直しなさい。

問二 Ⓐ に入る、「ぞっとするほどなまめかしく、奥深くかなしい」という意味を表す熟語の組み合わせを選びなさい。

ア 鮮麗深憂《せんれいしんゆう》　イ 優艶深甚《ゆうえんしんじん》　ウ 幽婉幽遠《ゆうえんゆうえん》
エ 凄艶幽哀《せいえんゆうあい》　オ 妖艶幽冥《ようえんゆうめい》　カ 華麗深沈《かれいしんちん》

問三 〜〜部「怜悧《れいり》」の意味を簡潔に書きなさい。

問四 Ⓑ に入る、「強い者の権力をたよって、弱い者がいばる」という意味の『戦国策』を起源とする故事成語を、本文に合わせて一、三、五字目は漢字、二、四、六字目はひらがなで書きなさい。

問五 ――部①「いつの世にも変《かわ》りなき『人情』は、ここにおいて、また同じように変りなき『義理』と出会って衝突する」とあるが、どういうことか。このときの「勇吉」の状況に従い、「人情」と「義理」を区別して説明しなさい。

問六 ――部②「宛《さなが》ら駿馬《しゅんめ》痴漢《ちかん》を乗せて走るが如き身の薄命を嘆じた」とあるが、このときの「新夫人」の心情の説明として、最も適当なものを選びなさい。

ア 自らが高学歴で和歌や茶道に秀で、英語にも堪能《たんのう》で英詩の翻訳までよくし、海外の上流階級との社交の場で活躍できるにもかかわらず、夫は無難に銀行勤めをするのみで、目立った活躍もしないため、女性として生まれた身の不幸を嘆いている。

イ 自らが良き人として嗜《たしな》むべき教養を隈《くま》無く身に付け、女性としてなしうる名誉ある活動に参加し、様々な栄誉に浴する立派な功績を重ねているにもかかわらず、夫が全く感心もしないため、愚鈍な夫と結婚してしまった運命を悲観している。

ウ 自らが家庭にいるに飽き足らず、才能を持て余して様々な文化活動や、社会貢献のための活動に勤《いそ》しんでいるにもかかわらず、夫は活動を共にしないばかりか、夫人を蔑《さげす》んで冷笑しており、人でなしの夫に虐《しいた》げられる悲惨な境遇を嘆いている。

エ 自らが文武両道に秀でた華族の令嬢で和歌、文章、英語をよくするため、学のない夫に和歌や文章を読み聞かせて教えているにもかかわらず、夫が何の興味関心も示さないため、自分には釣り合わない身分の者を夫にしたことを悲嘆している。

オ 自らが家の名誉のために、女子教育に資する英詩の翻訳に勤しんだり、様々な婦人団体の会員となったりして社会貢献しているにもかかわらず、夫はぼんやりと日々を過ごしており、何の甲斐性《かいしょう》もない情けない夫を持った人生を嘆いている。

問七 ――部③「勇吉はもう明日とは待たれず、その夜すぐさま月謝を納めた」とあるが、それはなぜか。説明として適当なものを二つ選びなさい。

ア 三味線の音色や妻恋坂の妾宅と全く同じ小家の様子、お弟子の時代おくれの洒落や冗談が、虚栄心の強い夫人がわがまま放題に振る舞っている家庭を忘れて、若き日の輝かしい思い出を思い起こさせるものだったから。

イ お弟子が稽古する唄の内容が、失恋の悲しみと苦しさを一般化して端的に表現したものだとわかり、思わず自分一人の胸の内に秘めていた「小玉」との過去の恋を思い出し、つらい現実を忘れて心が慰められたから。

ウ 哥沢の歌謡と節廻しとが、誰にも言えずに心の内に秘めていた「小玉」への切ない思いを美しく唄い上げていることを知り、哥沢を唄うことによって思う存分に「小玉」との思い出に浸ることができるとわかったから。

エ 小家の様子や間取りはおろか、お師匠さんの容姿や服装までもが、かつて世話になった御隠居とお妾さんの暮らしと姿にそっくりで、過ぎ去ってしまった青春の日々が再びやってきたようで華やいだ気分になったから。

オ 稽古所の家の様子やお師匠さんの着物の着こなしや物のいいようお弟子の会話の内容に至るまで、多町の御隠居らが持っていた江戸情緒そのもので、銀行勤めをする前の若き日々が戻っまで何一つ反対しない勇吉は、今度に限って一歩も譲らぬ意外なる強硬な態度に、夫人も少しく面喰《めんくら》って退いてしまった。勇吉は家庭の事のみならず、銀行内の職務上に関しても、何か不平らしいこと、耳にしたくないような事でもあれば、直ちに覚えにくいむずかしい節廻しの事を考え出して、その方に心を転じてしまう。何処の会社や銀行にもよくある通り、*11高商出身、慶応出身、帝大出身というような下らない学閥《がくばつ》の軋轢《あつれき》と奉公人根性の浅間《あさま》しさから、勇吉は一時重役の親戚だとかいう、 Ⓑ 若い学士さんのために、大分意地のわるい事をされたけれど、哥沢のおかげで衝突もせず無事にその難関を切抜け得たばかりか、後にはそのためにかえって広く銀行内の同情を得た。忘年会だの送別会だのという宴会の折には、同僚のものがしばしば勇吉を誘惑した事があったけれど、何に限らず一度《ひとたび》専門の音曲を専門に修業したものには、若い芸者のお座敷芸ほど、あぶなっかしく、かつ気の毒に感じられるものはないので、それを聞くがいやさに、勇吉はいつも体《てい》よく逃げてしまう処から、見かけによらない堅人《かたじん》だという信用さえ得るに至った。

歳月は流るる如くに過ぎて行く。年と共に大都の生活はその騒《さわが》しい外観の示すが如くに、些《いささ》かの余裕をも許さず市民の心を責め立てる。名利に飢えた狼の群《むれ》は白昼にも隊をなして到る処に横行し、正直と謙遜の頸《くび》輪をつけた羊の子を斃《たお》す。思えば幾年か前、小玉と二人してよく見馴《みな》れた彼《あ》の目鏡橋《めがねばし》の空地に、柳がなびく景色はどこへ行ってしまったのであろう。勇吉は年と共に銀行員としての地位が進めば進むに従い職務上の心配と共に生活の労苦も次第に重く身に積《つも》るにつけ、夢のつぶやきかとも思われるような果敢《はかな》い哥沢の一節《ひとふし》をば、浮世にあらん限りの慰籍《なぐさめ》と頼んだ。

（中略）

まださほどに白髪《しらが》は目立たぬけれど、勇吉の額にはえぐったような深い皺《しわ》が彫《きざ》み込まれたこの頃、いよいよ沈痛な調子を帯びて来たその声柄《こえがら》、いよいよ凄惨な錆《さ》びと渋味を添え出したその節廻しには、折々の温習《おさらい》会などへ行って聞く人たち、一人として覚えず嘆賞の声を発せぬものはない。

「実にうまいもんですな。さすがは*12名取りの芸です。」

そういわれると、その時ばかり勇吉はまるで子供のように心から嬉しそうな顔をするのである。その時ばかり、④深い額の皺を拭ったように消してしまうのであった。

《註》

*1　明神…神田明神のこと。「社内」とは、境内のこと。

*2　待合…江戸時代に社寺の境内で、湯茶を出して休息させた店から発展して、明治以降に芸者との遊興の場となった。

*3　端唄…江戸後期から幕末にかけて江戸で流行した、三味線伴奏の小編歌曲。哥沢《うたざわ》と小唄《こうた》の母体。明治中期には衰微した。

*4　年季…奉公する約束の年限。

*5　半襟…和装において、インナーとしての襦袢《じゅばん》の襟の上に装飾を兼ねて縫い付けた襟。

*6　堅気…職業や生活が真面目で地道なこと。

*7　ロングフェロー…Henry Wadsworth Longfellow（1807～1882）米国の詩人。健全な人生観を平明な表現でうたいあげた。

*8　テニソン…Alfred Tennyson（1809～1892）流麗な措辞と健全な倫理観で知られるビクトリア朝を代表する英国の詩人。

*9　哥沢…端唄から安政四（一八五七）年に派生した三味線伴奏の小歌曲。

*10　西仲通…東京都中央区月島一丁目から勝どき五丁目までの通りの名称。いわゆる「江戸下町」にあたる場所。

*11　高商…現在の一橋大学の前身で、明治二十年から三十二年まで、「高等商業学校」という名前だった。

*12　名取り…芸道で、一定の技能を修得し、家元・師匠から芸名を許されること。また、その人。一門の構成員として、教授をすることが認められる。省略した冒頭に、「勇吉」は「本名の勇の字にちなんで師匠から哥沢芝葉勇《うたざわしばゆう》という名前さえ貰った」とある。

されば気位の高い新夫人から、折々はその和歌や文章を読み聞かされても、あるいはまた、米国婦人の茶話会で侯爵や伯爵の夫人令嬢なぞに面会したなぞという自慢話を聞かされても、一向平気で唯うむうむと頷《うなず》いているばかり、別に深く感服したという様子も見せない。いつもいつも気の抜けたように茫然《ぼんやり》している良人《おっと》の態度に、新夫人は甚だ慊《あきた》らず、銀行なんぞに勤める月給取りなんていうものはこんな平凡なつまらない人間か知らと、②宛《さなが》ら駿馬痴漢《しゅんめちかん》を乗せて走るが如き身の薄命を嘆じたもののとにかく何をしても一切気任せに干渉しない亭主馬鹿の人の好《よ》さに、夫人は結句これをいい事にますます我儘《わがまま》勝手を増長させるのであった。

勇吉が内々で＊9哥沢《うたざわ》の稽古所に通い出したのはこの時分からの事である。或日《あるひ》の暮方《くれかた》銀行の帰りの道づれに、哥沢に凝っている同僚の一人が頻《しきり》と誘うままに、勇吉は何の気もなく＊10西仲通《にしなかどおり》の静かな横町に松葉巴の燈《あかり》を出した細い格子戸の中に這入《はい》って見た。

何たる別天地。何たる懐しい思出の里であったろう。啻《ただ》に過ぎし日のしのばれる三味線の音色のみではない。極めて手狭な処をば不思議なほど小ぎれいに、小ざっぱりと取片付けて住んでいる。こうした町中の小家《こいえ》の様子一体が、かの妻恋坂の妾宅と全く同じよう。そして、その年頃さえ彼《あ》のさばけ切ったお世辞のよいお妾さんと、かれこれ同じ位かと思われるお師匠さんは、全く違った顔立身体付きにもかかわらず、その着物の着こなしや物のいいようまでやはり同じ時代の同じ階級の人である事を示していた。已《すで》に三、四人詰め掛けているお弟子の中には身分の上下(b)シンダイの大小に無論相違はあろうけれど、やはり多町の御隠居や待合千代香の親方なぞと、同じ類型に入れて差支《さしつかえ》なさそうな人が見受けられ、かつて明神の涼茶屋で将棋をさしながら彼《か》の老人《としより》たちが笑い興じていたのと、同じような時代おくれの洒落や冗談さえ聞かれるのであった。

勇吉は去って返らぬ昔が突然に立ち戻って来た嬉しさ懐しさ。覚えず深い空想に引き入れられる折から、師匠の絃《いと》につれて歌い出される稽古の唄。

〽初秋《はつあき》や名も文月《ふみづき》の恋の謎、銀河まつりのたはむれに、いつか女夫《めおと》の約束は……。

勇吉は初めて小玉を連れて入谷《いりや》へ泊りに行った時の深更《よふけ》の空。二人して車の上から見上げた銀河の色の淋しさを思い出さずにはいられなかった。ああ、それからというもの、自分と小玉との間は、

〽ほんに思へば昨日今日、月日たつのも上《うわ》の空、人のそしりも世の義理も、

思はぬ恋のみちせ川

しかし憎らしいほどかわゆかった恋中《こいなか》も、遂には義理という字の是非もなく、あわれ、唯《た》だ淡雪の消ゆる思い、口説の床の涙雨に、夜もすがらしんに啼《な》く蛙《かわず》を聴いた睦じさも、また、奥の座敷の爪弾きに中直《なかなお》りする、思わせぶりな空寝入の可笑《おか》しさも、一度《ひとた》び別れては早や唯折節《ただおりふし》の月夜鴉にふと眼をさまされ、逢いたさ見たさの苦しさも、酒でしのぐよすがさえなき身は、いっそ一日半時も早く命という苦の世界を候かしくと思詰《おもいつ》めた事もある位。勇吉は入代《いりかわ》り立《たち》代《かわ》りお弟子が稽古する唄をば、耳傾けて聴けば聴くほど、今までは人にも話されず、口にも出されず、唯だ一人胸の底に蟠《わだか》まらして置いた深い深い心の苦しさ、切なさ、遣瀬《やるせ》なさは、殆《ほとん》ど余すところなく、哥沢の歌謡と節廻しとによって何ともいえないほど幽婉《ゆうえん》に唄い尽《つ》くされている事を知った。その一刹那、勇吉には哥沢節と称する音曲は自分の心を慰めてくれるために安政の起原《おこり》から明治の今日までも滅びずに残っていたもののように思われたのだ。いい換《かえ》れば勇吉は堪えがたい己《おの》れが過去の夢を託すべき理想的形式の芸術を捜し当てたのである。

最初は同僚の友に誘われるまま、何の気もなく来たのであるが、③勇吉はもう明日とは待たれず、その夜すぐさま月謝を納めた。

毎日のように勇吉の帰宅時間が後れる処から、秘密の稽古屋這入りは忽ち露見となって、夫人から厳しい攻撃を受けた。けれども今

何も厚面《あつかま》しく奥様にとはいわぬから、末長く見捨てずに、せめてお妾さんにでもと逢う度ごとに口説《くど》き訴え、同じ着物や＊5半襟《はんえり》を買うにしても、＊6堅気《かたぎ》になってから役に立つようなのをと、いつも縞柄《しまがら》や色合の見立《みたて》を勇吉に相談する位《くらい》である。しかし勇吉は今年六十近くなるまで芝居一ツ見た事がないという頑固一点張の親爺を持つ身としては、いわずとも其様《そんな》自由勝手の出来ようはずもないので寧《いっ》そ早く衝突して家《うち》を出てしまい、浮世の義理のない里へ行って好いた女と手鍋下げての睦《むつま》じい暮しをして見ようかと思いながら、さてまた能《よ》く考えて見ると自分にはとてもそれだけの勇気と熱情がなさそうである。いっそ頑固一点張りの男親ばかりなら、かえって都合がよいかも知れぬが、これまでも度々仲に立って、近頃の自分の品行を父に知らせまいと苦心している極《ご》く気の弱い哀れな母親の事を思って見ると、さすがに勇吉は気の毒になって申訳《もうしわけ》のないような心持になる。勇吉は縦《たと》えどれほど深く離れがたく自分と小玉が思い合ったにした処《ところ》で到底末長く添いとげられるものではない、二人して轢死《れきし》か(a)ジュスイでもする位な無分別を起さない限りには、二人の間はいつか必ず絶え果ててしまうであろう。何故かという理由は簡単である。勇吉は多町の隠居のように芸者を煙草入《たばこいれ》と同じように愛玩し得るほどの結構な身分でもなければ、また待合千代香の親方のように、思想から迷信から凡《すべ》て芸者と境遇を同じくする階級の人でもないからである。いつも妻恋坂《つまごいざか》の妾宅から湯島の我家《わがや》に帰って来る時彼方《かなた》では夜の十時といえばまだ宵の口、たった今方夕飯が済んだ位という処を、此方《こなた》の我家ではもう燈火《あかり》が消えてしまって、下女《げじょ》の鼾《いびき》に鼠が天井を荒れ廻る真の夜中である。これだけの相違を見比べるにつけても、勇吉は厳格な道義的反省を俟《ま》つに及ばず、自分はつまり彼《あ》の人たちが何の差触《さしさわ》りもなく平気でする事をもなかなか容易には為し得る境遇ではないという事を感ずるより外《ほか》はない。

　いよいよ銀行へ出勤して月給五十円という目出度《めでた》さは直様《すぐさま》つづいて、勇吉がこの日頃の煩悶《はんもん》を一挙にして解決さすべき大事件を呼起《よびおこ》した。勇吉の両親は我子の身分がきまったとなると忽《たちま》ち結婚の相談に取りかかる。同時に小玉の方でも勇吉の身分を末頼もしく思えば思うほどいよいよ堅く契って離れまいと迫って来る。①いつの世にも変《かわ》りなき「人情」は、ここにおいて、また同じように変りなき「義理」と出会って衝突する。芝居にも小説にもよくある通りな涙の幾幕が演じられた後《のち》小玉と勇吉は逢わぬ昔のような他人となってしまった。そして、眼鏡をかけた色の白い肥《ふと》った大きな令嬢が勇吉の新夫人として活潑《かっぱつ》に現われ出た。やがては必ず華族にもなるべき陸軍将官の令嬢とやら、和歌をよくし書をよくし文章をよくし、英語をよくする上に学校時代には薙刀《なぎなた》を習った事もあるとかいうので健全なる思想の宿るべき体格もまたこの上なく立派なのである。勇吉の両親は我が子の嫁には過ぎたものとして嬉《よろこ》んだが、しかし勇吉は一度小玉と別れてからは、殆《ほとん》ど何という訳もなくあれが我一生の若い美しい夢の見納《みおさめ》であった。かかる楽しさ面白さは二度と再び繰《くり》返《かえ》されるものではない。また繰返そうという勇気も力も全く消失《きえう》せてしまったような気がしたので、家庭の万事は自分の趣味に合うと否との論なく、一切挙げてこれを怜悧《れいり》な新夫人の手に一任して、自分は唯《ただ》機械の如く夫たる義務を尽くしているより仕様がなくなった。

　新夫人は相当の持参金もある身分なので、先ず舅《しゅうと》や姑《しゅうとめ》と別居しようとて自ら進んで青山辺《あおやまへん》の門構《もんがまえ》ある二階建の借家へ新家庭を移し、今日は歌の会、明日はお茶の会、その次の日は校友会の談話会、そのまた次の日には米国婦人ミス何々を訪問という具合に毎日々々勝手次第に出て歩く。そして時たま家《うち》にいるかと思えば、それは＊7ロングフェローか＊8テニソンのような英詩を校友会雑誌へ掲載するため字引と首引《くびっぴき》しているのである。夫人は無論赤十字社を始めとしてその他名誉ある婦人団体の会員となっていて、その総会などには欠《かか》さず出席する。

　しかし勇吉は最初から、覚悟して深く諦めをつけてしまった後の事とて、いかほど自分の性情や趣味に一致しない事が家庭の中《うち》に起っても、更にこれを意とせず、いつとなく覚えた皮肉な冷笑の興味を以《もっ》て自分の生涯までを他人のもののように客観するのであった。

適当なものを選びなさい。

ア　人の悲しみをわがこととして感じるという意味での、人の人たる道を極限まで進むとともに、全人類の悲しみを、独りで抱えこんでしまった存在であること。

イ　前へ進むのに、理想追求ではなく謙虚さをもっていくがゆえに、あらゆる人間の悲しみを背負いこみ、その重みで、前へ進むことを断念してしまった存在であること。

ウ　あらゆる人間の悲しみを背負い、その重みで、一歩も前に進めなくなっているが、謙虚な性格であるがゆえに、他者の協力が得られ、前に進める存在であること。

エ　「愛」を知っているために、その重圧に押しつぶされそうになってはいるが、「愛」を放棄することをよしとせず、常に前に進んでいこうとする存在であること。

オ　人の悲しみの重さを知り、理性的な世界にとどまらず、宗教的な世界へと到達することができたために、もはや、前へ進む必要もなくなった存在であること。

問五　――部③「分類法」とあるが、これはどういう分類法か。その説明として適当なものを二つ選びなさい。

ア　理性中心主義的な分類法。

イ　「愛」の有無という観点を欠いた分類法。

ウ　宗教の本質をあえて無視した形式的分類法。

エ　理性と宗教の差異を理解していない分類法。

オ　自他を対立したものとみなす分類法。

問六　――部④「秋深き隣は何をする人ぞ」とあるが、この句は何を表現したものだと考えられるか。本文の論旨をふまえ、句自体の意味も分かるような形で、具体的に説明しなさい。

問七　――部⑤「両方をかね備えた世界で生存し続ける」とあるが、戦後の筆者は、どのような形で生きてきたのか。本文全体の内容をふまえ、そのような生き方を求めた理由も分かるように、説明しなさい。

問八　［X］には、夏目漱石の絶筆となった、未完の小説の名前が入る。その名前を答えなさい。

［二］

次の文章は永井荷風の小説「松葉巴《まつばどもえ》」（明治四十五〔一九一二〕年）の後半部分である。明治初期、主人公の「勇吉」は、専門学校を卒業した後、勤めた会社が解散したため、経済学書類の翻訳で稼ぎながら、浪人生活を送っていた。家が湯島にあったことから、多町《たちょう》（現千代田区神田多町）の隠居と懇意になり、物見遊山や芝居見物に誘われて行くうちに、若い芸者の「小玉《こたま》」と恋仲になった。本文はこれに続く部分である。読んで、後の問いに答えなさい。

その年も暮れて、次の年の春も梅の散る頃《ころ》、勇吉は兼ねてから就職口をたのんで置いた人の世話で、信用のある某銀行へ勤める事になった。小玉との間柄はもう隠居にもお妾《めかけ》さんにもよく知られていた後《のち》の事とて、その夜、隠居は勇《ゆう》さんが出世のお祝いにと一同を＊1明神社内《みょうじんしゃない》の＊2待合《まちあい》千代香《ちよか》へ呼んで酒宴を開いた。無論これはいつも暇で仕様のない隠居が、何かというとそれを口実に、人を集めて遊ぼうという思付《おもいつき》である事はいわずと分っているのであるが、しかし勇吉は何となく人の情《なさけ》の身にしみじみと嬉しく思われるにつけ、自分と小玉との行末《ゆくすえ》は果《はた》してどうなるのであろうと唯《た》だ訳もなく悲しいような心持になるのであった。その夜《よ》隠居がさびた咽喉《のど》で何の気もなく歌った＊3端唄《はうた》の――人とちぎるなら浅くちぎりて末《すえ》までとげよ。もみぢ葉を見よ。薄きが散るか、濃きがまづ散るもので候《そうろう》。という節廻《ふしまわ》しが勇吉の胸にはいうばかりもなく［Ⓐ］の情趣を伝えるように思われた。

実際勇吉はこの一、二ヶ月、小玉との間柄がいよいよ深くいよいよ離れがたくなるにつけ、嬉しいとか面白いとかいう浮いた気よりも、悲しい果敢《はかな》い思いに迫《せ》められる事の方が多くなったのである。小玉はこの夏一ぱいで＊4年季《ねんき》を勤め上げるので、そうしたならばるに生きられず死ぬに死ねないといった悲しみはどうしてもなくならない。自と他が同一になったところで初めて悲しみが解消するのである。

人の世の底知れぬさびしさも自他対立自体から来るらしい。その辺のところを芥川はよく知っている。「④秋深き隣は何をする人ぞ」の句をとらえて彼は「茫々《ぼうぼう》たる三百年、この荘重の調べをとらへ得たものは独り芭蕉あるのみ」と評している。この考えをふえんして自分で創作を書いたのが『秋』の一編である。ここには芭蕉ほどの荘重の趣きはないが、その代わりシャボン玉に光の屈折するような五彩のいろどりが出ている。そうして人の世のはかないあわれさが非常にきれいに描かれている。自覚してそれを描いたという部分が特によい。芥川もこれに非常な自信をもっていたことが書簡集を読んでみるとよくわかる。とりわけ、(b)ゲンコウがまだ活字になる前に何度も編集者の＊3滝田樗陰に手紙を送って訂正しているが、その訂正のしかたが実におもしろい。

漱石も人の世のあじきなさを描こうとしたのに違いない。漱石の意図がどこにあったにせよ、『X』にはそれがよく出ている。人の世のさびしさ、あじきなさを何かのきっかけで自覚すると、自他対立の理性的世界であること自体からそのさびしさが来ていることがわかり、ここから救われるためにみな宗教の世界へ来ている。

宗教の世界には自他の対立はなく、安息が得られる。しかしまた自他対立のない世界は向上もなく理想もない。人はなぜ向上しなければならないか、と開き直って問われると、いまの私には「いったん向上の道にいそしむ味を覚えれば、それなしには何としても物足りないから」としか答えられないが、向上なく理想もない世界には住めない。だから私は純理性の世界だけでも、また宗教的世界だけでもやっていけず、⑤両方をかね備えた世界で生存し続けるのであろう。

（岡　潔「宗教について」）

《註》

＊1　安部磯雄…同志社出身で、洗礼を受け、アメリカ、ベルリンに留学。キリスト教的人道主義の立場から社会主義を唱えた。（一八六五～一九四九）

＊2　賀川豊彦…キリスト教伝道者にして、社会運動家。貧民救済、無産者の解放などに取り組んだ。（一八八八～一九六〇）

＊3　滝田樗陰…東京帝国大学在学中から雑誌「中央公論」の編集にたずさわり、漱石、藤村らの傑作を掲載。芥川や谷崎といった新人も発掘して、名編集者とうたわれた。（一八八二～一九二五）

問一　＝部(a)・(b)のカタカナを漢字に直しなさい。

問二　～～部「四時」とは何か。漢字四字で答えなさい。

問三　――部①「その状態はいまもなお続いている」とあるが、宗教を必要とする状態が続いているのはなぜだと考えられるか。その説明として最も適当なものを選びなさい。

ア　人々が理性的な世界に閉じこもった結果、戦前の日本にはあった、人間同士の絆が消失してしまっているという現状を見るにつけ、かつての自己を否定したくなるから。

イ　人間同士が強い絆で結ばれていた戦前の日本のあり方は未だに回復しておらず、そのような社会を回復するには、理性ではなく宗教的な連帯が必要だと感じられるから。

ウ　宗教的な社会では、かえって理性が救いになりうるように、理性的な社会では、かえって宗教が救いになりうるという逆説があり、戦後日本の社会は後者であり続けたから。

エ　他者と対立してでも生きようとする戦後の日本人の生き方が、現在も主流をなしているのを見るにつけ、人の道を踏みこみ、宗教に到達した上で死んだ方がましだと思うから。

オ　自他の同一がなされず、対立が今なお解消されていない現在の日本においては、理性のみでは生の救いが見いだせず、宗教があってこそ救いが見いだせるから。

問四　――部②「キリストの本質」とは何か。その説明として最も

二〇二〇年度

渋谷教育学園 幕張高等学校

【国語】（六〇分）〈満点：一〇〇点〉

（注意）・記述は解答欄内に収めてください。一行の欄に二行以上書いた場合は、無効とします。

一 次の文章を読んで、後の問いに答えなさい。

太平洋戦争が始まったとき、私はその知らせを北海道で聞いた。その時とっさに、日本は滅びると思った。そうして戦時中はずっと研究の中に、つまり理性の世界に閉じこもって暮した。

ところが、戦争がすんでみると、負けたけれども国は滅びなかった。その代わり、これまで死なばもろともと誓い合っていた日本人どうしが、われがちにと食糧の奪い合いを始め、人の心はすさみ果てた。私にはこれがどうしても見ていられなくなり、自分の研究に閉じこもるという(a)トウヒの仕方ができなくなって救いを求めるようになった。生きるに生きられず、死ぬに死ねないという気持だった。これが宗教の門に入った動機であった。

戦争中を生き抜くためには理性だけで十分だったけれども、戦後を生き抜くためにはこれだけでは足りず、ぜひ宗教が必要だった。①その状態はいまもなお続いている。宗教はある、ないの問題ではなく、いる、いらないの問題だと思う。

宗教と理性とは世界が異っている。簡単にいうと、人の悲しみがわかるというところに留まって活動しておれば理性の世界だが、人が悲しんでいるから自分も悲しいという道をどんどん先へ進むと宗教の世界へ入ってしまう。そんなふうなものではないかと思う。いいかえれば、人の人たる道をどんどん踏みこんでゆけば宗教に到達せざるを得ないということであろう。

大学生のころ、宗教に熱心だった叔母から、ある洋服屋さんが「世の中にはなぜこうも悲しい人や悲しい事が多いのだろう。それを思うと自分はまことに悲しい」といったという話を聞いて「この洋服屋さんは実に宗教的な素質がある。自分などはとてもこんな感じ方はできない」と思った経験があるが、人の悲しみがわかること、そして自分もまた悲しいと感じることが宗教の本質なのではなかろうか。キリストが「愛」といっているのもこのことだと思う。

芥川龍之介は「きりしとほろ上人伝」の中で、キリストを背負って嵐の吹き荒れる河を渡りながら上人が「お前はなぜこんなに重いのか」とたずねたとき「自分は世界の苦しみを身に荷うているのだ」とキリストに答えさせている。芥川は的確に②キリストの本質をついていると思う。前へ進むのに謙虚さでいく人と理想追求でいく人とあるとすれば、芥川は後者で、謙虚さよりも理想が勝っていたが、人物評論は随分よくできる人だった。また、彼は釈迦《しゃか》についても「沙羅《さら》のみづ枝《え》に花さけば悲しき人の目ぞ見ゆる」といっている。（中略）

宗教と宗教でないものとの違いは、孔子と釈迦やキリストをくらべればはっきりする。孔子は「天、道を我に生ず」といっているが、この「天」は「四時運行し万物生ず」といった大自然の行政機構のことである。また「仁」については説けず、ただ理想として語り得たにすぎない。孔子の述べたものは道義であって、宗教ではなかったといえるだろう。

またキリスト教の人たちでも、たとえば＊1安部磯雄《あべいそお》、＊2賀川《かがわ》豊彦《とよひこ》といった人が世の悲しみをなくすためにいろいろな活動をした。それはもちろん立派なことに違いないが、それ自体は理性的な生き方であって宗教的な生き方とはいえないのではないか。こうした奉仕的な活動は、おおらかに天地に呼吸できるという満足感を与えるけれども、それは理性の世界に属することだと思う。いまも普通は宗教的な形式を指して宗教と呼んでいるようだが、これは③分類法が悪いのだという気がする。

理性的な世界は自他の対立している世界で、これに対して宗教的な世界は自他対立のない世界といえる。自他対立の世界では、生き

英語解答

1
1　記号…(ウ)　正しい語句…use
2　記号…(ウ)　正しい語句…much
3　記号…(ウ)　正しい語句…it will take
4　記号…(イ)　正しい語句…to study
5　記号…(ア)　正しい語句…Australia
6　記号…(ア)　正しい語句…known

2
1　A…ク　B…イ　C…キ
2　A…キ　B…エ　C…イ
3　A…オ　B…ウ　C…ア
4　A…ウ　B…キ　C…エ
5　A…ア　B…エ　C…オ

3
(1)　(例) Tokyo is so huge that many foreign tourists often get lost
(2)　(例) Trains are very crowded especially in the morning

4
問1　1…ウ　2…エ　3…ア　4…ア　5…ウ　6…ア　7…エ
問2　エ

5
問1　出産が順調にいっていない牛を助けるため。
問2　イ
問3　A　2000　B　750　C　50
問4　ウ　　問5　the crowd
問6　ウ，エ，ク

〔放送問題〕
Part 1　1…T　2…F　3…F　4…T
Part 2　No.1　ア　No.2　エ
No.3　ウ　No.4　エ

1〔誤文訂正〕

1．everyday lives「日常生活」の中で2つの言語を使うことは‘現在の習慣’なので，(ウ)の are using は現在形の use に直す。　「アメリカのほとんどの人は1つの言語しか話さないが，世界の多くの人々が日常生活で2つの言語を使う」

2．比較級を修飾して「はるかに，ずっと」を表すには very ではなく much を使う。　「僕は初めて東京に行ったとき，東京スカイツリーが見たかった。なぜならそれは日本の他のタワーよりもはるかに高いからだ」

3．how long 以下は‘疑問詞＋主語＋動詞…’の語順の間接疑問となる。　「私たちは美術館に行くことを考えているが，そこに着くまでどれくらいの時間がかかるのかわからない」

4．‘forget＋to不定詞’は「～し忘れる」，forget ～ing は「～したことを忘れる」の意味。ここでは前者が適切。　「同級生たちと私は，学園祭のために多くのものをつくっていたため，数学のテストに向けて勉強するのを忘れてしまい，あまりよくできなかった」

5．「～に行く」を表す動詞 visit は‘場所’を目的語に取る他動詞。　「彼女は2年間会っていない家族とともに過ごすためにオーストラリアに行く予定だ」

6．文の動詞は has sold で，an から Pop までは「『ポップの王様』として知られるアメリカ人歌手」という挿入句なので is は不要。　「『ポップの王様』として知られるアメリカ人歌手マイケル・ジャクソンは，世界のどの歌手よりも多くのアルバムを売った」

2〔長文読解―整序結合―物語〕

≪全訳≫❶昔，立派なゾウに乗って世界を旅している男がいた。ある晩，1彼は寝る場所を探していて，6人の兄弟が住む家を見つけた。❷彼はドアをたたいて，ベッドとゾウの居場所を貸してくれるよう彼らに頼んだ。❸兄弟たちは戸惑ったようだった。「ゾウとは何ですか？」と彼らは尋ねた。❹「皆さんはゾウを見たことがないのですか？」と男は尋ねた。「びっくりしますよ！」❺だがすでに暗く，その晩は月が出ていなかったので，男は言った。「眠ったら明日の朝ゾウをお見せしますよ」❻兄弟たちは笑みを浮かべた。「僕たちは全員目が見えないのです」と彼らは男に言った。「2あなたがゾウと呼んでいるものを今，僕たちに教えてください。僕たちはその全てを知りたいのです！」❼男が兄弟たちを外に立って木の葉を食べているゾウの所に連れていくと，兄弟たちは周りに立ってそれに触り始めた。しかし，ゾウは3とても大きかったので，触られている場所はそれぞれ違っていた。兄弟の１人はその脚を触り，建物の柱のようだと言った。別の兄弟はその尻尾を握り，太いロープのようだと言った。別の兄弟はその耳を触り，革製のエプロンのようだと言った。❽兄弟たちは4誰が正しいかについて争い始めた。しばらくして，男が言った。「友人たち，争う必要はありません。あなたたちそれぞれがゾウを正しくとらえています。ですが，真実の全てをわかっていると考えている点ではあなたたちはみんな間違っています。ゾウにはたくさんの部位があります。ゾウを知りたければ，5あなたたちが他の兄弟に耳を傾けることが大切です」

1．まず文の主語にheを置く。過去の出来事を描写した文なので動詞は過去進行形のwas lookingにforを続ける(look forで「～を探す」)。その目的語にa place「場所」を置き，残りはto sleepとしてplaceを後ろから修飾する形にする(to不定詞の形容詞的用法)。 … he was looking for a place to sleep …

2．Pleaseがあるのでこの後に命令文が続くと推測できる。次の文の「その全てを知りたい」を手がかりに‘show＋人＋物事’「〈人〉に〈物事〉を示す」の形を考えて，まず‘人’に目的格のusを置く。残りの語から‘物事’には名詞を関係詞節で修飾する形を考え，まずthe thing「もの」を先行詞とし，それを受ける関係代名詞としてthatを置くと，残りはyou call an elephant「あなたがゾウと呼ぶ」とまとまる。 Please show us the thing that you call an elephant now.

3．続きの文章から兄弟たちがそれぞれゾウの違う部位を触ったことがわかる。それはゾウが大きいからだと考え，まず‘so ～ that …’「とても～なので…」の構文を使ってwas so big thatとまとめる。‘…’の部分にはwas differentの主語となる名詞句が入ると考えられる。まず‘every＋単数名詞’のevery partとまとめ，それを受け身の分詞句being touched「(今)触られている」で後ろから修飾する形にする。 However, the elephant was so big that every part being touched was different.

4．主語が複数形なので文の動詞はwasでなくbeganが適切。次にbegin to ～「～し始める」の形を用いてbegan to fightとまとめる。この後はabout「～について」の後にwho was right「誰が正しいか」とまとめれば何について争ったのかを示す内容になる。 The brothers began to fight about who was right.

5．‘It is ～ for … to —’「…が〔…にとって〕—することは～だ」の形式主語構文にすればよい。文章の内容から「他の兄弟たちに耳を傾けることが重要だ」という意味になると推測できる。 It's important for you to listen to your other brothers …

3〔長文読解—条件作文—対話文〕

≪全訳≫❶タク(T)：あと半年くらいすれば，東京で夏のオリンピックが始まるね。そういうすごいイベントを見るのが本当に楽しみだよ！❷ナナ(N)：そうね！　その時期には外国から何十万もの観光客が日本に来るわ。でも世界で一番にぎやかな都市の１つの東京は，今たくさんの問題を抱えているのよ。例えば，(1)(例)東京はとても大きいから，多くの外国人観光客がよく道に迷っているわ。❸T：うーん…。もっと英語の表示を駅や道に置けば役に立つかもね。それを見れば外国の観光客は自分がどこにいるかわかるし，簡単に道順を知ることができるだろうね。❹N：それはいいアイデアね！　でも，別の問題もあるのよ。(2)(例)特に朝には列車がとても混んでいるわ。❺T：電車の代わりに，安い値段で自転車を観光客に貸し出すのはどうかな？　移動の手段がもっとたくさんあれば，公共交通はそんなに混まないよ。❻N：それはいいわね！　オリンピックが成功するといいな。

⑴次の段落ではその対策として駅や道路における英語での場所や道順の表示が述べられているから，観光客が道に迷う，あるいは東京の交通網が複雑すぎるといった問題が考えられる。　(別解例) The public transport system in Tokyo is way too complicated for people from overseas.

⑵次の段落では公共交通機関の負担を減らすために，電車の代わりに自転車を貸し出すことが述べられているから，通勤通学で電車が混雑しているといった問題が考えられる。　(別解例)Trains in Tokyo are always crowded, so it is difficult for foreign visitors to travel by train.

4〔長文読解総合―説明文〕

≪全訳≫❶あなたは見られていると感じたことはあるだろうか。一部の新しい技術はあなたをそのように感じさせるかもしれない。デジタル式の広告看板には，通りの人々に向けられたカメラや，人々を年齢や性別によって認識しようとするソフトウェアがついている。そして広告看板の中にあるコンピュータはその情報を使って，広告看板を見ている人々に向けた広告を表示する。例えば，化粧品の広告を載せた看板の前を男性が通り過ぎると，コンピュータはその広告を，レストランやスポーツ用品といったその男性の気を引く可能性がより高いものに変えられるのだ。❷広告主たちは，これを対象となる顧客にたどりつく絶好の機会だと考えるが，その一方で，この種のものはプライバシーの侵害だと考える人たちもいる。情報がインターネット上でどのように共有され，買われ，売られるかに，今では人々はより大きな関心を持つようになっている。現在この議論はこういった「賢い」広告看板を含むであろう。だが広告主は，今では人々のプライバシーについてより大きな注意を払っていると言う――日本とアメリカでその広告看板をテストした企業は，その看板は年齢と性別を推測するだけで，顔を認識したり人の個人情報を得たりすることはできないと人々に語る。❸最近までこの種の「個人的な」広告はほとんどインターネット上に限られていた。グーグルのようなサーチエンジンは私たちが検索したものを追跡できる。なぜならそれらのウェブサイトに接続しているコンピュータは個別の特性を有しているからだ。すると企業はサーチエンジンにお金を払ってその情報を使い，あなたが検索した製品やサービスの広告を表示する。だから旅行情報を検索すれば，おそらく航空会社やホテルの広告を目にするだろう。こういった広告は伝統的な広告より便利で役に立つ。❹より個人向けになったメッセージを伝える手段を取るのに加えて，広告主はより役立つ情報を提供するために広告看板を使っている。デジタル広告看板は，時刻，天気，ニュースの見出しといった情報を表示するためにインターネットに接続できる。将来はこの技術がソーシャル・ネットワーキング・サービス(SNS)上の動向を反映したり，地元のイベントを宣伝したりするために使われるかもしれない。❺今日の世界では，何千もの広告が気づかれることなく毎日流れている。広告主は，広告を見るという経験を個人のものにすることで，その傾向を変えようとしている。だから，次に広告看板を見るときは注意してみるといい。それはあなたに話しかけるかもしれない。

問１＜英問英答＞１.「デジタル広告看板が探しているものは何か」―ウ.「人の年齢と性別」　第１段落第３文参照。　２.「第２段落の主題は何か」―エ.「人々は広告看板によって収集される情報の種類を気にしている」　人々は自分の情報がどう扱われるかに以前より関心を持っており(第２文)，その具体例として広告看板が取り上げられている(第３文以降)。　３.「この文章がグーグルに言及しているのはなぜか」―ア.「それは企業に情報を売るサーチエンジンの一例だからだ」　第３段落第２，３文参照。　４.「ある人がインターネットで航空券を買うと，おそらく起こることは何か」―ア.「ホテルや車のレンタル会社の広告を見る」　第３段落後半の内容から，自分の検索事項に関連したものの広告が出ると考えられる。　5.「筆者がデジタル広告看板について述べていることは何か」―ウ.「それは天気やニュースの情報を表示する」　第4段落第2文参照。　6.「ハイテクの広告看板をつくる広告主の動機は何か」―ア.「人々は通常の広告には注意を払わない」　第5段落第1，2文参照。　7.「最も適切な表題は何か」―エ.「広告の新しい段階」　広告が人の注意を引くためにハイテク化，個人化していく様子を看板の進化を通じて描いている。

問2＜適語句選択＞同じ段落の第1，2文より，広告主は広告の個人化という方法で，人々に気づいてもらえる広告をつくろうとしているとわかる。この具体例として個人に直接話しかける広告が考えられる。

5〔長文読解総合―物語〕

≪全訳≫❶クリスマスの2日後，ある女性とその息子の男子生徒が，オンディニでの私の朝の診療が終わるのを座って待っていた。彼女は自分の母の飼う雌牛の所に私が来ることを望んでいて，その雌牛は産み出されるのを待つばかりの子牛を身ごもっていた。だがそれまでの2日間，子牛は出てこようとせず，かわいそうな雌牛はとても疲れてきた。❷そういうわけで私たちは出発した。女性，男子生徒，私の助手，そして私だ。私はひどい道の上を1時間，小型トラックを運転していった。その後私たちは岩場の上と川沿いを45分ほど歩いた。ようやく私たちはとても小さな村に着くと，すぐにあのかわいそうな年老いた雌牛を果樹の下で見つけたが，それはとても疲れているように見えた。❸彼らは2つの立派な木製の椅子を運び出してきた。私は自分の黒いバッグをその上に置きながらも，まずはグラニーに挨拶した。彼女はその雌牛の飼い主だ。彼女はとても小柄な女性だったが，その村にいる彼女の一族の長なのだ。❹それから私が雌牛を調べると，子牛はまだ生きていて非常に大きいことがわかった。そこで私を手伝う助手とともに，雌牛を眠らせて帝王切開をした。雌牛を切り開いて子牛を取り出すのだ。❺私が終えると，私を見ている50人ほどの人の群れがあった。立ったままの男たち，地面に座った老女たち，果樹に腰かけた子どもたち。そのとき子牛は頭を左右に振りながら，自分の脚で立とうとしていた。❻誰かがグラニーが座るための椅子を運んできた。❼「お金の話をしないとね。いくらあなたに払えばいいの？」　彼女はみんなに聞こえるように大きな声を出した。❽「ええと」　私は言った。「あなたの雌牛と子牛はもう少しで死ぬところでした。でも私が来て子牛を取り上げたので，今ではどちらも生きていますよね」❾彼女はそのとおりだと言い，他の50人もそうだと言った。❿「それに私はオンディニからずっと自分の小型トラックを運転してきたのです。とても燃料を食う車でしてね。日曜日にビールを飲んでいるおじいさんくらいにね」⓫笑顔と笑い。⓬「それにもしあなたがこの子牛の面倒をよくみて，若くて丈夫な雄牛に育ったとしたら，1歳になったときには，オンディニの市場ではこいつを買うのに1500ランドあなたに支払うのではないですかね」⓭「そうだな」　群衆の中の老人たちがうなずいた。⓮「そしてあの雌牛…。年を取ってくたびれているし，この夏はとても暑い。でももし生き延びていたら，今度の秋には2500ランド以上で売れるでしょう」⓯「そうだ」⓰群衆から同意を示す大きな声がした。⓱「そうすると，グラニー，私の仕事のおかげであなたはそれまで持っていなかった4000ランド近くを手に入れたのです」⓲「そうね」とグラニーが言った。⓳「では半々にするのはどうでしょう。私が2000ランドもらうのは？」⓴グラニーと仲間たちは長いひそひそ話をした。㉑「それは高いわね」と彼女は言った。㉒「そうですね」と私は言った。「私たちはクリスマスを迎えたばかりで，もうすぐ新年になりますし，雌牛は死ぬかもしれません。だからそんなにたくさん求めない方がいいでしょう。その半分でけっこうです，750ランド払ってください」㉓ささやきは大きくなり，同意を示すうなずきがあった。㉔「だけど！」と祖母の後ろに立っていた男子生徒が言った。「2000の半分は750じゃない。1000だよ！」㉕「君は頭のいい若者だ！　私は間違えた。でもいったん750と言ったからには，それを変えることはしない」㉖いや，なんという大声がその後に上がったことだろう！　誰もが笑顔を浮かべて喜んでいた。グラニーは200ランド紙幣をわしづかみにして引っ張り出すと，その中の４枚を私に渡した。㉗私はその金を受け取り紙幣を数えると，グラニーに言った。「多すぎますよ」㉘彼女は立ち上がって言った。「その50ランドは取っておきなさい。あなたの助手のものよ」㉙私は彼女の言葉に強く心を動かされ，善を行う季節（クリスマス前後の時期のこと）とはすばらしいものだと思った。

問１＜文脈把握＞第１段落第２，３文に女性が獣医である筆者を自分の母親の所に行かせようとした理由が示されている。

問２＜語句解釈＞thirsty「のどが渇いた」を車に用いると，イ．「たくさんのガソリンを使う車」となる。直後にある，休日に酒を飲む老人との比較からも推測できる。報酬を決める際には燃料代も考慮してもらおうという意図である。

問３＜要旨把握＞Ａ．文前半のgo halvesは支払いなどを「半々にする」の意味。子牛に1500ランド（第12段落），雌牛に2500ランド（第14段落）の計4000ランドの半分と考え2000とする。第24段落の男子生徒の言葉からも確かめられる。　Ｂ．この男子生徒の言葉は，筆者の提示した750ランドという金額（第22段落最終文）の誤りを指摘したと考えられる。　Ｃ．ここでのkeepはお釣りを「取っておく」の意味。グラニーは筆者に200ランド札４枚の計800ランドを渡したが（第26段落最終文），これは筆者の提示した750ランド（第25段落）と50ランド違う。これが助手への報酬となる。

問４＜文脈把握＞へき地の貧しい村が舞台であること，クリスマスという善意の時期の直後であり，多額の報酬を求めないと筆者が述べたこと（第22段落），計算間違いを指摘されても筆者は提示額を上げなかったこと（第25段落）などから，ウ．「獣医は本当に間違えたわけではなく，グラニーにとって良い条件の値段を示したかった」が適切。グラニーが50ランド余分に払った（問３Ｃ参照）のは，その筆者の気づかいに対するお礼と考えられる。

問５＜適所選択＞4000ランドは子牛の1500ランド（第12段落）と雌牛の2500ランド（第14段落）の合計であること，またこの言葉が筆者のグラニーに対する呼びかけであることから，第18段落のグラニーの返答の直前に置くのが適切。

問６＜内容真偽＞ア．「ある女性とその息子が，獣医に息子の治療をしてもらおうと待っていた」…×　治療を受けたのは牛である。　イ．「母とその息子の村への２時間のドライブはとても荒々しかった」…×　第２段落第２文参照。車を運転したのは１時間である。　ウ．「手術は成功して子牛は無事生まれた」…○　第５段落最終文などを参照。　エ．「グラニーは，手術のおかげで雌牛が死なずに済んだということで獣医と同意した」…○　第８，９段落参照。　オ．「群衆の中の老人たちは，1500ランドは高すぎて払えないと思った」…×　第12，13段落参照。　カ．「群衆は年老いた雌牛を売るという考えを好まなかった」…×　そのような記述はない。　キ．「獣医がグラニーに彼の最終的な決定を伝えたとき，群衆は静かになった」…×　第25，26段落参照。　ク．「グラニーと獣医はどちらもお互いに対して優しさを示した」…○　獣医はへき地の村にやってきて安い値段で牛を手術し，グラニーは獣医の助手の分まで余分に報酬を払った。

〔放送問題〕解説省略

数学解答

1 (1) $3x^4y^{13}$

(2) ① $28-10\sqrt{5}$ ② $\sqrt{3}$

(3) $\frac{16\sqrt{2}+4\sqrt{5}}{9}$

(4) $x=4$, $\frac{1\pm\sqrt{17}}{2}$

2 (1)

	1回目	2回目	3回目
A君	×	×	○
B君	○	○	×

(2) 6通り (3) 22通り

3 (1) 2：1 (2) 11：9 (3) $\frac{\sqrt{2}}{2}$

4 (1) $1+\sqrt{3}$ (2) $\frac{\sqrt{3}-1}{2}$

(3) $\frac{2-\sqrt{3}}{4}$

5 (1) $3a^2$ (2) $\frac{41}{12}a^3$

1〔独立小問集合題〕

(1)＜式の計算＞求める式をAとすると，$-\frac{(-4x^2y^3)^3}{3}\div\left(\frac{3y^4}{-2x^3}\right)^2\div A=\left(-\frac{4x^2}{3y^3}\right)^4$，$-\frac{-64x^6y^9}{3}\div\frac{9y^8}{4x^6}\div A=\frac{256x^8}{81y^{12}}$，$\frac{64x^6y^9}{3}\times\frac{4x^6}{9y^8}\times\frac{1}{A}=\frac{256x^8}{81y^{12}}$，$\frac{1}{A}=\frac{256x^8}{81y^{12}}\times\frac{3}{64x^6y^9}\times\frac{9y^8}{4x^6}$，$\frac{1}{A}=\frac{1}{3x^4y^{13}}$，$A=3x^4y^{13}$となる。

(2)＜式の値＞①$x+\frac{1}{x}=5-\sqrt{5}$より，$\left(x+\frac{1}{x}\right)^2=(5-\sqrt{5})^2$，$x^2+2\times x\times\frac{1}{x}+\frac{1}{x^2}=25-10\sqrt{5}+5$，$x^2+2+\frac{1}{x^2}=30-10\sqrt{5}$，$x^2+\frac{1}{x^2}=28-10\sqrt{5}$となる。　②与式$=\sqrt{\frac{x^4-10x^3+25x^2-10x+1}{x^2}}=\sqrt{x^2-10x+25-\frac{10}{x}+\frac{1}{x^2}}=\sqrt{x^2+\frac{1}{x^2}-10x-\frac{10}{x}+25}=\sqrt{\left(x^2+\frac{1}{x^2}\right)-10\left(x+\frac{1}{x}\right)+25}=\sqrt{28-10\sqrt{5}-10(5-\sqrt{5})+25}=\sqrt{28-10\sqrt{5}-50+10\sqrt{5}+25}=\sqrt{3}$

(3)＜図形―面積＞右図で，点Bから辺CDに垂線BHを引く。線分ABは円Oの直径だから，∠ACB＝90°である。よって，∠DHB＝∠ACBである。また，$\overset{\frown}{BC}$に対する円周角より，∠BDH＝∠BACだから，△DBH∽△ABCとなる。これより，BH：BC＝BD：BAだから，BH：4＝2：3×2が成り立ち，6BH＝4×2，BH＝$\frac{4}{3}$となる。△BCH，△DBHで三平方の定理より，CH＝$\sqrt{BC^2-BH^2}=\sqrt{4^2-\left(\frac{4}{3}\right)^2}=\sqrt{\frac{128}{9}}=\frac{8\sqrt{2}}{3}$，DH＝$\sqrt{BD^2-BH^2}=\sqrt{2^2-\left(\frac{4}{3}\right)^2}=\sqrt{\frac{20}{9}}=\frac{2\sqrt{5}}{3}$となるから，CD＝$\frac{8\sqrt{2}}{3}+\frac{2\sqrt{5}}{3}$である。したがって，△BCD＝$\frac{1}{2}$×CD×BH＝$\frac{1}{2}\times\left(\frac{8\sqrt{2}}{3}+\frac{2\sqrt{5}}{3}\right)\times\frac{4}{3}=\frac{16\sqrt{2}+4\sqrt{5}}{9}$となる。

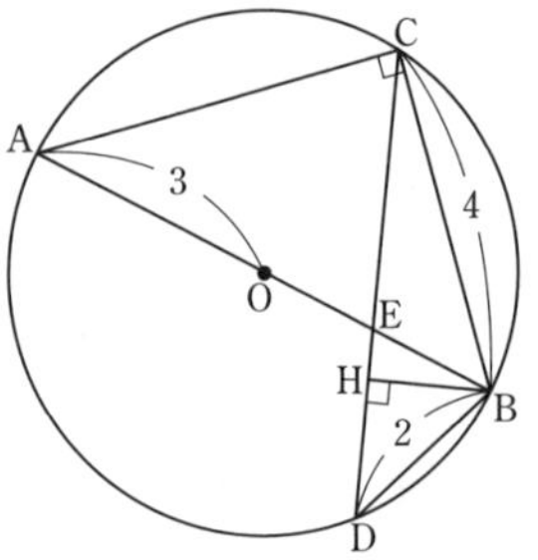

(4)＜二次方程式の応用＞2つの二次方程式を$2x^2-kx-8=0$……①，$x^2-x-2k=0$……②とし，①，②の共通の解を$x=a$とすると，①より，$2a^2-ka-8=0$……③となり，②より，$a^2-a-2k=0$……④となる。③－④×2より，$(-ka-8)-(-2a-4k)=0$，$-ka-8+2a+4k=0$，$2a-ka=8-4k$，$a(2-k)=4(2-k)$となる。$2-k$が0でないとき，両辺を$2-k$でわって，$a=4$となる。$2-k=0$のとき，$k=2$だから，①は，$2x^2-2x-8=0$，$x^2-x-4=0$，②は，$x^2-x-4=0$であり，同じ方程式となる。解の公式を用いて解くと，$x=\frac{-(-1)\pm\sqrt{(-1)^2-4\times1\times(-4)}}{2\times1}=\frac{1\pm\sqrt{17}}{2}$となる。以上より，求める共通の解は，$x=4$，$\frac{1\pm\sqrt{17}}{2}$である。

2〔特殊・新傾向問題〕

≪基本方針の決定≫(2)　場合分けをして考える。　　(3)　3回目の結果で，A君とB君は異なる部屋にいる。

(1)<勝敗の記録>じゃんけんで勝つと②の部屋か③の部屋に，負けると①の部屋か②の部屋になるから，3回目にA君が勝ち，B君が負けて，その結果A君とB君が同じ部屋になるとき，その部屋は②の部屋である。このとき，2回目の結果で，A君は①の部屋に，B君は③の部屋にいる。B君が2回目の結果で③の部屋に移動するので，B君の1回目，2回目の勝敗は勝ちである。1回目はA君とB君がじゃんけんをしているから，A君の1回目の勝敗は負けである。1回目の結果でA君は①の部屋にいるので，A君の2回目の勝敗も負けとなる。

(2)<場合の数>3回目の結果で，A君とB君がともに①の部屋にいるのは，2回目の結果で，1人が①の部屋，1人が②の部屋にいて，3回目の勝敗が2人とも負けとなる場合である。このようになるのは，右表1の2通りある。3回目の結果で，A君とB君がともに②の部屋にいるのは，(1)の場合と，(1)のA君とB君の勝敗を逆にした場合の2通りある。3回目の結果で，A君とB君がともに③の部屋にいるのは，2回目の結果で，1人が②の部屋，1人が③の部屋にいて，3回目の勝敗が2人とも勝ちとなる場合である。このようになるのは，右表2の2通りある。以上より，3回目の結果でA君とB君が同じ部屋になる場合は2+2+2=6(通り)ある。

表1

	1回目	2回目	3回目
A君	○	×	×
B君	×	○	×

	1回目	2回目	3回目
A君	×	○	×
B君	○	×	×

表2

	1回目	2回目	3回目
A君	○	○	○
B君	×	○	○

	1回目	2回目	3回目
A君	×	○	○
B君	○	○	○

(3)<場合の数>4回目の結果で，A君とB君が同じ部屋になるとき，3回目の結果で，2人は異なる部屋にいる。これは，3回目の結果で，(ア)1人が①の部屋，1人が②の部屋にいる，(イ)1人が①の部屋，1人が③の部屋にいる，(ウ)1人が②の部屋，1人が③の部屋にいる場合がある。4回目の勝敗は，(ア)の場合は2人とも負け，(イ)の場合は①の部屋にいる人が勝ち，③の部屋にいる人が負け，(ウ)の場合は2人とも勝ちとなる。そこで，1回目にA君が勝ち，B君が負けて，3回目の結果で2人が異なる部屋にいる場合を考える。3回目の結果でA君が①の部屋，B君が②か③の部屋にいるとき，A君の勝敗は(1回目，2回目，3回目)=(○，×，×)の1通り，B君の勝敗は(1回目，2回目，3回目)=(×，○，○)，(×，×，○)の2通りより，1×2=2(通り)ある。3回目の結果でA君が②の部屋，B君が①か③の部屋にいるとき，A君の勝敗は(○，○，×)，(○，×，○)の2通り，B君の勝敗は(×，○，○)，(×，○，×)，(×，×，×)の3通りより，2×3=6(通り)ある。A君が③の部屋，B君が①か②の部屋にいるとき，A君の勝敗は(○，○，○)の1通り，B君の勝敗は(×，○，×)，(×，×，○)，(×，×，×)の3通りより，1×3=3(通り)ある。この中で，A君，B君の2人が同じ部屋にいて同じ勝敗になることはない。よって，1回目にA君が勝ち，B君が負けて，3回目の結果で2人が異なる部屋になる場合は2+6+3=11(通り)となり，4回目の結果で2人が同じ部屋にいる4回目の勝敗は，いずれの場合においても1通りなので，11×1=11(通り)となる。1回目にA君が負け，B君が勝つ場合も同様に11通りだから，求める場合の数は11×2=22(通り)となる。

3〔関数—関数 $y=ax^2$ と直線〕

≪基本方針の決定≫(1)　線分CD，線分DOの長さを文字でおき，その文字を使って点Bのx座標を表す。　　(3)　△ACDと△OADに着目する。

(1)<長さの比>右図で，CD：DO＝2：1より，CD＝$2t$，DO＝tとおくと，CO＝CD＋DO＝$2t+t=3t$となり，C($-3t$, 0)となる。点Aはx座標が$-t$であり，放物線$y=ax^2$上にあるから，$y=a\times(-t)^2=at^2$より，A($-t$, at^2)である。よって，直線lの傾きは$\frac{at^2-0}{-t-(-3t)}=\frac{at^2}{2t}=\frac{1}{2}at$となるので，その式は$y=\frac{1}{2}atx+b$とおける。これが点Cを通るから，$0=\frac{1}{2}at\times(-3t)+b$，$b=\frac{3}{2}at^2$となり，直線$l$の式は$y=\frac{1}{2}atx+\frac{3}{2}at^2$である。点Bは放物線$y=ax^2$と直線$y=\frac{1}{2}atx+\frac{3}{2}at^2$の交点だから，2式から$y$を消去して，$ax^2=\frac{1}{2}atx+\frac{3}{2}at^2$，$2ax^2-atx-3at^2=0$となり，$a>0$だから，$2x^2-tx-3t^2=0$より，$x=\frac{-(-t)\pm\sqrt{(-t)^2-4\times2\times(-3t^2)}}{2\times2}=\frac{t\pm\sqrt{25t^2}}{4}$となる。$t>0$だから，$x=\frac{t\pm5t}{4}$となり，$x=\frac{3}{2}t$，$-t$である。したがって，点Bの$x$座標は$\frac{3}{2}t$だから，OE＝$\frac{3}{2}t$となり，CO：OE＝$3t$：$\frac{3}{2}t$＝2：1である。

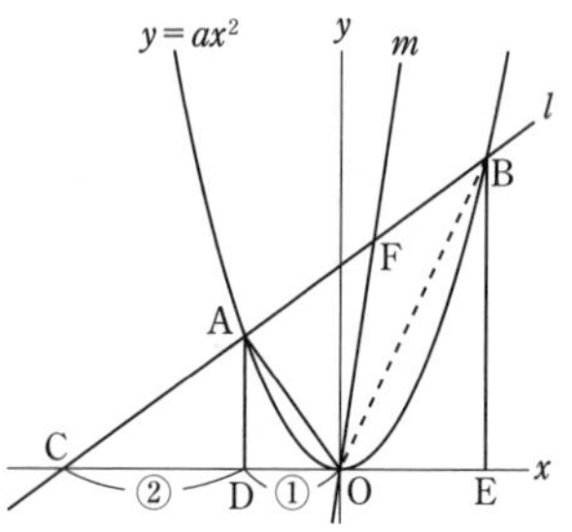

(2)<長さの比>右上図で，2点O，Bを結ぶと，(1)よりCO：OE＝2：1だから，△BCO：△BOE＝2：1となり，△BCO＝$\frac{2}{2+1}$△BCE＝$\frac{2}{3}$△BCEである。△FCO＝$\frac{1}{2}$△BCEだから，△FCO：△BCO＝$\frac{1}{2}$△BCE：$\frac{2}{3}$△BCE＝3：4となり，CF：CB＝3：4である。これより，CF＝$\frac{3}{4}$CB，FB＝CB－CF＝CB－$\frac{3}{4}$CB＝$\frac{1}{4}$CBとなる。また，CD：DO＝2：1より，CD＝2DO，CO＝CD＋DO＝2DO＋DO＝3DOであり，OE＝$\frac{1}{2}$COだから，OE＝$\frac{1}{2}$×3DO＝$\frac{3}{2}$DO，CE＝CO＋OE＝3DO＋$\frac{3}{2}$DO＝$\frac{9}{2}$DOとなる。AD∥BEより，CA：CB＝CD：CE＝2DO：$\frac{9}{2}$DO＝4：9となるから，CA＝$\frac{4}{9}$CBとなり，AF＝CF－CA＝$\frac{3}{4}$CB－$\frac{4}{9}$CB＝$\frac{11}{36}$CBである。よって，AF：FB＝$\frac{11}{36}$CB：$\frac{1}{4}$CB＝11：9である。

(3)<比例定数>右上図で，E(3, 0)のとき，(1)より，$\frac{3}{2}t=3$だから，$t=2$である。これより，$-t=-2$，$at^2=a\times2^2=4a$，$-3t=-3\times2=-6$だから，A(-2, $4a$)，C(-6, 0)である。また，∠CDA＝∠ADO＝90°，∠CAD＝∠AOD＝90°－∠OADより，△ACD∽△OADとなる。よって，AD：OD＝CD：ADより，$4a$：$\{0-(-2)\}=\{(-2)-(-6)\}$：$4a$が成り立ち，$4a\times4a=2\times4$より，$a^2=\frac{1}{2}$　∴ $a=\pm\frac{\sqrt{2}}{2}$　$a>0$だから，$a=\frac{\sqrt{2}}{2}$である。

4〔平面図形―正十二角形，正三角形〕

《基本方針の決定》(3)　△NGIの面積から，△LGM，△KIJの面積をひく。

(1)<長さ―特別な直角三角形>右図で，線分BEと線分CI，線分DGの交点をそれぞれO，Pとする。正十二角形の1つの外角は360°÷12＝30°だから，∠BCD＝∠CDE＝180°－30°＝150°となる。四角形BCDEはBE∥CD，BC＝DEの台形だから，∠CBO＝∠DEP＝(360°－150°－150°)÷2＝30°となる。また，∠DCF＝∠CBO＝30°であり，△CFIが正三角形より，∠FCI＝60°だから，∠DCO＝30°＋60°＝90°となる。同様にして，∠CDP＝90°となる。よって，BE∥CDより，四角形OCDPは長方形だから，OP＝CD＝1である。さらに，∠BOC＝90°だから，△BCOは3辺の比が

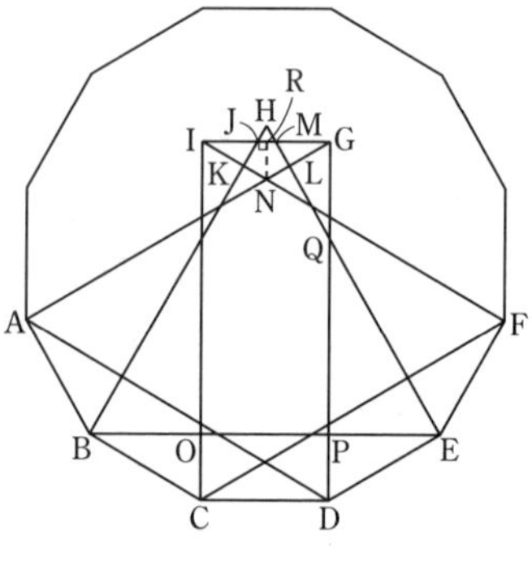

$1:2:\sqrt{3}$ の直角三角形となる。これより，$\mathrm{BO}=\frac{\sqrt{3}}{2}\mathrm{BC}=\frac{\sqrt{3}}{2}\times1=\frac{\sqrt{3}}{2}$となり，同様に，$\mathrm{EP}=\frac{\sqrt{3}}{2}$である。以上より，$\mathrm{BE}=\mathrm{BO}+\mathrm{OP}+\mathrm{EP}=\frac{\sqrt{3}}{2}+1+\frac{\sqrt{3}}{2}=1+\sqrt{3}$ である。

(2)<長さ―特別な直角三角形>前ページの図で，線分 EH と線分 DG の交点を Q とする。△EDP は 3 辺の比が $1:2:\sqrt{3}$ の直角三角形だから，$\mathrm{DP}=\frac{1}{2}\mathrm{DE}=\frac{1}{2}\times1=\frac{1}{2}$である。また，△BEH が正三角形だから，$\angle\mathrm{PEQ}=60^\circ$であり，$\angle\mathrm{QPE}=90^\circ$だから，△PEQ も 3 辺の比が $1:2:\sqrt{3}$ の直角三角形である。よって，$\mathrm{PQ}=\sqrt{3}\,\mathrm{EP}=\sqrt{3}\times\frac{\sqrt{3}}{2}=\frac{3}{2}$となる。さらに，$\angle\mathrm{LQG}=\angle\mathrm{PQE}=30^\circ$となり，△ADG が正三角形だから，$\mathrm{DG}=\mathrm{AD}=\mathrm{BE}=1+\sqrt{3}$，$\angle\mathrm{LGQ}=60^\circ$である。したがって，$\mathrm{QG}=\mathrm{DG}-\mathrm{DP}-\mathrm{PQ}=(1+\sqrt{3})-\frac{1}{2}-\frac{3}{2}=\sqrt{3}-1$ となり，△GLQ は 3 辺の比が $1:2:\sqrt{3}$ の直角三角形だから，$\mathrm{LG}=\frac{1}{2}\mathrm{QG}=\frac{1}{2}\times(\sqrt{3}-1)=\frac{\sqrt{3}-1}{2}$である。

(3)<面積―特別な直角三角形>前ページの図で，△ADG，△CFI は合同な正三角形だから，DG＝CI であり，$\angle\mathrm{ICD}=\angle\mathrm{GDC}=90^\circ$だから，四角形 ICDG は長方形となり，IG＝CD＝1 である。これより，$\angle\mathrm{DGI}=90^\circ$となり，$\angle\mathrm{NGI}=90^\circ-60^\circ=30^\circ$となる。同様に，$\angle\mathrm{NIG}=30^\circ$だから，∠NGI＝∠NIG となり，△NGI は NG＝NI の二等辺三角形である。よって，点 N から辺 GI に垂線 NR を引くと，点 R は辺 GI の中点となり，$\mathrm{IR}=\mathrm{RG}=\frac{1}{2}\mathrm{IG}=\frac{1}{2}\times1=\frac{1}{2}$となる。また，△NGR は 3 辺の比が $1:2:\sqrt{3}$ の直角三角形だから，$\mathrm{NR}=\frac{1}{\sqrt{3}}\mathrm{RG}=\frac{1}{\sqrt{3}}\times\frac{1}{2}=\frac{\sqrt{3}}{6}$となり，$\triangle\mathrm{NGI}=\frac{1}{2}\times1\times\frac{\sqrt{3}}{6}=\frac{\sqrt{3}}{12}$となる。さらに，IG∥CD，BE∥CD より，IG∥BE だから，$\angle\mathrm{LMG}=\angle\mathrm{BEH}=60^\circ$となり，△LGM は 3 辺の比が $1:2:\sqrt{3}$ の直角三角形である。したがって，$\angle\mathrm{MLG}=90^\circ$，$\mathrm{ML}=\frac{1}{\sqrt{3}}\mathrm{LG}=\frac{1}{\sqrt{3}}\times\frac{\sqrt{3}-1}{2}=\frac{3-\sqrt{3}}{6}$となるので，$\triangle\mathrm{LGM}=\frac{1}{2}\times\frac{\sqrt{3}-1}{2}\times\frac{3-\sqrt{3}}{6}=\frac{2\sqrt{3}-3}{12}$となる。同様に，$\triangle\mathrm{KIJ}=\frac{2\sqrt{3}-3}{12}$だから，五角形 JKNLM の面積は，$\triangle\mathrm{NGI}-\triangle\mathrm{LGM}-\triangle\mathrm{KIJ}=\frac{\sqrt{3}}{12}-\frac{2\sqrt{3}-3}{12}-\frac{2\sqrt{3}-3}{12}=\frac{2-\sqrt{3}}{4}$である。

5〔空間図形―立方体〕

≪基本方針の決定≫(2)　各立方体ごとに，切断したときの大きい方の立体に含まれる部分の体積を考える。

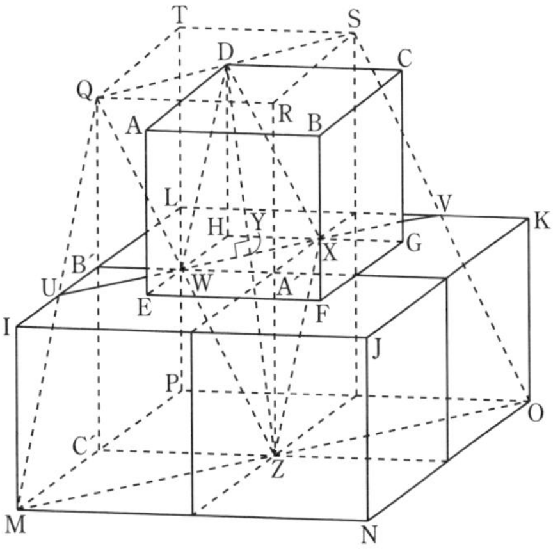

(1)<面積―三平方の定理>右図のように，点 L を含む 1 辺が a の立方体の上に，1 辺が a の立方体を考え，その上の面の正方形を QRST とする。線分 EG が線分 IK 上にあり，線分 EG の中点と線分 IK の中点が一致する位置にあることから，4 点 E，F，G，H は下にある 4 つの立方体の上の面の正方形の対角線の交点と一致する。また，点 D は正方形 QRST の対角線の交点と一致する。点 D は線分 QS 上にあり，QS∥MO だから，3 点 D，M，O を通る平面は 2 点 Q，S を通る。線分 QM と線分 IL の交点を U とすると，点 U は点 I を含む立方体の辺の中点となる。線分 SO と線分 KL の交点を V とすると，点 V も点 K を含む立方体の辺の中点となる。さらに，線分 UV と辺 EH，辺 GH の交点をそれぞれ W，X とすると，W，X もそれぞれ辺 EH，辺 GH の中点となる。よって，切り口は，△DWX と台形

UMOVを合わせた図形となる。$\mathrm{HW}=\mathrm{HX}=\frac{1}{2}\mathrm{EH}=\frac{1}{2}a$ より，△HWXは直角二等辺三角形だから，$\mathrm{WX}=\sqrt{2}\,\mathrm{HW}=\sqrt{2}\times\frac{1}{2}a=\frac{\sqrt{2}}{2}a$ である。△DWXはDW＝DXの二等辺三角形だから，点DからWXに垂線DYを引くと，$\mathrm{WY}=\frac{1}{2}\mathrm{WX}=\frac{1}{2}\times\frac{\sqrt{2}}{2}a=\frac{\sqrt{2}}{4}a$ である。△DWHで三平方の定理より，$\mathrm{DW}^2=\mathrm{DH}^2+\mathrm{HW}^2=a^2+\left(\frac{1}{2}a\right)^2=\frac{5}{4}a^2$ となるから，△DWYで三平方の定理より，$\mathrm{DY}=\sqrt{\mathrm{DW}^2-\mathrm{WY}^2}=\sqrt{\frac{5}{4}a^2-\left(\frac{\sqrt{2}}{4}a\right)^2}=\sqrt{\frac{18}{16}a^2}=\frac{3\sqrt{2}}{4}a$ となり，$\triangle\mathrm{DWX}=\frac{1}{2}\times\mathrm{WX}\times\mathrm{DY}=\frac{1}{2}\times\frac{\sqrt{2}}{2}a\times\frac{3\sqrt{2}}{4}a=\frac{3}{8}a^2$ となる。次に，△LUV，△PMOが直角二等辺三角形であり，$\mathrm{LU}=\mathrm{LV}=a+\frac{1}{2}a=\frac{3}{2}a$，$\mathrm{PM}=\mathrm{PO}=2a$ だから，$\mathrm{UV}=\sqrt{2}\,\mathrm{LU}=\sqrt{2}\times\frac{3}{2}a=\frac{3\sqrt{2}}{2}a$，$\mathrm{MO}=\sqrt{2}\,\mathrm{PM}=\sqrt{2}\times2a=2\sqrt{2}a$ である。線分DYの延長と線分MOの交点をZとすると，線分YZが台形UMOVの高さとなり，$\mathrm{YZ}=\mathrm{DY}=\frac{3\sqrt{2}}{4}a$ である。よって，〔台形UMOV〕$=\frac{1}{2}\times(\mathrm{UV}+\mathrm{MO})\times\mathrm{YZ}=\frac{1}{2}\times\left(\frac{3\sqrt{2}}{2}a+2\sqrt{2}a\right)\times\frac{3\sqrt{2}}{4}a=\frac{21}{8}a^2$ となる。以上より，切り口の面積は，△DWX＋〔台形UMOV〕$=\frac{3}{8}a^2+\frac{21}{8}a^2=3a^2$ である。

⑵＜体積＞前ページの図で，体積の大きい方の立体は，点Bを含む側の立体である。図のように，3点A′，B′，C′を定める。立方体ABCD-EFGHで大きい方の立体に含まれる部分は，立方体ABCD-EFGHから三角錐D-HWXを除いた立体だから，その体積は，〔立方体ABCD-EFGH〕－〔三角錐D-HWX〕$=a^3-\frac{1}{3}\times\left(\frac{1}{2}\times\frac{1}{2}a\times\frac{1}{2}a\right)\times a=\frac{23}{24}a^3$ となる。点Mを含む立方体で大きい方の立体に含まれる部分は，立方体から立体B′UW-C′MZを除いた立体である。線分ZWを延長すると点Qを通るので，立体B′UW-C′MZは，三角錐Q-C′MZから三角錐Q-B′UWを除いた立体である。三角錐Q-B′UWの体積は三角錐D-HWXの体積と同様 $\frac{1}{24}a^3$ だから，〔立体B′UW-C′MZ〕＝〔三角錐Q-C′MZ〕－〔三角錐Q-B′UW〕$=\frac{1}{3}\times\left(\frac{1}{2}\times a\times a\right)\times2a-\frac{1}{24}a^3=\frac{7}{24}a^3$ となり，大きい方の立体に含まれる部分の体積は $a^3-\frac{7}{24}a^3=\frac{17}{24}a^3$ となる。点Oを含む立方体で大きい方の立体に含まれる部分の体積も同様に $\frac{17}{24}a^3$ となる。点Nを含む立方体は全て大きい方の立体に含まれるので，その体積は a^3 である。点Pを含む立方体で大きい方の立体に含まれる部分は三角錐Z-A′XWであり，体積は，三角錐D-HWXの体積と等しく $\frac{1}{24}a^3$ である。以上より，求める体積は，$\frac{23}{24}a^3+\frac{17}{24}a^3\times2+a^3+\frac{1}{24}a^3=\frac{41}{12}a^3$ である。

═読者へのメッセージ═

④では，1辺の長さが1の正十二角形が登場しました。この正十二角形の面積を求めることはできますか？　1辺の長さが1の正十二角形は，1辺の長さが1の正方形6個と1辺の長さが1の正三角形12個に分けることができます。分けられれば，面積は求められますね。面積は $6+3\sqrt{3}$ となります。

社会解答

1 問1　4　　問2　2　　問3　4

問4　(例)戸籍が不正確になり，個人に課税する班田収授法が機能しなくなったから。(34字)

問5　2　　問6　4

問7　(例)承久の乱後に西国に置かれた地頭の土地に関する権利を守るため。(30字)

問8　(例)御成敗式目で定められた期限に従ったため。(20字)

問9　1　　問10　3

問11　(例)村単位で年貢を割り当て，連帯責任で納入させた。(23字)

問12　(例)石高制では，米価が下落すると換金して得られる収入も減少するから。(32字)

問13　4

問14　(例)私的財産としての土地の所持とその自由な利用。(22字)

問15　4　　問16　2，4

問17　(例)固定為替相場制によって円安が維持されていたこと。(24字)

2 問1　1…渋沢栄一　2…津田梅子

問2　(1)　ア…内閣　イ…承認

(2)…4

問3　2　　問4　2　　問5　3

問6　4

問7　(例)選挙区によって議員定数に対する有権者数に大きな差があること。

問8　1　　問9　4

問10　(例)どんな人にも使いやすいというユニバーサルデザインの導入。

問11　(例)日本銀行が市中銀行から国債を買うことで手持ちの資金が増えた市中銀行は，企業や個人への貸し出しを促そうとするから。

問12　3

3 問1　(1)…4　(2)…1

問2　(1)…4　(2)…2

問3　(1)…3　(2)　①…1　②…4

問4　(1)　①…肥後

②…眉山の崩落による津波

③…インドネシア

(2)　①　(例)火砕流に伴って発生した火災によって焼失した。

②…いちご

(3)　①…40

②　(例)平地には落葉広葉樹林が広がっているが，標高1000m付近からは常緑針葉樹林が広がっている。

1〔歴史―総合〕

問1＜律令制度＞律令制度のもとでは，神祇官と太政官の2官と，太政官のもとに中務省，式部省，治部省，民部省，兵部省，刑部省，大蔵省，宮内省の8省が置かれた(二官八省)。このうち，2001年の中央省庁再編までは大蔵省が存続していたが，財務省へと名称が変更され，2020年1月時点で大宝律令の制定時と同じ名称を持つ省は存在しない(X…誤)。雑徭は国司のもとで年間60日以内の労働に従事するという税なので，地方税に区分される(Y…誤)。

問2＜8世紀の世界＞フランク王国は5世紀末，西ヨーロッパに建国され，9世紀に現在のドイツ・イタリア・フランスの起源となる3国に分裂した。また，ビザンツ帝国〔東ローマ帝国〕は4世紀末にローマ帝国から分かれて成立(コンスタンティノープル建設の4世紀前半の成立という説もある)

すると，オスマン帝国に滅ぼされる15世紀まで東ヨーロッパを支配した（X…正）。唐の滅亡は，10世紀初めの907年のことである（Y…誤）。

問３＜律令体制の再編＞桓武天皇は奈良時代末の781年に即位して806年まで在位し，自らが政治を主導して律令体制の再編を試みた。藤原氏の摂関政治は，９世紀後半に藤原良房が摂政に，藤原基経が関白についたのが始まりで，摂政と関白が常に置かれるようになったのは，967年，冷泉天皇即位のとき，藤原実頼が関白となって以降である（X…誤）。『懐風藻』は現存する最古の漢詩集で，奈良時代の751年，孝謙天皇のときに成立した。嵯峨天皇の命によって編まれた初めての勅撰漢詩集は『凌雲集』で，814年に成立した（Y…誤）。

問４＜律令制度の変質＞律令体制のもとでは，６年に１度戸籍が作成され，これに基づいて各個人に口分田を支給し，税も各個人に課すという班田収授が行われた。しかし，奈良時代以降，課税を逃れようと田畑を捨てて逃亡したり，戸籍に偽りの登録を行ったりする人が増加したため，正しい戸籍の作成が困難になっていった。また，743年の墾田永年私財法によって土地の私有が認められると，大貴族や寺社による土地の開墾で私有地が増大し，公地公民を前提とする班田収授の制度は事実上崩壊した。こうして，人単位での課税を基本としていた律令体制が維持できなくなったため，10世紀以降は土地単位の課税方法が取り入れられるようになった。

問５＜御成敗式目＞1232年，鎌倉幕府第３代執権北条泰時は，土地をめぐる訴訟が増えていたことなどから，源頼朝以来の先例や武家社会の習慣・道徳などをもとに御成敗式目〔貞永式目〕を制定し，公平な裁判の基準を示した。このとき泰時は，御成敗式目が武家のための法令であり，従来あった律令を否定したり，朝廷や公家を拘束したりするものではないと説明している（X…正）。行政や刑事訴訟など51か条からなるこの法律は武家法の手本となり，その後は必要に応じて追加法が制定された。室町幕府初代将軍足利尊氏が1336年に定めた建武式目も，御成敗式目を引き継いで作成された（Y…誤）。

問６＜13世紀の世界＞最初の十字軍は，11世紀末の1096年に派遣された（X…誤）。モンゴル帝国は現在のトルコなどビザンツ帝国の領域に侵入し，これを支配下に置いたが，ビザンツ帝国の首都コンスタンティノープル（現在のイスタンブール）が陥落することはなく，帝国そのものがモンゴル帝国の支配下に入ることはなかった（Y…誤）。

問７＜承久の乱＞1221年の承久の乱で後鳥羽上皇方の軍に勝利した鎌倉幕府は，上皇方についた公家や武士の土地を没収して御家人に与え，新たに地頭に任命した。早くから源氏の支配が及んでいた東国の武士には武家社会の習慣などが浸透していたが，幕府の支配領域が広がったことで，従来の荘園領主と御家人の間で土地をめぐる対立が起きるようになった。こうしたことから，律令とは別に，武士による土地支配のルールを，法令として明文化する必要性が生じたのである。

問８＜永仁の徳政令＞御成敗式目には，御家人がある土地を20年以上支配した場合，もとの持ち主には返さなくていいと定められていた。この規定に基づくと，御家人が別の御家人に土地を担保として借金をした場合，20年を超えると土地を受け取った御家人に支配権が移ることになる。そのため，1297年に出された永仁の徳政令でも，御家人間の土地の貸借においては，取り返すことができる基準は20年以内とされたのである。

問９＜豊臣秀吉の政治＞1585年，豊臣秀吉は朝廷から関白に任じられると，この権威を背景として全国の戦国大名に停戦を命じた。また，秀吉が1582年から領地で行った太閤検地や，1588年に出した刀狩令によって，農民は武器の所有が認められなくなるとともに，土地に縛りつけられるようになり，兵農分離が進んだ(X…正)。太閤検地では，枡を京枡に統一するなどして土地測量の単位が統一され，土地の生産高である石高が定められた。これに伴い，それまで一般的に貨幣による貫高で表されていた土地の価値も，石高で表すようにした。大名の領地の規模も，石高で示されるようになった(Y…正)。

問10＜16世紀の世界＞イエズス会は1534年にカトリック側が創設した修道士会で，宗教改革で新たにおこったプロテスタントに対抗し，アジアやアメリカ大陸で積極的に布教活動を行った(X…誤)。14世紀から現在のメキシコに栄えていたアステカ王国は，16世紀前半の1521年，スペインに滅ぼされた。現在のペルーで繁栄し，15世紀半ばに最盛期を迎えたインカ帝国も，16世紀前半の1533年にスペインに滅ぼされた(Y…正)。

問11＜村高＞江戸時代の農民は，おおむね５世帯で１つの組をつくる五人組の制度によって，年貢の納入などに連帯責任を負わされた。各世帯，各組が納める年貢は，村全体の石高である村高に基づいて村役人がこれをまとめ，納入した。これを村請(制度)といい，支配者はそれぞれに連帯責任を負わせ，お互いを監視させることで村の支配が容易になり，安定した年貢収入を確保することができた。

問12＜江戸時代の経済＞江戸時代の経済は，幕府や諸藩が年貢として米などの現物を徴収し，それを武士に分配することを基本としており，幕府や諸藩や武士は，年貢や給与として得た米を換金して支出に充てていた。しかし，米価は収穫量の増減によって変動するので，収穫量が増えて米価が下がると，得られるお金は目減りする。つまり，米に依存する石高制の構造上，米価の下落は現金収入の減少と財政の困窮に直結してしまうのである。

問13＜19世紀の世界＞日本で廃藩置県が行われた1871年，ヨーロッパではドイツ帝国が成立した。この頃，シパーヒー〔セポイ〕の反乱を鎮圧したイギリスはインド帝国を成立させ，フランスは現在のベトナムなど，インドシナ半島南部を植民地とした。当時，インドネシアはオランダが支配していた(X…誤)。19世紀後半，工業が発展していたアメリカ北部は，国内産業を守るために保護貿易を主張し，奴隷制には反対していた。一方，黒人奴隷を労働力とし，大農場で綿花を生産していた農場主が多い南部は自由貿易を求め，奴隷制の維持を主張していた。こうした状況の中，リンカンは1860年にアメリカ大統領に就任したが，翌年，南部が連邦制からの離脱を宣言したことで南北戦争が始まった。戦争中の1863年には奴隷解放宣言を発表し，1865年には北軍を勝利に導いたが，その直後に暗殺された(Y…誤)。

問14＜地租改正＞1873年，明治政府は地租改正条例を出して地租改正を始めた。地租改正に先立ち，明治政府は江戸時代には禁止されていた田畑の売買を認め，地主〔土地所有者〕に地券を発行した。これによって税制は，地主の私的財産に課税し，これを現金で徴収するという，現代の制度に近いものに変わった。また，江戸時代にはつくる作物も制限されていたが，これも撤廃し，土地の利用は所有者である地主に任されるようになった。このように，土地が個人の私有財産となり，用途が所有者の自由になったという意味で，地租改正は土地制度の近代化といえる。

問15＜高度経済成長期＞高度経済成長期には，大学への進学希望者が増加して大学の入学定員を大きく上回り，受験戦争と呼ばれる状況が起こった(X…誤)。高度経済成長期には公害問題が深刻化したため，政府は1967年に公害対策基本法を制定，1971年には環境庁を設置した。環境庁は2001年の中央省庁再編の際に環境省へと格上げされ，1993年に環境基本法が制定された(Y…誤)。

問16＜1960～70年代の世界＞ベルリンの壁が崩壊し，マルタ会談で冷戦の終結が宣言されたのは1989

年のことである。また，インドネシアのバンドンでアジア・アフリカ会議が開かれたのは1955年のことである。なお，アメリカが本格的にベトナム戦争に介入したのは1965年のことで，1973年に和平協定が結ばれたことで撤退した。1973年の第４次中東戦争をきっかけに石油危機〔オイルショック〕が起こると，1975年，世界経済の危機に対応するため，フランスで第１回サミット〔先進国首脳会議〕が開かれた。

問17＜貿易摩擦＞1949年，アメリカを中心とする連合国軍の占領下にあった日本に対して，アメリカは１ドル＝360円の固定相場制を採用した。当時のアメリカは世界各地の占領地域に経済援助を行っていたが，東西冷戦構造の中で日本に資金援助を続けるよりも，自由主義経済のもとで復興・自立を促し，西側陣営のパートナーとする方が有利と考え，日本の輸出に有利な円安の状態を許容した。また，1960年代にはエネルギー源の中心が石炭から石油へと移行するエネルギー革命が進行し，政策として重化学工業を推進していた日本にとって，原材料ともエネルギー源ともなる石油が安価に輸入できたことは，加工貿易による収支を黒字に引きあげる要因となった。しかし，日本の経済発展と輸出の増加に対して為替相場は円安で固定されていたため，アメリカと日本との貿易では日本の貿易黒字が続き，これによる貿易摩擦は二国間の大きな問題となった。この状況を是正するため，1971年には１ドル＝308円となり，1973年には変動相場制が採用されたが，貿易摩擦の抜本的な解消には至らなかった。そこで1985年，為替相場を円高へと誘導するプラザ合意がなされ，円相場はその後数年で１ドル＝100円台まで急上昇して日本は輸出が不振となり，円高不況に陥った。このように，高度経済成長期の後半にあたる1960年代後半から1970年代初めにかけて，日本の貿易が好調だった理由の１つには，為替相場が円安で固定されていたことが挙げられる。

2〔公民―総合〕

問１＜新紙幣の肖像画＞渋沢栄一は，日本初の銀行である第一国立銀行を設立したほか，数々の会社の設立や経営に携わり，「日本の資本主義の父」と呼ばれる。津田梅子は明治時代初め，日本初の女子留学生の１人として岩倉使節団とともにアメリカへ渡り，帰国後は日本の女子教育発展のために尽力した。1900年には，現在の津田塾大学の前身となる女子英学塾を開いたことでも知られる。2024年に発行される予定の新紙幣のうち，１万円札には渋沢栄一，５千円札には津田梅子の肖像画が採用されることになっている。

問２＜天皇の国事行為＞⑴日本国憲法において天皇は日本国と日本国民統合の象徴とされ，儀礼的な国事行為のみを行うとされた。国事行為を行うにあたっては，第３条で「内閣の助言と承認」が必要とされ，「内閣が，その責任を負ふ」と規定している。　⑵日本国憲法第６条により，天皇は，衆議院・参議院両院からなる国会の指名に基づいて内閣総理大臣を任命し（X…誤），最高裁判所の裁判官のうち，長官だけは内閣の指名に基づいて天皇が任命する（Y…誤）。なお，長官以外の裁判官は内閣が任命する（憲法第79条１項）。

問３＜内閣総理大臣＞日本国憲法第68条により，内閣総理大臣が任命する国務大臣の過半数は国会議員でなければならない（X…正）。国政に関する調査を実施する権限である国政調査権は，国会が持つ権限である（憲法第62条）（Y…誤）。

問４＜国政選挙＞衆議院議員選挙では，小選挙区選挙と比例代表選挙との重複立候補が認められているが，参議院議員選挙では選挙区選挙と比例代表選挙の重複立候補はできない（イ…×）。衆議院議員選挙の比例代表選挙では，あらかじめ政党が順位をつけた名簿順に当選となる拘束名簿式が採用されている。一方，参議院議員選挙の比例代表選挙では非拘束名簿式が採用されており，原則として個人での得票が多かった順で候補者が当選となる(エ…×)。

問５＜参議院議員選挙＞2019年に行われた参議院議員選挙(３年ごとに半数改選)では，前年の公職選挙法改正によって定数が３増やされた。次回の参議院議員選挙の定数も３増やされ，合計６の定数が増える。これによって，それまで選挙区選挙で146名，比例代表選挙で96名の計242名だった議員定数は，選挙区選挙で148名，比例代表選挙で100名の計248名とされた(Ｘ…誤)。2019年の参議院議員選挙で選出された比例代表選挙の定数は，それまでの48名から２名増えた50名だった(Ｙ…正)。

問６＜参議院議員選挙の比例代表制＞2019年の参議院議員選挙の比例代表選挙では，政党ごとに２名までの特定枠が認められた。これによって，ドント式(得票数を正の整数で割っていき，商の大きい順に定数までを当選とする方法)で各政党に配分された議席のうち，得票の多い順に当選者を決定していた従来の方法にかわり，特定枠として届出が行われた候補者が優先的に当選することになった。表で，候補者個人の得票と政党全体の得票数を合計して政党全体の得票数を求めると，Ａ党は10260票，Ｂ党は4480票，Ｃ党は2480票となる。これをドント式によって６議席を配分すると，Ａ党の得票数を４で割った2565票が，Ｂ党の得票数を２で割った2240票を上回るので，Ａ党が４議席，Ｂ党とＣ党が１議席ずつを獲得する。Ａ党の当選者は，特定枠のエさん，オさんと，得票順にアさんとイさんの計４名，Ｂ党の当選者は得票数が最も多いカさん１名，Ｃ党の当選者は特定枠１位のシさん１名ということになる。

問７＜一票の格差＞一票の格差とは，有権者の投じる一票の価値に生じる格差を意味する。10万人の有権者が１名の議員を選出する選挙区と，20万人の有権者が１名の議員を選出する選挙区があるとき，有権者の投じる一票の価値には２倍の格差が存在することになる。このように，選出する議員定数に対する有権者数に大きな差があるとき，一票の格差が生じていることになる。

問８＜司法制度改革＞平成16年(2004年)，法曹(弁護士・検察官・裁判官)の需要の増大に対応するため，質を維持しつつ，その人口を拡大することを目的として，法曹養成に特化した法科大学院〔ロースクール〕が設けられた(Ｘ…正)。また，平成18年(2006年)には，国民向けの法的支援サービスを提供する機関として，法テラス〔日本司法支援センター〕が創設された(Ｙ…正)。

問９＜裁判員制度＞裁判員制度は，重大な刑事裁判の第一審を対象としている(Ｘ…誤)。裁判員は，満20歳以上の有権者の中から抽選で選ばれる(Ｙ…誤)。

問10＜ユニバーサルデザイン＞図１と図２を比較すると，図２では額面金額の表示の算用数字が大きくなっている。図３は多目的〔多機能〕トイレ，図４は多言語と絵で表示された駅の案内板である。これらは，障がいの有無，年齢，性別，国籍などにかかわらず，全ての人が使いやすいようにデザインされたもので，こうしたデザインをユニバーサルデザインという。紙幣や公共施設など，多くの人が利用する施設においては，ユニバーサルデザインの導入が世界の大きな流れになっている。

問11＜日本銀行の金融政策＞日本銀行は，物価の変動を抑え景気を安定化させるため，不景気のときには，市中銀行などが保有する国債などを買う買いオペレーションを行う。買いオペレーションによって資金が日本銀行から市中銀行に流れると，市中銀行は手持ちの資金が増えるので，お金を貸し出しやすくなる。市中銀行はお金を貸してその利子で利益を得ているので，より多くの人や企業がお金を借りやすいよう，貸出金利を引き下げる。また，金利が下がると，銀行にお金を預けていても利子があまり増えないので，預けていたお金を引き出して何かに使おうという動きも期待できる。

問12＜直接税と間接税＞アメリカは直接税の割合が高く，ヨーロッパ諸国は間接税の割合が高い。日本はその中間の割合で，およそ３分の２が直接税，３分の１が間接税となっている(2016年)。なお，１はドイツ，２はイギリス，４はアメリカを表している。

3〔地理—総合〕

問１＜砂州の形成＞⑴上部の図の矢印と下の図解(断面図)が一致しているのは４だけで，南北からの風波が運ぶ土砂が積もることによって「砂の道」が形成されることがわかる。　⑵「砂の道」は一般的には砂州と呼ばれ，砂州によって陸地とつながった島を陸繋島という。日本では，北海道の函館や神奈川県の江の島，福岡県の志賀島などが陸繋島として知られている。

問２＜資料の読み取りと九州地方の地形＞⑴写真２の「天然砂むし温泉のしくみ」を読み取る。「砂蒸し風呂」の泉源は「90℃を超す」とある(１…×)。「砂蒸し風呂」の熱源は「海岸の後背地の山手」の地下にある(２…×)。「塩水クサビ」は,「地下の水位が上がれば上がるほど」「垂直になり，熱水が勢いよく上昇します」とあり，消滅するとは書かれていない(３…×)。　⑵指宿は鹿児島県南西部の薩摩半島南端に位置している。また，九州地方の主な活火山としては，熊本県北東部の阿蘇山，長崎県島原半島の雲仙岳，鹿児島県の桜島などが挙げられる。

問３＜鹿児島県の農業＞⑴2016年の鹿児島県のオクラの収穫量は，全国の約42％を占めていた。
⑵鹿児島県の占める割合が高く，茨城県が第２位のＡはさつまいも，静岡県が全国第１位の収穫量を占めているＢは茶，鹿児島県のほかに北関東の県や北海道，岩手県などの割合が高いＣは豚を表している。また，さつまいもと豚で第３位となっているＸは千葉県，豚で鹿児島県に次ぐ第２位となっているＹは宮崎県である。

問４＜雲仙普賢岳＞⑴①雲仙普賢岳は長崎県南東部の島原半島中央に位置し，島原半島は有明海を挟んで熊本県と向かい合っている。熊本県の旧国名は肥後である。　②江戸時代の1792年，前年から続いた雲仙岳の噴火活動に伴う地震によって，眉山の東側が山体崩落を起こした(島原大変)。崩落した大量の土砂は有明海に流れ込み，それによって引き起こされた津波が対岸の熊本県に大きな被害を出した(肥後迷惑)。　③2018年12月には，インドネシアのジャワ島・スマトラ島間の海峡にある火山島が噴火した。この火山は大規模な山体崩落を起こし，土砂が海底へ崩れ落ちることで海底地滑りが発生した。これによって津波が引き起こされ，周辺に大きな被害が出た。　⑵①図１と図２を見比べると，大野木場小学校の南を東西に走る道路に沿うように，東の国道57号線付近まで火砕流が到達したことが読み取れる。噴火前に大野木場小学校の北にあった畑や集落も噴火後にはなくなっていることから，この一帯が火砕流の被害に遭ったことがわかる。　②ビニールハウス内で生産されること，生産カレンダーの本格出荷の時期が12月～５月であることや，都道府県別収穫量データで「とちおとめ」で知られる栃木県が収穫量第１位,「あまおう」で知られる福岡県が第２位であることなどから，いちごである。　⑶写真５のうち，秋の写真には紅葉する山の木々が写されている。ここから，仁田峠付近の樹木は，秋に紅葉し，冬には落葉する落葉広葉樹であるとわかる。図３の下の図(垂直分布を表す図)で平地，つまり標高０ｍ付近に落葉広葉樹林が広がっているのは，蔵王山(宮城県・山形県)，鳥海山(山形県・秋田県)，岩手山(岩手県)，八甲田山(青森県)などである。これらの山は，図３の上の図(水平分布を表す図)では40°Ｎ〔北緯40度〕付近に位置している。

理科解答

1 (1) ① (例)水に非常によく溶け，空気より密度が小さい性質を持っているから。

② (例)反応で生じた水が過熱部分に流れ，試験管が割れるのを防ぐため。

③ $2NH_4Cl + Ca(OH)_2 \longrightarrow 2NH_3 + 2H_2O + CaCl_2$

(2) ① 窒素分子…$n - \frac{1}{2}x$ 個

水素分子…$3n - \frac{3}{2}x$ 個

② $x = \frac{12}{23}n$ ③ 右下図

2 (1) $V_1 + V_2 = 1.50$ (2) $V_1 = 20I$

(3) 20Ω

(4) $\boldsymbol{V}_1$…0.40V $\boldsymbol{V}_2$…1.10V

(5) 0.075A (6) (イ)

(7) $\boldsymbol{V}_1$…(イ) $\boldsymbol{V}_2$…(オ)

3 (1) ①…小さく ②…小さく ③…大きく ④…地震２

(2) (ウ)，(オ) (3) (ア)，(エ)

(4) ①…長い ②…短い ③…柔らかい ④…大きい ⑤…大きい ⑥…やすい

4 (1) (あ)…12 (い)…６ (う)…４ (え)…１：２：１ (お)…１ (か)…２ (き)…１ (く)…30 (け)…30 (こ)…20 (さ)…10 (し)…25 (す)…25

(2) ２：３ (3) ４：12：９

(4) 赤花：白花＝５：４

(5) 赤花：白花＝５：４

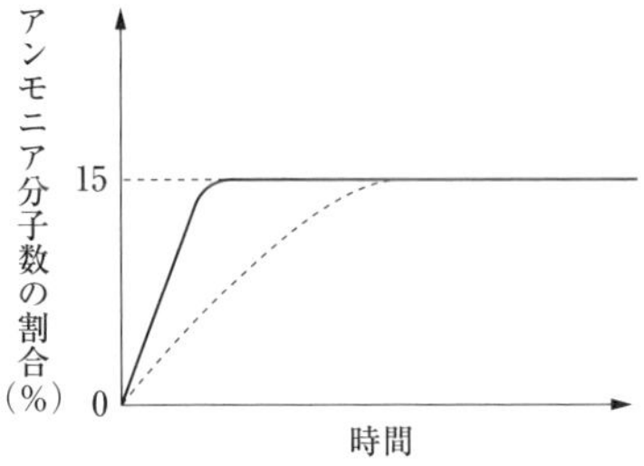

1〔化学変化と原子・分子〕

(1)＜アンモニアの性質と製法＞①上方置換法は，水によく溶け，空気より密度が小さい気体の捕集に用いられる。気体の捕集には空気が混ざらない水上置換法が適しているが，アンモニアは水に非常によく溶けるため，水上置換法で集めることはできない。よって，空気より密度が小さい性質を利用して上方置換法で捕集する。　②塩化アンモニウムと水酸化カルシウムの混合物を加熱すると水蒸気も発生する。水蒸気が凝結して水になり，試験管の過熱部分に流れると，温度差で試験管が割れるおそれがある。よって，試験管の底に水が流れないようにするため，図１のように試験管の口を少し下げて加熱する。　③塩化アンモニウム(NH_4Cl)と水酸化カルシウム($Ca(OH)_2$)が反応して，アンモニア(NH_3)と水(H_2O)と塩化カルシウム($CaCl_2$)ができる。化学反応式は，矢印の左側に反応前の物質の化学式，右側に反応後の物質の化学式を書き，矢印の左右で原子の種類と数が等しくなるように化学式の前に係数をつける。

(2)＜アンモニアの工業的な製法＞①(i)の式 $N_2 + 3H_2 \longrightarrow 2NH_3$ より，窒素分子１個と水素分子３個が反応してアンモニア分子２個が生じるので，アンモニア分子が x 個生成したとき，反応した窒素分子は $\frac{1}{2}x$ 個，水素分子は $\frac{3}{2}x$ 個である。密閉容器に入れた窒素分子は n 個，水素分子は $3n$ 個なので，長時間保った後に存在する分子数は，窒素分子が $n - \frac{1}{2}x$ 個，水素分子が $3n - \frac{3}{2}x$ 個である。

②長時間保った後，アンモニア分子は x 個生成するので，容器内の分子の総数は $\left(n - \frac{1}{2}x\right) + \Big(3n -$

$\frac{3}{2}x\Big)+x=4n-x$(個)になる。このうち，アンモニア分子の割合が15％であるから，$(4n-x)\times\frac{15}{100}=x$が成り立つ。これを$x$について解くと，$15(4n-x)=100x$より，$x=\frac{12}{23}n$と表せる。　③温度と圧力の条件を変えないので，触媒を入れても，最終的なアンモニア分子の割合は15％になる。触媒を使うと化学反応の進行が速くなるので，短時間でアンモニア分子の割合が15％になる。

2 〔電流とその利用〕

(1)＜直列回路の電圧＞表１より，それぞれの時間でのV_1とV_2の和は，いずれも1.50Vになっている。よって，$V_1+V_2=1.50$の関係が成り立っている。これは，図２が直列回路で，各部分の電圧の和が電源の電圧に等しくなるためである。

(2)＜電流と電圧の関係＞表１で，それぞれの時間でのV_1とIの値の比は，いずれも$V_1:I=20:1$となる。よって，$V_1=20I$の関係が成り立っている。なお，$V_1=20I$を変形して，$I=\frac{1}{20}V_1$と表してもよい。

(3)＜抵抗値＞直列回路はどの部分でも同じ大きさの電流が流れるので，図２の抵抗器に流れる電流の大きさは，電流Iに等しい。(2)より，電流Iは電圧V_1に比例しているので，オームの法則〔抵抗〕＝〔電圧〕÷〔電流〕が成り立ち，10秒後の値を用いると，抵抗値は$0.90\div0.045=20$(Ω)となる。

(4)＜電圧＞電流計の値が0.020Aになったとき，(2)で求めた$V_1=20I$に$I=0.020$を代入して，$V_1=20\times0.020=0.40$(V)となる。さらに，$V_1=0.40$を，(1)で求めた$V_1+V_2=1.50$に代入して，$0.40+V_2=1.50$より，$V_2=1.10$(V)である。

(5)＜オームの法則＞スイッチを入れる前，コンデンサーは充電されていないので，スイッチを入れた直後のV_2は０Vであり，$V_1+V_2=1.50$より，$V_1=1.50$(V)である。(3)より，抵抗器の抵抗値は20Ωだから，1.50Vの電圧が加わると，抵抗器に流れる電流の大きさは，$1.50\div20=0.075$(A)となる。よって，求める電流の値は0.075Aである。

(6)＜電流の変化＞(5)より，スイッチを入れた直後の電流の大きさは0.075Aである。表２より，10秒ごとの電流の大きさの減少量は，０秒から10秒後の間では$0.075-0.045=0.030$(A)，10秒後から20秒後の間では$0.045-0.028=0.017$(A)，20秒後から30秒後の間では$0.028-0.017=0.011$(A)，30秒後から40秒後の間では$0.017-0.010=0.007$(A)，40秒後から50秒後の間では$0.010-0.006=0.004$(A)となり，減少量がしだいに小さくなっている。よって，このときのグラフの形は(イ)のようになる。

(7)＜電圧の変化＞(5)より，スイッチを入れた直後のV_1は1.50V，V_2は０Vである。表１より，10秒ごとのV_1の減少量は，０秒から10秒後の間では$1.50-0.90=0.60$(V)，10秒後から20秒後の間では$0.90-0.56=0.34$(V)，20秒後から30秒後の間では$0.56-0.34=0.22$(V)となり，減少量がしだいに小さくなっているので，グラフの形は(イ)のようになる。また，(1)より，V_1，V_2には$V_1+V_2=1.50$の関係が成り立っている。よって，V_1が減少した分だけV_2は増加するから，グラフの形は(オ)のようになる。

3 〔大地のつくりと変化〕

(1)＜震度分布＞図４より，地震１は震央距離が大きくなるほど震度が小さく①なっている。地震２では，図５より，震央距離が200kmの三重県や愛知県の震度は小さく②，震央距離が400〜600kmの千葉県や茨城県の震度は大きく③なっている。また，表１より，震源の深さは，地震１が29km，地震２が420kmなので，地震２④の方が深い。

(2)＜地震波の伝わる領域＞地震が観測された地点の震央距離は，図４より地震１では500km 付近まで，図５より地震２では1400km 付近までとなっている。よって，地震２の方が広い範囲に地震波が伝わっている。また，図３より，地震２では，強い揺れが関東から東北の太平洋側に分布している。この分布は，日本海溝と平行になる。したがって，適切なのは，(ウ)と(オ)である。なお，(ア)，(イ)，(エ)については，図２～図６より推測することはできない。

(3)＜増幅率＞(ア)…適切。震源の周囲が均質な地層や岩石のときに増幅率が１になる。増幅率が１にならないのは，場所によって地層や岩石が違うためである。　(エ)…適切。図９で，増幅率が大きい地点は，震央距離が400～600km の範囲に多く分布している。　(イ)…不適切。増幅率は，均質な地層や岩石の場合の振幅に対する，各地点で実際に観測された振幅の割合で，震源距離に応じて振幅が小さくなるから，震度は同じ値にはならない。　(ウ)…不適切。図８より，地震１では，震央距離が小さい地点では増幅率は小さい。　(オ)…不適切。増幅率の大きさは地震波を伝える地盤によって変化し，マグニチュードに比例しない。

(4)＜地震波の周期＞図10より，観測点Ａで記録した地震波の周期は１秒より長い①ものが多く，図11より，観測点Ｂで記録した地震波の周期は１秒より短い②ものが多い。硬い地層や岩石ほど短い周期で揺れやすいので，短い周期の揺れを記録した観測点Ｂに届いた地震波が伝わった海洋プレートは硬く，長い周期の揺れが記録された観測点Ａに届いた地震波が通過したマントルは柔らかい③と考えられる。また，図５より，地震２では震央距離が500km 以上でも震度が大きい④観測点がある。これは，図９で震央距離が500km 以上でも増幅率が大きい⑤ことと一致している。増幅率が大きいということは地震波が伝わりやすいということなので，海洋プレートを伝わった地震波の増幅率が大きいことから，海洋プレートは地震波を伝えやすい⑥といえる。

4 〔生命の連続性〕

(1)＜自由な交配＞RR と Rr と rr が自由に交配するとき，交配のパターンは RR×RR，RR×Rr，RR×rr，Rr×RR，Rr×Rr，Rr×rr，rr×RR，rr×Rr，rr×rr の９パターンが考えられるが，RR×Rr と Rr×RR，RR×rr と rr×RR，Rr×rr と rr×Rr は同じ組み合わせなので，表２のように６パターンになる。しかし，交配が起こる確率を考えるときは，表２の②，④，⑤のパターンは２倍しなければならない。また，集団Ａをつくる個体の遺伝子型の比が RR：Rr：rr＝3：2：5のとき，RR が占める割合は$\frac{3}{3+2+5}=\frac{3}{10}$，Rr は$\frac{2}{3+2+5}=\frac{2}{10}$，rr は$\frac{5}{3+2+5}=\frac{5}{10}$である。表２の②の交配のパターンでは，RR が$\frac{3}{10}$，Rr が$\frac{2}{10}$の割合で存在し，２倍するから，交配が起こる確率は$\frac{3}{10}\times\frac{2}{10}\times2=\frac{12}{100}$より，12(あ)％である。子は RR：Rr＝1：1で生じるので，RR と Rr は，集団Ｂ内でそれぞれ$12\times\frac{1}{2}=6$(い)(％)を占める。③の交配のパターンでは，Rr が$\frac{2}{10}$の割合で存在するから，交配が起こる確率は$\frac{2}{10}\times\frac{2}{10}=\frac{4}{100}$より，4(う)％である。子は RR：Rr：rr＝1：2：1(え)で生じるので，RR と Rr と rr は，集団Ｂ内でそれぞれ$4\times\frac{1}{1+2+1}=1$(お)(％)，$4\times\frac{2}{4}=2$(か)(％)，$4\times\frac{1}{4}=1$(き)(％)を占める。④の交配のパターンでは，RR が$\frac{3}{10}$，rr が$\frac{5}{10}$の割合で存在し，２倍するから，交配が起こる確率は$\frac{3}{10}\times\frac{5}{10}\times2=\frac{30}{100}$より，30(く)％である。子は全て Rr だから，集団Ｂ内で Rr は30(け)％を占める。⑤の交配のパターンでは，Rr が$\frac{2}{10}$，rr が$\frac{5}{10}$の割合で存在し，２倍するから，交配が起こる

確率は$\frac{2}{10}\times\frac{5}{10}\times2=\frac{20}{100}$より，$\underline{20}_{(こ)}$%である。子はRr：rr＝1：1で生じるので，Rrとrrは，集団B内でそれぞれ$20\times\frac{1}{2}=\underline{10}_{(さ)}$(%)を占める。⑥の交配のパターンでは，rrが$\frac{5}{10}$の割合で存在するから，交配が起こる確率は$\frac{5}{10}\times\frac{5}{10}=\frac{25}{100}$より，$\underline{25}_{(し)}$%である。子は全てrrだから，集団B内でrrは$\underline{25}_{(す)}$%を占める。

(2)＜卵細胞の遺伝子の割合＞減数分裂では，対になっている遺伝子が分かれて別々の生殖細胞に入るので，RRから生じる卵細胞は全てRを持ち，Rrから生じる卵細胞は$\frac{1}{2}$がR，$\frac{1}{2}$がrを持ち，rrから生じる卵細胞は全てrを持つ。集団Bをつくる個体の遺伝子型の比は，RR：Rr：rr＝4：12：9だから，集団Bにおける卵細胞が持つ遺伝子の比は，R：r＝$\left(4+12\times\frac{1}{2}\right):\left(12\times\frac{1}{2}+9\right)=$10：15＝2：3となる。

(3)＜遺伝子型の割合＞(2)より，集団Bにおける卵細胞が持つ遺伝子の比は，R：r＝2：3であるから，卵細胞が持つ遺伝子Rとrの割合はそれぞれ，$\frac{2}{2+3}=\frac{2}{5}$，$\frac{3}{2+3}=\frac{3}{5}$である。同様に，精細胞が持つ遺伝子Rとrの割合もそれぞれ$\frac{2}{5}$，$\frac{3}{5}$である。よって，集団Bが自由な交配を行うと，遺伝子型RRの子が生じる確率が$\frac{2}{5}\times\frac{2}{5}=\frac{4}{25}=\frac{16}{100}$より16%，遺伝子型Rrの子が生じる確率は$\frac{2}{5}\times\frac{3}{5}+\frac{3}{5}\times\frac{2}{5}=\frac{12}{25}=\frac{48}{100}$より48%，遺伝子型rrの子が生じる確率は$\frac{3}{5}\times\frac{3}{5}=\frac{9}{25}=\frac{36}{100}$より36%である。したがって，遺伝子型の比は，RR：Rr：rr＝16：48：36＝4：12：9である。

(4)＜表現型の割合＞集団Cの遺伝子型の種類と比がRR：Rr：rr＝1：2：3より，集団Cにおいて，集団内で生じる卵細胞が持つ遺伝子の比は，R：r＝$\left(1+2\times\frac{1}{2}\right):\left(2\times\frac{1}{2}+3\right)=$2：4＝1：2である。よって，卵細胞が持つ遺伝子Rとrの割合はそれぞれ$\frac{1}{1+2}=\frac{1}{3}$，$\frac{2}{1+2}=\frac{2}{3}$で，同様に，精細胞が持つ遺伝子Rとrの割合もそれぞれ$\frac{1}{3}$，$\frac{2}{3}$である。集団Cが自由な交配を行って生じる子の集団Dは，遺伝子型RRの割合が$\frac{1}{3}\times\frac{1}{3}=\frac{1}{9}$，遺伝子型Rrの割合が$\frac{1}{3}\times\frac{2}{3}+\frac{2}{3}\times\frac{1}{3}=\frac{4}{9}$，遺伝子型rrの割合が$\frac{2}{3}\times\frac{2}{3}=\frac{4}{9}$になる。RRとRrは赤花，rrは白花なので，集団Dにおける赤花と白花の比は，$\left(\frac{1}{9}+\frac{4}{9}\right):\frac{4}{9}=$5：4である。

(5)＜表現型の割合＞(4)より，集団Dの遺伝子型の種類と比がRR：Rr：rr＝$\frac{1}{9}:\frac{4}{9}:\frac{4}{9}=$1：4：4である。これより，集団Dにおいて，集団内で生じる卵細胞が持つ遺伝子の比は，R：r＝$\left(1+4\times\frac{1}{2}\right):\left(4\times\frac{1}{2}+4\right)=$3：6＝1：2となる。同様に，集団内で生じる精細胞が持つ遺伝子の比もR：r＝1：2である。(4)より，この遺伝子の比は集団Cと同じなので，集団Dがさらに自由な交配を行うと，生じる子の集団における赤花と白花の割合は5：4となる。

国語解答

一 問一 (a) 逃避 (b) 原稿
問二 春夏秋冬　問三 オ
問四 ア　問五 ウ，エ
問六 本来何らかの形で関わり合っているはずの隣人すらも，何をしているのかわからないという，自他対立の理性的世界の孤独や寂しさ。
問七 戦後の人々が人の悲しみに共感することなく，自己中心的に生きているのを見ていられず，宗教の世界に入ったが，自他対立のない世界には向上も理想もないので，宗教だけでは生きられず，宗教と学問の両方の世界で生きてきた。
問八 明暗

二 問一 (a) 入水 (b) 身代
問二 エ　問三 賢く利口である
問四 虎の威を借る
問五 好きな相手と一緒になりたいという「人情」と，子に確かな結婚をさせようとする親への「義理」は，折り合わない，ということ。
問六 イ　問七 ア，イ
問八 勇吉は，心配や労苦を重ねて体も老いたが，若い頃の夢を託すべき理想的形式の芸術だと思える哥沢の芸を磨き，それを他人からほめられると，喜びや充実感に満たされて，日頃の苦悩も忘れた，ということ。
問九 ウ，オ，ク

三 問一 イ
問二 (姫君の)母[が](姫君の)父[に対して]
問三 山城，近江　問四 ウ
問五 エ，カ　問六 ア，イ，エ

一〔随筆の読解―哲学的分野―人生〕出典；岡潔『宗教について』。

≪本文の概要≫戦時中，「私」は，ずっと研究の中に，つまり理性の世界に閉じこもっていた。戦争がすんでみると，人々は，我がちにと食糧の奪い合いを始め，人の心はすさみ果てた。「私」は，それを見ていられなくなり，救いを求めて宗教の門に入った。戦後を生き抜くためには，理性だけでは足りず，宗教が必要だったのである。宗教と理性とは，世界が異なっている。人の悲しみがわかるというところにとどまって活動していれば理性の世界だが，人が悲しんでいるから自分も悲しいという道を進むと宗教の世界に入る，ということだろう。理性的な世界は，自他の対立している世界であるが，宗教的な世界は，自他対立のない世界であり，自と他が同一になったところで，初めて悲しみが解消する。人の世の底知れぬ寂しさも，自他対立自体から来るらしい。しかしまた，自他対立のない世界には，向上も理想もない。「私」は，向上なく理想もない世界には住めないので，純理性の世界と宗教的世界の両方を兼ね備えた世界で生きていくだろう。

問一＜漢字＞(a)嫌なことや困難から逃げて避けること。　(b)印刷物のもととなる文書のこと。

問二＜語句＞四つの季節，すなわち，春夏秋冬のこと。

問三＜文章内容＞「理性的な世界」という，「自他対立の世界では，生きるに生きられず死ぬに死ねないといった悲しみはどうしてもなくなら」ず，「宗教的な世界」のように「自と他が同一になったところ」で，「初めて悲しみが解消」する。「宗教の世界には自他の対立はなく，安息が得られる」のであり，戦後の日本では，そのような「救い」が必要だったと考えられる。

問四＜文章内容＞芥川によれば，キリストが「重い」のは，「世界の苦しみを身に荷うている」からである。「宗教の本質」が「人の悲しみがわかること，そして自分もまた悲しいと感じること」であるとすれば，キリストは，「人の悲しみ」によって「自分もまた悲しい」と感じ，「人の人たる道をどんどん」進んで「世界の苦しみ」を自分の身に引き受けてしまったといえる。

問五＜文章内容＞宗教と理性を対比的にとらえる「私」の考え方では，「キリスト教の人たち」の活動でも，安部磯雄や賀川豊彦などの奉仕活動は，「理性的な生き方」であって，「宗教的な生き方」とはいえない。普通は「宗教的な形式を指して宗教と呼んでいる」が，それでは，「形式」だけで宗教か否かを分けており，人の悲しみがわかって自分もまた悲しいと感じるという「宗教の本質」には着目していないうえ，理性と宗教の違いも考えられていない。

問六＜文章内容＞「宗教的な世界」なら，「自他対立」はなく，「自と他が同一」になることで悲しみは解消する。しかし，「秋深き隣は何をする人ぞ」という句は，本来何かの形で関わり合っているはずの「隣」の人が，何をしているかもわからないという，孤独で寂しい気持ちがよまれている。そのような「人の世の底知れぬさびしさ」は，「自他対立自体から来る」ものである。

問七＜文章内容＞「私」は，戦時中は「研究の中に，つまり理性の世界に閉じこもって」いた。戦争がすむと，「死なばもろともと誓い合っていた日本人どうしが，われがちにと食糧の奪い合いを始め，人の心はすさみ果てた」ため，「私」は，「これがどうしても見ていられなく」なって「救いを求めるように」なり，「自他対立」のない「宗教の門」に入った。しかし，「私」は，「向上なく理想もない世界には住めない」ので，宗教の世界だけを生きるのではなく，研究にも引き続き携わっていたと考えられる。

問八＜文学史＞夏目漱石は，『明暗』の連載中に没し，『明暗』は，未完成となった。

二〔小説の読解〕出典；永井荷風『松葉巴』。

問一＜漢字＞(a)水に身を投げて自殺すること。投身自殺のこと。　(b)身分や地位のこと。

問二＜語句＞ぞっとするほどなまめかしいさまを「凄艶」，かすかで悲しいことを「幽哀」という。

問三＜語句＞賢く，利口であること。

問四＜ことわざ＞会社の中で「重役の親戚」だといって他の人に「意地のわるい事」をするような人は，権力者の権勢が自分のものであるかのように振る舞っているといえる。有力者や権力者の権勢をかさに着て威張るようなつまらない人のことを「虎の威を借る狐《きつね》」という。

問五＜文章内容＞勇吉と小玉は，互いに相手を好いて離れがたい思いでいるので，一緒になりたいと思うのは「人情」である。一方で，勇吉の両親は，「我子の身分がきまった」ので，「忽ち結婚の相談に取りかかる」のであり，勇吉には，親の思いを受け入れ尊重しなければならないという「義理」もある。この「人情」と「義理」という相いれない両者は，ぶつかり，折り合うことはない。

問六＜文章内容＞新夫人は，「和歌」「書」「文章」「英語」をよくするうえに「薙刀」も習っていた人で，「名誉ある婦人団体の会員」でもある。一方，勇吉は新夫人の自慢話にも「別に深く感服したという様子も見せない」で，「いつもいつも気の抜けたように茫然して」いる。新夫人は，そんな勇吉の態度に「甚だ慊らず」，勇吉を「平凡なつまらない人間」だと感じて嘆いたのである。「駿馬痴漢を乗せて走る」は，自分と釣り合った相手に恵まれないことを表す。

問七＜心情＞家では「唯機械の如く夫たる義務を尽くしているより仕様がなくなった」勇吉は，夫人の「我儘勝手」にも不干渉だった。そんなとき哥沢の稽古所に行くと，「町中の小家の様子一体が，かの妻恋坂の妾宅と全く同じよう」だった。加えて，お弟子が「かつて明神の涼茶屋で将棋をさしながら彼の老人たちが笑い興じていたのと，同じような時代おくれの洒落や冗談」を言っていたため，勇吉は，「去って返らぬ昔が突然に立ち戻って来た嬉しさ懐しさ」を感じ，家庭のことは忘れてその雰囲気に魅せられた(ア…○)。また，「お弟子が稽古する唄」を聴けば聴くほど，「今までは人にも話されず，口にも出されず，唯だ一人胸の底に蟠まらして置いた深い深い心の苦しさ，切なさ，遣瀬なさは，殆ど余すところなく，哥沢の歌謡と節廻しとによって何ともいえないほど幽婉に唄い尽されている」ことを知り，勇吉は，「哥沢節と称する音曲は自分の心を慰めてくれるために安政の起原から明治の今日までも滅びずに残っていたもののよう」に思った(イ…○)。

問八＜文章内容＞勇吉は，小玉を捨てて堅実な就職・結婚をした。その後，哥沢を知り，勇吉は，それを「堪えがたい己れが過去の夢を託すべき理想的形式の芸術」と感じて「専門に修業」し，芸を磨いて「名取り」にまでなった。年とともに「職務上の心配」と「生活の労苦」が積もって額に皺も刻まれることにはなったが，勇吉にとって哥沢は，「浮世にあらん限りの慰藉」であり，磨いてきた芸を人からほめられると，勇吉は，心底うれしいと思い，日頃の苦悩も忘れることができた。

問九＜文学史＞『浮雲』は，二葉亭四迷の小説。『五重塔』は，幸田露伴の小説。『たけくらべ』は，樋口一葉の小説。『破戒』は，島崎藤村の小説。『三四郎』は，夏目漱石の小説。『城の崎にて』は，志賀直哉の小説。『或阿呆の一生』は，芥川龍之介の小説。

三〔古文の読解―説話〕出典；『宇治拾遺物語』巻第三ノ十九。

≪現代語訳≫今では昔のことになるが，一条摂政という方は東三条殿の兄でいらっしゃる。御容貌をはじめとして，他人に対する心遣いなどもすばらしく，学識，振る舞いも，しっかりしていらっしゃったが，また色好みのようで，多くの女とお会いになりお遊びになっていらっしゃったのを，少し軽々しい振る舞いだと自覚なさったので，お名前をお隠しになって，大蔵丞豊蔭と名乗って，身分が高くない女のもとにはお手紙をも遣わした。(そうして)思いをおかけになり，お会いにもなったが，皆はそのことを察して承知申し上げていた。／(その一条摂政が)非常に身分の高い人の姫君のもとへお通いになり始めた。(姫君の)乳母，母などを味方にして，父にはお知らせにならなかったが，(そのうちに父が)聞きつけて，ひどく腹を立て，母を責め，非難して，ひどく(厳しく)おっしゃったので，(母は，)「そんなことはありません」と抵抗して，「まだ(娘とは会っていない)という内容の手紙を書いてください」と，母君が困って申し上げたので，(一条摂政は)／ひそかに身は急ぐが，何年もたつのにどうして逢坂の関は越えがたいのだろうか／とよんで遣わしたので，父に見せると，「それでは(うわさは)うそだったのだ」と思って，返歌を，父がよんだ。／東国に行き来する身ではないので，いつ逢坂の関を越えるでしょうか(お会いすることはないでしょう)／とよんだのを(一条摂政は)見て，ほほ笑まれたことだろうと，『一条摂政御集』にある。おかしい。

問一＜古文の内容理解＞一条摂政は，何人もの女と会って遊んでおり，身分の高くない女には，偽名を使って手紙を遣わして，思いをかけて会っていた。このことを，人々は察して，承知していた。

問二＜古文の内容理解＞一条摂政が娘と会っていることを聞きつけた父が，ひどく腹を立て，母を責め立て，激しく非難したので，母は，父にそんなことはないと，抵抗した。

問三＜古典の知識＞「逢坂の関」は，山城国と近江国の境にあった関。

問四＜古文の内容理解＞父は，一条摂政が大勢の女と会って遊んでいる人物だといううわさを聞いていた。そんな一条摂政が娘のところに通ってきているというので，父は腹を立てていたが，一条摂政がよこした歌を見ると，逢坂の関は越えがたい，つまり，娘にはまだ会っていないとあった。そこで，その歌を信じた父は，自分が聞いていたうわさはうそだったのだと思った。

問五＜古文の内容理解＞一条摂政の味方についた母の発案により，一条摂政は，娘にはまだ会っていないと読み取れる内容の歌をよんで遣わした。すると，父はその歌にだまされて，会うことはないだろうという内容の返歌を，娘にかわってよんだ。そんな父親の姿に一条摂政がほほ笑んだことが，「御集」に記されている。そのことを，作者は「をかしく」感じている。

問六＜文学史＞『宇治拾遺物語』は，鎌倉時代，十三世紀初め頃の説話集。『古今和歌集』と『更級日記』と『源氏物語』は，平安時代の作品。『徒然草』は，鎌倉時代末期の作品。『太平記』は，南北朝時代の作品。『細雪』は，谷崎潤一郎の小説で，昭和時代の作品。

2020年度 渋谷教育学園幕張高等学校(帰国生選抜)

【英　語】(筆記・リスニング：50分　エッセイ：30分)〈満点：面接もふくめて100点〉

(注意) ■ Before the listening section starts, you will have two minutes to read the questions.

■ You will hear the listening section recording **once**.

PART 1. LISTENING

Listen carefully to the passage. You may take notes or answer the questions at any time. Write the letter of your answer on the answer sheet.

1. What did Toni Morrison dramatize in her writing?

A. "The Song of Solomon"　B. the pursuit of freedom

C. death　D. spectacular style

2. How old was Toni Morrison when she won the Nobel Prize in Literature?

A. in her 30s　B. in her 40s　C. in her 50s　D. in her 60s

3. Morrison helped reveal her country's past by writing

A. stories about unwanted and unfree people.

B. novels about democracy.

C. stories about multinationalism.

D. historical fiction about neglectful rulers.

4. In Morrison's novels, black history was

A. a source of poetry.　B. a trove of adventure.

C. a heap of good old gossip.　D. all of the above

5. What was the purpose of narrative for Morrison?

A. to merely entertain　B. to protest society

C. to absorb knowledge　D. to win fame

6. What does Morrison mean by "applying invisible ink"?

A. putting secret messages in the pages of her books

B. letting her readers figure out the meaning for themselves

C. not talking about race so that she can connect with everyone

D. writing characters that can discover meaning in their lives

7. Toni Morrison was most affected by

A. William Faulkner.　B. African novelists.

C. the Black Arts Movement.　D. Virginia Woolf.

8. Which is **not** one of the ways John Leonard describes Morrison's writing?

A. It was faithful to speech.

B. It was charged with pain and wonder.

C. Her prose was elevated to poetry.

D. It was imbued with joy.

9. In *Beloved*, Morrison describes the past as

A. essential to understand the future.

B. something to be abandoned.

C. an essential reminder of struggle.

D. something that shapes identity.

10. Why was *Song of Solomon* important for Morrison?

A. It was her breakthrough novel.

B. It helped her to change race relations in America.

C. It was accepted as the first work by a black writer.

D. Richard Wright gave her awards for it.

※＜**リスニング問題放送原稿**＞は英語の問題の終わりに付けてあります。

PART 2. GRAMMAR

There may be an error with grammar, structure, expression, or punctuation in the underlined parts of the following sentences.

If you find an error, select the best replacement for the underlined part and write the letter on the answer sheet. If you think there is no error, select letter A.

1. If one wants to succeed in business, you must never give up.

A. NO ERROR　B. you want　C. one wanted　D. a person wants

2. Regardless of what people may wish for in their futures, not everyone's dreams come true.

A. NO ERROR　B. Indifferent to　C. Allowing for　D. Irregardless of

3. Last weekend, she watched three movies, enjoyed going to karaoke with friends, and was taking her dog for a walk.

A. NO ERROR　B. taking　C. had taken　D. took

4. The car, that my mother had bought me for my eighteenth birthday, was a 1992 Plymouth Buick.

A. NO ERROR　B. who　C. which　D. what

5. Ted studied for hours the night before the exam. However his effort was wasted because he forgot everything the moment the exam began.

A. NO ERROR　B. exam; however,　C. exam, however　D. exam: However,

6. The senators on the committee has to decide on a series of recommendations.

A. NO ERROR　B. have to decide　C. has decided　D. decides

7. I already knew about the missing elephant because I had read about it on the newspaper.

A. NO ERROR　B. as a news　C. in the newspaper　D. with the newspaper

8. My family goes on a yearly trip to the beach each year.

A. NO ERROR　B. annually　C. every year　D. for a week

9. He served hot dogs to the children on disposable paper plates.

A. NO ERROR

B. on fresh buns to the children

C. to the children who were delicious

D. for children with ketchup and mustard

10. I know a lot about Canadian culture because I had lived there for three years.

A. NO ERROR　B. I had lived in Canada

C. I lived in Canada　D. I have lived there

PART 3. VOCABULARY

Select the best word to complete the following sentences and write the letter on your answer sheet.

1. After fleeing the crime scene, the teenager was eventually ______ by the police.
   A. botched　B. released　C. liberated　D. apprehended
2. Pete was known for his ______ behavior and unusual demands.
   A. eccentric　B. diminutive　C. standard　D. typical
3. Gambling in the United States and Macao is a hugely ______ business.
   A. worthless　B. nonprofit　C. economical　D. lucrative
4. The little girl ______ to her desire and ate the cake that was in the fridge.
   A. conquered　B. overcame　C. buckled　D. succumbed
5. The backpacker entered a ______ room with mold everywhere.
   A. murky　B. sterile　C. dingy　D. vibrant
6. My nephew ______ his entire inheritance on luxury sports cars.
   A. squandered　B. hoarded　C. collected　D. divested
7. Students were told to ______ from entering the office.
   A. suspend　B. refrain　C. persist　D. forbear
8. Stocks on the Tokyo Exchange ______ as fears of a recession loomed.
   A. emerged　B. deflated　C. plummeted　D. ascended
9. My doctor is an ______ for a plant-based diet because of the health benefits.
   A. advocate　B. antagonist　C. exponent　D. opponent
10. The detective said, "It is ______ that these thugs are brought to justice."
   A. illegitimate　B. imperative　C. insistent　D. incessant

PART 4. READING COMPREHENSION

Read the following passage and answer the questions.

Adapted from *The Borrowers*
by Mary Norton

Breakfast rooms are all right in the morning when the sun streams in on the toast and marmalade, but by afternoon they seem to vanish a little and to fill with a kind of strange silvery light, their own twilight; there is a kind of sadness in them then, but as a child it was a sadness Kate liked. She would creep in to Mrs. May's just before tea-time and Mrs. May would teach her to knit.

Mrs. May was old, her joints were stiff, and she was — not strict exactly, but she had that inner certainty which does instead. Kate was never 'wild' with Mrs. May, nor untidy, nor self-willed; and Mrs. May taught her many things besides knitting: how to wind wool into an egg-shaped ball; how to darn; how to tidy a drawer and to lay, like a blessing, above the contents, a sheet of rustling tissue against the dust.

"What's the matter with you?" asked Mrs. May one day, when Kate was sitting hunched and idle upon the footstool. "Have you lost your tongue?"

"No," said Kate, pulling at her shoe button, "I've lost my knitting needles . . ." (they were making a bed-quilt — in woolen squares: there were thirty still to do), "I know where I put them," she went on hastily ; "I put them on the bottom shelf of the bookcase beside my bed."

"On the bottom shelf ?" repeated Mrs. May, her own needle flicking steadily in the firelight. "Near the floor ?"

"Yes," said Kate, "but I looked on the floor. Under the rug. Everywhere. The wool was still there though. Just where I'd left it."

"Oh dear," exclaimed Mrs. May lightly, "don't say they're in this house too !"

"That *what* are ?" asked Kate.

"The Borrowers," said Mrs. May, and in the half-light she seemed to smile.

Kate stared a little fearfully. "Are there such things ?" she asked after a moment.

"As what ?"

Kate blinked her eyelids. "As people, other people, living in a house who . . . borrow things ?"

Mrs. May laid down her knitting. "What do you think ?" she asked.

"I don't know," said Kate, looking away and pulling hard at her shoe button. "There can't be. And yet" — she raised her head — "and yet sometimes I think there must be."

"Why do you think there must be ?" asked Mrs. May.

"Because of all the things that disappear. Safety-pins, for instance. Factories go on making safety-pins, and every day people go on buying safety-pins and yet, somehow, there never is a safety-pin just when you want one. Where are they all ? Now, at this minute ? Where do they go to ? Take sewing needles" she went on. "All the needles my mother ever bought — there must be hundreds — can't just be lying about the house."

"Not lying about the house, no," agreed Mrs. May.

"And all the other things we keep on buying. Again and again and again. Like pencils and pins and thimbles —"

"And hat-pins," put in Mrs. May, "and paperclips."

"Yes, paperclips," agreed Kate, "but not hat-pins."

"That's where you're wrong," said Mrs. May, and she picked up her work again. "There was a reason for hat-pins."

Kate stared. "A reason ?" she repeated. "I mean — what kind of a reason ?"

"Well, there were two reasons really. A hat-pin is a very useful weapon and" — Mrs. May laughed suddenly — "but it all sounds such nonsense and" — she hesitated — "it was so long ago !"

"But tell me," said Kate, "tell me how you *know* about the hat-pin. Did you ever see one ?"

Mrs. May threw her a startled glance. "Well, yes —" she began.

"Not a hat-pin," exclaimed Kate impatiently, "a — whatever-you-called-them — a Borrower ?"

Mrs. May drew a sharp breath. "No," she said quickly, "*I* never saw one."

Choose the letter of the best answer to each question and write it on the answer sheet.

1. For Kate, the breakfast rooms "seem to vanish a little" by afternoon because they become

A. cold. B. scary. C. dim. D. unwelcoming.

2. Which of the following would be the most accurate description of Mrs. May's character ?

A. self-confident B. easy-going

C. unapproachable D. severe

3. By saying that she was "never 'wild' with Mrs. May", Kate means that she was never

A. savage. B. selfish. C. aggressive. D. disobedient.

4. The word "blessing" implies that placing "a sheet of rustling tissue" in a drawer

A. is a religious act. B. protects the things inside.

C. is a gift for others. D. is something you wish for.

5. Why does Mrs. May ask Kate, "What's the matter with you?"

A. Kate has been behaving badly. B. Kate seems to be unwell.

C. Kate is not working hard enough. D. Kate is unusually silent.

6. When Mrs. May realizes that Kate has put the knitting needles "near the floor" she seems

A. annoyed by Kate's dishonesty. B. disappointed in her own foolishness.

C. aware of what happened. D. doubtful about Kate's story.

7. The word "borrow", as used by Kate, can best be replaced with

A. lend. B. steal. C. make. D. confiscate.

8. Kate pulls "hard at her shoe button" when Mrs. May suggests the Borrowers exist because she

A. is lying. B. is bored. C. feels uncomfortable. D. feels angry.

9. Kate believes that the Borrowers must exist because

A. there are never enough pins and needles.

B. people often forget where they put things.

C. there has been an increase in crime recently.

D. common objects always seem to go missing.

10. Mrs. May implies that she knows so much about the Borrowers because she

A. saw one when she was a child.

B. read about them.

C. knows someone who saw them.

D. made up the story about them.

PART 5. READING COMPREHENSION

Read the following article and answer the questions.

Adapted from "From Lab to Table: Will Cell-Cultured Meat Win Over Americans?"

by Laura Reiley

Alt-meat is having quite a moment. California-based Beyond Meat, one of the world's biggest plant-based meat companies, had the strongest stock market debut of any company this year. Ikea announced a meatless version of its Swedish meatballs. Burger King said it will roll out the Impossible Burger nationwide by the end of the year. Despite the growing popularity of alt-meat, conventional animal agriculture faces an even bigger threat. This one comes from petri dishes. Companies in the United States and abroad are moving quickly to bring to market hamburgers and other meat, poultry and seafood products derived from muscle tissue grown in a lab with cells harvested from a living animal. U.S. regulators will introduce rules for such products later this year, and cell-cultured meat companies say they are poised to launch their first commercial products within the same time frame. Like the introduction of genetically modified foods before it, cell-cultured meat has the potential to transform how the world eats. And as with genetically modified foods, there likely will be pushback.

Plant-based meat, while growing in popularity, still largely appeals to the tiny fraction of Americans who are vegetarians and vegans. If lab meats can replicate the tastes and textures of traditional meat — at a lower cost and with fewer downsides — it would be a game-changer for global nutrition. Traditional American animal agriculture wants to preserve its fundamental business. The plant-based meat companies, currently getting all the buzz, must convince the world they're not just for vegans and vegetarians. And the futuristic lab-based meat companies, which perhaps hold the most promise to disrupt the food industry, have to unpack the science for consumers and nudge people past the ick-factor.

Animal agriculture is an expanding worldwide economic powerhouse driven by growing demand in developed and developing countries. But it is also a source of great concern about public health, worker safety, animal cruelty, and climate change. The World Health Organization and a British medical journal this year warned of the dangers of red meat, and the mayor of New York City said he wanted to phase out processed and red meat served from city hospitals, schools and correctional facilities for environmental reasons.

Prompted by this interest in healthier alternatives to meat, Gardenburger and Tofurky launched their veggie burgers in the early 1980s. But the concept has leaped forward over the last decade with innovations like Impossible Burger's introduction of "heme", a protein from the roots of soy plants that provides a meaty taste. The result is a patty with the mouthfeel of the real deal, something to which earlier plant-based burgers could only aspire.

The changes to meat could be even more sweeping once cell-based meat arrives on the market. Cell-based production uses a live animal's adult muscle stem cells, raising them in a nutrient-rich environment until they take on the look and shape of the desired meat. Because of these developments, leading American companies now say they plan to launch their cell-based products before the end of 2019, slightly ahead of schedule.

However,, cell-based meat producers could face resistance from consumers. Despite this potential opposition, marketing professor Erlinde Cornelis argues younger diners are unlikely to be queasy about alt-proteins' fabrication. For people who have grown up with the specter of climate change, adoption of plant-based or cell-based meat over traditional animal agriculture will be easy. Although there are bound to be skeptics, she said the overall appeal of moving from land-based animal agriculture to the lab was undeniable.

"Plant- and cell-based meat will appeal to different markets," Cornelis said. "Actual meat is an old technology. It's almost ignorant if you know how much of our resources it takes. It's like typing on a typewriter when you have speech-to-text technology."

Choose the letter of the best answer to each question and write it on the answer sheet.

1. The statement that alt-meat is "having quite a moment" suggests it is

A. gaining publicity. B. causing controversy.

C. connected with scandal. D. shunning the spotlight.

2. According to the article, what is the main threat to conventional animal agriculture ?

A. plant-based meat B. petri dishes

C. cell-cultured meat D. genetically modified foods

3. In the first paragraph, which of the following could the word "poised" best be replaced with ?

A. ready B. eager C. asking D. hoping

4. Genetically modified foods and cell-cultured meat both

A. come from animal tissue. B. raise concerns.

C. exist only in the United States. D. have commercials.

5. Which of the following is **not** mentioned as a reason for cell-cultured meat's popularity?

A. having a similar taste and texture to traditional meat

B. having fewer downsides than traditional meat

C. having a lower cost than traditional meat

D. having a similar smell to traditional meat

6. The phrase "unpack the science for consumers" most likely means

A. having consumers help with development.

B. moving science labs to markets.

C. explaining to consumers how the process works.

D. opening research facilities to consumers.

7. Why is it suggested that "heme" is an important development for the plant-based meat business?

A. It is readily found in the roots of soy plants.

B. It adds protein to plant-based meat patties.

C. It simulates the flavor of meat convincingly.

D. It is far less expensive than traditional meat products.

8. According to the article, who will have an easier time adapting to cell-based meat?

A. people concerned about health B. young people

C. university professors D. vegans and vegetarians

9. Why is traditional meat "old technology"?

A. Alt-meat is now more popular than traditional meat.

B. People dislike the intensive labor that farm work requires.

C. The World Health Organization advises against it.

D. It cannot be produced efficiently.

10. How can the style of writing in this article best be described?

A. informative B. persuasive C. argumentative D. satirical

ESSAY

Essay topic

What is an issue that you face in your daily life that previous generations did not have to worry about?

＜リスニング問題放送原稿＞

Adapted from "Toni Morrison, Literary Icon, Prize Winner and Truth Teller, Dead at 88"

by The Associated Press

Nobel laureate Toni Morrison, a pioneer and reigning giant of modern literature whose imaginative power in *Beloved, Song of Solomon* and other works transformed American letters by dramatizing the pursuit of freedom within the boundaries of race, has died at age 88.

Few authors rose in such rapid, spectacular style. She was nearly 40 when her first novel, *The Bluest Eye*, was published. By her early 60s, after just six novels, she had become the first black woman to receive the Nobel literature prize, praised in 1993 by the Swedish academy for her "visionary force" and for her delving into "language itself, a language she wants to liberate" from categories of black and white.

Morrison helped raise American multiculturalism to the world stage and helped uncensor her country's past, unearthing the lives of the unknown and the unwanted, those she would call "the unfree at the heart of the democratic experiment." In her novels, history — black history — was a trove of poetry, tragedy, love, adventure and good old gossip, whether in small-town Ohio in *Sula* or big-city Harlem in *Jazz*. She regarded race as a social construct and through language founded the better world her characters suffered to attain.

"Narrative has never been merely entertainment for me. It is, I believe, one of the principal ways in which we absorb knowledge," she said in her Nobel lecture.

Winner of the 1988 Pulitzer Prize for *Beloved*, she was one of the book world's most regal presences, with her expanse of graying dreadlocks ; her dark, discerning eyes, and warm, theatrical voice, able to lower itself into a mysterious growl or rise to a humorous falsetto.

Morrison prided herself on the gift of applying "invisible ink," making a point and leaving it to the reader to discover it, such as her decision to withhold the skin color of her characters in *Paradise*. Her debut as an author came at the height of the Black Arts Movement and calls for literature as political and social protest.

"The writers who affected me the most were novelists who were writing in Africa: Chinua Achebe, *Things Fall Apart*, was a major education for me," Morrison told the AP in 1998.

"They took their black world for granted. No black writer in America had done that except for Jean Toomer with *Cane*. Everybody else had some confrontation with white people, which was not to say that Africans didn't, but there was linguistically an assumption. The language was the language of the center of the world, which was them."

The New York Times' John Leonard, an early and ongoing champion of her writing, called her writing "so precise, so faithful to speech and so charged with pain and wonder that the novel became poetry."

"The future was sunset ; the past something to leave behind," Morrison wrote in *Beloved*, in which the ghost of the slain daughter returns to haunt and obsess her mother.

"And if it didn't stay behind, well, you might have to stomp it out. Slave life, freed life — every day was a test and a trial. Nothing could be counted on in a world where even when you were a solution you were a problem."

Morrison's breakthrough came in 1977 with *Song of Solomon*, her third novel and the story of young Milkman Dead's social and ancestral education. It was the first work by a black writer since Richard Wright's *Native Son* to be a full Book-of-the-Month selection and won the National Book Critics Circle Award.

Beloved went on to win the Pulitzer and Morrison soon ascended to the very top of the literary world, winning the Nobel.

英語解答

PART 1

1 B　2 D　3 A　4 D
5 C　6 B　7 B　8 D
9 B　10 A

PART 2

1 B　2 A　3 D　4 C
5 B　6 B　7 C　8 C
9 A　10 C

PART 3

1 D　2 A　3 D　4 D
5 C　6 A　7 B　8 C
9 A　10 B

PART 4

1 C　2 A　3 D　4 B
5 D　6 C　7 B　8 C
9 D　10 C

PART 5

1 A　2 C　3 A　4 B
5 D　6 C　7 C　8 B
9 D　10 A

ESSAY

解答省略

Memo

Memo

高校を受験する生徒とご父母のための…

2025年度用 高校合格資料集

■首都圏有名書店にて今秋発売予定！

※表紙は昨年のものです。

内容目次

1. まず試験日はいつ？推薦ワクは？競争率は？
2. この学校のことはどこに行けば分かるの？
3. かけもち受験のテクニックは？
4. 合格するために大事なことが二つ！
5. もしもだよ！試験に落ちたらどうしよう？
6. 勉強しても成績があがらない
7. 最後の試験は面接だよ！

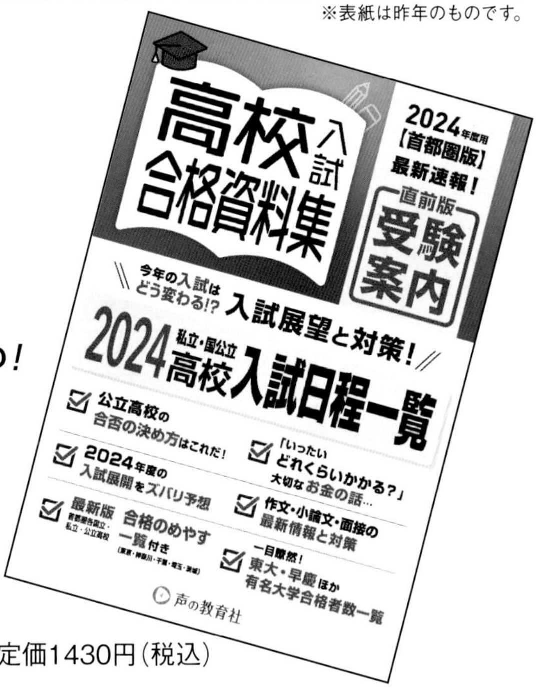

定価1430円（税込）

スーパー過去問の **解説執筆・解答作成スタッフ（在宅）募集！** ※募集要項の詳細は、10月に弊社ホームページ上に掲載します。

2025年度用

高校スーパー過去問

■編集人 声の教育社・編集部

■発行所 株式会社 声の教育社

〒162-0814 東京都新宿区新小川町8-15

☎03-5261-5061㈹ FAX03-5261-5062

https://www.koenokyoikusha.co.jp

渋谷教育学園幕張高等学校

別冊 解答用紙

丁寧に抜きとって、別冊としてご使用ください。

★教科別合格者平均点＆合格者最低点

年度	英語	数学	社会	理科	国語	合格者最低点
2024	65.9	59.8	61.3	64.1	58.5	282
2023	58.8	62.4	54.2	49.0	60.1	257
2022	70.8	50.4	52.3	51.5	61.0	256
2021	63.8	41.1	60.7	49.6	54.1	234
2020	77.6	43.5	46.4	73.2	43.5	255

注意

○ 解答用紙は、収録の都合により縮小したものや、小社独自に作成したものもあります。
○ 学校配点は学校発表のもの、推定配点は小社で作成したものです。
○ 無断転載を禁じます。
○ 解答用紙を拡大コピーする場合、表示した拡大率に対応する用紙サイズは以下のとおりです。
101%～102%＝B5　103%～118%＝A4　119%～144%＝B4　145%～167%＝A3
（タイトルと配点表は含みません）

２０２４年度　渋谷教育学園幕張高等学校　学力選抜

英語解答用紙　No. 1

番号		氏名		評点	／100

1

	記号	正しい語句
1		
2		
3		

	記号	正しい語句
4		
5		
6		

2

	A	B	C
1			
2			

	A	B	C
3			
4			

3

1	...who are worried that
2	In order to protect the dolphins,

4

問 1

1	2	3	4	5

問 2

5

問 1

問 2　親は（　　　　）はできないということ。

問 3

A	B	C	D

問 4

a	b	c

問 5

問 6

問 8

問 7

（注）この解答用紙は実物を縮小してあります。Ｂ４用紙に141％拡大コピーすると、ほぼ実物大で使用できます。（タイトルと配点表は含みません）

英語解答用紙　No. 2

LISTENING COMPREHENSION

放送による指示をよく聞いて解答すること。

Part 1

1	2	3

Part 2

1	2	3	4

（注）この解答用紙は実物大です。

推定配点		計
	1, 2　各２点×10　　3　各４点×２ 4　問１　各３点×５　問２　各２点×２ 5　各３点×13 リスニング　各２点×７	100点

２０２４年度　渋谷教育学園幕張高等学校　学力選抜

数学解答用紙

番号		氏名		評点	/100

4

(1)	
(2)	
(3)	

5

(1)	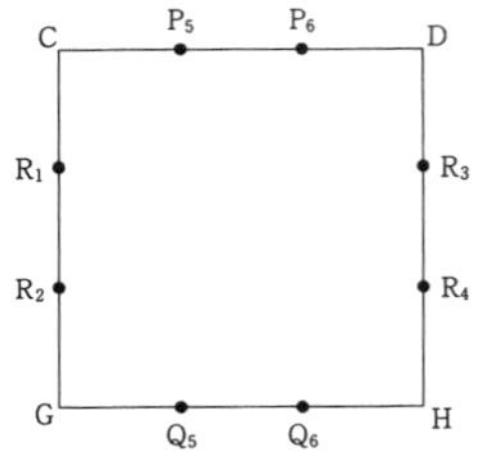
(2)	
(3)	
(4)	

（注）この解答用紙は実物を縮小してあります。Ａ３用紙に154％拡大コピーすると、ほぼ実物大で使用できます。（タイトルと配点表は含みません）

1

(1)		
(2)		
(3)	①	a =　　　, b =　　　, c =
	②	
(4)		

2

(1)	
(2)	
(3)	

3

(1)	通り	(2)	通り
(3)	通り	(4)	通り

推定配点
1〜3 各5点×12 4 (1)、(2) 各5点×2　(3) 6点 5 各6点×4
100点　計

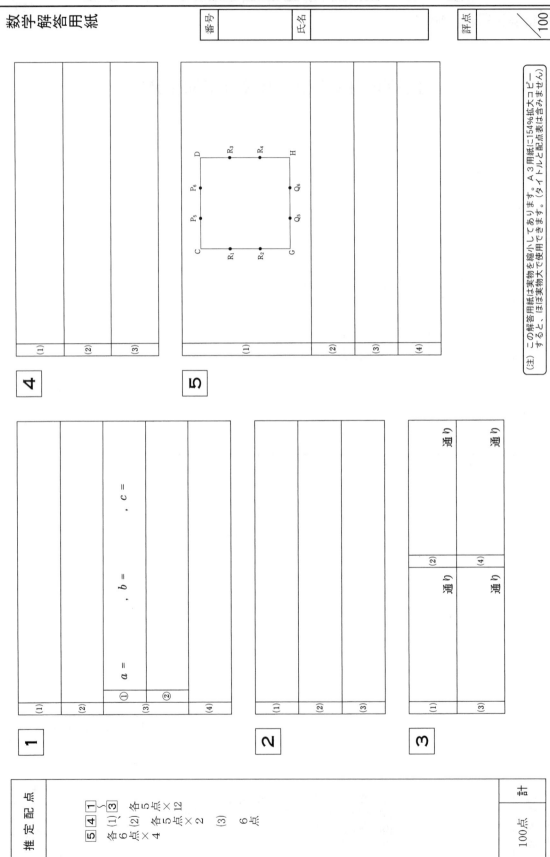

２０２４年度　渋谷教育学園幕張高等学校　学力選抜

社会解答用紙　No. 1

番号		氏名	

評点　／100

1

問 1　　島　　問 2　　問 3

問 4　　問 5　　問 6

問 7　　問 9　　問 11

問 8

問 10　意味

使用方法

問 12　　問 14　　問 15　　問 16　　問 17

問 13

問 18

(50)

2

問 1　　問 2　　問 3　(1)　　(2)

問 4　(1)　　(2)

問 5

・

・

問 6　　問 7　　問 8

問 9

問 10　　問 11　　問 12

問 13　　条項

社会解答用紙　No. 2

3

問１　　問２　　問３

問４　(1)　　(2)　　(4)

(3)

問５　　問７　　問８

問６

(28)　　(35)

問９　(1)　　岩

(2)　・

・

(注) この解答用紙は実物を縮小してあります。Ｂ４用紙に139％拡大コピーすると、ほぼ実物大で使用できます。(タイトルと配点表は含みません)

推定配点		計
	1～3　各２点×50	100点

２０２４年度　渋谷教育学園幕張高等学校　学力選抜

理科解答用紙　No.１

番号		氏名		評点	／100

1

(1)	空気塊 A　　℃	空気塊 B　　℃	
(2)	空気塊 A	空気塊 B	
(3)	℃		
(4)	空気塊 A	空気塊 B	
(5)	空気塊 A	空気塊 B	
(6)	高気圧	低気圧	
(7)	①　暖気 ・ 寒気	②　上が ・ 下が	③　安定 ・ 不安定
	④　高い ・ 低い	⑤　高い ・ 低い	⑥　強い雨 ・ 弱い雨

2

(1)	①	
	②	
	③	
(2)		
(3)	①　第　　世代	②
(4)		
(5)		

２０２４年度　渋谷教育学園幕張高等学校　学力選抜

理科解答用紙　No. 2

3

(1)	①	②	③	④	x
(2)	A		B		
(3)	a	b			
(4)	c			d	
(5)	化学反応式 1				
	化学反応式 2				
	化学反応式 3				
	化学反応式 4				
	化学反応式 5				

4

(1)	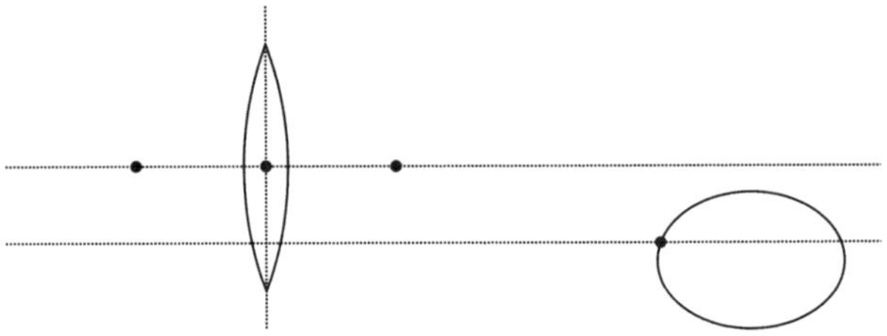	
(2)	実像　・　虚像	理由
(3)		
(4)	①	②
(5)		

（注）この解答用紙は実物を縮小してあります。A３用紙に145％拡大コピーすると、ほぼ実物大で使用できます。（タイトルと配点表は含みません）

推定配点		計
	1　各２点×17 2　(1)～(4)　各２点×８〔(4)は各２点×２〕　(5)　３点 3　各２点×16 4　(1), (2)　各３点×２　(3), (4)　各２点×３　(5)　３点	100点

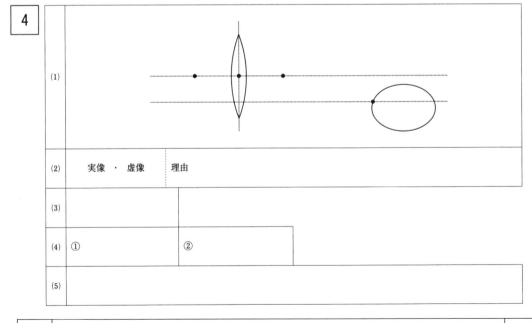

二〇二四年度　渋谷教育学園幕張高等学校　学力選抜

国語解答用紙

番号		氏名		評点	/100

●記述は解答欄内に収めること。一行の欄に二行以上書いた場合は無効とする。

一

問一　a　b

問二

問三

問四

問五

問六

問七

問八

二

問一　a　b　c

問二

問三

問四

問五

問六

問七

三

問一

問二

問三

問四

問五

問六　A　B　C　D

(注) この解答用紙は実物を縮小してあります。A３用紙に159%拡大コピーすると、ほぼ実物大で使用できます。(タイトルと配点表は含みません)

推定配点		計
	一　問一、問二　各２点×３　問三～問五　各４点×３　問六　２点　問七　６点　問八　４点 二　問一、問二　各２点×４　問三～問六　各４点×５　問七　６点 三　問一　４点　問二　各３点×２　問三　４点　問四　６点　問五　各４点×２　問六　各２点×４	100点

２０２４年度　渋谷教育学園幕張高等学校　帰国生選抜

英語解答用紙　No. 1

番号		氏名	

評点	／100

PART 1 - Listening

1	2	3	4	5	6	7	8	9	10

PART 2 - Grammar

1	2	3	4	5	6	7	8	9	10

PART 3 - Vocabulary

1	2	3	4	5	6	7	8	9	10

PART 4 - Reading Comprehension

1	2	3	4	5	6	7	8	9	10

PART 5 - Reading Comprehension

1	2	3	4	5	6	7	8	9	10

（注）この解答用紙は実物を縮小してあります。Ａ３用紙に156%拡大コピーすると、ほぼ実物大で使用できます。(タイトルと配点表は含みません)

推定配点		計
	PART１～PART５　各１点×50	50点

〔編集部注：上記の点数に，エッセイと面接の点数を合計して，100点満点とする。〕

英語解答用紙　No. 2

ESSAY

Essay topic

Should school be a place to learn skills for your future career or a place to discover who you are?

英語解答用紙　No. 3

２０２３年度　　　渋谷教育学園幕張高等学校　学力選抜

英語解答用紙　No. 1

番号		氏名		評点	／100

1

①	②	③	④	⑤	⑥	⑦	⑧	⑨	⑩

2

	A	B	C
1			
2			

	A	B	C
3			
4			

	A	B	C
5			

3

(1)

(2)

(3)

4

問 1

1	2	3	4

問 2

問 3

問 4

50

5

問 1

問 2

問 3

問 4

A	B	C	D	E

問 5

問 6

問 7

問 8

（注）この解答用紙は実物を縮小してあります。Ｂ４用紙に135％拡大コピーすると、ほぼ実物大で使用できます。（タイトルと配点表は含みません）

英語解答用紙　No. 2

LISTENING COMPREHENSION

放送による指示をよく聞いて解答すること。

Part 1

1	2	3	4

Part 2

1	2	3

（注）この解答用紙は実物大です。

推定配点		計
	1, 2　各２点×15　　3　各４点×３ 4　問１～問３　各２点×８　問４　３点 5　問１～問４　各２点×８　問５　３点　問６～問８　各２点×３ リスニング　各２点×７	100点

２０２３年度　渋谷教育学園幕張高等学校　学力選抜

数学解答用紙

番号		氏名		評点	/100

1

(1)		
(2)		$x =$ 　　　, $y =$
(3)		
(4)	①	
	②	

2

(1)	個
(2)	個
(3)	個

3

(1)		
(2)	①	$c =$
	②	$m =$

4

(1)		度
(2)	①	
	②	

5

(1)		
(2)	①	
	②	

（注）この解答用紙は実物を縮小してあります。Ａ３用紙に154%拡大コピーすると、ほぼ実物大で使用できます。（タイトルと配点表は含みません）

推定配点

1 各５点×５
2 各６点×３
3 (1) ６点 (2) ① ６点 ② ７点
4 (1) ６点 (2) ① ６点 ② ７点
5 (1) ６点 (2) ① ６点 ② ７点

計	100点

２０２３年度　渋谷教育学園幕張高等学校　学力選抜

社会解答用紙　No.1

番号		氏名		評点	／100

1

問1　問2　問4　問5

問3

問6　背景

対応

問7

問8

問9　問12

問10　問11

問13　問15　問17　問18

問14

問16

2

問1　ア　イ

問2

問3　問4　問5

問6　(1)　(2)　問7

問8　問9　問10　A　B

問11　ウ

エ　政策である。

問12

社会解答用紙　No. ２

3

問 1　問 2　問 4

問 3

問 5　問 6

問 7

問 8　問 9　ア　イ

問 10　問 11　問 12　問 14

問 13

(注) この解答用紙は実物を縮小してあります。Ｂ４用紙に139%拡大コピーすると、ほぼ実物大で使用できます。(タイトルと配点表は含みません)

推定配点		計
	1～3　各２点×50〔2問６(1)は完答〕	100点

２０２３年度　渋谷教育学園幕張高等学校　学力選抜

理科解答用紙　No.1

番号		氏名		評点	／100

1

(1)	①		②	③
(2)	A	B	C	
(3)				
(4)	ア		イ	ウ
	エ	オ	カ	
(5)				
(6)	1：2：3：4：5 の順に(　　　)(　　　)(　　　)(　　　)(　　　)			

2

(1)	①　右向き・左向き	②　＋・－	③　N極・S極	
(2)				
(3)	①　N極・S極	②	(4) ①　N極・S極	②
(5)	①	②　増えて・減って	③	④　増えて・減って
(6)	＜実験 a ＞　時計回り・反時計回り	＜実験 b ＞　時計回り・反時計回り		
(7)	①　時計回り・反時計回り	②　N極・S極	③　引力・斥力	
	④　時計回り・反時計回り	⑤　N極・S極	⑥　引力・斥力	

２０２３年度　　渋谷教育学園幕張高等学校　学力選抜

理科解答用紙　No.２

3

(1)	T G A G C A A G		
(2)	①	②	③　1万 ・ 100万 ・ 10億 ・ 1000億
	④	⑤	⑥　10万 ・ 25万 ・ 50万 ・ 100万
(3)			
(4)	①　多い ・ 少ない	②　a ・ b ・ c ・ d	
	③	④　a ・ b ・ c ・ d	
(5)			

4

(1)	X	Y
(2)	X	Y
(3)	(　　　)→(　　　)→(　　　)	
(4)		
(5)	M１は(固体 ・ 液体 ・ 固体と液体)、M２は(固体 ・ 液体 ・ 固体と液体)	
(6)		
(7)	①	②　　g

（注）この解答用紙は実物を縮小してあります。Ｂ４用紙に143％拡大コピーすると、ほぼ実物大で使用できます。（タイトルと配点表は含みません）

推定配点		計
	1　各２点×15〔(6)は完答〕 2　(1)　各１点×３　(2)　３点　(3)〜(7)　各１点×16 3　(1)，(2)　各２点×７　(3)　３点　(4)　各２点×４　(5)　３点 4　(1)　各１点×２　(2)〜(7)　各２点×９〔(5)は各２点×２，(6)は完答〕	100点

二〇二三年度　渋谷教育学園幕張高等学校　学力選抜

国語解答用紙

番号　　氏名　　評点　／100

●解答の字は一画一画を丁寧に記すこと。
●記述は解答欄内に収めること。一行の欄に二行以上書いた場合は無効とする。

一

問一 (a) (b) (c)　問二 Y

問三

問四 X　問五　問六　問七

二

問一 (a) (b) (c)

問二　問三　問四

問五

問六

三

問一　問二　問三

問四

問五

問六　問七

（注）この解答用紙は実物を縮小してあります。A３用紙に161％拡大コピーすると、ほぼ実物大で使用できます。（タイトルと配点表は含みません）

推定配点		計
	一　問一　各２点×３　問二　４点　問三　７点　問四　３点　問五〜問七　各６点×３ 二　問一　各２点×３　問二　３点　問三　６点　問四　各３点×２　問五　７点　問六　４点 三　問一　３点　問二　６点　問三、問四　各４点×２　問五　６点　問六　５点　問七　２点	100点

２０２３年度　　渋谷教育学園幕張高等学校　帰国生選抜

英語解答用紙　No. 1

番号		氏名	

評点	／100

PART 1 - Listening

1	2	3	4	5	6	7	8	9	10

PART 2 - Grammar

1	2	3	4	5	6	7	8	9	10

PART 3 - Vocabulary

1	2	3	4	5	6	7	8	9	10

PART 4 - Reading Comprehension

1	2	3	4	5	6	7	8	9	10

PART 5 - Reading Comprehension

1	2	3	4	5	6	7	8	9	10

（注）この解答用紙は実物を縮小してあります。Ａ３用紙に156%拡大コピーすると、ほぼ実物大で使用できます。（タイトルと配点表は含みません）

推定配点		計
	PART１～PART５　各１点×50	50点

〔編集部注：上記の点数に，エッセイと面接の点数を合計して，100点満点とする。〕

２０２３年度　　渋谷教育学園幕張高等学校　帰国生選抜

英語解答用紙　No. 2

ESSAY

Essay topic

After you graduate from high school, how would you like your teachers and classmates to remember you?

英語解答用紙　No. 3

２０２２年度　渋谷教育学園幕張高等学校　学力選抜

英語解答用紙　No. 1

番号		氏名		評点	／100

1

番号	誤	正

番号	誤	正

2

	A	B	C
1			
2			

	A	B	C
3			
4			

	A	B	C
5			

3

1 by train.

2 .

4

問1　(　　)→(　　)→(　　)→(　　)

問2

1	2	3	4	5

問3

5

問1

1	2	3	4	5	6	7	8

問2

a	b

問3

80

100

（注）この解答用紙は実物を縮小してあります。Ｂ４用紙に137％拡大コピーすると、ほぼ実物大で使用できます。（タイトルと配点表は含みません）

英語解答用紙　No. 2

LISTENING COMPREHENSION

放送による指示をよく聞いて解答すること。

Part 1

1	2	3	4

Part 2

1	2	3	4

（注）この解答用紙は実物大です。

推定配点	1, 2　各2点×11　　3　各4点×2　　4　各2点×9 5　問1　各2点×8　問2　各3点×2　問3　6点 リスニング　各3点×8	計 100点

2022年度 渋谷教育学園幕張高等学校 学力選抜

数学解答用紙

番号		氏名		評点	/100

1

(1) ①

(1) ②

(2)

(3)

(4)

(5)

2

(1)

(2)

3

(1)

(2)

4

(1)

(2)

5

(1)

(2)

（注）この解答用紙は実物を縮小してあります。Ａ３用紙に147%拡大コピーすると、ほぼ実物大で使用できます。（タイトルと配点表は含みません）

推定配点

1 各7点×6

2 (1) 8点 (2) 7点

3、4 各7点×4

5 (1) 7点 (2) 8点

計 100点

２０２２年度　　渋谷教育学園幕張高等学校　学力選抜

社会解答用紙　No.1

番号		氏名		評点	／100

1 問1 　問3 　問4

問2

問5 　　年　問6 (1) 　(2)

問7 　問8 (1) 　(2)

問9 ウ 　エ 　オ 　　氏

問10 (1)

(2)

問11

問12

(32)

問13

問14

2022年度　渋谷教育学園幕張高等学校　学力選抜

社会解答用紙　No. 2

2

問1		問3		問4		問5		問7	
問2									
問6									
問8									
問9		問10							
問11		問12		問13		問14			
問15	ア								
	イ								

3

問1		問2		問3		問4	
問5							
問6		問7		問8	島	問9	
問10							
問11							
問12							
問13							

（注）この解答用紙は実物を縮小してあります。A3用紙に164%拡大コピーすると、ほぼ実物大で使用できます。（タイトルと配点表は含みません）

推定配点		計
	1　問1～問11　各2点×16　問12　3点　問13，問14　各2点×2 2　各2点×17〔問3は完答〕 3　問1～問10　各2点×10　問11　3点　問12，問13　各2点×2	100点

２０２２年度　　渋谷教育学園幕張高等学校　学力選抜

理科解答用紙　No. 1

番号		氏名		評点	／100

1

(1)	①　500万・5万・5千	②　鮮やかな・暗い	③　結合している・結合していない	④
(2)	mL	(3)	Ⅰ	Ⅱ
(4)	①　酸素・二酸化炭素・窒素	②　酸素・二酸化炭素・窒素	③	
(5)	Ⅰ	Ⅱ		
(6)	①	②		

2

(1)	g	
(2)	①	②　陽イオン：陰イオン＝　　：
	③　陰極で生成した物質：陽極で生成した物質＝　　：	
(3)	①　電極(a)	
	①　電極(b)	
	②	
(4)	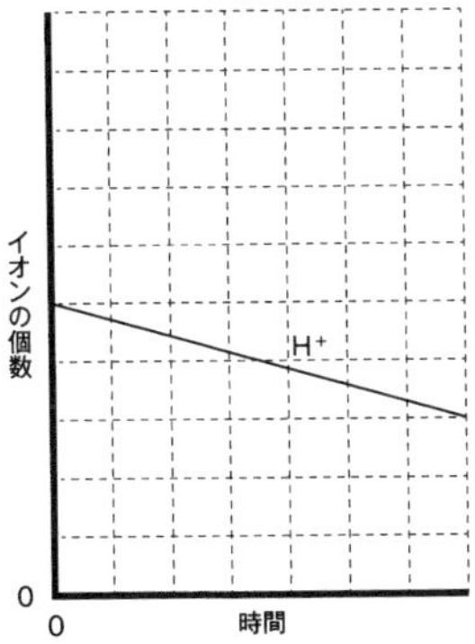	
(5)		

理科解答用紙　No. 2

3

(1)		(2)			
(3)	①　早く・遅く	②　時計・反時計	③　東から西・西から東		
(4)	大潮①	大潮②	大潮③	小潮①	小潮②	小潮③
(5)	度	(6)			

4

(1)	①	ア　増加・減少	イ　abcd・dcba	ウ　左から右・右から左					
	②		ⅱ→ⅲ	ⅲ→ⅳ	ⅳ→ⅴ	ⅴ→ⅵ	ⅵ→ⅶ	ⅶ→ⅷ	ⅷ→ⅰ
		ア	abcd・dcba	abcd・dcba	abcd・dcba	abcd・dcba	abcd・dcba	abcd・dcba	abcd・dcba
		イ	左から右・右から左	左から右・右から左	左から右・右から左	左から右・右から左	左から右・右から左	左から右・右から左	左から右・右から左
(2)	①	ア　ⅰ→ⅱ・ⅱ→ⅲ	イ　ⅰ→ⅱ・ⅱ→ⅲ	②					

（注）この解答用紙は実物を縮小してあります。Ａ３用紙に154％拡大コピーすると、ほぼ実物大で使用できます。（タイトルと配点表は含みません）

推定配点		計
	1　各２点×14 2　(1)〜(4)　各３点×８　(5)　２点 3　各２点×13 4　各１点×20	100点

二〇二三年度　渋谷教育学園幕張高等学校　学力選抜

国語解答用紙

番号　　氏名　　評点　／100

●解答の字は一画一画を丁寧に記すこと。
●記述は解答欄内に収めること。一行の欄に二行以上書いた場合は無効とする。

一

問一　(a)　(b)　(c)　(d)　(e)

問二

問三

問四

問五

二

問一　(a)　(b)　(c)

問二

問三

問四

問五

問六

問七

三

問一

問二

問三

問四

問五

問六

問七

（注）この解答用紙は実物を縮小してあります。Ａ３用紙に161%拡大コピーすると、ほぼ実物大で使用できます。（タイトルと配点表は含みません）

推定配点

一　問一　各２点×５　問二　５点　問三　２点　問四　７点　問五　５点
二　問一、問二　各２点×４　問三　５点　問四　７点　問五～問七　各５点×４
三　問一　２点　問二　各４点×２　問三　７点　問四　２点
問五、問六　各５点×２　問七　２点

計　100点

２０２２年度　渋谷教育学園幕張高等学校　帰国生選抜

英語解答用紙　No. 1

番号		氏名	

評点	／100

PART 1 - Listening

1	2	3	4	5	6	7	8	9	10

PART 2 - Grammar

1	2	3	4	5	6	7	8	9	10

PART 3 - Vocabulary

1	2	3	4	5	6	7	8	9	10

PART 4 - Reading Comprehension

1	2	3	4	5	6	7	8	9	10

PART 5 - Reading Comprehension

1	2	3	4	5	6	7	8	9	10

（注）この解答用紙は実物を縮小してあります。Ａ３用紙に152%拡大コピーすると、ほぼ実物大で使用できます。（タイトルと配点表は含みません）

推定配点		計
	PART１～PART５　各１点×50	50点

〔編集部注：上記の点数に，エッセイと面接の点数を合計して，100 点満点とする。〕

英語解答用紙　No. 2

ESSAY

Essay topic

Which event in the past do you wish you could have witnessed? To what extent would you have been involved?

2022年度　　　渋谷教育学園幕張高等学校　帰国生選抜

英語解答用紙　No. 3

２０２１年度　　渋谷教育学園幕張高等学校　学力選抜

英語解答用紙　No. １

番号		氏名		評点	／100

1

	記号	正しい語句
1		
2		
3		

	記号	正しい語句
4		
5		
6		

2

	A	B	C
1			
2			

	A	B	C
3			
4			

	A	B	C
5			

3

1 ~ it is not unusual that

2 They see Singlish as

4

問１

問２

問３

問４

1	2

問５

1	2	3	4	5

5

問１

問２

問３　①　②

問５

1	2	3

問４

（注）この解答用紙は実物を縮小してあります。B４用紙に133％拡大コピーすると、ほぼ実物大で使用できます。（タイトルと配点表は含みません）

英語解答用紙　No. 2

LISTENING COMPREHENSION

放送による指示をよく聞いて解答すること。

Part 1

A		B	
1	2	1	2

Part 2

1	2	3	4

（注）この解答用紙は小社で作成いたしました。

推定配点		計
	1, 2　各２点×11　　3　各３点×２ 4　問１～問４　各３点×５　問５　各２点×５ 5　問１，問２　各４点×２　問３　各２点×２ 問４　５点　問５　各２点×３ リスニング　各３点×８	100点

２０２１年度　渋谷教育学園幕張高等学校　学力選抜

数学解答用紙

番号		氏名		評点	/100

2

(1) (i)　(ii)

(2)

3

(1)　(2)

4

(1)

(2) (i)　(ii)

5

(1)　(2)

（注）この解答用紙は実物を縮小してあります。Ｂ４用紙に143％拡大コピーすると、ほぼ実物大で使用できます。（タイトルと配点表は含みません）

1

(1)

(2) (i)　(ii)

(3)

(4) (i)　(ii)

推定配点	
1 (1)～(3) 各6点×4　(4) 各7点×2 2、3 各6点×5 4 (1) 6点　(2) 各7点×2 5 各6点×2	
計	100点

２０２１年度　　渋谷教育学園幕張高等学校　学力選抜

社会解答用紙　No.１

番号		氏名		評点	／100

1

問１

問２　問３　問４　問５　問６

問７

(40)

問８

(35)

問９　問10　問11　問12　問13

問14

(32)

問15

(32)

問16

(24)

(注) この解答用紙は実物を縮小してあります。Ａ３用紙に164％拡大コピーすると、ほぼ実物大で使用できます。(タイトルと配点表は含みません)

２０２１年度　　　渋谷教育学園幕張高等学校　学力選抜

社会解答用紙　No. ２

2　問１

問２　　問３　　問４　　問５　⑴

⑵　内閣は

問６　　問７　　問９

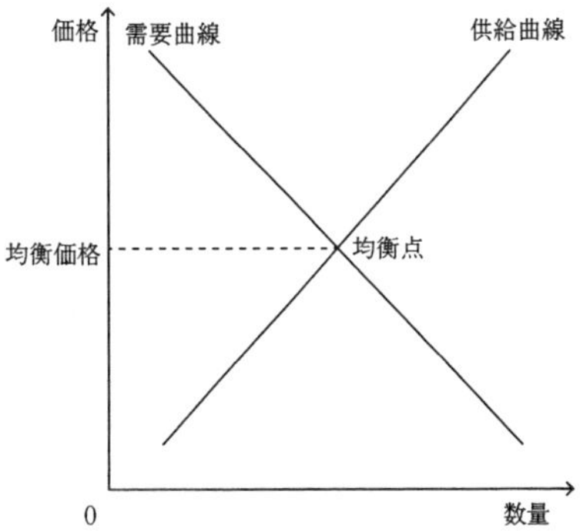

問８　　問10

問12　⑴　　⑵

問11

3　問１　　問３

問２

問４　⑴　　⑵

問５　⑴　　⑵

⑶

⑷

問６　⑴　　⑵　　問７

問８　⑴

⑵

推定配点		計
	1　問１～問６　各２点×６　問７，問８　各３点×２　問９～問13　各２点×５　問14～問16　各３点×３　2　問１～問４　各２点×４　問５　各３点×２　問６～問10　各２点×５　問11　３点　問12　各２点×２　3　問１　２点　問２　３点　問３，問４　各２点×３　問５　⑴，⑵　各２点×２　⑶　３点　⑷　２点　問６，問７　各２点×３　問８　各３点×２	100点

2021年度　渋谷教育学園幕張高等学校　学力選抜

理科解答用紙　No.1

番号		氏名		評点	／100

1

(1)	(①　　　　)が分かれて、別々の(②　　　　)に入ること。			
(2)		(3)		
(4)		(5)		
(6)	(あ)	(い)	(う)	(え)
	(お)	(か)	(き)	

2

(1)	①	②	
(2)	①	②	③
	④	⑤	
(3)			
(4)	Ⅰ		
	Ⅱ		
	Ⅲ		
(5)	名称	記号	

3

(1)	岩石2	①岩石名	②成分	③特徴
	岩石3	①岩石名	②成分	③特徴
(2)	①			
	②			
(3)	①　　　　億年前	②　　　　km		

（注）この解答用紙は実物を縮小してあります。Ａ３用紙に164%拡大コピーすると、ほぼ実物大で使用できます。（タイトルと配点表は含みません）

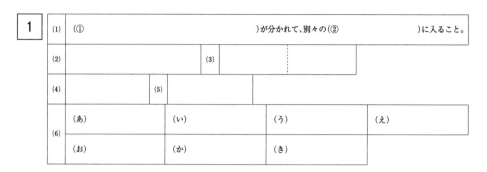

２０２１年度　　渋谷教育学園幕張高等学校　学力選抜

理科解答用紙　No. 2

4

(1)	度	(2)	度　現象

(3)

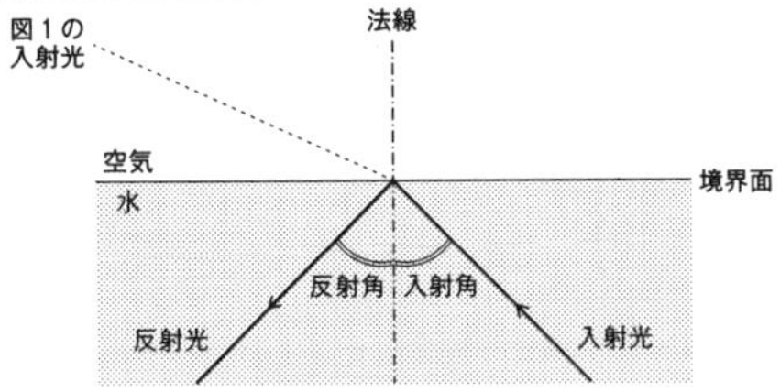

(4)	

(5)

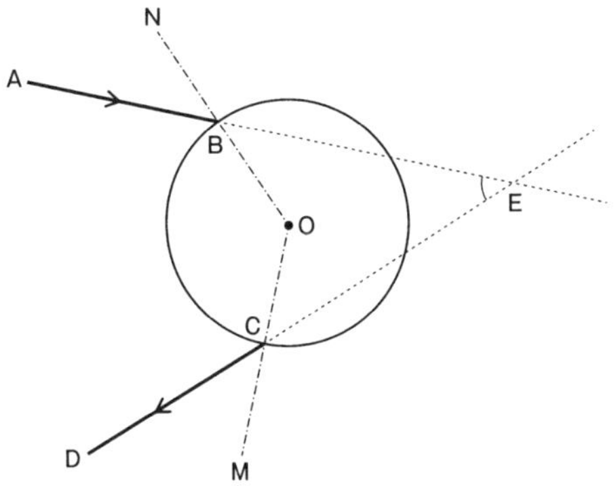

(6)	①	②
(7)	①［ 大きく ・ 小さく ］	②［ 時計 ・ 反時計 ］

(8)

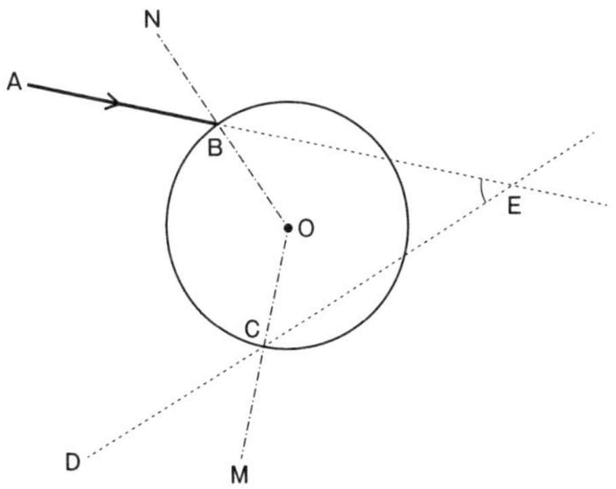

(9)	①［ ∠BEC ・ ∠BE′C′ ］	②［ 赤 ・ 紫 ］	③［ 高い ・ 低い ］	④［ 高い ・ 低い ］

推定配点		計
	1　(1)〜(5)　各２点×７　(6)　各１点×７ 2，3　各２点×25 4　(1)〜(7)　各２点×10〔(5)は完答〕　(8)　１点　(9)　各２点×４	100点

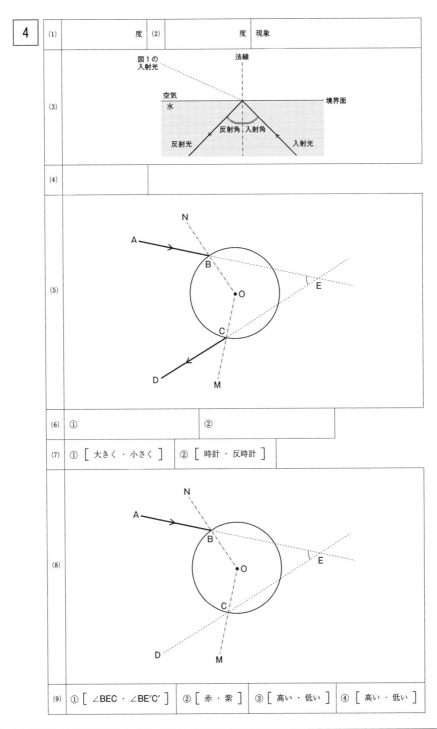

二〇二二年度　渋谷教育学園幕張高等学校　学力選抜

国語解答用紙

番号		氏名		評点	/100

●解答の字は一画一画を丁寧に記すこと。
●記述は解答欄内に収めること。一行の欄に二行以上書いた場合は無効とする。

一

問一 (a) (b) (c) (d)

問二

問三

問四

問五

二

問一 (a) (b) (c) く

問二

問三

問四

問五

問六

問七

三

問一 Ⅰ Ⅱ Ⅲ

問二

問三

問四

問五

問六

問七

（注）この解答用紙は実物を縮小してあります。Ａ３用紙に161％拡大コピーすると、ほぼ実物大で使用できます。（タイトルと配点表は含みません）

推定配点		計
	一 問一 各2点×4　問二、問三 各5点×2　問四、問五 各7点×2 二 問一、問二 各2点×4　問三 5点　問四、問五 各7点×2　問六、問七 各5点×2 三 問一、問二 各3点×4　問三～問六 各4点×4　問七 3点	100点

２０２１年度　　渋谷教育学園幕張高等学校　帰国生選抜

英語解答用紙　No. 1

番号		氏名		評点	／100

PART 1 - Listening

1	2	3	4	5	6	7	8	9	10

PART 2 - Grammar

1	2	3	4	5	6	7	8	9	10

PART 3 - Vocabulary

1	2	3	4	5	6	7	8	9	10

PART 4 - Reading Comprehension

1	2	3	4	5	6	7	8	9	10

PART 5 - Reading Comprehension

1	2	3	4	5	6	7	8	9	10

(注)この解答用紙は実物を縮小してあります。Ａ３用紙に156%拡大コピーすると、ほぼ実物大で使用できます。(タイトルと配点表は含みません)

推定配点		計
	PART１～PART５　各１点×50	50点

〔編集部注：上記の点数に，エッセイと面接の点数を合計して，100点満点とする。〕

２０２１年度　　　渋谷教育学園幕張高等学校　帰国生選抜

英語解答用紙　No. 2

ESSAY

Essay topic

What are two things you have learned about yourself during the last year?

英語解答用紙　No. 3

２０２０年度　渋谷教育学園幕張高等学校

英語解答用紙　No. 1

番号		氏名	

評点	／100

1

	記号	正しい語句
1		
2		
3		

	記号	正しい語句
4		
5		
6		

2

	A	B	C
1			
2			

	A	B	C
3			
4			

	A	B	C
5			

3

1	For example,

2	

4

問 1

1	2	3	4	5	6	7

問 2

5

問 1

20

問 2

問 3

A	

B	

C	

問 4

問 5

問 6

(注)　この解答用紙は実物を縮小してあります。Ｂ４用紙に132%拡大コピーすると、ほぼ実物大で使用できます。(タイトルと配点表は含みません)

２０２０年度　　渋谷教育学園幕張高等学校

英語解答用紙　No. 2

LISTENING COMPREHENSION

放送による指示をよく聞いて解答すること。

【Part 1】 ※ＴかＦで答えること。

1	2	3	4

【Part 2】 ※ア～エの記号で答えること。

No.1	No.2	No.3	No.4

（注）この解答用紙は実物大です。

推定配点		計
	1～3　各２点×13 4　問１　各３点×７　問２　２点 5　問１，問２　各３点×２　問３　各２点×３　問４～問６　各３点×５ リスニング　各３点×８	100点

２０２０年度　渋谷教育学園幕張高等学校

数学解答用紙

番号		氏名		評点	/100

3

(1)	CO : OE =
(2)	AF : FB =
(3)	a =

4

(1)	BE =
(2)	LG =
(3)	

5

(1)	
(2)	

(注) この解答用紙は実物を縮小してあります。Ｂ４用紙に143％拡大コピーすると、ほぼ実物大で使用できます。（タイトルと配点表は含みません）

1

(1)		
(2)	①	
	②	
(3)		
(4)		

2

		1回目	2回目	3回目
(1)	A君			○
	B君			×

(2)	通り
(3)	通り

推定配点	
1～4 各6点×14〔2(1)は完答〕　5 各8点×2	
100点	計

２０２０年度　渋谷教育学園幕張高等学校

社会解答用紙　No.1

番号		氏名		評点	／100

1

問１　　問２　　問３

問４

(30)

問５　　問６

問７

(30)

問８

(20)

問９　　問10

問11

(20)

問12

(30)

問13

問14

(20)

問15　　問16　　（番号順）

問17

(20)

２０２０年度　渋谷教育学園幕張高等学校

社会解答用紙　No. 2

2

問１　(1)　　(2)

問２　(1)　(ア)　　(イ)　　(2)

問３　　問４　　問５　　問６

問７

問８　　問９　　問12

問10

問11

3

問１　(1)　　(2)　　問２　(1)　　(2)

問３　(1)　　(2)　①　　②

問４　(1)　①　　②

③

(2)　①

②

(3)　①緯度値　北緯　　度

②植生の特徴

（注）この解答用紙は実物を縮小してあります。A３用紙に156％拡大コピーすると、ほぼ実物大で使用できます。（タイトルと配点表は含みません）

推定配点		計
	1　問１～問３　各２点×３　問４　４点　問５～問17　各２点×14 2　問１～問10　各２点×13　問11　４点　問12　２点 3　問１～問３　各２点×７　問４　(1), (2)　各２点×５　(3)　①　２点　②　４点	100点

２０２０年度　　渋谷教育学園幕張高等学校

理科解答用紙　No. 1

番号		氏名		評点	／100

1

(1)	①		
	②	(10) (20) (30)	
	③		
(2)	①	窒素分子の分子数	個
		水素分子の分子数	個
	②	x =	
	③		

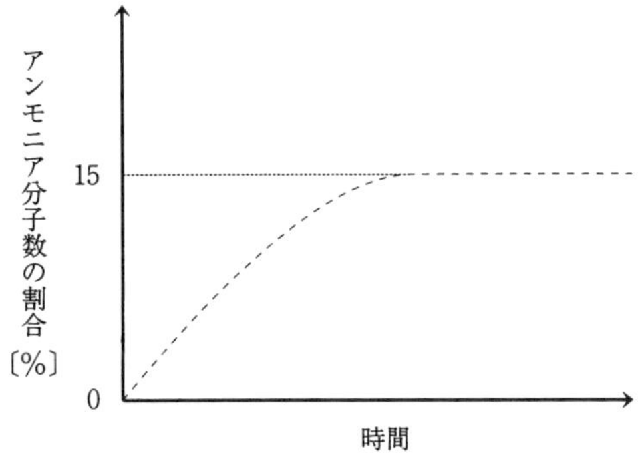

2

(1)		(2)	
(3)	Ω	(4)	V_1　V　V_2　V
(5)	A	(6)	
(7)	V_1		V_2

3

(1)	①［ 小さく ・ 大きく ］	②［ 小さく ・ 大きく ］	③［ 小さく ・ 大きく ］	④［ 地震１ ・ 地震２ ］
(2)	と	(3)		
(4)	①［ 短い ・ 長い ］	②［ 短い ・ 長い ］	③［ 硬い ・ 柔らかい ］	④［ 小さい ・ 大きい ］
	⑤［ 小さい ・ 大きい ］	⑥［ やすい ・ にくい ］		

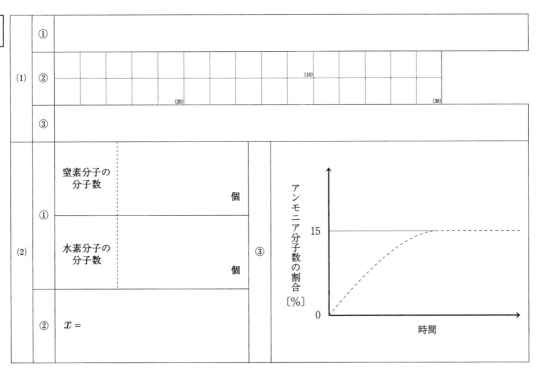

２０２０年度　渋谷教育学園幕張高等学校

理科解答用紙　No.２

4

(1)	(あ)		(い)							
	(う)		(え)	：　：	(お)		(か)		(き)	
	(く)		(け)							
	(こ)		(さ)							
	(し)		(す)							
(2)	R：r＝		(3)	RR：Rr：rr＝						
(4)					(5)					

（注）この解答用紙は実物を縮小してあります。Ｂ４用紙に133%拡大コピーすると、ほぼ実物大で使用できます。（タイトルと配点表は含みません）

推定配点		計
	1　各３点×７ 2　(1)～(3)　各３点×３　(4)～(7)　各２点×６ 3，4　各２点×29〔3(2)，(3)はそれぞれ完答〕	100点

二〇二〇年度　渋谷教育学園幕張高等学校

国語解答用紙

番号		氏名		評点	/100

●解答の字は一画一画を丁寧に記すこと。
●記述は解答欄内に収めること。一行の欄に二行以上書いた場合は無効とする。

一

問一 (a)　(b)
問二
問三
問四
問五
問六
問七
問八

二

問一 (a)　(b)
問二
問三
問四
問五
問六
問七
問八
問九

三

問一
問二　　　が　　　に対して
問三
問四
問五
問六

（注）この解答用紙は実物を縮小してあります。Ａ３用紙に159％拡大コピーすると、ほぼ実物大で使用できます。（タイトルと配点表は含みません）

推定配点		計
	一 問一　各２点×２　問二～問五　各４点×５　問六　５点　問七　７点　問八　２点 二 問一～問三　各２点×４　問四　４点　問五　５点　問六、問七　各４点×３　問八　７点　問九　２点 三 各３点×８〔問二、問六はそれぞれ完答〕	100点

２０２０年度　　　渋谷教育学園幕張高等学校　帰国生選抜

英語解答用紙　No. 1

番号		氏名		評点	／100

PART 1 - Listening

1	2	3	4	5	6	7	8	9	10

PART 2 - Grammar

1	2	3	4	5	6	7	8	9	10

PART 3 - Vocabulary

1	2	3	4	5	6	7	8	9	10

PART 4 - Reading Comprehension

1	2	3	4	5	6	7	8	9	10

PART 5 - Reading Comprehension

1	2	3	4	5	6	7	8	9	10

(注) この解答用紙は実物を縮小してあります。Ａ３用紙に156%拡大コピーすると、ほぼ実物大で使用できます。(タイトルと配点表は含みません)

推定配点		計
	PART１～PART５　各１点×50	50点

〔編集部注：上記の点数に，エッセイと面接の点数を合計して，100点満点とする。〕

英語解答用紙　No. 2

ESSAY

Essay topic

What is an issue that you face in your daily life that previous generations did not have to worry about?

英語解答用紙　No. 3